Robert Jungk, geboren am 11. Mai 1913, war einer der Begründer der Zukunftsforschung in den sechziger Jahren. Seit den siebziger Jahren gestaltete er die politisch-ökologischen Gegenbewegungen entscheidend mit. Seine Bücher wurden zu Welterfolgen. Am 14. Juli 1994 ist Robert Jungk gestorben.

Dieses Buch wurde auf chlor- und säurefreiem Papier gedruckt.

Vollständige Taschenbuchausgabe August 1994
Droemersche Verlagsanstalt Th. Knaur Nachf., München
© 1993 Carl Hanser Verlag, München Wien
Umschlaggestaltung Adolf Bachmann, Reischach
Umschlagfoto Lillian Birnbaum
Druck und Bindung Ebner Ulm
Printed in Germany
ISBN 3-426-75074-0

2 4 5 3 1

Robert Jungk

Trotzdem

Mein Leben
für die Zukunft

Inhalt

1. Kapitel

Erschütterungen

1913 – 1923

Feuer flackert in meine frühsten Erinnerungen. Wo es genau brannte, habe ich auch später nie erfahren können, obwohl ich beunruhigt immer wieder danach fragte. Denn der Schreck saß tief. Die Struwwelpeterbilder des brennenden Mädchens, das schreckensverzerrt sich zu retten versucht, vertausendfachten sich in meiner Vorstellung, die Alarmsignale der Feuerwehr übertönten von nun an alle Kindermelodien. Bis dahin hatten die Sonnenkringel, die ich beim Aufwachen an der Zimmerdecke bestaunte, meinen Kleinkindertag beglückend erhellt, von nun an verlor ich mich in eingebildeten schwarzen Rauchschwaden. Es waren Schatten der Angst über mein Paradies gekommen, und ich würde sie nie mehr loswerden.

Ich beginne diesen Rückblick auf ein Jahrhundert, das ich nun seit beinahe achtzig Jahren miterlebt und mit erlitten habe, am Tage, da im Golfkrieg der größte mutwillig gelegte Brand aller Zeiten wütet. Jahre, vielleicht sogar ein ganzes Jahrzehnt werde es dauern, ehe diese von unermeßlichen Zündstoffmengen gespeisten Fanale gelöscht werden könnten, meint die Mehrheit der erschrockenen, zu Übertreibungen neigenden Experten. Ihnen widersprechen wie stets die anderen Fachleute. Ganze Kübel von beruhigenden Argumenten schütten sie aus. Und die meisten Zeitgenossen werden ihnen Glauben schenken, damit sie möglichst unbekümmert weiterleben und aktiv oder gar als Nutznießer an der Vorbereitung der nächsten Katastrophe mitwirken können.

Die Hoffnung, daß »wir« – wer ist das eigentlich? – aus Versagen und Leid lernen könnten, hat mich ein Leben lang begleitet. Diese immer wieder enttäuschte Erwartung erweist sich als eine der wenigen Konstanten einer von den schlimmen Zeitereignissen durchgebeutelten, stets bedrohten Existenz. Oft genug habe ich mir selber vorgeworfen, was nicht nur Widersacher, sondern auch Freunde – ja sie besonders! – als meinen frevelhaften Optimismus getadelt haben. Aber sowenig ich bereit war, aus verzweifelter Einsicht ins Vergebliche den

Gang des eigenen Atems, des eigenen Herzschlages, des eigenen Schicksals anzuhalten, sowenig kann ich, ein selbstverschuldetes Ende der Menschheit als unvermeidlich anerkennend, aufhören, an das Überleben unserer einzigartigen Spezies zu glauben und daran mitzuwirken.

Auf das immer wiederkehrende, immer größere Unheil, das für unsere Zeitläufe charakteristisch ist, reagiere ich nicht mit Resignation, sondern mit Wut und einem unbezähmbaren Veränderungswillen. Ich kann nicht am Boden liegen bleiben, sondern muß mich immer wieder hochrappeln, in Erwartung des nächsten Ereignisses, das mich wie so viele andere abermals umwerfen wird. Aufgeben darf ich auch dann nicht. So verlockend es wäre.

So ist dann mein einflußreichstes Vorbild nicht irgendeine edle Persönlichkeit, sondern ein simples kleines Spielzeug, das mir mein Vater in den allerersten Lebensjahren geschenkt hat: ein Stehaufmännchen. Wie oft habe ich gejubelt, wenn das kleine, gelb, rot und blau bemalte Püppchen aus der Horizontale in die Vertikale hochschoß und dann, ein wenig unsicher zuerst, aber schließlich doch mit erhobenem Haupt auf dem Tisch neben meinem Eßnäpfchen stehen blieb. Vielleicht habe ich es mir nur eingebildet, aber der Gesichtsausdruck meines kleinen hölzernen Gefährten war herausfordernd: »Mach nur! Hau mich nur um. Ich bin gleich wieder da«, ließ er mich wissen.

Moritz, so nannten wir ihn, wohl weil mein Vater Max hieß, hat mich noch 1933 in die Emigration begleitet. Er war mein Glücksbringer, auf den ich vertraute, und ich habe ihn jahrelang in jeder schwierigen Situation bei mir getragen, bis die Farben abblätterten und ich nur noch ein rundes, etwa zeigefingerlanges Stückchen Holz abergläubisch dort berühren konnte, wo sein Geheimnis lag: am verborgenen metallenen Schwerpunkt.

Irgendwann, irgendwo ist mir »Moritz« abhanden gekommen. In welchem Hotel, in welchem Zugabteil, welchem Flugzeug habe ich ihn wohl im Stich gelassen? Noch heute träume ich von ihm. Und dann sehe ich das beharrliche Männlein in einem großen halbdunklen Zimmer, das fast bis an die Decke angefüllt ist mit den Gegenständen, die ich im Laufe dieses langen Lebens verloren habe: Mützen und Hüte aller Farben und Stoffe, Brieftaschen, Portemonnaies, Brillen mit dünnen und dicken Rändern, Bücher, Zeitschriften, Zeitungen in den verschiedensten Sprachen, aber auch Pyjamas und Mäntel, Hemden und Unterwäsche. Ach, die vielen Schlüssel, die Fahrkarten und mindestens vier Reisepässe! Sie haben sich in diesem Alptraumraum versammelt, und über ihnen thront mein Stehaufmännchen. Unbeweglich. Es hat Ruhe gefunden.

2.

Womöglich überschätzte ich die Rolle meines Maskottchens. Entscheidend war in Wirklichkeit wohl das Gewicht des Selbstvertrauens, das mir meine Eltern einpflanzten. Sie hatten beide einen Beruf, der von Unsicherheit und Aufregung geprägt war, lange schon bevor die Zeitgeschichte zu Drama und Tragödie wurde. Als Schauspieler, denen die Texte, die sie sprachen, die Figuren, die sie darstellten, nicht etwas Fremdes blieben, sondern mit dem eigenen Dasein, sei es auch nur vorübergehend, verschmolzen, hatten sie Begeisterung und Enttäuschung, Triumph und Niederlage, Liebe und Haß, Streit und Versöhnung hundertmal auf der Bühne erlebt und das Wissen um niemals aufhörende Veränderungen in sich aufgenommen.

Als sie fast sechzig war und auf Grund des Beschlusses einer hartherzigen Schweizer Flüchtlingsbehörde in einem Internierungslager festgehalten wurde, hat meine Mutter den für ein paar Stunden als Besucher zugelassenen Sohn getröstet: »Das ist doch nur eine von vielen Szenen. Weshalb sollte ich im nächsten Akt nicht wieder lachen dürfen?«

Um mir diese Haltung beizubringen, hat die Mama ihrem ersten und einzigen Kind bei jeder passenden – und unpassenden – Gelegenheit eingebleut: »Du bist ein Pfingstsonntagskind. Vergiß das nie. Denen wird es immer gutgehen. Ob sie wollen oder nicht.«

Wie es sich für einen Zeitgenossen des aufgeklärten zwanzigsten Jahrhunderts gehört, habe ich mich anfangs über diesen »dummen Aberglauben« lustig gemacht. Und dennoch: immer wenn es mir besonders schlecht ging, erinnerte ich mich an jenen »kindischen Unsinn«, jenen »kalendarischen Zufall«, mit dessen Hilfe ich angeblich gegen alles Unglück gefeit sein sollte, und fand darin Zuversicht. Als mir später ein naher Verwandter anvertraute, meine Mutter sei in den letzten Wochen der Schwangerschaft öfter von einem Tisch hinuntergesprungen, um mich loszuwerden und bald wieder Theater spielen zu können, wollte ich dieses Motiv nicht gelten lassen. Sie hatte wohl, so gut sie es vermochte, auf jenes magische Pfingstdatum hingearbeitet.

So bin ich dann – mindestens zwei Monate zu früh – am 11. Mai 1913 in Berlin zur Welt gekommen, einem leuchtenden Feiertag, an dem nach windzerfetzten, regnerischen und kalten Tagen eines überraschenden Wettereinbruchs endlich wieder ein frühlingshaftes Lüftchen wehte. Noch am Abend zuvor hatten meine Eltern beide auf der Bühne gestanden beziehungsweise gesessen, denn die Rolle der Mutter von erfolgreichen Söhnen der Finanzdynastie Rothschild (im Lustspiel »Die fünf Frankfurter«) hatte die Mama fast ausschließlich im Lehnsessel gespielt, und die Wehen begannen, als hätte es der Inspizient so geregelt, ganz pünktlich erst am Ende ihres Auftritts. Glücklicherweise war die elterliche Dienstwohnung nur ein paar Schritte vom Bühneneingang des »Theaters an der Königgrätzerstraße« entfernt. Als ich dann am späten Vormittag – nicht zu früh, damit die Bühnenkollegen nicht vor der gewohnten Zeit aufstehen mußten – mit verklebten Augen ins Licht der Welt blinzelte, sollen die herbeigeeilten Mitglieder des Ensembles vom Nebenzimmer aus der Hauptdarstellerin laut und ausdauernd Beifall geklatscht haben.

3.

Dieser Pfingstsonntag 1913 hätte beinahe ein historisches Datum werden können. Denn an diesem Tag trafen sich zum ersten Mal in der neueren Geschichte Volksvertreter Frankreichs und Deutschlands, um in beinahe letzter Stunde einen Krieg zu verhindern, dessen Ausbruch immer wahrscheinlicher schien. Die Initiative zu diesem Treffen hatten die Mitglieder des Schweizer Nationalrats ergriffen, in der Hoffnung, als Neutrale eine Verständigung zwischen den beiden seit über 40 Jahren zerstrittenen Nationen einzuleiten. 140 französische und 44 deutsche Parlamentarier, die den Parteien links der Mitte angehörten, waren nach Bern gekommen und tauschten in ungewohnter Herzlichkeit ihre Gedanken miteinander aus.

Kennzeichnend für diese Stimmung war die Tatsache, daß eine der Eröffnungsansprachen in der Aula der Universität nicht mit einer der üblichen formellen Begrüßungsformeln begonnen wurde, sondern mit den Worten: »Ihr Männer, liebe Brüder!« Die sogenannten »maßgebenden Kreise in Frankreich und im Deutschen Reich« nahmen das, wie das »Berliner Tageblatt« am übernächsten Tag berichtete, »mit eisiger Zurückhaltung« auf. Diese wenigen friedenswilligen Politiker, die in ihrer Berner Resolution »gegen die chauvinistischen Hetzereien auf beiden Seiten, gegen die uferlosen Ausgaben für Heer und Flotte, für Annäherung, Verständigung und Anrufung des Haager Schiedsgerichtes« eingetreten waren, wurden als »Schwarmgeister« verspottet.

Theodor Wolff, Chefredakteur des angesehenen »Berliner Tageblatt«, nahm sie unter dem Titel »Berner Pfingsten« in Schutz, indem er kommentierte: »Immer wieder auf allen Entwicklungsstufen ist es geschehen, daß plötzlich Personen an die Öffentlichkeit traten, die etwas Neues zu sagen hatten, kühne und unerhörte Worte, die zunächst nur auf Kopfschütteln und den Skeptizismus der Herdenmenschen stießen. Bis sich dann allmählich herausstellte, daß die neuen Gedanken sich freie Bahn geschaffen hatten...« Ich habe die vergilbte

Titelseite der Nummer 237 (42. Jahrgang seines Blattes) noch im März 1933 mit in die Emigration gerettet. Sie gehörte zu einer Sammlung von Ausschnitten unseres Leibblatts, die mein Vater für mich zusammengetragen hatte, »damit du einmal weißt, was vorgegangen ist«! Sonst schienen politische oder gar militärische Ereignisse meinen Eltern, von einigen Ausnahmen abgesehen, viel unwichtiger als Theaterpremieren und andere kulturelle Ereignisse. Was an Berliner und Wiener Bühnen vorging, hielten sie für interessanter als die bedrohlichen Vorgänge auf der politischen Weltbühne.

Ein solches Wegschauen von den immer zugespitzteren, weltpolitischen Konflikten jenes Jahres 1913, das später als letzte Vorkriegsperiode erkennbar wurde, ist nachträglich nur schwer zu verstehen. Aber aus Erzählungen von Verwandten und Bekannten habe ich erfahren, wie hartnäckig die bürgerliche Generation der Vorkriegszeit an ihrer Welt der Unterhaltung und des gerade erst entdeckten Komforts festhalten wollte.

»Ganz Berlin singt, tanzt und wackelt«, heißt es in einem Stimmungsbericht aus dem Janusjahr 1913. Auch der kommende Krieg wurde im wilhelminischen Kaiserreich als eine Art berauschendes Fest gesehen, eine heroische Fortsetzung der vielen bunten Paraden, die mit extravaganten Uniformverkleidungen Maskenbällen ähnelten und nichts von dem kommenden Mordelend ahnen ließen.

Als von der dramatischen Wirklichkeit ablenkende Unterhalter wurden die meisten Theaterleute vom Waffendienst dispensiert. Sie waren geradezu stolz darauf, daß sie »mit dem ganzen Rummel« der anfänglichen Kriegsbegeisterung wenig zu tun hatten. Der Bruder des Direktors der »Meinhard-Bernauer-Bühnen«, dem ich besonders verbunden war, weil er mir, dem jüngsten Darsteller in einer Kindervorstellung, einmal meinen zum Teil vergessenen Text eingesagt hatte, erzählte mir einmal, daß er die ersten Seiten der Zeitungen mit ihren aufregenden Nachrichten sofort ungelesen zur Seite lege. Behalten habe ich diese Bemerkung wohl deshalb, weil er flüsternd hinzugefügt hatte: »Dann zerschneide ich sie und hänge sie auf – na du weißt schon wo.«

Damals muß ich schon vier Jahre alt gewesen sein, und nun hatte der große Krieg auch uns im Griff. Den Vater hielten die k.u.k.-Militärbehörden, deren Arm bis nach Berlin reichte, schließlich doch noch für unentbehrlich, obwohl er schon Mitte Vierzig war und manuell so ungeschickt, daß er nicht einmal einen Nagel einschlagen konnte. Die Mutter, sonst so strahlend, war verhärmt, seit ihr jüngerer Lieblingsbruder Dani schwerkrank von der Front zurückgekommen war. Ich sehe ihn noch vor mir, wie er sich – der Fahrstuhl war seit Wochen kaputt – in den vierten Stock zu unserer Wohnung hinaufquälte. Der tiefe, stumme und verzweifelte Blick, mit dem er uns ansah, das nächtliche Stöhnen, das aus dem Gästezimmer kam, gehören zu meinen eindrücklichsten Erinnerungen aus diesen frühen Jahren.

Als der Papa überraschend frühzeitig aus dem Kriegsdienst entlassen werden sollte, durfte ich meine erste längere Reise machen. Wir fuhren in die damals noch österreichische Garnisonsstadt Eger, um den Helden wider Willen in unsere Arme zu schließen, übernachteten im sündhaft teuren »Fürstenzimmer« des führenden Hotels unter riesigen Gemälden durchlauchter Häupter, weil wir sonst nirgends mehr untergekommen wären, und wurden geweckt durch das Tschingdärä einer Militärkapelle, die ich vom »Präsentierbalkon« aus huldvoll gegrüßt haben soll. Sie konnten's halt nicht lassen, obwohl damals im Hungerwinter 1917 schon jeder wußte, daß die Demütigung der Niederlage nicht mehr zu umgehen war.

Noch vor Kriegsende zogen wir aus der etwas düsteren Wohnung in der Königgrätzerstraße hinaus nach Neutempelhof, einer modernen Randsiedlung am Hohenzollernkorso, von wo aus man an halbfertigen, wegen des Krieges stehengelassenen Miethausruinen vorbei ein Herzstück des feldgrauen Kaiserreichs sehen konnte: das von massigen dunklen Kasernen eingefaßte Tempelhofer Feld, Ort spektakulärer Aufmärsche und gelegentlich auch lauter Kriegsspiele, deren Lärm bis zu uns hinüberdrang.

Dort am Rande des weiten Exerzierplatzes beim sogenannten »Steuerhäuschen« habe ich Ende November 1918 die letzte Parade der geschlagenen Armee miterlebt. Den unendlich langen Trauermarsch, der sich über die breite, nach dem längst vergangenen Sieg von Belle Alliance des Jahres 1870 benannte Straße stadteinwärts wälzte. Irgendein Berittener, der nicht erwarten konnte, endlich wieder bei seinen Kindern zu sein, hat mich Zappelphilipp zum Schrecken des Kindermädchens zu sich aufs Pferd gehoben und fast bis zum Halleschen Tor dort festgehalten.

Das war ein Jubelerlebnis für den kleinen Knirps, aber als ich aufgeregt zu Hause davon erzählte, blieben sie alle stumm und niedergedrückt. Weshalb? Das konnte ich damals noch nicht verstehen.

4.

Nur wenig später – es muß nur etwa ein Jahr nach dem Zusammenbruch des Kaiserreichs gewesen sein – wurde schon wieder marschiert. Und ich selber war dabei. Das ereignete sich auf dem kiesbestreuten Hof hinter einer langgezogenen, hellgrün gestrichenen Holzbaracke, über deren Eingang sie das inhaltsschwere Wort »SCHULE« hingepinselt hatten. Da sollte ich als erstes lernen, im Gleichschritt mit anderen Kindern forsch auf eine löchrige Bretterwand zuzusteuern: »LINKS! RECHTS! LINKS! RECHTS! KEHRT! und wieder LINKS! RECHTS! LINKS! RECHTS! HALT! Der TSCHECHE hat's noch immer nicht kapiert! Jetzt macht er's uns alleine noch mal vor! LINKS! RECHTS! Immer gleichmäßig. So! Nein, so! Ja, also noch mal!« Die herbe Stimme des Fräulein »Schnurrbart«, die mir wegen der schwarzen Haare über ihrer dünnen Oberlippe vom ersten Anblick an unsympathisch war, habe ich noch heute im Ohr. Sie hatte es auf mich, den »Tschechen«, ganz besonders abgesehen und prangerte mich den Mitschülern unermüdlich als Beispiel fremdländischer Undiszipliniertheit und Unge schicklichkeit an. Ausgehalten habe ich es dort in der »Parkschule« wohl nur, weil mich Fräulein Hempel, die zweite Lehrerin, ein blasses blondes Wesen, von der es hieß, sie habe ihren Verlobten auf dem Felde der Ehre verloren, mit ihrer traurigen Sanftheit zu trösten verstand. Als ich ihr einmal als Dank meiner Eltern zwei Premierenkarten brachte, gab sie mir gleich das eine Billett zurück und dann etwas zögernd auch das zweite. »Was soll mir das noch?« verriet ihre stumme Geste.

In der Tat hatte mein Vater für sein Geburtsland Böhmen, das inzwischen ein eigener Staat, die Tschechoslowakei, geworden war, optiert, obwohl er die slawische Sprache der neuen Nachkriegsrepublik nicht sprach. Er war 1872 in der mährischen Kleinstadt Miskowice als dritter Sohn des jüdischen Landarztes Leopold Baum geboren worden, der seine Liebe zur deutschen Sprache darin kundtat, daß er jedem seiner Patienten außer einem Rezept ein Zitat von Goethe, Schiller oder Heine mit auf den Weg zur Heilung gab.

Daß mein Papa ihm das nachtun wollte, indem er schon als Knabe Gedichte, Monologe, Aufsätze der Klassiker auswendig lernte, erfüllte »Vater Baum« mit Stolz. Als der Jüngling jedoch kundtat, er wolle nicht, den beiden älteren Brüdern folgend, einen ehrbaren Beruf wie Arzt oder Anwalt erlernen, sondern als »Diener der Dichter« ihr Wort von der Bühne herab verkünden, war der Herr Doktor entsetzt.

»Wenn du das wirklich vorhast, dann bitte nicht unter unserem guten Namen!« bestimmte er. Denn der Schauspielerberuf schien ihm wirtschaftlich unsicher und unsolide. Mein Vater, eher ein fügsamer und liebenswürdiger Mensch, konnte auch jähzornig sein – ich habe es mehr als einmal erfahren! –, und so riß er wutentbrannt, ohne um Erlaubnis zu fragen, noch am gleichen Abend nach Prag aus, wo es, wie er wußte, eine Gruppe von jungen Bühnenbegeisterten gab, die sich »Dilettantenverein« nannte.

Von seinen neuen Gefährten befragt, wie er denn nun heißen wolle, hätte er gerne den Namen eines der großen verstorbenen Tragöden gewählt. Talma war sein Idol. Aber diese Anmaßung wurde ihm nicht gestattet. »Ach was, dafür bist du zu jung! Also heißt du: Jung!« bestimmten sie. »Da habe ich mich gefügt«, pflegte mein Vater zu berichten. »Und nur verlangt, daß ich dem neuen Namen doch noch etwas Eigenes hinzufügen dürfe. Wenigstens einen einzigen Buchstaben: etwa ein ›k‹. So habe ich den ›Baum‹ ausgerissen und bin ein ›Jungk‹ geworden.« Allerdings hat sich mein Papa sein Pseudonym nie legalisieren lassen. Das hat mir, der stets nur diesen angenommenen Namen trug, später manche Schwierigkeit bereitet.

Ohne je eine Schauspielschule besucht zu haben, hat Max Jungk, ehe er nach Berlin kam, von 1891 bis 1911 die »Bretter, die die Welt bedeuten« in mindestens einem Dutzend Provinzstädten des weiten Kaiserreichs Österreich-Ungarn erprobt: von Aussig und Teplitz bis Czernowitz, von Olmütz bis Graz und Villach. In der Sommersaison gastierte er stets in berühmten Bädern wie Ischl, Karlsbad oder Marienbad, an Ferienorten wie Alt-Aussee und Velden. Der Zierliche, Zerbrechliche ist sehr bald vom jugendlichen Helden ins Fach des Charakterdarstellers übergewechselt und war, wie die wenigen Kritiken belegen, die erhalten blieben, ein ebenso erfolgreicher wie geschätzter Mime. Am liebsten erzählte er von Rollen, in denen er Charaktere zu verkörpern hatte, die seinem Wesen ganz entgegengesetzt waren wie Familientyrannen, befehlshaberische Despoten oder barsche Offiziere. Zu seiner kleinen Statur paßte das nicht immer. »Es traten auf: zwei Ritterstiefel.« Diese Passage aus einer ihm gewidmeten Kritik zitierte der unheldische Papa besonders gerne.

Als Kind habe ich am liebsten mit der Sammlung von alten Ansichtskarten gespielt, die der fahrende Sänger in seinen Wanderjahren gesammelt hatte. Noch eindrucksvoller als diese mit goldenen Jugendstilgirlanden umkränzten Fotos von Theatergebäuden, Kirchen, Marktplätzen und blauen Alpenseen voll weißer Segelboote und Feriendampfer waren die auf farbiger Seide gedruckten Programme der sogenannten »Benefizvorstellungen«. Jedes wichtige Mitglied eines Theaterensembles hatte nämlich bei Saisonende das Recht auf einen solchen besonderen Abend, in dessen Mittelpunkt er oder sie stand. Die übliche Monatsgage erhöhte sich dann nicht nur um einen Teil des bei dieser Vorstellung einkassierten Reingewinns, sondern auch durch den Verkauf der wunderbar weich anzufassenden »Theaterzettel« und signierter Künstlerfotos. Da die meisten Mimen monatelang hatten »aufschreiben lassen«, war ihr Schuldenberg bei Vermietern, Schneidern, Bijoutiers, Kaffeehäusern, Eßwarengeschäften und allerlei anderen lokalen Gewerbetreibenden so hoch, daß manche von ihnen drei solche Sondervorstellungen gebraucht hätten. Wie durch ein zweimal im Jahr sich wiederholendes Wunder gelang es aber fast allen immer wieder, ihr Konto im letzten Moment doch noch auszugleichen. Da mögen begüterte Verehrer und Verehrerinnen nachgeholfen haben. Wie das geschah, welche lustigen, peinlichen und dramatischen Situationen sich dabei ergaben, war, wie Papa meinte, oft bewegender als das, was auf der Bühne vorging, weil es einen Teil der Zuschauer nachträglich mit einbezog.

Erzählt hat er mir das alles meist nach dem Mittagessen im braungetäfelten Herrenzimmer. Ich saß auf seinem Schoß, er rauchte seine Zigarre, und da erlebte ich die ganze Welt von gestern in unserem alten Ledersessel: die endlosen Kaffeehausgespräche, die angeregten Tarockrunden, den Klatsch der Schminker und Garderobieren, die raschelnden Röcke und riesigen Hüte der Damen, die Gassenhauer und Operettenschlager. Vor allem aber diese herrlichen üppigen Mahlzeiten: die knusprige »Gans der Gänse« in Olmütz, die flaumigen Nockerln in Salzburg, den einmaligen Esterhazy-Rostbraten beim Sacher und die unvergleichlichen Einspänner im Prager Café Arco. »Vergiß nicht, mein Sohn, du lebst hier im Exil«, pflegte Papa diese nostalgischen Gastronomieausflüge in die k.u.k.-Vorkriegszeit abzuschließen. Und diesen Satz wiederholte er jedesmal, wenn wir gerade in einem Berliner Restaurant gegessen hatten. Denn sosehr er zufrieden sein durfte, daß es ihm gelungen war, sich schließlich bis in die damalige Theaterhauptstadt deutscher Sprache hinaufzuarbeiten, so entschieden verdammte er den »Fraß«, den »diese Preußen« in ihren Speiselokalen dem Publikum anzubieten wagten.

5.

Für meine liebe Mama, die es schwer genug hatte, neben ihrer anstrengenden Bühnenarbeit an einem und manchmal mehreren der vier Theater des Meinhard-Bernauer-»Konzerns« ihre Familie zu versorgen, war es eine Belastung, daß ihr Mann die vielen österreichischen Kollegen »aus Mitleid« zum Essen an unseren Mittagstisch einlud. Glücklicherweise fand sich bald eine böhmische Köchin, die uns und unseren Gästen mit so vielen Knödeln, Palatschinken, Mohnstrudeln, Powidltascherln aufwartete, daß im folgenden Sommer eine Abmagerungskur in Marienbad notwendig wurde.

Viele Jahre noch habe ich ein Foto besessen, auf dem die Eltern ihre Trinkbecher und ich ein, wie ich mich noch jetzt genau erinnere, schwarz-weiß-rot umrandetes Geschicklichkeitsspiel in der Hand haltend durch den Kurpark von Marienbad spazieren. In einem geschlossenen kleinen Glaskasten rollten da vier oder fünf silberne Kügelchen, die es galt, in bestimmte kleine Löcher zu jonglieren. Diese niedlichen Dingerchen sollten Bomben sein, die ein deutscher Zeppelin auf London abwarf, um nun, vier Jahre nach der Niederlage, spielend das »perfide Albion« zu bestrafen. Erstaunlich genug, daß die Eltern, die doch gewiß keine revanchedurstigen Nationalisten waren, mir so ein Spielzeug erlaubt, vermutlich sogar selber gekauft hatten.

Man hatte eben sehr schnell vergessen. Die vielen Toten waren »draußen« verwest oder begraben, die Invaliden in irgendwelche abgelegene Anstalten abgeschoben. Wir wußten, wie abseits die lagen, weil Helene, die Haushaltshilfe, von den umständlichen Reisen zum Besuch ihres schwerverletzten Stiefvaters berichtete, der weit weg von Berlin in einem Asyl einsam dahinsiechte. Die beginnende Geldentwertung und ihre schlimmen Folgen wurde den bösen Siegermächten und dem »Schmachdiktat von Versailles« zur Last gelegt. Daß die eigenen Schieber, Wucherer und Spekulanten viel mehr damit zu tun hatten, ahnte man zwar, sah sie aber eher als dumme Witzfiguren denn als raffinierte Verderber. »Raffke«, die von dem Zeichner Theo Matejko geschaffene Karikatur des geldraffenden Emporkömmlings, wurde von vielen sogar heimlich bewundert. Es spekulierten ja auch brave Bürger, um einigermaßen mit dem rapiden Wertverfall der Mark Schritt zu halten.

Ich habe selber im Alter von knapp zehn Jahren zu diesen Glücksrittern gehört, als ich auf Rat eines Schulfreundes begann, mein Taschengeld in entwerteten Notgeldbanknoten oder in Briefmarkenbögen zu je hundert Stück anzulegen und an Sammler weiterzuverkaufen, um dann sofort wieder neue Bögen mit noch höheren Werten am Postschalter zu beziehen. Bald war ich vielfacher Milliardär. Das hätte vermutlich kaum für mehr als ein paar Tafeln Schokolade gereicht, aber es war schon ein tolles Gefühl, im Kinderzimmer Türme aus entwerteten Notgeldscheinen oder Postwertzeichen aufzuschichten statt aus den lieben altmodischen Bauklötzen.

Als der Dollarkurs zuerst Milliarden-, dann Billionenhöhe erreicht hatte, konnte die Familie für den Bruchteil des Dollarhonorars, das der Papa für das Resultat seiner neuen Nebenbeschäftigung, einen sechsseitigen Filmentwurf, bekommen hatte, im Sommer 1923 zwei Monate lang Urlaub in Rottach am Tegernsee machen, und zum täglichen Wettkitzel gehörte es damals, die aktuellen Rekordkurse der Börse mit den Voraussagen des Vortages zu vergleichen. Vor allem interessierte und faszinierte uns das astronomische Ansteigen der »Kronprinzen-Metall«-Aktien, die Mama auf Rat einer Kollegin erworben hatte.

In unsere harmlosen Hasardspiele brach an einem späten Novemberabend das schrille Signal der Feuerwehr ein. Es wurde an die Haustür geschlagen, man hörte Geschrei und roch Rauch. Mein früher Alptraum war Wirklichkeit geworden. Wir stürzten halb bekleidet hinaus auf die Straße. Dort fuhren schon die roten Wagen mit den zusammengelegten

Leitern vor. Aus den Fenstern der Wohnung über uns sah man Flammen schlagen.

Natürlich – der Rittmeister! Wir wußten, daß er ein Bastler war und mit allen möglichen gefährlichen Chemikalien umging, weil er schon den nächsten Waffengang vorbereiten wollte, den Deutschland bestimmt gewinnen würde. Das hatte uns die Portiersfrau verraten. Als mein Vater ihn einmal anrief, weil er den Lärm einer Explosion gehört zu haben meinte, wurde nicht geantwortet. Er ging die Treppe hinauf, läutete und klopfte an der Tür. Es wurde ihm geöffnet, und der grimmige Ex-Offizier stand vor ihm mit gezücktem Säbel, bereit, seine Geheimnisse bis zum äußersten zu verteidigen. Der Papa hat klugerweise damals gleich den Rückzug angetreten und die Polizei verständigt. Die unternahm jedoch nichts, weil der oberste Wachhabende zufällig ein Kriegskamerad unseres martialischen Nachbarn war.

Nun wars also passiert! Irgendeine der explosiven Mixturen des Waffennarrs mußte hochgegangen sein. So dachten wir, als wir den »Täter« mit rauchgeschwärztem Gesicht im Scheinwerferlicht über die Leiter herunterklettern sahen, gestützt von einem der behelmten Feuerwehrleute. Doch wir irrten uns. Die Ursache des Feuers hatte mit der Inflation zu tun. In Rage darüber, daß sein kleines Vermögen nur noch aus wertlosem Papiergeld bestand, hatte der Empörte in seiner Küche ein Banknoten-Autodafé entzündet, das durch brennend emporgewirbelte Fetzen weiter in die Wohnung getragen wurde, glücklicherweise aber nicht auf das häusliche Arsenal übergriff. So wurde dann der Rest des Hauses und auch unsere Wohnung verschont. Der schwierige Nachbar kehrte nie mehr in seine ausgebrannte »Festung« zurück.

6.

Opfer des Geldverfalls wurden schließlich auch die Theater, an denen meine Eltern beschäftigt waren. Da die »Abendkasse« am nächsten Morgen, wenn man sie zur Bank brachte, meist nur noch einen Bruchteil wert war, konnte der Weiterbetrieb nur durch Hypotheken auf die Bühnenhäuser aufrechterhalten werden. Diese Kredite wurden aber nur gegeben, wenn dafür spätere Rückzahlung in harter Währung garantiert war. So häufte sich eine Schuldenlast an, die nach dem Ende der Inflation im November 1923 immer bedrückender wurde und einige Jahre später das Ende des einst erfolgreichen Bühnenkonzerns »Meinhard-Bernauer« unvermeidlich machte.

Mein Vater hatte sich schon zuvor einen Nebenverdienst geschaffen, der nach und nach zu seinem Hauptberuf wurde. Er schrieb zuerst alleine, dann mit einem Mitarbeiter namens Julius Urgiss Filmdrehbücher, eine schriftstellerische Arbeit, die, von einigen Ausnahmen abgesehen, damals noch zu Recht als drittklassig angesehen wurde. In der Tat waren die meisten Flimmerstreifen, die zwischen 1910 und 1923 in Deutschland gedreht wurden, recht primitive Machwerke: melodramatische, sentimentale Schmachtfetzen, die schnell heruntergedreht wurden und dann meist ebenso schnell wieder verschwanden, nachdem sie eine Menge Geld eingespielt hatten. Die Produzenten, oft hatten sie bis vor kurzem noch Herren- und Damenkonfektion hergestellt, verlangten von ihren Mitarbeitern niedriges Niveau, damit »Lieschen Müller in Neurupin versteht, worum es geht«.

Heute tut es mir weh, daß ich damals mit dem Bildungshochmut des Gymnasiasten, der gerade die ersten Klassiker gelesen hat, dem Papa vorwarf: »Du bist ein Schundfabrikant!« Er leugnete das auch gar nicht, sosehr es ihn geschmerzt haben muß, daß der einzige Sohn so verächtlich über seine Arbeit sprach. Mit beißender Selbstkritik versuchte er sich zu rechtfertigen.

In seinen Erzählungen über die »Kintopp-Branche« spielten die Brüder Schratter eine tragikomische Hauptrolle. Sie waren in wenigen Jahren mit Heimat- und Krimistreifen reich geworden. Ihre Erfolgsrezepte hießen: »Jankel muß sitzen am Plafond!« oder »Heulen sollen sie wie die Schloßhunde!« Ich weiß heute, wie mein Vater darunter litt, daß er, um seine Familie ernähren zu können, in diese Verblödungsmaschinerie hineingeraten war. Er hat sich aber sehr bald davon losgemacht und dann eine Reihe ausgezeichneter, auch von der Kritik anerkannter Filmdrehbücher verfaßt.

Wie gut er zwischen Qualität und Pfusch zu unterscheiden wußte, habe ich später erkannt, als ich seine umfangreichen handgeschriebenen »Urteilsbücher« las, in denen er als Theaterdramaturg – eine Tätigkeit, die er neben seiner Bühnenarbeit ausübte – sich gewissenhaft über die zahlreichen eingereichten Manuskripte äußerte, immer in der Hoffnung, in der Fülle von gutgemeinten, aber mißlungenen Bühnenstücken vielleicht doch einmal die Arbeit eines Talents zu entdecken.

Das geschah selten genug. In diesen glücklichen Ausnahmefällen bestellte er dann den Autor oder die Autorin in sein Büro, um ihnen mit seiner Erfahrung, seinem Urteil und mit neuen Ideen weiterzuhelfen. Ein solcher Fall betraf einmal eine Ehedrama, das den gewiegten Theaterfuchs schon bei der Lektüre erschütterte. Es erzählte in eindrucksvollen Szenen von zwei Menschen, die einander intensiv liebten und bis aufs Blut quälten. Den Ausgang dieser Tragödie hatte der Verfasser aber noch offengelassen. Als er meinem Vater gegenübersaß, riet ihm der sofort mit aller Entschiedenheit: »Der einzig logische und auch dramaturgisch richtige Schluß ist doch, daß sie ihn oder er sie umbringt!« Der Mann befolgte den Rat. Er ging nach Hause und ermordete seine Frau. Mein Vater meinte zeitlebens, er sei für diese Untat mit verantwortlich.

Unter dem allmählichen Verfall »ihrer« Bühnen haben meine Eltern sehr gelitten. Die Gemeinschaft der Schauspieler, deren chaotischer Fluchtpunkt unsere Wohnung war, zerfiel allmählich. Hatte einer der Kollegen irgendeinen Kummer mit einer seiner temperamentvollen Damen, so war er stets zu meiner Mutter gelaufen, um sich das Herz auszuschütten. Oft genug wurde ich Zeuge solcher bewegenden Szenen.

Einmal mitten in der Nacht wurde an der Wohnungstür geläutet und gepocht. Nur ich kleiner Steppke hörte es, lief barfüßig hinaus und sah durch den Briefschlitz den Herrn Direktor Meinhard persönlich im Zustand höchster Erregung:

»Macht auf! Schnell! Sie will mich umbringen!« Sie – das war die für ihre Wutausbrüche im Kokainrausch berüchtigte Maria Orska, eine geniale Tragödin, die ihre Paraderolle »Lulu« zu allen Tages- und Nachtzeiten weiterspielte. Ich habe dem gefürchteten Prinzipal, so gut es ging, auf dem Sofa ein Notlager bereitet und ihm altklug versichert, er werde den Rest der Nacht gewiß ganz ruhig schlafen können. Ich wußte nämlich vom Mithören des Erwachsenenklatschs, daß er nichts so sehr fürchtete wie Lärm und deshalb im Hotel manchmal fünf Zimmer zu mieten pflegte, um oben, unten sowie auf allen vier Seiten bestimmt vor Krach geschützt zu sein.

7.

Das Lob, das ich am nächsten Morgen für mein selbständiges Handeln erntete, hat mich für manchen (sanften) Tadel entschädigt, den ich wegen meiner meist schlechten Schulzeugnisse erhielt. Schon die Tatsache, daß ich an vielen Tagen des Jahres aufstehen mußte, wenn es stockdunkel war und die Eltern, an späte Nachtstunden gewöhnt, noch tief schliefen, mußte mich zu einem Feind der »Penne« machen. Zwar steckte man mich früher ins Bett, aber ich lag oft stundenlang, ohne daß es jemand ahnte, bäuchlings auf dem Fußboden des dunklen Korridors, der in den vorderen Teil der Wohnung führte, um durch den hellen Türspalt doch etwas von den Gesprächen, der Musik, dem Lachen der späten Parties nach dem Ende der Vorstellungen zu erwischen.

So stand ich am nächsten Morgen schwer auf, schaffte kaum das Anziehen und würgte das von Helene, Anna, Gertrud – oder wie die wechselnden dienenden Geister hießen – vorbereitete Frühstück nur gerade so halb hinunter. Der Weg bis zum Charlottenburger Mommsen-Gymnasium am Wittenbergplatz war lang und wurde im Laufschritt zurückgelegt. Ein gutes Training, wie sich später herausstellte, für die zweimal im Jahr stattfindenden Waldläufe der Berliner Schulen, an denen ich in neuerwachter Sportbegeisterung teilnahm.

Wenn es schon fast sicher war, daß ich zu spät kommen würde, hoffte ich auf ein rettendes Wunder. Am häufigsten stellte ich mir vor, daß der große dunkelgraue Bau, eine Kaserne mit dorischen Säulen als Kulturinstitution getarnt, über Nacht abgebrannt sei. Aber wenn ich dann außer Atem dort ankam, stand der Klotz drohend und unversehrt da wie immer, und die Glocken, die schrill den Anfang der Stunde in einem Dutzend Klassen verkündeten, begannen gerade zu läuten.

1946, beinahe ein Vierteljahrhundert später beim ersten Besuch in einem Berlin, das gerade wieder einmal einen Nachkriegszustand zu überwinden versuchte, habe ich dann endlich vor mir gesehen, was ich mir als Zehn- und Elfjähriger so sehr gewünscht hatte: das Mommsen-Gymnasium war eine Ruine. Ausgebrannt. Ohne Dach. Leer und ohne Lehrer. Und mein Herz fing sofort wieder wild zu klopfen an wie damals, wenn ich nur wenige Sekunden zu spät die Treppe zur Quinta B hinaufraste. Als ich zwei oder drei Jahre danach noch einmal hinschauen wollte, war der ganze Block, der Schulhof, die Turnhalle, der Torweg und die dürren Bäume des Schulhofs verschwunden, als hätte es das alles nie gegeben. Man hatte die Zerstörung zerstört, um neue »Verkehrsflächen« zu schaffen.

Was hätte unser gütiger Direktor Przygode, Mitverfasser einer vielverbreiteten altgriechischen Grammatik (»dem Przygode-Engelmann haften viele Mängel an«), gesagt, wenn er noch erfahren hätte, daß seine Berliner Version der Athener Akademie, durch deren Wandelgänge junge Humanisten in der antiken Originalsprache philosophierend gemächlich schreiten sollten, nun täglich von Tausenden schneller Autos überrollt wurde? Er hätte, wie stets, vermutlich irgendeine passende Sentenz aus den Schriften eines antiken Klassikers gefunden und sich damit getröstet.

Meine wirkliche Schule war damals, wie ich heute genau weiß, diese aufgeregte, ausgedehnte und unheimliche Großstadt Berlin. Sie erschien mir so riesig wie ein ganzes Land, so wechselvoll wie ein Kontinent. Zuerst bin ich auf stundenlangen Ausflügen durch fremde Viertel gezogen, um so oft wie möglich zu meinen alten Spielgefährten nach Neutempelhof zurückzukehren. Wir hatten da, angeregt durch die Kriegsbilder von Unterständen und Schützengräben, im noch nicht bebauten Gelände ein ganzes System von Laufgängen und Höhlen angelegt. Fast hätten wir mit Schaufeln, Sägen und Brettern unseren Traum eines unterirdischen Palastes verwirklicht. Aber die Baumaschinen, die eines Tages in »unser Gebiet« einfielen, um dort weiterzugraben, wo man bei Kriegsbeginn aufgehört hatte, begruben diese Vision im gelben Lehm. Sie gehörten, so hieß es, reichen Holländern, die das ganze Gelände spottbillig aufgekauft hatten, angeblich mit Gulden und Dollars aus ihrer privaten Spielkasse.

Erst von diesem Augenblick an habe ich mich mit dem Umzug der Familie aus dem halbfertigen Neutempelhof am südlichen Stadtrand in den fashionabeln »neuen Westen« abgefunden. Für die Eltern war dieser Wohnungswechsel ein Gewinn in dem sich ihr beruflicher Erfolg bestätigte, für mich der erste Heimatverlust. In der Tharandterstraße, einer ruhigen Seitengasse der lebhaften Kaiserallee, war der Papa nur noch eine Viertelstunde weit von seinem geliebten »Bühnenclub« in der Joachimsthalerstraße oder vom Literatentreffpunkt »Romanisches Café« entfernt, und die Mama, die immer davon geträumt hatte, ein gastliches Haus zu führen, konnte endlich an spielfreien Abenden Gesellschaften geben, weil es nun niemand mehr sehr weit bis zu uns hatte, denn wir lebten jetzt »mittenmang« und nicht mehr »jottwedeh«.

Daß wir diese fünf Zimmer mit Balkon im obersten Stockwerk des stattlichsten Hauses in einer beliebten Gegend trotz Wohnungsnot überhaupt mieten konnten, war wieder einmal das Resultat von Mutters unwiderstehlicher Überredungskunst. Sie machte dem langjährigen Wohnungsinhaber, einem pensionierten Politiker, der da vereinsamt seiner verstorbenen Frau und einer gescheiterten Karriere nachtrauerte, eindringlich klar, daß nur diese fünfte Etage mit Parkaussicht die angeschlagene Gesundheit ihres geliebten Mannes retten könne, denn dort werde er Höhenluft einatmen.

Ich habe sehr schnell auch in diesem Viertel eine Jugendbande getroffen, welche die Straßen um den Prager Platz unsicher machte, genau in jenem Viertel, wo Erich Kästner sein berühmtes Jugendbuch »Emil und die Detektive« ansiedelte. Um in diese wilde Schar aufgenommen zu werden, mußte ich allerdings verschiedene Prüfungen bestehen. Ich hatte dreimal um den ganzen Häuserblock zu rennen, ohne mich von dem hundert Meter nach mir gestarteten Häuptling einholen zu lassen. Erst beim vierten Versuch ist mir das gelungen, und ich wurde endlich in den Stamm der »weißen Rothäute« aufgenommen, nachdem ich auch noch durch das Leeren einer Flasche Essig bewiesen hatte, daß mir vor nichts grauste. Nun durfte ich endlich mitreden in einer selbsterfundenen Sprache und an den täglichen Ringkämpfen um die »Weltmeisterschaft der Jugend« teilnehmen. Mein Hauptgegner hieß Egon, er war der Sohn eines reichen Geschäftsmannes, der – damals noch eher eine Ausnahme – ein offenes Privatauto besaß, in das er manchmal spätnachmittags nicht nur mich und meinen Freund, sondern auch das bildhübsche Kinderfräulein namens Elfi einlud. Mit ihr verschwand er gerne »zum Einkaufen« in einem gelben Mietshaus am Schöneberger Stadtpark und kehrte erst nach einer guten halben Stunde zurück, ehe wir, das perfekte Alibi, von diesem Ausflug des guten Familienvaters nach Hause zurückgebracht wurden.

Als dann einer aus unserer Gruppe vom Auto überfahren wurde, merkten meine Eltern, daß es doch etwas gefährlich sei, mich weiter auf der Straße spielen zu lassen. Freunde von ihnen hatten ihrem Sprößling eine Abonnementskarte für den nicht allzu weit entfernten Zoologischen Garten gekauft. Dort gab es nicht nur das exotisch stinkende Raubtierhaus, die Käfige voll von turnenden und springenden Affen, die von

vielen, vielen verschiedenen Stimmen klingenden Vogelge-
hege, sondern auch, abgeschirmt vom Verkehr, herrliche
schattige Spielplätze, die ich von nun an fast jeden Nachmittag
besuchte. Allerdings packte mich bald wieder der Wander-
trieb, und ich »reiste« ohne Wissen der Eltern stundenlang
mit der Straßenbahn in andere Berliner Stadtteile. Die Nummer 3, auf der man für zehn Pfennig fast zwei Stunden lang
den »Großen Ring« abfahren konnte, war meine Lieblings-
linie. Auf dem zugigen Vorderperron stehend, bin ich durch
Fabriksgelände, Geschäftsstraßen, alte und neue Wohnviertel
und die noch fast ländlichen Gegenden zwischen den zusam-
menwachsenden Stadtteilen gefahren, zunächst nur als neugieriger Zuschauer, dann bald schon als eifrig notierender Beobachter.

Denn seit einiger Zeit stand es für mich fest, daß ich »rasen-
der Reporter« werden wollte. Wie ein alter Prager Freund meines Vaters namens Egon Erwin Kisch.

»Egonek«, so nannten ihn seine vielen Freunde und Bekannten, war damals auf der Höhe der zwanziger Jahre schon
eine Berliner Berühmtheit, und ich war natürlich stolz, daß
ich ihn kannte. Wann immer meine Eltern etwas in die nur ein
paar hundert Meter von unserem Zuhause entfernte Wohnung
der Kischs schicken wollten – ich vermute, es war meist etwas Eßbares aus der Küche unserer fleißigen böhmischen Köchin –, drängte ich mich als Bote auf. Ich liebte diese halbdunklen Zimmer mit ihren Türmen von Zeitungspapier, war
dankbar für die einfache kameradschaftliche Art, in der sich
dieser »große Mann«, den ich im Bademantel oder in Hemds-
ärmeln, telefonierend, diktierend und einmal auch wütend
seine Gefährtin anschreiend kennenlernte, mit einem jungen
»Lausbuben« wie mir von gleich zu gleich unterhielt. Dabei
fielen mir vor allem seine ungewöhnlich beweglichen Augen
auf, die ständig auf der Suche nach etwas zu sein schienen.

Das wichtigste, was er mir über seinen aufregenden Beruf
verriet, war der Tip, daß man Interessantes und Besonderes
nicht unbedingt in fernen Erdteilen und bei exotischen Völ-
kern suchen müsse, sondern auch ganz in der Nähe entdecken

könne. Und so wurden die Berliner Parks meine Urwälder, die Märkte von Kreuzberg meine Basare, das verödete Tempelhofer Feld meine Wüste und die Warenhäuser meine Paläste. Die erste kleine Reportage des Schülers Jungk, den später einmal die Abendzeitung »Tempo« abdruckte, trug den Titel: »Was meine Schulbank erzählt.« Sie verriet, was gelangweilte Pennäler mit Tinte, Farbstiften und Schnitzmessern der inzwischen arg mitgenommenen Pultfläche unter ihren Nasen anvertraut hatten.

9.

Mit so harmlosen Themen konnte sich der angehende Reporter eigentlich nicht zufriedengeben. Kisch, das wußte ich, sah sich gerne in zweifelhaften Milieus um. Er kannte die wüsten Kaschemmen, die Schnapslöcher, Diebes- und Hehlertreffs, hatte bei Obdachlosen in ihren heruntergekommenen Herbergen übernachtet und in die Bordelle von ganz Europa hineingerochen.

An so etwas konnte sich ein Gymnasiast aus »guter bürgerlicher Familie« aber nicht heranwagen. Man hätte ihn sofort geschnappt und nach Hause zurückbefördert. Und doch waren selbst für einen Halbwüchsigen in diesen Berliner Nachkriegsjahren Wahrnehmungen der überhitzten erotischen Atmosphäre leicht zu machen, ja sogar unvermeidlich.

Da war gleich neben dem Eingang des Mommsen-Gymnasiums in der Wormser Straße das verruchte Lesbenlokal »Molly und Igel«, dessen mit ungewöhnlichen Malereien und Fotos ausgestattete Innere ich während der großen Vormittagspause besichtigen konnte, weil das die Zeit war, in der die Reinemachefrauen die dichten Läden öffneten, alle Türen und Fenster aufrissen und mit Eimern von Seifenwasser die – übrigens meist harmlosen – Spuren der letzten Nacht wegschwemmten. Nur einige Schritte weiter widmeten sie bald darauf ihre auf Sauberkeit versessene Gründlichkeit dem »Eldorado«, wo sich allnächtlich nicht nur Berliner Jünglinge und Männer trafen, die »anders als die anderen« waren, sondern auch Voyeure aus der ganzen Welt.

Es wäre mir auch ganz unmöglich gewesen, die eleganten und auffallend geschminkten Dirnen auf der Tauentzienstraße zu übersehen oder blind an Plakaten und Fotos der Kinos vorbeizugehen, die jede Woche neue »Sittenfilme« mit aufreizenden Titeln wie »Die Höhle des Lasters«, »Die weiße Sklavin«, »Die Liebesnacht im Harem«, »Das Gift im Weibe« oder »Freiluftspiele junger Mädchen« anzubieten hatten.

Die empörten Warnungen wohlmeinender Sittenwächter in den Boulevardzeitungen habe ich wie meine Altersgefährten gerne gelesen, weil darin so viele pikante Beweisstücke des Verderbens ausgebreitet wurden, vor dem man uns, »die Jugend«, schützen wollte. In Wahrheit wurden wir durch all die Andeutungen, Lockungen, Heimlichkeiten weniger korrumpiert als gereizt oder, um einen zotigen Begriff zu verwenden, aufgegeilt. Über die Zuwachsraten von Masturbation existieren keine Statistiken. Gäbe es sie, so würden die Berliner Jahre 1922 bis 1925 vermutlich eine Steilkurve ergeben. Es ist zwar immer wieder behauptet worden, daß die Jahre nach dem Ersten Weltkrieg eine sexuelle Befreiung gebracht hätten. Aber daran kann man füglich zweifeln. Denn das Gerede, Geschreibe, Geflüster, die Fotos, die Filme über »die schönste Angelegenheit der Welt« waren Pfeffer, der immer durstiger machte.

Nein, als Befreiung haben wir Halbwüchsigen diese Flut von anzüglichen Bildern und Texten nicht empfunden, sondern als Stachel, als eine Qual, die wir nur einander bekannten und vor den Eltern verheimlichten. Seltsame »Auswege« wurden gefunden. Erwin S., der beste Mathematiker in unserer Klasse, hatte sich einen »Harem« angelegt, mit dem er sich gerne vor uns großtat. In einem samtrot ausgeschlagenen Kästchen sammelte er Aktfotos, die er, den ansehnlichen Konturen der abgebildeten Schönheiten liebevoll nachgehend, aus allen möglichen Zeitschriften ausgeschnitten hatte. Wie er an diese erotischen Magazine oder Blättchen für Freikörperkultur herankam, wollte er uns nicht verraten. Später erfuhren wir, daß er sie – zusätzlicher Lustgewinn – aus Läden oder von offenen Bücherkarren gestohlen hatte, denn eines Tages kam er nicht mehr in die Schule. Man hatte ihn erwischt, die Eltern und den Gymnasiumsdirektor verständigt, der den »Perversling« sofort relegierte.

Da S. nahe von uns wohnte, traf ich ihn noch öfter auf der Straße, und unser Gespräch beschränkte sich nur auf ein paar Worte. »Tagchen! Wieviel?« rief ich ihm zu. Und seine Antwort: »355!« oder das nächste Mal: »362!« Er war noch weit von seinem Ziel entfernt, tausend Papierschönheiten um sich zu vereinen.

Als ich ihm das letzte Mal begegnete, es kann nur wenige Jahre vor der nazistischen Machtergreifung gewesen sein, trug er schon die braune Uniform der Hitlerjugend, ignorierte meine Frage und schmetterte mir ein lautes »Heil Hitler!« entgegen. Er hatte ein neues Objekt der Begierde gefunden.

Es ist sicher kein Zufall, daß ich wie viele meiner Altersgenossen die sexuellen Spannungen im Sport abreagieren wollte. Für einige Monate, vielleicht war es sogar länger, wurde auch ich zum Leichtathletikfanatiker, trat dem »BSC« (Berliner Sport Club) bei, schindete mich an drei Nachmittagen der Woche auf der Aschenbahn ab, um meine Zeiten im Mittel- und Langstreckenlauf zu verbessern, und durfte sogar ein paarmal im schwarzen Trikot mit dem goldenen Adler zu Wettkämpfen antreten, ohne dabei durch Höchstleistungen aufzufallen. Auch besuchte ich eifrig alle Veranstaltungen, bei denen internationale Läuferstars antraten. Noch jahrelang hing über meinem Bett der gerahmte Schnappschuß vom Duell des »finnischen Wunders« Paavo Nurmi gegen den deutschen Herausforderer Dr. Peltzer. Ganz klein am Rand der Piste lag da ein Junge im hellen Matrosenanzug, den man zwischen den muskelbepackten Waden der angestrengten Wettkämpfer hindurch nur mit Mühe erkennen konnte. Das war ich, der vermutliche Rekordbrecher kommender Jahre beim Bestaunen seiner Vorbilder.

Denke ich an diese Zeit zurück, so erinnere ich mich zuerst an den Geruch von »Dioderma«, einem grünen Massageöl, mit dem ich mich jetzt täglich mehrmals einrieb, und an das Werbefoto eines Gymnastiklehrers namens Hannes Surén, der sich so viel von diesem aromatischen Fett auf die nackte Haut geschmiert hatte, daß er glänzte wie ein Star des »Eldorado«.

10.

Zu den bedrängenden Anrüchigkeiten dieser ersten zwielichtigen Hälfte der zwanziger Jahre gehörte die immer präsente Welt der Gewaltverbrechen. Die Untäter waren unter uns. Sie sahen mit ihren brutalen Visagen von den Litfaßsäulen, Zäunen und Mauern herunter. Auf großen, blutrot umränderten Plakaten stand die dicke, schwarze, schon von weitem lesbare Überschrift: MORD!

Der gemütvolle Berliner Humor, dem wir nicht entgehen konnten, besang »Die Braut auf der Stulle«, eines jener zwanzig armseligen Mädchen, die ein Kerl namens Großmann nicht nur vergewaltigt und danach grausam umgebracht, sondern auch noch zur Weiterverwendung durch den Fleischwolf gedreht hatte. Und von einem Polizeispitzel namens Fritz Haarmann, der zahlreiche Obdachlose in seine Wohnung gelockt und dann verschwinden hatte lassen, ehe ihn seine ehrenwerten Kollegen schließlich erwischten, sangen die Leierkastenspieler auf Straßen und Hinterhöfen:

> Warte, warte nur ein Weilchen
> Dann kommt Haarmann auch zu dir
> Mit dem kleinen Hackebeilchen
> Macht er Hackefleisch aus dir!

Wir haben darüber gelacht und uns doch gefürchtet. Wenn es dunkel geworden war, trauten wir uns kaum noch in die Seitenstraßen. Zwar spottete ich über die Ängstlichkeit meiner Mutter, die mich, den einzigen Sohn, mit ihrer ständigen Aufpasserei zum Kleinkind machte, aber wenn ich mitten in der Nacht aus meinen bösen Träumen aufschreckte, zitterte ich um das Leben der geliebten Eltern. Obwohl ich damals schon über zehn Jahre alt war, fühlte ich mich dann manchmal wie ein Baby, das fürchtet, hilflos auf der Welt allein gelassen zu werden. Kamen die Eltern um Minuten oder gar eine Stunde später als versprochen nach Hause, war ich schon ganz sicher, daß sie umgebracht worden waren, und malte mir das in all den schrecklichen Einzelheiten aus, die ich aus den täglichen Zeitungsberichten über Raub- und Lustmorde erfahren hatte.

Nicht wenig hat unsere damalige Hausfrauenhilfe dazu beigetragen, diese bösen Ahnungen zu verstärken. Ihr Bruder, so behauptete sie wenigstens, war Kriminalkommissar und bemühte sich »scharfsinnig und unerbittlich«, wie sie meinte, Verbrecher zur Strecke zu bringen. So wurde ich, sobald wir alleine waren, von ihr in allen blutigen, brutalen, gemeinen Einzelheiten mit dem Alltag des Bösen bekannt gemacht, den der »Herr Bruder« zu bewältigen hatte.

»Merk dir, die wahren Schwerverbrecher sehen ganz harmlos aus«, belehrte sie mich aus dem reichen Schatz der brüderlichen Erfahrung. »Ist einer besonders lieb zu dir, mußt du auch besonders aufpassen. Die größten Schufte tun so, als seien sie die Schüchtersten«, säte sie unermüdlich Mißtrauen.

Als der in meiner Vorstellung überlebensgroß, zum unerbittlichen »Rächer« gewachsene Herr Bruder endlich einmal bei »Schwesterchen« zu Besuch kam, entpuppte er sich als durchschnittlicher, ganz harmloser »Schupo«, wie sie in unserer Nachbarschaft patrouillierten, und nichts ließ darauf schließen, daß er je schlimmere Verbrecher verhört hatte als sorglose Hundehalter oder kleine Ladendiebe.

So war für mich der »Rächer der Enterbten« von nun an nur noch Frank Allan, der Held der kleinen, wöchentlich erscheinenden Schundheftchen, die wir uns untereinander weiterreichten, oder Percy Stuart, der elegante Edeldetektiv, der sich mehr auf seine Intelligenz als auf seine Pistole verließ. Als ich einmal nachzählte, wie viele Übeltäter dieser tapfere Beschützer der ahnungslosen Bevölkerung auf nur 48 Seiten unschädlich gemacht hatte, kam ich auf die Zahl 22. Das war ein wenig zu viel und daher doch sehr unwahrscheinlich. Von diesem Tag an fand ich die Heftchen nur noch lächerlich. Meine Verbrecherangst verging. Nicht weil es weniger Verbrechen gab, sondern weil ich viel Aufregenderes entdeckt hatte.

Zeitungen

Zeitungen waren bei uns zu Hause fast so wichtig wie Lebensmittel. Sobald ich lesen konnte, war ich immer der erste, der noch barfuß zur Wohnungstür lief und die beiden Morgenzeitungen, die unter die Tür geschoben worden waren, durchblätterte. So konnte ich den Eltern – falls sie schon so früh aufgestanden waren – beim Frühstück erzählen, »was los war«. Das hat mir niemand beigebracht. Die Liebe zu den frisch bedruckten Blättern war ganz spontan und wurde bald zur Leidenschaft.

Meine Eltern hatten viele Zeitungen abonniert und kauften noch mehr dazu. Die in Berlin erscheinenden großen liberalen, als seriös geltenden Blätter, von denen eines dreimal täglich herauskam, aber auch die Boulevardzeitungen wie die »BZ am Mittag« und das »Tempo«. Dazu kamen die Wiener Gazetten, an denen der Papa hing, und das von uns allen besonders geliebte »Prager Tagblatt«.

Die Mama stöhnte natürlich über das viele Zeitungspapier, das sich überall in der Wohnung stapelte, und meinte, als das Radio kam, nun würde diese Papierwirtschaft endlich aufhören. Keine Rede. Jetzt gab es außerdem die Programmzeitschrift »Funkstunde«.

Ich habe die Gewohnheit des stundenlangen Zeitungslesens mein Leben lang beibehalten, obwohl man mich mit Recht warnte, das verderbe den Stil. Später kamen noch die Wochenzeitschriften und die ausländischen Publikationen aus Paris, Rom, London und New York dazu. So ist es bis heute geblieben. Alles ganz genau lesen konnte und kann ich natürlich nicht. Ich überfliege die Seiten und suche mir das aus, was ich dann genauer Satz für Satz aufnehmen will. Nicht einverstanden waren die Eltern, daß ich ab und zu auch deutschnationale Zeitungen wie den »Berliner Lokalanzeiger« und die »Nachtausgabe« und sogar Naziorgane wie den »Völkischen Beobachter« oder den von Goebbels redigierten »Angriff« nach Hause brachte.

»Weg mit diesem Mist!« schimpfte mein Vater.

»Ich muß doch wissen, was die Gegner denken«, wandte ich ein.

»Die denken nicht. Die hetzen nur«, meinte er.

Aber meine Neugier war größer als der Respekt vor seiner berechtigten Abscheu.

Hätte er gewußt, daß ich mir vom Taschengeld auch noch die kommunistische »Rote Fahne« und die »Welt am Abend« kaufte, wäre er vielleicht wirklich böse geworden.

2. Kapitel

Auf der Suche

1924–1930

Peter Weiss: Berlin, Friedrichstraße (1933)

1.

»Sie haben mein Leben verändert!«

Als ich nach dem Erscheinen meines zweiten Buches diesen Satz zum ersten Mal aus dem Munde eines Lesers hörte, war meine Reaktion eine Mischung aus Freude und Mißtrauen. Wollte mir da ein Unbekannter, der nach seinem Äußeren zu schließen viel älter war als ich, nur schmeicheln, oder meinte er es ernst?

Als mir dann etwas später ein junger Mann das gleiche sagte, wurde der Funken des Stolzes sofort von dem Hauch der Verantwortung gelöscht. Denn ich weiß aus eigener Erfahrung, daß ein Buch – in diesem Fall ein literarisch eher mittelmäßiges – meinen Lebensweg entscheidend beeinflußt und erschwert hat.

Sein Titel war eine Behauptung, die zum Schlagwort und zum Programm wurde: »Der Mensch ist gut.«

Der Autor, Leonhard Frank, hatte in leidenschaftlichen fünf Erzählungen sofort nach Kriegsende sein Entsetzen in die Welt hinausgeschrien. Aber die enorme Wirkung dieses dünnen Bandes erklärte sich vor allem aus der Beschwörung einer verloren geglaubten Kraft, die stärker sein sollte als das Grauen, das über die Menschheit gekommen war: die große Liebe von Mensch zu Mensch.

Die gleiche spöttische Skepsis, die ich jetzt gerade gespürt habe, als ich Franks Kernbotschaft niederschrieb, habe ich schon damals bei der ersten Lektüre seiner ekstatischen Schilderung einer zuerst die Stadt, dann das ganze Land erfassenden Friedensdemonstration empfunden. Und doch: die Gefühle der Sympathie, der Begeisterung und richtungsweisenden Entschlossenheit, die von dieser eindringlichen Propagandaschrift ausgelöst wurden, überrannten Geschmack, Vernunft, Zweifel des Dreizehnjährigen, der, ohne es genau zu wissen, nach etwas gesucht hatte, das ihn noch stärker faszinieren würde als die angstbesetzte großstädtische Umwelt der Nachkriegszeit.

So groß war der jugendliche Hunger nach etwas Größerem,

daß ich für einige Zeit sogar den deutschnationalen Predigten unseres Studienrats Dr. Pässlak Glauben geschenkt hatte, in denen er von Sieg, Ruhm und dem ehrenvollen Tod auf dem Schlachtfeld faselte. Damals habe ich zum ersten Mal die verführerische Gewalt eines persönlichen Charismas erlebt. Wie hätte ich sonst auch nur einen Augenblick lang auf diese Schwärmereien von »Preußens Gloria« und dem »gesunden Geist der Vaterlandsliebe« hereinfallen können? Denn auf dem Schulweg sah ich ja täglich die bettelnden Kriegskrüppel, und in den großen, der neuen Republik wohlgesonnenen Blättern, die meine Eltern lasen, wurde über die perfide Hetze der Presse des Monarchisten Hugenberg stets kritisch berichtet. In seinem weitverbreiteten, stramm rechtsorientierten »Lokalanzeiger« und der reißerischen »Nachtausgabe« wurden allerdings Tag für Tag gegen den »Schmachfrieden von Versailles« und gegen die sich endlich anbahnende Verständigung mit dem »Erbfeind« Frankreich gehetzt.

So hatte ich mich dann auch einmal ein paar Mitschülern angeschlossen, die sich nach einem Schulausflug ins Berliner Zeughaus vornahmen, dem Gegenstück dieser verstaubten Waffensammlung, dem erst einige Monate zuvor gegründeten »Anti-Kriegsmuseum«, einen Besuch abzustatten, um »diesen Schwächlingen mal richtig Bescheid zu stoßen«.

Brüllend, lachend, singend stürmten wir in das bis auf eine Aufsichtsperson menschenleere Museum und verstummten. Denn unser Blick war auf ein großes gerahmtes Foto gefallen, aus dem uns ein schwarzverkohlter Schädel anstarrte: die sterblichen Überbleibsel eines Kampfpiloten der von uns so verehrten Richthofen-Staffel. Ich weiß heute gar nicht mehr, was noch alles in dieser kleinen Ausstellung zu sehen war, obwohl ich sicher zehn- bis zwanzigmal dorthin zurückkehrte, denn die Erinnerung an jene dunkle Fratze des abgeschossenen Fliegers hat alle anderen Bilder verdrängt. Sie ist für mich zum großen Warnzeichen an der Schwelle des eigenen Lebens geworden.

Zunächst wußte ich nicht, wie ich mit dieser neuen Bedrohung fertigwerden sollte. Massenmörder vom Schlage Haarmanns, vor denen die Eltern uns warnten, waren ja Sonderfälle. Noch nie hatten wir in unserem Lebensumkreis vom Opfer eines solchen Unholds gehört. Aber Kriegsinvaliden begegneten wir in jenen Jahren noch überall, und daß es bald wieder einen Krieg geben werde, ja geben müsse, davon redeten alle, die sich, selbst jetzt, sieben Jahre nach Kriegsende, mit der Niederlage Deutschlands nicht abfinden konnten.

Leonhard Franks Held, der den Aufstand der Liebe gegen Haß und Tod anfachte, hieß Robert wie ich, und so identifizierte ich mich sofort mit ihm. Er war nur eine erfundene Figur. Ich aber war ein Mensch aus Fleisch und Blut, der das, was ein Schriftsteller sich ausgedacht hatte, einmal verwirklichen würde. Davon war ich in meinem pubertären Größenwahn fest überzeugt.

In unserer Schulklasse fand ich nach einiger Zeit vor allem einen, der verstand, was mich von nun an in vielen Stunden des Tages umtrieb und bis in die Träume hinein beschäftigte. Er war ein sehniger, straffer, stets betont aufrecht gehender Sporttyp, der wenig sprach und von uns allen als überlegen angesehen wurde. Wir trafen uns regelmäßig, um miteinander im nahen Grunewald Langstreckenlauf zu trainieren, hatten aber nie über irgendwelche privaten Probleme gesprochen. Als ich ihm jetzt von meinem Erlebnis im Anti-Kriegsmuseum erzählte, ging er zunächst darauf gar nicht ein. Ich hatte das Gefühl, daß ihn meine Erzählung schmerzte und er nicht mehr darüber hören wollte. Aber ich ließ nicht locker und lieh ihm dieses Buch, das mich so sehr aufregte.

Als wir uns am nächsten Tag wiedersahen, drängte ich sofort: »Was sagst du dazu, Nils?« Er antwortete zunächst nicht. Wir trotteten wie stets etwa eine halbe Stunde lang schweigend und tief atmend im Laufschritt nebeneinander her. Erst als wir uns nachher abtrockneten und umzogen, sagte er plötzlich mit ungewohnter Heftigkeit: »Das geht mich doch viel mehr an als dich!«

Und nun begann der Freund, der noch nie von sich oder seiner Familie gesprochen hatte, mir von seinem ungewöhnlichen Vater, dem Meuterer aus Gewissensnot, Kapitänsleutnant Hans Paasche, zu erzählen. Ihn hatten die aufständischen Matrosen am Revolutionstag, dem 9. November 1918, aus seiner Internierung befreit, um ihn triumphierend als einen der ihren in den Reichstag zu holen und zum Mitglied der revolutionären Arbeiter- und Soldatenräte zu wählen.

Diesen »Verrat« hatten die Nationalisten dem Sohn einer großbürgerlichen Familie – der Vater war führender Abgeordneter einer patriotischen Großpartei – niemals verziehen. Noch empfindlicher trafen sie seine Veröffentlichungen, in denen er dem Kaiserreich die Hauptschuld am Weltkrieg nachwies und »den Deutschen« aufrief, sich endlich gegen das System zu wenden, das ihn zum »Henker seiner Nachbarn« gemacht habe. Nicht nur die militanten Rechtsradikalen, sondern auch die neuen Republikaner hatte Paasche gegen sich aufgebracht, weil er ihre Nachgiebigkeit gegenüber den Resten der alten Machtstrukturen geißelte. Enttäuscht hatte der radikale Pazifist sich bald nach dem Fehlschlag des Novemberaufstandes auf sein väterliches Gut »Waldfrieden« zurückgezogen, und dort – Nils erzählte es mit begreiflicher Bewegung – hatten sie den Wehrlosen durch ein bewaffnetes Sonderkommando hinterrücks ermorden lassen.

Jetzt war der Anführer, der gewaltlos für die Bedrängten eintritt und dabei sein Leben aufs Spiel setzt, nicht mehr nur ein literarisches Vorbild, sondern der Vater eines mir nahen Menschen. So spürte ich nun die noch stärkere Verpflichtung, einmal in die Lücke zu treten, die sein Opfertod hinterlassen hatte. Wie aber sollte ich Anschluß zu anderen finden, die ähnlich dachten? Ich überredete meine Eltern, die mich abends ungern weggehen ließen, mir den Besuch des Vortragsabends einer pazifistischen Organisation, der »Deutschen Friedensgesellschaft«, zu erlauben, und erlebte dort zum ersten Mal, wie unfriedlich, wie rechthaberisch Pazifisten gelegentlich miteinander umgehen können.

Wie noch oft in meinem späteren Leben wurde mir genau in diesem Augenblick ein Mensch geschickt, der mir vermittelte, was ich gerade am meisten brauchte. Ich weiß nicht einmal, wie er wirklich hieß, erinnere mich nur noch, daß er zu unserer kleinen Gruppe stieß, die sich jeden Mittag zum langen Weg von der Schule nach Hause zusammenfand.

»Weshalb trägst du eigentlich eine Uniform?« fragte ich ihn. »Und was soll dieses Parteiabzeichen?« Ich deutete auf eine Anstecknadel, die eine aufgehende Sonne symbolisierte. »Wir sind keine Partei«, korrigierte er mich, »sondern ein Bund. Das ist etwas ganz anderes. Viel schöner. Viel aufregender.«

Damit hatte er mein Interesse geweckt. Während der nächsten Viertelstunde unterhielt ich mich nur noch mit ihm, der sich nicht mit einem normalen Vornamen, sondern vertraulich als »Hundeschnauze« vorstellte. Diesen lächerlichen Spitznamen hatte ihm der Führer seines Fähnleins gegeben, als er ihn für würdig befunden hatte, das graue Halstuch der Gemeinschaft zum braunen Fahrtenhemd zu tragen.

Ich wußte schon, daß sich die Pfadfinder und Wandervögel so kostümierten. Ihnen war ich gelegentlich bei Sonntagsspaziergängen mit den Eltern in den Kiefernwäldern der Umgebung begegnet. Sie sangen provokant laut rüde Landsknechtslieder, trugen kleine bunte Wimpel mit sich und schleppten auf dem Rücken Tornister mit dicken wulstigen Schlafsäcken. Seit ich mich als »Pazifist« fühlte, war ich diesen lärmenden Marschierern möglichst ausgewichen.

Erstaunlich für mich war allerdings, daß »Hundeschnauze« berichtete, sein Bund sei nicht national oder gar völkisch ausgerichtet, sondern demokratisch und republikanisch. Ihm gehörten fast ausschließlich junge Juden an, die von anderen Wanderbünden nicht aufgenommen würden.

»Komm doch einmal zu einem Heimabend«, forderte mich der neue Bekannte auf, der mir nicht mehr von der Seite weichen wollte. »Wir treffen uns jeden Mittwoch nachmittag bei mir in der Bambergerstraße oder bei einem anderen Kameraden.« »Und was macht ihr da? Lieder üben?« spottete ich. »Nein. Wir lesen gemeinsam etwas und diskutieren dann darüber. Zum Beispiel über Krieg und Frieden oder über die kommende große Veränderung. Jetzt beschäftigen wir uns gerade mit Martin Buber und das, was er über das Verhältnis von Juden und Deutschen schreibt.« Da hatte er mich nun wirklich neugierig gemacht, und ich versprach ihm, nächste Woche bestimmt zu kommen.

So fand ich mich wenige Tage später im typischen »Berliner Zimmer« einer großbürgerlichen Wohnung des »Bayrischen Viertels« ein, die von toleranten Eltern ihrem verhätschelten Sohn für den Nachmittag ganz allein überlassen worden war. Als ich eintraf, saßen er und seine Freunde schon in einem weiten Kreis beieinander. Sie hatten aber nicht auf Stühlen oder Sesseln Platz genommen, sondern auf dem mit einem Perserteppich ausgelegten Fußboden.

Das war, wie ich bald erfuhr, eine der vielen zaghaften Gesten, mit denen diese Jugendlichen ihren Widerspruch zum bequemen Lebensstil der Erwachsenen ausdrücken wollten. Zur Begrüßung faßte jeder die Hände seiner beiden Nachbarn, so daß ein lebendiger Kreis entstand. Noch heute spüre ich dieses ganz neue körperliche Gefühl der Gemeinsamkeit, das dieser Akt der Begrüßung in mir hervorrief, und es wurde damals noch deutlicher, als wir einen Augenblick lang den Kranz der miteinander verbundenen Arme hoben und im Chor ein Wort riefen, daß ich zum ersten Mal hörte und nachsagte, ohne seinen Inhalt zu verstehen: »Lechajim!«

»Fürs Leben!«, bedeutete dieser hebräische Gruß. Mit ihm wollten die in einer immer feindlicheren Umwelt lebenden jungen Juden sich zum Weiterbestehen ihrer bedrohten Identität bekennen. Es sollte aber auch die Abgrenzung von ihren Familien deutlich machen. Denn die Ärzte, Anwälte, Kaufleute und Gewerbetreibende, von denen die hier zusammengetroffenen Kinder und Jugendlichen abstammten, waren eher bemüht, ihre jüdische Abstammung zu vergessen, ja gelegentlich sogar zu verleugnen, um nicht länger als Fremde behandelt zu werden. Ihr oft übertriebenes Bemühen, sich anzupassen, um nur ja nicht aufzufallen, war verständlich, wenn man bedachte, welch lange leidensreiche Vergangenheit der Ausgrenzung und Verfolgung ihre Vorfahren, oft sogar noch die Eltern, hinter sich hatten. Aber dieses Verständnis brachten viele ihrer Kinder nicht länger auf. Obwohl auch sie die strengen religiösen Gesetze nicht mehr beachteten, verurteilten und verachteten sie doch ihre Verwandten, die »Assimilanten«, von denen einige, wie zum Beispiel die Mitglieder des »Bundes jüdischer Frontkämpfer«, sich nationalistischer als die Deutschnationalen gebärdeten. Viel häufiger waren jene, die sich taufen ließen. Das Vorurteil ihnen gegenüber war die Ursache dafür, daß ich zu meinem engsten Schulfreund, Hermann Levin Goldschmidt, jahrelang einen gewissen Abstand hielt.

Der »Deutsch-jüdische Wanderbund Kameraden«, in den ich so durch Zufall hineingeraten war, verhielt sich da weniger konsequent als die Angehörigen einer anderen Jugendgemeinschaft, die den Namen »Blau-Weiß« trug und eindeutig für die Idee eines jüdischen Nationalstaates eintrat. Wir »Kameraden« – ich schreibe »wir«, weil ich sofort von dieser ersten Begegnung an mich den neuen Freunden zugehörig empfand – fühlten uns der deutschen Kultur und Natur ebenso tief wie dem Judentum verbunden. Rilke, George, Hesse und die Poeten des deutschen Expressionismus habe ich nicht in den Deutschstunden des Gymnasiums kennengelernt, wo man niemals bis zu solchen »neumodischen Literaten« vordrang, sondern auf den Heimabenden und den Dichterlesungen der deutsch-jüdischen Jugendbewegung.

Von nun an war ich fast keinen Sonntag mehr mit meinen Eltern zusammen. Um Punkt acht Uhr früh versammelte sich unser »13. Fähnlein« unter der großen runden Uhr am Bahnhof Zoo, um »auf Fahrt« zu gehen. Auch ich trug jetzt das bunte Wanderhemd, die kurzen Kniehosen, die groben Schuhe sowie den mit Nahrungsmitteln und natürlich auch Büchern vollgestopften Rucksack oder Brotbeutel. Denn wir mieden die Lokale der Ausflügler, kampierten lieber irgendwo

am Waldrand und holten uns aus dem in unserer Mitte aufge-
türmten Haufen von belegten Broten, Äpfeln und Apfelsinen
das, was die Mutter irgendeines anderen Mitwanderers ihrem
Zögling liebevoll eingepackt hatte.

Heute bewundere ich die durch unsere betonte Ruppigkeit
oft genug auf die Probe gestellte Geduld der Eltern. Sie begriffen sehr schnell, daß ihre Kinder aus der Wärme der »Misch-
poche« in die frische Luft des fremden Alltags streben mußten, um selbständig zu werden. Als aufgeklärte Mittelständler
hatten ja fast alle die gerade modisch gewordenen Ansichten
der Schulreformer Montessori und Wyneken zumindest oberflächlich kennengelernt. Ich war zwar empört, als ich einmal
hörte, wie meine Mutter einer Freundin über das Telefon erklärte, daß dieser Jugendbund, dem ihr Einziger jetzt so viel
Zeit opferte, »eine Art billige Privatschule« sei, denn da
wurde etwas mir fast Heiliges heruntergesetzt. Aber im
Grunde hatte sie ganz recht: auf den Heimabenden und den
Fahrten erlernten wir viel von dem, was uns die konservative
und jugendfeindliche Gymnasialerziehung nicht beibringen
konnte.

Jetzt, so viele Jahrzehnte später, ist mir klargeworden, daß
die bündische Jugendbewegung, die in meinem Geburtsjahr
1913 auf dem Hohen Meißner ihren ersten historischen Höhepunkt erlebt hatte, entscheidend für meinen ganzen weiteren
Weg war. Die Erinnerungen an die kleine, durch persönliche
Freundschaft und einen eigenen beispielhaften Lebensstil ver-
bundene Gruppe und die Liebe zur schon damals vom industriellen Aufschwung bedrohten Natur wurden zu Leitster-
nen meiner Existenz.

3.

Ein Glücksfall, daß der Führer unseres Fähnleins – für uns waren damals diese Begriffe noch nicht nazistisch besetzt – kein
exaltierter »Spinner« war, sondern ein für sein Alter erstaunlich ausgeglichener und gereifter junger Mann voller Humor,

erfüllt von einem unerschütterlichen Vertrauen zu seinen Mitmenschen. Er hieß Ernst Stillmann und stammte aus einer ungarischen Handwerkerfamilie, die um die Jahrhundertwende nach Deutschland gekommen war.

Obwohl Ernst nur vier Jahre älter war als ich, übte er doch auf vielfältige Weise Einfluß auf mich aus, wie auch auf alle anderen Mitglieder unserer Gruppe. Sein an Gustav Landauer, dem zeitgenössischen Sozialphilosophen, und Karl Marx geschulter Kopf verstand es, uns Zusammenhänge zu zeigen, die uns bisher niemand klargemacht hatte.

»Weshalb?« Das war die ständig wiederholte Frage, mit der er uns aufforderte, allem zu begegnen, was uns auffiel, störte oder zu Protest herausforderte. Weshalb der verwirrende Großstadtrummel? Weshalb die Häßlichkeit, die Armut, die Herzlosigkeit? Weshalb soviel Menschenhaß, soviel Judenhaß?

Man mußte herausfinden, was dahintersteckte, mußte sich informieren, kritisieren, analysieren. Flucht in Lagerfeuerromantik und Naturschwärmerei bringe nur Scheinlösungen, sei Selbstbetrug der meisten Jugendbewegten, meinte Ernst. Unter seinem Einfluß wurden unsere Wochenend-Wanderungen, die in den Ferien um viele Tage verlängert wurden, zu aufregenden Erlebnissen. Wir überließen Weg und Ziel jeweils dem Zufall, richteten uns nicht nach Wanderführern, sondern machten unsere eigenen Beobachtungen, wurden überrascht, entsetzt, entzückt von dem, was wir entdeckten. In einer mitteleuropäischen Zivilisationslandschaft verhielten wir uns wie auf einer Forschungsexpedition in einen fernen, kaum bekannten Kontinent.

Diese »Abenteuerfahrten« – so nannten wir sie – haben mich auf eine unsichere Zukunft vorbereitet. Wo werden wir übernachten? Das wird sich herausstellen. Was werden wir essen? Das findet sich schon. Wo werden wir enden? Das hängt letztlich von uns ab. Lernt suchen, lernt finden.

Auf den Heimabenden wurden dann die Beobachtungen zusammengetragen, verglichen, geprüft. In stundenlangen Gesprächen versuchten wir das »Weshalb« des Größten wie des Kleinsten zu ergründen. Nie wieder habe ich so wesentliche Unterhaltungen erlebt wie in dieser Lebenszeit zwischen zwölf und fünfzehn Jahren. »Wesentlich«, das war ein anderes Stichwort für das, worum wir uns damals angestrengt – viel zu angestrengt, will es mir heute scheinen – bemühten. Es war das Maß, nach dem wir andere Menschen und ihr Verhalten und ihre Tätigkeiten beurteilten.

Das mußte zu Arroganz verführen, zu Besserwisserei und Bildungshochmut.

»Weißt du, daß du unausstehlich geworden bist«, sagte mir der Papa, als ich endlich einmal wieder »Zeit fand« für das gemütliche Beisammensein nach dem Mittagessen.

»Ach, was wißt ihr denn!« wehrte ich mich und lief, die Wohnungstür hinter mir zuschlagend, davon.

»Wohin rennst du schon wieder?« rief mir die Mutter nach.

Ich antwortete ihr nicht, weil ich nicht wollte, daß sie sich Sorgen machte. Denn ich fuhr auf meinem Fahrrad in den Osten Berlins, eine Gegend, die den Bürgern von Wilmersdorf und Charlottenburg gefährlich zu sein schien.

4.

In fast allen Erinnerungen, die sich mit dem Berlin der Nachkriegsjahre beschäftigen, wird die Zeit von 1925 bis 1929 schwärmerisch als die der »goldenen Jahre« beschrieben. Ich habe sie vor allem als die unheilschwangeren Jahre erlebt. Vielleicht deswegen, weil ich so viele Stunden fast jeden Werktags in jenen armseligen Teilen der Stadt verbrachte, wo ich die bedrängende soziale und politische Wirklichkeit erlebte und deshalb das protzige Großstadtgehabe um den Kurfürstendamm als schillernde Seifenblase erkannte, die früher oder später platzen mußte.

Mein Leben in dieser ganz anderen zweiten Welt begann, als ich mich bereit erklärte, für eine linke Organisation, die »Internationale Arbeiterhilfe« (IAH), gelegentlich kleine Hilfsdienste zu leisten und so tätig an der Vorbereitung der großen

Revolution mitzuhelfen, die wir Jungen damals für notwendig und unvermeidlich hielten.

Zu diesem politischen Engagement hatte mich ein neuer Freund gebracht, der auch zur deutsch-jüdischen Jugendbewegung gehörte und, obwohl nicht viel älter als ich, bereits Führer einer kleinen Gruppe war. Er hieß Ernst Jablonski, ein langer, dünner Jüngling mit einem messerscharfen Profil und einer ebensolchen Sprechweise. Er war mir aufgefallen, weil er einmal in Worten, die ich selber nicht gefunden hatte, zum Ausdruck brachte, was auch mich bewegte. »Jetzt haben wir schon wieder zwei Stunden lang darüber diskutiert, daß Kapitalismus und Imperialismus zum nächsten Krieg führen müssen«, insistierte er. »Aber was tun wir? Über die Revolution reden, reden, reden und dann schön pünktlich zum Abendessen wieder nach Hause in den Schoß der lieben bürgerlichen Familie zurückkehren. Mir reicht das nicht.«

Ernst hatte seine kleine Schar, es waren nur fünf oder sechs Jungen aus den unteren Klassen des Schöneberger Werner-Siemens-Gymnasiums, kühn »Das rote Fähnlein« genannt und nahm mit ihnen an Demonstrationen teil, bei denen es damals bereits oft genug zu gewaltsamen Zusammenstößen mit Rechtsradikalen kam. Für seine Heimabende hatte er sogar einen kommunistischen Parteifunktionär gefunden, der zweimal die Woche furchtbar langweilige Kurse über Marxismus-Leninismus abhielt, denen ich sehr bald fernblieb.

Dagegen sagte ich sofort zu, als mir vorgeschlagen wurde, Flugzettel zu verteilen, Plakate zu kleben und für die IAH Beiträge zu kassieren. Die »Kunden«, die man mir zugeteilt hatte, lebten fast alle im »Scheunenviertel«, einem Elendsquartier unweit vom Alexanderplatz, in dem vor allem ostjüdische Zuwanderer eine armselige Bleibe gefunden hatten.

Dort bin ich dann über Hinterhöfe, durch dunkle und verschlissene Treppenhäuser kletternd, von Tür zu Tür gegangen, um von den Armen »solidarische Hilfe« für die noch Ärmeren zu erlangen.

Es ist ein Wunder, daß ich tatsächlich ein paar Mark zusammenbekam, denn mit meinen kurzen Hosen und dem kindlichen Gesicht wirkte ich wirklich nicht besonders seriös. So war die liebe dicke Polin, die mir einmal riet, ich solle doch lieber »etwas anderes spielen«, eigentlich im Recht. Oder zumindest teilweise. Gewiß war das, was ich gegenüber den Freunden und mir selber als »politische Tätigkeit« ausgab, eine Art Zeitvertreib. Aber dazu kam doch die Sehnsucht, »etwas Sinnvolles« zu tun, statt, wie die meisten Gleichaltrigen, nur Sport zu treiben oder herumzuschwofen.

Während die ostjüdischen Genossen mich eher freundlich, wenn auch ein wenig spöttisch, behandelten, gingen die deutschen Arbeiter, die ich als »Träger der Zukunft« idolisierte, viel unfreundlicher mit mir um. Es gelang mir nicht einmal, auch nur mit einem einzigen von ihnen ins Gespräch zu kommen. Sie waren gestört durch den fremden Eindringling, der gerade an ihrer Türklingel geläutet hatte. Müde und gereizt luden sie mich nie in ihre muffigen kleinen Unterkünfte ein. Nur von der Eingangsschwelle aus konnte ich in ihre schäbige Alltagswelt hineinschauen.

»Mensch, mach daß de weiterkommst!« war noch die freundlichste Art, mich loszuwerden. Daß dann als Ausrufungszeichen hinter diesen Anschnauzungen manchmal noch ein markiges »Rot-Front!« ertönte, klang in meinen Ohren blasphemisch.

Meine Eltern, von denen ich doch durch meine »fortschrittliche Haltung« so gerne Abstand markiert hätte, taten mir nicht den Gefallen, die Rollen der verständnislosen Bourgeois zu spielen. Sie waren vermutlich sogar etwas stolz auf meine frühreifen politischen Aktivitäten. Denn sie ließen sich, wie halb Berlin in diesen Jahren, von Parolen der proletarischen Revolution beeindrucken, die überall in Büchern und auf Bühnen ihre Ideen höchst eindrucksvoll verkündete.

Besonderen Eindruck machten die neuartigen und aufreizenden Inszenierungen, die Erwin Piscator zuerst in der Volksbühne und dann im ehemaligen Operettentheater am Nollendorfplatz auf die Bretter brachte. Da wurde höchst eindrucksvoll Weltrevolution von China bis zum Wedding gemimt und der Bühnenraum durch das Einspielen von Filmszenen gesprengt, in denen das Volk sich zum Aufstand erhob. Daß diese fulminanten dramatischen Botschaften nicht von Proletariern beklatscht wurden, deren Aufstand sie vorbereiten sollten, sondern überwiegend von einer gutsituierten, durch die neue Nachkriegsprosperität zu Wohlstand gekommenen Klientel, war kaum anders zu erwarten. Denn wer in den seit einigen Jahren immer stärker rationalisierten Betrieben in hohem Tempo stundenlang schuften mußte, hatte weder Lust noch Kraft genug, am Abend zu einer Vorstellung in den Berliner Westen zu fahren oder sich im näher gelegenen »Theater am Schiffbauerdamm« die kecken Songs der Brechtschen »Dreigroschenoper« anzuhören.

Als ich in einer Versammlung des »Sozialistischen Schülerbunds« die Bemerkung machte, Zeit für die Revolution hätten eigentlich nur die Bürgersöhne, weil die, welche wir »Lohnsklaven« nannten, viel zuviel mit ihren gegenwärtigen, ganz unmittelbaren Sorgen zu tun hätten, um sich mit der »leuchtenden Zukunft« abzugeben, wurde mir das als falsche Klassenanalyse angekreidet, und ich fiel ab sofort in Ungnade.

So ging dann auch mein Wunsch nicht in Erfüllung, endlich einmal in den Seiten des »Schulkampfs« abgedruckt zu werden. Dieses »gelbe Blättchen« der Roten, so genannt nach der auffallenden Farbe seines Umschlags, gewann immer mehr Einfluß bei den höheren Schülern, als trotz jahrelangem Wirtschaftsaufschwung und außenpolitischer Entspannung die eben erst verscheuchten Krisengespenster wieder auftauchten: Arbeitslosigkeit, Streiks, nationaler Fanatismus und immer häufiger Straßenkrawalle, die von ganz neuen Uniformierten, den Schlägertrupps der radikalisierten Rechten, vom Zaun gebrochen wurden.

5.

Es ist lange nicht verstanden worden, weshalb die Verantwortlichen der Weimarer Republik diese Gefahrensignale nicht rechtzeitig wahrnahmen. Wahrscheinlich hat es zum Teil daran gelegen, daß andere faszinierende Ereignisse die öffentliche Aufmerksamkeit ablenkten. Der gelungene Transatlantikflug eines deutschen Zeppelins, die erste fliegerische Atlantiküberquerung von den USA nach Paris durch einen gutaussehenden amerikanischen Boy, den einsamen Piloten Charles Lindbergh, und ein paar Monate darauf der erste gelungene Ost-West-Flug der Deutschen Köhl und von Hünefeld erweckten Stolz und Massenbegeisterung. Nicht länger die Religion war das Opium des Volkes, sondern die erfolgreiche Technik.

So stark wirkten diese sensationellen Ereignisse, daß auch ich von dem nationalen Fortschrittsrausch erfaßt wurde. Als ich im Sommer 1928 meine Verwandten in Wien besuchte, konnten sie gar nicht verstehen, daß ich mich unbedingt in das Gedränge um die zu Besuch in die österreichische Hauptstadt eingeflogenen reichsdeutschen Ozeanflieger stürzen wollte. Mein geliebter Cousin Erich, der noch im Vorjahr kopfschüttelnd meine linken Sprüche angehört hatte, als er mir von den politischen Unruhen erzählte, die im Brand des Justizpalastes gipfelten, wobei ich seine Bewunderung für das harte Eingreifen der Wiener Polizei verdammte, wußte nun gar nicht mehr, woran er mit mir war.

Mit Erich verband mich eine über die verwandtschaftliche Beziehung hinausgehende Freundschaft, weil wir fast regelmäßig im Sommer ein paar Wochen bei Onkel Siegfried Baum in der tschechischen Industriestadt Kladno verbrachten. Der durfte als Chefarzt des Werkspitals der »Prager Eisenindustrie« eine Amtsvilla mit einem großen Obstgarten bewohnen, ein kleines Paradies, in dem ich die schönsten Stunden meiner Jugend verbrachte, weit weg von der Sorgenstadt Berlin.

Wenn der Onkel am frühen Nachmittag auf Visite zu seinen Patienten in die böhmischen Dörfer fuhr, kamen wir gerne mit, weil uns die Reise auf dem Kutschbock oder im offenen Auto Spaß machte. Der Herr Chefarzt sprach ungern über seine »Fälle« und unterhielt sich lieber mit uns über unser, wie er meinte, »buntes« Leben in Wien und Berlin. Aber manchmal, wenn er, den Kopf tiefer als sonst auf die Brust gesenkt, zum Wagen zurückkam, wußten wir, daß es da drinnen in dem armseligen Haus nicht gutging. Die meisten seiner Patienten waren bei gefährlichen Arbeiten an den Hochöfen zu Schaden gekommen.

»Jedes Jahr werden es mehr!« das war fast alles, was der besorgte Mann uns darüber anvertraute. Nur wenn ich ihn im Werkspital abholte, sah ich sie mit ihren gezeichneten Gesichtern über die Gänge schlurfen, hustend und einmal – unvergeßlich! – auch laut schluchzend.

Doch diese dunkle Seite des industriellen Fortschritts blieb mir, wie den meisten anderen Zeitgenossen, sonst verborgen. Wir freuten uns an allen neuen Erfindungen, vor allem am drahtlosen Rundfunk, dessen Sendungen über kleine, oft selbstgebastelte Detektorapparate und Kopfhörer in meist recht schlechter Tonqualität zu uns kamen, und legten unser Taschengeld zusammen, um einen sehr teuren, schweren Röhrenempfänger zu kaufen. Ich bekam ein solches, höchst empfindliches Monster schließlich für fast nichts geschenkt, weil meine Mutter, um ein wenig eigenes Geld zu verdienen, die Vertretung einer Radiofirma übernommen hatte. Allerdings mußte sie die Apparate erst einmal auf Kredit zum Herstellungspreis einkaufen. Als nach einem knappen Jahr neue, technisch verbesserte Geräte auf den Markt kamen, blieb sie auf der Hälfte ihres Lagers sitzen, ein frühes Opfer des von uns allen damals noch nicht begriffenen neuen Prinzips der industriellen Marktwirtschaft: immer neuer Profit durch immer neue Verbesserungen, die aus dem hochmodernen Spitzenprodukt von gestern schnell einen alten Ladenhüter machten.

Die Mama ließ sich durch diesen Fehlschlag nicht entmutigen. Sie lancierte im großen Stil eine neue Branche: die Hausschlüssel-Versicherung, weil sie aus eigenen Erfahrungen wußte, wie schmerzlich und kostspielig der Verlust eines Schlüsselbundes war. Mit ihrer Lebhaftigkeit und Überredungskunst – jede neue Police, die sie bekam, war die Folge einer großartigen Stegreifszene, die sie mit bewährtem schauspielerischen Talent hingelegt hatte – gelang es ihr wirklich, etwa fünfzig Kollegen und Bekannte zur Unterschrift zu verleiten. Nur mit deren Zahlungsmoral war es nicht weit her, und so wurde es wieder nichts mit der neuen Verdienstquelle.

Vermutlich hatte ich indirekt an dem Tatendrang der erst etwas über Vierzigjährigen schuld. Sie war fünfzehn Jahre zuvor von der Bühne abgegangen, um sich ganz ihrem geliebten Siebenmonatskind zu widmen, und nun trieb sich der Lausbub zu allen schulfreien Stunden in der Stadt herum, weil er sich einbildete, die Welt verändern zu können. Da mußte sie doch irgendein Betätigungsfeld für ihre ungebrochene Vitalität finden. Als sie dann auf die naheliegendste Idee kam, ans Theater zurückzukehren, ging auch das schief, weil die Regisseure ihr nicht erlaubten, daß sie ihre Rollentexte durch eigene Einfälle bereicherte, selbst dann, wenn sie den vorgeschriebenen Dialog tatsächlich verbesserten. Aber solche Improvisationen ließ man damals einfach nicht durch.

Dennoch hat Elly Branden, das ehemalige Mitglied der Meinhard-Bernauer-Bühnen, über die seinerzeit sogar der gefürchtete Alfred Kerr in seinen Kritiken manche ungewöhnlich begeisterte Bemerkung zu Papier gebracht hatte, um 1925 noch einmal die Bretter, die ihre Welt bedeuteten, betreten. Mit einem Kabarettisten und Feuilletonisten namens Charly Röllinghof gründete sie am Kurfürstendamm »Berlins erstes Stegreiftheater«. Ein Unternehmen, das ihr auf den inzwischen recht fülligen Leib geschnitten war. Da mußte sie nämlich nicht länger Texte, die andere geschrieben hatten, auswendig lernen und nachsprechen, sondern konnte sich das, was sie sagen wollte, selber ausdenken.

Diese Wiederbelebung des alten Theaterstils der »Commedia dell'arte« schlug im neuigkeitsbegierigen Berlin sofort ein. Das Schlagwort »Jeden Abend Premiere« zog ebenso wie die Aufforderung an den Zuschauer: »Das Thema bestimmen Sie selber.«

In der Tat wußten die fünf oder sechs Komödianten, die sich zu diesem Wagnis zusammengetan hatten, vor Spielbeginn nie, was heute gerade dran sein würde. Sobald sich der

Vorhang geöffnet hatte, rief man ihnen irgendein aktuelles Stichwort oder einen Namen zu, und dann begann der Spaß.

Ich kann mich nur an eine dieser improvisierten Vorstellungen etwas genauer erinnern. An diesem Abend spielte die Mama eine resolute Fünfzigerin, die Frau des »eisernen Gustav«, des damals wohl populärsten Berliners. Der kutschierte gerade als Zeichen der Verständigung mit seiner alten Pferdedroschke von der Spree an die Seine, eine Reise, die nicht nur wegen des altertümlichen Verkehrsmittels ungewöhnlich lange dauerte, sondern auch deshalb, weil der Held an fast allen Orten, durch die er rollte, mit so viel Schnaps, Bier oder Aperitifs gefeiert wurde, daß er oft nur schwer zum Kutschbock zurückfand. Während Gustav seine vielen Räusche ausschlief, saß die zurückgelassene Gattin vernachlässigt in Berlin und fluchte, schwärmte sehnsüchtig, verzweifelte, sang oder tobte vor sich hin. Die Mama hat das großartig hingekriegt, und ich lernte dabei ganz neue Seiten von ihr kennen.

Aber nach ein paar Wochen wurde ihr das Improvisieren wohl doch zu anstrengend. Dazu kam, daß die Berliner schon wieder neuen Sensationen nachjagten und das Stegreiftheater immer seltener besuchten. So schloß es denn seine Pforten, und die Mama heckte zu Hause neue Verdienstideen aus.

6.

Gerade zu diesem Zeitpunkt wäre es besonders wichtig gewesen, daß die Mutter etwas dazuverdiente. Denn die Filmmanuskriptfirma Jungk und Urgiss war, wie schon fast drei Millionen Deutsche, plötzlich ohne Arbeit. Die beiden Autoren hatten mit schöner Regelmäßigkeit Jahr um Jahr ihre acht bis zehn Kinovorlagen geliefert, waren von Regisseuren wie Felix Basch und Karl Grune, Fritz Lang und Richard Oswald, vor allem aber von den großen Stars wie Fern Andra, Asta Nielsen, Lil Dagover und Henny Porten als zuverlässige Drehbuchautoren hoch geschätzt. Da pfuschte ihnen nun eine dieser vermaledeiten technischen Neuerungen ins Handwerk: der Tonfilm.

Zunächst hatte fast niemand recht glauben wollen, daß diese Erfindung, die den leisen Filmschatten mit einem Mal blecherne Stimmen und Geräusche anhing, mehr sein könnte als eine mechanische Spielerei. Besonders die Intellektuellen, die im Stummfilm das Heraufkommen einer großen neuen Kunst gesehen hatten, wollten nicht gestatten, daß dieses traumgleiche Medium voller Phantasiemöglichkeiten mit seinen schnellen Veränderungen und Überblendungen nun durch die Erdenschwere der gesprochenen oder gesungenen Worte zu einem flachen Abklatsch des Theaters hinuntergezogen werde. Auch mit der Internationalität des Kinos werde es vorbei sein. Zwischentexte in die eigene Sprache zu übersetzen und zu produzieren war einfach, aber wie konnte man einem amerikanischen Schauspieler deutsche Worte in den Mund legen, einem Franzosen österreichisches Idiom und Russen, wie etwa die bewunderten Schauspieler des Eisensteinschen Revolutionsfilms »Panzerkreuzer Potemkin«, italienische Flüche ausstoßen lassen?

Doch alle diese Argumente setzten sich nicht durch. Viel schneller, als irgend jemand vermutet hatte, begannen die Filmfirmen, die, wie immer, auf neueste Mode sofort reagierten, sich umzustellen. Die ungeahnten Kassenerfolge der großen Lichtspielhäuser, die sich sofort technisch auf den letzten Stand gebracht hatten und den »Jazz Singer« mit Al Jolson spielen konnten, spornten die vielen kleinen Kinos mächtig an. Eine neue Ära hatte begonnen, und wer da nicht mitmachte, blieb zurück.

Weshalb mein Vater trotzte und dem »Tonfimmel« nicht verfallen wollte, habe ich nie ganz aus ihm herausbekommen. Es war, wie ich aus späteren Unterhaltungen mit ihm heraushörte, weniger aus Treue zum Stummfilm als aus Treue zur Bühne, deren Abklatsch auf Zelluloid er als Sakrileg empfand. Solange Film etwas ganz anderes gewesen war, hatte er da mitarbeiten können, nun war er wie gelähmt und weigerte sich sogar, ein Angebot aus Hollywood anzunehmen, wohin man ihn zu einem recht hohen Wochenlohn für die deutsche Übersetzung amerikanischer Dialoge holen wollte.

So begann jetzt eine schwierige Zeit für unsere kleine Familie. Der Vater schrieb jeden Sonntag in der »Morgenpost« eine Seite mit Klatschgeschichten vom Film und Theater, für die ich mich bei meinen Freunden in Jugendbund und Schule genierte. Er veranstaltete humoristische Rezitationsabende und begann wieder, wie vor vielen Jahren, in unserer Wohnung Schauspielstunden zu geben. Ich hörte gelegentlich hinter geschlossener Tür mit an, wie die angehenden Tragöden und Tragödinnen ihre Wut- und Schmerzausbrüche so laut hinausschrien, daß die Gläser im Nebenzimmer zu klirren begannen.

Einen dieser Räume, wir nannten ihn das »blaue Zimmer«, weil er ganz mit azurnen Tapeten bezogen war, mußte die Mutter vermieten. Das empfand sie als Schande. Was hatten denn Fremde in unserem Intimbereich zu suchen, nur weil sie monatlich ein paar Markscheine ablieferten?

Für mich waren diese »Gäste« aber etwas sehr Aufregendes. Da war ein junger Kaufmann, der von zu Hause weggezogen war, weil er in Scheidung lebte und seine neue Freiheit nutzte, indem er alle paar Tage eine neue »entzückende Göre« mitbrachte – so nannte er sie unterschiedslos alle. Dann kam Herr Baumann, der unter dem Signum »man« in den Illustrierten Fotoreportagen veröffentlichte und mir, dem neugierigen Kisch-Verehrer, viel von seinen Erlebnissen und Arbeitsmethoden berichtete. Nachdem er in irgendein romantisch klingendes Land – ich glaube, es war Sumatra – abgereist war, kam ein ziemlich unscheinbarer Wiener Journalist von etwa vierzig Jahren zu uns, der sich zuerst als unnahbar gab, aber bald mir mehr als irgendein anderer unserer zahlenden Gäste von sich erzählte.

Was Paul Friedländer plötzlich so vertrauensselig machte, war mein politisches Engagement, das ihn interessierte und zum Widerspruch reizte. Als »Weltrevolutionär« – er nannte das als seinen Beruf und sagte es so selbstverständlich, als habe er sich als Vertreter für Textilien vorgestellt – war er daran interessiert, was »die Jugend« denke. Und die fand er scheinbar in mir, dem damals Siebzehnjährigen, repräsentiert. Was er da hörte, schien ihm, dem geeichten Marxisten, höchst bedenklich. Viel zuviel Gefühl, viel zu wenig vernünftige Analyse. Keine Ahnung von Ökonomie und dem durch sie angeblich vorbestimmten Lauf der Geschichte.

Als Redakteur des von der »Dritten Internationale« herausgebrachten Pressedienstes »Inprekor« war dieser eher ängstlich wirkende Mann mit dem blonden, ordentlich gebürsteten, dünnen Haar gewiß ein einflußreicher Bolschewist und sah doch so ganz anders aus als die aggressiven Bösewichter, die ich auf den Wahlplakaten der Rechten gesehen hatte. Dem Klischeebild der sittenlosen Radikalen entsprach viel eher die Frau, von der er sich gerade getrennt hatte. Sie hieß Ruth Fischer und war für ihre Brandreden im Reichstag bekannt, bei denen sie alle pathetischen Register zog und sich einmal sogar die Bluse vom nackten Leibe riß.

Für Friedländers papierne Dogmatik hatte ich wenig übrig, aber ich war fasziniert von der Fülle der Informationen, über die er verfügte und die ihm dennoch nie genügten. Die angestaubten Zeitungshaufen, die sich in dem einst so eleganten »blauen Zimmer« häuften, die Presseausschnitte in deutsch, englisch, französisch und russisch, die überall herumlagen, die Fotos und Wirtschaftskurven, die er mit Reißnägeln an den schönen sauberen Tapeten festmachte, bereiteten zwar meiner Mutter und der Reinemachefrau, die jetzt nach der notwendig gewordenen Entlassung des festangestellten Dienstmädchens gelegentlich bei uns saubermachte, viel Ärger, mich aber beeindruckte diese nie versiegende Nachrichtenflut ungeheuer.

Auch da warnte mich Friedländer vor zu viel Gutgläubigkeit. »Die lügen alle«, brachte er mir immer wieder bei. »Sie entstellen, sagen nur die Hälfte, verschweigen das Wichtigste.« Und dann versuchte er, soweit ihm dazu die Zeit blieb, mir zu berichten, was nicht in der Zeitung stand: die zunehmend katastrophale Entwicklung der Wirtschaft nach dem New Yorker Börsenkrach vom Oktober 1929, das rapide Ansteigen von Kurzarbeit und Arbeitslosigkeit, vor allem aber die heimliche Aufrüstung der Reichswehr, die längst alle Einschränkungen des Vertrags von Versailles umging und ein »starkes Deutschland« vorbereitete.

Als wir nach einem wunderschönen Sommer im slowenischen Badeort Bled nach Hause in die Tharandter Straße zurückkehrten, war das »blaue Zimmer« ratzekahl leer. In einem Brief ließ uns der interessante Untermieter wissen, er sei »auf Auslandsmission« und werde wohl lange nicht nach Berlin zurückkehren. Die Miete bis Jahresende lag in bar dabei. Auch ein Sonderbeitrag für Neutapezierung und Reinigung. »Ordnung muß sein!« hatte der Weltrevolutionär auf einem ausgerissenen Notizbuchblatt dazugeschrieben.

Er ist, soviel ich weiß, in den brutalen »Reinigungen« der Stalinära irgendwo bei oder in Moskau umgekommen. Ruth Fischer habe ich dann Mitte der fünfziger Jahre oft im Pariser »Café Weber« unweit der Madeleine getroffen. Sie eiferte damals gegen die Kommunisten ebenso fanatisch und mit ebenso verkrampfter »Logik«, wie sie ein Vierteljahrhundert früher für sie eingetreten war. Als ich sie einmal nach Friedländer fragte, war ihre haßerfüllte Antwort: »Ein guter Mensch. Ein Schwächling!«

7.

Es muß im Winter 1930 nach dem Verschwinden Friedländers gewesen sein, daß ich auf einem der Heimabende unseres Jugendbundes auf den Mann traf, der mein Leben geistig stärker beeinflussen sollte als irgendein anderer.

Als ich, aufgehalten durch Polizeisperren, die – wie üblich zu spät – auf einen Straßenüberfall der nazistischen SA reagiert hatten, in einer Wohnung unweit der Augsburger Straße eintraf, fand ich meine Kameraden nicht wie sonst auf dem Boden hockend, sondern ganz bürgerlich um einen langen Tisch versammelt, an dessen Spitze ein bärtiger Mann saß, der etwa so alt wie mein Vater sein mußte. Er hielt die Augen geschlossen, und als er sie öffnete, sprach er so langsam, wie ich es noch nie gehört hatte. Man wisperte mir ins Ohr, das sei Martin Buber. Ich hatte ihn sofort erkannt, denn über meinem Bett hing neben Fotos von Sportlern, Politikern, Schauspielern und Dichtern auch sein Bild.

Seit ich durch Zufall beim Wühlen im Angebot eines in der Winterfeldstraße stehenden Bücherkarrens ein Bändchen mit dem verheißungsvollen Titel »Das verborgene Licht« entdeckt hatte, wußte ich von diesem Schriftsteller. Die von ihm meisterhaft nacherzählten chassidischen Geschichten hatten mich mit einem ganz anderen, viel anziehenderen Judentum vertraut gemacht, als ich es bisher bei gelegentlichen Synagogenbesuchen an den hohen Feiertagen kennengelernt hatte. Auch wußte ich, daß dieser weltlich wirkende »Zaddik« auf Hermann Gerson, den Führer unseres Bundes, einen großen Einfluß ausübte und sogar mit ihm befreundet war.

Eigentlich wollten wir Jugendrebellen älteren Menschen nicht zuhören, es sei denn unter dem Zwang der Schule. Der Spruch »Trau keinem über dreißig« ist nicht erst von den 68ern erfunden worden, ich habe ihn schon vierzig Jahre früher gehört. Um so erstaunlicher, wie dieser ältere Mann sich Aufmerksamkeit zu schaffen vermochte. Er sprach nicht laut, pointiert oder pathetisch wie andere, die eine Botschaft zu verkünden hatten, sondern so leise, daß man genau hinhören mußte, um ihn zu verstehen. Die Worte kamen ihm ganz zögernd über die Lippen, als habe er sie zum ersten Mal geformt, und ehe er eine Frage beantwortete, schwieg er eine Weile. Fast unerträglich lang dauerte dieses Schweigen, so daß die Antwort mit um so größerer Ungeduld erwartet wurde.

Den genauen Wortlaut dessen, was Buber uns sagte, weiß ich heute nicht mehr, aber wir alle spürten in seinen Sätzen etwas von der begeisterten Freude der ostjüdischen Mystiker. Sie waren erfüllt von einem göttlichen Urlicht, von der Hoffnung auf eine vollkommene Welt im Diesseits, deren Tore der Messias in nicht allzu ferner Zukunft öffnen werde. Hier auf dieser Erde, nicht erst im Jenseits, hier bei den Lebenden und nicht erst im Reich der Toten werde das geschehen, so lautete die Botschaft unseres Gastes, und ich habe sie nie vergessen.

Von der Hand in den Mund

Als die Meinhard-Bernauer-Bühnen eingegangen waren, konnten die Eltern nicht mehr mit einem festen Gehalt rechnen.

»Wir leben von der Hand in den Mund«, klagte die Mama, aber man merkte, daß sie auch ein wenig stolz darauf war, obwohl sie doch nie mit dem gleichen Monatsgeld für Haushalt und Anschaffungen rechnen konnte.

Mir ist dadurch sehr bald beigebracht worden, daß man auch ohne garantiertes Einkommen überleben kann. Die Existenz war unsicher, aber dafür spannend.

Die Honorare, die der Papa für seine Filmmanuskripte bekam, waren an sich recht gut. Nur gab es kaum einen Produzenten, der zuverlässig zahlte, und manche blieben Monate oder sogar Jahre schuldig. Zwei- oder dreimal war ich dabei, wie die resolute Mama versuchte, das Geld direkt in der Privatwohnung des Schuldners einzutreiben. Vielleicht haben diese Bittgänge schon früh den Grund zu meiner Ablehnung derer gelegt, die ich für »reich« hielt.

In Wirklichkeit waren das, wie ich später einsah, nur leichtsinnige Hasardeure ohne eigenes Kapital, die ja nicht zufällig ins »Filmgeschäft« geraten waren. Meist kamen sie erst zu Geld, wenn ihr Film schon lief und ein Erfolg war. Das hing aber damals, viel stärker als später, von den Urteilen der Kritiker ab, die oft nur an ihre unbarmherzigen Pointen dachten.

Eine der beunruhigendsten Szenen meiner Kindheit war ein Jähzornanfall meines Vaters nach der Lektüre eines Verrisses im »Filmkurier«. Er stürmte aus dem Haus, um den Beckmesser auf der Redaktion zu stellen, und da die Mutter ihn nicht zurückhalten konnte, lief sie hinter ihm her.

Ich blieb alleine in der Wohnung zurück und versteckte alle scharfen Gegenstände, weil ich in meiner pubertären Sensationsphantasie befürchtete, der Papa könnte sich etwas antun.

Als man diesen wohlgemeinten Akt liebevoller Vorsicht am nächsten Morgen nur belächelte, war ich sehr beleidigt.

3. Kapitel

Zeuge des Untergangs

1931 – 1933

John Heartfield: Wahlsonntag (14. September 1930)

1.

Meine ersten Polizistenprügel habe ich nicht von deutschen »Ordnungshütern« bezogen, sondern von Pariser »flics«. Sie hatten mich als verdächtigen Ausländer bei einer Veranstaltung in der »Salle Bullier« festgenommen, deren Hauptredner der von mir verehrte Schriftsteller Henri Barbusse war. Nur um ihn, dessen großen Antikriegsroman »Das Feuer« ich begeistert gelesen hatte, persönlich zu erleben, war ich zu dieser Massenversammlung gegangen. Aber das wollte der Kommissar, der mich auf der nächstgelegenen Polizeistation verhörte, partout nicht glauben. Für ihn war es ausgemacht, daß ich ein »ausländischer Hetzer«, vielleicht sogar ein Spion sei. Um mich geständig zu machen, verordnete er mir eine »passage au tabac«. So hieß diese grobe Routinebehandlung Verhafteter. Es hieben zwei stämmige uniformierte Korsen stumm mit ihren weißen Gummiknüppeln auf mich ein, um mir ein Geständnis zu entlocken, mit dem ich nicht dienen konnte, weil ich beim besten Willen nichts zu gestehen hatte.

So ließen sie mich denn nach zwei Stunden laufen, und ich humpelte mit schmerzendem Rücken und seiner geschundenen Verlängerung zu der besorgten französischen Familie zurück, die mich im Rahmen des deutsch-französischen Schüleraustausches während der großen Sommerferien des Jahres 1931 als Gast bei sich aufgenommen hatte. Es war meine erste selbständige Auslandsreise, und meine Eltern, die selber noch nie in Paris gewesen waren, ließen mich nur mit großer Sorge fahren. Aber es erschien ihnen wohl wichtig, daß meine auf dem humanistischen Gymnasium mit seiner Konzentration auf Latein und Griechisch nur spärlich gepflegten Kenntnisse lebendiger Fremdsprachen sich etwas verbesserten. Außerdem hofften sie – wie ich erst viel später von ihnen erfuhr –, daß ich mich in der »ville d'amour« endlich für ein junges Mädchen interessieren würde, denn sie hatten gelesen, daß in der bündischen Jugendbewegung, der ich so begeistert anhing, homosexuelle Neigungen begünstigt, ja erzeugt würden, ein Verdacht, der auf unseren Bund nicht zutraf, aber

Nahrung erhielt, als einmal während meiner Abwesenheit ein Unbekannter namens Karl Fischer anrief und ungeniert die Botschaft zurückließ, er müsse mich unbedingt wiedersehen.

Karl Fischer, der damals schon Mitte Fünfzig gewesen sein muß, war einer der Gründer des »Wandervogel«. Ich hatte ihn zufällig kennengelernt, als er sich auf einer Sonntagswanderung unweit von Potsdam unserer Gruppe zugesellte und mich einlud, statt mit den anderen weiterzuziehen, ihn auf einer Paddeltour zu begleiten. Das war eine große Ehre, denn ich wußte aus Blühers Buch über die deutsche Jugendbewegung, welche historische Rolle dieser Mann vor fast dreißig Jahren in dem großen Aufbruch der Jungen gespielt hatte.

Wir haben dann auch an diesem Sonntagnachmittag, in einem kleinen schwankenden Boot einen Seitenarm der Havel hinuntergleitend, über jene alten Zeiten in Steglitz gesprochen, die mich brennend interessierten, und uns dann freundlich verabschiedet. Daß dies in der Tat »alles« gewesen sei, wollten die besorgten Eltern wohl nicht recht glauben. Da ich bis zu meinem achtzehnten Jahr zu meinem Kummer etwas mädchenhaft aussah, waren ihre Befürchtungen sogar verständlich. Weshalb hatten sie es dann aber vor ein paar Jahren zugelassen, daß mein Kinderfoto mit rosa Hängekleid in einer Werbevitrine der Porträtistin am Untergrundbahnhof Zoo öffentlich ausgestellt wurde? Ich hatte mich damals so sehr darüber geschämt, mit einer »Gummipuppe« – so nannten wir Zehnjährigen die Mädchen – verwechselt zu werden, daß ich die Vitrine zu später Stunde mit einem Plakat für die »Rote Hilfe« überklebt hatte.

Wie erwartet, habe ich mich wirklich auf dieser Parisreise verliebt, aber nicht in eine Französin, sondern in eine zierliche Exotin, die ich auf der damals an der Porte de Vincennes stattfindenden »Exposition Coloniale« kennenlernte. Sie arbeitete im »Pavillon de l'Indochine« als Fremdenführerin und interessierte sich wohl vor allem deshalb für mich, weil ich kein Franzose war. Denn sie haßte »ces maudits colonialistes«, und statt Liebesgeflüster hörte ich schon bei unserem ersten Zusammensein Haßtiraden gegen französische Fremdenlegionäre, die ihren älteren Bruder zuerst gefoltert und dann für viele Jahre ins Gefängnis geworfen hatten.

Obwohl ich doch zu Hause leidenschaftlich an Politik interessiert war, störte mich das jetzt enorm. Ich wollte Zärtlichkeit, sie ließ das aber kaum zu und agitierte mit blitzenden Mandelaugen fast unaufhörlich, während wir durch die große Ausstellung spazierten. Doch ich ließ nicht locker und hoffte Tag um Tag, Arm in Arm immer wieder auf etwas romantischere Abendpromenaden oder gar auf eine Einladung in ihr Zuhause. Wie Geneviève, sie zeigte diesen französischen Vornamen vor wie eine Beute, es fertigbrachte, sich so oft von ihren Pflichten im Ausstellungspavillon freizumachen, weiß ich nicht. Sie muß das mit ihrem ungewöhnlichen Charme erreicht haben, der ja auch mich angezogen hatte, aber in unseren viel zu seriösen Gesprächen nie mehr aufleuchtete. Kein Streicheln, kein Kosewort konnten sie von ihrem missionarischen Eifer ablenken. Unsere eigenartige Beziehung endete abrupt, als ich ihr voller Ungeduld endlich einen ungeschickten Kuß aufzwang. Sie beschimpfte mich als »sale imperialiste« und lief davon.

Drei Wochen lang habe ich mich in Liebeskummer verzehrt, aber als ich im August nach Berlin zurückkehrte, hatte ich gar keine Zeit mehr, meinen enttäuschten Gefühlen nachzuhängen. Denn in der kurzen Zeit, die ich nicht in Deutschland gewesen war, hatte sich die wirtschaftliche und politische Lage so sehr zugespitzt, daß sie alle Gemüter und alle Gespräche beherrschte.

Der Zusammenbruch der Danatbank, die Notverordnungen der Regierung mit ihren scharfen Lohnkürzungen und drastischen Steuererhöhungen, das stürmische Anwachsen von Kurzarbeit und Arbeitslosigkeit, vor allem aber das immer unverschämtere Auftreten der uniformierten Nazisturmtruppen verbreiteten zunehmend Spannungen und Sorgen.

Natürlich waren wir als Juden davon besonders betroffen. Es blieb ja nicht bei den verbalen Attacken des kleinen Doktor Goebbels, der sich besonders den jüdischen Polizeipräsidenten Weiss zur Zielscheibe gewählt hatte, sondern kam immer öfter auch zu tätlichen Angriffen auf Besucher von Synagogen, die mitten auf der Straße überfallen und mißhandelt wurden, ohne daß die »Schupos« rechtzeitig eingegriffen hätten.

In unserem Jugendbund bildeten sich jetzt zwei Strömungen, die in immer stärkeren Gegensatz gerieten. Es mehrte sich die Zahl derjenigen, welche die deutsch-jüdische Symbiose, die zu einem der Grundsätze der »Kameraden« gehörte, nunmehr als aussichtslos zu erkennen meinten und sich jetzt vorwiegend zu einer jüdischen Kultur und einem jüdischen Volk bekannten. Sie schlossen sich unter dem Namen »Der Kreis« zusammen, lernten Hebräisch und bereiteten ihre Anhänger ähnlich wie der große zionistische Jugendbund »Blau-Weiß« – nun zu »Kadimah« (»Vorwärts«) umbenannt – auf die Auswanderung nach Palästina vor.

Die andere Seite hielt das für eine Fehl- und Rückentwicklung. Gerade Juden seien durch ihre Zerstreuung über die ganze Erde dazu bestimmt, völkische Enge zu überwinden und – wie besonders Buber verlangte – beispielhaft den Dialog zwischen den verschiedenen Kulturen zu fördern. Einige Befürworter dieser Haltung, zu denen auch Ernst Stillmann, Ernst Jablonski und ich gehörten, gingen weiter. Wir meinten, daß nur eine sozialistische Neuordnung die Probleme der zunehmenden wirtschaftlichen Verelendung, die dem Judenhaß Auftrieb gab, wirklich lösen könne. Zwar trennten sich die in so tiefe Gegensätze geratenen Mitglieder unseres Bundes noch nicht. Die antibürgerlichen Ideale und die lebensreformerische Haltung der Jugendbewegung hielten sie vorläufig zusammen. Aber wie lange konnte das noch dauern?

Ich nahm damals an einer Bündnisverhandlung unserer »Linken« mit den kommunistisch orientierten »Roten Pfadfindern« teil. Sie fand im Karl-Liebknecht-Haus statt, der aus Furcht vor Übergriffen der SA in eine wahre Festung verwandelten KPD-Zentrale, am Bülowplatz gegenüber der »Volksbühne«. Aber diese Gespräche spielten sich von Anfang an in einem so frostigen Klima ab, daß sie gar nicht zum Erfolg führen konnten. Wir wurden von den Besitzern der historischen Wahrheit als bürgerliche Schwärmer behandelt, die immer noch nicht begriffen hatten, was Klassenkampf sei. Mein entschiedenes Eintreten für den Pazifismus wurde rüde als »sentimentales Gestammel« abgetan. Man müsse auf die gewaltsamen faschistischen Aggressionen mit Gewalt antworten und dementsprechend bewaffnete Formationen für den zu erwartenden Bürgerkrieg aufbauen, wurde ich belehrt. Nur nach außen hin werde man die Friedensbewegten weiter unterstützen.

Besser durchsetzen konnte ich mich mit meinen Ideen in der sogenannten »Schulgemeinde«, dem seit noch nicht langer Zeit bestehenden Schul-Parlament des Mommsen-Gymnasiums. Es mißfiel zwar den meisten der konservativen Studienräte und wohl auch dem Direktor, aber nach längeren Verhinderungsbemühungen mußte es doch erlaubt werden, weil die republikanisch gesinnte Schulbehörde eine solche demokratische Institution nicht nur gestattete, sondern sogar verlangte.

Ich bin einmal sogar zum Vorsitzenden dieser Institution gewählt worden, habe mich aber auf diesem Posten nicht lange halten können, weil ich kein guter Organisator und ein zu wenig energischer Veranstaltungsleiter war. Ich brachte es einfach nicht fertig, Dauerrednern das Wort abzuschneiden, war auch viel zu ungeduldig, wenn in den vorbereitenden Sitzungen unendlich lang und langweilig über kleine Details verhandelt wurde.

Und so wurde ich kein Politiker.

2.

Etwa vom Herbst 1931 an begann man sich am Familientisch zu fragen, welchen Beruf der einzige Sohn wohl ergreifen solle. Eine Bühnenkarriere, für die ich mich immer mehr interessierte, seit ich begonnen hatte, viele Vorstellungen, vor allem aber die großen Premieren am »Deutschen Theater« und im Schillertheater, zu besuchen, kam leider nicht in Frage. Denn die Eltern verkündeten: »Du wirst etwas Anständiges!«

Das war zwar nur scherzhaft gemeint, aber es war auch Ausdruck eines Minderwertigkeitsgefühls, das sie nie losgeworden waren.

Für mich wurde es in diesem Jahr immer klarer, daß ich mich dem künstlerischen Film verschreiben wollte. In diesem Medium war man dabei, eine neue Bildersprache zu erfinden, hier müßte ich kein Epigone sein, sondern könnte Pionier einer Kunstgattung werden, die sich noch in voller Entwicklung befand. Meinen Freunden verkündete ich übertrieben selbstbewußt, ich wolle der Tolstoi des Lichtspiels werden.

Mit einer geliehenen Schmalfilmkamera begann ich zu experimentieren und versuchte, Bilder aus meinen Träumen aufs Zelluloid zu bannen. Denn Traum und Film gehörten für mich zusammen. Das konnte mit meinen geringen Mitteln nicht gelingen, und so machte ich mich daran, einen Streifen aufzunehmen, den ich »den subjektiven Film« nannte. Seine Darsteller sollte der Zuschauer nie zu sehen bekommen, sondern stets nur das, was sie mit ihren Augen erfaßten. Ich ließ also die Blicke meines Helden über das Gewühl der überfüllten Tauentzienstraße streifen, machte den Zuschauer miterleben, wie ein schnelles Auto auf die Hauptfigur, einen Passanten beim Überqueren des Fahrdammes, zuraste, wie er und mit ihm der Bildausschnitt umstürzte und nun die Räder erschreckend mächtig und nah über das Unfallopfer rollten, bis ihn das Dunkel der Ohnmacht umfing. Wie er dann aber noch einmal die Augen aufschlug, nur noch Verschwommenes wahrnahm, bis er endgültig das Bewußtsein verlor. Als ich dieses Meisterwerk im engeren Freundeskreis der Familie vorführte, meinte der Romanautor Werner Scheff, mit dem die Eltern täglich auf Mittagsspaziergang in den Schöneberger Stadtpark gingen: »Nicht übel, meine Junge, aber erst wirst du das Handwerk von der Pike an lernen müssen.« Er tat auch gleich etwas dafür und erhielt von einem Bekannten, Herrn Burlin, dem Besitzer der Filmkopieranstalt »Rapid«, das Versprechen, man werde mich nach dem Abitur als Lehrling einstellen. Diesen Schulabschluß mußte ich allerdings erst noch schaffen, und dafür blieben nur noch ein paar Monate.

Ob mir das überhaupt gelingen könne, war damals noch sehr zweifelhaft, vor allem weil meine Leistungen in Mathematik so erbärmlich schlecht waren, daß der Herr Studienrat Karthaus sich meine Klassenarbeiten nicht einmal mehr ansah und mich während des Unterrichts als hoffnungslosen Fall links liegen ließ. So habe ich den intellektuellen Reiz und die Eleganz von Algebra, Geometrie und der höheren Mathematik erst viele Jahre später begriffen. Da war es aber schon zu spät, noch nachzuholen, was ich und mein phantasieloser Lehrer damals versäumt hatten.

Gerettet hat mich damals mein Deutschlehrer, der kriegsversehrte einarmige Studienrat Stecher, weil ihm meine Aufsätze gefielen. Nur mit der Interpunktion klappte es nicht. So schrieb er mir in seiner linkshändigen unverwechselbaren Schrift mit roter Tinte ins Heft: »Der Verf. wird sich einmal vor den Setzern schämen müssen, wenn er nicht endlich lernt, wo Kommata hingehören.« Die Spitzennote Eins, die er mir für sein Fach gab, wurde als Ausgleich für mein Versagen vor den Zahlen und Formeln angesehen. So bestand ich denn mit meinen 24 Mitschülern im März 1932 das Abitur und wurde in ein Leben entlassen, das ich in meinem Prüfungsaufsatz als entfesseltes, hochwogendes Meer beschrieben hatte. Von Welle zu Welle geschleudert, würde ich mich schließlich halb tot (aber auch halb lebendig!) an einem zu Hilfe gekommenen Rettungsboot anklammern können. Keine ganz falsche Prognose, wie sich herausstellen sollte.

3.

Filme machen wollte ich, studieren wollte ich, endlich frei leben wollte ich, und dann machte mir das Schicksal sofort einen dicken Strich durch die Rechnung. Zurückgekehrt von der dreiwöchigen Abiturreise nach Italien, wurde ich mitten im lebhaften Erzählen plötzlich ohnmächtig und rutschte mit verzerrter linker Gesichtshälfte vom Stuhl. Der Hausarzt verordnete Ruhe, hatte aber keine genauere Diagnose parat als

»Überanstrengung«. Das konnte eigentlich nicht stimmen. Denn mein Schulfreund Erich Weinmann und ich hatten ohne jede Hetze die übliche Bildungsreise auf den Spuren Goethes absolviert und es besonders genossen, daß wir nicht schon frühmorgens zum Schulunterricht aufstehen mußten. Also was war's? Eine erste neurologische Untersuchung brachte noch keine schlüssige Diagnose. Schlappheit, Gleichgültigkeit und Kopfschmerzen, eine leichte Temperaturerhöhung, die nicht weichen wollte, ließen vermuten, daß es sich wohl um eine milde Form von Gehirnhautentzündung handeln mußte.

Steckte nicht vielleicht Schlimmeres dahinter? Ein Tumor? Eine Hirnverletzung? Nie hatte ich die Mutter so besorgt gesehen. Sie drang darauf, daß ich mich von Professor Kurt Goldstein, einem bedeutenden Neurophysiologen, untersuchen ließ, der durch seine Forschungen an sogenannten »Kopfschüsslern«, hirnverletzten Soldaten des Weltkriegs, in seinem Fach weltweit bekannt geworden war.

Eben deshalb war es schwer, ja fast unmöglich, zu dieser Koryphäe zugelassen zu werden. Meiner Mutter gelang das wieder einmal, indem sie mich als junges Genie pries und dem Herrn Professor einige meiner Schreibereien aufdrängte. Gelesen hat er das vermutlich nicht, aber um endlich Ruhe zu haben, erlaubte er mir, zu ausführlichen Untersuchungen auf seine Station am Krankenhaus Moabit zu kommen. Nun wurde ich durch eine systematische und angstmachende Serie von Tests geschickt. Sie ließen mich mit geschlossenen Augen durchs Untersuchungszimmer laufen, auf einer vorgezeichneten Linie balancieren. Sie zapften mein Rückgrat an und entnahmen ihm Flüssigkeit, sie durchleuchteten meinen Schädel von allen Seiten, und als sie dort nicht fanden, was sie vermuteten, pumpten sie mir Luft ins Gehirn, um es in diesem Zustand abermals zu fotografieren. Das waren scheußliche Quälereien, und ich hielt sie nur aus, weil mein Bettnachbar, ein weiser älterer Mann, der an unheilbarer multipler Sklerose litt, mir immer wieder vor Augen hielt, wie beneidenswert ich sei, wenn ich meinen mit seinem Zustand verglich. Dennoch:

Nacht für Nacht quälte mich die Vorstellung, daß man meinen Schädel aufmeißeln und an meinem Gehirn herumschnippeln werde.

Wirklich herausgefunden, was mir eigentlich fehlte, hat auch der überarbeitete, dennoch aber stets liebenswürdige Professor nicht. Vermutlich war eine Halsentzündung, die ich übergangen hatte, um sofort nach der Abschlußprüfung auf die lang erwartete Reise in die südliche Freiheit zu gehen, der ursprünglich harmlose Auslöser meiner folgenden Beschwerden gewesen. Statt mit einer Mandeloperation Zeit zu verlieren, hatte ich damals aus Ungeduld nur den Eiter von dem entzündeten Organ absaugen lassen. So war wohl die Infektion über die Blutbahnen in andere Teile des Körpers und schließlich bis ins Gehirn gelangt. Es beeindruckte mich, daß der Medizinstar bekannte, er könne trotz der vielen Untersuchungsunterlagen nichts Bestimmtes oder gar Endgültiges aussagen. Wissenschaft sei trotz aller Daten meist Vermutung, ließ er den jungen Mann an der Schwelle des akademischen Studiums wissen. Diese skeptische Lehre lohnte, wie ich erst später begriff, die Qualen, die ich durchgemacht hatte. Ich habe bei meinen häufigen späteren Begegnungen mit allzu selbstsicheren Forschern immer wieder an sie zurückgedacht.

4.

So ist gleich beim Eintritt ins Erwachsenenleben eine Schicksalswelle über meinem Kopf zusammengeschlagen. Als ich wieder Luft holen und in die weitere Zukunft schauen konnte, war alles mit einem Schlag ganz anders geworden. Ich mußte mich schonen, schonen, schonen, sollte mindestens zehn Stunden pro Tag schlafen und jede Überanstrengung vermeiden. Noch war mein Elan nicht gebrochen, aber doch unwiderruflich gebremst.

Merkwürdig und trotz aller weiterer Untersuchungen nicht zu klären, war das neue ungewohnte Gefühl, es gebe so etwas wie eine gläserne Scheibe zwischen mir und der Welt. Ich war nicht mehr in ihr mit all den anderen, sondern auf eine unerklärliche Weise abgetrennt, über oder neben Dingen und Menschen, als müder Zuschauer, niemals wirklich bei und mit ihnen. War das eine seelische Befindlichkeit, erklärbar aus einer Unfähigkeit, die täglich wahrgenommene Wirklichkeit des Lebens zu akzeptieren, wie mein langjähriger Freund, der angehende Psychiater Harry Timar, meinte, oder litt ich an den Folgen einer physischen Verletzung?

Harry, wie die meisten unserer Generation, war tief von den Romanen Hermann Hesses beeindruckt. Er gab mir den »Demian« und vor allem den »Steppenwolf« zu lesen, mit dessen Hauptfigur, einer gespaltenen Persönlichkeit, ich mich sofort identifizierte. Mein Doppelleben spielte sich zwischen wüsten nächtlichen Träumen und der ungreifbar gewordenen täglichen Wirklichkeit ab. Ich begann ein Traumtagebuch anzulegen, und da ich aus meiner Lektüre erfahren hatte, daß man während der ganzen Schlafdauer träumt, allerdings das meiste beim allmählichen Übergang zum Erwachen wieder vergißt, ließ ich mich durch einen lauten Wecker vier- oder fünfmal pro Nacht aus der Traumwelt reißen, notierte halbwach die Erlebnisse, die ich noch erwischen konnte, und sah mir erst am Morgen bei vollem Bewußtsein meine reiche Beute von Bildern, Gedankenfetzen, unzusammenhängenden Szenen an, zufrieden, aber auch überrascht wie ein Fischer, der den Inhalt seines Netzes prüft.

Sobald es mir etwas besser zu gehen schien, meldete ich mich wie vorgesehen in der Filmkopieranstalt, weil die Volontärsarbeit in diesem Betrieb ja angeblich für einen angehenden Filmkünstler unverzichtbar war. Aber länger als fünf Wochen bin ich dort nicht geduldet worden. Nachdem ich im Halbdunkel stolpernd mehrere Rollen der Uraufführungskopie des Meisterwerks »Die Tänzerin von Sanssouci« in einen der für Brandfälle bereitstehenden Wasserbottiche hatte rutschen lassen, empfahl mir der Firmenchef, am nächsten Morgen nicht wiederzukommen, aber wenigstens zum Abschied für die nunmehr zu Überstunden gezwungene Belegschaft »eine Runde Bier zu schmeißen«. Dies tat ich denn auch und wurde unter betrunkenen Dankrufen verabschiedet.

Gleich darauf versuchte ich mich im Filmatelier Tempelhof als Regieassistent bei Richard Oswald, einem alten Freund meines Vaters, der zwar schon über hundert Filme gedreht hatte, aber bei seiner Arbeit immer noch so nervös wie ein Anfänger war und seine Unsicherheit alle halbe Stunde durch eindrucksvolle Wutausbrüche loszuwerden versuchte. Der Film hieß »Unheimliche Geschichten« und war in einer der Hauptrollen mit Paul Wegner besetzt, einem großartigen Charakterdarsteller, der schon, ohne ein einziges Wort zu sagen, Eindruck machte durch sein breitknochiges Mongolenhaupt und etwas Geheimnisvolles, das aus seinen tiefliegenden Augen sprach.

Von dem aufgeregten Gehabe unseres Spielleiters und dessen lieber Familie, die stets mit Regie führte, ließ sich der große Mime überhaupt nicht beeindrucken. Während der ganzen Drehzeit habe ich ihn, außer in seiner Rolle, nur einmal sprechen gehört:

„Unheimliche Pfuscher!" knurrte er, als wieder einmal mitten in einer seiner Szenen die Scheinwerfer erloschen.

Daß aus diesem Chaos schließlich ein ganz annehmbarer Film entstand, blieb für mich ein Mirakel, und ich war sogar ein wenig stolz, daß ich im Vorspann als Assistent erwähnt wurde. Außerdem habe ich in diesem Streifen zum ersten und zum letzten Mal eine Filmrolle gespielt. Da wieder einmal ein für einen kleinen Nebenpart bestellter Schauspieler nicht erschienen war – wie sich später herausstellte, hatte man vergessen, ihn an den Drehtermin zu erinnern –, mußte ich einspringen. Ich hatte einem von Harald Paulsen gespielten Reporter, der durch die einzelnen Episoden führte, die Tür zu öffnen und den memorablen Satz zu sagen: »Sie werden schon erwartet!« Das war schwerer, als ich gedacht hatte. Einmal drückte ich zu früh, dann wieder zu spät auf die Klinke. Und meine Sprechweise klang nicht natürlich, sondern viel zu betont.

»Red' nicht so geschwollen«, schrie mich Oswald an. »So wichtig ist das doch nicht.«

»Ja aber ohne mich geht die Handlung nicht weiter«, wagte ich einzuwenden.

»Schluß!« brüllte der Chef, seine Gattin stimmte schrill ein, und der rothaarige Sohn Gerhard klatschte vergnügt in beide sommersproßigen Hände.

5.

Nach dieser etwas ernüchternden Begegnung mit der Welt des Films begann ich nun mit um so größeren Erwartungen mein Studium. Doch das, was mir die Professoren der Humboldt-Universität erzählten, vermochte mich vorläufig nicht zu fesseln. Ich war auch noch nicht wirklich entschlossen, was ich als Hauptfach wählen sollte. Die abstrakten Ausführungen des Ordinarius für Philosophie verstand ich nur teilweise. Sie waren mir einfach zu hoch. Die Vorlesungen des Professors für neue Geschichte empfand ich als zu einseitig und reaktionär, weil sie an den Lehren des historischen Materialismus völlig vorbeigingen. Nur der Psychologe Wolfgang Köhler machte Eindruck auf mich. Seine Versuche, mit denen er etwas über die Fähigkeiten von Menschenaffen herauszubekommen versuchte, fand ich wenigstens amüsant, aber eigentlich hatte ich mir unter der Erforschung der menschlichen Seele doch etwas ganz anderes vorgestellt.

Was sollte das alles in einer Zeit, da alleine in Deutschland sechs Millionen Menschen keine Arbeit finden konnten und täglich eine Revolution bevorstand? Eigentlich hätte ich mich in dieser Situation wieder politisch engagieren müssen. Wenn ich es nicht tat, so lag das nicht nur an meinem immer noch schlechten Gesundheitszustand, sondern mehr noch daran, daß ich mich mit keiner bestehenden politischen Partei oder Bewegung ganz identifizieren konnte. Die Sozialdemokraten, die so oft Kompromisse mit den schlimmsten Feinden der Republik geschlossen hatten und deren hochgestelltes Mitglied, der Berliner Polizeipräsident Zörgiebel, kürzlich sogar auf streikende Arbeiter hatte schießen lassen, verachtete ich. Die linksliberalen Demokraten hatten kaum ein Verhältnis zur Jugend, aber um so mehr zu einer Geschäftswelt, die demokratiefeindlich war. Und die Kommunisten, bei denen Treue zu ihrer starren, allein gültigen »Linie« stets Vorrang vor ihrer Treue zu den bedrängten Menschen besaß, schienen mir in ihrem sturen ideologischen Denken preußischer zu sein als die Preußen.

Vor allem fiel mir auf, wie wenig es der Weimarer Republik gelang, Begeisterung oder auch nur Zustimmung aus dem breiten Volk zu erhalten. Schon im Gymnasium hatte die vorgeschriebene alljährliche Verfassungsfeier am 11. August nur Gähnen erzeugt und allein dadurch das Mißfallen von Lehrern wie Schülern erregt, daß sie deswegen früher aus den Sommerferien zurückkommen mußten. Schwarz-Rot-Gold faszinierte nicht, die Landesfarben waren ein Symbol grauer Langeweile. Daß die demokratischen Parteien Politik nicht als Schaugeschäft betreiben wollten, ehrte sie, zeigte aber auch, daß sie den Zeitgeist nicht erfaßt hatten.

Meine einzige politische »Heimat« war eine Zeitschrift: die »Weltbühne«, in der Kurt Tucholsky, Carl von Ossietzky, Kurt Hiller und der junge Rudolf Arnheim schrieben, dessen Fimkritiken ich meist noch im Stehen las, sobald ich am ungeduldig erwarteten Dienstagmorgen das kleine hellrote Heft vom Zeitungskiosk abgeholt hatte.

Es war besonders Tucholsky, dem meine glühende Sympathie gehörte, zuerst vor allem, weil er sich so eindeutig und beredt für mein Vorbild, den von der Feme ermordeten Hans Paasche, eingesetzt hatte. Aber auch seine so ganz undeutsche und unspießerische Liebe zur freieren und genüßlicheren französischen Lebensart, der gutmütige Spott, mit dem er das Berliner jüdische Kleinbürgertum im Prototyp des »Herrn Wendriner« bloßstellte und nicht zuletzt die ironische Skepsis, mit der er sich selbst begegnete, hatten prägenden Einfluß auf mich. Daß dieser Vielseitige unter fünf Pseudonymen schrieb, hat mir später Mut gemacht, mich unter verschiedenen Autorennamen zu Wort zu melden. Ich begann zu begreifen, daß in jedem einzelnen mehrere Persönlichkeiten steckten, daß wir widersprüchlicher, aber auch vielfältiger waren, als es uns die Schule gelehrt hatte.

Als überzeugter »Weltbühnen«-Leser bin ich denn auch am
10. Mai 1932 – ich erinnere mich an das Datum so genau, weil
es der Tag vor meinem neunzehnten Geburtstag war – mitge-
gangen, als sie den Pazifisten Ossietzky von der Redaktion seines Blattes ins Gefängnis Tegel begleiteten, wo er als verantwortlicher Redakteur für einen von seinem Mitarbeiter Georg
Kreiser veröffentlichten Enthüllungsartikel über die Geheim-
aufrüstung der Reichswehr anderthalb Jahre einsitzen sollte.

Ich war wohl der jüngste unter den etwa hundert prominenten Teilnehmern, der an diesem nicht erlaubten, aber vom
sympathisierenden Vizepräsidenten der Polizei geduldeten
Demonstrationsspaziergang teilgenommen hat. Und ich bin
nicht bis zum Ende dabeigeblieben, weil ich auf dem Weg mit
einem der Herren Schriftsteller, dessen Namen ich nicht
kannte – und auch nicht erfahren wollte –, in eine heftige Diskussion geraten war. »Sehen Sie hier junge Menschen?« pro-
vozierte ich ihn. »Weshalb könnt ihr die Jugend nicht faszinieren?« Diesen Vorwurf verübelte er mir und schickte mich
hochmütig als »dummen Jungen« nach Hause.

6.

Als Student hatte ich selbstverständlich Erlaubnis, die größte
Bücherei Berlins, die Preußische Staatsbibliothek, zu benutzen. Hier fand ich, was ich in den Vorlesungen und Seminaren
der Uni vermißte: Zugang zu einem unerschöpflichen Reichtum des Wissens. Besonders die Zeitschriften-Lesesäle zogen
mich an. Denn dort lagen die neuesten Ausgaben der Periodika aus den verschiedensten Fachgebieten auf, und wenn ich
sie lesen oder auch nur durchsehen wollte, mußte ich nicht
erst einen Bestellzettel ausfüllen, sondern konnte sofort zu-
greifen und mir fünf, sechs, sieben Hefte von den Regalen zu
meinem Arbeitsplatz an einem der soliden, langen Eichenti-
sche holen.

Bevor ich mich entschied, was ich lesen wollte, blätterte ich
erst einmal eine Stunde lang in den unterschiedlichsten Publi-

kationen. Friedländer hatte mir ja beigebracht, Texte schnell zu überfliegen und nur dort haltzumachen, wo mein Interesse besonders angezogen wurde. So tat ich etwas, das mir meine Professoren sicherlich übelgenommen hätten: ich wanderte schnell von einem Forschungsgebiet zum anderen. Hatte ich eben noch einen Blick in ein Physikjournal geworfen, versuchte ich nun, einen Aufsatz über Neurophysiologie zu verstehen, und wenn's mir nicht gelang, sprang ich ab zu einer Kunst- oder Literaturzeitschrift.

Studienfreunde, die mir das als »Oberflächlichkeit« ankreideten, hatten sicherlich recht. Aber gewann ich dafür nicht etwas, das ihnen ganz fehlte, nämlich Übersicht? Täglich erlebte ich ja bei meinen neugierigen Streifzügen die Zerrissenheit des immer zusammenhangloser scheinenden Kosmos der ständig zunehmenden Erkenntnisse. Die überwältigende Masse der Informationen, die ich als beglückend empfunden hatte, empfand ich nun oft als bedrängend, andererseits erschien mir die selbstgewählte Beschränkung auf ein Spezialgebiet, in das sich die meisten Forscher zurückzogen, als eine Art Versagen. Welch einem in seiner Unvollständigkeit unwissenschaftlichen Bild der Wirklichkeit hingen die angeblich so exakten Wissenschaftler an, wenn sie über Einzelkenntnissen die Vielfalt und die großen Zusammenhänge vernachlässigten?

Aber konnte es denn überhaupt anders sein? Konnte es noch Köpfe geben, die imstande waren, diese Überfülle aufzunehmen und zu begreifen? Als ich im Herbst 1932 auf einem der langen Regale die wenig verbreitete politische Zeitschrift »Gegner« fand, ahnte ich nicht, daß sie mich zu einem solchen universalen Geist führen sollte.

Ich war an diesem unscheinbar aufgemachten Heft hängengeblieben, weil da ein Autor namens Harro Schulze-Boysen der gleichen Unzufriedenheit Ausdruck gab, die mich allen politischen Strömungen entfremdet hatte. Die alten Mächte Kirche und Feudalismus, Bürgerstaat, Proletariat und Jugendbewegung hätten versagt, stellte der mir unbekannte Verfasser fest. Es gebe in allen politischen Gruppierungen Menschen, die einander heute noch als Gegner sähen, aber morgen schon als Kampfgenossen für die Vision einer neuen Gesellschaft zusammenarbeiten würden. Ich las:

»Wir dienen keiner Partei. Wir dienen jenem unsichtbaren Bund von Tausenden, die gegenwärtig vielleicht noch verteilt in allen Lagern stehen, die aber wissen, daß der Tag nah ist, an dem sie zusammenkommen müssen. Wir haben kein Programm. Wir kennen keine steinernen Wahrheiten. Das einzige, was uns heilig ist, ist das Leben...«

Ich war also in meiner Ablehnung der Parteien nicht alleine, sondern konnte Freunde entdecken, die ähnlich empfanden. Ein Hinweis auf der Rückseite der Zeitschrift sagte mir, wo ich sie finden könnte: im »Café Adler« am Dönhofplatz, wo sich die »Gegner« jede Woche trafen.

Mein erster Eindruck von diesen vermeintlichen Rebellen war allerdings enttäuschend. Ihr Vokabular, in dem zahlreiche Worte vorkamen, die ich bisher nur aus den Reden und Schriften völkischer Wirrköpfe kannte, stieß mich ab. Harro, der junge Mann, der den eindrucksvollen Aufsatz im »Gegner« geschrieben hatte, erinnerte mich in Aussehen und Auftreten zu sehr an die forschen Offizierstypen, die ich von deutschnationalen Studentenversammlungen her kannte. Er war groß, blond, hielt sich angestrengt steilgerade und verkündete mit pathetischer Stimme, »in allen Urkräften des Volkes liegt die Zukunft beschlossen«. »Wo bin ich da hineingeraten?« fragte ich mich.

7.

Aufzuhorchen begann ich erst, als jemand sich einmischte, den ich nur hören und nicht sehen konnte, weil er durch eine hohe Blumenrabatte verdeckt war, die quer durch das längliche Lokal lief und es in zwei Hälften teilte. Diese spitze Stimme sprach mit einem starken berlinischen Dialekt, der durchaus nicht zu dem Inhalt seiner hochgestochenen Bemerkungen paßte. Denn da war die Rede von Integral- und Differentialrechnung, von Psychoanalyse, von Nuklearforschung und der phylogenetischen Entwicklung des Lebens. Doch all diese gelehrten Ausführungen, die ich zunächst für Bildungsprotzerei hielt, dienten einem politischen Diskurs ganz ungewöhnlicher Art. Der Redner versuchte uns nämlich klarzumachen, daß die revolutionären Erschütterungen, von denen seine Vorredner geschwärmt hatten, aus ganz anderen Ecken kommen würden, als sie meinten.

»Ihr wollt die Menschheit retten. Aber ihr habt keine Macht. Macht ist böse. Ohnmacht ist noch böser. Hinter der Menschenliebe muß die Übermacht und Produktionsgewalt des Ultra-Technoikums stehen.« Und damit begann der allzu gelehrte Redner unter wachsender Unruhe aufzuzeigen, wie weder Parteien noch Bünde und revolutionäre Ideologien, sondern die neuen Entdeckungen und Erfindungen der Physiker, Tiefenpsychologen und Ingenieure menschliche Geschichte von Grund auf revolutionieren würden wie noch nie.

»Genug!« wurde dazwischengerufen. »Verpiß dich ins Seminar«, schrie jemand, und es setzte ein Höllengelächter ein, in dem jedes weitere Wort des ungewöhnlichen Redners unterging.

Wäre ich nicht durch meine Zeitschriftenlektüre der letzten Monate ein wenig vorbereitet gewesen, hätte ich vielleicht ähnlich reagiert. So aber nahm ich die Herausforderung an, stand auf und verlangte von dem mir unsichtbaren Aufrührer, er möge uns doch sagen, wie seine sehr interessanten Erkenntnisse in praktisches politisches Handeln umgesetzt werden könnten. Er schickte sich sogleich an, das zu tun. Aber man überschrie ihn, ließ ihn nicht mehr zu Wort kommen. So begab ich mich suchend auf die andere Saalseite, in der Hoffnung, mit dem Unbekannten ein privates Treffen zu vereinbaren.

Unbekannt war er, wie ich gleich merkte, nur mir. Die meisten anderen Teilnehmer an dieser wöchentlichen Veranstaltung kannten Adrien Turel schon.

„Sonst quatscht er vom Matriarchat und vom embryonalen Zustand der Menschheit, die noch gar nicht zur Welt gekommen sei«, flüsterte mir jemand zu, den ich von den Univorlesungen kannte. Dabei zeigte er auf einen schmalen, eher blassen Brillenträger, der den Diskussionsleiter mit energischen Handbewegungen abermals auf sich aufmerksam machen wollte, aber absichtlich übersehen wurde.

Erst als die Veranstaltung in einem weiteren Tumult zu Ende gegangen war, konnte ich das Wort an ihn richten, und er lud mich sofort ein, noch eine Molle mit ihm zu trinken. Als wir aufbrachen, stellte sich heraus, daß »Turelchen«, wie man ihn nannte, zum engsten Kreis der »Gegner« gehörte und an der Redaktion der Zeitschrift beteiligt war, wo er sich die Arbeit mit dem aus der Nähe viel sympathischer wirkenden Harro teilte.

Die folgenden zwei oder drei Stunden, die wir in einer Kneipe der Innenstadt verbrachten, wo Turel Stammgast zu sein schien, hatten jene besondere, ja einmalige Qualität, die einem nur ganz selten geschenkt wird. Ununterbrochen sprechend, über die eigenen Worte stolpernd und sich mit jedem »Gläschen« steigernd, entwickelte dieser am ganzen Leibe vor geistiger Aufregung Zitternde eine zeitgeschichtliche Vision, die all das, worüber wir uns täglich erhitzten, provinziell und kleinkariert erscheinen ließ. Da schrumpfte Hitler zu einem bösen Zwerg, dem aber, wie Turel meinte, die leitartikelnden Verteidiger der Weimarer Republik keinen Einhalt gebieten würden, weil sie nicht begriffen hätten, daß dieser gefährliche Gnom instinktiv die vom Industrialismus heraufbeschworenen Krisen zu nutzen wisse. Dabei verstehe er sie im Grunde genausowenig wie fast alle anderen Zeitgenossen. Er, Adrien Turel, aber habe eingesehen, daß mit dem Eindringen der Forschung in den Kern der Materie, der Zellen und sogar ins Innerste der Seele die Geschichte von nun an einen ganz anderen Lauf nehmen werde. Der Übermensch-Gedanke Nietzsches und die Mutterrechtstheorie Bachofens, die Relativitätstheorie Einsteins und Freuds Psychoanalyse überschatteten längst schon einen wirkungslos gewordenen Marxismus, der zur Kirche erstarrt sei. Wir stünden vor der Eroberung des Jenseits, auf der Schwelle eines vierdimensionalen Zeitalters. Wenn wir das einmal begriffen hätten, könnten wir die Demiurgen der kommenden Epoche werden.

Das, was ich hier in wenigen Zeilen zusammenzufassen versuche, war überwuchert von Dutzenden historischer Anekdoten, die auf hochdeutsch, berlinisch und französisch erzählt wurden. Immer wieder sah es so aus, als würde der auf Seitenwege, deren Abzweigungen und immer neue Verästelungen geratene Diskurs nie wieder zu seinem Hauptthema zurückfinden. Aber das gelang dem übersprudelnden Seher schließlich mit einer schnoddrigen Wendung. Ein von Kichern begleitetes Satyrspiel schloß das gewaltige Bild eines großen Zivilisationsdramas ab, gerade noch ehe der Kopf des mit Zungen Sprechenden auf den Tisch gesunken war und seine ins Lallen geratene Rede verstummte.

8.

Es meldeten sich in diesem letzten Jahr vor dem Untergang der Republik viele seltsame Heilige zu Wort. Einer malte in riesigen weißen Buchstaben das Wort HINGABE an Häuserwände und Fabrikmauern. In den Hinterhöfen der Mietskasernen hörte man jetzt nicht nur die bettelnden Sänger und Drehorgelspieler, sondern die ekstatischen Beschwörungen von Sektenpredigern und Endzeitpropheten. Eine aufgedunsene Frau mit langem ungewaschenen Haar sprach kein Wort, sondern weinte mitten auf einer belebten Straße so laut, daß man es bis in den vierten Stock hinauf hörte. Immer neue astrologische und religiöse Blättchen erschienen, die selten über zwei bis drei Ausgaben hinauskamen. Sie druckten riesige rote Schlagzeilen und trugen Titel wie »Der Seher« oder »Das Reich Gottes«.

Wer Turel nicht genauer kennenlernte, hätte meinen können, daß er zur Schar dieser Illuminierten gehöre. Aber wir, die nun seine Aufsätze im »Gegner«, seine Broschüren, Essays und Gedichte zu lesen begannen, merkten schon, daß hier ein ungewöhnlicher Denker Ideen ausbreitete, die man ernst nehmen mußte. Charakteristisch für seine Mitteilungen war, daß er die großen Ereignisse in der Welt und im Kosmos stets in Zusammenhang mit seiner ganz persönlichen Geschichte brachte. Die Tatsache, daß er von Geburt an rechtsseitig gelähmt war, verstand er nicht als Unglück, sondern als Auszeichnung. Schon als kleiner Junge hatte er von daher die Zuversicht gewonnen, daß er sich als ein besonderer, vom Schicksal gezeichneter Mensch unter Normalen durchsetzen könnte, »einfach weil eine neue Zeit, eine neue Kultur, eine neue Weltbeherrschung, dementsprechend auch ein neuer Menschentypus im Heraufkommen« sei.

Daß dieser nun schon über vierzigjährige Westschweizer trotz der Veröffentlichung von Gedichtbänden, Dramen, philosophischen Abhandlungen in bekannten Verlagen materiell immer noch völlig verarmt war und als geduldeter Untermieter bald bei diesem, bald bei jenem Bekannten unterschlüpfen mußte, störte ihn nicht. Er meinte, das sei das von ihm gewollte Resultat einer »Strategie der Erfolglosigkeit«, die ihm Freiheit und Unabhängigkeit garantierte. Wenn er kühn behauptete, daß er schon jetzt von seinem jeweiligen Dachstüblein aus die Weltgeschicke wesentlich beeinflusse, so erschien das in den Augen derjenigen, die er durch die Originalität seiner Hypothesen beeindruckte, durchaus nicht so größenwahnsinnig, wie es klang.

Oskar Loerke, als Lyriker zu Ruhm gelangt, und als Lektor des S. Fischer Verlags eine der einflußreichen Persönlichkeiten des Kulturlebens der ersten Nachkriegszeit, begeisterte sich: »Der Name Adrien Turel bezeichnet eine der großartigsten vergeistigt-seelischen Kraftzentralen, die heute in den Dienst einer inneren Durchleuchtung der Menschenwelt gestellt sind.«

Der Anblick des Röntgenfotos einer Hand in der französischen Zeitschrift »Nature« war, wie er oft erzählte, ein Schlüsselerlebnis des jungen Turel. Das, was er zu sagen hatte, wirkte auf die Sicht seiner Zuhörer oder Leser wie Röntgenstrahlen. Sie meinten nun, Blicke unter die Oberfläche des täglichen Geschehens zu tun und Verborgenes zu erkennen, das den

Gang der Ereignisse bestimme. Dieses elitäre Bewußtsein verband die wenigen Mitglieder des inneren »Gegner-Kreises«, die doch für den Einfluß und die Mitbestimmung der vielen kämpfen wollten. Wer von dem bewunderten Jüngling Harro zu Gesprächen und Festen in seine große, fast leere Wohnung eingeladen wurde, fühlte sich als Mitglied einer Avantgarde oder, wie Schulze-Boysen mit leiser Verschwörerstimme verkündete, als Bruder eines neuen Ordens, in dem die »besten Kräfte« aller Richtungen und Parteien gegen ein »bürokratisches Staatsgebilde«, eine »spekulativ-kapitalistische Wirtschaft«, eine »laue Kirche« sich zusammenfanden, um »als Vogelfreie« zu schaffen, was den »Gesicherten« nicht gelang: die neue menschliche europäische Gesellschaft.

Das klang in meinen Ohren furchtbar pathetisch, denn die jungen Menschen meiner Generation neigten eher zu Ironie und Selbstkritik. Vielleicht waren die großen Worte, das übersteigerte Selbstbewußtsein der »Gegner«, notwendig, um nicht ohnmächtiger Resignation zu verfallen. Aber im kleineren Kreis machten wir uns über solchen »verbalen Mumpitz« lustig, wie ihn besonders der Geldgeber der Zeitschrift, ein durch Patente reich gewordener Schweizer Chemiker namens Fred Schmid, in seiner geistigen Retorte herstellte.

9.

Daß ich den Kontakten zum »Gegner-Kreis« wenig später mein Überleben verdanken sollte, habe ich damals noch nicht ahnen können. Weder zu Hause noch bei meinen bündischen Kameraden verstand man mein Interesse für »diesen seltsamen Haufen«, der nicht in das bekannte politische Schema paßte und als eigenbrötlerisch, romantisch versponnen oder einfach als verrückt galt. Oft habe ich Jahrzehnte danach, als die antiparlamentarische Opposition versuchte, sich quer zu allen Parteien zu stellen, an diese mißverstandenen Vorläufer der Apo gedacht.

Übertrieben zuversichtliche Erwartung, wie sie auch ein Vierteljahrhundert danach so charakteristisch für die 68er-Bewegung in ihren kurzen Augenblicken vermeintlicher Triumphe war, herrschte in diesen Monaten der Agonie des republikanischen Deutschlands bei fast allen vor, die sich radikale gesellschaftliche Veränderungen wünschten und sie für unvermeidlich hielten. Denn die unübersehbare Verelendung, die wir hautnah miterlebten, die blutige Zuspitzung der politischen Konflikte zu fast täglichen Straßenkämpfen, der immer bedrohlichere Aufstieg Hitlers flößten uns Weltverbesserern weniger Furcht als Hoffnung ein. Das sei doch nur ein Vorspiel, dachten wir. Wir bildeten uns ernsthaft ein, erst wenn es ganz schlimm komme, werde es endlich besser werden.

Auch ich habe damals leichtsinnig an diese »Eisbrecher-Theorie« glauben wollen, die vor allem von den Kommunisten verkündet wurde. Sie behauptete, daß die Braunhemden mit ihrer Aggressivität und unbedenklichen Entschlossenheit das Packeis des kapitalistischen Staats aufbrechen, dann aber, verbraucht durch diese Anstrengungen und ohne überzeugende Konzepte, schnell von der Szene abtreten würden.

Wir alle, dazu gehörte sogar ein sonst so luzider Kopf wie Adrien Turel, meinten, daß die »herrschende Klasse« aufgeblasen, dumm und faul sei und daher zum unvermeidlichen Untergang bestimmt. Erst viel später haben wir eingesehen, daß die Mächtigen es verstanden, sich alles zu kaufen, was sie zur Erhaltung ihrer Positionen brauchten: sowohl physische und technische Gewalt wie die intellektuellen Kopflanger, die sich in ihren Diensten die wirkungsvolle Organisation der angeblich neuen, in Wirklichkeit aber alten Herrschaftsformen ausdachten.

In Erwartung eines großen Zusammenbruchs, dessen entsetzliche Folgen sich an der Wende von 1932 zum Schicksalsjahr 1933 niemand genau vorstellte, lebte Berlin in einer heute kaum mehr verständlichen Hochstimmung. Nie war die Theater- und Filmbegeisterung so groß wie in diesem Winter, standen die großen Boxkämpfe und vor allem die Sechstagerennen der Berufsradler mit ihren nächtlichen Prämienjagden und bejubelten Überrundungen, begleitet von spontanen Massengesängen der Zuschauer, so sehr im Mittelpunkt der Alltagswirklichkeit. Die fanatischen, immer gewaltsameren politischen Auseinandersetzungen wurden im Grunde auch als Drama, als Sensationsfilm, als Sportmatch erlebt.

So ist sogar der spektakuläre Fackelmarsch, mit dem dann Hitler am 30. Januar 1933 seine Ernennung zum Reichskanzler zelebrieren ließ, eher als aufregendes Schauspiel denn als warnendes Signal empfunden worden. Selbst Nazifeinde waren davon beeindruckt.

Zufällig traf ich in der Menge am Regierungsviertel, wo ich mir als neugieriger Zaungast, wie Zehntausende anderer Berliner, das große Flackerspektakel ansah, einen der Aufnahmeleiter des Films, an dem ich kürzlich in Tempelhof mitgearbeitet hatte. Er rief mir laut zu: »Unheimliche Geschichten!« Das war ja der Titel unseres Machwerks, und er setzte ihn nun nicht etwa ängstlich, sondern eher begeistert über diese spektakuläre Premiere des Führerstaates.

10.

In den vielen Berichten, die über das Ende der Weimarer Republik erschienen sind, wird der Brand des Reichstages als Fanal geschildert, flammender Höhepunkt, in dem die letzten Reste des demokratischen Deutschland in Flammen aufgehen. Ich halte das für eine nachträgliche Dramatisierung, denn ich habe dieses Ereignis, so wie die meisten Berliner jener Tage, zunächst nicht als etwas besonders Ungewöhnliches erlebt. Wir hatten uns Ende Februar 1933 schon so sehr an den Zustand des nicht deklarierten, aber täglich und stündlich wütenden Bürgerkrieges gewöhnt, daß dieses Attentat auf die von den Nazis verfemte »Schwatzbude« durchaus nicht unerwartet kam.

Erst der Propagandasturm, mit dem das bösartige Werbegenie Goebbels in den rauchenden Schutthaufen hineinblies, um derart eine ekstatische Krisenstimmung zu schaffen, hat das

Ereignis zum tragischen Finale der ersten deutschen Republik hochgepeitscht.

Typisch für dieses Vorgehen war eine Blitzaktion der braunen Studenten. Sie hatten gleich nach dem Brand die dem Ereignis in großer Aufmachung gewidmete erste Seite des »Völkischen Beobachters« auf die Mitteilungsbretter aller studentischen Organisationen geheftet, die sich im Vestibül der Humboldt-Universität befanden. Das mußte am frühen Morgen geschehen sein, als sich noch keiner der sonst üblichen »Stehkonvente« um diese Stützpunkte versammelt hatte. Denn sonst hätte man ihnen diese Übergriffe sicher nicht gestattet.

Aber nun, es war vor der Zehn-Uhr-Vorlesung, sah ich, wie nicht anders als sonst die verschiedensten Grüppchen an ihren üblichen Plätzen herumstanden und das Ereignis kommentierten, ohne daß jemand bisher auf die Idee gekommen war, etwas gegen die Okkupation ihres kleinen politischen Mitteilungsraums zu unternehmen.

Es war eine ganz instinktive Reaktion, die mich veranlaßte, erst eine, dann zwei und schließlich alle erreichbaren Titelblätter nacheinander von den schwarzen Brettern runterzureißen. Diese Befreiungsaktion wurde übrigens kaum beachtet, so intensiv waren alle Grüppchen in ihre Gespräche vertieft. Daher war ich überrascht, als mich beim Eintritt in den Vorlesungssaal ein Polizist in Zivil zur Seite nahm und eher höflich als barsch befahl: »Kommen Sie mal mit!« Gleich gesellte sich ein zweiter zu ihm, und die beiden begleiteten mich aus der Uni hinaus, ohne zu erklären, wer sie seien, was sie von mir wollten und wohin sie mich brächten. Das hatte seinen guten Grund. Denn bis zu diesem Zeitpunkt war es der Polizei noch untersagt, im »akademischen Freiraum« tätig zu werden. Sie wollten also kein Aufsehen erregen, und ich war zu schockiert oder zu feige, um mich sofort laut rufend gegen diese ungesetzliche Handlung zu wehren.

Tatsächlich war durch den neuen nationalsozialistischen Innenminister Preußens, Hermann Göring, seit letzter Nacht bereits an alle staatlichen Exekutivorgane Weisung ergangen, welche die sofortige Festnahme von politisch Verdächtigen, wo immer man sie fände, ohne jeglichen schriftlichen Haftbefehl gestattete. Das war, wie ich später begriff, sogar mein Glück. Hätten mich nämlich die Nazistudenten selber aufgegriffen, so wäre ich sofort in die Gewalt der braunen Sturmtruppen geraten, die ihre Gegner ohne jedes Verhör zusammenschlugen.

So aber wurde der Delinquent ordnungsgemäß auf der Verhörabteilung des Polizeipräsidiums am Alexanderplatz abgeliefert, einem häßlichen wilhelminischen Backsteinbau, der nicht nur außen, sondern auch innen (schwach) rot war. Denn hier hatten seit mehr als einem Jahrzehnt die Sozis regiert, und sie waren auch jetzt nach dem kürzlichen Machtwechsel noch immer auf ihren Posten. So vermeinte ich eine gewisse heimliche Sympathie für mein »Verbrechen« zu bemerken, als mich der Schreibtischbulle aufforderte, nein, bat, doch bitte alle meine Taschen auszuleeren. Als das viele Zeugs, was ich wie üblich bei mir getragen hatte, vor ihm auf dem Schreibtisch lag, mahnte der Kommissar durchaus freundlich: »Die Zigaretten müssen Sie nun auch noch herlegen. Sie bekommen sie nachher bestimmt zurück.« »Hab ich keine«, antwortete ich. »Bin Nichtraucher.« »Und wozu ist dann das da?« Er deutete auf eine Streichholzschachtel, die neben Taschentuch, Kamm, alten Fahrscheinen, dem Schlüsselbund und dem Portemonnaie lag. Wir sahen uns beide, ohne etwas zu sagen, an. Das war eine wirklich fatale Situation am Tage nach einer großen Brandstiftung, deren Täter man jetzt suchte.

Ich konnte schon erklären, woher dieses »Corpus delicti« kam. Aber wer würde mir das glauben? Wie jeden Tag hatte ich dem Kriegsinvaliden, der im Rollstuhl am Eingang der Uni saß, gewohnheitsgemäß zehn Pfennig hingelegt und sofort bemerkt, daß er heute zum ersten Mal das Hakenkreuzabzeichen am schäbigen Rockaufschlag trug. »Du auch?!« hatte ich ihm zugerufen. Daraufhin hielt er mir diese blöde Streichholzschachtel hin und ließ mich wissen: »Sie! Ich bettle nicht mehr. Ich verkaufe!«

Zugegeben, sie klang nicht sehr wahrscheinlich, meine Geschichte, obwohl sie sich wirklich genauso ereignet hatte. Und der Beamte zeigte deutlich, daß er sich da nicht hereinlegen lassen werde. Mit einer müden Handbewegung befahl er mich zur Protokollaufnahme und riskierte es, halblaut zu bemerken: »Da mußt du dir schon was Besseres ausdenken!« Das »Genosse« danach brachte er aber doch nicht über die Lippen, und mir fiel nichts anderes ein, als zu sagen: »Man kann ja die Hölzer nachzählen. Da fehlt kein einziges.« Er ging gar nicht darauf ein, gestattete mir aber, bevor er mich in eine Wartezelle bringen ließ, noch zu Hause anzurufen. Ich dürfe nur sagen wo ich sei, mehr nicht. Dennoch riskierte ich es, der erschrockenen Mutter mit leiser Stimme mitzuteilen: »Ruf sofort Sven an!« Der Polizist muß das gehört haben. Aber er wollte es überhören. Nicht ganz eine Stunde später holte man mich in das Verhörzimmer zurück, ließ mich ein Dokument unterzeichnen und übergab mich einem jungen Mann in SA-Uniform, der mich mit Stößen in den Rücken hinaustrieb.

Das war Sven Schacht, Neffe des späteren Finanzministers Hjalmar Schacht, der damals noch wie andere Mitglieder dieser Nazitruppe an den »deutschen Sozialismus« glaubte, dem Hitler nicht ganz zehn Tage zuvor bei einem geheimen Treffen mit Thyssen und anderen Spitzen der Industrie abgeschworen hatte.

Ich hatte Sven im »Gegner-Kreis« kennengelernt und dort noch vor ein paar Tagen heftig mit ihm diskutiert, um ihn von seinem naiven Führerglauben abzubringen.

»Wie hast du das fertiggebracht?« fragte ich ihn, als wir auf der Straße vor dem Präsidium waren. »Ich habe die einfach angeschrien: Der gehört doch zu uns! So muß man mit preußischen Beamten reden.« Sven hat mich noch sicher bis zur Haustür in der Tharandterstraße gebracht, und der Milchmann, Herr Unglaube, an der Ecke konnte nicht glauben, was für seltsamen politischen Umgang ich plötzlich hatte. Sieben Jahre später wurde mein Lebensretter in Belgrad verhaftet. Er hatte den Überfall auf Jugoslawien als Berichterstatter des »Berliner Tageblatt« mitgemacht, aber als später Nazigegner so bald wie möglich Kontakt zu kroatischen Partisanen aufgenommen. Ihm kam nach seiner Verhaftung durch die Wehrmachtspolizei niemand brüderlich zu Hilfe. Sie haben ihn grausam hingerichtet.

Am 4. März, ein paar Tage nach meiner kurzen Festnahme, sollte die Reichstagswahl stattfinden, bei der Hitler legal, wie er es versprochen hatte, die absolute Mehrheit erlangen wollte. Harro, Turelchen und andere »Gegner« waren schon von den Nazis in eines ihrer »Sonderquartiere« verschleppt worden. Daß sie auch mich nun abholen würden, war vorauszusehen. Ich mußte also versuchen, so schnell wie möglich zu verschwinden. Denn ich war leider seit kurzer Zeit deutscher Staatsbürger. Der Vater hatte zwei Jahre zuvor sich und seine Familie einbürgern lassen, weil er mir dadurch meine berufliche Zukunft in Deutschland erleichtern wollte.

Deshalb besaß ich einen gültigen deutschen Reisepaß. Durfte ich es aber wagen, mit diesem Papier ins Ausland zu reisen? Vermutlich war mein Name längst auf irgendwelchen Fahndungslisten. Ohne politische Erfahrung, aber einfallsreich wie immer, fand die Mutter eine großartige Lösung. Sie hatte gehört, daß Teilnehmer von Gesellschaftsreisen die Grenzen mit einem Kollektivpaß passieren konnten. So meldete sie mich beim Skiclub »Schneevögel« an, der zwei Tage vor der fatalen Reichstagswahl per D-Zug nach Tirol fuhr. Auf diese Weise habe ich die Heimat am Vorabend des Untergangs der Republik inmitten ausgelassener Sportler verlassen, die ganz unpolitische Schnaderhüpferln grölten.

Auch ich war ganz zuversichtlich, daß dieser durch die Umstände erzwungene Ausflug nur von kurzer Dauer sein würde. Wer nahm denn schon »diesen verrückten Teppichbeißer« ernst? »Nur« Millionen Verzweifelte und Irregeleitete, die einen »Retter« suchten und einen Todesengel fanden.

Remarque

Als Arnold Zweigs »Der Streit um den Sergeanten Grischa« Ende der zwanziger Jahre erschien, beeindruckte mich dieser Roman, in dem es um die Verfolgung und Verteidigung eines einfachen russischen Kriegsgefangenen ging, so sehr, daß ich bat, im Deutschunterricht einen Vortrag über das Buch halten zu dürfen. Auch Ludwig Renns »Krieg« und besonders Ernst Glaesers »Jahrgang 1902« habe ich sofort nach Erscheinen verschlungen. Ihr Inhalt verstärkte meine zuerst durch Leonhard Frank erweckte pazifistische Einstellung.

Aber keines dieser Bücher wirkte so stark auf mich und uns alle, die schon wieder einen neuen militanten Nationalismus entstehen sahen, wie Erich Maria Remarques »Im Westen nichts Neues«. Dieser Bericht eines einfachen Soldaten aus den Schützengräben des Weltkrieges war so erschütternd, daß besonders wir Jungen wochenlang über kaum etwas anderes so oft sprachen. Schon als der Roman Fortsetzung nach Fortsetzung in der »Vossischen Zeitung« erschienen war, hatte ich das Schicksal seines unglücklichen Helden Tag um Tag miterlebt, die Seiten ausgerissen und zusammengeheftet. So besaß ich ein zusammengestoppeltes Exemplar, als das Buch nach seinem Erscheinen wochenlang ausverkauft war, und konnte es meinen Schulfreunden – keinem länger als einen Tag – ausleihen.

Ich war auch mit den Eltern bei jener turbulenten Erstaufführung der amerikanischen Filmfassung dieser sehr deutschen Erinnerungen im »Mozartsaal« am Nollendorfplatz, als die Nazis weiße Mäuse im dunklen Parkett aussetzten und damit eine Panik auslösten, die ich gar nicht verstand, weil ich diese Tierchen nicht für furchterregend, sondern für niedlich hielt.

Immer wollte ich diesen Remarque persönlich kennenlernen, aber als ich ihn 1938 am »Quatorze Juillet« auf der Pariser Rue de la Harpe beim begeisterten Straßentanz mit einer hinreißenden Partnerin – es war Marlene Dietrich – erkannte, traute ich mich nicht, sein Vergnügen zu stören.

Durch meine Frau, die EMR während des Kriegs in Hollywood gut kennengelernt hatte, habe ich dieses Idol meiner Jugend dann viel später doch noch persönlich getroffen.

Es war in einem Café unter den Arkaden der Piazza von Locarno, als er mir, der ich gerade ein erstes erfolgreiches Buch geschrieben hatte und mich nun mit dem zweiten quälte, aus eigener Erfahrung einen wichtigen Rat gab:

»Ihr zweites Buch kann gar nicht so groß ankommen wie das erste. Schreiben Sie es ungehemmt fertig, und denken Sie dabei stets an das dritte.«

Dabei faßte er beruhigend meine Hand. Ich habe nie vorher oder nachher eine so starke taktile Ausstrahlung verspürt.

4. Kapitel

Die Tiefen und die Höhen

1933–1935

Für Jahrhunderte Bauzeit geplant: die Sagrada Familia in Barcelona

1.

Wir hießen bei den Franzosen »les bei uns«. Tausende von Flüchtlingen waren im Frühjahr und Sommer 1933 vor Hitlers Unterdrückung ins Ausland geflohen, und Frankreich, wohin es mich nach einem Umweg über Österreich getrieben hatte, sollte ihre zweite Heimat werden. Aber es wurde nur den wenigsten »la deuxième patrie«. Wir wurden, von einigen prominenten Ausnahmen abgesehen, wie Delinquenten behandelt, und die Enttäuschung fand Auswege in rückwärtsgewandte Träume, Erinnerungen an jene Zeiten, da wir noch gesichert und bei uns zu Hause waren, wo alles besser zu sein schien.

So haben wir dann oft genug nicht nur im eigenen Kreis, sondern auch in Gesprächen mit anderen dieses nostalgische, besserwisserische und gedankenlose »bei uns« vorgebracht. »Bei uns« war man pünktlich, »bei uns« waren die Straßen sauber, »bei uns« schmeckte das Brot nach etwas. Aber »bei uns« wollten sie uns nicht mehr. Wir sehnten uns immer noch nach etwas, das uns gewaltsam verweigert worden war. Es gibt in diesem Jahrhundert der Flüchtlinge wohl kaum einen Vertriebenen, der nicht weiter an seinen Lebensgewohnheiten hängt, an Rückkehr denkt und seinen neuen Zustand lange, viel zu lange nur als provisorisch ansieht.

Uns Flüchtlingen aus dem »Dritten Reich« ist es nicht anders ergangen. In den ersten Wochen nach Hitlers Machtantritt, die ich im nahe der österreichisch-deutschen Grenze liegenden Seefeld verbrachte, zweifelte kaum einer der aus schnell zusammengepackten Koffern Lebenden, daß sie von dieser Reise wie von einem Urlaub sehr bald wieder in eine »zu Sinnen gekommene Republik« zurückkehren würden. Der so sprach und von allen in einem Hotel des Tiroler Ferienortes Zusammengekommenen als Autorität anerkannt wurde, war Theodor Wolff, gestern noch vielbewunderter Chefredakteur und Leitartikler des »Berliner Tageblatt«, der uns, nun ganz nahe gerückt, mit seinen unverdrossen optimistischen Kommentaren allabendlich höchstpersönlich Mut zusprach.

Keine Spur von Enttäuschung oder gar Verzweiflung war ihm anzumerken. Er tat so, als habe er das alles schon längst erwartet und begrüße es sogar als eine unvermeidlich gewordene Roßkur für ein nicht nur physisch, sondern auch psychisch leidendes Volk. Als aber aus Tagen des Wartens Wochen wurden, begann dieser zufällig entstandene Kreis der »falschen Tiroler«, wie wir uns nannten, kleiner zu werden. Einige wenige wagten den Weg zurück ins »neue Reich«, die meisten sahen sich nach einem anderen, dauerhafteren Exil um.

Für mich stand sehr bald fest, daß ich nur im zwei Jahre zuvor liebgewonnenen Paris hoffen konnte, sowohl mein Studium fortzusetzen, wie daneben auch noch meinen im Abiturzeugnis auf Wunsch der Lehrer schriftlich festgelegten Berufswunsch, »will Filmregisseur werden«, zu verwirklichen. Nach telefonischer Rücksprache mit den Eltern reiste ich also über den Umweg Schweiz nach Frankreich. Dabei legte ich einen kurzen Aufenthalt in Salzburg ein, das mir bei einer früheren Reise besonders gut gefallen hatte.

So saß ich denn Anfang Mai 1933 an einem herrlichen Spätfrühlingsmorgen auf dem Residenzplatz und dachte zum ersten Mal ernsthaft darüber nach, wie es wohl nun für mich weitergehen könne. Dabei spürte ich vorahnend ein so starkes Gefühl der Zuneigung und Geborgenheit zu dieser um ein schönes helles Zentrum barocker Bauten sich zusammenfindenden Stadt, daß ich am liebsten gleich dort geblieben wäre.

Aber ich mußte weiter, denn in Zürich erwartete mich am Bahnhof ein junger Zeitungsmann namens André Thiel-Donati, der meinem Vater als Verfasser phantasievoller Filmentwürfe aufgefallen war. Er hatte mich auf die Exilstadt Paris bereits in einem vielseitigen Brief vorbereitet, in dem er nicht nur von Sehenswürdigkeiten berichtete, sondern auch von erschwinglichen, günstig gelegenen Hotels und empfehlenswerten Restaurants. Noch heute erinnere ich mich an seine schwärmerische Empfehlung eines italienischen Lokals im vierten Arrondissement, wo es ein hervorragendes »Osso buco« geben sollte.

Die Begegnung in Zürich erwies sich als glücklich. Mein neuer Bekannter, ursprünglich aus Dresden stammend, der schon seit vielen Jahren aus freien Stücken in der Fremde weilte, machte mir Lust auf das Unbekannte, das vor mir lag. Er sprach während eines langen Spaziergangs entlang des Zürichsees davon, daß Emigration nicht nur Entbehrungen mit sich bringe, sondern auch Chancen. »Sie verlieren ein Zuhause und gewinnen dafür die Welt«, machte er mir eindringlich klar. Das war eine nahrhafte geistige Wegzehrung, ein notwendiges Vademekum gegen das Selbstmitleid, in das wir Vertriebenen nur zu leicht verfielen.

Auch erste Verdienstchancen öffnete mir dieser hilfreiche Freund. Ich solle doch ab und zu etwas für den »Tagesanzeiger« schreiben, die Zeitung, bei der er als Gerichtsberichterstatter arbeitete. Möglichst sollten es Pariser Berichte mit einem Bezug zur Schweiz sein.

Diesem Angebot verdanke ich meine eher unangenehme Bekanntschaft mit dem berühmten Architekten Le Corbusier. Er hatte für die neue internationale Studentensiedlung »Cité universitaire« den »pavillon suisse« entworfen und sagte mir etwas mürrisch über das Telefon zu, sich kurz vor der Eröffnung von mir interviewen zu lassen. Als ich ihn am kommenden Tag in seinem mit Modellen karger Hochbauten vollgestopften Atelier besuchte, hatte sich seine Laune noch mehr verschlechtert. Er behandelte mich denkbar miserabel. Vermutlich war der große Mann beleidigt, daß man ihm einen Anfänger geschickt hatte, der so gut wie nichts von seinem Werk und seiner Bedeutung verstand.

Das war also kein guter Anfang meiner Laufbahn als Berichterstatter. Wie sollte es nur weitergehen?

2.

Wie man als Flüchtling überlebt, habe ich vor allem von einer früheren Generation von Flüchtlingen gelernt, die schon jahrelang Erfahrungen mit dem Leben in Unsicherheit gesammelt hatte. Meine ersten Lehrmeister waren Armenier. In dem armseligen »Hotel des Alpes« an der unteren Rue Saint Jacques waren sie außer mir die einzigen Weißhäutigen. In den etwa zwanzig Zimmern lebten Schwarze verschiedenster Herkunft. Die meisten kamen aus den französischen Kolonien, aber es stießen in dem engen Stehlokal zu ebener Erde dunkelhäutige junge Männer aus allen Teilen Afrikas, aus Mittel- und Nordamerika dazu. Bis spät in die Nacht hinein wurde gesungen und gestritten. Die weißhaarige »patronne« mit dem gütigen Gesicht und der großen Narbe auf der Stirn stiftete immer wieder Frieden, wenn es sein mußte, auch, indem sie die Kampfhähne gewaltsam auseinanderriß oder sich sogar zwischen sie warf. Dabei hatte sie ein paarmal etwas abbekommen, und wenn sie gut gelaunt war, zeigte sie ihre Narben vor mit der Aufforderung: »Und jetzt trinken wir alle auf meine Gesundheit!«

Bei der Polizei war die Adresse »Rue Saint Jacques 17« schlecht angeschrieben, weil dort einmal jemand ermordet worden war. Das ließen mich die »flics« sofort wissen, als ich mich auf dem »commissariat« des fünften Arrondissements anmeldete. Die nächstgelegene Bank an der Place de la Sorbonne weigerte sich sogar, für einen Gast dieser übel beleumundeten Unterkunft ein Konto zu eröffnen. Daß ich trotzdem nicht auszog, rechneten mir die Stammgäste des Hauses hoch an. Einmal vertrieben sie einen Clochard von der nächsten Straßenecke, der in betrunkenem Zustand auf mich einschlagen wollte, und immer wieder steckten sie mir lachend kleine Geschenke zu. Das war für meine armenischen Zimmernachbarn ein Beweis dafür, daß ich eine ihrer ersten Lektionen erfolgreich angewendet hatte: »Man muß sich neue Freunde machen.«

Von noch größerer praktischer Bedeutung war es, daß sie mir beibrachten, mit den Behörden umzugehen. »Mach dich nicht zu groß, mach dich nicht zu klein«, riet mir Monsieur Alfasian, der seinen Schneiderberuf seit nunmehr zehn Jahren ausübte, ohne daß er je gültige Papiere besessen hatte, die völlig »en règle« waren. Aber dafür stand er mit allen, die ihm behördliche Schwierigkeiten hätten machen können, auf bestem Fuß. Wenn sie an seine Tür klopften, war es längst nicht mehr, um ihn zu kontrollieren, sondern um etwas von den bunten, viel zu süßen Schleckereien abzubekommen, die Madame in ihrer Kochecke zauberte.

Der Schneider allerdings meinte, sie behandelten ihn deshalb so nachsichtig, weil er mit ihnen sprach, »als wären sie richtige Menschen«.

»Ti sais«, erklärte er mir »das sind doch arme räudige Hunde. Jeder macht sie an. Also bellen sie zurück. Jeder verhöhnt sie hinter ihrem Rücken, und das wissen sie ganz genau. Also quälen sie ihre Quäler. Und weil niemand mit ihnen reden will, schlagen sie drauflos, bis die winseln und schreien. Ihre Art sich zu rächen und zu unterhalten, n'est ce pas?«

Es war nicht ganz einfach, ihm da zuzustimmen, denn wir alle hatten auf der »Préfecture«, wo man stundenlang auf Papiere warten mußte, erlebt, wie diese grobschlächtigen Uniformierten und die zu ihnen gehörenden, eher dürren Bürokreaturen hinter ihren Schreibtischen verschanzt fast jeden von uns bis aufs Blut schikanierten. Da lernte man, um die Abschiebung zu vermeiden, sehr schnell zu lügen, Vermögenswerte anzugeben, die man nicht hatte, Unterstützer zu erfinden, die es nicht gab, gütige oder mächtige Verwandte zu beschwören, die helfen und bei den Behörden intervenieren würden.

Natürlich kannten die Beamten ihre Kunden, hörten sich das alles an, ohne daran zu glauben, sprachen aber – zumindest noch zu Beginn der dreißiger Jahre – fast nie ein endgültiges Verbannungsurteil aus. So lebten wir alle, die nicht »en règle« waren, sowohl Unschuldige wie auch solche, die in der Tat manche kleinere Gesetzesüberschreitung begangen hatten, von der Gnade dieser nachlässigen Ungeheuer, die gelernt hatten, die Augen zuzudrücken, wegzuschauen, zu vergessen und vor allem sich »schmieren« zu lassen. Als wie anders sollte ich später ihre korrekten, vorschriftsmäßig unbarmherzigen Schweizer Berufskollegen erleben!

Meine Unterkunft im »Hotel des Alpes« habe ich nie als bedrückend empfunden, weil ich eine herrliche Aussicht zu dem auf der anderen Straßenseite liegenden Klostergarten der »Église Saint Severin« hatte, wo ich zumindest mit den Augen und der von ihnen genährten Phantasie ein kontemplatives und moralisches Leben führen konnte, das in seltsamem Kontrast zu meinem ersten Brotberuf stand: Fremdenführer durch Pariser Bars und Bordelle.

Ich hatte noch in Berlin einen Kollegen meines Vaters kennengelernt, den ursprünglich aus Teplitz stammenden, aber seit einigen Jahren in Hollywood als Drehbuchschreiber tätigen Frederic Kohner. Schon damals, Anfang 1933, als es bereits ziemlich klar war, daß ich in Deutschland keine Zukunft haben würde, hatte er mir einmal beiläufig versprochen, mich »irgendwie« in die kalifornische Filmmetropole zu bringen, einen Ort, den er jedoch zu unserer Überraschung als keineswegs anziehend beschrieb: »Obst schmeckt nach nichts. Gemüse und Fleisch sind fad. Na und die schönen Mädchen – so was Langweiliges!« pflegte er zu erzählen. Aber wir glaubten ihm damals kein Wort.

Nun traf ich diesen Hollywoodmenschen gleich in der ersten Woche meines Pariser Aufenthaltes auf der Champs-Élysées, wie er sich gerade in der Auslage eines Kinos ausgerechnet Fotos eines Hollywoodfilms ansah. Natürlich erinnerte ich ihn sofort an sein sicherlich nicht ernstgemeintes Versprechen, und er gab mir die Telefonnummer seines Bruders Paul, der im Hotel »George V« residierte. Der bringe mich ganz bestimmt »rüber«, meinte er, denn sein unmittelbarer Vorgesetzter sei niemand anders als der mächtige Carl Laemmle, Gründer und Chef der »Universal Films«. Und wenn der Gefallen an mir fände, sei mein Weg gemacht.

Doch auf diesem Weg war als erstes Hindernis die Telefonzentrale des Luxushotels zu überwinden, die auf jeden Anruf antwortete, Monsieur Kohnèèèr sei besetzt, gerade abwesend, verreist. Er war einfach nicht zu sprechen. Und als ich schließlich unmutig in die Muschel schrie, es sei wohl einfacher, den Präsidenten der Republik oder den Papst zu erreichen, hatte ich bei den Telefondamen der Luxusherberge ganz ausgespielt. Sobald sie meine Stimme hörten, hingen sie auf.

So mußte ich mich dann eines Tages einfach in diese vornehme Herberge hineinschwindeln. Das hätte schiefgehen können, weil ich gewiß nicht standesgemäß gekleidet war. Doch ich habe mich am Empfang vorbeigeschmuggelt, bin zu Fuß in den fünften Stock hinaufgestiegen, klopfte an der Tür eines Zimmers, dessen mir inzwischen nur zu gut bekannte Nummer mich schon bis in den Schlaf verfolgte, und wurde begrüßt wie ein verlorener Sohn.

Dieser Empfang war ebenso unerwartet wie überwältigend. Wieviel Routine dabei mitspielte, habe ich erst später erfahren, denn als Sekretär des vielbeschäftigten Mannes erlebte ich mindestens ein Dutzend Mal pro Woche, daß Mister Kohner einen Besucher so überschwenglich herzlich bei sich empfing, als habe er auf ihn, nur auf ihn gewartet.

Mein neuer Beruf bestand erst einmal darin, für Mister Paul Kohner Besorgungen zu machen, Termine zu arrangieren und ihm Bittsteller vom Leib zu halten, die ihn als eine Art Petrus vor der Himmelstür zum amerikanischen Filmparadies ansahen. Von all diesen hoffnungsvollen Besuchern ist mir vor allem einer in Erinnerung geblieben. Es war Alfred Kerr, der bewunderte und gefürchtete Berliner Kulturpapst. Nie hatte ich erwartet, ihm jemals näherzukommen, und nun war ich mit der delikaten Mission beauftragt, ihm in der Halle des »George V« die Idee auszureden, daß seine kleine Tochter der große künftige Kinderstar sei, begabter als Shirley Temple und Jackie Coogan.

Wie ich das fertiggebracht habe, weiß ich nicht mehr genau. Vermutlich, indem ich sehr viel über Alfred Kerr, seinen Ruhm und seinen Einfluß sprach, ohne auf den eigentlichen Grund seiner Visite einzugehen. Das muß ihm, den jetzt im fremden Paris fast niemand mehr kannte, sicherlich wohlgetan haben. Als ich dann von Kohner, wie verabredet, plötzlich hinauf in sein Büro gerufen wurde, konnte ich den berühmten

Gast ohne Schwierigkeiten vertrösten und ihm glaubhaft machen, daß wir alles nur Mögliche tun würden, damit sein Wunsch in Erfüllung ginge.

Eine Viertelstunde danach sah ich den erschreckend Gealterten von weitem immer noch dort sitzen, wo ich ihn verlassen hatte. Sein Gesichtsausdruck war abwesend. Er las nicht, sondern schaute wie versteinert auf das Treiben in der Hotelhalle. So war er auch in den Pausen der großen Berliner Premieren bewegungslos auf seinem Sessel in der dritten Reihe des leeren Zuschauerraums sitzen geblieben, weil er sich nicht in Gespräche verwickeln und beeinflußen lassen wollte.

Solche Kontakte waren der angenehmere Teil meiner Tätigkeit für Kohner. Zweifelhafter waren die Aufgaben, die er mir als Begleiter und Schutzengel für Besucher aus dem damals noch fernen Amerika zumutete. Für sie alle war »gay Paree« die Stadt der Sünden. Sie brauchten einen Begleiter, der sie zu den »hot places« führte und von dort auch wieder herausholte, um sie dann sicher ins Bett zu bringen. Dafür scheine ich mich hervorragend geeignet zu haben, denn nie wieder habe ich so viel Lob für einen Job bekommen wie von diesen mächtigen Männern auf Abwegen.

Daß ich, immer noch der Haltung meiner jugendbewegten Jahre anhängend, nicht trank und gegenüber den Versuchungen des Pariser Nachtlebens standhaft blieb, weil ich sie in meinem sturen »Idealismus« für frivol und lächerlich hielt, kam mir bei dieser Nebenbeschäftigung zugute. Nüchtern, die Verachtung, die ich für diese ältlichen Boys verspürte, mir nicht anmerken lassend, habe ich sie durch die Night Bars und »Maisons des Plaisir« geschleust, bis ich die Angeheiterten oder schwer Betrunkenen schließlich in ihr Hotel zurückbrachte und zum Abschied dann die schönsten Versprechen vorgestammelt bekam. Man werde mir bestimmt schreiben und mich bald nach Hollywood holen. Das geschah jedoch niemals. Paul Kohner hat mir sehr einleuchtend erklärt, weshalb das so war, so sein mußte. »Meinen Sie denn wirklich, die werden ausgerechnet einen Zeugen ihrer Pariser Seitensprünge nach drüben holen?«

4.

Auf diese Weise würde ich also nicht vorwärtskommen auf meinem Weg zum berühmten amerikanischen Filmemacher. Daher bemühte ich mich von nun an, wenigstens als Lehrling bei einer Filmproduktion unterzukommen. Das mußte doch gelingen, denn zahlreiche ehemalige Mitarbeiter meines branchenbekannten Vaters lebten ja jetzt als Emigranten wie ich in Paris. Die einstigen Größen von Ufa und Terra konnte man täglich in den Cafés rund um den »Filmstrich«, die Champs-Élysées, treffen, wie sie mit neuen Pariser Partnern über Filmstoffe, Filmstars und vor allem die notwendigen Geldmittel verhandelten.

Dabei knüpften sie nicht etwa an die Tradition des in Frankreich berühmten künstlerischen deutschen Films an, sondern planten gängige Unterhaltungsware, wie sie seit den Anfängen des Tonfilms die Kinos füllten. Selbst der große G. W. Pabst, der mir gestattete, bei ihm zu volontieren, gab seinen guten Namen her, um einen billigen Krimi mit dem Titel »Cette nuit là« zu veredeln. In Wahrheit führte aber sein unbegabter Assistent Sorkin Regie, der sich mehr als einmal rühmte, daß vor Jahren bei der Verfilmung der »Freudlosen Gasse« die Hauptdarstellerin, eine gewisse Greta Garbo, seine Geliebte gewesen sei. Auf der Suche nach den wenigen, die immer noch an Filmkunst dachten, stieß ich auf Paul Salten, den Sohn von Felix Salten, der sich als Filmcutter kärglich durchschlug und als Filmtheoretiker eine kleine Zahl von seriösen Lichtspielfans beeindruckte. Er ließ mich in seiner lässigen Art fast beiläufig wissen, daß ein soeben aus Deutschland ausgewanderter, noch junger Regisseur namens Max Ophüls jetzt in Paris sei und seine noch in Berlin gedrehte Verfilmung von Schnitzlers »Liebelei« nun in einer französischen Fassung mit hiesigen Schauspielern und Schauspielerinnen noch einmal drehen werde.

So bin ich dann als nur mit gelegentlichen kleinen Zuwendungen entlohnter »Hospitant« ohne die unerreichbare »carte de travail« zu den Arbeiten an diesem »halben Film« in den Studios von Joinville zugelassen worden. »Halb« nannten wir ihn, weil nur Naheinstellungen und einige Innenaufnahmen mit französischen Schauspielern gedreht wurden, während man fast alle Außenszenen aus der deutschen Originalversion übernahm. So waren wir eigentlich auch nur halb bei der Sache. Die Stimmung war schon deshalb nicht gut, weil der kleine Stab um Ophüls den französischen Darstellern viel zu oft vorhielt, wie gut die ursprünglichen Interpreten »bei uns« das gemacht hätten. Damals hörte ich zum ersten Mal aus dem Mund einer nicht zu Unrecht irritierten Pariserin die gegen den berlinischen Aufnahmeleiter gerichtete Deutschenbeschimpfung »boche«, weil sie seine lauten, mit arrogantem preußischen Akzent vorgetragenen Anordnungen unerträglich fand. Man hatte Magda Schneider, die Darstellerin der weiblichen Hauptrolle in der deutschen Version, auch in die französische Produktion übernommen, und sie trug durch ihre hochmütigen Allüren ebenfalls nicht gerade dazu bei, die Stimmung zu entspannen. Da sie als anerkannter deutscher Star nach Beendigung dieses Gastspiels in einem Emigrantenfilm wieder ins Dritte Reich zurückkehren wollte, war sie in allen ihren Äußerungen übervorsichtig, ja einige von uns meinten – vermutlich ganz zu Unrecht –, daß sie mit »denen da drüben« sympathisiere.

Lernen konnte ich in diesen Studiotagen etwas von der ruhigen und doch intensiven Arbeit des Regisseurs mit seinen Darstellern. Sie unterschied sich wohltuend von der fahrigen Aufgeregtheit Richard Oswalds, dem ich in ferner Vergangenheit – ein Jahr nur zuvor! – beim Filmen in Tempelhof zugeschaut hatte.

Zu einem zukunftsbestimmenden, wenn auch negativen Erlebnis wurde mir die Mitarbeit beim Schnitt des Films. Zum ersten Mal erfuhr ich aus unmittelbarem Umgang mit den langen, sich immer wieder verwickelnden Ton- und Bildstreifen am Schneidetisch das Prinzip der Montage. Ich empfand sie als mühsame Stückelei, die in ernüchterndem Gegensatz stand zum ergreifenden Erlebnis des fertigen Films, den ich bereits als Originalversion im »Studio de l'Étoile« bewundert hatte.

Ein Höhepunkt von »Liebelei« ist der Selbstmord des »süßen Mädchens« Christine. Es hat soeben erfahren, daß Leutnant Fritz, der ihr bei einer romantischen Schlittenfahrt durch den Wiener Wald ewige Liebe geschworen hat, im Duell erschossen worden ist. Sie stürzt zum Fenster, reißt es auf. Nur für einen Sekundenbruchteil erkennt man ihr verzweifeltes Gesicht. Dann kommt der Gegenschnitt: Personen laufen aufgeregt durch das Treppenhaus und rufen: »Christl! Christl!« Abermals der offene Fensterflügel, der nun im leichten Wind auf- und zuschlägt. Sekundenbruchteile später ist die Kamera von oben auf den Hof gerichtet, wo Menschen zusammenlaufen und sich über eine leblose Gestalt beugen.

Dieser tragische Ablauf mußte nicht nur äußerst präzise, sondern auch rhythmisch geschnitten werden. Keinen Augenblick zu früh oder zu spät durfte das schmerzzerrissene Antlitz der zum Sprung in die Tiefe Entschlossenen von der Leinwand verschwinden. Salten sollte vor dem kleinen gläsernen Bildschirm des Schneidetischs sitzend, an dem man den Film mit einem Hebel sowohl vorwärts wie rückwärts ablaufen lassen kann, den genauen Schicksalsmoment herausfinden, den der weniger sensible Monteur der deutschen Version verpaßt hatte. So mußte er sich und mir die Szene immer wieder, immer wieder vorspielen. Sie läuft auf das Fenster zu, öffnet es und schaut in den Abgrund – jetzt! Nein! Zu früh. Man hat ja ihr Gesichterl kaum sehen können. Noch einmal! Jetzt haben wir zu lange gewartet. Also: wieder rückwärts laufen lassen. Wir können sie vom Filmselbstmord retten, indem wir den Lauf des Geschehens umkehren. Jetzt schließt sie also das Fenster, geht merkwürdig ungeschickt nach hinten. Stop! So, jetzt noch einmal nach vorne. Jaa, fast, aber immer noch zu hastig. Zurück! Nach vorn! Zurück! Nach vorn! Paul beginnt mit dem Leben des Bildschattens zu spielen. Das ist ja keine Wirklichkeit, sage ich mir, das ist doch ein künstlicher mechanischer Ablauf, und der Mensch, der da abwechselnd dem Abgrund zujagt und sofort wieder zurückgeholt wird, ist kein wirklicher Mensch, nur eine bewegte Fotografie.

Gewiß, gewiß, aber wie abgehärtet muß man sein, um damit emotionslos umzugehen? Was ist das überhaupt für ein Metier? In einer künstlichen Welt habe ich zwei Wochen lang gelebt, und nun schlage ich mich seit Tagen mit den Spuren jener falschen, manipulierten Wirklichkeit herum. Soll das mein Leben werden? Undenkbar! Der Lehrmeister, dem ich meine Zweifel bei der abendlichen Rückreise durch die schäbigen östlichen Vorstadtviertel der »Ville Lumiére« gestehe, hat wenig Verständnis für solche Bedenken. »Red' doch net so g'schwollen daher!« machte er sich lustig. »Waßt, du bist fürs Berufsleben einfach noch zu jungk.«

5.

Vielleicht hat er recht, sagte ich mir und stürzte mich für ein paar Wochen in das zu kurz gekommene Studium an der Sorbonne, bei den Professoren Bouglé (Soziologie) und Meyersson (Psychologie). Da ich nun keinen Franc verdiente, mußten die in Berlin gebliebenen Eltern mit Geldsendungen einspringen. Das war nicht einfach, weil nach den neuen Devisengesetzen der Nazis niemand mehr als zehn Mark pro Monat ins Ausland überweisen durfte. Die Mutter organisierte unter Freunden in Berlin flugs einen Ring von Geldsendern, von denen jeder (oder jede) genau die kleine Summe an mich schickte, die erlaubt war. Um mich wissen zu lassen, wieviel an mich abgegangen war, hatten wir aus Angst vor der Postzensur für jede Zehnmarksendung das Codewort »Buch« ausgemacht. So erhielt ich im Februar 1934 vier »Bücher«, im März und April je fünf, und im Mai schrieb die Mama, »zur Feier Deines Geburtstages haben wir Dir diesmal fünfeinhalb Bücher geschickt«. Was wohl der Zensor, falls er den Brief gelesen hat, daraus gemacht hat?

Nun, diese milden Gaben reichten natürlich nicht ganz aus, und so begann ich, für eine kleine Presseagentur mit dem großartigen Namen »Agence Européenne de la Presse« aktuelle Artikel zu liefern. Ich konnnte alle auf deutsch schreiben, weil sie an Zeitungen der Schweiz, Österreichs, des Sudetenlandes und des Elsaß geschickt wurden, die keine Korrespondenzen aus Nazideutschland abdrucken wollten.

Besonders groß war damals noch der Bedarf an Kurzgeschichten, die täglich im Feuilleton veröffentlicht wurden. Ich entwickelte – anscheinend mit einigem Erfolg – ein neues Genre, »die aktuelle short story«, in der Tagesereignisse phantasievoll verarbeitet wurden. Damals habe ich zum Beispiel eine Geschichte mit dem Titel »Hitler in Sankt Helena« verfaßt, Wunschtraum des Emigranten, der dem »Führer« das Schicksal Napoleons andichtete, und in einer anderen mit dem Titel »Bis zum Weltuntergang« die Erfolgskarriere eines Erfinders immer neuer Waffen skizziert. Eigentlich gefiel mir jetzt diese Arbeit viel besser als die mühselige Filmerei. Man brauchte kein Geld, um produzieren zu können. Ein Bleistift und etwas Papier genügten.

Die Honorare, die ich für solche Arbeiten erhielt, waren minimal, und so hätte ich die ganze Woche mit einer Diät auskommen müssen, die aus auf der Straße gekauften Pommes frites und Croissants mit Café Crème bestand, wenn ich nicht jeden Mittwoch zu einem opulenten russischen Abendessen bei den Soprounoffs eingeladen worden wäre.

Bei dieser gastlichen russischen Flüchtlingsfamilie war ich nämlich durch reinen Zufall Deutschlehrer geworden. Ich hatte auf einem Ausflug in den Wald von Rambouillet einen dicken Mann nach dem Weg gefragt, der im Schweiße seines Angesichts ein Beet umgrub. Als er meinen deutschen Akzent bemerkte, hatte er mich in sein Sommerhäuschen eingeladen und auf der Stelle als Deutschlehrer seiner beiden Söhne engagiert. Meine beiden Schüler Todek und Alek waren nur ein paar Jahre jünger als ich. Sie interessierten sich für den Sprachunterricht, weil ich sie nicht mit der Lektüre von Klassikern langweilte, sondern mit ihnen österreichische und Schweizer Zeitungen las. Als ich ihnen auch einmal einen meiner alten Karl-May-Bände mitbrachte, die man mir nachgeschickt hatte, verwandelten sie sich in wahre Leseratten und schockierten ihre liebe Mutter, eine literarisch hochkultivierte Ärztin, mit ihren Nacherzählungen der Abenteuer von Winnetou und Old Shatterhand.

Bald wurde aus dieser beruflichen Beziehung herzliche Freundschaft. Ich besuchte nicht nur am Mittwoch, sondern auch am Sonntag die Stadtwohnung in der Avenue de Suffren, wo sich jedes Wochenende russische »émigrés« aus allen Berufssparten trafen, bis in die Nacht hinein um den Samowar zusammensaßen, diskutierend große Mengen von Borschtsch, Blinis und anderen heimatlichen Gerichten verspeisten, Wodka tranken, sangen und, wenn die Stimmung besonders hochging, auch schon einmal auf dem schnell leergeräumten Eßtisch tanzten.

An den Oster-, Pfingsten- und Weihnachtsfeiertagen wurden wir alle zu den großen Festmahlzeiten eingeladen und durften schon an der Vorbereitung der russischen Gaumenfreuden mitarbeiten. In den Ferien begleiteten mich meine beiden Schüler auf »Abenteuerfahrten« per Autostop in die französische Provinz. Und da ausgemacht war, daß wir dann nur deutsch sprechen würden, machten sie wirklich famose Fortschritte. Noch heute grämt es mich, daß ich damals ihr Angebot, mir Russisch beizubringen, nicht angenommen habe. Das hielt ich Idiot damals für eine »Pflichtverletzung«.

Einmal, es war bei einem Trip durch das Elsaß, nahm uns ein Dorfpfarrer in seinem Auto ein Stück weit mit, und als wir uns von ihm mit einem »Auf Wiedersehen!« verabschiedeten, antwortete er: »Wir werden uns ja doch nie wiedersehen.« Irrtum! Denn schon drei oder vier Wochen danach besuchte ich ihn in beruflicher Mission. Er hatte uns nämlich erzählt, daß er als Hobbyfotograf Hunderte Aufnahmen im Inneren sowie am Außenbau der Kathedrale von Straßburg gemacht habe. Zufällig hatte ich ein paar Tage danach im Pariser Emigrantenlokal »Lunte« am Montparnasse einen aus Deutschland ausgewanderten Dokumentarfilmer kennengelernt, der sich als nächstes Thema das Straßburger Münster vorgenommen hatte. »Ich kenne jemanden, der alle verborgenen Skulpturen am Münster aufgenommen hat. Auch die, welche man von unten nicht sehen kann«, erzählte ich ihm. »Den muß ich kennenlernen«, sagte der Tischnachbar sofort. »Kommen Sie gleich mit mir und arbeiten Sie doch mit an meinem Film.«

So bin ich dann also doch wieder beim Film gelandet. Allerdings in einem ganz anderen Milieu als dem, das ich bisher kennengelernt hatte.

Denn in Rudolf Bamberger hatte ich endlich wieder jemanden getroffen, der Film nicht nur als Unterhaltungsindustrie ansah, sondern als künstlerisches Experimentierfeld.

Er hatte als Filmarchitekt jahrelang mit seinem Bruder, dem Regisseur Ludwig Berger, zusammengearbeitet und war so auch nach Hollywood gekommen. Da ihm aber das »movie business« immer mehr mißfiel, war er Anfang der dreißiger Jahre nach Deutschland zurückgekehrt. Dort hatte er einen Kameramann namens Ertl getroffen, der sich eine ganz neue Technik zur Aufnahme von Skulpturen ausgedacht hatte.

»Auf Fotos müssen bildhauerische Werke natürlich unbeweglich stehen«, erklärte mir Bamberger. »Im Film können wir sie beweglich machen, indem wir um sie herumgehen. So werden sie zu lebendigen, dynamischen Akteuren.«

Wie so etwas in der Praxis aussehen könnte, hatte Ertl schon an einem Dokumentarstreifen über den Naumburger Dom gezeigt. Nun sollte diese neue Methode am Beispiel der Straßburger Kathedrale weiterentwickelt werden.

Gleich nach dem Besuch beim Dorfpfarrer, den ich neckte, er habe leider keinen festen Glauben, weil er gemeint hatte, er werde mich nie wiedersehen, machten wir uns daran, an Hand seiner Fotos und des persönlichen Augenscheins ein Drehbuch zu einem Film zu entwerfen, dessen Haupt- und Nebendarsteller alle aus Stein sein würden.

Unsere Leitidee war es, an der Kathedrale und den sie schmückenden Figuren den menschlichen Lebenslauf von der Geburt bis zum Tod darzustellen. Im langsamen Aufblenden der herrlichen Fensterrosette erlebte die neugeborene Kreatur, aus der Dunkelheit kommend, das Licht der Welt, in den Skulpturen der spielenden Kinder, der törichten Jungfrauen, der streitenden Bauern und Krieger, den ergreifenden Darstellungen des Alters, des Sterbens und des Todes sollte ein existentieller Ablauf gezeigt werden, der die Zuschauer nicht nur ästhetisch, sondern auch emotionell berühren mußte. Der Schluß des Filmes, ein langsamer Aufstieg zur Spitze des Doms bis in den Himmel des Jenseits, würde von jubelnder Orgelmusik begleitet werden.

Wie und wo aber sollte man jemanden finden, der uns die wochenlangen Dreharbeiten finanzieren könnte? Mit der Unbekümmertheit der Ahnungslosen schlug ich vor, wir sollten uns gleich an den Chef des führenden französischen Filmverleihs »Pathé-Natan« wenden und ihm klarzumachen versuchen, daß es hier um etwas ganz anderes als einen der gewöhnlichen, meist lieblos, billig und schnell heruntergedrehten Kulturfilme gehen würde. Denn die würden meist nur deshalb produziert, weil ihre Aufführung im Vorprogramm eines nachfolgenden Spielfilms dem Kinobesitzer eine Ermäßigung oder sogar Streichung der Lustbarkeitssteuer brachte.

Und in der Tat, meine Rechnung ging wirklich auf. Der Filmchef, ein blendend aussehender weißhaariger Monsieur namens Jean Simon Cerf, war sofort bereit, das Risiko einzugehen. Als französischsprachiger Elsässer hatte er zudem eine besondere Beziehung zu »seiner« Kathedrale. Sechs bis acht Wochen Drehzeit wurden festgelegt. Mindestens drei Wochen davon haben wir allerdings wartend in den Cerfschen Bürozimmern der Rue de la Boetie verbracht, denn unser Mäzen war zwar ein höchst eindrucksvoller und blendender Causeur, aber flüssiges Geld hatte er nur selten.

Schließlich kam uns ein Spielbankgewinn des eleganten Viveurs zu Hilfe, und wir konnten beginnen, den Film zu drehen. Es wurden anstrengende, aber wunderbare Kletter- und Arbeitswochen, meist in den höheren Regionen des Münsters inmitten der gotischen Streben.

Als ich unser »Material« ansehen konnte und unter Bambergers Händen ein wahres Kunstwerk entstand, faßte ich wieder Hoffnung. Es lohnte sich schon, an der neuen Bildersprache mitzuarbeiten.

Auch Cerf war von dem Resultat begeistert. »Sie können von nun an machen, was Sie wollen«, verkündete er. »Bringen Sie mir Vorschläge!«

7.

Ja, ich hatte Vorschläge, viele Vorschläge. Kischs Wegleitung: »Das Aufregende geschieht gleich bei dir um die Ecke!« öffnete die Augen zu ungezählten Themen, die von den damals noch fast ausschließlich auf Spielfilmthemen ausgerichteten Cineasten nicht wahrgenommen oder übersehen wurden. Ein paar hundert Meter von meinem Hotel entfernt begann am Seineufer das Nachtreich der Clochards, die unter den Brücken schliefen oder an kleinen offenen Feuern abkochten, was sie in den Mülltonnen gefunden hatten. Es hieß, sie seien unnahbar und würden jeden, der nicht »anständig gekleidet« war, das hieß für sie, in Lumpen herumlief, entweder verscheuchen oder bestehlen. Ich hatte vorwiegend ganz andere Erfahrungen mit ihnen gemacht. Vielleicht weil ich schon in Deutschland Landstreicher gekannt und mich mit ihnen angefreundet hatte, spürte ich, wie man mit Verletzten und Eigenwilligen umgehen mußte.

Ein Dokumentarfilm über diese Außenseiter? »Impossible, parce que invendable (unverkäuflich)«, entschied der schöne Jean Simon. »Arme und häßliche Menschen eignen sich nicht für den Film. Die will niemand in solcher Vergrößerung sehen.«

Ein paar hundert Meter aufwärts in umgekehrter Richtung lag das Panthéon, in dem Frankreichs große Männer begraben sind, und im Schatten dieses klassizistischen Baus lag langgestreckt die zweistöckige Bibliotheque Sainte Genevíéve, in deren großem hellen Lesesaal ich schon viele Stunden verbracht hatte. Dabei hatte ich die Nase nicht nur in Bücher gesteckt, sondern mich auch für die Benutzer dieser gastlichen öffentlichen Institution interessiert, zu der jedermann ohne besondere Erlaubnis Zutritt hatte. Wer war dieser eindrucksvolle

Fünfzigjährige mit dem vollen schwarzen Bart, den ich da zu jeder Tageszeit von frühmorgens bis um sechs Uhr nachmittags immer am gleichen Platz vor einem Stapel dicker Bände sah, der niemals niedriger wurde? Und weshalb stieß der Glatzköpfige in der vordersten Tischreihe jedesmal einen kleinen Schrei aus, sobald der Gardien verkündete, jetzt müsse in zehn Minuten geschlossen werden? War es Verzweiflung darüber, daß er aus der geliebten Lesewelt in die Pariser Wirklichkeit zurückmußte?

Wie wäre es, wenn man diese Menschen vor der Kamera befragte, wenn man sie dann aus ihrem Fluchtort Bibliothek hinaus in ihr Leben begleiten würde? Konnte das nicht Paris von einer ganz neuen Seite zeigen? Oder wie wäre eine filmische Schilderung der eigenartigsten Buchhandlung des Quartier Latin, die den ungewöhnlichen Namen »Shakespeare und Co.« trug? Dort trafen sich Schriftsteller meist englischer oder amerikanischer Herkunft. Einer von ihnen, der die Bücher, die er durchblätterte, immer ganz nahe zu seinen Augen hob, hieß Joyce, und man erzählte sich, er sei ein Genie.

»Sie bilden sich ein, die Kinogeher interessieren sich für das, was Sie interessiert«, lehnte der Produzent ab und riet mir, unverändert freundlich, ihm weitere Ideen zu unterbreiten.

So kam ich dann mit immer anderen Projekten in die Rue de la Boetie. Fast jeden Nachmittag bis in den Abend hinein verbrachte ich Stunden in dem langgestreckten fensterlosen Vorraum, wo sich stets auch andere Bittsteller, Mitarbeiter, Gläubiger, gelegentlich die eine oder andere abgelegte Geliebte Cerfs versammelten und darauf warteten, daß die Tür zum Chefbüro am Ende des Ganges aufging und eine mausige kleine Sekretärin, die Jean Simon abgöttisch liebte, mit leiser Stimme mitteilte: »*Er* wartet auf Sie!«

Da ich gerne mit Leuten rede und auch immer weniger Schwierigkeiten hatte, sie anzusprechen, habe ich dieses endlose Antichambrieren ohne Schwierigkeiten ertragen, ja sogar genossen. Damals lernte ich, daß Zeiten, in denen man nichts Bestimmtes zu tun hat, besonders produktiv sein können.

Wie viele interessante Unterhaltungen habe ich führen können, wieviel über die Pläne und das Alltagsleben von anderen
konnte ich erfahren, wie sehr machte es mir Spaß, besonders
die Unzugänglichen und Zurückhaltenden ins Gespräch zu
ziehen! Dabei verbesserte sich nicht nur mein Französisch,
sondern auch meine Menschenkenntnis. Vor allem lernte ich
Fragen so anzusetzen, daß ich Antworten bekam, lernte, daß
anteilnehmendes Zuhören wichtiger ist als Reden oder gar
Überreden.

»*Er* wartet auf Sie!«

»Danke, Madeleine, wie geht es Ihnen?«

Sie ließ mich in das Büro mit dem großen Schreibtisch und
dem breiten Sofa ein, um das sich viele Phantasien der Umgebung von Monsieur spannen. Der »grand Chef« breitete die
Arme aus: »Was bringen Sie mir denn heute?«

8.

Diesmal war er interessiert, ja sogar begeistert. Das Projekt,
das ich ihm vorschlug, war in der Tat ungewöhnlich. Ich regte
an, wir sollten die Vorlesungen von Professor Dumas filmen,
die jeden Sonntag vormittag im »Hôpital Saint Anne« statt-
fanden. Bei dieser Gelegenheit führte der berühmte Nerven-
arzt seine interessantesten »Fälle« vor und diagnostizierte sie
in aller Öffentlichkeit. Das waren Frauen und Männer, die
man gemeinhin als Verrückte bezeichnete und deshalb eingesperrt hatte. Aber der Gelehrte ließ es nicht zu, daß man sie als
Minderwertige ansah. Sie seien Bewohner einer anderen Welt,
erklärte er seinen Zuhörern, auf die wir nicht mit Ablehnung
oder Bedauern, sondern mit Ehrfurcht und Überraschung
reagieren sollten. So rechtfertigte er sich auch gegen Vorwürfe, er stelle kranke Menschen zur Schau und verletze damit das Gebot medizinischer Diskretion. Ursprünglich waren
zu den Sonntagskollegs nur eingeschriebene Hörer des Gelehrten, Assistenten und Ärzte zugelassen worden, aber die
Kontrollen wurden sehr lasch betrieben, und so war die Lehr-

veranstaltung allmählich zu einem Spektakel für »tout Paris« geworden; besonders passionierte Bühnenleute und Theaterbesucher fanden sich zu ungewohnt früher Sonntagsstunde in dem halbrunden Hörsaal mit den zirkusartig nach oben steigenden Rängen ein.

Ich erinnere mich vor allem an eine Patientin, die uns alle vom Augenblick ihres Erscheinens an verzauberte. Sie war sehr zart, ihr schmales, nicht mehr junges Gesicht war von langen weißen Haaren eingerahmt, und sie trug ihren weiten Krankenmantel mit so viel eleganter Grazie, als sei er eine seidene Ballrobe. Nicht von sich sprach sie mit ihrer sanften Stimme, sondern von dieser Umhüllung, die sie selber geschneidert habe. Die Farbe des Stoffes, für die sie ein seltsames, ungewöhnlich langes, uns allen unbekanntes Wort verwendete, sei uns gewiß unbekannt. Auch den Stoff hätten wir sicher noch nie gesehen. Er sei ihr im Traum geschenkt worden, damit sie daraus Engelsgewänder fertige. Da man ihr Schere und Nadel verweigere, habe sie ihre Zähne und Lippen gebrauchen müssen. Sie füge ihre Kreationen mit Küssen zusammen.

Als ein Zuhörer sein Lachen nur halb unterdrücken konnte, war die Kranke so verletzt, daß ihre Sanftheit in rasende Wut umschlug. Sie brüllte die ordinärsten Gossenflüche, krampfte ihre Hände zu Fäusten, und wir hörten sie noch, als man sie schon hastig hinausgeführt hatte und der Professor nun äußerlich ganz unbeeindruckt seine Analyse des Falles vorzutragen begann.

Wäre es nach ihm gegangen, so hätte ich diese dramatische Selbstdarstellung seiner Patienten filmen können. Er war sogar der Ansicht, daß dies für einige von ihnen heilsame Folgen haben könne, weil sie sich auf diese Weise endlich ernstgenommen fühlen würden, Aber die entscheidende behördliche Instanz verweigerte aus respektablen Gründen gebotener Diskretion die Erlaubnis für das Vorhaben, und so scheiterte ich also auch mit dieser Idee.

Es ist mir aber von diesen Erlebnissen eine besondere Einstellung gegenüber Geisteskranken geblieben. Ich habe sie nie nur für Benachteiligte, sondern stets auch für Bevorzugte gehalten, die befähigt waren, die Fesseln der Vernunft zu sprengen und zu erleben – ja zu erkennen! –, was uns, den »Normalen«, unzugänglich bleibt.

9.

Einen Dokumentarfilm habe ich mit Hilfe von Cerf dann doch noch drehen können. Unser Entwurf hieß: »Le Jour se lève« (Der Tag hebt an), aber nur sein Name hat überlebt, als Titel eines späteren berühmten Spielfilms, mit dem ich leider nichts zu tun hatte. Das Thema meiner Arbeit war der allnächtliche hektische Betrieb rund um die »Hallen«, den »Bauch von Paris«. Das begann um Mitternacht, wenn die großen und kleinen Lastwagen mit Gemüse, Früchten, Fleisch, Milch, Butter, Eiern aus den Vororten anrollten, und endete in der Morgendämmerung, wenn die mit Abfällen bedeckten Straßen und Plätze rund um die Kirche St. Eustache von Spritzwagen gereinigt wurden und der allnächtliche Tumult wie ein fremder Traum verging.

Als begeisterter Befürworter des Schwarz-Weiß-Films, dessen Ablösung durch verwirrend bunte Bilder bereits als unvermeidlich galt, versuchte ich mit Hilfe meines Pariser Kameramanns die Skala vom tiefen Dunkel über die Schwarz- und Grautöne der gen Morgen drängenden Nacht bis zum blendenden Durchbruch des Tageslichts sichtbar zu machen. Meine handelnden Figuren waren die starken und manchmal auch brutalen Lastenträger, die »forts des halles«, die nie vergebens auf sie wartenden Dirnen in der Rue Saint Denis, der »petit passage« und der Rue Berger, die Lebensmittelauktionäre mit ihren schrillen Angeboten, die patrouillierenden Polizisten, die Rumtreiber und Nachtbummler, die auf dem Weg nach Hause noch schnell im »Chien qui fume« ein paar Gläschen tranken.

Das wird ein schöner Film, sagten wir uns, wenn wir am Nachmittag die entwickelten Aufnahmen in der Kopieranstalt der Rue Francœur anschauten. Aber fertig geworden ist er leider nicht. Denn unser imponierender Produzent war aus irgendwelchen, für uns nicht erfahrbaren Gründen plötzlich in eine undurchsichtige Affäre verwickelt worden. Besuche in der Rue de la Boetie waren vergeblich. Die Tür zum Chefbüro ging nicht mehr auf, und Madeleine hatte verweinte Augen. Aber was eigentlich geschehen war, erfuhren wir erst Monate später, als die Zeitungen vom sensationellen Finanzskandal der Firma »Pathé-Natan« berichteten und der schöne Jean Simon in einer höchst unschönen Rolle geschildert wurde.

So gingen unsere Arbeitstage unrühmlich zu Ende, und die runden Blechbüchsen, in denen die Nacht und der Morgen rund um die Hallen darauf warteten, auferstehen zu dürfen, sind irgendwo in der Konkursmasse des Konzerns untergegangen.

Selten war ich so unglücklich wie nach diesem unverschuldeten Debakel. Ich war nun schon zweiundzwanzig Jahre alt. Außer ein paar Dutzend Zeitungsartikeln und Kurzgeschichten hatte ich kaum etwas Eigenes vorzuweisen. Auch das Studium erschien für einen Ausländer ziemlich aussichtslos. Was sollte ich tun? Nach Deutschland zurückzukehren kam nicht in Frage, denn das Hitlerregime hatte sich zu festigen begonnen, und die Eltern, die bisher noch optimistisch gewesen waren, begannen Briefe zu schreiben, in denen sie sich zwar nie über die eigene Lage beklagten, aber Schlimmes von Freunden und Bekannten berichteten. »Bücher« konnten sie mir aus Geldmangel nun auch nicht mehr schicken.

Sogar die bescheidenen Honorare der »Agence Européenne« blieben aus. Ihre österreichischen Abnehmer, die von der »schwarzen« Ständeratregierung unter Druck gesetzt worden waren, wollten von einem Emigranten-Pressedienst nichts mehr abdrucken. So verdingte ich mich ein paar Monate lang als »Neger« bei dem vor allem durch sein Szenario für »Der Kongreß tanzt« berühmten Ufa-Drehbuchschreiber Robert Liebmann, dem ich für einen kindischen Zigeunerfilm Ideen liefern sollte. Ein paarmal bin ich ihm davongelaufen, weil ich den Schwachsinn nicht mehr ertrug, aber er holte mich immer wieder zurück, bis es ihm schließlich zuviel wurde. Ich fand einen anderen emigrierten Autor, der die übriggebliebenen Außenaufnahmen eines in Nordafrika viel zu kostspielig gedrehten Abenteuerfilms mit dem Star Firmin Gemier durch eine neue Handlung zur Grundlage eines zweiten billigen Streifens machen sollte und der meinte, dabei könnte ich ihm helfen.

Das war eine recht triste Brotarbeit, die ich da nun in den heruntergewirtschafteten Ateliers und Montageräumen der »Éclair Film« in Epinay am nördlichen Rande von Paris zu verrichten hatte. Schon die täglichen Autobusfahrten durch die stinkende, graue, heruntergekommene Banlieue der Lichterstadt waren so deprimierend, daß ich manchmal am liebsten gleich wieder umgekehrt wäre. Und weil ja ein Unglück nie alleine kommt, zerbrach damals nicht nur eine Liebesbeziehung zu der Tochter des emigrierten Kunsthistorikers Carl Einstein, sondern ich wirtschaftete mir auch gleich noch ein chronisches Magenleiden ein. »Hitlermagen« nannten wir Ausgestoßenen diese typische Schicksalskrankheit.

Heldenhaft war mir der Lebenskampf in den Romanen geschildert worden, die ich als Gymnasiast verschlungen hatte. Ach nein, er war nur schäbig, enttäuschend, letzten Endes wohl aussichtslos.

10.

Den Höhepunkt erreichte diese Krise, als mir die »patronne« des »Hotel des Alpes« mitteilte, sie müsse für ein paar Monate schließen, weil man mit der Wanzen- und Rattenplage nur noch durch eine gründliche Sanierung fertigwerden könne. So würde ich also auch noch mein gewohntes billiges Obdach verlieren. Daß so etwas kommen werde, hatten wir Bewohner des alten Kastens schon länger geahnt. Immer wieder wurden weitere Zimmertüren mit breiten braunen Papierstreifen verklebt, damit die Schwefeldämpfe, die da gegen das Ungeziefer losgelassen wurden, nicht nach außen dringen konnten.

Als ich meinen russischen Freunden von dem Malheur erzählte, boten sie mir sofort an, für ein paar Wochen in ihr Sommerhäuschen nach Poigny zu ziehen. Aber was sollte ich dort draußen? Wenn ich mich schon nicht in Paris halten würde, dann konnte ich doch gleich mit meinen paar gesparten Francs auf Wanderschaft gehen. Solche kleinen Fluchten hatte ich schon ein paarmal unternommen, wenn es in Paris nicht mehr auszuhalten war. Aber dieses Mal wollte ich gleich länger wegbleiben und weiter reisen.

Ich brachte meine Siebensachen zum Aufbewahren zu den russischen Freunden in die Avenue de Suffren und fuhr mit der Metro an die Porte d'Orleans, um von dort aus leicht bepackt per Autostop nach Süden zu reisen. Mein Reiseziel war Manosque, diese friedliche Kleinstadt in der Provence, die ich durch die Naturhymnen des Dichters Jean Giono lieben gelernt hatte. Ihn wollte ich unbedingt kennenlernen.

Nie hatte ich lange gebraucht, bis ein vorbeifahrender Wagen auf mein Handzeichen hin stehenblieb. Diesmal wollte es aber nicht gelingen. Alle die eiligen Fahrer brausten an mir vorbei, abwinkend, zurückgrüßend, meist mich gar nicht beachtend. Vermutlich waren sie durch eine Nachricht verängstigt, daß einige Tage zuvor eine junge Frau von zwei »stoppeurs« vergewaltigt und ausgeraubt worden war. Ich tippelte eine Weile am Straßenrand entlang, drehte mich von Zeit zu Zeit um, wedelte mit dem linken Arm, dann mit beiden, rief sogar laut, weil die Dunkelheit anbrach und ich wußte, daß es dann noch schwerer werden würde. Ich begann die Autos zu zählen: 91 ... 92 ... 93 ... Sie scherten sich nicht um mich. Ich dachte an Hesses »Steppenwolf«, der auf die Jagd nach Autos geht und sie wie wehrloses Wild abschießt, ich haßte sie, die da warm, sicher, unbekümmert in ihren Metallkapseln sitzend, sich mir entgegenstürzten, mich sekundenlang mit dem grellen Licht ihrer Scheinwerfer und dem Lärm ihrer aufgedrehten Motoren überschütteten und ebenso plötzlich im tiefen Dunkel auf der nächtlichen Route einsam zurückließen.

Ich hatte schon aufgegeben und machte keine Zeichen mehr, da bremste einer, der gerade schon an mir vorbeigefahren war, öffnete die Wagentür, steckte den Kopf heraus und fragte mit einem starken Akzent, ob ich vielleicht mitkommen wolle. Es war ein Amerikaner, und neben ihm saß eine überirdisch schöne blonde Frau mit apart kontrastierenden braunen Augen, die mich wortlos mit einem Filmlächeln begrüßte. Wohin ich wollte, fragte der Fahrer. Nach dem Süden, egal wie weit, teilte ich ihm mit. Er müsse hier in der Nähe etwas abholen, fahre aber dann nach Westen in die Normandie, ließ mich der Fahrer wissen. Auch gut. Mir war jetzt alles recht.

Im Lauf der nächsten zwei Stunden wurde mir klar, daß wieder einmal einer der von meiner Mama verheißenen Schutzengel aufgetaucht war. Denn als ich ihm auf seine Fragen von meinen teils geglückten, teils mißlungenen Filmvorhaben erzählte, sagte er: »So jemanden wie Sie habe ich gesucht, und ich wußte, ich würde ihn finden.« Er war in der Tat, wie ich von ihm vernahm, ein fast stets glücklicher Finder. So habe er kürzlich erst in den Sandwüsten des Sudans uralten Schmuck ausgegraben, der vermutlich der Königin von Saba gehört hatte. Als er ihn dann aber im Pariser Trocadero ausstellte, hätten die professionellen Archäologen aus Neid behauptet, er habe die kostbaren Fundstücke von einem Goldschmied anfertigen lassen und dann selber dort versteckt, wo er sie nachher »entdeckt« hatte.

Eine solche Verleumdungskampagne werde ihm nicht wieder passieren, verkündete der temperamentvolle Erzähler und hob einmal mehr zur Bekräftigung seine beiden Hände vom Lenkrad des fahrenden Packard. Bei der nächsten Expedition werde nämlich alles einwandfrei auf Film dokumentiert werden, und das würde ich tun. »Aber ich bin ja kein Kameramann«, wandte ich ein. »Macht nichts, wir engagieren einen, nicht wahr, sweetie?« Er drehte sich zu der Göttin auf dem Nebensitz, küßte sie, und ich zitterte, er werde uns bestimmt in den nächsten Graben fahren.

Byron Prorok, nein, *de* Prorok, darauf legte er Wert, hieß dieser charmante Abenteurer. Er stammte aus verarmtem ungarischen Adel und hatte in den Vereinigten Staaten eine »echte Prat«, Erbin eines der größten Ölvermögen, kennengelernt, die ihm alle seine Extravaganzen finanzierte. All das wußte ich damals noch nicht, als ich seiner Suada zuhörend vom Hintersitz des Wagens aus beobachtete, wie sie ihn immer wieder voller Bewunderung von der Seite aus anschaute. Der Abessinienkrieg habe ihn daran gehindert, sein letztes Projekt zu Ende zu führen, verriet mir Prorok, aber jetzt habe er etwas viel Aufregenderes vor: Er wolle auf den Spuren Alexanders des Großen von Mazedonien über Kleinasien und Persien bis Indien nach verschütteten und vergessenen Überresten der Feldzüge des großen Eroberers forschen. Mindestens drei Jahre werde das dauern, also müsse ich mich mindestens für eine so lange Zeit bei ihm verpflichten.

Als ich nach Mitternacht vor einem kleinen Hotel in der normannischen Kleinstadt Honfleur aussteigen mußte, wurde ich mit dem Befehl verabschiedet: »Also morgen erscheinen Sie zum Dejeuner auf dem Schloß.« »Wo? Wie finde ich das?« »Das kennt jeder hier. Fragen Sie nur nach dem Chateau de Tancarville. Good bye!«

Ganz konnte ich das alles noch nicht glauben. Und doch, es war kein Traum, sondern Wirklichkeit. Am nächsten Tag bin ich zu dem burgartigen Schloß, es war die historische Sehenswürdigkeit der Gegend, hinaufgestiegen und habe dort in einem dickwandigen Verließ, wo einmal Maria Stuart gefangengehalten worden war, begonnen, mit dem bezaubernden, dem launischen Baron Byron an der Vorbereitung unserer großen Reise zu arbeiten. Weshalb schließlich auch daraus nichts wurde, weiß ich nicht. Es gab wohl Streit zwischen der »goddess« und ihrem stets eifersüchtigen Galan. Ich müsse noch bis zum Herbst warten, ehe wir abreisen würden, hieß es plötzlich. Inzwischen sollte ich nach Paris zurückkehren und mich um den Kameramann kümmern. Aber ich hörte dann nichts mehr. Alle Briefe blieben unbeantwortet, und ich begann zu ahnen, daß vielleicht meine unverhohlene, wie ich heute begreife, unverschämte Bewunderung für die leuchtende, aus dem Dunkel der Landstraße in mein Leben gekommene Millionärstochter schuld daran war, daß man in Tancarville plötzlich nichts mehr von mir wissen wollte.

Dreimal habe ich ausgespuckt, als ich Anfang Juni 1935 Paris abermals hinter mir ließ. Unsinnige Geste der Wut, denn was konnte die Stadt für mein anhaltendes Mißgeschick? Wieder saß ich in einem vollbepackten Auto, das diesmal wirklich gen Süden fuhr. Es gehörte einem in Berlin aufgewachsenen Fotoreporter namens Herbert Gehr, der im Auftrag der »New York Times« zusammen mit Egon Lehrburger, einem ehemaligen Mitarbeiter der »Münchner Illustrierten«, mit Artikelaufträgen nach Spanien fuhr. Ich hatte sie beide erst ein paar Tage zuvor auf der Terrasse des Cafés Capoulade an der Ecke der Rue Soufflot und des »Boul Mich« durch einen aus Budapest stammenden Emigranten kennengelernt, der uns alle durch frei erfundene Berichte über seinen unvermeidlich kommenden Ruhm zu amüsieren pflegte. Daß dieser André Friedmann dann schon ein, zwei Jahre später durch seine großartigen Bilder vom spanischen Bürgerkrieg unter dem Namen Robert Capa tatsächlich weltbekannt werden würde, hätten wir damals nicht geglaubt. Wir hielten ihn für einen, der seine Wünsche für Wirklichkeit nahm und meinte, die Göttin Fortuna könne man genauso leicht herumkriegen wie die Studentinnen, die ihn anhimmelten, wenn er mit aufreizend über der behaarten Brust geöffnetem Hemd phantasievoll ein Heldenleben hinzauberte.

Meine beiden Reisegefährten, zu denen sich etwas später auch noch eine unglückselig hoch aufgeschossene holländische Kollegin gesellte, waren von einem anderen Schlag: solide, vor allem an französischen Feinschmeckereien interessierte Handwerker der Berichterstattung. Für sie war Journalismus kein Abenteuer, sondern ein handfester Job, der sich besonders lohnte, wenn man dafür Dollars kassieren konnte. So ließen sie sich denn auch nicht überreden, mit mir einen Umweg zu Gionos Manosque zu machen. Das hätte nur Extraspesen verursacht, und ein provençalischer Naturromantiker war kein Thema für eine spannende Story. Immerhin konnte ich sie überreden, wenigstens im unabhängigen Pyrenäenkleinstaat Andorra drei Tage lang haltzumachen, indem ich ihnen erzählte, das sei, wie ich gehört hätte, ein wahres Schmugglerparadies. So etwas müßte doch eine gute Geschichte hergeben.

In der Tat trieben wir sehr schnell eine Gruppe von Zigaretten-contrebandiers auf, der jedoch die Grenzpolizei schon auf die Schliche gekommen war, und hatten alle Mühe, nicht mit ihnen verhaftet zu werden. Unter Zurücklassung eines Koffers im Hotel, in das wir uns nicht zurücktrauten, fuhren wir noch vor Tagesende überstürzt weg, in der Hoffnung, spätnachts in Barcelona anzukommen.

Welch eine Überraschung, als wir gegen Mitternacht auf den Ramblas in ein rauschendes Straßenleben hineingerieten. Auf dem Mittelstreifen der Boulevards spazierten die Menschen dichtgedrängt an hellbeleuchteten Eßbuden und Zeitungsständen vorbei. Musikanten spielten, es wurde gestritten, gesungen, getanzt. Das Auto hatten wir am Straßenrand stehenlassen, ein Leichtsinn, der Gott sei Dank folgenlos blieb. So waren wir frei, durch die hellwache Stadt zu schlendern und uns ins »Barrio Chino« unweit des Hafens locken zu lassen, aus dessen Lokalen laute Flamenco-Rhythmen zu hören waren. Von hier würden wir nicht so schnell wieder wegreisen. Darüber waren wir uns alle vier sofort einig, ehe wir schließlich im Morgengrauen irgendwo in einem kleinen Hotel schlafen gingen.

12.

Endlich waren wir ganz oben. Aus dem Dunkel der Wendeltreppe hervortretend, sahen wir aus hundert Meter Höhe weit über das Meer. Dicht über unseren Köpfen die vielfarbigen glänzenden und das Licht reflektierenden Mosaikornamente der Turmspitze. Sonnenblitze sandten sie hinaus über die Weite der Stadt bis hin zu den winzigen Figürchen an Bord der Schiffe, die sich auf den Hafen zubewegten. Die ankommenden Seereisenden mußten diese viertürmige Fassade der Ka-

thedrale schon von weit her gesehen haben: diesen phantastischen bunten Steinwald, den der katalanische Meisterarchi-
tekt Antonio Gaudi hatte wachsen lassen »zur Ehre Gottes
und der einfachen Menschen«.

Gehr und ich waren auf einen Glockenturm der »Sagrada
Familia« geklettert, um einen ersten Eindruck von der Aufgabe zu bekommen, die uns bevorstand. Wir wollten und
sollten einen Film über diesen eigenartigsten Kirchenbau
Europas machen. Meine Mitarbeit an Rudolf Bambergers bei-
spielhaftem Dokumentarwerk über das Straßburger Münster
trug jetzt Früchte. Señor Gallard, Chef der kleinen katalanischen Firma »Inter-Film« hatte mir, dem knapp Zweiund-
zwanzigjährigen, Vertrauen geschenkt, weil ich bereits an
einem ähnlichen Projekt beteiligt gewesen war.

Tatsächlich warf diese Arbeit ganz neue Probleme auf. Es
konnte ja nicht ein vollendetes architektonisches Kunstwerk
dargestellt werden, sondern ein monumentales Vorhaben, von
dem erst ein Teil gebaut war. Es würde noch Jahrzehnte, vielleicht sogar mehr als ein Jahrhundert dauern, ehe dieser Dom,
der einmal alle anderen Gotteshäuser der Erde an Größe und
Vielfalt übertreffen sollte, vollendet sein würde.

Diesen Faktor »Zeit« hatte Gaudi nicht nur beachtet,
sondern absichtlich eingeplant. Er wollte kein gewöhnliches
Bauwerk schaffen, das wie alle anderen in begrenzter Dauer
auf Grund eines vorher erstellten, möglichst genauen Plans
fertiggestellt werden würde, sondern an einer allmählich
entstehenden Schöpfung arbeiten, an der nicht nur seine
Zeitgenossen beteiligt sein sollten, sondern auch die nach
ihm kommenden Generationen. Als seine Bauherren betrach-
tete dieser ganz besondere Architekt nicht die kirchliche
Hierarchie, sondern die durch Spenden, Gedanken und Gespräche an dieser einmaligen Schöpfung beteiligte Bevölkerung.

Um das Interesse der Bewohner Barcelonas wachzuhalten,
ließ der kühne Baumeister zuallererst eine der drei gewaltigen
Turmfassaden errichten, an der Szenen der Geburtsgeschichte
Christi dargestellt wurden, und verzichtete zunächst einmal

auf den Bau des gewaltigen Innenraumes zugunsten der hohen, weithin sichtbaren Glockentürme.

Wir hatten erfahren, daß Gaudi, der sich nie zu gut war, von Haus zu Haus um Spenden für den Weiterbau der Kathedrale zu betteln, vor nicht ganz zehn Jahren auf einem seiner Bittgänge von einer Straßenbahn tödlich überfahren worden war, hatten auch gehört, daß dies von Gegnern seines Werks als göttliche Strafe für seine Vermessenheit angesehen wurde.

Deshalb versuchten wir von Anfang an, Bewohner der Stadt, vor allem aus der unmittelbaren Nachbarschaft des Baugeländes, in den Film einzubeziehen und ihre kritische oder zustimmende Anteilnahme an diesem Jahrhundertwerk ebenso einzufangen wie die schier unübersehbare Fülle der Skulpturen von Menschen, Tieren und Pflanzen, die das nachgeschaffene Universum des Gesamtkunstwerks beleben.

Besondere Aufmerksamkeit wollten wir den Arbeitern widmen, die mit ihren Händen am Weiterbau wirkten. In den ersten Dekaden nach dem Baubeginn von 1882 waren noch Dutzende von Bildhauern, Steinmetzen, Maurern, Schmieden und Handlangern hier tätig gewesen. Nun, im Frühjahr 1935, waren gerade noch fünf Männer beschäftigt, weil Spenden nur noch spärlich flossen. Denn die Wirtschaftskrise hatte Barcelona erfaßt, die sozialen Unruhen, Vorboten des kommenden Bürgerkriegs, nahmen, auch für uns Fremde wahrnehmbar, deutlich zu. Mehrmals im ersten Monat unserer Dreharbeiten sauste ein unbemannter, in Flammen gesetzter Trambahnwagen nachts die Calle Muntaner, die steilste Verkehrsstraße, hinunter. Weithin sichtbare Fackel, die erst erlosch, wenn das entgleiste Vehikel als rauchender Trümmerhaufen von aufgeregten Bürgern umringt war.

Bald merkten wir, daß die persönlichen Ausreden, mit denen sich die Arbeiter entschuldigten, wenn wir sie baten, sich vor der Kamera zu äußern, in Wahrheit politisch motiviert waren. Die Kathedrale, an der sie mitwirkten, um einen bezahlten Job zu haben, galt ihnen als »Denkmal der Reaktion«, aber das durften sie nicht laut sagen. Sobald wir sie und sie uns etwas besser kannten, verabschiedeten sie sich abends von uns mit der halb ernst, halb scherzhaft gemeinten Prophezeiung: »Ehe ihr morgen früh wiederkommt, werden wir das Monster schon in die Luft gejagt haben.«

Als unser Film, der den Titel »Simbolos eternos« (»Ewige Symbole«) tragen sollte, schließlich im Bildschnitt fertig war, meinte der Produzent: »Jetzt müßte unser berühmtester Katalane, Pablo Casals, auf seinem Cello die begleitende Musik spielen. Aber das können wir uns nie leisten.«

Da habe ich mich mit der kecken Furchtlosigkeit, die aus Unerfahrenheit stammt, auf den Weg zu dem Meister gemacht, unangemeldet an der Tür seiner kleinen Villa unweit von Tarragona geläutet, bin von ihm tatsächlich empfangen worden und habe sofort seine Zusage erhalten. Allerdings mit einer Einschränkung: »Eine Kathedrale, und ganz besonders diese, ist doch ein vielstimmiges Werk. Da reicht mein Cello nicht aus. Sie müssen mir schon eine symphonische Komposition und ein Orchester zur Verfügung stellen.«

Daß auch dies gelang, so unwahrscheinlich es uns zuerst vorkam, und der Film sogar den katalanischen Staatspreis erhielt, entspricht dem glücklichen Verlauf einer Arbeit, die mir zum ersten Mal bewies, daß eine Vision, die einleuchtend und stark genug ist, die Wirklichkeit zu sich hinzieht, sie formt, sie zu neuer Gestalt drängt. Noch etwas anderes, das für mein weiteres Leben entscheidend wurde, hat mir diese Arbeit geschenkt. Die Einsicht, daß ein sterblicher Mensch über seine befristete Lebenszeit hinaus Werke entwerfen kann und soll. Die Beschäftigung mit Gaudi und seinem Werk war meine erste starke Begegnung mit meinem Lebensthema Zukunft.

Ahasver

Es muß im zweiten oder dritten Jahr der Emigration gewesen sein, daß ich im Pariser Flüchtlingsfoyer am Parc de Luxembourg einem Schicksalsgenossen namens Litwin begegnete, der behauptete, Ahasver, jene mythische Figur des »ewigen Juden«, sei nicht eine negative, bedauernswerte oder hassenswerte Erscheinung, wie er meist dargestellt werde, sondern ein durch Leiden Erfahrener, Berufener, den Unbekümmerten und Ahnungslosen die Augen zu öffnen.

»Wir alle hier in diesem Raum sind die Ururenkel des Ahasver«, verkündete der Mann mit dem gewaltigen Haarschopf, der sein ausgemergeltes Gesicht als wirrer Heiligenschein umgab. Wirklich zugehört hat ihm kaum einer. Alle, die regelmäßig hierherkamen, um gratis ein karges, von der »aide aux réfugiés« gespendetes Mal zu essen, nahmen geduldig zur Kenntnis, daß wieder einmal »die Engelchen ihre Finger auf sein Gehirn gelegt hatten« – so beschrieb er die Herkunft seiner Erleuchtungen.

Mich hat diese Erkenntnis damals wie ein Blitz getroffen. Denn sie wertete unser Schicksal radikal um. Wir waren nicht mehr nur Opfer eines sinnlosen Schicksals. Es war uns aufgegeben zu warnen, zu beunruhigen, lästig zu fallen. Denn nur der Verstörte wagt zu stören.

Das kann eine produktive Störung sein. Sie führt zum Nachdenken und vielleicht auch zum Handeln. Sie kann die Gleichgültigkeit erschüttern, die Resignation, die Bequemlichkeit, das hilflose Erdulden als würdelos entlarven. Wer nicht zu sprechen, nicht aufzustehen, nicht zu widerstehen wagt, den beschämt Ahasver, der sich weiterschleppende Geschundene, durch das Beispiel seines Lebensmuts – trotz, ja wegen der Beschädigungen, die ihm von seinen Verfolgern zugefügt wurden.

Wer wandern muß, kennt viel Wege und Umwege, weiß auch, daß manchmal vorübergehende Umkehr und kluges Ausweichen notwendig sind. Während die »Seßhaften« mit nur einem einzigen festen Horizont leben müssen, sieht Ahasver viele verschiedene Perspektiven. Besonders in Zeiten unaufhörlichen und überraschenden Wandels erweist sich diese ahasverische Erfahrung als unschätzbar.

Die Tragik des Ahasver ist, daß er nur selten das Reifen der von ihm vermittelten Gedanken miterlebt. Denn während die Beharrlichen die Anstöße nutzen, ist er schon wieder weitergezogen. Getrieben durch eine vom Zwang zur Gewohnheit gewordene Ungeduld.

5. Kapitel

Im Schatten der Ungeheuer

1935–1938

Margaret Sackett

Im Schweizer Exil (1939)

Im Spätherbst 1935 nach Paris zurückgekehrt, entschloß ich mich in einer schlaflosen, von besonders scheußlichen Magenschmerzen gepeinigten Nacht plötzlich zu einem Schritt, den ich bis dahin für unmöglich gehalten hatte. Ich wollte, ich mußte zurück nach Berlin, um mich zu Hause von der Mutter gesund pflegen zu lassen. Einen anderen Ausweg sah ich nicht.

Ausschlaggebend für diesen Entschluß war ein Besuch bei dem berühmten Internisten, den ich am Nachmittag zuvor zum fünften oder sechsten Mal besucht hatte. Er meinte, ich müsse unbedingt in eine Privatklinik oder ein Krankenhaus.

»Aber da Sie nicht versichert sind, wird das teuer werden«, fügte er gleich hinzu. »Übrigens: Sie haben noch nicht einmal meine Rechnung bezahlt. Bitte kommen Sie nicht mehr zu mir, ehe Sie das nicht endlich geregelt haben.«

Wütend hatte ich ihn angeschrien: »Drehen Sie sich doch einmal um!« Dort hinter seinem pompösen Schreibtischsessel hing ein riesiges Kruzifix.

Ich weiß nicht, ob er meinen Hinweis befolgt und verstanden hat, denn ich lief sofort davon und schlug die Tür des Ordinationszimmers hinter mir zu.

Nicht als politischer Kämpfer, sondern als Kranker bin ich also in die feindliche Heimat zurückgekehrt, habe nicht in einem illegalen Schlupfwinkel Quartier aufgeschlagen, sondern in meinem alten »Kinderzimmer«. In eine Heldensage paßt so etwas nicht, aber es ist die prosaische Wahrheit. Hätten die Nazis damals schon ein perfektes Überwachungssystem mit Computern besessen, so wäre ich wohl schnell entdeckt worden, aber vorläufig war der Mythos des perfekten braunen Polizeistaates noch größer als seine wirklichen Kontrollfähigkeiten. Besonders hoch war das Risiko der Einreise nicht, weil ich Anfang 1934 auf dem deutschen Konsulat in Paris einen regulären Reisepaß ausgestellt bekommen hatte, aus dem nicht hervorging, daß ich Emigrant war. Ein Beamter, dessen Namen ich leider nie erfahren habe, fand meine – in der

Tat zutreffende – Erzählung glaubhaft, daß mir im »Chez Felix«, einem vor allem von Flüchtlingen frequentierten Lokal in der Rue de l'Estrapade, aus dem aufgehängten Mantel alle Papiere gestohlen worden waren, und stellte mir das unentbehrliche Dokument aus, ohne die geringsten Schwierigkeiten zu machen. Erst das Nicken und der Blick, mit dem er sich von mir verabschiedete, ließen mich vermuten, daß mir hier wieder ein heimlicher Regimekritiker zu Hilfe gekommen war.

Wäre ich erst beim Ablaufdatum des verschwundenen Dokuments, über zwölf Monate später, auf dieser Amtsstelle erschienen, hätte der Mann nichts mehr für mich tun können, denn inzwischen hatte mich das neue Regime ausgebürgert, und diese Tatsache war im offiziellen »Reichsanzeiger« veröffentlicht worden. So stellte sich der zunächst als katastrophal erlebte Verlust des Passes als ein zuerst verkappter Glücksfall heraus, ein Ereignis, das für mich beispielhafte Bedeutung bekam. Wann immer mir etwas Negatives widerfuhr, tröstete ich mich damit, daß sich dahinter etwas Positives verbergen könne.

Fünf Jahre lang würde ich nun ohne Schwierigkeiten mit einem Ausweis herumreisen, der aus dem Vertriebenen einen »ordentlichen Bürger« machte. Um so größer das Entsetzen, als dieses überlebenswichtige Papier in Berlin eines Tages spurlos verschwunden war. Ich hatte es sofort nach der Ankunft in der elterlichen Wohnung gut versteckt und erinnerte mich nur noch, daß es in einem der vielen Bücher der elterlichen Bibliothek verborgen sein mußte. Aber in welchem? Wir nahmen einen Band nach dem anderen aus den Regalen. Vergeblich! Konnte es nicht sein, daß die Kinder, die am vergangenen Sonntag mit ihren Eltern zu Besuch gekommen waren, gelangweilt von den Gesprächen der Erwachsenen, Bücher herausgezogen und mit ihnen gespielt hatten? Ja, ich meinte mich sogar zu erinnern, daß der kleine Junge aus Dutzenden Bänden Türme gebaut hatte und ich mich wunderte, weshalb mein Vater das zuließ.

So war der Paß wohl aus Versehen herausgefallen und dann

irgendwie im Papierkorb gelandet. Doch der war schon am vorigen Abend geleert worden. Während der Papa und ich noch über diese Möglichkeit sprachen, war die Mutter schon hinunter in den Hinterhof gestürzt, wo die Mülltonnen standen. Als ich ihr nachlief, fand ich sie im Dämmerlicht des späten Nachmittags im Abfall wühlend. »Laß mich nur«, wehrte sie ab. »Ich find' den schon.« Ihre Haare waren wirr, ihr Gesicht gerötet von der Anstrengung, die Hände von irgendwelchen unappetitlichen Speiseresten verschmiert, so sehe ich sie seit Jahren immer wieder vor mir, ein Bild rührender und doch hilfloser Opferbereitschaft.

Gefunden haben wir den Paß dann erst viel später im Sonderband der »Illustrierten Sittengeschichte« von Fuchs, die hinter Glas in einem sorgsam versperrten Schrank stand. Als Junge hatte ich nachts, wenn die Eltern längst schliefen, manchmal in diesem verbotenen Buch geblättert und stets Sorge dafür getragen, daß nur ja niemand es nachträglich bemerken würde. Nun hatte diese Heimlichtuerei noch Jahre später als Gedächtnissperre weitergewirkt.

2.

Eigentlich hatte ich nur ein paar Wochen bei den Eltern im feindlichen Inland Unterschlupf suchen wollen. Gerade so lange, bis die Magenschmerzen verschwunden sein würden. Aber die ließen sich nicht so schnell verjagen.

»Erst müssen Sie zur Ruhe kommen«, verschrieb der Familienarzt Dr. Köbner, obwohl er wußte, daß ich unangemeldet, also illegal, bei den Eltern hauste und jeden Augenblick gewärtigen mußte, daß irgendein eifriger Ordnungshüter nachfragen würde, wer denn der kürzlich zugezogene junge Mann da oben im vierten Stock sei. Die Nachbarn taten alle so, als sei ich nie weg gewesen. Besonders Herr Unglaube im Milchladen an der Ecke verhielt sich, als sei er aufrichtig erfreut über meine Wiederkehr vom Auslandsstudium.

»Die beruhigen sich schon«, pflegte er meine Mutter zu

trösten, wenn er die Butter abschnitt und einpackte. Und wenn niemand im Laden war, flüsterte er ihr sogar ermutigende Worte zu wie: »Das kann ja nicht mehr lange gehn, gnädige Frau. Ich weiß doch, wie die Leute meckern.«

Diese Stimmung war nicht ganz drei Jahre nach Hitlers Machtantritt schon weit verbreitet. Aber die Regimegegner übten sich Anfang 1936 in einem vorsichtigen Optimismus. Selbst die jüdischen Bekannten, die noch geblieben waren, gaben sich gelassener, als ich »draußen« erwartet hatte. Sie meinten, daß der Staatschef Hitler weniger fanatisch sei als der Parteiführer von gestern und sich mit Rücksicht auf das Ausland »immer vernünftiger gebärden« werde.

Wenn ich im engsten Kreis von dem erzählte, was wir in Paris aus Münzenbergs »Braunbuch« oder durch das »Pariser Tageblatt«, das »Neue Tagebuch«, die »Neue Weltbühne«, den »Gegenangriff« und andere von Flüchtlingen redigierte Publikationen über die heimlichen Untaten des braunen Regimes erfahren hatten, schenkte man mir nur halben oder gar keinen Glauben. Die Naziparolen von der »lügnerischen Hetzpresse«, welche die wahren Verhältnisse im neuen Reich verzerrt darstelle, hatte sogar bei den Opfern der neuen Verhältnisse gewirkt.

Manche hatten sich trotz Arisierung und Arbeitsverbot arrangiert. Es gab vor allem für Freiberufler Möglichkeiten, sich durch bezahlte oder befreundete Personen »arischer Herkunft« zu tarnen, damit den neuen Gesetzen Genüge getan werde, und dann so weiterzuarbeiten wie bisher. So hatte mein Vater jetzt eher mehr zu tun als in den vorangegangenen Krisenjahren. Mit dem begabten Humoristen Hans Reimann und dem Schwankautor Franz Arnold schrieb er Manuskripte für Unterhaltungsfilme und Theaterstücke, die allem Anschein nach erfolgreich waren. Daß ich immer wieder insistierte: »Ihr müßt weg von hier!« wurde nicht ernst genommen. Das war jugendlicher Leichtsinn! Wie konnte man denn hoffen, in einem anderen Land mit anderer Sprache sich als Schriftsteller über Wasser zu halten? Ich hätte doch selber erlebt, wie schwer das sei, wurde argumentiert. Wie viel schwerer müsse das meinem Vater, einem inzwischen über Sechzig-jährigen, fallen!

Die neue Taktik der Machthaber im Jahre 1936 trug wesentlich zu dem Selbstbetrug der Gefährdeten bei. Um möglichst viele ausländische Gäste und Berichterstatter zur bevorstehenden Olympiade zu locken, wurden die Zügel etwas lockerer gelassen, klangen die Reden, Aufrufe und Artikel, mit denen sich der Propagandaminister an die Öffentlichkeit wandte, gemäßigter, wurden die Friedensversprechen in den Reden des »Führers« immer häufiger und verlockender.

So wurde die unvermindert weiter vorangetriebene Aufrüstung nach außen und innen erfolgreich verschleiert, ließ die Welt zu, daß unter ihren Augen starke, modern ausgerüstete Streitkräfte entstanden und die Berufspolizei nach und nach den Scharfmachern der unerbittlichen SS unterstellt wurde.

In den wenigsten Darstellungen über das Leben im Dritten Reich wird dieses irreführende vorübergehende Einlenken des Regimes klar hervorgehoben. So ist es auch verständlich, daß viele tödlich Bedrohte sich nicht rechtzeitig in Sicherheit brachten und noch einige Zeit der Illusion nachhingen, die radikalen Hasser und Vernichter würden sie verschonen.

Sowohl im internationalen Geschehen wie am persönlichen Schicksal der Gefährdeten mußte sich diese naive Gutgläubigkeit bald rächen.

3.

Wohin der neue Weg führen mußte und wieweit sich Hitler bereits einem neuen Krieg näherte, dessen Beginn *er* bestimmen wollte, erfuhr ich von Harro Schulze-Boysen, dem alten »Gegner«-Freund, den ich ohne Schwierigkeiten wiedersehen konnte. Obwohl er in den ersten Tagen nach der Machtergreifung verhaftet und schwer mißhandelt worden war, schien er keine Angst vor einer neuen Festnahme zu haben. Ich war überrascht, als er sich ohne besondere Vorsichtsmaßnahmen mit mir in einem Lokal der Berliner Innenstadt traf und dort offen, nicht einmal mit besonders leiser Stimme über die neuen Herren lästerte.

Es war Harro gelungen, sich auf Grund seiner familiären Beziehungen zum Piloten ausbilden zu lassen und schließlich sogar auf einen höheren Posten in Görings Luftfahrtministerium zu gelangen. Daß er von hier aus bereits Fäden spann, aus denen das erfolgreichste antinazistische Spionagenetz, die »Rote Kapelle«, enstand, hat er mir damals nicht einmal angedeutet. Er fragte vor allem nach den französischen Freunden von der linkskatholischen Zeitschrift »Esprit«, an die er mich 1933 empfohlen hatte, und beklagte, wie wenig Aufmerksamkeit sie den bedenklichen Entwicklungen in Deutschland schenkten. Gegen Ende unserer Unterhaltung notierte er sich meine Telefonnummer »Uhland 31 49« und verabschiedete sich: »Du wirst bald von mir hören.«

Zunächst hörte ich nun nicht von Harro, sondern von einem mir unbekannten Studenten, der sich mit mir treffen wollte. Wir verabredeten uns im Stadtpark Schöneberg »neben dem Rodelberg«, denn dort, so behauptete er, hätten wir uns schon einmal vor vielen Jahren kennengelernt. Er war ein mittelgroßer, eher ein wenig korpulenter Junge, der beim Gehen stets den Blick auf den Boden richtete und zwischen den Zähnen blitzgescheite Bemerkungen über das Regime machte. Wie er hieß, weiß ich nicht mehr, sogar sein Vorname ist mir entfallen, und das ist ganz typisch für mehr als eine Begegnung aus dieser Zeit. Wir mußten nicht nur lernen, uns ohne Notizen etwas zu merken, sondern auch Namen und andere Einzelheiten über kritische Gefährten so radikal zu vergessen, daß sie durch kein Verhör, nicht einmal durch Folter, aus uns herausgepreßt werden konnten.

Ich sage »wir«, obwohl ich bis heute noch nicht weiß, ob dieser neue Freund noch zu den »Gegnern«, zu den Kommunisten oder irgendeiner anderen Widerstandsgruppe gehörte. Entscheidend war, von wem jemand geschickt wurde und ob man dem traute. Ich wurde auch gar nicht gefragt, ob ich mich für eine Mitarbeit zur Verfügung stellen würde. Das setzte man als selbstverständlich voraus.

Mein erster Kontaktmann fragte mich nur sehr wenig zur eigenen Person. Es schien ihm zu gefallen, daß ich mich seit meiner heimlichen Rückkehr nicht angemeldet hatte, also für die Polizei »nicht vorhanden« war und daher wohl auch nicht überwacht sein konnte. Ob ich im Laufe dieses Monats noch auf eine längere Inlandsreise gehen könne, wollte er wissen. Ich hätte nur jemanden zu besuchen und eine Botschaft weiterzugeben.

Als ich zustimmte, verabredeten wir uns für den übernächsten Tag an der gleichen Stelle. Und so begann meine erste Kurierreise, der dann später noch einige andere folgen sollten. Sie verliefen völlig undramatisch. Nur die Angst war anfangs immer dabei. Aber die verflog, und ich redete mir ein, ich sei im Grunde nichts anderes als ein persönlicher Briefträger. An keine meiner »Besorgungen« erinnere ich mich allerdings so genau wie an die erste. Denn sie führte zu einem ungewöhnlichen Ziel, einem Leuchtturm an der Ostseeküste. Ich reiste als Urlauber mit Rucksack und Brotbeutel, so wie ich es von meinen Wanderungen her gewohnt war. Auf diese Weise fiel ich im intensiven Ferienverkehr kaum auf. Nur die Besuchszeit auf dem Leuchtturm war ungewöhnlich. Ich sollte erst nach Anbruch der Nacht dorthin gehen, denn um diese Stunde erst würde ich die Person treffen, die ich zu kontaktieren hatte.

An und für sich wäre es aufgefallen, daß jemand auf einem so isolierten Außenposten Besuch bekam. Aber diesen Mann suchten oft Fremde auf, weil er als Wunderheiler bekannt war, der durch Handauflegen angeblich nicht nur Schmerzen, sondern sogar innere Wunden zum Verschwinden bringen konnte. Ein Grund mehr für mich, diesen Außergewöhnlichen aufzusuchen, denn keine Kur – nicht einmal die mütterliche Fürsorge – hatte bisher meine Magenschmerzen zum Verschwinden gebracht.

So verlief dieser merkwürdige Besuch ganz anders, als ich es mir vorgestellt hatte. Von meiner »Mission« war zuerst überhaupt nicht die Rede. Ich übergab zwar die dicht am Körper stets vernichtungsbereit versteckte Botschaft. Der Empfänger nahm sie fast achtlos entgegen, war aber sofort hellwach, als ich ihm von meinem Leiden berichtete. »Na komm her, mach dich frei, wo's weh tut.« Ich konnte seine beiden, auf meiner Haut ruhenden Hände im Halbdunkel der kleinen Kabine hoch über der schwarzen See nicht sehen, aber ich fühlte sofort, welche Kraft von ihnen ausging und wie ein Wärmestrom sich in meiner Magengegend auszubreiten begann. Ich schloß, wie er es mir befohlen hatte, die Augen, und nach etwa drei bis fünf Minuten schon war ich zum ersten Mal seit Monaten schmerzfrei.

Wie er denn diese Kraft entdeckt habe, wollte ich von dem hageren, ganz durchschnittlich wirkenden Mann wissen. Er zeigte auf ein gerahmtes Foto an der weißgestrichenen Wand, auf dem eine Möwe mit ausgebreiteten Schwingen zu sehen war. Das sei sein erster »Patient« gewesen. Beim Anflug auf das grelle Licht des Turms sei das arme Tier, wie schon andere Vögel zuvor, an die Verglasung geprallt und hatte sich dabei einen Flügel gebrochen. Er habe es zu sich hineinholen können, es geduldig gehalten, beruhigend gestrichelt, und so sei denn der Bruch allmählich wieder geheilt.

»Auch Sie haben diese Kraft, fast jeder hat sie. Man muß sie nur spüren und kommen lassen«, sagte er mir zum Abschied. »Bleiben Sie gesund, machen Sie sich selber gesund!«

Welche Bedeutung mein Leuchtturmwärter für den Widerstand gehabt haben mag, erfuhr ich erst kurz vor Kriegsende. In seiner Nähe war im Sommer 1936 die Heeresversuchsanstalt Peenemünde gegründet worden, wo Wernher von Braun und seine Mannschaft die ersten ferngelenkten Waffen entwickelten. Jetzt ahnte ich, worum es in der Botschaft gegangen sein mochte, die ich dem Wunderheiler überbracht hatte. Als ich über zwanzig Jahre später in den USA die als Kriegsbeute dorthin verbrachten deutschen Raketenbauer kennenlernte, erzählten sie mir, der Heiler sei manchen von ihnen gut bekannt gewesen. Daß er »nebenbei« auch mit dem Widerstand zusammengearbeitet hatte, erfuhren sie von mir zum ersten Mal.

4

Es war an einem trüben Novembertag 1936, als ich über das Telefon hörte, ich müsse mich beeilen, wenn ich noch zur »Schlußredaktion« zurechtkommen wolle. Das war ein Stichwort, welches ich mit den Kollegen eines Berliner Pressedienstes vereinbart hatte, an dem ich seit einigen Monaten mitarbeiten durfte, und es bedeutete: »Sofort abhauen!«

Denn dieser mehrmals in der Woche erscheinende Artikeldienst war kein gewöhnliches Unternehmen. Er verbreitete neben harmlosen Feuilletonbeiträgen und Reportagen auch Artikel mit »doppeltem Boden«, in denen für jemand, der zwischen den Zeilen zu lesen verstand, regimekritische Informationen versteckt waren. Diesmal hatten sogar die Aufpasser des Reichspropagandaministeriums die Andeutungen verstanden, denn sie hatten der Agentur die Polizei ins Haus geschickt und sich nach dem Autor eines Artikels der letzten Aussendung erkundigt. In dem war zu erfahren, mit welchen Tricks und Fälschungen der griechische Thronanwärter einen Volksentscheid manipuliert hatte. An diesem Beispiel sollten die deutschen Leser in der Provinz begreifen, wie die Nazis so etwas zu handhaben pflegten, um zu fast hundertprozentig zustimmenden Ergebnissen zu kommen.

Der Verfasser, der gesucht wurde, trug natürlich einen anderen Namen als den, der unter dem Bericht stand. Er hieß in Wirklichkeit Robert Jungk. Ich hatte außer an diesem in der Potsdamer Straße residierenden Pressedienst, dessen Namen ich vergessen habe, weil ich ihn vergessen mußte, noch bei zwei ähnlichen, politisch harmloseren Unternehmen mitgearbeitet. Das eine wurde von einem ausgezeichneten Journalisten namens Weltmann und seiner tüchtigen Frau geleitet, das andere hieß »Zeitberichte« und war von einem noch sehr jungen, kecken Redakteur aufgezogen worden, der sich dann nach dem Krieg als Gründer und Chefredakteur der »Süddeutschen Zeitung« einen Namen gemacht hat: Werner Friedmann.

Von ihm habe ich viel gelernt. Denn er besaß nicht nur echtes journalistisches Temperament, sondern auch pädagogische Begabung und konnte einem zeigen, wie man spannend schrieb, ohne zu übertreiben, und etwas knapp schilderte, ohne oberflächlich zu sein.

Mit den Honoraren für harmlose Artikelserien über die »Geschichte der Briefmarke« oder »Die Schicksale der englischen Kronjuwelen« konnte ich damals etwas zum elterlichen Haushalt beitragen, aber mein wirkliches Interesse gehörte doch vor allem der Arbeit bei der vorhin schon erwähnten politisch gesinnten Agentur, die bei den immer weniger werdenden, noch nicht ganz gleichgeschalteten Blättern Abnehmer für ihre Beiträge im »äsopischen Stil« fand. So war ich echt stolz, als ein Artikel aus meiner Schreibmaschine über einen unbeugsamen indischen Widerstandskämpfer, der alle Konzentrationslager überstanden hatte, etwa zehnmal abgedruckt wurde. Vielleicht hat er den einen oder anderen deutschen »Staatsfeind« ermutigen können.

Aber das war nun nach dem Zugriff der Gestapo aus. Wieder, wie schon im März 1933 – gelernt ist gelernt! –, floh ich als Skisportler getarnt über die deutsche Grenze. Diesmal wählte ich den Weg in die Tschechoslowakei über das Erzgebirge, das ich von »Winterlagern« mit den »Kameraden« her gut kannte. Dort war ich unweit von Petzer einmal als Dreizehnjähriger durch Zufall von den anderen getrennt worden und hatte zuerst etwas ängstlich, dann ruhiger und schließlich von Freude beseelt zum ersten Mal einen ganzen Tag lang bewußt erlebt, was Alleinsein bedeuten kann und wie die Freiheit schmeckt. Mit dieser glücklichen Erinnerung verließ ich nun für fast zehn Jahre das Land der Tyrannen zum zweiten Mal.

5.

»Du wirst auch noch auf deinen Tränen schwimmen!« Der mir das vorwarf, durchaus nicht in bösem Ton, sondern eher spöttisch, war ein neuer Freund im Prager Exil. Ein junger Maler namens Peter Weiss, der wie ich aus Berlin stammte und seit einigen Monaten auf der Kunstakademie in der Klasse von Professor Nowak studierte. Er konnte einfach nicht begreifen, daß ich mitten im Flüchtlingselend mir immer noch eine gute Zukunft ausmalte. Aber vermutlich war es gerade diese zuversichtliche Geisteshaltung, die ihn anzog.

Wir hatten uns in der Pause eines Bruno-Walter-Konzerts kennengelernt. Ob ich ihn zuerst ansprach oder er mich, haben wir nie geklärt. Im Gedränge gingen wir aufeinander zu, als seien wir verabredet, wechselten ein paar Worte über unsere Eindrücke, und damit begann ein Gespräch, das monatelang kaum mehr abriß, danach zuerst durch die drei letzten Kriegsjahre, später durch politische Differenzen unterbrochen wurde, aber Ende der sechziger Jahre sich in alter Intensität erneut fortsetzte.

Fast anderthalb Jahre lang habe ich im Prager Exil gelebt und eine Unzahl von Menschen kennengelernt. Aber niemand beeindruckte mich so tief wie dieser malende Poet, denn es gelang ihm, aus der täglichen Misere mühelos ins Reich der Phantasie hinüberzuwechseln und seine Begleiter dorthin mitzunehmen. Schon bei unserem ersten Zusammentreffen zog er mich in dieses grenzenlose Traumland, indem er auf dem Nachhauseweg aus dem Konzertsaal zu erzählen begann, was die Musik, die wir beide soeben gehört hatten, in ihm an Bildern geweckt hatte.

Auch ich war, wie stets beim Erleben von Tondichtungen, in andere Gefilde entführt worden, aber wie matt nahmen sich meine Vorstellungen neben dem aus, was dieser etwas Jüngere zu berichten wußte. Und zwar in einer Fülle von Einzelheiten, mit einer Präzision der Beschreibung, als handele es sich um wirkliche Ereignisse, die in einer ganz anderen Zeit, einer ganz anderen Dimension spielten.

Bald habe ich begriffen, daß die eingebildete Wirklichkeit ein Fluchtort war, in den sich der gerade erst Zwanzigjährige aus Existenz- und Todesängsten rettete. Seit seine geliebte jüngere Schwester durch einen Verkehrsunfall aus dem Leben gerissen worden war, fühlte Peter sich bedrängt von einer Düsternis, die ihn Prag als Ort der angstmachenden Schatten und unergründlichen Melancholie erleben ließ. Während wir anderen Hitlerflüchtlinge vor allem den Diktator und seine Schergen als unheimliche Existenzbedrohung empfanden, erlebte der Empfindsame die tägliche unmittelbare Umgebung der Häuser, Mauern, Tiere, Fahrzeuge als Ballung würgender Drohungen, die ihn ersticken wollte.

Politik schien den neuen Freund damals ganz und gar nicht zu interessieren. Wenn wir an langen Abenden bis spät nach Mitternacht in seinem Atelier zusammensaßen, wurde fast nie über die Tagesereignisse gesprochen, mit denen sich die meisten Emigranten bei solchen Treffen fast ausschließlich beschäftigten. Wir saßen oder lagen viele Stunden auf der bunten Decke mit den Blumen und Paradiesvögeln, die Peter so sehr liebte, um zu schwärmen. Bedeutende Werke würden wir schaffen. Davon waren wir fest überzeugt, und Lise, Evchen, Agathe, Xenia, die uns zuhörten, glaubten unseren vermessenen Erwartungen, so unwahrscheinlich deren Erfüllung auch zu sein schien. Daß Peter gerade als einer der großen politischen Schriftsteller seiner Zeit einmal weltberühmt werden würde, hätte damals niemand von uns und er selber am wenigsten vermutet, sowenig konnte er sich vorstellen, daß »dieses blöde Gerangel um Macht« je Gegenstand künstlerischer oder literarischer Bemühungen sein könnte.

Deshalb meinte ich damals, daß er sich nur wenig für meine Erzählungen über den »Gegner-Kreis« interessierte, dessen Hauptfiguren später in seinem Hauptwerk »Die Ästhetik des Widerstandes« eine so große Rolle spielten. Fast augenblicklich versuchte er mich auf ein unpolitisches, nicht aktuelles Thema abzulenken. Besonders beschäftigte ihn die Häßlichkeit der modernen Welt. War das nicht das deutlichste Zeichen für die Rückentwicklung in unserer Zeit?

Vermutlich fühlte der ständig mit Existenzsorgen Kämpfende, dem seine Eltern seit kurzem die materielle Unterstützung versagten, sich auch deshalb zu mir hingezogen, weil ich ihn nicht nur auf Phantasiereisen begleiten konnte, sondern allem Anschein nach mit der verfluchten Wirklichkeit des Geldverdienens fertig wurde und mir sehr schnell so etwas wie eine berufliche Lebensgrundlage aufgebaut hatte. Sofort nach meiner zweiten Flucht aus Deutschland hatte ich nämlich mit Hilfe einer halbtauben Sekretärin und ein paar geliehenen Tschechenkronen einen Pressedienst im Stil der »Zeitberichte« aufgezogen, der den anspruchsvollen Titel »heute aktuell« trug. Wöchentlich acht bis zehn Artikel, vervielfältigt auf knallgelbem Papier, schickte ich überall dorthin, wo es noch deutschsprachige Zeitungen gab, die nicht zum Herrschaftsbereich von Goebbels gehörten, also nach Österreich, der Schweiz, dem Elsaß und dem Sudetenland.

So mußte ich nicht wie andere exilierte Journalisten meine Zeit als Bittsteller auf den Redaktionen der wenigen deutschsprachigen Prager Blätter vertrödeln, sondern konnte durch die weite postalische Streuung bald ein Dutzend oder mehr regelmäßige Abnehmer für meine Berichte gewinnen, die selbstverständlich von ganz anderer Denkungsart zeugten als die Propagandaflut aus dem Dritten Reich.

6.

Besonders stolz war ich darauf, daß ich mit meinen noch nicht ganz 24 Jahren nun der Ernährer der Familie war. Gott sei Dank hatte der Vater, erschreckt durch die Drohung einer polizeilichen Haussuchung, die nach meiner überstürzten Abreise unvermeidlich schien, sich endlich entschlossen, mir sofort ins Exil zu folgen. Schon am Tag nach meiner Flucht fand ich ihn erschöpft, aber glücklich in meinem Zimmer des unweit von Teplitz gelegenen Sanatoriums »Theresienbad«, und zwei Tage später traf auch die Mama ein. Sie hatte praktisch alles, was wir noch besaßen, in unserer Berliner Wohnung zurückgelassen, um sich nicht zu belasten, allerdings immer noch in der ganz unrealistischen Hoffnung, daß sie ja doch bald dorthin zurückkehren werde.

Unter den in Prag lebenden Flüchtlingen gab es damals kaum noch jemanden, der an einen schnellen Zusammenbruch des Dritten Reiches glaubte. Wenn wir uns in einem der großen Prager Kaffeehäuser, im »Conti«, im »Juliš« oder im »Arco« trafen, tauschten wir aus, was uns aus Dutzenden von Quellen über Hitlers Kriegsvorbereitungen zugetragen wurde. Die meisten waren Pazifisten und hatten ihr Leben lang das Militär verdammt. Jetzt überraschten wir uns dabei, wie wir die Laxheit der Engländer und Amerikaner in Rüstungsangelegenheiten kritisierten und die »zuverlässige tschechoslowakische Armee« priesen, die uns Schutz gegen die gefürchtete Angriffslust der »erwachten« Deutschen bot.

Ich habe allerdings auch damals meine grundsätzliche Ablehnung kriegerischer Gewalt nicht aufgegeben und andere, weniger folgenschwere Methoden des antinazistischen Widerstands vorgeschlagen. Aber mit solchen Ansichten wurde man von den meisten Schicksalsgefährten als weltferner Träumer, als wirklichkeitsferner Idealist, wenn nicht sogar als Verräter abgetan. Auf internationalen politischen und wirtschaftlichen Druck gegen Hitlers Eroberungspläne zu setzen, schien im Augenblick in der Tat ganz unrealistisch. Denn die Staatsmänner und Wirtschaftsführer Englands, Frankreichs, ja sogar Polens hatten begonnen, sich mit dem erfolgreichen Emporkömmling im Zentrum Europas bestens zu arrangieren. Und im Innern verschafften die durch Aufrüstung angekurbelte Prosperität und das allmähliche Verschwinden der Arbeitslosigkeit dem Regime ein durch neuartige faszinierende Methoden der Massenpropaganda noch geschickt gesteigertes Ansehen.

Als ich in einem meiner Artikel die Meinung äußerte, daß die Autobahnarbeiter mit ihren Baggern und Spaten nicht nur schnelle neue Verkehrswege, sondern auch ihr eigenes Grab schaufelten, wurde ich von Anhängern des sudetendeutschen »Führers« Henlein bei den tschechoslowakischen Behörden als »Hetzer« denunziert, der die guten Beziehungen zwischen Prag und Berlin gefährde. Doch die Verantwortlichen im Innenministerium verboten meinen Artikeldienst nicht, ja ich wurde sogar inoffiziell ermutigt, weil ich mit meinen Beiträgen den wenigen nazikritischen Blättern der deutschsprachigen Presse Nordböhmens half, sich gegen die ständig zunehmende hitlerfreundliche Progaganda zu behaupten.

Im Vergleich zu Frankreich, dessen emigrantenfeindliche Politik ich drei Jahre zuvor am eigenen Leib erlebt hatte, verhielten sich die Tschechen gegenüber den zahlreichen Fremden, die zu ihnen geflüchtet waren, erstaunlich tolerant. Wir durften ohne Sondergenehmigung unseren Lebensunterhalt verdienen und konnten sogar ohne Schwierigkeiten eingebürgert werden. Meine Eltern erhielten in kürzester Zeit ihre Ende der zwanziger Jahre aufgegebene tschechoslowakische Staatsbürgerschaft zurück.

Weniger freundlich verhielt sich die tschechische Bevölkerung. Angesichts der wachsenden Bedrohung durch alles Deutsche außerhalb und innerhalb der Grenzen machte sie immer weniger Unterschiede zwischen Nazis und den von ihnen Verfolgten. Aus Furcht, beschimpft zu werden, wagten wir auf der Straße kaum noch, deutsch zu sprechen. Die Prager Juden, aus deren Mitte so viele bedeutende deutschsprachige Schriftsteller und Theaterleute hervorgegangen waren, mußten sich vorwerfen lassen, sie hätten schon zu lange an der »germanischen Kultur« gehangen und sich um die seit 1918 aufblühende Literatur, Malerei und Theaterkunst der Tschechen kaum gekümmert.

Daran war viel Wahres, aber es war eben sehr schwer, sich auf eine so ganz andere Sprache umzustellen. Mein Vater, der seine in Kladno lebenden zwei älteren Brüder nun häufig traf, bemühte sich zwar darum, die längst vergessene Zunge seiner Kindheit wieder zu erlernen und erzählte uns gerne von seinen Fortschritten. Aber beruflich gelang es ihm nicht, Fuß zu fassen, obwohl er sich sehr bemühte, die filmische Bearbeitung des Zukunftsromans »Das Absolutum oder die Gottesfabrik« von Karel Čapek unterzubringen, dessen »Held« ein neuartiges technisches Monstrum war, das von der Schürfung des Rohstoffs bis zur Herstellung des Produktes ohne menschliche Mitwirkung auskam, zugleich aber Abgase hervorbrachte, welche den Menschen die Lust nahmen, seine Erzeugnisse zu erwerben. Der Film wurde nie gedreht, und Papa fiel in eine tiefe Depression. Er litt besonders darunter, daß die Verwandten sein Scheitern nicht als politisches Schicksal erkannten, sondern für persönliches Versagen hielten. Das brach ihm das Herz. Im Juli 1937 ist er nach einer kurzen Infektionskrankheit gestorben, und wir begruben ihn in Strasnice, auf dem gleichen Friedhof wie Franz Kafka, mit dessen ratloser Hauptfigur aus dem Roman »Das Schloß« er sich in seinen letzten Monaten immer stärker identifiziert hatte.

7.

Wie schon in Paris hielt ich mich nun in Prag von der tief zerstrittenen, in angestrengte haarspalterische Debatten verwickelten politischen Emigration möglichst fern. Um so intensiver waren bald meine Kontakte zu der kleinen Gruppe bedeutender Psychoanalytiker um Otto Fennichel und Steffi Bornstein, die sich regelmäßig trafen, um in einer Arbeitsgemeinschaft über die seelischen Ursachen des nazistischen Wütens nachzudenken.

Angeregt durch Wilhelm Reichs 1934 schon in der Emigration erschienenes Werk »Die Massenpsychologie des Faschismus«, wurden in diesen Gesprächen ganz andere Sichtweisen für die Beurteilung sozialer und politischer Probleme vorgetragen als in den vielen meist rechthaberischen Auseinandersetzungen der anderen Vertriebenen. Daß seelische mindest so sehr wie wirtschaftliche Bedingungen politisches Denken und Handeln beeinflußten, hatte ich seit langem empfunden und immer wieder besonders gegenüber marxistischen Diskussionspartnern geäußert. Jetzt erlebte ich, daß es ein durchdachtes wissenschaftliches Instrumentarium gab, mit dessen Hilfe die schwer faßbaren, oft widersprüchlichen psychischen Beweggründe für Aggression, Gewalt, Herrschaft, Widerstand und Hoffnung erkannt werden konnten.

Daß enge Zusammenhänge zwischen Politik und Sexualität existieren, wie Reich behauptete und nachzuweisen versuchte, erschien vielen, die davon zum ersten Mal hörten, weit hergeholt. Selbst die meisten Psychoanalytiker hielten diese Anwendung der Freudschen Lehre auf soziale Konflikte für leichtsinnig, ja sogar für das Renommee ihrer Heilkunst gefährlich, die nach Jahren im Abseits endlich eine solidere Reputation erworben hatte. So wehrten die geistigen Revolutionäre von gestern den Neuerer von heute ängstlich ab. Sie hatten Reich ebenso aus ihrer Gemeinschaft verstoßen wie kurz vorher die orthodoxen Kommunisten. Selbst der hochintelligente Fennichel, der seinerzeit den Jugendfreund zur Analyse geführt hatte, war seit ihren ersten gemeinsamen Emigrationsjahren in Oslo mit dem eindrucksvollen Ketzer unversöhnlich zerstritten. Er war vor allem deshalb nach Prag weitergewandert, um ihm ganz aus dem Weg zu gehen.

Sicherlich war es zunächst nicht einfach, Reichs überraschenden Argumenten zu folgen und Hitlers Erfolge aus zwei einander scheinbar widersprechenden Ursachen zu begreifen: einmal aus der geschlechtlichen Repression, die seine Anhänger zur Unterwerfung unter einen allgewaltigen Vater und seine Verbote zwang, andererseits aber auch durch die Gewährung einer orgiastischen Befriedigung in der massenhaften Erweckung frenetischer Vaterlandsliebe und Massenbegeisterung. Jemand, der wie ich noch einmal nach Deutschland zurückgekehrt war und im Sommer 1936 im Olympiastadion erlebt hatte, wie tief bewegt die Menschen waren, wenn sie ihrem »Führer« zujubelten, der sie ins Unheil stürzen würde, nahm das ernster als andere Emigranten, die diesem Phänomen der aus seelischer Not entspringenden Heilserwartung völlig verständnislos gegenüberstanden oder es einfach nicht wahrhaben wollten.

Ich war mit diesem Kreis der Analytiker bekannt geworden, weil ich auf einem Neujahrsfest eine junge Engländerin namens Margaret Sackett kennengelernt hatte, die in Prag durch eine Lernanalyse bei Steffi Bornstein ging. Sie war kein zartes, feenhaftes Wesen wie die Mädchen, zu denen Peter und ich uns hingezogen fühlten, sondern eine kräftige, gesunde und Lebenslust ausstrahlende rotblonde Frau. Mein Glück war es, daß sie sich gerade von ihrem langjährigen Lebensgefährten, einem bekannten deutschen Linkssozialisten namens Karl Frank, getrennt hatte. Anders als bei den anderen flüchtigen Begegnungen wurde aus dieser Silvesterbekanntschaft sehr schnell eine feste Beziehung, »Maggie« ließ es nicht zu, daß ich weiter »als kleiner Bub«, wie sie sagte, in der Wohnung meiner Mutter blieb. Ich zog mit ihr zusammen in ein geräumiges möbliertes Zimmer unweit des Messepalasts und erlebte so, wenn auch recht spät, zum ersten Mal das erfüllende Glück der engen Gemeinschaft mit einer anziehenden fühlenden, denkenden und warmherzigen Gefährtin.

Am Vormittag des 12. März 1938 erlebten Maggie und ich, noch im Bett liegend, am Radio den bejubelten Einmarsch Hitlers in Österreich und wußten, nun würde auch die Tschechoslowakei bald »dran« sein. Schon am nächsten Tag fuhr ich mit dem Bus nach Kladno, um mit meinen Verwandten die neue Lage zu besprechen. Wie oft war ich mit diesem alten heruntergewirtschafteten Vehikel ins Paradies der Kindheit, den großen Garten des guten Onkel Siegfried und der strengen Tante Paula gefahren. Aus dem hinteren Fenster dieser Klapperkiste schauend, hatte ich 1937 zum letzten Mal kurz vor seinem Tode den verzweifelt zum Abschied winkenden Vater gesehen. In die zerrissenen Lederpolster hatte ich einmal während der langweiligen Fahrt aus den übervollen Manteltaschen herausgekramte Briefe gestopft, um sie loszuwerden, und dadurch den Verdacht der Polizei auf mich gezogen, ich könne ein Mädchenhändler sein. Denn in einer von diesen aufgefundenen Korrespondenzen hatte der Chef des in Kopenhagen erscheinenden Artikeldienstes »Mayer Press« dringend gebeten, ich solle ihm doch nicht so viele politische Artikel schicken, sondern lieber »mehr Frauenmaterial«.

Auch Pan Beranek, der Fahrer, war mir seit langem vertraut und ließ mich nie aussteigen, ohne mir mit seinem komischen böhmischen Akzent den neuesten politischen Witz erzählt zu haben. Diesmal hatte er nichts Heiteres zu berichten: sein Sohn war vorzeitig zum Heeresdienst eingezogen worden. »Das gibt Blut«, schrie er mir durch den Motorenlärm zu. »Glauben Sie mir, das gibt viel Blut!« Onkel Julius, der Jurist aus Mähren, der zu seinem Bruder nach Kladno gezogen war, beruhigte mich: »Unsere Armee ist so stark, daß Hitler nicht wagen wird, uns anzugreifen«, behauptete er. Sein Urteil wog viel in der Familie, denn er hatte seit Jahren ausländische Zeitungen abonniert, und man meinte, er übersehe die Lage besser als andere. Und in der Tat hatte er ja nicht Unrecht, wenn er uns zu zeigen versuchte, wie aussichtslos Hitler sein würde, falls er wirklich einen Krieg begänne, wie wenig er sich auf die Dauer gegen die imperialen Großmächte der Welt durchsetzen könne. Der sei doch kein Wahnsinniger und schon gar nicht seine militärischen Berater, hieß es. »Doch, er *ist* ein Wahnsinniger, der an seine Bestimmung und an sein Glück glaubt«, widersprach ich und fand kein Gehör. Es wurde also beschlossen, »vernünftig zu bleiben«, sich nicht »von dem verschreckten Buben« verrückt machen zu lassen und in Kladno auszuharren.

Ohne etwas erreicht zu haben, fuhr ich nach Prag zurück. Keinen der fünf, mir sehr nahestehenden Menschen, die ich zurückließ, habe ich je wiedergesehen. Sie sind alle in den Gaskammern umgekommen. Nur Uli und Ilse, die Kinder meiner Cousine Klara, entkamen dem Tod, weil sie, um englisch zu lernen, während der Sommerferien nach London und Nottingham geschickt worden waren.

Diesmal wurde die abermals notwendige Flucht nicht überstürzt, sondern planmäßig vorbereitet. Als mich eines Morgens die hamburgische Frau Heilbut, die einzige Angestellte meines Pressedienstes, mit blassem Gesicht und dem Ruf »Igitt, Igitt« empfing, weil sie in der Post außer den schon üblichen anonymen Haßbriefen ein Päckchen mit einer toten Ratte gefunden hatte, war mein Entschluß schon längst gefaßt. Ich wollte in Zürich vorfühlen, ob wir unseren Pressedienst dort etablieren könnten. Die Mutter und Maggie würden nachkommen, und auch Peter erwog schon, Prag zu verlassen, um nach Montagnola im Tessin zu reisen. Dort lebte der von uns allen verehrte Hermann Hesse, der dem Freund einen Brief geschrieben hatte, in dem er ihn ermutigte, er solle seiner künstlerischen Berufung treu bleiben und dem

Drängen seiner Eltern, in ihr nach Schweden verlegtes Textil-
unternehmen einzutreten, nicht nachgeben.

Am 23. Mai 1938, fast am gleichen Tag, an dem der englische
Unterhändler Lord Runciman in Prag dem tapferen tschechoslowakischen Außenminister Jan Masaryk klarmachte,
daß sein Land sich Hitlers Ansprüchen auf das Sudetenland
nicht militärisch entgegensetzen könne, bestieg ich ein Jun-
kers-Flugzeug, das regelmäßig über deutsches Gebiet nach
Zürich flog. Es war eine Linie, die besonders von vertriebenen
Juden frequentiert wurde, und hieß bei uns »der fliegende
Moses«.

8.

Es waren schon alle Passagiere des Flugs Prag-Zürich über das
schmale Treppchen ausgestiegen. Nur noch einer fehlte. Statt
dessen fiel aus der Ausgangsluke ein dickes Paket Zeitungen.
»Da wußten wir, du bist angekommen«, erzählte nachher
mein Berliner Schulfreund Hermann Levin-Goldschmidt,
der mich vom Flughafen abholte.

Seine Briefe hatten entscheidend dazu beigetragen, daß ich
mir die Schweiz als neues Asyl wählen wollte. Er hatte an der
Universität Zürich angefangen, Philosophie zu studieren, und
in mir die Sehnsucht erweckt, mein seit Paris unterbrochenes
Studium wieder aufzunehmen.

Nun stand mir Hermann brüderlich bei, damit ich mich in
dem vierten Emigrationsland zurechtfinden könne. Während
der Schulzeit hatten wir uns nicht besonders gut verstanden,
wohl weil ihm mein jugendbewegtes und politisches Engagement nicht lag, aber auf dem Weg vom Mommsen-Gymnasium nach Hause waren wir dennoch fast jeden Tag ein Stück
weit miteinander gezogen und hatten einmal sogar in Waren
am Müritzsee einen Osterurlaub in Begleitung seines treuen
Kinderfräuleins Ulla verbracht. Ich erinnere mich besonders
deutlich, daß Hermann in sein weiches Frühstücksei ein
Klümpchen Butter tauchte. In meinem verbohrten bündi-

schen Puritanismus war mir das damals als Ausdruck von bourgeoiser Dekadenz erschienen.

Hermann hatte das Glück, daß seine vermögenden englischen Verwandten mütterlicherseits ihm monatlich einen ansehnlichen Scheck sandten, so daß er sich ohne Sorgen seinem Philosophiestudium bei Professor Grisebach widmen konnte. Ich aber mußte versuchen, unseren Pressedienst am Leben zu halten, weil das unser einziger Lebensunterhalt war. Die Hoffnung, daß wir unsere Arbeit aus Prag in die Schweiz verlegen könnten, stieß allerdings gleich auf Schwierigkeiten. Als ich meine Absichten den Züricher Behörden bekanntgab, ohne im mindesten daran zu zweifeln, daß man meine Pläne begrüßen, ja fördern werde, denn die Schweizer mußten ja an Erhalt und Verstärkung einer freien Publizistik gerade jetzt interessiert sein, bestellte man mich – ich weiß nicht weshalb – statt in eine Amtsstube in das Restaurant des Züricher Hauptbahnhofs, und zwei ziemlich einsilbige, höchst mißtrauische Beamte erteilten mir bei einer Tasse Kaffee Belehrungen über die Natur der eidgenössischen Neutralität, die einen solchen deutschlandkritischen Pressedienst auf keinen Fall zulasse. Studieren könne ich hier zwar, falls ich genügend eigene Mittel besäße, aber journalistisch betätigen dürfe ich mich nicht. Jede Erwerbsarbeit sei Flüchtlingen bis auf ganz wenige Ausnahmen streng untersagt.

So mußte denn die viel schwierigere Variante einer Verlegung des Prager Pressedienstes nach Paris versucht werden. Ich kopfte fast ohne Hoffnung bei dem wieder auf die Füße gefallenen Jean Simon Cerf an, der mich 1935 so sehr enttäuscht hatte, und er empfing mich in seinem alten Büro in der Rue de la Boetie, als seien wir immer noch die besten Freunde. Mit seinem gewohnten Zauberspruch »Ce n'est pas important« wischte er sofort alle behördlichen Schwierigkeiten für mich vom Tisch. Da genügten ein paar Telefonate. In diesem imponierenden Stil hatte er auch sein unrühmliches wirtschaftliches Debakel überwunden und war wieder der strahlende »große Jean Simon«, in dessen Vorzimmern sich mehr Bittsteller und Verehrerinnen denn je versammelten.

So zog dann unser Pressedienst in eines der Nebenbüros des Gönners ein. Wir tauften unseren deutschsprachigen Firmennamen auf »Mondial Press«, Herausgabeort Paris, um. Mama und ich arbeiteten zwei neue Autoren ein, von denen vor allem der eine, Hans Steinitz, besonders begabt war. Er hat später in New York Karriere gemacht und wurde Chefredakteur der deutschsprachigen Emigrantenzeitschrift »Aufbau«. Ich aber konnte zurück zu meinem wiederbegonnenen Studium an der Universität Zürich. Welch ein Genuß war es, nun endlich die ganze Aufmerksamkeit den »Dichtern und Denkern« zuwenden zu dürfen! Wie anders war das als 1932 bei meinem ersten Universitätseintritt. Damals war mir das Studium als eine manchmal unerträgliche Verlängerung der Schulzeit erschienen, nun erst wußte ich, was es für ein Privileg war, sich mit den Werken der Dichter, Philosophen, Psychologen und Historiker beschäftigen zu dürfen, ohne dabei an Gelderwerb zu denken.

In diese kurze, wie durch ein Wunder nachgeholte sorglose Studienzeit fällt auch jene sonnenbeschienene Wanderung von Zürich nach Montagnola, die alle drei Teilnehmer – Hermann, der aus Prag zu uns gestoßene Peter und ich – später übereinstimmend als den letzten wirklich friedlichen Augenblick vor dem Beginn des großen Unheils empfanden. Hermann erinnerte sich:

»September 1938 war es, da traten wir zu dritt eine Art Wallfahrt zu Hermann Hesse an, das heißt, Jungk und Weiss wallfahrten, und ich lief mit. Meine eigene stärkste Erinnerung, ich kann es nicht leugnen, daß mir damals etwas gelang, was mir niemals wieder gelungen ist (und ich auch niemals wieder gewagt habe): einen Lastwagen anzuhalten! Hinter der Rotschuo-Jugendherberge am Vierwaldstätter See. Er hielt wirklich an. Nahm uns in Richtung Gotthard mit.« Und Peter erzählte noch 1962 einem Interviewer voller Enthusiasmus: »Wir wanderten als junge, ungeheuer zukunftsbegeisterte Menschen durch die Schweiz, durch die Alpen – das war lustvoll, das war ein Abenteuer!« Ich habe diese der Hesseschen »Morgenlandfahrt« nachempfundene Reise in den Süden mit einem Sorgengepäck angetreten, von dem ich nicht sprechen wollte, um den beiden Freunden den Spaß nicht zu verderben. Denn durch meine tägliche Lektüre englischer und französischer Zeitungen war ich mit den drohenden politischen Gefahren vertrauter als sie. Besonders die aus Nachrichten des »Deuxième Bureau« gespeisten Informationen der Madame Geneviève Tabouis im »Œuvre« machten mir angst. Ich hatte die von vielen als »Kassandra« verschriene Kollegin persönlich kennengelernt und wußte, daß ihre alarmierenden Analysen auf geheimen, aber zuverlässigen Informationen beruhten: Das Unheil war nicht mehr aufzuhalten. Nicht einmal drei Wochen später, am 29.9.1938, wurde der Pakt von München unterschrieben, in dem der englische Premier Neville Chamberlain seine tschechoslowakischen Verbündeten verriet und den braunen Eroberern den Weg nach Prag öffnete. »Peace for our time!« rief der Betrogene aus, kindlich lächelnd das Schandpapier über seinem Kopf wedelnd, und wir ahnten: nun konnte der Frieden nicht mehr lange dauern.

Vergessen und Erinnern

Es ist mir bei dem Versuch, etwas über mein Leben mitzuteilen, aufgefallen, wie erstaunlich ungleich mein Gedächtnis funktioniert. Nebensächliche private Szenen und Ereignisse sind mir so präsent, als hätten sie sich erst gestern ereignet, an wichtige zeitgeschichtliche Begebenheiten und Begegnungen kann ich mich oft entweder gar nicht oder nur ganz ungefähr erinnern.

So ist mir weder der Tag des zweiten Weltkriegsausbruchs noch des Kriegsendes gegenwärtig. Dabei waren das doch Daten, die ich mit größter Angst, beim Beginn des Mordens, oder mit freudiger Erregung, bei seinem Ende, erwartete.

Geht es auch anderen Menschen so? Ich habe herumgefragt und zu meiner Überraschung erfahren, daß die großen Ereignisse an entscheidenden Daten auch ihnen entfallen sind. Könnte das so sein, weil wir uns an solchen Tagen nicht als Subjekte, sondern Objekte eines allgemeinen Schicksals erleben und daher von dem, was da vorgeht, weniger dauerhaft beeindruckt werden als von ganz persönlichen Ereignissen.

Ein solches Ereignis war für mich der Kauf der Schreibmaschine, die ich jetzt seit fast einem halben Jahrhundert benutze. Ich fand sie gleich nach Kriegsende im Schaufenster eines Trödelladens in der Berliner Uhlandstraße, genau gegenüber des Postgebäudes, von dem aus vor 1933 unser Telefonanschluß mit der Nummer Uhland 31 49 bedient wurde.

Ich habe 1946 für dieses pechschwarze, viel zu schwere Ungetüm nur eine Stange amerikanischer Zigaretten bezahlen müssen und eigentlich schon gleich nach Verlassen des Geschäftes den Kauf bedauert. Aber wir sind zusammengeblieben über alle Pannen und Reparaturen hinweg, und wenn mir wieder einmal ein Mechaniker rät, das alte Ding doch wegzuwerfen, weil man ja nicht einmal mehr Ersatzteile dafür finde, sehe ich ihn nur empört an. Was weiß der denn von den Abenteuern, die wir miteinander erlebt haben, mein lieber alter Klapperkasten und ich?

6. Kapitel

Gefängnis mit Aussicht

1938–1944

Mit Peter Weiss auf der Wanderung nach Montagnola

Wir, die in der Mehrzahl recht merkwürdigen Untermieter, nannten das in einem verwilderten Privatpark hoch über Zürich gelegene Chalet die »Hölzliburg«, in Anspielung auf das »Burghölzli«, die städtische Anstalt, in der die ordnungsliebenden Bürger der Limmatstadt ihre Verrückten zu kasernieren pflegten. Aus unseren Existenzen ver-rückt, fanden wir uns hier in einem Idyll wieder, dessen Ruhe in einer Welt immer lauteren Waffengeklirrs uns von Tag zu Tag unheimlicher schien, sosehr wir sie auch genossen.

Ein Pogromflüchtling aus dem russisch-polnischen Grenzgebiet namens Reichstein hatte das ländlich anmutende zweistöckige Häuschen vor vielen Jahren erworben und ihm den blumigen Namen »Fliederhof« gegeben. Seiner Frau Gustava war es sogar gelungen, bei den Behörden durchzusetzen, daß der geliebte Lebensgefährte nicht auf einem Friedhof, sondern hier oben in einem schattigen Winkel des großen Gartens begraben werden durfte. Sie vermietete Zimmer, obwohl sie es nicht nötig hatte, denn ihre Söhne, von denen der für die Entdeckung des Vitamin C verantwortliche Chemiker Tadeusz Reichstein es später bis zum Nobelpreisträger brachte, hätten sie gut ernähren können. Aber sie liebte ihre finanzielle Unabhängigkeit, legte allerdings als geistig vielseitig interessierte Jüngerin des Psychologen C. G. Jung mehr Gewicht auf die Persönlichkeit ihrer Untermieter als auf deren Zahlungsfähigkeit.

Hierher, an den Forstersteig Nummer 14, bin ich jetzt, da ich dies notiere, nach einem halben Jahrhundert zurückgekehrt, weil kaum ein anderer Ort in der Schweiz mir so sehr Heimat geworden ist. Wenn ich von meinem Schreibtisch aufstehe, sehe ich wie damals zwischen 1939 und 1943 hinunter auf das weite, immer noch fast unverbaute Panorama: den hellen See und die Stadt, die ich liebe, obwohl ich mich vor den meisten ihrer Bürger immer noch etwas fürchte. Denn ihre naserümpfende Mißbilligung der »cheiben Usländer« habe ich nur zu gut kennengelernt.

Es haben in der »Hölzliburg« nicht nur Studenten und Studentinnen, Journalisten, Sozialarbeiter und kreative Müßiggänger aller Art gewohnt, sondern auch eine berufliche Märchenerzählerin namens Trudi Gerster, Künstler wie der Bildhauer Hans Josephsohn und gar ein veritabler Dichter, der Expressionist Albert Ehrenstein, der sich meist viel zu lange im gemeinsamen Badezimmer verträumte, bis ihn immer ungeduldigeres Klopfen gegen die verschlossene Tür an seine Mitbewohner erinnerte.

Knapp ein Jahr vor Kriegsbeginn haben wir dort noch ein rauschendes Gartenfest gefeiert, das Peter Weiss inszenierte. Aus allen Fenstern wehten bunte Tücher, Papier- und Lichtgirlanden hingen von den Balkonen, Musik klang aus den Büschen, und auf den Wiesen waren weiche Lager ausgebreitet, unter denen die Gäste verschlossene Couverts mit verschlüsselten »Schicksalsbotschaften« fanden. Wir, besonders Peter, der Unwiderstehliche, hatten viele attraktive Frauen und Mädchen eingeladen, aber am reizvollsten war eine temperamentvolle Achtzehnjährige, die in Begleitung ihrer imponierenden Mutter erschienen war, welche ihr leider keinen Augenblick lang von der Seite wich. Die Schöne hieß Maria Schell und wollte wie ihre Eltern unbedingt »zum Theater«, aber es sollte noch ein Jahr dauern, ehe sie dann als »Scampolo« unten in der Stadt am See im Rudolf-Bernhard-Theater zum ersten Mal eine große Rolle spielen durfte.

Peter, der eine leider verlorengegangene Schilderung dieses glücklichen Abends geschrieben hat, war vielleicht der einzige, der jetzt plötzlich mitten im rauschhaften Geschehen spürte, daß wir uns frivol gegen den Ernst der Weltstunde vergingen. Gerade er, der romantische Träumer, nahm mich zur Seite und flüsterte mir ins Ohr: »Das darf doch eigentlich nicht wahr sein. Und es wird nicht mehr sein. Es kann nicht dauern!«

2.

Eigentlich hatte ich mir erträumt, mit der Übersiedlung in die Schweiz ganz vom Journalismus Abschied zu nehmen. Noch in Prag hatte ich einen Roman zu schreiben begonnen, in dessen Mittelpunkt ein sehr junger, mit der Fähigkeit des Heilens begabter Mensch stand, den Ratlose und Ehrgeizige wider seinen Willen zu einem Heiland machen wollten. Nun würde ich endlich dafür die notwendige Zeit und Konzentration finden. Auch an eine historische Doktorarbeit dachte ich bereits. Ich hatte vor, angeregt durch die Beschäftigung mit Wilhelm Reich, über die seelischen Gründe des Zusammenbruchs großer Reiche zu schreiben. Als ich das dem von mir zum Doktorvater erkorenen Professor Karl Meyer vorschlug, räusperte er sich zunächst einmal sehr stark, schwieg dann noch ein Weilchen und verkündete endlich mit seiner in übervollen Vorlesungen erprobten Stentorstimme: »Junger Mann, das wäre doch ein Lebenswerk! Suchen Sie sich für ihre Dissertation ein bescheideneres Thema. Sie sollten dabei doch vor allem das Recherchieren lernen!«

Enttäuscht von der Reaktion meines verehrten Lehrers, wartete ich nun eigentlich nur darauf, aus dem akademischen Raum wieder ins politische Getümmel auszubrechen. Die verlockende Gelegenheit dazu ergab sich, als Herr Landauer, der aus Deutschland nach England geflüchtete ehemalige Verleger der Münchner »Jugend«, mich wissen ließ, er sei bereit, meinem einmal in einem flüchtigen Gespräch geäußerten Plan einer internationalen Erweiterung unserer nun in Paris erscheinenden »Mondial Press« näherzutreten. Das durch die Übersiedlung und den Abnehmerschwund geschwächte Unternehmen könnte so vielleicht abgesichert und gerettet werden, hoffte ich.

Diese Chance wollte ich daher unbedingt wahrnehmen und war töricht genug, die Mahnungen meines klugen Freundes Hermann in den Wind zu schlagen. Auch auf Peter Weiss wollte ich nicht hören, der mich immer wieder beschwor, die »Brotarbeit«, wie er es nannte, endlich aufzugeben und mich ungeteilt meiner »heiligen Arbeit«, der literarischen und künstlerischen Suche nach Wahrheit zu widmen. Es könne auf die Dauer nicht gelingen, mit der linken Hand Journalismus zu betreiben und mit der rechten sich der eigentlichen höheren Lebensaufgabe zu widmen. Seine Devise hieß: »Nur das Werk, das WERK zählt!«

Ich aber ließ mich nicht warnen, bin denn schon Anfang 1939 dem eben erst begonnenen Roman sowie dem Studium untreu geworden und habe mich während der letzten Vorkriegsmonate redlich bemüht, in London wieder einen aktuellen Artikeldienst aufzubauen, der diesmal den Namen »Air Mail Press« trug. So wurde er benannt, weil wir die Möglichkeiten der gerade eingeleiteten Ära des interkontinentalen Luftpostdienstes nutzen wollten, um den Zeitungen in Kanada, Australien, Südafrika und anderen Dominien oder Kolonien des britischen Weltreichs kritische Hintergrundberichte aus dem vom Faschismus gefährdeten Europa zu liefern.

Eine gute Idee, die aber schon schnell an der sich rapide verändernden politischen Wirklichkeit scheitern mußte. Denn die gerade erst entstandenen interkontinentalen Luftpostverbindungen begannen sehr bald im Schatten der wachsenden militärischen Bedrohungen zu verkümmern, und man konnte sich ausrechnen, daß sie im Kriegsfall vermutlich ganz eingestellt werden würden.

Doch wie nun weiter? Es gab schon ein Büro in London, es gab Angestellte. Einfach aufhören ging nicht. Mein mit kaufmännischem Spürsinn begabter Partner meinte, eine interessante Lücke in der angelsächsischen Publizistik entdeckt zu haben. Die in vielen Zeitungen der britischen Inseln und des Empire täglich publizierten Fortsetzungsserien von Zeichengeschichten, die sogenannten »comic strips«, mußten fast ausschließlich aus den USA bezogen werden, obwohl sie in ihrer spezifischen Yankeementalität Lesern anderer Länder oft unverständlich blieben und auf zunehmende Ablehnung stießen. Es mußte daher doch interessant sein, Bilderstories zu verbreiten, die dem Geschmack der Zeitungskäufer von Toronto bis Sydney und von Kapstadt bis Dublin besser entsprachen. Vielleicht könne man, so meinte ich, dieses optische Medium sogar dazu benutzen, um derart an Leseunwillige und Lesefaule notwendige Informationen, ja sogar ernsthafte Wissensinhalte aus Geschichte, Politik, Wirtschaft und Wissenschaft heranzutragen.

Erste Tests zeigten allerdings sehr bald, daß ich mit meiner Reformidee das Interesse der Zeitungsredaktionen falsch eingeschätzt hatte. Sie wollten wie bisher komische oder primitiv dramatische »strips« drucken. Nur wenn wir solche Unterhaltungsware lieferten, könnten wir mit ihnen ins Geschäft kommen. Wie tief unglücklich mich ein solches, nach Ansicht meines Partners unvermeidliches Abrutschen auf billigstes Geschmacksniveau machte, ist mir erst kürzlich wieder klar geworden, als ich meine von Hermann getreulich aufgehobenen Jammerbriefe aus jenen Tagen las. Die große Stadt London bedrängte mich ohnehin mit ihrer Hast, ihrem Lärm und ihrer Häßlichkeit bis zur Unerträglichkeit. Vor allem aber litt ich nun unter dem Gedanken, meine besten Jahre dafür herzugeben, um mir für die von der Firma angeheuerten Zeichner blöde Geschichten über einen Koch, einen Zauberer oder einen Wahrsager auszudenken und Stunden mit geschäftlichem Kleinkram zu verschwenden.

Das lebendige Vorbild unseres »Wahrsagers« begegnete mir übrigens jetzt fast täglich in der turbulenten Wirklichkeit der englischen Hauptstadt. Er hieß Louis de Wohl und war vom populären Romancier der Berliner und Münchner Illustrierten zur Astrologie umgesattelt. Mit solchem Erfolg, daß ihn sogar das britische »War Office« beschäftigte. Nicht weil die englische Regierung plötzlich an die Sterndeuterei glaubte, sondern weil sie zu wissen meinte, daß ihr großer Widersacher Hitler sich nach Horoskopen richtete, die ihm seine Berater anfertigten. So meinte man vielleicht in London herausfinden zu können, was ihm seine Astrologen geraten hatten.

De Wohl bestand unbedingt darauf, auch mir ein Horoskop zu stellen, obwohl ich gar nichts davon hielt.

Ich berichtete davon am 1. April dem Freund Hermann in

Zürich: »Nicht sehr ermutigend ist es ausgefallen. Geldschwierigkeiten, Gesundheitsstörungen zu erwarten und in naher Zukunft eine militärische oder semimilitärische Position. Mister Wohl prophezeit für Mai ›trouble‹ (für die Alliierten), und bis 1942 soll der ganze Spuk in Deutschland vorbei sein (wenn wir's noch erleben). Jedenfalls bitte ich Dich sehr, Dir auf alle Fälle ein Visum nach England zu beschaffen ... Bitte mache es *heute* noch.«

Hermann, der »weise Abt«, wie Peter ihn getauft hatte, ließ sich weder dadurch aus der Ruhe bringen noch durch meine Mitteilung, der gutinformierte, in London lebende Sohn der von uns verehrten, ebenfalls in Zürich lebenden Dichterin Margarete Susmann habe mir auf Grund von Secret-Service-Kontakten vertraulich mitgeteilt, es seien von den Deutschen in Vorarlberg und Württemberg schon Ferngeschütze aufgestellt worden, die auf alle größeren Schweizer Städte gerichtet seien.

Der Freund in Zürich antwortete: »Beschießung der Schweizer Hauptstädte? Sind Explosionen auf Londoner Untergrundbahnhöfen sicherer? ... Ich kann nicht ausrücken. Also gut, bleibe ich hier.«

Wie in jedem seiner Briefe drängte er, ich müsse möglichst schnell, noch rechtzeitig zur Immatrikulation, vor dem Sommersemester nach Zürich zurückkommen, und um mir den Vorwand zu nehmen, das könne ich mir finanziell nicht leisten, schlug er vor: »Noch eins: ich habe jeden Monat einen runden Überschuß von vierhundert Franken (unter uns), und es hätte wirklich nicht die geringste Bedeutung, wenn ich statt der Bank Dir monatlich zweihundert geben könnte. Ich persönlich bin der festen Überzeugung, daß Eigentum Diebstahl ist (besonders das unverdiente, meinige), und Du tust also noch ein gutes Werk und beruhigst mein Gewissen, wenn Du mich um die genannte Summe ... erleichtern würdest. Damit hast Du aber nicht mehr den geringsten Grund, Dich auf äußere Schwierigkeiten zu berufen ...« Nun, es gab dennoch Schwierigkeiten, die der besorgte Freund in der Ferne unterschätzte. Die vertraglichen Verpflichtungen, die ich eingegangen war, ließen sich lösen, die persönlichen Bindungen konnte und wollte ich nicht so leicht abstreifen. Denn Abschied von England bedeutete auch Abschied von der treuen Maggie, die mir zuerst in die Schweiz und dann nach London nachgekommen war. Sie wollte aber unbedingt in ihrer Heimat und in der Nähe ihrer Mutter bleiben, statt mir abermals in die Unsicherheit zu folgen. So trennten wir uns in Liebe und Freundschaft mit einer Hoffnung auf spätere Wiedervereinigung, an die wir beide eigentlich nicht recht glaubten. Denn es war klar, daß der nun schon fast unvermeidlich erscheinende Krieg uns lange, vielleicht für immer, voneinander entfernen würde.

3.

Anfang Mai 1939 ließ ich also das gescheiterte Londoner Experiment sehr zum berechtigten Gram meiner Partner liegen und kehrte, wenn auch mit schlechtem Gewissen, in die Züricher Geborgenheit zurück, fest entschlossen, von nun an Zeitungen nur noch zu lesen und nicht mehr für sie zu schreiben.

Aber wie wenig kannte ich mich selber. Natürlich konnte ich nicht schweigen, als das, was wir schon so lange vorausgesagt hatten, nun im September eintraf: die gezielte menschenvernichtende Explosion der von Hitler und seinen Militärkumpanen konstruierten Mordmaschine im Blitzkrieg gegen Polen. Ihr erschreckend exaktes Funktionieren und die Schnelligkeit, mit der sie den Widerstand der Überfallenen zerbombte, ließen den Mythos der Unbesiegbarkeit dieses technokratischen Diktatursystems ins Übergroße wachsen. Es erschien mir notwendig, gerade jetzt die auf den ersten Blick nicht sichtbaren Schwächen der »Blitzkrieger« öffentlich bekanntzumachen. Das aber mußte in der Presse der Schweiz, eines nicht kriegführenden Landes, besonders wirksam sein, weil man ihr mehr traute als den Zeitungen und Sendern der Alliierten. Ich konnte gar nicht anders, als mich da zu beteiligen, beteiligen, auch wenn das gegen das strenge Arbeitsverbot für Nichtschweizer und meine eigenen ursprünglichen Absichten verstieß.

Während des englischen Aufenthaltes hatte ich zahlreiche Besuche in der Fleet Street, dem Londoner Zeitungsviertel, gemacht und dort viel von den Kollegen gelernt. Erst hier, in den Redaktionsräumen des »News Chronicle« und des »Observer«, in der Zentrale der weltweiten Nachrichtenagentur »Reuter« und zu gewissen Stunden in den übervollen Pubs unweit des markanten Sendehauses der BBC bekam ich eine Ahnung von der weltumspannenden Rolle der Medien. Da die Kunden, an die sich die etwas später gescheiterte »Air Mail Press« wenden wollte, überwiegend in Übersee waren, hatte ich mich in einer am Rande der Metropole gelegenen Außenstelle der Library des »British Museum« mit Zeitungen von Toronto bis Singapur und von Melbourne bis New Delhi und Johannesburg vertraut machen müssen. Wie konnte Deutschland als mittlerer kontinentaleuropäischer Staat auch nur die geringste Erwartung hegen, eine Weltmacht wie das British Empire zu besiegen? Die Überzeugung, daß Hitler einen Krieg schon aus geopolitischen Gründen verlieren mußte, verließ mich von da an nicht mehr und half mir gerade in den Monaten der Verzagtheit nach der schnellen Niederlage Polens, aufklärend gegen die sich verbreitende Resignation in Mitteleuropa anzugehen.

In London hatte ich auch zahlreiche persönliche Verbindungen geknüpft, die während der kommenden Jahre eine immer wichtigere Rolle für mich spielen sollten. Eine davon war der Kontakt zu einer kleineren englischen Nachrichtenagentur namens »Exchange Telegraph«, an deren Vertretung in Zürich ich empfohlen wurde. Dort arbeitete in leitender Stellung eine durch Heirat zur Schweizerin gewordene äußerst tüchtige und gutaussehende Kollegin namens Lotte Dukas. Sie erklärte sich sofort bereit, für die Mitarbeiter unserer Pariser »Mondial Press« Sonderaufträge von Schweizer Publikationen hereinzuholen. Und einer dieser Mitarbeiter war immer noch ich, der nun unter anderem Namen für Schweizer Blätter vom »Aargauer Tagblatt« über den Berner »Bund« bis hin zur Zürcher »Weltwoche« zu schreiben begann.

4

Neben meiner wieder aufgelebten journalistischen Tätigkeit gab es ein anderes publizistisches Projekt, das in seiner naiven Zukunftsgläubigkeit zugleich rührend und symptomatisch für diese Periode war: die Zeitbroschüre »Die Arche«.

Die Idee, eine eigene Veröffentlichung zu wagen, mit der wir Flüchtlinge den im unheimlich ruhigen Zentrum des Wirbelsturms bangenden Zeitgenossen unsere Besorgnisse und Hoffnungen mitteilen könnten, war auf einem der Gesprächsabende im Hause der edlen, geistig interessierten Kaufmannsgattin Lydia Rom entstanden. Ihres war eines der ganz wenigen privaten Heime, die sich uns Flüchtlingen und ihren Freunden gastfreundlich öffneten. Hier haben wir unter den leidenden Blicken der schönen, aber meist stummen Dame des Hauses oft stundenlang über das Schicksal der von der Barbarei bedrohten Welt diskutiert.

Führender Kopf unseres Kreises war ein empfindsamer Privatgelehrter namens Alfons Rosenberg, ebenso vertraut mit den Geheimnissen der jüdischen Kabbala wie der christlichen Mystik. Etwas älter und erfahrener als die anderen Teilnehmer sorgte er dafür, daß wir nicht in den Wirren einer von der »drôle de guerre« bestimmten Tagespolitik steckenblieben, sondern über die umfassende geistige Krise sprachen, die sich verzweifelt und aussichtslos nun im Zweiten Weltkrieg entlud.

Wir sahen es als unsere Verpflichtung an, nach Klarheit und Ermutigung zu suchen, weil wir anders als die Gleichaltrigen nicht den Militärapparaten dienen mußten, sondern Zeit zum Nachdenken hatten. Von 1914 bis 1918, während des ersten globalen Konflikts, waren ja in Zürich die tragenden Ideen der folgenden Nachkriegszeit vom Expressionismus bis zum Völkerbund entwickelt worden. Etwas Vergleichbares wollten wir für die Zeit nach der zweiten »großen Sintflut« leisten.

So bot sich der Titel »Die Arche« als besonders passend für unsere Publikation an, und als Hermann ihn vorschlug, erwähnte bald niemand mehr die von mir vorgeschlagenen

Kennworte »Flaschenpost« oder »Ruf«. Auch die Form ergab sich nun ganz logisch. Wir, die Insassen der »Arche«, würden Tag um Tag Logblätter über den Verlauf unserer Fahrt niederschreiben und sie der Mitwelt wie der Nachwelt bekannt machen.

Möglich wurde diese Publikation überhaupt erst, weil ein uns nahestehender Schweizer Kommilitone namens Arnold Künzli, Chefredakteur des »Zürcher Student«, sich bereit erklärte, für uns als verantwortlicher Herausgeber zu fungieren. Seine »Bude« war die Redaktionsanschrift, und daß sie »Waffenplatzstraße 2« lautete, schien uns mehr als Zufallssymbolik zu sein. In der Einleitung zum ersten Heft schrieb ich: »Weshalb haben wir eine Arche gebaut? Sie hat keinen Steuermann und keine Fahrtroute. Wir segeln ohne Karte, denn alle Pläne erwiesen sich als falsch.« Das entsprach zwar unserem Zeitgefühl, das Führung und Programme ablehnte, aber einem Erfolg unseres Blättchens war es wenig hilfreich. Denn die Zeitgenossen wollten klare Neuorientierung, mehr als ein vages »Bekenntnis zur Zukunft«, sie erwarteten mehr als die pathetische Hoffnung auf eine »neue Kunst«, einen »neuen Lebenszustand«. Das Versprechen auf einer Logbuchseite: »Während die anderen draußen mit gekrampften Fäusten zueinander sprechen, bereiten wir indessen den Boden der Zukunft mit der Hand, der offenen, lebendigen, schaffenden Hand«, klang zwar schön, aber besonders aus einem Land kommend, das erwachsenen Menschen jede Tätigkeit verbot, wenn sie nicht zufällig die Schweizer Staatsbürgerschaft besaßen, klang es ebenso hohl.

Es war ja den Flüchtlingen nicht nur jede bezahlte Tätigkeit verboten, es wurde ihnen sogar das Malen von Bildern, das Komponieren von Musik, das Schreiben von Romanen und Dramen untersagt, weil solche Schöpfungen einen »zersetzenden Einfluß« auf die schweizerische Mentalität ausüben oder – schlimmer noch in den Augen der Wächter! – den eigenen Künstlern, Musikern, Literaten Konkurrenz machen könnten.

Nein, das Bild der Arche stimmte von Anfang an nicht. Wir

»Zugereisten« saßen mit Ausnahme der am Züricher »Schauspielhaus« wirkenden Theaterleute in einem Gefängnis, das uns zwar vor Nazis und Faschisten schützte, aber zugleich auch die wackeren Eidgenossen vor unserem Einfluß bewahren sollte.

»Wir warten, wir warten, wir warten auf die Botschaft der anderen...« hieß die letzte Zeile unseres dünnen Bändchens, das wir in alle Himmelsrichtungen verschickt hatten. Aber es kam keine Antwort, bis auf den zornigen Brief eines evangelischen Pfarrers, der sich die weitere Zusendung von solch »dummem Züg« verbat.

5.

Mehr Erfolg hatte ich mit meinen unter sieben oder acht verschiedenen Pseudonymen von der Agentur Dukas zum Abdruck in der Presse verbreiteten, politischen Artikeln. Besonders die mit den Anfangsbuchstaben F.L. gezeichneten Deutschlandberichte in der Züricher »Weltwoche« wurden bald viel diskutiert, weil sie Nachrichten und Meinungen über Zustände, Vorgänge und Persönlichkeiten im Dritten Reich brachten, die sonst in der von ängstlichen Neutralitätshütern kontrollierten Schweizer Presse kaum mehr zu lesen waren. Daß fast alle Blätter diese Selbstzensur noch strikter praktizierten, als sie mußten, und nicht einmal den kleinen Spielraum, der ihnen gegeben war, voll ausnutzten, schuf die Voraussetzung für den Erfolg der »Weltwoche« und ihres Chefredakteurs Karl von Schumacher, der lieber Verwarnungen riskierte, als ein langweiliges, weitgehend gleichgeschaltetes Blatt zu machen.

Ich lernte diesen schüchternen und doch mutigen Mann erst Jahre später persönlich kennen, nachdem er schon zahlreiche Artikel von mir veröffentlicht hatte. Daß fast alle von Frau Dukas an seine Redaktion gelieferten Arbeiten – nicht nur die über deutsche Probleme, sondern auch jene über zahlreiche andere weltpolitische Themen – von dem gleichen Autor stammten, hat er lange nicht gewußt. So ließ er zu Weihnachten an sechs seiner ihm unbekannten Mitarbeiter je eine Flasche Portwein schicken, und ich hatte dann das Vergnügen, im Salon der Lotte Dukas mit meinen fünf anderen Egos auf das neue Jahr anzustoßen.

Daß ich niemandem, aber auch niemandem mit Ausnahme von zwei engen Freunden von meiner intensiven journalistischen Tätigkeit erzählen durfte, führte zu seltsamen Situationen. So konnte ich unerkannt erfahren, was man wirklich von meiner Arbeit hielt, ja mich sogar in Gesprächen am Schauspielerstammtisch im »Hinteren Sternen« belehren lassen, wieviel richtiger der Deutschlandkorrespondent der »Weltwoche«, »dieser F. L.«, die Lage beurteile als ich politischer Grünschnabel.

Als im Spätsommer 1941 Hitlers Angriff und Vormarsch in der Sowjetunion zur Verzweiflung vieler Freunde der alliierten Sache wenig Widerstand fand, berichtete ich, natürlich unter Pseudonym, ein höherer Beamter des Berliner Auswärtigen Amtes habe mir schon 1936 verraten, Hitlers Generäle befürchteten im Falle eines Krieges gegen die Sowjets, genau wie einst die Heere Napoleons, in die Tiefen des russischen Raums gezogen zu werden. Also war das Zurückweichen der Roten Armee vielleicht kein Zeichen der Schwäche, sondern eine strategische List.

Eine Leserin, es war eine junge Deutsche, die kürzlich einen Schweizer namens Wyss geheiratet hatte, erkundigte sich auf der Redaktion nach dem Verfasser des Artikels. Denn mit dem namenlosen, als Quelle genannten Beamten könne eigentlich nur ihr ältester Bruder gemeint sein. Man antwortete wahrheitsgemäß, daß der Autor den Redakteuren leider nicht bekannt sei, und leitete die Anfrage an das Büro Dukas weiter. Als ich herausbekam, daß die Neugierige eine Tochter des von mir so verehrten Femeopfers Hans Paasche war, wollte ich sie natürlich sofort treffen. Wir verabredeten uns, und in einem zunächst von meiner Seite sehr vorsichtig geführten Gespräch gestand ich ihr nach und nach, daß in der Tat ich es war, der diesen Bericht über die Prognose ihres ältesten Bruders geschrieben hatte.

Nicht nur fand ich in Helga Wyss-Paasche eine treue und intelligente Freundin, auf deren Diskretion ich mich unbedingt verlassen konnte, sondern sie verhalf mir auch durch die Bekanntschaft und Weitervermittlung ihres Onkels Klaus Witting zu einem Informanten, der mir überraschende, oft fast unglaubliche Einblicke in die innersten Vorgänge, Pläne und Rivalitäten der herrschenden Cliquen des Dritten Reichs eröffnete.

Hans Bernd Gisevius hieß dieser »Kundschafter«, der offiziell als deutscher Vizekonsul in Zürich residierte, in Wahrheit aber ein Chef der »Abwehr« war und im Auftrag der deutschen Heeresleitung die örtliche Sektion des geheimen Nachrichtendienstes betrieb. Daß ausgerechnet ein Beamter in einer höchst vertraulichen, unbedingte Loyalität voraussetzenden Position so entschieden regimefeindlich war, wie er sich mir gegenüber sofort gab, habe ich lange nicht glauben wollen. Wenn ich ihn zu später Stunde im Apartmenthaus »Muralto« unweit der Bahnhofstraße besuchte, begrüßte mich der joviale germanische Riese noch in der halboffenen Tür so laut, daß ich instinktiv den Finger an die Lippen legte, um ihn zum leiseren Sprechen zu mahnen. Wie konnte er sogar in öffentlichen Lokalen so unvorsichtig reden, daß die Tischnachbarn ihn hören mußten? Woher kam sein auffälliges, allen Klischeevorstellungen von Spionen widersprechendes Auftreten?

Das ließ sich wohl nur erklären, wenn man annahm, daß dieser Mann »von oben« nichts zu befürchten hatte, also trotz der skandalösen Enthüllungen, die er mir über die Streitereien zwischen Generälen und Parteibonzen, ihre homosexuellen Affären und Bordellorgien machte, seinen deutschen Herren treu blieb. Erst viel später bewiesen mir Ereignisse wie die Verschwörung Graf Stauffenbergs, an der Gisevius maßgeblich beteiligt war, daß mein böser Verdacht ganz unberechtigt war.

Gisevius hat mit einer an Tollkühnheit grenzenden Unbekümmertheit, im Vertrauen darauf, daß sein mächtiger Chef, der heimliche Nazigegner Admiral Canaris, ihn schon decken werde, unermüdlich gegen den von ihm zugleich bestaunten und verabscheuten »Führer« gearbeitet. Und ich war damals nur eine von mehreren, meist viel einflußreicheren Personen, denen er seine Informationen weitergab, um den Sturz »dieser Verbrecherbande« zu beschleunigen.

<h2 style="text-align:center">6.</h2>

Selbstverständlich war Gisevius nicht die einzige Quelle für meine Deutschlandberichte. Ich wußte ja aus meinem illegalen Aufenthalt im Jahre 1936, daß es in der bürgerlichen Provinzpresse und in Fachzeitschriften, soweit sie noch überlebten, manchen heimlichen Gegner des Regimes gab und deshalb für den, der diese Publikationen zu lesen verstand, viel über das immer schwierigere Alltagsleben und den wirklichen inneren Zustand Deutschlands zu erfahren war.

Meine regelmäßige Lektüre dieser Blätter, deren Schreibweise ich meist wörtlich wiedergab, wurde ergänzt durch Erzählungen von neuen Flüchtlingen und gelegentlich auch Kurieren, denen es gelang, über die »grüne Grenze« in die Schweiz zu kommen.

Zu den beunruhigendsten Nachrichten, die ich im Frühsommer 1942 erhielt, gehörten die Berichte über die Deportationen von Juden aus dem ganzen, von Hitlers Truppen beherrschten Europa in die besetzten Ostgebiete. Es hieß zunächst nur, daß sie dort unter strenger Bewachung interniert oder zu schweren körperlichen Arbeiten gezwungen würden. Aber immer öfter vernahm ich Andeutungen, die ich einfach nicht glauben wollte, so schrecklich waren sie. Es hieß, daß Sonderkommandos der SS Tausende von Juden auf die verschiedensten Weisen ermordeten und dabei – das hielt ich zunächst für Greuelpropaganda – sogar Alte, Frauen und Kinder umgebracht wurden.

Als ich über die befreundete Familie des Rabbiners Taubes Kenntnis von einem durch den polnisch-jüdischen Untergrund hinausgeschmuggelten Bericht erhielt, der diese Hiobsbotschaften durch Angabe von Ortsnamen und Zeugnisse von Augenzeugen bestätigte, reiste ich umgehend nach Bern, um die dort arbeitenden Berichterstatter französischer, englischer und amerikanischer Blätter zur sofortigen Veröffentlichung dieser erschütternden Informationen zu bewegen.

Aber sie wollten mir diesmal einfach nicht glauben, obwohl so gut wie alle Nachrichten aus dem Dritten Reich, die ich ihnen bisher hatte zukommen lassen, sich als zuverlässig und exakt erwiesen hatten. Verzweifelt wandte ich mich als letzte Instanz an einen französischen Kollegen, der nicht nur als Berichterstatter tätig war, sondern, wie wir ahnten, mit dem »Deuxième Bureau«, dem französischen Geheimdienst, und der neuen Exilregierung in London zusammenarbeitete. Aber auch er versuchte ungewohnt energisch mich zu überzeugen, daß ich diesmal übertriebenen Gerüchten oder propagandistischen Erfindungen aufgesessen sei, denn nicht einmal der »Hitlerbande« sei ein solcher planmäßiger Massenmord zuzutrauen. Erst Jahre nach dem Krieg habe ich durch Einblick in vertrauliche Akten erfahren, daß dieser von uns allen einst geachtete Kollege als Zuträger deutscher Geheimdienste ein Doppelspiel getrieben hatte. Jetzt war klar, weshalb er 1942 versucht hatte, meine alarmierenden Berichte aus dem Osten als übertrieben abzuwerten.

Nie vorher und auch nie nachher habe ich je an Selbstmord gedacht. Aber damals im Frühsommer 1942, in diesen Augenblicken ohnmächtiger Hilflosigkeit, war ich so verzweifelt, daß ich an ein öffentliches Opfer dachte, das Aufsehen erregen und so das Schweigen durchbrechen könnte. Nicht einmal den nächsten Freunden habe ich davon erzählt, aus Furcht, sie würden mich zurückhalten, und bis heute selbst meiner Familie verschwiegen, was ich damals vorhatte. Denn ich habe im entscheidenden Moment dann doch nicht den Mut gehabt, dieses Signal zu setzen. Mein Selbsterhaltungstrieb war stärker als meine Leidensbereitschaft und mein politisches Engagement.

Wenn ich mich in späteren Jahren mit einer Energie und Ausdauer, die viele verblüffte, gegen einen anderen Massenmord, die drohende Atomkatastrophe, einsetzte, so war das eine Art Ersatzhandlung. Ihr Antrieb kam und kommt aus dem untilgbaren Schuldgefühl, damals im Jahre 1942 versagt zu haben.

7.

Wenn es überhaupt eine Erklärung für mein damaliges Verhalten gibt, dann am ehesten die, daß ich mich in jenen Tagen um die Rettung des mir am nächsten stehenden Menschen kümmern mußte. Meine Mutter hatte bei Kriegsausbruch in Paris ausgeharrt und unseren Pressedienst weitergeführt. Sie war dann mit Millionen anderen vor dem Vormarsch der Deutschen in Richtung Süden geflüchtet und hatte nach Abschluß des Waffenstillstands in Clermont-Ferrand, nahe der neuen Demarkationslinie zwischen dem besetzten und dem vorläufig noch halbfreien Frankreich, ihr Büro wieder aufgemacht, um die »Mondial Press« weiterzuführen.

Das gelang ihr nur kurze Zeit. Sie wurde, wie die meisten anderen Emigranten, von den zur Kollaboration mit den Siegern bereiten Behörden verhaftet und in das berüchtigte Camp de Gurs gebracht.

Seit ich das erfahren hatte, versuchte ich, die Mama aus diesem Lager in den westlichen Pyrenäen nach der Schweiz zu bringen. Offizielle Einreisegesuche waren sinnlos, weil die Schweizer Behörden solche Eingaben prinzipiell ablehnten. Das war mir ganz klar. Es mußte also ein anderer Weg gefunden werden. In ihren Briefen versuchte mich die tapfere Frau zu beruhigen. Es gehe ihr ganz leidlich, und sie habe im Lager sogar endlich zu ihrem Beruf zurückgefunden, denn es habe sich eine Theatergruppe zusammengefunden, die regelmäßig Veranstaltungen für die Hunderten von Internierten auf ihre Barackenbühne bringe.

»Zum ersten Mal seit fast zwanzig Jahren stehe ich wieder auf den Brettern, die die Welt bedeuten«, schrieb sie mir in ihrer charakteristischen übergroßen Handschrift. »Einer meiner Partner ist Ernst Busch, und wir haben vorgestern Premiere gehabt: Szenen aus der Dreigroschenoper. Rauschender Beifall.«

Nun, sie konnte nicht ahnen, was ich erfahren hatte: Daß nämlich in absehbarer Zeit alle Insassen von Gurs nach dem Osten deportiert und dort umgebracht werden sollten. Um die Ahnungslose zu warnen, telegrafierte ich ihr »Nimm sofort Lagerurlaub«, erreichte auch, daß der Auslandsredaktor des »Berner Bund« sich bei der Lagerleitung für seine Mitarbeiterin einsetzte und um ihre Freilassung bat. Das nutzte alles nichts. Man durfte nicht mehr warten. Ich mußte unbedingt jemanden finden, der die Mutter illegal in die Schweiz schmuggeln würde. Und in der Tat tauchte eine Lebensretterin auf: Die Leiterin eines in Zürich arbeitenden Bühnenvertriebs namens Leuenberger, die meinen Freund, den aus Berlin emigrierten Verleger Hanno Zeitz – später Thomas Sessler –, gegenüber der Fremdenpolizei tarnte und ihm so eine Fortsetzung seiner beruflichen Arbeit ermöglichte, erklärte sich bereit, meine Mutter aus Gurs zu entführen.

Die »Leu« war eine eher zierliche Frau von großer Selbstsicherheit und Entschlossenheit. Ende September 1942 in Gurs angekommen, gab sie vor, eine Delegierte des Schweizer Roten Kreuzes zu sein. Ihr einziger Beweis war eine Anstecknadel mit dem Emblem dieser Organisation, die sie bei einer Sammlung für die Schweizer »Winterhilfe« erworben hatte. Diese »Legitimation« ließ der Lagerleiter gelten, denn er wußte wohl, welch schreckliches Schicksal den Internierten drohte, und hatte meiner Mutter, wie sie mir später erzählte, schon mehrmals zu verstehen gegeben, sie solle aus eigenen Stücken das Weite suchen. Aber wohin in Frankreich hätte die Gefährdete flüchten können?

So war sie eigentlich schon vorbereitet, als ihr die unbekannte Sendbotin aus der Schweiz gegenübertrat und zuflüsterte, sie solle versuchen, nach Anbruch der Dunkelheit zu der unmittelbar außerhalb des Stacheldrahtes gelegenen Quäkermission zu kommen und dort auf sie zu warten. Der Torwächter, ein Amateurdramatiker und Theaterbegeisterter, hatte meiner Mutter schon öfter erlaubt, außerhalb des Lagerzauns spazierenzugehen. Sie gelangte also ohne Schwierigkeiten zu dem Platz, an dem ihre Retterin schon mit einem Auto auf sie wartete.

So lief der erste Akt der Fluchtaktion ganz glatt und ohne Schwierigkeiten ab. Von nun an wurde es schwieriger. Während des größten Teils der Fahrt bis in die Nähe der Schweizer Grenze mußte die Mutter auf dem Boden des Wagens zwischen Vorder- und Hintersitz liegen, um von außen nicht gesehen zu werden. Auch das ging gut. Aber als man schon unweit der Grenze in Evian den von der Leu vor einigen Tagen erst angeheuerten Menschenschmuggler aufsuchte, der die Geflüchtete über die »grüne Grenze« bringen sollte, weigerte der sich jetzt wider Erwarten, die Abmachung zu erfüllen: Die hartherzigen Behörden des klassischen Asyllands Schweiz hatten nämlich am Tag zuvor verkündet, daß sie in Zukunft jeden »passeur« – so hießen diese professionellen Fluchthelfer –, besonders hart bestrafen würden.

8.

Es war ausgemacht worden, daß ich die Mutter sofort bei Betreten Schweizer Bodens empfangen und alleine nach Zürich mitnehmen würde, damit die Leu nicht wegen Beihilfe zu einer illegalen »Einwanderung« angeklagt werden könnte. Ich begab mich also zu einem mit meiner zurückgekehrten Helferin telefonisch vereinbarten Treffpunkt in einem Genfer Café am Quai Montblanc, um den genauen Ort der illegalen Grenzpassage zu erfahren. Aber ich wartete dort viele Stunden lang vergeblich und fragte mich unruhig, was wohl schiefgegangen sei.

Doch endlich kam sie. Aufgeregt und müde wie noch nie. Sie habe versucht, doch noch einen »passeur« zu überreden. Das sei ihr aber nicht gelungen. Immerhin habe sie die Mutter wenigstens nicht allein in Evian zurücklassen müssen, sondern mit einigen anderen Flüchtlingen zusammengebracht, die in einer ähnlich schlimmen Lage seien. Die ganze Gruppe verstecke sich auf französischer Seite in einer Scheune bei Novel, nicht weit von dem Schweizer Grenzort Bouveret.

Jetzt kam es für mich darauf an, doch noch hier in der großen Stadt einen Menschen zu finden, der beim heimlichen Grenzübergang helfen könnte. Drei Adressen hatte ich von einer Hilfsorganisation bekommen. Zwei mögliche Helfer hatten mir schon abgesagt, als ich den dritten, der in der Straße hinter dem Bahnhof ein kleines Bistro führte, besuchte.

»Impossible!« lehnte auch er ab, denn die Schweizer Behörden seien jetzt so scharf, daß er seine ganze Existenz riskiere. Völlig niedergeschlagen verließ ich das Lokal. Aber als ich von außen noch einmal zurückschaute, sah ich auf der leicht schaukelnden Glastür, durch die ich gerade gegangen war, in aufgeklebten, weißen Emaillebuchstaben neben dem Namen des Besitzers seine Telefonnummer und stutzte. Die Nummer kannte ich doch! Ging zurück und bat den wohl wegen meiner Hartnäckigkeit leicht verstörten »patron« um ein Züricher Telefonbuch. Das schlug ich bei dem Namen des Bühnenvertriebs auf, den die »Leu« leitete, und deutete auf die dort stehende Eintragung. »Schau'n Sie sich doch einmal diese Nummer an.« »Pourquoi donc?« Er werde schon sehen, insistierte ich und beobachtete sein Gesicht, das ganz deutlich seine Überraschung zeigte. Denn die mehrstellige Züricher Nummer war – unwahrscheinlichster Zufall! – die gleiche wie die seine in Genf!

»Sehen Sie!« sagte ich. »Die Dame, der dieser Anschluß gehört, hat die erste Hälfte der Arbeit geleistet. Das ist doch ein deutlicher Fingerzeig des Schicksals! Sie müssen jetzt die Sache zu Ende bringen.«

Das schien ihn tatsächlich zu überzeugen, und er versprach gegen ein im voraus zu zahlendes Honorar in Zusammenarbeit mit einem französischen »passeur« die »chose« nach Wunsch zu regeln.

Jetzt begann das nervenaufreibende Warten in dem kleinen Grenzort Bouveret, wohin die Mama und ihre neugefundenen Schicksalsgefährten gebracht werden sollten. Wie lange das genau gedauert hat, weiß ich nicht mehr. Es waren mehrere Tage, an denen ich, zeitweise in Begleitung von Hanno, immer wieder zu dem Rand des Grenzwäldchens ging, wo die Gruppe auftauchen sollte. Dabei mußte ich miterleben, wie ein Flüchtlingspaar, ein junger Mann und seine Freundin, von den Schweizer Grenzwächtern wieder über die Grenze zurückgestellt wurden, obwohl sie sich bereits auf Schweizer Boden befunden hatten. Das war laut einer neuen Verordnung aus Bern rechtens. Darin war nämlich festgelegt worden, daß aus Sicherheitsgründen das Asylrecht in einer bis zu drei Kilometer tiefen Schutzzone innerhalb der Schweiz noch nicht galte. Das konnten die aus Frankreich kommenden Flüchtlinge natürlich nicht wissen. Nach Tagen und manchmal Wochen, in denen sie ständig auf der Hut vor französischen und deutschen Streifen sein mußten, glaubten sie, sofort nach dem Grenzübertritt endlich in Sicherheit zu sein und sich offen weiterbewegen zu können. Dieser Irrtum wurde manchen von ihnen zum Verhängnis. Denn unbarmherzige Uniformierte griffen sie auf und stießen sie dorthin zurück, wo sie meist der sichere Tod erwartete: Schweizer Kriegsverbrechen, die nach 1945 zwar publik wurden, aber nie geahndet worden sind.

Eines späten Nachmittags – ich trank, des Wartens müde, in Bouveret einen Kaffee – wurde ich von einem aufgeregten Boten verständigt, ich solle sofort in das Grenzwäldchen kommen. Als ich im beginnenden Abenddunkel dort eintraf, hörte ich das leise Pfeifen einer Melodie, die ich seit früher Kindheit kannte. Es waren die ersten Takte des vor dem Ersten Weltkrieg populären Gassenhauers: »Hupf mein Mäderl!« Das war der Erkennungspfiff meiner Eltern gewesen.

Jetzt wußte ich: *sie* war da! Ich pfiff zaghaft zurück, und so fanden wir uns schließlich im dichten Gestrüpp, wo die Mutter und vier oder fünf andere Gestalten, die ich nicht genau erkennen konnte, auf mich warteten. Der »passeur« war längst verschwunden und hatte die Gruppe ihrem Schicksal überlassen.

Wir umarmten, küßten und streichelten uns in diesem

dunklen Gebüsch zum ersten Mal nach fast drei Jahren. Aber sprechen durften wir nicht. Ich teilte den Wartenden flüsternd mit, daß sie nach Anbruch der Nacht noch etwa eine Stunde lang möglichst ungesehen zwischen Flußdamm und Schienenweg bis zu einer Rhonebrücke schleichen müßten. Erst nach deren Überquerung seien sie wirklich in Sicherheit. Ich würde als ihr Kundschafter per Rad vorausfahren, um herauszufinden, ob irgendwelche Patrouillen sich in den Weg stellten. Das war für mich ganz gefahrlos, denn als bereits anerkannter Flüchtling konnte ich nicht zurückgeschickt werden.

Einer aus dieser Gruppe, der später durch seine ausgezeichneten Bücher und Fernsehsendungen über die Schweiz im Zweiten Weltkrieg bekannt gewordene Soziologe und Publizist Werner Rings, erinnerte sich, daß diese allerletzte Nachtetappe einer schon von vielen Strapazen und Enttäuschungen begleiteten Flucht am schwersten zu ertragen war. Jetzt, so kurz vor dem schon erreicht geglaubten und abermals hinausgeschobenen Ende der Angstpartie, schien noch einmal alles in Frage gestellt zu sein. Erschwert wurde dieses vorsichtige Heranpirschen an den entscheidenden Brückenübergang durch die kreisenden Scheinwerfer der Armee, die gerade ein Manöver durchführte. Immer wieder streifte uns der grelle Lichtstrahl, verschwand, kam wieder, verschwand, kam zurück, drohte uns den Blicken der Grenzwächter sichtbar zu machen.

Als wir endlich, erst gegen drei Uhr morgens, in der Nähe der Brücke waren, ging ich, wie schon gewohnt, voraus und stellte fest, daß sie auch zu dieser späten Stunde bewacht war. Ich riet, wir sollten warten, bis der Morgen gekommen sei. Dann würde es möglich sein, mit den Soldaten zu verhandeln und an ihr Mitleid mit den Verfolgten zu appellieren, denen die Anstrengung, die Angst, der Hunger, der Durst und die furchtbare Müdigkeit deutlich anzumerken waren.

Völlig erledigt schliefen wir alle in einer Mulde unterhalb des Dammes dicht aneinandergepreßt ein und wachten erst auf, als es schon hell geworden war. Ich stand auf, um wie verabredet nun den Brückenwächtern ins Gewissen zu reden.

Aber – oh Wunder! – der Übergang war unbewacht, war frei! Von weitem hörte man aus dem Landesinneren das Läuten einer Dorfkirche. Die Soldaten waren zum frühen Sonntagsgottesdienst gegangen.

9.

Den weiteren Leidensweg meiner Mutter durch mehrere Schweizer Auffang- und Internierungslager will ich nur andeuten. Sie hatte gehofft, in der friedlichen Schweiz endlich wieder einmal in einem eigenen Zimmer schlafen zu können statt in einem Massenlager, dessen Insassen jeden Morgen zu frühester Stunde geweckt wurden. Vergeblich versuchte ich, die Behörden davon zu überzeugen, daß ich ein solches Privatzimmer für sie bezahlen könne, vergeblich setzten sich mehrere Ärzte dafür ein, der fast Sechzigjährigen etwas Erholung und Ruhe zu gönnen.

Aber nein! Sie wurde im Internierungslager Brissago festgehalten, wo als Leiterin eine berüchtigte Megäre tyrannisch waltete. Als alle Eingaben mit Ablehnung oder einfach mit Schweigen beantwortet wurden, war meine Mutter so unvorsichtig, in einem Bittbrief zu schreiben, sie sei mit ihren körperlichen und seelischen Kräften völlig am Ende. Wie die zuständige Behörde darauf reagierte, habe ich erst 1989 durch Einsicht in die Akte »S. Baum genannt Jungk« erfahren.

Am 25.3.43 fertigte ein Beamter der Fremdenpolizei des Kantons Zürich namens Sp. den Antrag des Psychiaters Dr. W. Moos, der gebeten hatte, man möge doch dulden, daß die von den Erlebnissen der letzten Jahre schwer Hergenommene eine Privatunterkunft beziehe, mit folgenden Worten ab: »Sollte ihr psychisches Leiden wirklich so besorgniserregend sein, so wäre sie unseres Erachtens vorläufig in einer Nervenheilanstalt unterzubringen.«

Es ist mir gelungen, diesen unbarmherzigen Staatsdiener 46 Jahre danach telefonisch ausfindig zu machen. Er war inzwischen zur chemischen Industrie bei Basel übergewechselt, und seine Antwort auf meinen Vorwurf, wie er sich denn so unmenschlich habe verhalten können, war einfach die: »Ja, das war schon hart. Aber wissen Sie, ich war ja damals erst vierundzwanzig!«

Sicherlich war die Unnachgiebigkeit der Schweizer Behörden auch dadurch bedingt, daß in den Tagen, als jener böse Bescheid gegen meine Mutter erging, gerade meine heimliche Mitarbeit an Schweizer Publikationen aufgedeckt worden war. Wie man darauf gekommen war, wer mich verraten hatte, kann ich nur vermuten. Lange hatte ich eine krankhaft eifersüchtige Freundin in Verdacht. Aber heute neige ich auf Grund von Informationen eher dazu, daß die eidgenössischen Behörden einem Druck der deutschen Machthaber nachgegeben hatten, die in Erfahrung gebracht hatten, wer die ihnen so lästigen Deutschlandartikel in der »Weltwoche« schrieb.

Schon einmal war ich fast erwischt worden. Aus Angst vor einer Haussuchung hatte ich anläßlich einer neuerlichen Verschärfung der Flüchtlingsgesetze einen Koffer mit den Durchschlägen meiner Artikel bei N. O. Scarpi, dem reizenden und humorvollen Vater meines Kollegen François Bondy, untergestellt. Da er Schweizer Staatsbürger war, schien das ein ganz sicherer Ort zu sein.

Eines Tages rief mich Scarpi an und sagte, ich solle doch bitte gleich zu ihm kommen. In seiner Wohnung angekommen, riet er mir, die belastenden Schriftstücke möglichst sofort anderswo zu verstecken. Man befürchte, es stehe hier in der Feldeggstraße eine Haussuchung gegen eine bereits verwarnte Emigrantin bevor, die er und seine Frau bei sich aufgenommen hatten.

Da stand ich nun im Nachtdunkel, mit einem Koffer voller Artikel, die ich nicht hätte schreiben dürfen. Es befanden sich darin außer meinen eigenen Arbeiten auch illegale Broschüren und Flugblätter, die in Deutschland verbreitet wurden – und ich wußte nicht wohin mit dem verdammten Belastungsmaterial. In Panik entschloß ich mich, das Gepäckstück einfach über ein Geländer in den Zürichsee zu werfen, der nur ein paar Schritte weit entfernt war. Erleichtert atmete ich auf, als das »Corpus delicti« in den Fluten versank.

Am nächsten Morgen klingelte es Sturm. Scarpi war schon wieder am Telefon. »Ich versuche Sie schon seit einer halben Stunde zu erreichen. Kommen Sie ganz schnell und schauen Sie sich an, was auf dem See vor sich geht.« Zehn Minuten später stand ich atemlos auf der Uferpromenade und sah, wie uniformierte Polizisten von einem Boot aus sich mühten, mit langen Stangen und Rudern meine durchnäßten Manuskriptseiten aus dem Wasser zu fischen. Vermutlich war der Koffer unter dem Druck des Wassers aufgesprungen, und im Laufe der Nacht hatten sich die vielen Papiere über eine weite Fläche des Zürichsees hin ausgebreitet.

Zum Glück schienen die beamteten Schnüffler auf den vielen inzwischen getrockneten, aber verblaßten Seiten nichts gefunden zu haben, was auf mich hinwies, und ich konnte mich wieder beruhigen. Aber ein paar Wochen später tauchten die Spürhunde bei Frau Dukas auf und preßten ihr das Geständnis ab, daß ich in der Tat der Autor zahlreicher Artikel der von ihr vertretenen »Mondial Press« sei. Ich versuchte das auch gar nicht zu leugnen, wurde mit einer nicht unerheblichen Geldbuße belegt und abermals gewarnt, daß ich das Arbeitsverbot nicht übertreten dürfe. Damit, meinte ich, sei die Angelegenheit erledigt.

Doch ich hatte die bösartige Pendanterie der Behörden unterschätzt. Am 7. Juni 1943 kamen in aller Herrgottsfrühe zwei Büttel der Fremdenpolizei den steilen Forstersteig heraufgefahren, ließen mich wecken und teilten mir mit, sie hätten den Auftrag, mich sofort zur Abschiebung an die deutsche Grenze zu bringen. »Ußeschaffe«, nannten sie das. Ob sie denn wüßten, was das für einen als Feind des Regimes bekannten Flüchtling bedeute, protestierte ich, in der Hoffnung, sie umzustimmen. Aber keiner von beiden antwortete mir.

»Beeilen Sie sich!« war das einzige, was ich von ihnen zu hören bekam. Also packte ich ein paar Sachen zusammen und setzte mich in den vergitterten Hinterraum des Polizeiautos, von dem aus ich am Hauptbahnhof direkt in ein ebenfalls vergittertes Zugabteil gebracht wurde. In Sankt Gallen hieß es: »Aussteigen!« und dann fuhren wir in Richtung Grenze. Ich habe damals weder geschrien noch geweint, weil ich wußte, daß das ganz zwecklos sein würde, sondern mich zunächst stumm in mein schlimmes Schicksal ergeben, in der Hoffnung, vielleicht vor dem Grenzübergang doch noch entwischen zu können.

Plötzlich hielt der Wagen vor einer Polizeiwache. Einer meiner beiden Bewacher sprang hinaus und schien dort etwas erledigen zu wollen. Ich sah durch das Fenster, daß er telefonierte. Als er zurückkam, drehte das Auto in Richtung Stadt ab, und etwa zwanzig Minuten später hielten wir vor einem ummauerten, ziemlich heruntergekommenen Gebäude mit vielen vergitterten Fenstern. Das war Sankt Jakob, die Strafanstalt von Sankt Gallen, deren Einfahrt sich uns öffnete. Die Intervention des Verlegers Emil Oprecht und zweier meiner Professoren hatte in letzter Minute das Schlimmste verhindert.

Ich glaube, es war selten einer so glücklich bei seiner Einlieferung ins Zuchthaus wie ich. Denn jetzt wußte ich mich wenigstens in Sicherheit vor den Nazis. Erst als sie mich wie einen Verbrecher von links und rechts sowie von vorn mit einer Nummerntafel vor der Brust fotografierten, muckte ich auf. Durfte man denn in der angeblich freien Schweiz jemanden, der nichts Schlimmeres verbrochen hatte, als politische Zeitungsartikel zu schreiben, ohne Gefängnisurteil und ohne zeitbegrenztes Strafmaß ins Zuchthaus verbannen? Die Antwort, die ich auf meine ersten Protestschreiben erhielt, lautete sinngemäß so:

»Wir haben aufgrund verschiedener Einsprüche verzichtet, Sie über die Grenze zu stellen. Wenn Sie in unserem Land bleiben wollen, müssen wir Sie von nun an ganz streng kontrollieren.«

Damals habe ich das für Willkür gehalten. Aber nachträglich wurde mir doch klar, daß die Schweizer vermutlich unter starkem Druck von außen handelten. Sie mußten glaubhaft machen, daß sie mich fest im Griff hatten und ich unter diesen Umständen keine Artikel mehr schreiben könne. Anders war die unverhältnismäßige Härte ihres Vorgehens kaum zu erklären.

10.

Wir waren nur eine Handvoll Internierte, die hier im Zuchthaus für ihre »Vergehen« mit Schwerverbrechern zusammengesperrt wurden. Da war ein junger, aus Österreich geflohener Arzt, der Kranken geholfen hatte, ohne dazu behördlich ermächtigt zu sein, ein jugoslawischer Partisan, bei dem man eine Waffe gefunden hatte, ein älterer Australier, der eine reguläre Gefängnisstrafe verbüßt hatte, aber nun nach seiner Freilassung nicht nach Hause zurückkehren konnte, weil die Schweiz auf allen Seiten von den deutschen Streitkräften eingekesselt war, und schließlich ein alter ungarischer Kommunist mit langer revolutionärer Vergangenheit, dem man zutraute, das Gesellschaftssystem der Eidgenossenschaft zu erschüttern.

Am frühen Abend, wenn die anderen Gefangenen schon in ihre Zellen gesperrt wurden, durften wir noch in einem Gemeinschaftsraum zusammenbleiben, miteinander das mehr als dürftige Mahl teilen und reden, reden, reden. Unser liebstes Thema war eine Phantasievorstellung, die wir immer länger ausspannten: Wie würde das Gefängnis sich verändern, wenn wir es verwalten könnten? Aber am interessantesten waren die persönlichen Erlebnisse, die Tom Griffith, der Australier, zu erzählen hatte. Er hatte seine kriminelle Laufbahn als Hoteldieb begonnen und schilderte mit einigem Stolz, wie einfallsreich er sich als Langfinger betätigt hatte.

»Es gibt kein Versteck in einem Hotelzimmer, das nicht entdeckt wird«, schärfte er uns ein. »Also macht euch als Gäste gar nicht erst die Mühe, euer Geld oder irgendwelche wertvollen Dinge in der Wäsche, unter dem Teppich, im Schrank oder im Papierkorb zu verbergen. Am sichersten ist es noch, das alles mehr oder weniger offen herumliegen zu lassen. Denn gerade dort schaut der durchschnittliche Hoteldieb vielleicht gar nicht nach, weil er meint, nur Wertloses bleibe unversteckt.

Seine kriminelle Intelligenz hatte der gutaussehende, sogar in der blauen Gefängniskleidung elegant wirkende Vierziger als »confidence man« gewinnbringend erprobt. Das sei, wie er uns erklärte, ein recht amüsantes und gewinnbringendes Metier, das auf der Fähigkeit gründe, einem Fremden so viel Vertrauen einzuflößen, daß er sich zu schiefen Geschäften verleiten lasse, die angeblich schnell Gewinn brächten. Der Partner müsse seinem neuen Geschäftsfreund stets gewisse Summen vorstrecken, die sich nach dessen Versprechen vervielfachen sollen. Es bringe, wenn der Verführer mit dem Vorschuß durchgegangen sei, kein Kompromittierter eine Klage ein, weil er ja dann selber eine Strafverfolgung riskiere. »Ein todsicheres Geschäft«, wurden wir belehrt.

Tom war stolz darauf, daß er mögliche Opfer schon von weitem an ihren habgierigen Gesichtern erkenne. Sein bester Rekrutierungsplatz sei das Grab Napoleons im Pariser »Dôme des Invalides« gewesen, denn dahin pilgerten besonders Männer, die mehr sein wollten, als sie waren. Ich habe ihn kurz vor Kriegsende nach seiner Entlassung aus der Internierung zufällig auf einer Promenade am Luganer See wiedergetroffen. Er trug eine schicke Offiziersuniform der Royal Air Force. Die hatte er sich, wie er mir gleich anvertraute, von einem teuren italienischen Schneider anfertigen lassen, und diese Ausgabe hatte sich wohl gelohnt. Denn er berichtete zufrieden: »Bob, das Geschäft ist noch nie so gut gelaufen wie jetzt!«

Tagsüber mußten wir Internierten wie die Kriminellen, Seite an Seite mit ihnen, in den düsteren Arbeitssälen unser armseliges Logis und das miserable Essen verdienen. Hauptsächlich hatten wir für die bekannte Konservenfabrik »Lenzburg« Tüten zu kleben, eine Tätigkeit, bei der ich mich besonders ungeschickt zeigte. Als der jähzornige, stets zum Brüllen aufgelegte Aufseher mich einmal anschrie, ich solle mir doch die peinlich genaue Arbeit meines Nachbarn, eines zu lebenslänglicher Haft verurteilten Doppelmörders, zum Vorbild nehmen, war ich frech genug zu antworten: »Na ja, der hat auch schon mehr Zeit gehabt, das zu lernen!« Wutentbrannt, die üblichen Drohworte noch etwas lauter als sonst ausstoßend, stürmte der Wärter aus der Tür und kam nach kurzer Zeit wieder zurück mit dem Befehl: »Sofort zum Chef!«

Ich habe mich, begleitet von einem Aufsichtsbeamten, recht ängstlich zum Büro des Direktor Halder bringen lassen, denn ich mußte nun eine erhebliche Verschärfung meines Regimes erwarten, wie Einzelhaft, Sperre des Spaziergangs im Gefängnishof, Korrespondenz- und Besuchsverbot oder was er sich sonst noch alles einfallen lassen konnte.

Um so überraschter war ich, als mich der mächtige Mann mit einer freundlichen Bewegung zum Sitzen auf der anderen Seite seines großen Schreibtischs aufforderte und gleich zur Einleitung sagte: »Wir sind eigentlich Kollegen. Ich schreibe nämlich auch!«

In der Tat übte sich der Herr über mein und aller anderen Insassen Schicksal im Abfassen lyrischer Gedichte, von denen er mir später, als wir uns schon etwas besser kannten, auch einige vorlas.

Im Augenblick wollte er mich nur verständigen, daß er auf Grund mehrerer Eingaben bereit sei, mich von normaler Gefängnisarbeit zu befreien, damit ich ihm ein wenig in der Bibliothek helfen und in Ruhe meine Dissertation beenden könne. Er werde mir dafür ein Büro mit Schreibtisch zur Verfügung stellen, und ich könne mir auch eine gewisse Anzahl von Büchern, die ich für meine Arbeit brauchte, von außen kommen lassen. Allerdings müsse ich dann als Entschädigung für meine entfallende Arbeitskraft monatlich 75 Schweizer Franken aufbringen. Ob mir das recht sei?

So habe ich endlich genug Zeit gehabt, in der Strafanstalt Sankt Gallen als Gefangener Nummer 981 an meiner Dissertation zu arbeiten. Denn vorher war ich über dem Verfassen so vieler Artikel nie zu konzentriertem Schreiben an dieser größeren Aufgabe gekommen. Professor Nabholz, Ordinarius für Schweizer Geschichte, hatte mir mit großer Einfühlsgabe ein Thema ausgesucht, das meiner Flüchtlingslage Rechnung trug. So wie ich hatten nämlich emigrierte Journalisten hundertzwanzig Jahre zuvor, als die Zeitungen der meisten Schweizer Kantone unter Kanzler Metternichs nachbarlichem Einfluß einer Art von Zensur, dem sogenannten »Pressekonklusum von 1823«, unterworfen worden waren, zuerst heimlich und dann bald offen an einer Liberalisierung der Schweizer öffentlichen Meinung mitgewirkt. Dem sollte ich nun genauer nachgehen.

Einen Teil der ersten Fassung dieser Arbeit hatte ich dem Doktorvater schon vor meiner Internierung abgeliefert. Andere Kapitel sind mir später nach meiner Entlassung aus Sankt Gallen bei einer Zugreise von Lausanne nach Zürich entwendet worden. Vermutlich hatten einen Coupénachbar die tagespolitischen Unterhaltungen, die mein Reisegefährte François Bondy und ich führten, so sehr interessiert, daß er, in der Hoffnung, brisante Informationen zu finden, unsere kurze Abwesenheit im Speisewagen für einen schnellen Diebstahl nutzte. Er dürfte von dem etwas überholten Inhalt dieser Seiten enttäuscht gewesen sein.

Ich erwähne diese Episode, weil sie ein Licht auf die Atmosphäre der Bespitzelung wirft, die seit Kriegsbeginn in der Schweiz herrschte. Ein Teil der mir entwendeten Papiere bestand aus Abschriften von 120 Jahre alten Geheimberichten der Kundschafter Metternichs, die ich im Berner Landesarchiv entdeckt hatte.

Ich habe ungeduldig voraus gegriffen, denn zunächst einmal mußte ich trotz meines verbesserten Status ja noch in der Strafanstalt bleiben. Außer meiner nun nachgeholten Studiertätigkeit hatte ich dort bald noch zwei interessante Nebenbeschäftigungen. Der Gefängnisdirektor ließ mich an einem kleinen internen Blättchen für seine Insassen mitarbeiten, und er gab mir Gelegenheit, an einigen Sonntagen den Sträflingen in der Anstaltskirche Briefe von berühmten Gefangenen der Vergangenheit vorzulesen. Das war schon eine recht eigenartige Situation. Jeder meiner Zuhörer auf den Bänken vor mir war durch zwei hohe Holzwände von seinem Nachbarn getrennt, ein Gefängnis im Gefängnis. Ehe sie sich hinsetzten, mußte jeder gut sichtbar ein Metallschild mit seiner Sträflingsnummer an dem Verschlag aufhängen. Rechts wie links neben dem Rednerpult saßen bewaffnete Aufseher, die mein ungewöhnliches Publikum genau im Auge behielten. Einmal zeigte man vor meinem Auftritt Filme über die neuesten Ausbildungsmethoden des Heeres. Sie waren von der Zentrale für geistige Landesverteidigung zur Verfügung gestellt worden. Darin kamen eindrucksvolle Nahkampfszenen vor, und es ging ein lautes, zustimmendes und anfeuerndes Johlen durch die verdunkelte Gefängniskirche, als die schweren Jungens miterleben durften, wie vom Gesetz gestattete, ja geförderte und gelobte Gewalttäter in Uniform aufeinander eindroschen, sich mit Fußtritten in den Unterleib traktierten und mit Waffen bedrohten.

Mein Aufenthalt in Sankt Gallen, der mir in der Erinnerung sehr lang zu sein schien, dauerte, wie ich nachträglich aus meinen Akten erfahren habe, nur etwas über vier Monate. Vermutlich verdanke ich diese Abkürzung meiner besonders strengen Internierung der Tatsache, daß die Kriegslage sich inzwischen gegen die Deutschen gewendet hatte und man ihre Pressionen weniger beachtete. Ich wurde nun allerdings nicht etwa ganz freigelassen, sondern in das Arbeitslager Möhlin bei Basel überführt, wo wir die erst drei Jahre zuvor eingegrabenen Panzerhindernisse wieder ausgraben mußten. Dort hatte ich es eigentlich viel schlechter als im Zuchthaus, denn in den überfüllten Holzbaracken fand ich keinen ruhigen Platz mehr zum Arbeiten. Besser wurde es erst, als ich mich zur Nachtwache meldete.

Bei meiner Nachtschicht leistete mir ein erst vor einigen Wochen aus Nazideutschland geflüchteter deutscher Sozialdemokrat Gesellschaft, dessen Berliner Widerstandszelle aufgeflogen war. Er hatte nach seiner Flucht in die Schweiz zunächst in der Familie eines Berner Genossen Zuflucht gefunden. Aber dessen Frau fand, daß der manchmal etwas spät am Morgen aufstehende Gast, der nach Jahren des Gehetztseins endlich einmal ausschlafen wollte, sich »unordentlich« verhalte. Um ihn loszuwerden, hatte sie ihn bei der Schweizer Fremdenpolizei denunziert, die prompt »Internierungslager« verordnete.

Nach einigen Wochen in Möhlin hatte die »Zentralleitung der Arbeitslager«, die inzwischen ein eigenes Schweizer »univers concentrationnaire« mit fast 30 Lagern regierte, ein Einsehen mit mir und überwies mich in eines ihrer Internierungsheime. Das war das alte Schloß Burg im Leimental, wo meist ältere und arbeitsunfähige Flüchtlinge untergebracht waren. Eine echte Festung drohte da über einem steilen Felsen. Sie lag nur wenige Meter von der Juragrenze entfernt. Dort konnten wir, aus unseren Fenstern schauend, unsere möglichen Bedroher, die deutschen Soldaten, patrouillieren sehen. Arme Teufel, die wir bedauerten, wenn sie in Regen und Sturm Wache schoben. Der Eingang zur Festung war, wie man uns erzählte, bis vor kurzem noch durch eine Zugbrücke abgesichert gewesen. Sie war nur hochgezogen worden, um Zeit zu gewinnen, wenn Polizeibesuch kam und einige Gäste noch rechtzeitig verschwinden wollten. Denn das alte Gemäuer war zeitweilig ein vornehmes Geheimbordell gewesen. Später wurde es zur Züchtung von Kaninchen benutzt, und nun wurden hier eben Asylanten eingepfercht.

Sehr bald wurde es mir zwischen den schwülen Tapeten dieser ehemaligen Puffzimmer, in denen wir zu sechst auf Strohsäcken schlafen mußten, zu eng. Wie konnte ich da herauskommen? Weil ich aus leidvoller Erfahrung wußte, wie vehement schon verhältnismäßig geringe Mengen von Pfeffer auf meine empfindlichen Magenschleimhäute wirken würden, verschaffte ich mir mit einem stark gewürzten Mahl den

Weg ins Freie oder, genauer gesagt, erst einmal in ein Krankenhaus, wo ich sofort ausgepumpt wurde. Anschließend ließ sich der selbstbezahlte Aufenthalt in einem als paradiesisch empfundenen Einzelzimmer einer Privatklinik arrangieren, und dann würde man schon weitersehen.

Ich wußte jetzt: nur Krankheit konnte mich vor weiterer Gefangenschaft bewahren. Aber ein Magenleiden reichte da nicht aus. Was nun? Die rettende Antwort gab der Kollege Herbert Tauber, der zu dem neuen Mitarbeiterstab der sich prächtig weiterentwickelnden Presseagentur Dukas gehörte. Sein Bruder war ein angesehener Psychiater, der in der Nähe von Bern im »Mettengütli« die »Dahlia-Klinik zur Behandlung von Nervenkrankheiten« führte. Dieser brave Mann bescheinigte mir, ohne lügen zu müssen, daß ich an chronischer Schlaflosigkeit und den Spätfolgen meiner seinerzeitigen Gehirnhautentzündung litte. So war ich den Sbirren der Fremdenpolizei endlich entzogen.

Problematisch war der Aufenthalt in dieser freundlichen Parkvilla nur deshalb, weil ich mich nur schwer daran gewöhnen konnte, daß die anderen Patienten sich doch recht eigenartig benahmen. Es waren keine schweren Fälle, aber sie wurden mit der damals gerade erst in Mode gekommenen Elektroschockmethode behandelt. Mit dem Ergebnis, daß ihr Gedächtnis nicht nur von belastenden, sondern auch von alltäglichen Erinnerungen befreit wurde. Als wieder einmal beim Frühstück ein Nachbar seinen Kaffee auf den Teller statt in die Tasse goß und dann verzweifelt zu schluchzen begann, bat ich meinen Beschützer, ob er mir nicht erlauben könne, extern zu wohnen und ihn nur einmal wöchentlich zu den vorgeschriebenen Kontrolluntersuchungen zu besuchen.

Er stimmte sofort zu, und so konnte ich in Muri bei Bern als mehr oder weniger freier Mann in ein schönes möbliertes Zimmer einziehen und mich von nun an einer Tätigkeit widmen, die in den Augen der Schweizer Fremdenpolizei noch viel verwerflicher sein mußte als die heimliche Zeitungsarbeit.

Im Frühjahr 1943, nicht lange vor meiner Internierung, hatte ich den Telefonanruf einer mir unbekannten Frau namens Mary Rufenacht bekommen. Sie sprach deutsch mit einem starken amerikanischen Akzent, war aber, wie sie mir gleich in ihrer vitalen und oft von Lachen unterbrochenen Sprechweise mitteilte, kein »blasses Yankeewesen«, sondern irischer Abstammung und »außerdem« – das betonte sie ausdrücklich – mit einem soliden Schweizer Kaufmann verheiratet.

Was sie eigentlich von mir wollte, erfuhr ich erst bei einem Treffen in der Hotelhalle des »Baur au Lac«. Mein Kollege François Bondy, dessen Sprachenkenntnisse und Literaturwissen sie bewunderte, habe sie auf mich hingewiesen, weil ich politisch umfassender orientiert sei als die meisten Journalisten. Außerdem sei man aber auch auf den Bermudas, wo eine alliierte Nachrichtenstelle sich besonders mit der Auswertung von Informationen aus Hitlerdeutschland befasse, auf meine Artikel in der »Weltwoche« aufmerksam geworden.

»Ja und was kann ich nun für Sie tun?« fragte ich etwas ungeduldig.

»Sie könnten uns ein wenig im Kampf gegen unsere gemeinsamen Feinde helfen«, meinte sie. Man habe nämlich kürzlich bei der Gesandtschaft in Bern eine Dienststelle eingerichtet, welche die psychologische Kriegsführung der USA mit Informationen versorgen solle.

Es lag nahe, daß ich nun nach meiner teilweisen Befreiung aus der Internierung mit der von Mary Bancroft – so lautete der von ihr bevorzugte Mädchenname – empfohlenen Stelle in Verbindung trat und zu einer ersten Besprechung nach Bern in die Dufourstraße 23 eingeladen wurde, eine zweistöckige Villa im ruhigen Kirchenfeldviertel.

Dort empfingen mich ein quirliger Amerikaner namens Gerald Mayer und sein eher ruhig und bedächtig wirkender Mitarbeiter Edge Leslie. Sie gingen sofort in medias res und sprachen von ihren Sorgen mit den deutschsprachigen Propagandasendungen der »Stimme Amerikas«, die im Unterschied zu den nach Nazideutschland ausgestrahlten Nachrichten der Londoner BBC nur wenig Wirkung zu haben schienen. Woran lag das? Und was war der Grund, weshalb die Flugblätter und illegalen Zeitungen, deren Texte von Emigranten in New York verfaßt worden waren, weder bei den deutschen Soldaten noch bei der Bevölkerung »ankamen«.

Weshalb das so war, ließ sich mühelos herausfinden. Unsere für das »Office of War Information« (OWI) tätigen Schicksalsgenossen jenseits des Atlantik hatten die Sprach- und Mentalitätsveränderungen im Dritten Reich kaum oder gar nicht wahrgenommen. Es mußten also neue Autoren und Kommentatoren gesucht werden, die den Orten der schlimmen Ereignisse näher waren und den Jargon der Nazis trafen.

Die Arbeit mit meinen neuen Berner Kollegen war von Anfang an erfreulich. Ich lernte zum ersten Mal die unbefangenere kameradschaftliche und demokratischere Art kennen, in der Amerikaner miteinander umgehen. Da gab es kein Vorgesetztengehabe, kein Hinunterschlucken von Kritik, keine Eifersüchtelei. Jeder und jede nannten jeden und jede gleich beim Vornamen, und da die englische Normalsprache kein »Sie« kennt, duzte man sich, weil es ja gar nicht anders ging. Daß sich hier schon nach wenigen Tagen zwischen mir und der jungen Mitarbeiterin, die das etwas hölzerne Englisch meiner Memoranden in lesbare Umgangssprache brachte, ein sehr persönliches Verhältnis entspann, war in dieser Atmosphäre fast eine Selbstverständlichkeit. Sophie Reagan hieß sie und war bei ihrer geschiedenen Mutter im Milieu der in Paris lebenden amerikanischen Literaten – der sogenannten »lost generation« – aufgewachsen, während ihr Vater als Diplomat in Washington Karriere machte.

Von Sophie hörte ich auch zum ersten Mal, daß der eigentliche Boß dieser Gesandtschaftsfiliale ein Mann war, dessen großes Büro etwas abseits lag. Hinter verschlossener Tür vernahmen wir oft genug sein lautes unverwechselbares Lachen, aber zu Gesicht bekamen wir ihn so gut wie nie. Er war ein »Spezialabgesandter des Präsidenten« und daher direkt dem Weißen Haus in Washington unterstellt.

Es hieß, daß AWD (Allan Welsh Dulles) nach Europa geschickt worden sei, um an der Gestaltung der amerikanischen Nachkriegspolitik mitzuarbeiten, und ich war natürlich recht aufgeregt, als er mich eines Tages in sein Office kommen ließ. Nachdem der wie ein milder und harmloser evangelischer Pfarrer wirkende Herr von etwa fünfzig mir mit einer freundlichen Begrüßung selber die Tür geöffnet und leicht humpelnd auf Hausschuhen zu seinem Schreibtisch zurückgekehrt war, sprach er sofort jenen Satz, den ich noch oft von ihm hören sollte: »Bob, give me some ideas!«

Nichts tat ich lieber als das. Wie alle Vertriebenen wartete ich doch nur darauf, meine Ideen über ein künftiges Deutschland an den richtigen Mann zu bringen. Und das schien dieser Vertraute des Präsidenten in der Tat zu sein.

Peter Weiss, der inzwischen leider in Schweden als unglücklicher Angestellter der väterlichen Textilfabrik leben mußte, hatte in seinen regelmäßigen Briefen nach Zürich einmal gespottet, ich wolle ein »großer Weltmächtiger, Gesellschaftsgründer und Komplotteur« sein. Darüber hatte ich damals nur gelacht. Aber jetzt schien das ernst zu werden. Ich hatte einen direkten Draht zu den Spitzen der stärksten Weltmacht erwischt. Meine bewegenden Zukunftsvorschläge hatte ich bereits während meiner Internierungszeit in einem Nachkriegsentwurf niedergeschrieben und in Stichworten an Arnold Künzli, den politisch aufgeschlossensten meiner Kommilitonen, weitergeleitet. Nun wurde dieses »Project Golden Sheaf« (Projekt »Goldene Ähre«) allem Anschein nach in Washington so ernst genommen, daß sich Cordell Hull, der Leiter des »State Department« in einem Kabel mit seiner Unterschrift dafür bedankte. Ist es verwunderlich, daß mir der Kamm zu schwellen begann?

Als mir allerdings klargemacht wurde, daß prinzipiell alle Mitteilungen des Außenministeriums an seine ausländischen Vertretungen mit dem Namen des Ministers unterschrieben waren, auch wenn er sie persönlich nie gesehen hatte, erhielt mein neuer Größenwahn einen ersten derben Stoß. Noch mehr wurde mein Selbstbewußtsein erschüttert, als ich erfuhr, daß Dulles viel weniger an meinen großspurigen Ideen als an meinen Informationen aus dem Dritten Reich interessiert war. Wann immer ich ihm einen meiner gutgemeinten Vorschläge für die Welt von morgen ablieferte, pflegte er mich beim Weggehen fast beiläufig zu fragen, was ich von diesem oder jenem Deutschen hielte, der sich als angeblicher Nazigegner an ihn herangemacht hatte. Besonders interessierte ihn mein Urteil über Gisevius. Er stand, wie ich später erfuhr, schon lange mit diesem wichtigen deutschen Geheimnisträger in Verbindung und verdankte ihm entscheidende Informationen, wie zum Beispiel die Tatsache, daß man in Berlin den Geheimcode der Amerikaner entziffert und dadurch Einblick in alle ihre chiffrierten Korrespondenzen erhalten hatte. Dennoch hegte Dulles immer noch Verdacht, es vielleicht mit einem Doppelagenten zu tun zu haben.

Allan Welsh Dulles, Vater der amerikanischen Geheimdienste OSS (Office of Strategic Services) und CIA (Central Intelligence Agency), ist als eine dunkle, mit dem Makel der »unkonventionellen«, das heißt im Klartext verbrecherischen, Machenschaften mancher seiner Mitarbeiter behaftete Figur in die Geschichte eingegangen. Äußerlich wirkte er aber wie ein wahrer Menschenfreund, eine Mischung von Geistlichem und Businessanwalt, der, wie ich bald erfahren konnte, durch Freundlichkeit und Hilfsbereitschaft seine Mitarbeiter so sehr beeindruckte, daß er von ihnen »unser großer weißer Vater« genannt wurde.

Der Teufel sucht sich eben manchmal eine seinem bösen Wirken widersprechende Tarnung aus. Wer hätte 1944 in dem korrekten Advokaten AWD den künftigen Verantwortlichen –

und häufig genug wohl auch Initiator – vieler völkerrechtswidriger subversiver, oft krimineller Aktionen der Nachkriegszeit vermuten können? In Unkenntnis auch der verborgenen Hintergründe eines »kalten Krieges«, der in Heimlichkeit schon vor Ende des Zweiten Weltkrieges begonnen hatte, spielte ich von nun an im Team des »big white father« mit. In einer vertraulichen Stunde verriet mir Sophie: »Seit du für ihn arbeitest, hast du auch, wie alle seine Vertrauten, einen eigenen Decknamen. Sie haben dich zuerst ›junk‹ (Dschunke) getauft, weil dein Name auf englisch so ähnlich ausgesprochen wird. Aber das war ihnen zu verräterisch, und so wirst du bei uns nun als ›China‹ geführt. Funny, nicht wahr?«

Dieser fröhliche Stil, der mich an die Indianerspiele meiner Jugend erinnerte, war ganz typisch für die lockeren Spione, unter die ich da, ohne es zu wollen, geraten war. Sie leisteten in ihrer unbeschwerten Gangart, die ihren englischen Kollegen immer wieder Sorgen bereitete, erstaunlich gute Arbeit und hatten nebenbei viel Spaß. Besonders die »European girls« erregten ihr Interesse, weil sie im Gegensatz zu ihren amerikanischen Gefährtinnen so »undemanding« waren. Da machte auch der Boß keine Ausnahme. Wir alle wußten, daß eine elegante Italienerin, Tochter eines weltberühmten Vaters, nächtliche Gastspiele in der Herrengasse gab.

Besorgt habe ich die lockeren Geheimdienstler nur einmal erlebt. Als ich am 6. Juni 1944, dem Tag, an dem es den Alliierten gelungen war, endlich in der Normandie zu landen und erstmals in der von Hitler verteidigten Festung Europa Fuß zu fassen, beim Eintritt ins Büro begeistert rief: »Unsere Boys kommen!« und gar kein fröhliches Echo antwortete, verstand ich zuerst nicht, was vorging. Bis einer griesgrämig knurrte: »Aber unsere Frauen kommen auch!«

Das Kriegsende war nähergerückt, und für mich begann jetzt schon eine ganz neue Periode meines Lebens.

Fritzl

Zu seinem Geburtstag am 28. Mai pflegte er eine schwarze Krawatte anzuziehen. »Logisch«, war seine Erklärung, »wieder ein Jahr dem Tod näher.« Ein Minidrama des später berühmten Stückeschreibers Fritz Hochwälder, dem ich während der argen Schweizer Jahre so eng verbunden war, daß wir eine Zeitlang sogar in der Züricher Marktgasse zusammen hausten und wirtschafteten. Es war eine kleine, von einer gemeinsamen Bekannten samt einer zärtlichen Katze geliehene Wohnung, in die wir unsere Freunde und Freundinnen Tag und Nacht einladen konnten, ohne daß ruhebedürftige oder neugierige Vermieter sich einmischten.

»Fritzl« genoß diese Zeit ganz besonders, weil er in Ruhe an einem seiner Stücke schreiben konnte, die damals so gut wie keine Chance hatten, aufgeführt zu werden. Aber diese Aussichtslosigkeit verdroß ihn nicht. Als ich, der immerhin öfters die Genugtuung hatte, meine Artikel, wenn auch unter anderem Namen, gedruckt zu sehen, dem Freund vorschlug, sich doch auch einmal als Journalist zu versuchen und damit ein »paar Fränkli« zu verdienen, lehnte er stolz ab:

»Ich bin erfolgreich geprüfter Tapezierer und in Wien aufgeführter Dramatiker, nichts anderes.«

In einem Brief an unseren gemeinsamen Freund und Mäzen Hermann L. Goldschmidt schrieb er im März 1942 über sein im Entstehen befindliches Jesuitendrama »Das heilige Experiment«: »Du wirst sehen, ich kann es. Es gibt eben ein Geheimnis bei dem Geschäft. Man darf sich nicht entmutigen lassen.«

Es war das Werk, das nach Kriegsende an den führenden Bühnen von Wien, Paris, London, Rom, Zürich, Athen und Buenos Aires mit großem Erfolg gespielt wurde. Es zählt zu den wenigen Jahrhundertwerken der österreichischen Dramatik.

In der winzigen Dachwohnung Scheitergasse 6, in der Hochwälder danach sieben Jahre lang lebte und arbeitete, hing ein Dokument der Eidgenössischen Fremdenpolizei, in dem festgelegt wurde, daß der Dichter »in keiner Weise erwerbstätig sein, auch keinerlei bezahlte oder unbezahlte Stelle antreten« dürfe.

In einem kleinen, oft wiederholten Spiel, das Fritzl sich aus-

gedacht hatte, mimte ich die Rolle des zur Kontrolle erschienenen Polizeikommissars Bleiker. Ich hatte energisch an die
Haustür zu klopfen und den ängstlich Öffnenden barsch zu fragen:

»Hochwälder, dichten Sie wieder?«

»Aber nein, aber nein, Herr Kommissar!« versicherte der Er-
tappte mit zitternder Stimme. Erst als der Kontrolleur beim
Stöbern eine Seite Dialog entdeckt hatte, gestand er reuig
seine Schandtat.

Vorhang!

---

7. Kapitel

Der verlorene Friede

1945 – 1948

Die Anklagebank des Nürnberger Hauptprozesses während der
Aussage Hermann Görings (18. März 1946)

1.

Für die Europäer endete der Zweite Weltkrieg am 8. Mai 1945 mit der bedingungslosen Kapitulation Deutschlands, für die ganze Welt am 15. August des gleichen Jahres mit der Unterzeichnung des Vertrages, in dem die japanische Führung ihre totale Niederlage anerkennen mußte. Für ein paar hundert Eingeweihte in der immer noch von den Truppen des Reiches eingeschlossenen Schweiz begann der letzte Akt bereits viel früher. Denn von diesem neutralen Standort aus, in dem nun immer mehr Informationen über den sich abzeichnenden Zusammenbruch der Achsenmächte zusammenflossen, erkannte man schon seit Mitte 1944, daß die baldige Niederlage Hitlers und seiner Verbündeten unabwendbar sei.

Die Berichte über die nun fast täglichen Massenbombardements deutscher Städte und das von der deutschen Propaganda verschwiegene, aber durch Flüchtlingserzählungen dennoch bekanntwerdende Leiden der Zivilbevölkerung in Essen, Berlin, Frankfurt und Dresden haben mich damals zu einer Einmannaktion angetrieben, die ich nicht bereut habe, obwohl sie von Anfang an ziemlich aussichtslos zu sein schien. Ich setzte mich bei einem Besuch am Sitz des Internationalen Roten Kreuzes in Genf dafür ein, daß man dringend in allen kriegführenden Ländern Sicherheitszonen für die Zivilbevölkerung schaffen solle. Dorthin könnten die Gefährdeten flüchten, sobald Fliegeralarm ertöne, in der Erwartung, daß die Bomberpiloten diese Refugien ebenso schonen würden wie Krankenhäuser und Schulen. Die Einrichtung solcher »Lieux de Genève« war bereits vor Kriegsbeginn von verschiedenen Seiten angeregt worden und dann in Vergessenheit geraten. Aber wie schon einmal 1940 nach der grausamen Zerstörung von Rotterdam und Coventry scheiterte dieser private Rettungsversuch an der freundlich lächelnden Skepsis der philanthropischen Bürokraten, die mir zu verstehen gaben, ich unterschätze die legalen Schwierigkeiten, die der Verwirklichung einer solchen Initiative entgegenständen.

Daß ich mir überhaupt eine Erfolgschance für diesen humanitären Vorstoß ausgerechnet hatte, hing mit dem geglückten Zustandekommen einer der vielen Projektideen zusammen, die ich über das Berner Büro Dulles' nach Washington geschickt hatte und die dort weiterentwickelt worden war. Auf Grund meiner Anregung hatten die USA den Vereinten Nationen eine Hilfsorganisation für die zahllosen »displaced persons« vorgeschlagen, die von den Nazis als Zwangsarbeiter verschleppt und nun in den bereits beginnenden Zusammenbruch des Dritten Reiches mit hineingerissen worden waren. Sie hieß allerdings nicht mehr so poetisch, wie ich sie getauft hatte. Aus meiner »Goldenen Ähre« war nun die UNRRA (United Nations Refugee and Relief Agency) geworden.

Ein anderer Grund für mein gewachsenes und sicherlich auf Überschätzung des eigenen Einflusses sich gründendes Selbstvertrauen war einmal die Tatsache, daß ich mein Studium mit einer Promotion »cum laude« abgeschlossen hatte, mehr aber noch, weil ich plötzlich, aus dem Status eines rechtlosen Flüchtlings im Krankenstand, in die Rolle eines anerkannten Auslandskorrespondenten gerutscht war.

Ich verdankte das dem Schweizer Berichterstatter der angesehenen Londoner Wochenzeitung »Observer«, Jon Kimche. Er gehörte zu dem kleinen Kreis von Journalisten, mit denen ich seit langem meine Informationen aus dem Dritten Reich geteilt hatte, und revanchierte sich nun, als er auf einen anderen Posten versetzt werden sollte, indem er mich seiner Redaktion als Nachfolger vorschlug. Die Tatsache, daß mir die Schweizer zuständigen Stellen erlaubten, dieses Angebot anzunehmen, spiegelte ihre veränderte Einschätzung der Lage. Jetzt, da von allen Fronten Nachrichten über deutsche Niederlagen kamen, war es eben nicht mehr riskant, einem Hitlerflüchtling entgegenzukommen. Im Gegenteil: so konnte gezeigt werden, daß man auf der richtigen Seite stand.

Trotz aller Eingaben war aber der Beschluß über meine Ausweisung immer noch nicht aufgehoben worden. So beschloß ich, das Departement des Inneren um ein Interview für den »Observer« zu bitten. Das Thema sollte die Behandlung der politischen Asylanten sein. Nach Beginn der Unterredung merkte ich, daß der Beamte, der mir Rede und Antwort stehen sollte, nicht ahnte, daß der Berichterstatter eines angesehenen Londoner Blattes, der ihm gegenübersaß, ein Opfer der Schweizer Flüchtlingspolitik war. Denn sonst hätte er nicht versuchen können, mir weiszumachen, wie menschlich sein Land mit den Vertriebenen umgegangen sei. Als ihm meine aus eigener bitterer Erfahrung kommenden kritischen Fragen immer unangenehmer wurden, riß ihm die Geduld. Er stand brüsk auf, um die Unterredung zu beenden, und fragte nur noch:

»Wohin soll ich Ihnen die Unterlagen schicken?« Nie werde ich seinen verblüfften Gesichtsausdruck vergessen, als ich antwortete:

»Bitte nach Muri ins ›Mettengütli‹.«

»Aber Sie sind doch ganz normal!« brachte er hervor, denn es war ihm wie allen Bernern natürlich bekannt, daß unter dieser Sanatoriumsadresse nur mehr oder weniger Geistesgestörte logierten.

»Schon, schon«, antwortete ich. »Aber die Zürcher Fremdenpolizei leidet eben unter Verfolgungswahn«, antwortete ich ihm. Diese peinliche Unterhaltung führte dazu, daß, wenn auch recht spät, der gegen mich erlassene Befehl zu »Ausschaffung über die Landesgrenze« innerhalb weniger als einer Woche endlich fallengelassen wurde.

2.

Je näher der Zusammenbruch des Dritten Reiches rückte, desto mehr wuchsen die Hoffnungen der Emigranten, daß in Deutschland und den von alliierten Truppen besetzten Ländern nun bald eine ganz andere, gerechtere Zukunft beginnen werde. Überall in den Lagern und Interniertenheimen wurde lebhaft diskutiert, besonders die Kommunisten und die mit ihnen Sympathisierenden gebärdeten sich so, als säßen sie bereits an den Kommandohebeln.

Einer der Orte, wo die politisch interessierten Emigranten sich seit Jahren trafen, war das im Chor der Züricher Predigerkirche untergebrachte »Sozialarchiv«, eine von einer privaten Unterstützerorganisation ins Leben gerufene und unterstützte Bibliothek, in der seit vielen Jahren vorwiegend gesellschaftskritische Bücher, legale wie illegale, politische Zeitschriften und Dossiers mit thematisch geordneten Presseausschnitten der Öffentlichkeit zugänglich gemacht wurden. Schon Lenin, der damals nur ein paar Schritte entfernt in der Spiegelgasse wohnte, hatte in den letzten Jahren vor der Revolution in diesen ruhigen stilvollen Räumen gearbeitet.

Gegen Kriegsende war eine führende Mitarbeiterin, die im Lesesaal als Beraterin hilfreiche Hamburgerin Lotte Spengler, menschlicher Mittelpunkt des lockeren Kreises der zerstrittenen Linken. Daß sie bildschön und doch belesen sei, eine nicht häufige Mischung, war wohl das einzige, worin alle die von ihr Betreuten sich einig waren. Durch Heirat Schweizer Staatsbürgerin geworden, fand diese junge, leidenschaftlich engagierte Frau für alle, die oft nur für ein paar Stunden ihres kurzen Lagerurlaubs hier auftauchten, Rat und Hilfe. Schon die Tatsache, daß da eine »Autorität« freundlich mit uns umging, war wohltuend.

Ich habe mich, wie bereits früher in Berlin und Paris, mit den linientreuen Kommunisten politisch nicht verstanden und erinnere mich noch genau daran, wie einer von ihnen, der dann in der DDR Karriere machte, mir bereits Anfang 1945 in Aussicht stellte: »Dich werden wir einmal an die Wand stellen müssen!« Seinen Namen will ich nicht nennen. Denn er hat sich nach dem Zusammenbruch der DDR wieder einmal bestens arrangiert.

Auffallend anders trat mir einer gegenüber, den ich im Paris der Vorkriegsjahre noch als unbeugsamen Stalinisten erlebt hatte: Manès Sperber, der unweit von Zürich als später Flüchtling aus Cagnes in Südfrankreich nun in einem Schweizer Auffanglager interniert war, hatte sich aus einem eiskalten Eiferer in einen fühlenden Menschen verwandelt und reagierte auf meine Zukunftsschwärmereien vom neuen, besseren Europa pessimistisch: »Wenn es endlich zu Ende ist, werden all die Partisanen und ›maquisards‹ viel zu müde sein, um noch weiterzukämpfen.«

Wie zielstrebig die künftigen Sieger beider Seiten eine möglichst nur von ihren staatlichen und gesellschaftlichen Vorstellungen bestimmte Nachkriegswelt schon jetzt vorbereiteten, wußte ich aus meinen Erfahrungen mit Dulles und seinen Mitarbeitern. Nicht begriffen hatte ich anfangs, daß sie sich noch vor Ende des gemeinsam mit der Sowjetunion geführten Anti-Hitlerkrieges bereits strategische Positionen für die kommenden Auseinandersetzungen gegen ihre jetzigen Waffenbrüder zu sichern versuchten.

So habe ich zwar lange, bevor die Öffentlichkeit davon erfuhr, über die heimlichen Bemühungen der Amerikaner Bescheid gewußt, mit den in Oberitalien stationierten deutschen Truppen ein mit den anderen Verbündeten nicht vereinbartes Sonderabkommen zur vorzeitigen Waffenniederlegung abzuschließen, aber das, was eigentlich dahintersteckte, erst später erkannt. Diese vor allem von dem Deutsch-Amerikaner Gero von Gaevernitz, Sohn eines berühmten liberalen Hochschulprofessors, der eng mit der Familie des Großindustriellen Hugo Stinnes verwandt war, von Bern und Ascona aus intensiv vorangetriebene »Operation Sunrise« hatte ein doppeltes Ziel. Vordergründig wollte sie durch das Beispiel einer gegen den Willen Hitlers und der Obersten Heeresleitung erzwungenen Teilkapitulation das Kriegsende beschleunigen, vor allem aber wollte man durch eine schnelle alliierte Besetzung der jugoslawischen Grenze, der Poebene und der Mailänder sowie Turiner Industrieriere die Vereinigung von Titos gen Westen drängenden Partisanen mit gut bewaffneten italienischen Untergrundkämpfern verhindern. So sollte der von Engländern und Amerikanern befürchteten kommunistischen Machtergreifung im Süden Europas jetzt schon ein wirksamer Riegel vorgeschoben werden.

Mir hat damals das Wissen über die wochenlangen Geheimverhandlungen der Amerikaner mit dem durch Kriegsverbrechen schwer belasteten SS-General Wolff und anderen

deutschen Heeresführern zu einer sensationellen Erstveröffentlichung verholfen, nach der mir der Chefredakteur des
»Observer« ein Gratulationstelegramm schickte. Dennoch
habe ich später diesen beruflichen Erfolg, der mir erstmals internationale Anerkennung brachte, als eigentlichen Mißerfolg
bewertet. Denn ich hätte schon damals erkennen müssen, daß
die von mir geschilderte, allen Absprachen mit den sowjetischen Verbündeten zuwiderhandelnde »Operation Sunrise«
nicht, wie ich es interpretierte, der ersehnte Aufgang der
Friedenssonne war, sondern ein erster Akt des neuen, des sogenannten »kalten Krieges«. Noch ehe Faschismus und Nationalismus unter Millionenopfern ganz besiegt waren, bereiteten schon ab 1944 einerseits die Russen, andererseits die
Amerikaner einen neuen globalen Konflikt vor, der die nächsten Jahrzehnte überschatten sollte.

3.

Nur halb begriffen habe ich damals auch, was ein aus Washington nach Bern entsandter Nachrichtenmann namens
Loughborough dringend von mir erfahren wollte, als er mich
stundenlang ausfragte, wieviel ich über die von den Nazis an-
gekündigte »Wunderwaffe« wisse. Er halte das im Gegensatz
zu vielen alliierten Kommentatoren für keinen Bluff, sondern
für die letzte verzweifelte, aber ernstzunehmende Chance
Hitlers. Daß dieser Kundschafter nach Informationen suchte,
ob die Deutschen eine Atombombe vorbereiteten und wie
weit sie damit gekommen seien, durfte er nicht einmal andeuten, und so habe ich ihm auch nicht weiterhelfen können, obwohl ich damals bereits erfahren hatte, daß die Deutschen an
einer revolutionären neuen Energiequelle arbeiteten.

»Wir sind darauf vorbereitet, jede Bedrohung durch neue
Waffen mit einer noch schrecklicheren Gegendrohung zu
beantworten«, sagte mir Loughborough einmal im Laufe unserer Gespräche, eine Bemerkung, deren Ernst ich erst zu verstehen begann, als die atomare Hölle nicht, wie ursprünglich

gedacht, über die Deutschen, sondern über die Japaner hereinbrach. Vermutlich war diese Mitteilung damals nicht nur für mich bestimmt, sondern auch als abschreckende Warnung an einflußreiche Deutsche, denen ich vielleicht begegnen würde.

Welchen enormen Eindruck auf mich die Nachrichten über den Abwurf der zwei Nuklearbomben und die dadurch bewirkten Zerstörungen gemacht haben, erkenne ich daran, daß meine Erinnerung an den Tag der deutschen Kapitulation im Vergleich zu dem Entsetzen über den Untergang von Hiroshima und Nagasaki völlig verblaßt ist. Mindestens so groß wie das Erschrecken über den Massentod von Zehntausenden Japanern war mein Schock, daß »unsere Seite« zu solcher monströsen Unmenschlichkeit imstande gewesen war. Meine – und vieler anderer – naive Überzeugung, daß in diesem Krieg sich eindeutig Menschlichkeit gegen Menschenverachtung zur Wehr gesetzt hatte, erwies sich mit einem Donnerschlag als falsch. Auch wir waren also zu barbarischen Handlungen bereit. Und deshalb würde ich dieses »wir« nicht länger bedenkenlos aussprechen können. »Sie« waren es, die befohlen hatten, das Leben zahlloser Unschuldiger zu vernichten. Sie, die Machthaber. Nie mehr würde ich ihnen vertrauen können, wenn sie sich noch so sehr als Bewahrer der Humanität und Verteidiger der Freiheit aufspielen sollten.

Eigentlich hätte ich damals aus Protest sofort alle Verbindungen zu den Amerikanern abbrechen müssen. Ich tat es nicht, um mit denen, die in oberflächlichem Siegesrausch den Triumph ihrer überlegenen Rüstungstechnik feierten, auch weiterhin zu diskutieren und sie mit meinen Argumenten zu ernüchtern. Vor allem erschienen mir die meisten ihrer Nachkriegsvorhaben, in die ich Einblick erhielt, um meine Meinung darüber zu äußern, zu primitiv und konservativ. Erreicht habe ich mit meiner Kritik aber zunächst nur, daß Dulles mich den aus Washington angereisten Politbeamten mit verzeihendem Lachen als seinen »No man« vorstellte. Er hatte auch Verständnis für meine entschiedene Weigerung, ihm nach Kriegsende weiterhin dienlich zu sein, nachdem er mir eines Tages vorgeschlagen hatte: »Would you continue to keep your ear to the ground?« (»Würdest du auch weiterhin dein Ohr auf den Boden pressen?«)

Nein, Spionage im Dienste des »großen weißen Vaters« wollte ich wirklich nicht leisten. Jetzt, nach dem, was in Japan verbrochen worden war, schon gar nicht. Wenn ich ganz ehrlich mit mir bin, muß ich aber zugeben, daß ich mich von den alten Bundesgenossen in der Dufourstraße 23 leider nicht sofort deutlich und entschieden distanzierte, weil es so verführerisch war, endlich einmal auf der Seite des Siegers zu stehen, nicht geächtet, sondern geachtet zu sein. Etwas, das mir nun sogar durch ein offizielles amerikanisches Anerkennungsschreiben für »meine Dienste« bestätigt wurde.

Diese zweifelhaften Beziehungen brachten Vorteile mit sich. Der seit elf Jahren Staatenlose konnte zum ersten Mal unter dem Schutz seiner amerikanischen Freunde in die Nachbarländer der Schweiz reisen. Und das zu einer Zeit, als das den meisten noch verwehrt war. So begleitete ich einmal Henry Hyde, einen intelligenten und temperamentvollen New Yorker Anwalt, der im Auftrag des Geheimdienstes die Landung der Alliierten in Südfrankreich vorbereitet hatte, Ende 1944 zu einer grotesken Siegesfeier, die er mit seinen Mitarbeitern aus dem französischen Untergrund abhielt. Sie fand im bekanntesten Bordell von Lyon statt. Denn von hier aus waren jahrelang alle Fäden gezogen worden. Etwas später fuhr ich mit Peter Heller, einem anderen OSS-Mann, ins schwer zerstörte italienische Kriegsgebiet. Wir besuchten unter anderem unweit von Ánzio, wo die Alliierten seinerzeit unter großen Opfern ihren ersten Brückenkopf auf feindlichem Gebiet errichtet hatten, den Besitzer eines Strandhotels mit herrlicher Aussicht. Hier war mein Begleiter bis zu seiner plötzlichen Abreise am Tag nach der amerikanischen Kriegserklärung Stammgast gewesen. Ihn hatte der »padrone« mit ausgebreiteten Armen empfangen, als der für ein paar Jahre Verschwundene 1944 in Uniform an der Spitze einer schwerbewaffneten Spähergruppe vor ihm stand. »Wo sind Sie denn so lange geblieben?« fragte er. »Ihre Suppe wartet doch!« Als wäre inzwischen nichts geschehen, als wäre im Grunde alles noch beim alten.

4.

Wie schrecklich anders in Wirklichkeit alles geworden war, das haben wir, die als erste die Schicksalspeitsche zu spüren bekommen hatten, erfahren, als wir merkten, daß Vertreibung, Bespitzelung, Erniedrigung, die wie erlitten hatten, nichts waren verglichen mit dem Elend, in das so viele unserer Verwandten, Freunde und Schicksalsgenossen in diesen letzten vier Jahren gestoßen worden waren.

Wie hatten wir das Ende des Krieges, den Untergang der braunen und schwarzen Diktatur herbeigesehnt! Nun war es endlich soweit, aber wir konnten uns nicht freuen, wie so viele andere, weil nun erst das, was bisher nur vage Vermutung, Gerücht oder bruchstückhafter Geheimbericht gewesen war, als volle unumstößliche, durch keine Hoffnung mehr korrigierbare Tatsache auf uns einstürzte: die Vergasung von Millionen Kindern, Frauen, Greisen, von Kranken wie Gesunden. Dieser unvorstellbare Massenmord war also wirklich geschehen! Unfaßbar. Unvorstellbar. Eine Qual, der wir nie mehr entgehen würden.

Die Zeitungen waren jetzt voll von Erwartungen, Hoffnungen, Projekten, Plänen. Über uns, den Überlebenden, den Hinterbliebenen, lagen die Schatten einer Trauer, die kein Triumph, kein Trost erhellen konnte. Da half auch kein Hadern mit Gott, kein Fluch gegen die Verbrecher, kein Zorn auf alle, die das hatten geschehen lassen.

Das war die Stimmung, in der ich im Herbst 1945 zum ersten Mal seit neun Jahren die deutsche Grenze überquerte. Ich saß in einem Zug von Zürich über Basel nach Wiesbaden. Während der ersten Stunde blieb das Abteil halb leer. Aber sobald wir am deutschen Grenzbahnhof hielten, wurden die Wagen von Hunderten müden, schlechtgekleideten, unglaublich rücksichtslosen Wesen gestürmt, die sich gebärdeten, als seien diese Waggons Rettungsboote, ihre letzte lebensrettende Chance. Die Militärpolizisten – waren es Franzosen? Waren es Amerikaner? Ich weiß es nicht mehr – wurden einfach überrannt. Eigentlich hätten sie jede einzelne Person kontrollieren sollen, ob sie auch Reiseerlaubnis hätten. Aber sie machten nicht einmal den Versuch dazu und wichen vor dem massenhaften Druck der Aufgeregten zurück. Jahrelang hatten alle diese Wildgewordenen stillhalten müssen, nun hielt sie nichts mehr. Und ich, der sich vorgenommen hatte, sie als Mitschuldige zu verachten, ja zu hassen, empfand plötzlich Sympathie mit ihrem zu spät erwachten Selbstbestimmungs-, Selbsterhaltungswillen.

Ich hatte den Auftrag, für die »Weltwoche« über den Zustand des zerbombten Deutschland zu berichten, und bemühte mich von Anfang an, nicht als privilegierter Auslandskorrespondent mit Sondererlaubnis und Sonderrationen durch das ruinierte Land zu reisen, sondern schon nach ein paar Tagen den untypischen und unwirklichen Komfort einer von den US-Streitkräften beschlagnahmten Wiesbadener Parkvilla eines geflüchteten Parteigenossen aufzugeben und mich unter die von Niederlage, Not und Unsicherheit bedrängten Kriegsverlierer zu mischen. Da mich kein fremder Akzent verriet, wurde ich auch von Anfang an als zu ihnen gehörig angenommen und konnte so genauer als·andere Auslandsberichterstatter erfahren, was sie wirklich dachten.

Damals notierte ich: »Schon jetzt muten ganze Teile Deutschlands wie Wüsten an. Wüsten, in denen verbogenes Eisengestänge und rostiger Stacheldraht wächst. Durch zerstörte Straßen, die gewaltigen ausgetrockneten Geröllbetten gleichen, trotten Wesen, die nach dem Gesetz der Wüste handeln: Auge um Auge, Zahn um Zahn. Die Hoffnung, die mancher im Ausland Lebende hegt, daß durch Not und Elend der Geist gestärkt, die seelische Erkenntnis vertieft werde, erweist sich hier als falsch. Es gibt einen Grad des Leidens und der Verelendung, in dem jeder schöpferische, sittliche und spirituelle Aufschwung gelähmt bleibt.«

Meine Reise hatte ein weiteres Ziel. Ich sollte über das »Internationale Kriesverbrecher-Tribunal« berichten, das am 20. November 1945 in Nürnberg, der Stadt der Parteitage, zusammentreten würde. Da ich nun zu Fuß mit Vertriebenen und Ausgebombten über die Landstraßen zog, in irgendwelchen Zufallquartieren mit ihnen übernachtete und stundenlang mit ihnen sprach, erfuhr ich, daß sie den Sinn dieses Strafgerichts der Siegermächte nicht begriffen und als Propaganda oder Rache verurteilten, in der sich die Siegreichen zu Richtern über Besiegte setzten.

Besonders böse und gehäßig schimpften diejenigen, die aus den jetzt wieder an Polen zurückgegebenen Gebieten kamen. Stimmte es, daß nach dem Abzug der deutschen Besatzung in dem Ort G. auf öffentlichem Platz Frauen aller Altersgruppen vergewaltigt worden waren? Oder daß in weiten Gegenden Schlesiens kein einziges Kind unter einem Jahr mehr am Leben war, weil sie alle verhungern mußten? Hatten im Arbeitslager Sownowice gefangene Zivilisten tatsächlich nächtelang bis zum Hals in eiskaltem Wasser stehen müssen? Traf es zu, daß sich in einzelnen, von den einmarschierten Polen mit grausamer Hand verwalteten Gemeinden bis zu einem Fünftel der Bewohner aus Verzweiflung das Leben genommen hatten?

Ich wollte es zuerst nicht glauben, daß »Leute auf unserer Seite«, die jahrelang gegen die Unmenschlichkeit des Nazismus gekämpft hatten, nun eine solche Schreckensherrschaft duldeten. Durfte ich darüber schreiben? Handelte es sich nicht vielleicht nur um böswillige Gerüchte? Sie an Ort und Stelle überprüfen konnte ich ja nicht, solange die Polen keine Berichterstatter einließen. Ein von amerikanischen Beobachtern verfaßter Geheimbericht, den mir Gaevernitz auf meine Befragung hin beschaffte, bestätigte aber die meisten dieser Horrorerzählungen. Sollte ich das verschweigen, weil ich es nicht wahrhaben wollte? So wie die Deutschen über die Untaten der Nazis geschwiegen hatten?

Ich entschloß mich schließlich, über diese, bisher von der Weltpresse unterdrückten Ereignisse zu schreiben, obwohl ich nun riskieren mußte, daß meine Mitteilungen von allen denen benutzt werden würden, die Hitlers Untaten mit der Behauptung rechtfertigten: »Die Sieger sind auch nicht besser als wir.« Aber die Rezeption meines Artikels »Aus einem Totenland« zeigte, daß ich recht getan hatte, die schlimme Wahrheit zu zeigen. Der schonungslose Bericht wurde in der Öffentlichkeit der Siegerländer fast ausnahmslos selbstkritisch diskutiert und auf Anregung des jüdischen Verlegers Victor Gollancz sogar im englischen Unterhaus vorgelesen.

5.

Zwei Tage bevor diese anstößige Anklage in Zürich publiziert wurde, befand ich mich in dem von grellem weiß-violettem Licht erfüllten Nürnberger Gerichtssaal, wo Staatsanwälte der USA, Englands, Frankreichs und der Sowjetunion ihre Anklageschriften gegen die noch überlebenden Männer verlasen, die für den Tod und die Qualen von Millionen verantwortlich waren. Da saßen sie stumm und fast unbeweglich wie Wachsfiguren in den zwei Reihen der Anklagebox und vernahmen über Kopfhörer die von den Übersetzern temperamentlos und eintönig vorgetragene Aufzählung all der Untaten, die in folgsamer Ausführung ihrer Befehle begangen worden waren.

Nie ist mir so klargeworden wie in diesen Stunden, daß keine Strafe auch nur im entferntesten der Größe ihrer Schuld entsprechen würde. Die Versuchung war groß, den kurzen Abstand, der mich von Hermann Göring, Alfred Rosenberg und dem Judenvernichter Julius Streicher trennte, zu nutzen, um ihnen endlich Schmerz und Wut direkt in die gelangweilten Gesichter zu schreien. Ich tat das leider nicht und trug somit auch daran Schuld, daß diese Tage des Zorns zu einer faden, verharmlosenden Verhandlung verkamen, in der Statistiken des Leids und des Grauens von den Anklägern so gleichgültig heruntergelesen wurden, als handle es sich um Börsenkurse.

Das sei durchaus Absicht, erzählte mir in einer Pause Karl

Lachmann, ein Schulkamerad, der als Mitarbeiter der amerikanischen Anklagebehörde nach Nürnberg gekommen war. Man wolle sich ganz bewußt vom pathetischen Sprachstil des braunen Regimes absetzen und zeigen, daß man ohne Gefühlswallungen so sachlich und gerecht wie möglich über die entsetzlichen Tatbestände und ihre Verursacher zu Gericht sitzen werde.

Eine Ursache für die zunächst ausbleibende Dramatik zu Beginn dieses mit Ungeduld erwarteten Weltgerichts war auch in der Prozeßordnung zu suchen. Sie schloß zunächst einmal jeden Dialog zwischen Anklägern und Angeklagten oder ihren Verteidigern aus. Erst nach vielen Tagen, in denen die Staatsanwälte der vier Siegerstaaten das Wort hatten, würden die der Kriegsverbrechen Geziehenen aussagen und sich verteidigen können. Vorläufig war alles, was sie äußern durften, das einsilbige »Ja« oder »Nein« auf die Frage: »Schuldig oder nicht schuldig?«

Wie alle die Hunderten Journalisten aus aller Welt wollte ich natürlich jetzt schon wissen, wie sich die Mächtigen von einst verantworten würden, was sie dachten, wie sie sich als Besiegte und Geächtete fühlten. Es gelang mir, über Freund Lachmann Kontakt zu Doktor Gilbert, dem besonders mit der Betreuung und Beobachtung des Angeklagten Göring beauftragten Amerikaner, zu bekommen, aber was er über den einst so pompös auftretenden, jetzt stark abgemagerten und geschwächt wirkenden Generalfeldmarschall erzählen konnte oder wollte, war kaum berichtenswert. Die Tatsache, daß Göring sich längst heimlich Gift verschafft hatte, um dem unvermeidlichen Tod durch den Strang zu entgehen, scheint er nicht bemerkt zu haben.

Nachdem sie am ersten Tag wie erstarrt dem Verlauf des Verfahrens gelauscht hatten, begannen die Angeklagten in den folgenden Tagen miteinander zu sprechen und flüsternd Bemerkungen auszutauschen. Wir konnten das alles von weitem mit ansehen, aber natürlich nicht verstehen. So kam ich auf die Idee, eine Lippenleserin aus der Taubstummen-Anstalt der Gemeinde Nürnberg auf die Pressetribüne zu schmuggeln, und erwartete Interessantes, vielleicht sogar Sensationelles von ihrer Mitschrift. Sie tat auch brav ihre Pflicht. Aber als ich ihre Protokolle las, wurde ich schwer enttäuscht. Es waren nur Belanglosigkeiten, die sich die Ungeheuer zu sagen hatten. Der Kommentar »Mist!«, den sich der Dummkopf Streicher einmal leistete, lohnte ebensowenig eine Veröffentlichung wie das gestammelte Gejammer des einst so stolzen und jetzt durch Krankheit ganz heruntergekommen wirkenden Freiherrn von Ribbentrop über »die schlechte Unterbringung«.

Deprimierend war, was ich durch Karl Lachmann und seinen Chef, den stellvertretenden amerikanischen Staatsanwalt Robert Kempner, erfuhr. Sie hatten bei den Voruntersuchungen die Erfahrung gemacht, daß keiner der Hauptschuldigen bis auf Rüstungsminister Speer und Jugendführer von Schirach sich als Verursacher der Welle von Gewalt, Unrecht und Tod verantwortlich fühlte, die in den letzten dreizehn Jahren über der Welt zusammengeschlagen war. Sie hatten furchtbare Kräfte entfesselt, die sie dann nicht mehr meistern konnten und wollten. Diese Verantwortungslosigkeit der Verantwortlichen gegenüber den Folgen ihrer Entscheidungen erkannte ich als eine Chiffre dieses Jahrhunderts.

Bei denen, die dieses internationale Militärtribunal vorbereitet hatten, herrschte keine Siegesstimmung. Auch sie waren Juristen genug, um sich zu fragen, ob es richtig sei, daß Sieger über Besiegte richten wollten. Zu ihrer Rechtfertigung brachten sie hervor, daß sie die Angeklagten nicht als Kriegsführende, sondern als Verbrecher gegen die Menschlichkeit bestrafen wollten.

Im Hauptquartier der Journalisten, dem Faber-Schloß, das sich der berühmte Bleistiftfabrikant zu Jahrhundertbeginn in pompösem wilhelminischen Stil hatte bauen lassen, diskutierten wir Berichterstatter oft bis zum Morgen über diese Frage. Dabei fehlte es nicht an Tadel für die Herzensträgheit der Regierenden, die Hitler nicht rechtzeitig genug energisch Einhalt geboten hatten, sondern zusahen, wie die Deutschen aufrüsteten und sogar dabei mit verdienten.

Ich notierte in das Tagebuch, das ich nach Kriegsende einige Monate lang führte: »Zur Trägheit des Herzens kommt heute die Müdigkeit des Herzens. Aus ihr heraus droht uns schon wieder die Möglichkeit eines neuen Krieges.«

6.

In keiner Periode meines Lebens bin ich so viel herumgereist wie 1946, dem ersten Jahr des ersehnten und schon wieder gefährdeten Friedens. Millionen Vertriebene und Verschleppte, DP's nannte man sie, eine Abkürzung für »Displaced Persons«, waren in Bewegung auf der Suche nach einem Ort der Zuflucht, denn die Rückkehr in die Heimat war ihnen verwehrt.

Ich hätte zurückkehren können nach Berlin, aber ein erster Besuch in der durch zahlreiche Bombenangriffe zerstörten Heimatstadt war so abschreckend, daß ich diesen Gedanken sofort aufgab. Nicht nur die Häuser und Straßen meiner Kindheit waren bis zur Unkenntlichkeit entstellt, es gab auch fast keine Menschen mehr, die ich gekannt hatte. Von meiner Schulklasse lebte dort niemand mehr. Krell, den ich noch 1936 getroffen hatte, als er im kommunistischen Untergrund arbeitete, war deportiert und vergast worden, Paasche war nach Südafrika ausgewandert, Saubermann – ich glaube, er war es – hatte es schon im Juni 1936 erwischt, als er von Schüssen geweckt vor seine Haustür trat und dabei durch eine verirrte Kugel mitten in die Stirn getroffen wurde. Das war auf Ibiza gewesen. Er war dorthin vor allem deshalb gezogen, weil Spanien seit Jahrzehnten in keinen Krieg verwickelt worden war. Daß er Opfer eines Bürgerkriegs werden könnte, hatte er nicht bedacht. Jedermann, der Maler, lebte wohl noch, aber niemand konnte mir sagen, wo. Und die anderen, soweit sie nicht in der Schweiz, England oder Amerika Zuflucht gefunden hatten, waren auf den Schlachtfeldern umgekommen. Die humanistische Erziehung unseres Direktors Przygode hatte sie in keiner Weise auf eine inhumane Welt vorbereitet.

Keinen Augenblick lang zog ich in Betracht, in der Schweiz zu bleiben, obwohl ich dort auch Freunde gefunden hatte, die mir in meinen Bedrängnissen stets beigestanden hatten, und wußte, daß einige Persönlichkeiten, wie die großartige »Flüchtlingsmutter« Gertrud Kurz, sich menschlich hoch bewährt hatten. Aber ich wollte nie mehr etwas mit diesen sturen hartherzigen Beamten zu tun haben, sie niemals mehr um etwas bitten müssen. Und es war mir auch der Gedanke unerträglich, weiter Hunderten mißbilligenden, mißtrauischen Blicken von Fremdenhassern ausgesetzt zu sein oder ihren dümmlichen Stolz auf ihre unverdiente Sonderstellung in der geplagten Welt zu ertragen.

Daß »Charly« von Schumacher, der Chefredakteur der »Weltwoche«, sich so anständig verhielt, konnte dieses Urteil über viele seiner Landsleute nicht mildern. Seine offen eingestandene homosexuelle Veranlagung machte ihn zu einem Außenseiter, der schon deshalb zu anderen Außenseitern wie uns Heimatlosen hielt. Immerhin war es schon recht außergewöhnlich, daß er mir nicht lange nach Kriegsende für ein paar Wochen stellvertretend die Chefredaktion seines Blattes anvertraute, weil er endlich einmal eine kurze Zeit lang hinaus in die von Veränderungen bewegte Welt wollte, mit der er sich Woche für Woche in seinen Leitartikeln auseinandersetzte.

Jetzt durfte ich als »interim« signierend die vielbeachteten, im Fettdruck gesetzten Leitartikel auf der Titelseite verfassen. Es wurde mir auch gestattet, im Allerheiligsten der Redaktion, dem halbkreisförmigen Chefzimmer, zu residieren. Dorthin lud ich jetzt viele Freunde, Bekannte und mehr oder weniger wichtige Zuträger von Informationen ein. Die fürsorgliche Sekretärin, Frau Tauxe, meinte zwar, es gehe dort jetzt etwas wild zu, und behauptete später, man habe nach meinem Interregnum an der niedrigen Decke noch zahlreiche Spuren des Inhalts der zum Abschluß jeder Ausgabe explodierenden Champagnerflaschen gefunden.

Ob das stimmt, weiß ich nicht. Wohl aber, daß in diesen Tagen die Redaktionspost überquoll und ganze Waschkörbe füllte, weil ich die Leser angeregt hatte, Vorschläge für eine bessere Nachkriegswelt zu machen. Eine Initiative, die eher quantitativ als qualitativ erfolgreich war, denn ich kann mich nicht erinnern, daß unter den vielen Einsendungen wirklich originelle Ideen zu finden waren, obwohl das Blatt inzwischen nicht nur in der Schweiz Leser erreichte, sondern auch Deutsche und Österreicher, deren Presse von den Besatzungsmächten streng kontrolliert wurde. Damals habe ich zum ersten Mal beispielhaft erlebt, wie durch autoritäre Erziehung, Überschätzung des Expertentums und passiven Konsum der Massenmedien die Quellen der Bürgerphantasie ausgetrocknet werden.

7.

Karl von Schumacher fühlte sich bestimmt wohler, wenn er mich nicht in Zürich beschäftigte und von mir durch aufsässige Memoranden aufgestachelt wurde, sondern in der Welt herumschickte. So konnte ich zur Generalversammlung der Vereinten Nationen, die 1945 in San Francisco gegründet worden waren, nach London reisen und bekam in Euston Hall, dem provisorischen Veranstaltungsort, zum ersten Mal das eisige Klima des »kalten Krieges« zu spüren. Wie da von Ost und West ungeniert rivalisierende Großmachtpolitik betrieben wurde, erlebte ich nicht in den öffentlichen Debatten des Plenums, sondern vor allem in den Privatunterhaltungen, die ich mit Delegierten aller Lager führen konnte. Sie redeten über die Staatsmänner der anderen Seite bereits mit so haßerfüllten Worten, als sprächen sie über die Nazis und nicht über ihre Verbündeten. Im Schatten der neuen Rüstungstechnik mit ihren gewaltig gesteigerten destruktiven Möglichkeiten mußte diese Haltung besonders beängstigend wirken.

Das zu dieser Tragödie gehörende Satyrspiel erlebte ich nur wenig später in Belgrad bei einem großen Empfang des Titoregimes im Belgrader Schloß. Da ausländische Diplomaten, Militärs und Korrespondenten eingeladen waren, versuchte das ausgepowerte Land durch ein besonders reichhaltiges Buffet den Eindruck von Fülle vorzutäuschen. Zufällig war ich dabei, wie zwei amerikanische Offiziere sich bedienten, indem sie große Stücke aus einer mit Sowjetstern, Hammer und Sichel aus rotem Zuckerguß verzierten Torte schnitten. Sie ließen die kommunistischen Symbole demoliert zurück und gingen weiter zum nächsten Tisch, wo genau das gleiche Backkunstwerk prangte. Dort wiederholten sie ihre tapfere Operation, um sich dann noch an einem dritten und vierten Buffet als mannhafte Zerstörer der teuflischen (und süßen) Embleme zu betätigen.

Ich nutzte diese Reise ins kommunistische Jugoslawien zu einem Abstecher nach Sarajevo, der für eine kleine Gruppe von Korrespondenten vorbereitet worden war. Keine bequeme Reise in jenen Tagen, da noch so viele Straßen und Schienenwege zerstört waren. Nur eingleisig konnte der Zugverkehr nach Bosnien abgewickelt werden, mehrmals war die Strecke unterbrochen, und wir mußten in einem Dorf übernachten, bis die notwendigen Reparaturen beendet waren, ein nicht geplantes Zwischenspiel. Die Herzlichkeit und Vitalität unserer ländlichen Gastgeber machten uns dieses Volk und sein befreites Land sympathisch, nachdem die steifen und hochmütigen Funktionäre der staatlichen Pressestelle in Belgrad unsere ursprüngliche Zuneigung schon verspielt hatten.

In der Stadt, wo die Schüsse gefallen waren, die den Ersten Weltkrieg auslösten – vermutlich waren es die Startschüsse zum jahrzehntelangen Rennen in den Abgrund –, suchte und fand ich den Ort des Attentats. Ein junger Mann, der mich alleine dorthin führte, bekannte sich als Bewunderer jenes Fanatikers, der den österreichischen Erzherzog und seine Gemahlin ermordet hatte. Einen herumliegenden Stecken verwandelte er flugs in eine »Waffe«, legte sie an und brachte aus seinem dünnen Mund ein paar scheußliche Töne heraus, die wohl den Lärm der explodierenden Patronen nachahmen sollten. Meine empörte, völlig unüberlegte Reaktion war, daß ich einen wilden Schmerzensschrei ausstieß, stellvertretend für die getroffene Kreatur. Mein Begleiter verstand nicht. Er meinte, ich spiele mit, und klatschte begeistert in die Hände.

Denke ich an diesen Jugoslawienbesuch vom Frühjahr 1946 zurück, so erinnere ich mich weniger an die politischen Interviews als an die nächtliche Dunkelheit der Städte. Nie hatte ich bewußt bemerkt, wie selbstverständlich uns Menschen des Propagandazeitalters die vielen Lichtreklamen geworden sind. Ich hatte sie manchmal kritisiert und während des Kriegs im Gespräch mit Freunden erwähnt, wie schön die nur von Sternen beleuchteten nächtlichen Straßen Zürichs seien, seit der Luftschutz totale Verdunkelung befohlen habe. Nun aber, zuerst im Nachkriegs-Budapest, dann in Zagreb und Belgrad, fehlten mir die blauen, roten, gelben Neonschriftzüge, die leuchtenden, zuckenden, aufdringlichen Zahlen und Figuren an den Häuserwänden. Als ich auf der Rückkehr in den Westen zu später Stunde aus dem grimmen Laibach kommend in Triest eintraf, fühlte ich mich mit einem Schlag in eine andere, glücklichere Welt versetzt.

Und wußte doch, daß das nur zum Teil stimmte, denn ich hatte erst vor ein paar Wochen, geführt von einem Mailänder Kollegen, »Italia brutta«, das »häßliche Italien« der Armenviertel kennengelernt. Aber dort wurde wenigstens laut gesprochen, streitend geschrien, gelegentlich sogar gesungen, während ich in den dunklen Städten des Ostens von bedrücktem Schweigen umgeben war.

Anlaß meiner Italienreise war der »Matteotti-Prozeß«, in dem der Mord an dem populären Sozialistenführer der ersten Nachkriegszeit aufgeklärt werden sollte, eine der ersten Untaten des Faschismus, Markstein auf dem Weg in die Diktatur des abtrünnigen Sozialisten Benito Mussolini. Der Versuch einer Rekonstruktion erwies sich so viele Jahre später als ziemlich aussichtslos. So wie in Nürnberg wurde auch hier deutlich, daß Vergeltung immer zu spät kommt, Strafe niemals ausreicht, Wiedergutmachung unmöglich ist, eine Erkenntnis, die mich persönlich dazu brachte, auf »Wiedergutmachungszahlungen« der Deutschen, die mir als »Opfer des Nazismus« zustanden, ganz bewußt zu verzichten. Ich wollte nicht Geschäftspartner bei diesem unmoralischen Ablaßhandel werden, in dem die Deutschen sich ein besseres Gewissen kaufen durften.

Unheilbare Wunden waren gerissen worden. Die Ermordeten blieben verschollen. Sie kehrten nicht zurück. Auch wenn Frau Schwarz, die liebenswerte alte Wienerin im verlotterten Pariser »Grand Hotel«, wohin meine Mutter nach ihrem zornigen Weggang aus der ungastlichen Schweiz mit einigen Bekannten gezogen war, jede Nacht die Tür angelehnt ließ, weil ihr 1942 deportierter Lebensgefährte vielleicht plötzlich zurückkommen könnte, es war nur eine rührend hoffnungslose Geste in einer schon wieder fast hoffnungslosen Zeit.

8.

Und doch erlebte ich in diesem Nachkriegs-Wanderjahr auch Ermutigendes. Zum Beispiel die Geschichte der 1018 jüdischen Flüchtlinge auf dem Dampfer »Fede«, die ich im früheren Kriegshafen La Spezia aufsuchte. Seit über drei Wochen schon harrten sie in ihrer überfüllten Arche aus, in der Hoffnung, nach Palästina reisen zu dürfen. Aber als sie am 5. April 1946 in See stechen wollten, erschien plötzlich der politische Kommissar der lokalen Polizei auf der Mole und verhinderte die Abfahrt, weil er meinte, es handle sich um Nazis, die zu Franco nach Spanien gelangen wollten. Die in ihren Handgelenken eintätowierten Zahlen schienen ihm Beweis dafür zu sein, daß es sich um als Juden getarnte SS-Leute handeln müsse.

»Wir haben dem guten Mann, einem verdienten antifaschistischen Partisanen, klarmachen können, daß auch die Insassen von Konzentrationslagern sich solche Tätowierungen gefallen lassen mußten«, erzählte mir Moses Feldmann, der erst vierundzwanzig Jahre alte Sprecher der Flüchtlinge. Aber ehe diese Verhandlungen vorbei waren, hatten die englischen Behörden in ihrem Hauptquartier Caserta schon Wind von der Sache bekommen und schalteten sich nun sofort ein. »Illegale Einwanderung nach Palästina? Unmöglich! Wir lassen euch in Chiavari internieren und das Schiff beschlagnahmen.«

Die angereiste englische Militärkommission zog sich zu

nächst zurück, weil die Flüchtlinge gedroht hatten: »Wir verlassen dieses Schiff nicht. Wenn ihr uns dazu zwingt, werden wir es in Brand stecken. Wenn ihr uns interniert, werden zehn der Unsrigen hier auf der Mole Selbstmord begehen. Sie haben sich schon freiwillig dazu gemeldet.«

Während die Engländer noch auf einen Bescheid aus London warteten, hatten die Insassen einen Hungerstreik begonnen und die Weltöffentlichkeit alarmiert. Weil ich davon gehört hatte, war ja auch ich hierher gekommen. Vor allem aber hatten prominente Politiker wie der Unterhausabgeordnete Harold Laski den Hilferuf gehört und die von seiner Partei geleitete Regierung bereits zu einem teilweisen Einlenken überredet.

Das reichte nicht aus, und die Betroffenen protestierten weiter: »Wir haben aus London telegrafischen Bescheid bekommen, daß 670 von uns Einreisevisen nach dem Heiligen Land erhalten. Aber wir sind 1018 Menschen und wir haben entschieden: entweder gehen wir alle, oder es geht keiner. Jetzt warten wir darauf, ob London auch für die Restlichen die Erlaubnis erteilen wird. Wenn nicht, dann werden wir eben ohne Erlaubnis in See stechen. Wie will man uns aufhalten? Mit Kanonen? Ich glaube nicht, daß man das wagen wird.«

So standen die Dinge, als Feldmann mit mir sprach. Ich stieg hinunter in die Laderäume und das Unterdeck, wo in qualvoller Enge und Dunkelheit Flüchtlinge herumsaßen und auf Zeltbahnen lagerten. »Wir sind zu allem entschlossen«, sagten sie. »Angst haben wir längst verlernt.« Und Feldmann, der trotz seines jungen Alters so erwachsen wirkte, erklärte, woher diese verzweifelte Entschiedenheit komme: »Wir fliehen vor der Verfolgung. Sie dauert ja immer noch an. Erst heute haben wir einen Brief aus Warschau bekommen, in dem uns mitgeteilt wird, daß dort in vierzehn Tagen wieder zwanzig Juden umgebracht worden sind. Jetzt wollen wir endlich nach Hause, nach Jerusalem.«

Ich war noch dabei, als endlich die gute Botschaft eintraf. London bewilligte für Mitte Mai auch die restlichen Einreisevisa. Ich hatte lauten Jubel erwartet. Aber die Mitteilung wurde eher mir ruhiger Befriedigung aufgenommen. »Wir erklären Sie sich das?« fragte ich Moses Feldmann. »Weil wir wußten und wissen, daß gerechte Forderungen einmal erfüllt werden müssen, wenn es genügend Hartnäckige gibt, die sich von ihrem Ziel nicht abbringen lassen.«

9.

Wenn das nur gestimmt hätte! Die etwas über tausend Flüchtlinge auf der »Fede« waren eine glückliche Ausnahme. Fast zweihunderttausend Juden, die den Gaskammern entgangen waren, warteten immer noch in elenden Barackenlagern darauf, daß man sie irgendwohin legal einreisen ließ. Die Aktivsten unter ihnen hielten diese Existenz des untätigen Wartens nicht aus und machten sich wieder auf eine ziel- und aussichtslose Wanderschaft. Gestern hatten sie den Häschern der Gestapo entkommen müssen, jetzt versteckten sie sich vor Bahnpolizisten und Grenzwächtern. Wurden sie erwischt, dann wanderten sie ins Gefängnis oder kamen wieder in ein Lager. In solchen »Camps« wurden noch 1947 eine Million »not repatriables« festgehalten. Als die Geschichte eines dieser Unglücklichen bekannt wurde, der unweit von Genf zwischen den Grenzen tagelang auf einer Brücke ausharren mußte, weil ihn weder die Schweizer noch die Franzosen in ihr Land lassen wollten, schlüpfte ich in die Rolle eines solchen Grenzgängers, um darüber zu berichten. Zehn-, elf-, zwölfmal überquerte ich ohne Papiere die Grenze. Aber es gelang mir beim besten Willen nicht, erwischt zu werden. Vermutlich fiel ich den Beamten deshalb nicht auf, weil ich im Wissen, daß mein Ausweispapier von mir zuvor bei der internationalen Nansen-Behörde im Genfer Völkerbundpalais deponiert worden war, die mich aus Schwierigkeiten sofort herausholen würde, keine Zeichen von Angst und Unsicherheit zeigte.

Aus Interesse für die »displaced persons« besuchte ich zwei Lager in Deutschland. In einem Camp bei Wolfratshausen waren Polen untergebracht, in einem anderen, das nicht weit davon lag, vegetierten Balten seit vielen Monaten. Sie waren empört über einen Aufruf des Chefs der UNRRA, La Guardia, der von ihnen verlangte, sie müßten möglichst bald nach Hause zurückkehren: »Eure Zukunft liegt nur in eurem Land. Ihr könnt euch und eurem Land nur helfen, wenn ihr heimfahrt«, hieß es in seinem ahnungslosen Edikt. Aber die Betroffenen wußten, daß sie dort noch Schlimmeres erwarten würde, und klammerten sich weiter an das erbärmliche Asyl in einem Land, das sie nicht wollte.

Mit zahlreichen Briefen an Verwandte, Bekannte, Autoritäten verließ ich die Lager. Immer wieder bat man mich: »Erzählen Sie der Welt, wie es uns geht!« Als von Schumacher mir anbot, für sein Blatt zur Herbstsitzung der UNO nach New York zu reisen, griff ich sofort zu. Diesmal nicht so sehr, weil ich etwas erfahren wollte, sondern weil ich als Augenzeuge etwas erzählen mußte von dieser wartenden Masse der Heimatlosen im »friedlichen« Nachkriegseuropa.

Und so begegnete ich im Sommer 1946 bei meinem allerersten Besuch in Manhattan fast gar nicht dem ersehnten Amerika und den Amerikanern, sondern zuerst und vor allem den internationalen Funktionären des Wirtschafts- und Sozialrats der UNO. Bei ihnen rannte ich nur offene Türen ein. Denn sie wußten ja längst ganz genau, wie aussichtslos die Lage der Ausgestoßenen war, und konnten doch so gut wie nichts daran ändern. An alle Mitgliedsstaaten hatten sie kürzlich die Anfrage gerichtet, ob sie bereit seien, politisch Verfolgte bei sich aufzunehmen. Aber nur dreiundzwanzig Länder sandten überhaupt Antworten. Und die waren entmutigend. Ganze zweitausend Menschen sollten in Großbritannien Zuflucht finden, nur dreitausend Personen pro Monat wollten die USA aus Ost- und Mitteleuropa zulassen, fünftausend die Franzosen. Aber daran knüpfte man Bedingungen, die meist unerfüllbar waren. Nur hochqualifizierte Spezialisten waren erwünscht oder junge Frauen für anstrengende Haus- und Spitalsarbeit. Argentinien hatte deutlich rassische Vorbehalte und die Dominikanische Republik nahm nur »Arbeitswillige« auf, die bereit waren, wie Sklaven zu leben und zu schuften.

Der große Krieg, dem fast dreißig Millionen Menschen zum Opfer gefallen waren, forderte immer noch Opfer, und einmal mehr mußte ich beim Versuch, ihnen zu helfen, meine Ohnmacht einsehen.

Aber die, denen es kraft ihres Amtes möglich gewesen wäre, die Türen zu öffnen, die Unglücklichen aufzunehmen, den Gehetzten endlich eine Ruhepause zu gewähren, waren sie nicht ebenso ohnmächtig? Ich versuche mich rückblickend an den Beamten des »State Department« zu erinnern, den ich aufsuchte. Mit guten Empfehlungsbriefen, von denen er nur die eindrucksvollen Unterschriften las. Wie er hieß, wie er aussah, weiß ich nicht mehr. Aber seine Handbewegungen sind mir so gegenwärtig, als wäre es gestern gewesen: Gesten der Abwehr, Gesten der Hilflosigkeit, leere Hände, schwache Hände. Der ewige Pontius Pilatus erklärte sich unzuständig und beteuerte seine Unschuld.

10.

Die Mission des Don Quichotte R. J. war also wieder einmal ein voller Mißerfolg. Ich hatte zu stark an Ideale geglaubt, die in Büchern stehen und auf Denkmälern eingemeißelt sind: »Der Mensch ist gut!« »Gebt mir eure Armen und Geschundenen!«

Das, was ich im Hauptquartier der UNO erlebt hatte, konnte doch nicht alles sein. Zwar bin ich nach Ablauf meines kurzen Besuchervisums nach Europa zurückgekehrt, aber mit der festen Absicht, sobald wie möglich wiederzukommen, um als Einwanderer das Land meiner Träume wirklich kennenzulernen. Ich hatte mir wie die meisten Ausländer vorgestellt, Amerika sei ein reiches Land, an dessen Überfülle alle seine Bürger teilnehmen. Und nun begegnete ich im Getümmel um den New Yorker Times Square so vielen müden, enttäuschten, vom harten Lebenskampf zerrissenen Gesichtern.

»Broadway« – was war das in meinen Vorstellungen für ein tausendfach glitzerndes Spektakel gewesen! Endlich am Ziel meiner langjährigen Wünsche angelangt, hauste ich in einem kleinen Hotel am unteren Ende dieser berühmten Straße, dessen schäbige Zimmer schlecht rochen, aus dessen quietschenden Hähnen über dem zersprungenen Waschbecken rostiges Wasser rann.

Die Enttäuschung macht mich krank. Nicht nur der Magen rebelliert, wie stets, wenn ich scheitere: es kommt auch noch ein leichtes Fieber dazu. Irgendeine Infektion muß die Ursache sein. Kein Doktor findet heraus, wo sie steckt. »Psychosomatisch«, diagnostiziert ein aus Europa eingewanderter Psychoanalytiker und legt mich ein paarmal auf seine teure Couch. Vergeblich. Erst ein rührender jüdischer Armenarzt findet heraus, was mit mir los ist: Amöbenruhr! Vermutlich von meiner Balkanreise eingeschleppt. Er kommt sofort darauf, weil er in seiner Praxis Puertoricaner, Mexikaner, Kubaner behandelt, die an ähnlichen Symptomen leiden.

»Drei Wochen Krankenhaus, eine Kur mit Emmetin, und Sie sind's los«, verordnete er. Stimmte. Aber als ich geheilt aus der teuren New Yorker Privatklinik kam, die ich aufsuchen mußte, weil ich in keinem öffentlichen Krankenhaus ein Bett bekommen hatte, war ich auch alle meine in den Schweizer Emigrationsjahren gesammelten Ersparnisse los. Krankheit ist in Amerika ein Unfall, den man teuer bezahlt.

Ich hatte eigentlich gehofft, mir mit diesem Geld ein halbes Jahr Freiheit von der journalistischen Tagesarbeit zu verschaffen, um einen Entwurf für mein seit langem vorbereitetes Projekt »Psychopolitik« zu schreiben, in dem die vernachlässigte seelische Dimension geschichtlichen Handelns aufgedeckt werden sollte. Damit hoffte ich, den von Professor Adelyotte prinzipiell bereits zugesagten Eintritt ins exklusive »Institute for Advanced Studies« in Princeton zu erlangen und damit eine wissenschaftliche Karriere zu beginnen. Das, was von meiner Arbeit schon vorlag, fand zwar großes Interesse, aber sollte noch vertieft und besser begründet werden. Doch woher nun die Mittel für eine solche erwerbslose Zeitspanne nehmen? Da mußte ich vorläufig verzichten.

Aber auch meine Heiratspläne waren in Schwierigkeiten geraten. Sophie Reagans Eltern hatten zwar endlich nachgegeben, daß sie diesen besitz- und staatenlosen Zeitungsschreiber heiraten dürfe, und es war sogar schon ein Datum für die Eheschließung festgelegt. Aber die von meiner Braut und mir zusammengestellte Liste der Heiratsgäste gefielen Sophies Daddy nicht. »Zu viele Juden!« bemängelte er. Die eingeschüchterte Tochter meinte niedergeschlagen: »Sollten wir ihm nicht nachgeben?« Meine vehemente Reaktion: »Wenn unsere Ehe schon so anfangen soll, lassen wir es lieber gleich bleiben!« Unhappy End einer wunderschönen Romanze.

Ich war verzweifelt und versuchte nach einem bewährten Rezept, das ich als Nichtalkoholiker allerdings noch nie zuvor erprobt hatte, meinen Kummer zu ersäufen. In der 55. und 56. Straße zwischen Sechster und Fünfter Avenue gab es Dutzende von Bars und Nachtclubs, die ich brav nacheinander aufsuchte, wie wenn es darum gegangen wäre, einen Hindernislauf zu bewältigen. Natürlich kam ich bald in beste Stimmung. Die Welt gehörte wieder mir, und als mir in einem dieser Whiskylöcher ein halbnacktes Girl vom obersten Absatz einer Innentreppe aus zuwinkte, stolperte ich zu ihr hinauf, stand vor einer Tür, die sie gerade hinter sich geschlossen hatte, und klopfte nun energisch, um da hineinzukommen.

In diesem Augenblick wurde ich von hinten gepackt und zu Boden geworfen. Zwei oder drei junge Kerle waren über mir, hielten mich fest und schlugen auf mich ein. Ich riß mich mit unvermuteter Kraft los und taumelte über die Stufen hinunter in das halbdunkle Lokal. Die Schläger mir nach. Ich stoße einen Tisch um, weil ich ihnen den Weg verlegen will, greife nach zwei Gläsern von der Theke und stehe nun breitbeinig da, um mich zu verteidigen.

So sahen mich die Polizisten, als sie ins Lokal gestürzt kamen, nahmen mich mit routiniertem Griff an den Armen und führten mich ab. Hinter mir hörte ich noch, wie meine Angreifer etwas von einer Gitarre riefen, die ich zerschlagen haben sollte. So landete ich in den »Tombs«, dem berüchtigten New Yorker Untersuchungsgefängnis, wohin die meisten der im Laufe einer Nacht festgenommenen Ruhestörer oder Streuner verbracht werden. Schon am frühen Morgen wurde ich einem gutmütigen Richter namens Proskauer vorgeführt, der einwilligte, mich gegen Kaution und das Versprechen loszulassen, das nie gesehene, angeblich von mir ruinierte Musikinstrument zu ersetzen. Kosten: So etwa fünfhundert Dollar. »Die werde ich nie zahlen müssen«, versicherte ich meiner erst ein paar Tage zuvor aus Paris nachgekommenen Mutter, die mich vom Gericht abholte. »Ich weiß ja nicht einmal, wie das verdammte Ding aussieht. Auf diesen Betrug falle ich nicht herein.«

Sicherlich würde Henry Hyde, ein Kollege aus dem Berner Dulles-Clan, die Angelegenheit schnell in Ordnung bringen. Er hatte seit Kriegsende seine Praxis wiederaufgenommen und galt als einer der tüchtigsten New Yorker Anwälte. Als ich ihn voller Vertrauen in die Gerechtigkeit stiftende amerikanische Justiz aufsuchte, klärte er mich auf: »Du kennst New York noch nicht. Das war natürlich bestellte Arbeit. Wir kennen diese Touristenfallen. Da sind auch die ›cops‹ (Polizisten) immer mit im Spiel. Und die sagen bestimmt alle gegen dich aus. Wir hätten nicht die geringste Chance, den Fall zu gewinnen. Hier geht's nur um die Beweislage, und dafür, daß die ihren Behauptungen entspricht, haben diese Leute schon vorgesorgt. Ich schenke dir lieber das Geld. Das kostet mich weniger als die Zeit, die ich nutzlos vor Gericht verschwenden müßte.«

Wir einigten uns mit den Klägern darauf, daß ich die Schadenssumme nach und nach abzahlen sollte. Doch als die zweite Zahlung kam, wurde mir geraten, ich solle doch wenigstens das »Corpus delicti«, für das ich so teuer zahlen müsse, verlangen und mir zur Warnung vor ähnlichen Eskapaden in meinem Arbeitszimmer aufhängen. Dieser Forderung sind die Widersacher niemals nachgekommen, wohl weil es gar kein solches Beweisstück gab, und ich habe den Rest der Summe dann doch nicht zahlen müssen.

Von nun an ging's bergauf. Meine Berichte von den Vereinten Nationen und aus Washington hatten Resonanz, und es begannen sich mehrere Zeitungen der gerade erst auferstandenen deutschen Presse für mich zu interessieren.

Bei den Kollegen und einigen Mitarbeitern der UNO fand ich gute Freunde: zwei Franzosen, einen Spanier, eine Engländerin, einen Schweden, einen stets ängstlichen Tschechen, der im Sekretariat arbeitete, und, aus Nürnberg zurück, den alten Schulfreund Karl Lachmann. Wir alle waren uns in einem Punkt ziemlich einig. Diese »Vereinten Nationen« sollten »Vereinte Bürokraten« heißen. Ihr neues Gebäude am East River, diese vielstöckige Schachtel voller Papiere, Kopien der Papiere, Kopien der Kopien war leider kein Hauptquartier der Menschlichkeit.

Weshalb war zum zweiten Mal nach einem grausamen Krieg nichts von der Hoffnung der Völker verwirklicht worden? Weshalb mußten wir fast nur über Streit berichten? Weshalb verlangten die Redaktionen von uns stets nur Dramatisches? Über das Auf-den-Tisch-Schlagen, über den immer häufigeren Abbruch von Verhandlungen, über Drohungen und Gegendrohungen? Sogar die Dolmetscher imitierten den agitatorischen Stil der Redner. Jener Unsichtbare, den wir nur als Stimme im Kopfhörer des Übersetzungsgeräts kannten, ahmte den ehemaligen Staatsanwalt und jetzigen sowjetischen Chefdelegierten Wyschinski haargenau nach: seinen kalten, übertrieben scharfen Tonfall bis zum hysterischen Überschlagen der Stimme, die groben Schmähungen und den eisigen Spott. Dabei war dieser Sprecher, den ich unbedingt einmal in Fleisch und Blut vor mir sehen wollte, wie sich dabei herausstellte, ein gesetzter, freundlicher Fünfziger, dem ich seine privaten Friedensbeteuerungen gerne glaubte.

Und doch hingen wir alle in diesem kleinen Freundeskreis weiter an dem Gedanken der internationalen Zusammenarbeit, nein mehr noch: des globalen Zusammenwachsens einer Welt, die durch das sich nun erst voll entwickelnde Netz der elektronischen Kommunikation und des immer dichter werdenden internationalen, interkontinentalen Flugverkehrs aus Entfernung Nachbarschaft werden ließ. An einem Abend – mitten in der neuesten Ost-West-Krise – rief es einer von uns halbtrunken aus: »Wir sind doch alle Planetarier! Versteht das doch! Die ersten Planetarier der Weltgeschichte sind wir, Planetarier!«

Ebendieser Kollege, ein bekannter schwedischer Journalist, kam Anfang 1948 als Korrespondent des »Dagens Nyheter« zu mir und fragte: »Hättest du Lust, den ›Readers Digest‹ zu beraten?« Ich wußte natürlich, das war das amerikanische Magazin mit der höchsten Auflage der Welt. Es erschien in einem Provinzstädtchen von New England und veröffentlichte monatlich eine Auswahl von meist gekürzten und leichter leserlich gemachten Artikeln aus vielen verschiedenen Zeitschriften. Dabei bemühte man sich vor allem, die helleren Seiten der Gegenwart vorzuzeigen, eine Tendenz, die einen Satiriker des »New Yorker« gereizt hatte, als Parodie ein erfundenes Inhaltsverzeichnis dieses Vademekums von Millionen Gutgläubigen zu veröffentlichen. An dessen Spitze stand ein Bericht mit dem verheißungsvollen Titel: »Wir leben auf einer Müllkippe und lieben es!«

Dieses publizistische Erfolgsorgan wollte nun im Zeichen des neuen Internationalismus auch in anderen Sprachen vom »amerikanischen Jahrhundert« künden. Ob ich wohl Lust hätte, daran mitzuarbeiten? Als Probe sollte ich die Auswahl und den Stil der ersten, schon übersetzten Artikel für die geplante deutsche Ausgabe beurteilen. Eine ungewöhnlich gut bezahlte Nebenbeschäftigung würde sich vielleicht daraus ergeben.

Das konnte mir nur passen. Politisch gab es an dem eher harmlosen Inhalt kaum etwas auszusetzen. Ich würde ohne großen Arbeitsaufwand meine beim hohen Währungsstand des Dollar nie ganz ausreichenden Honorare aus Europa etwas aufbessern und mindestens einmal im Jahr eine Reise zur Redaktion in Stuttgart bezahlt bekommen. So sah ich dem 10. März 1946, dem Tag, an dem ich meine ersten Urteile in der

New Yorker Redaktion des »Digest« abliefern sollte, mit Freude entgegen. Ich hatte allerdings nicht mit Kritik gespart. Denn die meisten Arbeiten eigneten sich kaum oder gar nicht für Leser im Nachkriegsdeutschland. Besonders hatte mich ein populärmedizinischer Artikel zum Spott gereizt, in dem die Leser davor gewarnt wurden, doch ja nicht zu viel und zu fett zu speisen, um einen Herzinfarkt zu vermeiden. Das würde, so bemerkte ich, von den Deutschen, die immer noch mit einer denkbar schmalen Mindestration von Kalorien auskommen mußten, kaum verdaut werden.

Als ich die Redaktion verließ, wußte ich schon, daß es mit diesem Traum-Nebenjob doch nichts werden würde. Der Redakteur war recht ungnädig mit mir umgegangen. Er hielt mich wohl für einen dieser eingebildeten europäischen Intellektuellen, die in ihrer Skepsis befangen so gar kein Verständnis für ein sonniges Yankeegemüt hatten. Da fiel mir siedendheiß ein, daß ich völlig auf die für diesen Nachmittag festgesetzte Abreise von Curt Riess vergessen hatte. Dieser geschickte und umtriebige Kollege vom früheren Berliner »12 Uhr Blatt«, schon seit Jahren erfolgreich in den USA tätig, hatte mir kürzlich einen Job als ungenannter Mitautor an einem seiner in Amerika erscheinenden aktuellen Bücher gegeben. Statt des versprochenen Honorars bekam ich die Erlaubnis, ein paar Wochen in seiner dunklen New Yorker Wohnung zu hausen. Nun sollte er in knapp einer Stunde mit einem »Liberty Ship« nach Europa abreisen.

Ich sprang in ein »Yellow Cab«, hetzte den armen »driver«, der um diese Stoßzeit schwer durch den Verkehr durchkam, stolperte und rannte über den Laufsteg des Pier 56, fand Gott sei Dank das noch nicht in See gegangene einstige Truppenschiff, verirrte mich mehrmals auf der Suche nach der Kabine des Passagiers Riess und landete schließlich in einem dieser stickigen kleinen Räume, wo neben dem Gesuchten eine junge Dame saß, die den Wilden, der da hereinstürzte, erschrocken anschaute.

»Du sahst aus wie *der* typische gehetzte, verrückte Reporter«, erinnerte sie sich später, »und ich wollte eigentlich nichts mit diesem Menschen zu tun haben. Mein Vater hatte mich doch immer vor Journalisten gewarnt.« Das gestand sie mir nach ein paar Wochen, als ich mit diesem eigenwilligen Wesen schon verheiratet war. Sie hatte die schönsten Augen, die ich je gekannt hatte, und ich versinke in ihnen seit über vierzig Jahren voller Bewunderung, voller Liebe.

Verwandtschaft

Als ich die Erinnerungen meines Alters- und Schicksalsgenossen Stefan Heym las, beeindruckte mich ganz besonders die liebevolle Darstellung, die er den tödlichen Erkrankungen seiner Mutter und seiner ersten Frau widmete. Ist eine solche starke Familienbindung etwas spezifisch Jüdisches? Ich meine, es kommt in unserer Zeit noch etwas Besonderes hinzu.

Die ruchlose Ausrottung fast aller unserer Verwandten hat bewirkt, daß wir Überlebenden des Holocaust uns viel stärker aneinanderschließen als andere Zeitgenossen. Nur ganz wenige Menschen zählen noch zu meiner Familie. An sie klammere ich mich mit einer Intensität, die Außenstehenden kaum ganz verständlich ist.

Jeden Tag telefonieren meine Frau und ich mit unserem Sohn, mag er auch noch so weit von uns entfernt sein. Vermutlich wird ihm das manchmal zuviel, aber er weiß, wie unentbehrlich dieser Wortkontakt für uns – und wohl auch für ihn – geworden ist, seit er das Elternhaus verließ.

Das Zeitalter der Vertreibungen macht immer mehr Menschen einsam. So werden Freunde zu Ersatzverwandten und die Beziehungen zu ihnen viel enger als bei normalen Bekanntschaften. Die Ehe gar, die zwei Überlebende eingehen, ist eine Bindung von ganz besonderer Bedeutung. Denn sie muß nicht nur der schwierigen Gegenwart, sondern auch der unfaßbar grausamen Vergangenheit standhalten.

8. Kapitel

Die neuen Gefahren

1948–1953

Mit Ruth in Kalifornien

Sie hieß Ruth Suschitzky. Ihr Vater hatte im Wiener Arbeiter-
bezirk Favoriten die erste Buchhandlung gegründet und
später auch den Anzengruber-Verlag. Daß es ihr trotz aller
Anstrengungen nicht gelungen war, die über alles geliebten
Eltern vor der Deportation zu retten, war der tiefste, stets gegenwärtige Kummer ihres Lebens und ist es geblieben. So war
ihr die schon im Kindesalter begonnene Karriere als Schauspielerin und Choreographin, die sie von Wien über Böhmen,
die Schweiz und Paris schließlich bis nach New York und Hollywood geführt hatte, gleichgültig geworden. Wie konnte
man im Schatten dieses unbegreiflichen Todes der liebsten
Menschen noch Theater spielen, noch Chansons singen, noch
tanzen?

Eigentlich wollte Ruth schon in den nächsten Wochen zu
ihren beiden Brüdern reisen, die nach Jahren in deutschen und
englischen Lagern gleich nach dem Krieg in London ein Antiquariat mit vorwiegend deutschsprachigen Büchern eröffnet
hatten. Da lief ich ihr in den Weg, kam ihr also ganz ungelegen
und bestand zum ersten Mal im Leben darauf, daß ich heiraten müsse. So schnell wie möglich. Sofort! Es hatte dann auch
nur sechs Wochen gedauert, bis alle Papiere in Ordnung waren. Wir mußten uns im Staate Maryland trauen lassen und
nicht in New York, weil es dort keine Wartefrist gab. Das ging
alles ganz schnell, ohne große Formalitäten. Es war wie auf
einem Postamt. Eine Unterschrift nach kurzem Schlangeste-
hen am Schalter und dann der vom Gesetz verlangte flüchtige
Segen in der Privatwohnung eines Pfarrers. Wir hatten uns
einen mit einem jüdischen Namen ausgesucht, denn einen
Rabbiner gab es in dem kleinen Ort Rockville nicht. »Fünf
Dollar bitte«, verlangte der Gottesmann sofort ganz unzere-
moniell und kümmerte sich schon um das nächste Paar. Wir
versprachen uns beim Weg hinaus, später einmal »richtig« zu
heiraten mit all den Feierlichkeiten und den Freunden, die wir
jetzt vermißten.

»Ich werde Sie retten«, hatte ich großsprecherisch meiner

frischgetrauten Gattin angekündigt, denn sie litt immer noch unter den Folgen des seelischen Schocks, den der Tod ihrer deportierten Eltern ausgelöst hatte. »Und Sie müssen mich bremsen«, bat ich sie gleich darauf viel kleinlauter, denn ich wollte dieses Rennen und Hetzen in alle möglichen Richtungen aufgeben. Liebten wir uns? Mehr: wir waren uns vom ersten Augenblick verwandt! Als ich sie zum ersten Mal in ihr Hotel gebracht hatte und dann über eine Stunde in der Halle warten mußte, verging mir die Zeit mit glücklichen Träumen. Als sie schließlich aus ihrem Zimmer mit der Entschuldigung zurückkam: »Ich mußte Oskar, mein Katzerl, herzen«, stellte ich eine der wenigen Prognosen meines Lebens, die sich voll erfüllt haben. »Ich werde noch viele Stunden meines Lebens auf Sie warten!«

Es entsprach der Hochstimmung jener Tage, daß ich jetzt ein neues Projekt anging, wie ich es schon seit Monaten im Sinn hatte. Ich stellte wieder einmal einen Pressedienst auf die Beine. Diesmal aber mit einer ganz bestimmten Tendenz. Sie kam im Titel »Good News Bulletin« zum Ausdruck. Denn es hatte mich schon lange gestört, daß über die Aufbaubestrebungen und Hilfsbemühungen in aller Welt so wenig berichtet wurde. Getreu der alten professionellen Maxime: »Gute Nachrichten sind keine Nachrichten«, konzentrierten sich Korrespondenten vor allem auf Katastrophen, Skandale, Intrigen, Spionage, Sabotage, Unfälle und Verbrechen. Gewiß, das alles gab es im Übermaß. Aber war das schon die ganze Wirklichkeit? Wurden durch diese einseitige Nachrichtenpolitik nicht Resignation und Zynismus, die seit Kriegsende zunehmende Enttäuschung und das täglich neue Unglück noch mehr vertieft?

Ich begann mich also nach Ereignissen umzuschauen, in denen hoffnungsvolle Erwartungen und konstruktive Leistungen zum Ausdruck kamen. Zu Hilfe kam mir dabei, daß zahlreiche solche Anstrengungen von den sogenannten »specialized agencies« der UNO laufend unternommen wurden, ohne daß die Weltöffentlichkeit viel davon erfuhr. Arbeiten und Leistungen der Weltgesundheitsorganisation (WHO), der Welternährungsorganisation (FAO), der Organisation für Erziehung, Wissenschaft und Kultur (UNESCO), des Internationalen Kinderhilfsfonds (UNICEF) und der Wiederaufbau- und Flüchtlingshilfe (UNRRA) verdienten mehr Publizität und Ermutigung.

Schneller, als ich erwartet hatte, reagierte die amerikanische Öffentlichkeit auf mein in wenigen vervielfältigten Seiten einmal wöchentlich an Redaktionen und Universitäten verschicktes Konzentrat von guten Nachrichten. Obwohl die erste Auflage nur bescheidene 150 Exemplare betrug, publizierten große Tageszeitungen wie die »New York Herald Tribune« und die »Washington Post« zustimmende Leitartikel, die Wochenmagazine »Time« und »Saturday Review« brachten nicht, wie ich befürchtet hatte, spöttische, sondern positive Berichte über diese Initiative eines unbekannten Einzelgängers, der keine großen Mittel investieren konnte und doch einen solchen Versuch startete. Auch das Fernsehen, erst in seinen Anfängen, aber schon überall präsent, schickte seine Reporter, um uns beide zu befragen, und – eine Ehre, die mich beglückte – Eleanor Roosevelt, die Gattin des betrauerten Präsidenten, die ich zuvor mehrmals vergeblich zu interviewen versucht hatte, interviewte jetzt mich für ihre wöchentliche Radiosendung. Das »Mutual Radio Network« bot mir sogar an, eine eigene »Good News«-Sendung zu redigieren. Sie hätten auch schon einen »Sponsor« dafür, hieß es. Eine der großen Fluggesellschaften wollte nämlich zu Beginn und am Ende jeder meiner Sendungen die gute Nachricht verkünden, daß ihre »carriers« absolut sicher seien.

Ich lehnte es selbstverständlich ab, bei dieser irreführenden Kommerzialisierung meiner Idee mitzuspielen. Es mußte doch auch andere Möglichkeiten geben, diesen besonderen Nachrichtendienst am Leben zu erhalten und weiterzuverbreiten. Und wirklich! Unter den Schreiben, die mir Mut zusprachen, war auch das eines New Yorker Rabbiners, der mir mitteilte, daß eine vermögende Dame seiner Bekanntschaft von dieser »interessanten Angelegenheit« gehört habe und eine substantielle Unterstützung erwäge.

So fuhren Ruth und ich, geleitet von dem eher tüchtig als spirituell wirkenden Diener Gottes, in die am Samstag menschenleere Wallstreet, wo die reiche Dame, Witwe eines Börsenmaklers, auf der obersten Etage eines Wolkenkratzers im Büro ihres verstorbenen Mannes residierte.

Ihr gutmütiges Gesicht unter einem gutgeordneten Turm von vollen weißen Haaren flößte uns sofort Vertrauen ein. Sie ließ sich zuerst von unserem Leben und unseren Absichten erzählen. Dann sagte sie mit großer Festigkeit: »Wir werden das gemeinsam machen.« Großartig! Einzelheiten sollten mit ihrem Vertrauten, der uns hergebracht hatte, ausgearbeitet werden. Schon waren wir aufgestanden und hatten uns herzlich verabschiedet, als unsere künftige Gönnerin noch etwas am Herzen hatte. »Ich muß Ihnen erzählen«, sagte sie, »daß ich jeden Abend um punkt sechs Uhr Gottes Stimme empfange. Ich werde Ihnen den Inhalt dieser Botschaften stets weitergeben, und Sie werden sie dann veröffentlichen.«

Wir waren zu überrascht, um etwas zu sagen. Denn das bedeutete natürlich das Ende dieser noch gar nicht begonnenen Zusammenarbeit. Als wir schweigend mit unserem geistlichen Begleiter im Fahrstuhl abwärts fuhren, sah er in unsere enttäuschten Gesichter und machte einen Versuch uns umzustimmen. »Wollen Sie denn nicht auch einmal zu einem echten Nerz kommen«, fragte er halb scherzend, halb ernst, »meine junge Frau?«

Daß der »Good News Bulletin« dann nur noch ein paar Wochen weiterlebte, lag daran, daß mein Gemüt durch eine tödliche Erkrankung und das kurz darauf folgende Ableben meiner geliebten Mutter von »bad news« verdüstert war. In dieser Stimmung konnte ich nicht länger frohe Botschaften verbreiten. Als wir an einem regenverhangenen Tag mit ihrem Sarg auf der Fähre von Manhattan zum Friedhof in Staten Island übersetzten, stand für mich fest, daß ich nicht länger in New York bleiben wollte. Wenige Wochen später übersiedelten wir endgültig nach Washington. »Good News« erschien von da an ohne meine Mitwirkung jede Woche im »Saturday Review«. Der Anstoß war also doch nicht ganz vergeblich gewesen.

2.

Die Hauptstadt der USA galt in diesen ersten Nachkriegsjahren auch als Hauptstadt der Welt. Es war vor allem die Waffenüberlegenheit der Amerikaner, die in der Endphase des Krieges den Ausschlag gegeben hatte. Darüber wurde in Washington der jahrelange Widerstand der Engländer, der europäischen Untergrundbewegungen und vor allem der Russen nur allzu schnell vergessen. Es breitete sich eine Allmachthaltung aus, die wir Auslandskorrespondenten auf den Pressekonferenzen in den Ministerien und im Parlament mit wachsendem Unbehagen erlebten.

Besonders betroffen machte uns, die sich nur zu genau an die Herrschaft der Gestapo erinnerten, wie jetzt eine Unterabteilung des »Department of Justice«, das »Federal Bureau of Investigation« (FBI) unter der Leitung seines erzreaktionären Chefs Edgar Hoover, es fertigbrachte, innerhalb kürzester Zeit das einst selbstverständliche Klima der Offenheit, Toleranz und freien Meinungsäußerung allmählich zu verändern.

Wie oberflächlich und unwissend sie bei ihrer ausgedehnten Spitzeltätigkeit vorgingen, erfuhr man nur, wenn sie bei Prozessen gegen spionageverdächtige höhere Beamte wie Alger Hiss oder in Kongreßanhörungen zur Überprüfung »unamerikanischer Aktivitäten« Berichte mit Namen vorlegen mußten, die nicht einmal richtig geschrieben waren.

Imponierend war es aber für einen, der erfahren hatte, wie wenig Kritik die deutsche Presse seinerzeit ihren neuen Herren entgegengesetzt hatte, nun zu erleben, daß amerikanische Journalisten nicht müde wurden, entschieden vor dem »Weg in die Knechtschaft« zu warnen. Besonders tat sich dabei ein kleingewachsener, agiler New Yorker hervor, der auf jeder Pressekonferenz mit seinem scharfen Verstand und noch schärferen Worten die Widersprüche, Beschönigungen und Lügen der offiziellen Darstellungen bloßstellte. Er hieß I. F. Stone und hatte, nachdem ihn seine New Yorker Zeitung entlassen hatte, »I. F. Stone's Weekly«, einen eigenen wöchentlichen Pressedienst, begonnen, den jeder lesen mußte, der politische Wahrheiten erfahren wollte.

Vor allem der zunehmenden Praxis, wichtige Vorgänge geheimzuhalten – »classifying the news« hieß die verharmlosende Beschreibung dieser obrigkeitlichen Methode –, hatte »Izzy« Stone den Kampf angesagt. Von ihm haben viele, darunter auch ich, gelernt, wie man dennoch an manche dieser unterdrückten Informationen herankommen konnte. Es gab ja im Regierungsapparat noch Mitarbeiter aus den liberaleren Zeiten Roosevelts, die den neuen obrigkeitlichen Kurs unter seinem Nachfolger Harry Truman ablehnten. Die behördlichen oder industriellen Quellen zu kennen, aus denen es »leckte«, war wichtig, ja unverzichtbar, wenn man ein einigermaßen richtiges Bild der gefährlichen Veränderungen im innen- wie außenpolitischen Kurs der USA erhalten wollte.

Für mich waren die sogenannten »Anhörungen« (»hearings«), die in Gremien des Senats und des Repräsentantenhauses regelmäßig abgehalten wurden, oft noch aufschlußreicher als private Kontakte. Auch da handelte es sich um ein bewundernswertes Überbleibsel demokratischer Politik. Bevor sie über ein wichtiges neues Gesetz berieten, befragten die Volksvertreter alle erreichbaren Persönlichkeiten, die von dem Thema etwas verstanden, nach deren Ansichten. Sie ließen sich von ihrem Fachwissen, ihrem genaueren, kritischeren Einblick in Details belehren und versuchten auf diese Art, mehr Wissen – manchmal auch etwas Weisheit – in ihre Überlegungen einfließen zu lassen. Da diese »hearings« öffentlich waren und ihre protokollarischen Niederschriften schnell in Broschürenform veröffentlicht wurden, konnten Interessierte eine erstaunliche Menge von »inside informations« in Erfahrung bringen, die zudem oft leichter verständlich waren als gelehrte Artikel oder Bücher über das gleiche Thema, weil sie im spontanen mündlichen Austausch entstanden waren.

Ich war schon während meines ersten Amerikaaufenthaltes im Jahre 1946 zum ersten Mal auf diese faktenreichen, oft spannenden, fast immer auch mit Witz gewürzten Unterhaltungen zwischen Bürgern und ihren parlamentarischen Vertretern aufmerksam geworden. Auf der Suche nach dem Office eines Senators, hatte ich »greenhorn« in den hehren Hallen des »US Congress« eine falsche Tür aufgemacht, die mir, wie ich erst viel später gemerkt habe, den Eintritt in eine neue, die wohl wichtigste Phase meiner Lebensarbeit eröffnete.

Denn ich war damals zufällig und ganz unvorbereitet in eine der Sitzungen geraten, die dem zur Debatte stehenden Gesetz über den künftigen Umgang des Staates mit dem im Kriege entwickelten Monster »Atomenergie« gewidmet war. Gegen die Bemühungen der Militärs, weiterhin ungestört über Forschung und Entwicklung auf diesem entscheidenden Gebiet zu bestimmen, setzte sich die Mehrheit der betroffenen Forscher dafür ein, die Kontrolle über die neuentdeckten erschütternden Kräfte künftig einer zivilen Behörde anzuvertrauen.

Es waren meist junge Männer zwischen etwa dreißig und höchstens vierzig Jahren, die den vorwiegend älteren Abgeordneten gegenübertraten. Anders als die meisten Physiker, Chemiker und Techniker, die während des Krieges in den Laboratorien gearbeitet hatten, ohne sich große Gedanken über politische und gesellschaftliche Folgen ihres Tuns zu machen, versuchte diese neue Generation von Wissenschaftlern den Volksvertretern die tiefgreifenden sozialen und politischen Folgen der neuen Entdeckungen für das Schicksal ihres und aller anderen Völker klarzumachen.

Das hatten, besonders in der letzten Kriegsphase, zwar schon einige wenige eminente Forscher der älteren Generation, besonders der aus Göttingen eingewanderte Professor James Frank, durch interne Memoranden, private Briefe und persönliche Gespräche mit den staatlichen Entscheidungsträgern versucht, ohne jedoch den Lauf der Ereignisse zu verändern. Nun aber sollten diese Überlebensfragen endlich öffentlich diskutiert werden und die Entscheidungen nicht mehr nur den Eingeweihten vorbehalten bleiben. Es würde, so hofften die besorgten Sprecher der nach dem Schock von Hiroshima gegründeten »Federation of American Scientists«, eine Volksbewegung in Gang gesetzt werden, die dem erwarteten Unheil noch Einhalt gebieten könnte.

In der Tat gelang es diesen jungen, umfassender denkenden Physikern, innerhalb weniger Wochen die öffentliche Meinung auf ihre Seite zu ziehen. Mit Staunen und Bewunderung erlebte ich etwas, das ich in Europa, geschweige denn in Deutschland, nie kennengelernt hatte: den politischen Lawineneffekt, den eine von zunächst wenigen Engagierten mit guten Argumenten, gezielter Information und Ausdauer ausgelöste Debatte erreichen kann. Tatsächlich gelang es den selbstbewußten zivilen Protestlern, das mächtige Militär zunächst einmal auf seinen Platz zu verweisen und ein neues, von Senator McMahon eingebrachtes Gesetz zur Einrichtung einer ausschließlich von Zivilisten geleiteten »Atomic Energy Commission« (AEC) durchzusetzen.

Das war 1946 geschehen. Als ich aber 1948 wieder nach Washington kam, hatte sich das Blatt längst wieder zugunsten von General Groves, dem ebenso energischen wie engstirnigen Chef der Atombombenfanatiker, und des immer mächtiger werdenden militärisch-industriellen Machtkomplexes unter Roosevelt gewendet. Am 11. März 1948 hatte Präsident Truman den Vorsitzenden der AEC, David Lilienthal, zu sich gerufen und dem angesehenen Reformer kaltschnäuzig ins Gesicht gesagt: »Geben Sie es endlich auf, als der große Wohltäter vor jede Tür eine Milchflasche stellen zu wollen, und besinnen Sie sich endlich auf Ihr neues Geschäft, Atomwaffen herzustellen.« Das erzählte mir ein naher Mitarbeiter des derart Zusammengestauchten, den ich bei einem früheren Besuch der damals noch von ihm geleiteten »Tennessee Valley Authority«, dem vorbildlichen Entwicklungsmodell einer dem friedlichen Fortschritt gewidmeten Region, interviewt hatte.

So lernte ich eine neue amerikanische Lektion. In keinem Land kann die Publikumsstimmung so schnell und radikal umschlagen wie in den USA. Das Entsetzen über die Untaten von Hiroshima und Nagasaki richtete sich jetzt nicht mehr gegen die eigene Politik, sondern sollte nun abschreckend zur Einschüchterung des vordrängenden östlichen Rivalen eingesetzt werden. Daß die von Scharfmachern beeinflußte sowjetische Führung in diesem Vorgang wechselseitiger Aufschaukelung genau die provozierende Rolle spielte, die ihr die westlichen Aufrüster zugeschrieben hatten, war eine unverzeihliche historische Dummheit. Diese kurzsichtigen Weltverbesserer sind nicht nur wesentlich schuld daran, daß die Welt während der nächsten Jahrzehnte in ständige Angst versetzt wurde, sondern haben mit ihrer aggressiven Haltung besonders den bedrohlichen Kräften geholfen, die aus einem freiheitlich-demokratischen Amerika ein Land mit immer mehr totalitären Charakterzügen machen wollten, um ihre Macht möglichst unkontrolliert ausüben zu können.

4.

Mehr als jeder andere öffnete mir ein früherer Mitarbeiter des »Manhattan Project« namens Ralph Lapp die Augen für diese Entwicklung der Vereinigten Staaten von einem »Wellfare State« hin zu einem »Warfare State« – dies war später auch der Titel eines seiner aufklärenden Bücher. Er war einer der jungen Physiker gewesen, deren Auftreten im Senatsgebäude mich zwei Jahre zuvor so sehr beeindruckt hatte. Jetzt war er dabei, in Washington ein Beratungsbüro aufzubauen, das Bürgern, Wissenschaftlern, Technikern und aufklärungswilligen Wirtschaftlern Hilfe beim ungewissen Weg ins nukleare Zeitalter geben konnte.

Ich lernte von Ralph, mit dem mich schnell Freundschaft verband, dieses erstaunliche Land und die Kräfte, die es bestimmten, ganz anders und genauer zu sehen als zuvor. Denn ich begann zu verstehen, daß die wichtigsten politischen Entscheidungen nun nicht mehr in den parlamentarischen Gremien und auch nicht in den Ministerien oder im Weißen Haus entworfen wurden, sondern in den Büros der Industriemanager und den von ihnen abhängigen Laboratorien. Wohl kamen die gewaltigen Mittel, die den sogenannten Fortschritt vorantrieben, zum größten Teil aus den Geldern der Steuerzahler, aber es war alles darauf abgestellt, daß sie aus den staatlichen Budgets in die Kassen der großen Konzerne flossen. Deren zukunftsgerichtete, aber streng geheimgehaltene Planung wurde sowohl von den eigenen Interessen wie von neuen machtschaffenden, machterhaltenden Projekten bestimmt. Die Ideen und wissenschaftlichen Unterlagen dafür lieferten ihnen ihre hochqualifizierten und hochbezahlten »Kopflanger«, die in eigenen, sowohl gegen die Konkurrenten wie gegenüber der Öffentlichkeit streng abgeschirmten Forschungs- und Entwicklungsabteilungen arbeiteten.

Jetzt war nicht mehr nur »der Machtwille des Monopolkapitalismus« für die einseitige Entwicklung der Gesellschaft verantwortlich, wie es uns marxistische Leitfäden erklärt hatten, sondern auch der für dieses Streben genutzte geistig-kulturelle Antrieb einer neuen Schicht ehrgeiziger Forscher und Ingenieure. Durch ihre Erfolge im Krieg hatten zahlreiche Experten der angewandten Wissenschaften und Techniken an Selbstbewußtsein gewonnen, das sie nun zur Förderung ihrer persönlichen Karriere einsetzten. Ohne ihre dem Bestehenden ständig vorauseilende Mitwirkung an der neuen Herrschaftsform »Technokratie« wäre die Verformung der amerikanischen Demokratie nicht so schnell und so durchgreifend gelungen.

Oft mußte ich jetzt an eine nur ein paar Jahre zurückliegende Bekanntschaft mit einem internationalen Finanzmann namens Arpad Plesch denken, der mir damals noch in der Schweiz vorausgesagt hatte, was sich nun vor meinen Augen entwickelte. Ende 1945 wollte dieser Börsenabenteurer großen Stils mit mir, den er als Autor der »Weltwoche« schätzte, ein Erinnerungsbuch schreiben, in dem er seine jahrzehntelangen Erfahrungen über die meist unbekannten wirtschaftlichen Hintergründe weltpolitischer Entscheidungen enthüllen würde. Offenherzig, ja geradezu lustvoll bekennerisch erzählte er mir auf langen Spaziergängen im verschneiten sonnenbeschienenen Engadin von seinen zahlreichen finanziellen Coups. Wie er zum Beispiel auf die Abwertung des englischen Pfundes entscheidenden Einfluß genommen oder den Weltmarkt des Pfeffers kurz vor dem Kriegsbeginn »gecornered«, das heißt ausschließlich in seine Ecke manövriert hatte. Von nun an wollte er auf die Rüstungstechnik setzen, die in den Kriegsjahren mit Milliardeninvestitionen entwickelt worden war.

Das fertige Manuskript dieser erschreckend ehrlichen Konfessionen mit dem Titel »Das verfluchte Geld« ist leider nie gedruckt worden. Honoria, die gewitzte Ehefrau des geständigen Großmanipulators, hatte ihm klargemacht, daß er nach Erscheinen dieser Indiskretionen keine Geschäfte mehr machen werde, weil die Partner solcher »deals« dann nicht mehr mit seiner Verschwiegenheit rechnen konnten.

Um mich für meine vergebliche Mitarbeit zu entschädigen, hatte der abgesprungene Partner mir zehntausend Schweizer Franken angeboten. Als er den Scheck ausschrieb, riet er mir: »Seien Sie klug und geben Sie das nicht gleich aus. Legen Sie es lieber in Aktien von ›Raytheon‹ an.« Das war damals noch eine relativ kleine amerikanische Firma, die Radaranlagen herstellte. Ich brauchte aber das Geld sofort und wollte auch an keinem Industrieunternehmen beteiligt sein. Hätte ich mich so verhalten, wie Plesch es vorgeschlagen hatte, wäre seine Zahlung bald fünfmal, etwas später sogar zehnmal soviel wert gewesen. Denn die Firma »Raytheon« erhielt schon zu Anfang des »kalten Krieges« den Großauftrag, rund um die USA ein riesiges elektronisches Vorwarnsystem zu bauen. Eine moderne Festungsmauer von bislang unvorstellbarem Umfang. Hatte der gewiefte Börsenspieler das nur geahnt und deshalb auf die richtige Karte gesetzt? Ich glaube, die Erklärung lautet anders. Er hatte durch seine vielfältigen Beziehungen erfahren, welcher Riesenauftrag der Firma ins Haus stand, und daher gewußt, welche Kurssteigerungen das auslösen würde. Eine der Erfahrungen, die er den Lesern seines Buches eintrichtern wollte, hieß: »Nur die Dummen spekulieren. Gewinner sind immer die besser Informierten. Denn die setzen auf Nummer sicher.«

5.

Als wir 1949 unseren Wohnsitz von Washington nach Los Angeles verlegten, ahnte ich noch nicht, daß mich diese Reise in viel abgelegenere Zonen führen würde als nach Kalifornien. Ich hatte stets bedauert, daß ich nicht wie Albert Londres und andere große Reporter, die ich bewunderte, aus noch unentdeckten oder unbekannten Regionen der Erde berichten konnte. Es gab eben keinen Urwald, keine Wüste, keine Insel mehr, die in diesem Jahrhundert nicht schon besucht und beschrieben worden war. Auch die Sorgen und Konflikte der Zeitgenossen waren unter den verschiedensten Aspekten oft schon bis zum Überdruß analysiert und geschildert worden. Man konnte zwar über die laufenden politischen und sozialen Entwicklungen berichten, aber, so meinte ich, nichts wirklich Neues, grundsätzlich anderes mehr entdecken und zur Diskussion stellen.

Anfang 1949 geriet ich nun in Gebiete, für die es noch keine gültigen Karten und kaum verständliche Beschreibungen gab, ich traf auf Angehörige von »Stämmen«, deren abstrakte Sprache und lebensferne Verhaltensweise uns normalen Zeitgenossen kaum bekannt waren oder unerklärlich schienen, obwohl das, was sie taten, das Leben und Weiterleben eines jeden von uns entscheidend berührte.

Nicht zufällig war diese erst halbentdeckte Nachfolgerin der »neuen Welt« der großen Laboratorien und Versuchsanlagen, die ich dann die »neueste Welt« taufte, zwischen 1940 und 1945 in jenen Regionen des Westens der USA entstanden, welche durch Berge, Wüsten oder Ozeane möglichst weit von den Konfliktherden und Kriegsschauplätzen sowohl Europas wie Asiens getrennt waren.

Milliarden Dollar waren innerhalb weniger Jahre für den Bau von Experimentierstätten, die Konstruktion mächtiger Präzisionsinstrumente, die Finanzierung unerprobter, aufwendiger, riskanter Zukunftstechnik und die Bezahlung ihrer Schöpfer, eines Heers von Spezialisten aller Fächer, ausgegeben worden. Wohl noch nie sind die Grundlagen einer neuen

Zivilisation so rasend schnell, so energisch und effizient geschaffen worden. Und all das war heimlich, ohne Wissen des Volkes, ja meist auch ohne Wissen seiner politischen Vertreter entstanden. Erst jetzt in den ersten Nachkriegsjahren wurden diese Geheimnisse zögernd, wenn auch nur zum Teil gelüftet, und es war meine Chance, daß ich gerade in dieser Phase als Zeitzeuge dort präsent sein konnte.

Als wir uns entschieden hatten, aus der Hauptstadt wegzuziehen, waren unsere Motive ganz persönlicher Art gewesen. Meine Frau vor allem, aber zunehmend auch ich, litten unter dem feuchtheißen Klima Washingtons und New Yorks, das besonders in den Sommermonaten fast unerträglich wurde. Ruth hatte mehrere Jahre in Hollywood gelebt und gearbeitet. Sie hörte nicht auf, mir vorzuschwärmen, wie angenehm das Leben dort sei, besonders wenn man mit dem hektischen, häufig frustrierenden Filmbetrieb wenig oder gar nichts zu tun habe: die Gärten, die üppige bunte Vegetation, das zauberhafte Licht der vielen Sonnenstunden, die Freundlichkeit der Menschen – sie wurde nicht müde, mir von dem Paradies zu berichten, in dem man auch mit wenig Geld gut und angenehm leben könne.

Nun – diese Verheißungen erwiesen sich Mitte 1949 schon zum großen Teil als überholt. Ich hatte gehofft, an eine Riviera zu kommen, und war in einem Ruhrgebiet gelandet. Nicht mehr die Filmindustrie, sondern die Rüstungsindustrie gab jetzt in Südkalifornien den Ton an, nicht länger der spanische Kolonialstil mit seinen Patios und seinen barocken Villen herrschte vor, sondern die neuen vielstöckigen »Office Buildings« der Banken, der Großfirmen und der Grundstücksmakler. Ein Betonnetz stets erweiterter, verlängerter und dennoch immer überfüllter Autobahnen hatte sich über die subtropische Landschaft gelegt und sorgte für nie aufhörende Unruhe.

Und doch erwies sich der Entschluß hierherzuziehen, den meine europäischen Bekannten zunächst nicht verstanden, weil sie meinten, ich sei wohl der Attraktion der Filmstadt Hollywood verfallen, als eine der besten Entscheidungen meines Lebens. Denn abseits der Filmstudios war das Zentrum der amerikanischen Supertechnik entstanden. Hier entdeckte ich nicht nur ein einzigartiges Feld der Berichterstattung, sondern auch eine Berufung. Ich konnte kritische Beobachtungen über Entwicklungen weitergeben, deren Folgen weit über die gegenwärtige Epoche hinausreichten, mußte vor Gefahren warnen, die immer noch als Hoffnungen mißverstanden wurden, auf neue Einflüsse und Bedrängnisse aufmerksam machen, welche Würde und Menschlichkeit zwar auf eine ganz andere Weise, aber nicht weniger radikal bedrohten als der Faschismus.

Das war um so dringlicher, weil die neuen Errungenschaften in Wissenschaft und Technik damals von den meisten Berichterstattern und Kommentatoren fasziniert noch als unzweifelhafte Fortschritte unserer so intelligenten Spezies gefeiert wurden. Die wenigen Berufskollegen, die bereits Kritik wagten, wurden verketzert, und allen anderen Besorgten hielt man entgegen, sie verstünden nichts von dem, was sie anzufechten wagten. Man dürfe diesen Laien, die da »von außen« oder »von weit weg« etwas beurteilen wollten, was sie nie durch eigene wissenschaftliche Arbeit kennengelernt hatten, keinen Glauben schenken.

Mir sollte man das nicht nachsagen dürfen. Ich würde zwar nicht als Experte, aber als Betroffener mit möglichst allen Kenntnissen, die mir zugänglich waren, versuchen, diese »neueste Welt« aus eigener Anschauung kennenzulernen, zu schildern und zu beurteilen. Die technische Effizienz und die wirtschaftlichen Erfolge der Atom-, der Weltraum- und der Bioindustrie durften mich nicht blind machen für ihre zweifelhaften, aber damals noch kaum beachteten sozialen, politischen, ökologischen, gesundheitlichen Folgen. Ich war ein durch Verfolgung und Krieg gebranntes Kind des Jahrhunderts. Deshalb war ich wohl empfindlicher als die vorläufig noch Verschonten.

Das, was ich damals bei meinen Reisen in dieses neueste, von der Öffentlichkeit sorgfältig abgeschirmte und daher unbekannte Amerika erlebte, habe ich in zahlreichen Reportagen und später auch im ersten unter meinem Namen erschienenen Buch, »Die Zukunft hat schon begonnen«, geschildert. Deshalb will ich das in diesem Zusammenhang nicht wiederholen, wohl aber erzählen, wie diese Veränderungen auch mich veränderten.

Ich hatte immer viel gelesen, aber nun geriet ich an eine Lektüre, die ich bisher vernachlässigt hatte: Bücher und vor allem Zeitschriften aus allen Gebieten der Naturwissenschaften und ihrer technischen Anwendungen. Ich war ihnen ausgewichen, weil ich wie die meisten vorwiegend literarisch und geisteswissenschaftlich erzogenen Intellektuellen meinte, daß ich den Inhalt dieser Publikationen, in denen die großen und die kleinen Veränderer unserer Epoche über ihre Arbeiten berichteten, nicht begreifen würde. Und bei meinen ersten Streifzügen durch die reich ausgestatteten Bibliotheken im Großraum Los Angeles bestätigten sich diese Befürchtungen. Aber ich wollte nicht aufgeben. Ein Lese- und Lernfieber, wie ich es seit Jahren so intensiv nicht mehr erlebt hatte, packte mich. Ich mußte die vielen Sprachen der Naturforschung und ihre Formeln aufschlüsseln, mußte nachholen, was in meiner humanistischen Bildung ausgelassen worden war, und alle die zahlreichen Möglichkeiten für mich nutzen, die gerade in diesem Land USA den Autodidakten zur Verfügung standen.

Begünstigt wurde dieser Entschluß durch die Hilfsbereitschaft der Bibliothekare in den öffentlichen und akademischen Büchereien, wie ich sie in Europa nie kennengelernt hatte. Diese guten Geister waren wirklich bemüht, einen suchenden Leser zu den Büchern und Zeitschriften zu führen, die ihm weiterhelfen konnten. Während ich in Berlin, London und Zürich oft den Eindruck erhalten hatte, die Verwalter der großen Wissenshorte fühlten sich als deren eigentliche Besitzer und ließen deshalb Besucher nur widerwillig an ihre

Schätze heran, fand ich nun Berater, die geradezu begeistert schienen, daß sie einen interessierten Benutzer fanden. Schon die Tatsache, daß in den städtischen Büchereien die meisten Werke auf offenen Regalen standen, daß sie ohne vorheriges Ausfüllen von Bestellzetteln ausgesucht, in die Hand genommen und kurz auf ihre Tauglichkeit für den Leser geprüft werden durften, machte es mir möglich, mich schnell und ohne äußere Schwierigkeiten zu orientieren.

Wie viele unvergeßliche Stunden habe ich in der Beverly Hills Public Library, in den Filialen oder in der vielstöckigen Zentrale der öffentlichen Stadtbibliothek von Los Angeles verbracht. Erstaunlicherweise herrschte auch in den beiden großen Universitätsbibliotheken der Region ein ähnlich offener Geist. War man dort ein paarmal erschienen und daher bekannt, so ließen einen die Verantwortlichen zu ihren unterirdisch gelagerten Beständen hinuntersteigen, wo Stockwerk auf Stockwerk in Hunderten Regalen die umfassenden Bestände wohlgeordnet und übersichtlich aufbewahrt waren. Dort im künstlichen Licht habe ich stunden- und tagelang mich dem Vergnügen des »browsing« hingegeben, des suchenden Durchblätterns Dutzender Werke, die mir Türen öffneten, hinter denen viele weitere Türen darauf warteten, geöffnet zu werden.

Noch nie im Leben hatte ich das Gefühl empfunden, reich zu sein. Aber in diesen Schatzkammern, wo ich nur wenigen anderen Lesern begegnete, fühlte ich mich als der Herr eines nahezu unendlichen Überflusses, den ich nie ausschöpfen würde.

Und dennoch hätte ich wenig mit all diesem so überreichlich angebotenen Wissen anfangen können, wenn ich nicht neue Lehrer gefunden hätte, die mir mit Geduld und pädagogischem Können beizubringen versuchten, was ich versäumt hatte, und hinter den Spezialsprachen der Forscher sowohl zu entdecken, was sie sagen wollten, wie auch das, was sie verschwiegen. Die bedeutsamste Hilfe erhielt ich von einem aus Deutschland stammenden Astrophysiker namens Heinz Haber, dessen ungewöhnliche Gabe der Erklärung und Veranschaulichung naturwissenschaftlicher Entdeckungen später Millionen von Fernsehzuschauern in allen deutschsprachigen Ländern kennenlernen sollten.

Ich hatte Haber bei einem Besuch des »Institute for Space Medicine« kennengelernt, das nach Kriegsende auf der »Randolph Air Base« in San Antonio (Texas) unmittelbar an der amerikanisch-mexikanischen Grenze eingerichtet worden war. Mein eigentliches Vorhaben war es, über physiologische Untersuchungen zu berichten, die den Piloten der US-Luftwaffe Vorstöße in den Weltraum ermöglichen sollten. Als der Informationsoffizier, der mich herumführen sollte, meinen leider immer noch sehr deutlichen deutschen Akzent bemerkte, meinte er, es sei vielleicht besonders interessant für mich, »diese verrückten Deutschen« kennenzulernen, die »in dem Building dort hinten Flüge zum Mond oder gar Mars« planten.

Wenige Minuten später saß ich in einem abgedunkelten Raum mit vier oder fünf Männern zusammen, die mir auf Anhieb, als sei es das Selbstverständlichste der Welt, von ihren Plänen erzählten, weiter denn je zuvor in die Höhen des Himmels, in die Weiten des Weltraums vorzustoßen, und mir an einer scheinwerferbeleuchteten Wandkarte die Wege zu ihren fernen Zielen andeuteten. Zu diesem Zeitpunkt, Ende 1949, war in der Öffentlichkeit erst wenig Greifbares über solche Vorhaben und ihren schon recht fortgeschrittenen Stand verlautbart worden. Vor allem hatte man sich bemüht, die Tatsache zu verschweigen, daß die Mehrzahl der für diese Unternehmungen im Rahmen einer Geheimaktion mit dem Codenamen »Project Paperclip« (»Büroklammer«) verpflichteten Forscher in den Kriegsjahren für Hitlers Wehrmacht gearbeitet hatte. Einige von ihnen standen im Verdacht, an gesundheitsgefährdenden Menschenversuchen beteiligt gewesen zu sein, bei denen die oft lebensgefährlichen Wirkungen der Schwerelosigkeit und hoher Geschwindigkeiten beobachtet worden waren.

Haber fiel mir gleich auf, weil er bei der offenen Erörterung der Frage, ob und wie Menschen die ungewöhnlichen Bedingungen aushalten könnten, die in Überschallflugzeugen und Raumkapseln auftreten würden, echte Anteilnahme für die unglücklichen, unfreiwilligen »Versuchspersonen« vorhergegangener Experimente der deutschen Kriegsforschung zeigte. Bestärkt in meinem Vertrauen wurde ich auch, als er mir in unserem ersten Gespräch unter vier Augen erzählte, wie schwer es ihm und seinem Bruder gelungen sei, als Halbjuden im Dritten Reich zu überleben.

Forsche Sprüche, die ich von Habers Kollegen hörte, wie zum Beispiel die Behauptung, der Mensch sei eigentlich eine Fehlkonstruktion, weil er so wenig geeignet sei, die künftigen Beschwernisse eines grenzenlosen Fortschritts zu ertragen, wären aus seinem Munde nie gekommen. Er war ein von der Vielfalt, der Fülle und der Schönheit der Natur faszinierter Bewunderer, der ihre Nutzbarmachung im Dienste von Macht und Zerstörung verabscheute.

Als ich die »Randolph Air Base« verließ, waren wir schon Freunde, und in den folgenden Jahren festigte sich diese Beziehung. Zuerst kam Heinz regelmäßig zu Besuch nach Los Angeles, dann übersiedelte er mit seiner Familie dorthin, weil er genug von wissenschaftlicher Arbeit im Dienste des Militärs hatte, und begann für Walt Disney populärwissenschaftliche Filme zu kreieren. Als mich Werner Pleister, einer der ersten Intendanten des neuentstandenen Deutschen Fernsehens, in Hollywood besuchte, brachte ich ihn mit Haber zusammen, und das war der Beginn seiner neuen Laufbahn, die ihm als unnachahmlichen Wissensvermittler neue Aufgaben und berechtigten Ruhm brachte.

7.

Seit Jahren hatte ich davon geträumt, ein Buch zu schreiben. Aber wie konnte ich die Zeit und die Mittel dafür finden? Ich mußte doch Tag um Tag aktuelle Berichte tippen, um unseren Lebensunterhalt im damals recht teuren Amerika mit den bescheidenen Honoraren aus Europa bestreiten zu können. Ich hatte zwar inzwischen ein Dutzend Abnehmer für meine Arbeiten gefunden und mir deshalb eine elektrische Schreibmaschine anschaffen müssen, die viele Durchschläge herstellen konnte, aber für Ersparnisse, mit denen ich mir mindestens ein freies Jahr zum Buchschreiben verschaffen könnte, reichte das nicht.

Im mexikanischen Seebad Ensenada, auf einer der seltenen Urlaubsreisen, die wir uns erlaubten, zerbrachen Ruth und ich uns wieder einmal den Kopf, wie ich auf anständige Weise zu einer etwas größeren Geldsumme kommen könne, mit der ich mich für ein Jahr von der journalistischen Tagesarbeit freikaufen würde. Oft genug hatte ich mir schon überlegt, ob ich nicht doch einmal versuchen sollte, eine Filmstory zu schreiben und sie an einem der großen Studios anzubieten. Um uns herum wurde ja ständig von gelungenen oder mißlungenen »movie deals« gesprochen. Ich fühlte mich da an meine früheren Tage in Berlin und Paris erinnert, an die Wechselbäder von Hoffnungen und Enttäuschungen, die ich schon als Kind im Hause eines Filmautors erlebt hatte. Besonders die Erfahrungen im französischen Exil hatten meine Abneigung gegen den Kommerzfilm nur noch verstärkt, und so hielt ich mich zunächst betont fern vom »Filmmilieu«.

Aber mit dem Gedanken eines möglichen Filmdeals zu spielen, war eine amüsante Ferienbeschäftigung, die allerdings zunächst zu keinen Resultaten führte. Zufällig stießen wir aber schon auf der Rückfahrt aus Mexiko nach Hollywood in einem kalifornischen Provinzblatt auf einen Artikel, der sich mit dem lamentablen Schicksal ehemaliger Schönheitsköniginnen beschäftigte. War das nicht ein interessanter Stoff für einen der damals modischen Episodenfilme, in denen mehrere verschiedene Geschichten dem gleichen Thema gewidmet waren?

Ohne wirklich daran zu glauben, setzte ich mich am nächsten Sonntag hin, um einen Drehbuchentwurf zu diesem Thema, eine sogenannte »outline«, zu schreiben, wie sie zu Hunderten an die Dramaturgen der großen Produktionsfirmen geschickt wurden. Elick Moll, ein erfolgreicher Roman-

und Filmautor, mit dem wir befreundet waren, fand die Sache gar nicht schlecht und schrieb den Entwurf so um, daß er präsentabel wurde. Ingo Preminger, ein Bruder des bekannten Regisseurs Otto Preminger, der als »literary agent« tätig war, machte uns zwar wenig Hoffnungen, wollte aber dennoch versuchen, »American Beauty«, so hieß »der Schmarrn«, an ein Studio zu verkaufen.

Und das Unwahrscheinliche trat ein. Die große »Metro Goldwyn Mayer« biß fast sofort an und zahlte zwanzigtausend Dollar, von denen neuntausend für mich übrigblieben. Damals im Jahr 1951 war das noch eine Menge Geld.

»Wir haben zufällig das große Los gezogen. Aber jetzt darfst du nicht weiterspielen. Reisen wir möglichst schnell von hier ab nach Europa, damit du irgendwo in Ruhe endlich das Buch schreiben kannst, von dem du seit Jahren erzählst«, riet meine uneigennützige Frau, und ich bin ihr für diesen klugen Rat stets dankbar gewesen.

Ich versuchte also gar nicht, wie Hollywooder Bekannte damals erwarteten, diesen ersten »Durchbruch« ins »movie business« auszunutzen, um eine lukrative Hollywoodkarriere einzuschlagen, sondern lief möglichst schnell von ihr davon. »American Beauty« ist übrigens – angeblich wegen Besetzungsschwierigkeiten – nie gedreht worden. Aber mir hat dieser Glücksfall den Weg zum Bücherschreiben geöffnet. Das hieß: mehr Zeit für Recherchen, mehr Zeit zum Nachdenken, mehr Zeit zum Formulieren – und doch leider nie genug!

8.

Es ist ein zorniges Buch geworden. Ein Buch der Trauer um die verlorene Unschuld, die Unbekümmertheit und Freiheit der Amerikaner. Aber es war kein »antiamerikanisches Pamphlet«, wie später behauptet wurde, sondern die Schilderung einer schmerzlichen Veränderung, einer gefährlichen Anmaßung. Der Sieg war den Mächtigen in »god's own country« so zu Kopf gestiegen, daß sie sich für Götter hielten, die über alle Völker und besonders auch über ihr eigenes Volk wachen wollten, über die widerspruchsvolle Gegenwart wie über die Zukunft, die nach ihrem Entwurf, nach ihrem Willen geformt werden sollte.

Der schnelle und große Erfolg, den »Die Zukunft hat schon begonnen« Ende 1952 zuerst im deutschen Sprachraum, dann aber auch in über einem Dutzend anderer Länder erzielte, zeigte, daß ich Befürchtungen und Sorgen ausgesprochen hatte, die bis dahin meist verschwiegen worden waren. Um im »kalten Krieg« nicht als Sympathisanten der östlichen Diktaturen angesehen zu werden, hatten es nur wenige Autoren in unserem Teil der Welt riskiert, offen Kritik an den Deformationen der westlichen Zivilisation zu üben. Wurden Bedenken hörbar, so kamen sie damals in der Tat überwiegend von Anhängern des totalitären Regimes der kommunistischen Parteiapparate und ihren »fellow travellers«. Sozialdemokraten, Demokraten und Liberale, die ebenfalls Grund genug gehabt hätten, sich gegen die menschenfeindliche Nachkriegsentwicklung des »american way of life« auszusprechen, schwiegen oder waren selber fasziniert vom industriellen Fortschritt, der von niemand so rücksichtslos vorangetrieben wurde wie von der mächtigsten Großmacht des Westens.

Es bewegten mich beim Schreiben dieses engagierten Berichts Fragen, die über den west-östlichen Konflikt hinauswiesen. Mir war klargeworden, daß die beiden großen Gegner in Wahrheit einander ähnlicher waren, als sie wußten. In Washington wie in Moskau, in London wie in Prag, in Paris wie in Warschau oder Budapest wurde in Wahrheit die gleiche Revolution, der Umbruch aller Lebensbedingungen durch die vorbehaltlose Nutzung wissenschaftlicher und technischer Neuerungen, verehrt und gefördert. Hier wie dort war man bereit, die gewaltigen Risiken, die für Mensch und Umwelt durch die allzu schnell und unbedenklich genutzten Erkenntnisse der Physik, der Chemie und Biologie entstanden waren, auf sich zu nehmen. Daß diese Gefahren alle Gesellschaftssysteme bedrohten, daß sie weit über Gegenwart und nahe Zukunft hinaus die irdische Natur mit allen ihren Lebewesen verändern und gänzlich zerstören könnten, war die Erkenntnis, die ich verbreiten wollte. Es ging in diesem Jahrhundert um weit mehr als den Vorrang politischer und gesellschaftlicher Ordnungen, es ging um das Schicksal der Schöpfung.

Die Warnung vor dieser historisch erstmaligen Entwicklung konnte deshalb am Beispiel der Vereinigten Staaten am deutlichsten gelingen, weil man sich dort am offensten zu ihr bekannte. Das naive, oft leichtsinnige Selbstbewußtsein, mit dem die Amerikaner jedes der neu auftauchenden Schicksalsprobleme als technisch lösbar bezeichneten und ihre von wenigen Zweifeln gebremste Tatkraft in diesen ersten Nachkriegsjahren zur Schau trugen, mußte für nachdenkliche Europäer von besonderem Interesse sein. Vor allen anderen aber mußten die gerade erst von der Hybris ihrer Systeme verführten Verlierer des Zweiten Weltkriegs rechtzeitig der Verführung durch einen neuen, andersgearteten Totalitarismus widerstehen lernen.

9.

Sicherlich hat auch der paradoxe, ja eigentlich unlogische Titel »Die Zukunft hat schon begonnen« – wie kann das, was erst sein wird, denn schon begonnen haben? – auf die Neuerscheinung aufmerksam gemacht. Ich hatte dem Verleger gegenüber, dessen Lektor diese etwas seltsame Formulierung im Vorwort meines Manuskripts entdeckt hatte, Bedenken angemeldet und wollte an meinem Vorschlag »Amerika 1952« festhalten. »Dann ist das Buch 1953 schon überholt«, meinte mein Verleger. Henry Goverts ließ sich glücklicherweise nicht von mir beirren. Dieser empfindliche und eher ängstlich wirkende norddeutsche Patrizier konnte, wenn es sein mußte, energisch handeln. Er hatte rechtzeitig zugegriffen, als es um die deutschsprachigen Rechte der kitschigen, aber immens erfolgreichen Bürgerkriegsschnulze »Vom Winde verweht« gegangen war, und hatte mit seinen sensiblen »Antennen« soeben in Wolfgang Koeppen den bedeutenden deutschen Romancier entdeckt, ja den ewig Zögernden sogar zur Ablieferung eines Manuskripts verleitet.

Goverts verstand es, einem Autor Mut zu machen, ihm das Gefühl der Vergeblichkeit seiner einsamen Arbeit zu nehmen. Öfters saß er plötzlich neben mir an meinem Schreibtisch, ließ mich erzählen und war schon wieder verschwunden, ein hilfreicher, guter und zärtlicher Geist.

Zuerst fand Ruth mit mir in einem nicht zu teuren Hotel des Zürcher Niederdorfs enge Unterkunft, unweit von meiner geliebten Zentralbibliothek. Das war eine bei Tage respektable, ab Anbruch der Nacht bieder anrüchige Gegend. Nur fünf Minuten entfernt, in der Zähringerstraße, hauste auch ein alter und bewunderter Bekannter aus meiner Berliner Vergangenheit, den ich nun nach Jahren der Trennung zufällig wiedertraf: Adrien Turel. Ich hatte unser »Turelchen« wie die meisten Teilnehmer des von den Nazis gesprengten »Gegner-Kreises« 1933 völlig aus den Augen verloren, bis ich etwa ein Jahr danach in Paris ganz unvermutet auf ihn stieß. Gleich hinter dem Panthéon, in der Rue de L'Estrapade, hatte ich eines Tages in einem zur Straße hin offenstehenden Hof Stapel von Kisten gesehen, in denen, wie die Aufschriften verrieten, damals in Europa noch recht selten zu kaufende Grapefruits lagerten. Ich klopfte an der ersten Tür, um ein paar Früchte zu erwerben, und es öffnete – Turel. Aber wir verloren uns schnell wieder. Anfang der vierziger Jahre, noch mitten im Krieg, sah ich am späten Abend, wie einer beim Verlassen einer Züricher Kneipe stolperte und hinfiel. Als ich ihm aufhelfen wollte, erkannte ich – Turel.

Wir haben damals ein paarmal zu später Nachtstunde intensive Gespräche geführt, in denen Turel meist ungewöhnlich erregt und oft auch angetrunken mir zu zeigen versuchte, daß er »aus der Peripherie der Ereignisse in ihr Zentrum vorgestoßen« sei. Aber mitten in einer dieser Debatten, bei denen ich selten zu Wort kam, verwandelte sich der Freund urplötzlich und ohne jeden Anlaß in einen laut schreienden Feind. Er wähnte, ich sei ein Nazispitzel, den man auf ihn angesetzt habe, und wies mir schreiend die Türe.

In dem alten Freund, der nun, im Jahre 1951, diese schlimme Szene schon längst wieder vergessen hatte, fand ich endlich einen Gesprächspartner, der verstand, weshalb ich jetzt die Vorgänge in den Laboratorien für politisch wichtiger hielt, als das, was in Ministerbüros und internationalen Konferenzen verhandelt wurde. Er hatte – wie üblich viel zu wenig beachtet – gerade eine prophetische Analyse über »Amerikas und Rußlands Wettlauf zur Eroberung des Jenseits« veröffentlicht. Seine ehemals zeitfern klingenden Theorien über den Beginn eines »vierdimensionalen Zeitalters«, die er unter dem Eindruck seiner Beschäftigung mit Einstein bereits 1932 im »Gegner-Kreis« vorgetragen hatte, ohne auf Verständnis zu stoßen, waren durch die Ereignisse von Hiroshima und Nagasaki auf eindrucksvolle Weise bestätigt worden.

Am liebsten redete Turelchen über seine welterschütternden Gedanken in der kleinstädtisch wirkenden Atmosphäre seiner Züricher »Stammbeiz«. Da konnte er, unbeaufsichtigt von seiner wohlmeinenden großbürgerlichen Ehefrau, Nachfahrin der Züricher Patrizierfamilie Welti, Schoppen nach Schoppen des für den Betrieb seines »Phantasiemotors« angeblich unentbehrlichen Treibstoffs tanken. Je länger man mit ihm zusammensaß, desto mehr kam sein »Köpfchen«, das er von Zeit zu Zeit wie ein fremdes, ihm zugetanes Wesen selber streichelte, auf immer höhere Touren. Allerdings: die neuen wissenschaftlichen und technischen Durchbrüche, die mich mit Sorge erfüllten, begeisterten ihn. Die bisherige Historie sei erst die Embryonalgeschichte der Spezies Mensch, verkündete er. Nunmehr habe »unsere Weltstunde als Geburtsstunde der Menschheit« geschlagen.

Alle meine Einwände wurden als provinzielle Zukunftsangst in die Luft gejagt. Gewiß, Macht sei böse, gab Turel zu, aber Ohnmacht sei noch böser. Wenn es den Verkündern der Menschenliebe nicht gelinge, »die Übermacht und Produktionsgewalt des Ultratechnoikums« in ihre Dienste zu zwingen, würden sie stets auf verlorenem Posten kämpfen.

Die Erzählungen über meine Begegnungen mit den Pionieren der Weltraumfahrt regten den trunkenen Propheten ganz besonders an. Sobald der Mensch vom Himmel aus erstmals seine ganze Erde »von außen« erblicken werde, habe er eine Schwelle überschritten und könne nun »wie eine Persönlichkeit im abgeklärten Alter« sich selbst objektiv sehen, meinte er. Doch erst wenn zu den Astronauten auch noch Psychonauten wie Turelchen stießen, werde eine entscheidend neue Epoche beginnen. Mit zunehmender Erschöpfung versuchte ich bei diesen wilden verbalen Exkursionen mitzuhalten. Sie kamen erst dann an ihr vorläufiges Ende, wenn der begeisterte Vordenker zu lallen begann und in sich zusammensank.

10.

»Wen soll das eigentlich interessieren?« Das war das niederschmetternde Urteil der ersten beiden Leser meines Amerika-Buchs. Ein Schweizer Student und seine Freundin hatten den vielfach korrigierten Text ins reine geschrieben, und als meine Frau sie erwartungsvoll fragte, ob der Inhalt sie beeindruckt habe, war das ihre vernichtende Antwort gewesen. Wir reisten also nach Ablieferung des Manuskripts im Juli 1952 deshalb ohne große Erwartungen zurück nach Amerika, wo ich nun wieder wie früher an meine alte Korrespondententätigkeit gefesselt war.

Unsere Hoffnungen waren während der nächsten Monate weniger auf das mühsam geborene Geisteskind ausgerichtet als auf ein gesundes Kind aus Fleisch und Blut. Schon auf dem Weg von New York nach Los Angeles durch den ungewöhnlich heißen Sommer hatte dieses mit Angst und Freude erwartete Wesen beim Aussteigen in der Zwischenstation New Orleans im Mutterleib deutliche Lebenszeichen von sich gegeben. Noch vor Jahresende, so meinte der hinzugezogene Arzt, könnten wir die Ankunft des neuen Erdenbürgers erwarten.

Ich wurde in diesen Tagen und Wochen von Zweifeln geplagt, die ich Ruth damals nicht eingestand. Konnten wir es eigentlich verantworten, in diesen Zeiten ein Kind in die Welt zu setzen, quälte ich mich. Würde es nicht in ein Jahrhundert hineingeboren werden, das vielleicht dem Untergang geweiht war?

Ich meinte gerade damals genauer als die meisten meiner Mitmenschen zu wissen, wie düster die vermutliche Zukunft aussah. Denn ich hatte Mitte Oktober bei einem meiner Besuche in der maßgebenden »Denkfabrik« der US-Luftwaffe, der RAND Corporation in Santa Monica, vertraulich erfahren, daß die Bemühungen um eine Super-Atombombe, die um ein Vielfaches stärker sein werde als die existierenden Nuklearwaffen, erfolgreich verlaufen seien. Und tatsächlich wurde nur wenig später, am 16. November 1952, öffentlich bekanntgegeben, daß zur Monatswende eine erste Wasserstoff-Bombe mit Erfolg gezündet worden sei. Durch die gewaltige Explosion war eine Insel im Pazifik zum Versinken gebracht worden, und sogar noch fünftausend Meilen weit davon entfernt hatte man in einem kalifornischen Laboratorium diesen enormen Schock registrieren können.

Bei den Kriegsplanern von RAND löste diese Nachricht, die man nicht zu einem so frühen Zeitpunkt erwartet hatte, hektische Aktivitäten aus. Nur wenige Forscher hatten diesen Durchbruch für denkbar gehalten, der ganz radikal neue, fast unvorstellbare Kriegsereignisse möglich machte. Alle ihre strategischen Prognosen stimmten jetzt nicht mehr. Was würde geschehen, wenn die »andere« Seite, wie man mit Sicherheit erwarten mußte, bald ebenfalls über solche »doomsday machines« verfügte, von Menschen hergestellte Superwaffen, die den Jüngsten Tag herbeiführen konnten? In der kurzen Zeit, die vermutlich noch blieb, ehe die Russen mit einem eigenen solchen Monstrum drohen könnten, mußte eine Stufenleiter der nuklearen Abschreckung entwickelt werden, mit der man mögliche Aggressionen jeden Grades auf entsprechende Weise entgegentreten würde, ohne gleich mit dem Einsatz des äußersten und letzten Mittels, der Massenvernichtung, drohen zu müssen.

Am 19. Dezember 1952, als unser Peter im Santa Monica Hospital seinen ersten Lebensschrei ausstieß, wurden nur ein paar hundert Meter entfernt von erwachsenen, überdurchschnittlich intelligenten Männern mit ihren schnellen neuen Computern »war games« gespielt, bei denen kühl und gefühllos der künftige Tod von Millionen auf der einen wie auf der anderen Seite simuliert wurde. Dabei wurden unübersehbare Leichenberge als »Megabits« verharmlost und »berechenbar« gemacht.

Welch ein verwegenes Wagnis, welch eine Herausforderung war diese Geburt zu dieser Weltenstunde.

Ohne Auto

Daß ich nie Auto fahren gelernt habe, verdanke ich meinem kalifornischen Fahrlehrer. Als ich während der vierten oder fünften Fahrstunde wieder einmal zu spät reagierte, gab er mir den guten Rat: »Mister Jungk, give it up!« Und um mir die Entscheidung leichter zu machen, fügte er hinzu: »Ich habe gehört, Sie seien ein Menschenfreund. Am Steuer wären sie eine öffentliche Gefahr.«

Wie viele Erlebnisse und Begegnungen verdanke ich diesem Mann. Die anderen fuhren in ihren motorisierten Schneckenhäusern herum und mußten aufpassen, ich durfte träumen, ich konnte stehenbleiben, wenn ich etwas Interessantes sah, sie mußten weiterfahren. Zwei- oder dreimal bin ich mit der »Greyhound Line« kreuz und quer durch die USA gereist. Ich habe dabei das Land und seine Menschen nicht nur im Vorbeifahren kennengelernt, sondern in langen, nie langweiligen Unterhaltungen während nächtlicher Fahrten und in armseligen »Stops« am Rande irgendeiner provinziellen »Main Street«.

Ohne Auto lebten wir in Hollywood wie in einem Dorf. Von unserer möblierten Wohnung im Apartmenthaus »Château Marmont« konnte ich zu Fuß über die rückwärtigen, von subtropischen Gärten gesäumten Sträßchen sowohl meinen Arbeitsplatz, eine enge Besenkammer im Hause der einstigen Wiener Operettendiva Grete Basch, erreichen wie »Schwabs Drugstore«. An der Theke oder an den Zeitschriftenregalen dieses Kaffeehauses im »american style« traf sich die ungeschminkte nachbarliche Filmwelt, um zwischen dem Einkauf beim Delikatessenhändler Greenblatt und einer Stippvisite bei der Filiale der »Bank of America« über kleine und große Sorgen zu tratschen.

Zu den seltenen Nichtautofahrern Hollywoods gehörte auch Ray Bradbury, der berühmte Science-fiction-Autor. Ihn wollte ich unbedingt kennenlernen, weil mir seine pessimistischen und sarkastischen Zukunftsstories Eindruck gemacht hatten. Um uns, die im weiten Stadtgebiet von Los Angeles kilometerweit auseinander wohnten, zusammenzubringen, erbot sich »Metropolis«-Regisseur Fritz Lang Chauffeur zu spielen. Wir haben dann in einem ungemütlichen Schnellrestaurant von

Beverly Hills zu dritt über die hochtechnisierte Welt von morgen spekuliert und getrauert, daß es bald immer weniger Menschen gelingen werde, sich dem Zeitdruck des beschleunigten Wandels zu entziehen.

Ein Schockerlebnis hatte Bradbury, wie er uns erzählte, zum Autogegner gemacht. Als Halbwüchsiger war er Zeuge gewesen, wie sein leichtsinnig dahinrasender Vater ein Kind totfuhr.

»Ein braver Mann, der zum Killer wurde«, würgte er heraus und sprach von diesem schmerzlichen Moment an kein Wort mehr. Stumm einander in die Augen blickend, haben wir uns verabschiedet.

Sohn Peter

9. Kapitel

Die Zauberlehrlinge

1954–1956

Erste Erfolge: Signierstunde

1.

Der Traum fast jedes von Tag zu Tag berichtenden Journalisten ist es, durch das Schreiben eines Romans auch literarische Anerkennung zu finden. Ich hatte das ja schon ein paarmal im Schweizer Exil versucht und nach einer Weile wieder aufgegeben. Peter Weiss, dem es dann später gelungen ist, mit der »Ästhetik des Widerstandes« eines der großen epischen Werke des Jahrhunderts zu schaffen, hatte mich stets ermutigt, wenn ich ihm meine Ideen und Entwürfe erzählte. Aber weder »Unter den Trümmern«, eine Reihe von Erzählungen über ihre Stadt Big Town, mit denen sich Menschen in Luftschutzkellern die Angst zu vertreiben versuchen, noch »Leda«, ein Stück Zeitgeschichte aus weiblicher Sicht, oder »Die Traumreise« kamen ans Ziel. Nur ein Fortsetzungsroman mit dem Titel »Mannequin«, den ich – unter Pseudonym natürlich – schnell und bedenkenlos hinschrieb, weil ich einem filigranen Wesen, das diesen Beruf eher widerwillig ausübte, nahe sein wollte, und »Wachsfiguren«, eine Brotarbeit über das Leben der Schweizerin Madame Tussaud, sind je gedruckt worden.

Nun aber, da sich völlig überraschend der Welterfolg meines Reportagebuchs über Amerika abzeichnete, wollte ich es noch einmal versuchen, und Henry Goverts bestärkte mich in diesem Vorhaben. Wer die Hauptfigur dieses erzählenden Werkes sein werde, war mir schon längere Zeit klar. Ich hatte bei meinem Besuch in Los Alamos mehrere Tage im Hause des Physikers Dr. Kalmus übernachtet, der aus Österreich emigriert war und nun schon sechs oder sieben Jahre hier oben auf dem »Hügel« lebte und arbeitete.

Allen meinen Versuchen, etwas über sein Schicksal zu hören, war er ausgewichen. Er überließ die abendliche Konversation seiner lebhaften Gattin, die in erster Ehe mit dem berühmten Wiener Romancier Heimito von Doderer verheiratet gewesen und von ihm schmählich verleugnet worden war, als es karrierebehindernd sein konnte, mit einer Jüdin verbunden zu sein.

Als ich damals aus Los Alamos abreisen mußte, begleitete

mich mein Gastgeber zum Autobus nach Santa Fe, der jenseits des »Festungswalls« hielt. So nannte er den großen Absperrungszaun, den die Behörden um die Laboratoriumsstadt gezogen hatten. Das war übrigens die erste etwas kritische Bemerkung, die ich in all dieser Zeit aus seinem Munde gehört hatte. Als ich einsteigen wollte, war kein Fahrer zu finden. Der schlurfte schließlich langsam auf uns zu und schnarrte: »Broken again. Wait!« »Typisch«, spottete mein Begleiter. »Die kompliziertesten Techniken meistern sie, die einfachen selten.« Merkwürdig. Was war in ihn gefahren? Sprach er jetzt so offen, weil er auf der anderen Seite des »Walls« stand?

Eigentlich sollte ein Ersatzfahrzeug für das angeblich irreparable Vehikel in höchstens einer Viertelstunde eintreffen. Es dauerte aber gute zwei Stunden. In dieser Zeit spazierte ich mit dem gesprächig gewordenen Physiker auf und ab. Wir genossen dabei den großartigen Blick von der fast flachen »Mesa« von Los Alamos auf die umliegenden Canyons und Gebirgszüge. Als ich meinen Begleiter fragte, ob er als gelernter Alpinist an den Kletter- und Skiexkursionen zum Pajarito und zum Valle Grande teilgenommen habe, brach es aus ihm heraus. Das seien Ablenkungen, die ihn nicht zu trösten vermochten. Sein Leben sei nun einmal verpfuscht. Nichts habe er so sehr geliebt wie die Freiheit, und nun sei er als Träger von geheimzuhaltendem Wissen Dutzenden von Freiheitsbeschränkungen unterworfen. Der sozialistischen Jugend habe er einst angehört, und nun arbeite er für die militärische Macht des größten kapitalistischen Staates der Welt. Die Wahrheit habe er erforschen, die Welt verbessern wollen, und nun diene er der Heimlichkeit, der Manipulation, der Lüge in einem Vorhaben, das sich als das größte Verbrechen an der Schöpfung erweisen könnte.

»Alles ist genau umgekehrt gekommen, wie ich es erhofft hatte. Alles«, stieß er hervor. »Wenn ich Ihnen nur erzählen dürfte, was ich weiß!«

»Erzählen Sie doch. Ich werde nicht sagen, von wem ich es weiß.«

Da war nun endlich der neue Bus da, und der Fahrer hatte

es jetzt ganz eilig. So brach das Geständnis fast mitten im Satz ab. Während ich auf den gewundenen Straßen hinunter nach Santa Fe, in die anziehendste Stadt New Mexicos, fuhr, konnte ich nur eines denken. Das ist der »Held«, den ich für meine Story suchte. An ihm und durch ihn werde ich die Tragödie der Wissenden schildern können, die sich unwissend in einem weltbewegenden Schicksal verfingen, ein Drama, in das wir nun alle verstrickt waren.

Viel später habe ich aus dem Mund des bekannten polnischen Physikers Leopold Imfeld erfahren, daß Bert Brecht dieses Thema für den interessantesten Bühnenstoff des Jahrhunderts gehalten und ihn um fachliche Beratung gebeten habe. Brecht hat in seinen letzten Lebensjahren mit Imfelds Hilfe an einem »Einstein«, als eine Art Fortentwicklung seines »Galilei«, gearbeitet, das Werk aber leider nie vollendet.

Doch sein Grundmotiv für dieses Drama der Zerrissenheit, das er auf die erste Seite geschrieben haben soll, wurde bekannt. Es lautete: »Seine Herzader sprang.« Das traf nicht nur auf den Gelehrten, es traf auch auf den Dichter zu.

2.

Es ist mir nicht gelungen, meinen Atom-Roman zu schreiben. Doch ich bin noch heute der Ansicht, daß er geschrieben werden muß. Nur ein ganz großer Dichter mit einer Gestaltungskraft, die den enormen Kräften nahekommt, welche Forscher und Techniker dieses Jahrhunderts ausgelöst haben, kann versuchen, den Einbruch hoher Intelligenz ins Innerste der Natur so darzustellen, daß dieser Akt unbedachten Frevels als das große tragische Ereignis der Menschengeschichte begriffen wird. Da genügt die Darstellung wissenschaftlicher und technischer Abläufe nicht. Es müßten auch die sozialen und psychischen Zeitbedingungen und die äußeren wie die innersten Motive der Persönlichkeiten verständlich gemacht werden, die so ungeheure Gewalten in unsere fragile Lebenswelt einließen.

Etwa anderthalb Jahre lang habe ich dieses Romanprojekt vor mich hergeschoben. Immer wieder tröstete ich mich mit der Ausrede, ich wisse einfach noch nicht genug von den Bedingungen, unter denen die Atomforscher arbeiteten, zu wenig Genaues von ihren Vorstellungen, ihren ungewöhnlichen Lebensbedingungen in einer Zeit, die freie Aussprache kaum gestattete. Als Romanautor hätte ich eine Freiheit gehabt, die mir als Berichterstatter nicht erlaubt war. Ich hätte erfinden können, was ich nicht erfahren durfte. Aber wäre dann nicht vielleicht Unwahres oder grundsätzlich Falsches entstanden?

Eine Ahnung von der erschütternden Wucht des Themas, auf das ich mich eingelassen hatte, erfuhr ich am eigenen Körper, als mir im Frühjahr 1953 mit etwa fünfzig Kollegen endlich gestattet wurde, einem der zahlreichen Bombentests in der Wüste von Nevada beizuwohnen. Wir wurden noch vor Anbruch der Morgendämmerung aus unserem Hotel in Las Vegas abgeholt, gelangten durch die selbst zu dieser Stunde noch von den Lichtreklamen der Spielsalons erhellten Straßen zu etwas abseits geparkten Militärbussen und wurden in stundenlanger Fahrt auf einen erhöhten Punkt Nevadas gekarrt. Von dort aus konnte die »Test Range«, eine weißlich fahle Sandwüste, aus etwa zwei Kilometern Entfernung gut eingesehen werden. Zu diesem Zeitpunkt fanden alle Atomversuche noch unter freiem Himmel statt, weil man über ihre radioaktiven Auswirkungen erst viel zuwenig wußte oder nichts wissen wollte. Erst Jahre später, als Menschen und Tiere in den umliegenden Siedlungen immer öfter an Krebs und anderen strahlenbedingten Leiden erkrankten, begann man solche Experimente unter die Erde zu verlegen.

Über Lautsprecher wurden wir von Instrukteuren, die unsichtbar blieben, informiert, daß ein »device« – das Wort »Bombe« oder »Waffe« wurde vermieden – explodieren werde, dessen Stärke voraussichtlich das Mehrfache der Hiroshimabombe erreichen werde. Es handle sich aber um einen »gewöhnlichen Typ«, also eine der schon veralteten »Spaltbomben«, nicht um eine »Super«. Weniger das Funktionieren der Waffe sollte diesmal erprobt werden als ihre Wirkung auf

Gebäude und auf die kämpfende Truppe. Sie sollte an atomare Kampfhandlungen in künftigen Schlachten gewöhnt werden. Daß sogenannte »taktische atomare Einsätze« damals tatsächlich erwogen wurden, wußten wir alle, seit im Vorjahr General MacArthur in einer zugespitzten Phase des Koreakrieges damit gedroht hatte, den »big bang«, den »großen Knall« gegen mögliche chinesische Angriffe zu verwenden.

Wie lange wir damals warten mußten, ehe die Vorbereitungen abgeschlossen waren, weiß ich nicht mehr. Sicherlich erschien uns die Zeit länger als sonst. Fast niemand sprach ein Wort. Nie vorher und nie nachher habe ich je so schweigsame Journalisten erlebt. Ich hatte, wie alle anderen, eine Brille mit dunklen Gläsern ausgehändigt bekommen, von der anonymen Lautsprecherstimme wurden wir ausdrücklich aufgefordert, diesen Augenschutz während der Explosion auch nicht für den Bruchteil einer Sekunde abzunehmen.

Als der letzte »countdown« begann, konnten wir nun im jetzt stechenden Sonnenlicht auf dem Versuchsfeld nicht nur den Bombenturm deutlich erkennen, sondern auch eine Ansammlung von Bauten verschiedenster Art und in unterschiedlichen Anordnungen. Mein Nachbar, ein australischer Journalist, reichte mir noch rasch sein Fernglas, damit ich die Köpfe der eingegrabenen Soldaten ausmachen könne. Dann hallte nüchtern und ohne Erregung eine Zahl nach der anderen in die Stille, und ehe ich noch »Zero« verstanden hatte, schnitt schon der unerwartet grell blendende Blitz in das Himmelstuch und direkt in mich hinein, durch mich hindurch. Die Welt zerriß, löste sich auf in überirdisch glänzende Lichtbündel. Nicht nur jetzt in diesem endlosen Augenblick, sondern für immer. Sie konnte nie mehr die gleiche für mich sein.

Ich hatte versprochen, für eine deutsche Rundfunkstation zu berichten, und mußte während des ungeheuerlichen Vorgangs sprechen, aber vermochte es kaum. Und doch habe ich, wie mir die Kopie des seit damals erhaltenen Tonbandes bestätigt, versucht zu erzählen, was ich fühlte und sah: das Grollen, die Erschütterung, die Hitzewelle und das kaum faß-

bare Ereignis des Vorwärtsstürzens der vermummten Soldaten, die aus ihren Gräben aufgesprungen waren und sich
durch die in Trümmer zerfallenen Testbauten hindurch auf
einen imaginären Feind stürzten. Die Mehrzahl von ihnen ist
Jahre später als »atomic veterans« an den Folgen dieses Manö-
vers schwer erkrankt und hat erst nach langen gerichtlichen
Kämpfen einen traurigen Sieg errungen: Man zahlte ihnen
nachträglich und viel zu spät endlich eine jämmerliche Risiko-
zulage.

3.

Ob das viel zu frühe Ergrauen meiner Haare – ich war damals
kaum vierzig Jahre alt – auf das Erlebnis dieses nuklearen Ta-
gesanbruchs oder auf meinen etwas späteren Aufenthalt in Hiroshima zurückzuführen ist, weiß ich nicht. Sicherlich ist
mein Gemüt damals ergraut, hat dieser Nachkriegsschock
mich auf eine andere Weise, aber fast ebenso nachhaltig erschüttert wie die unfaßbare Gewißheit vom Holocaust und
seinen Millionen unschuldigen Opfern.

Noch glaubte ich zu diesem Zeitpunkt, durch das Sammeln
von Erlebnissen und Informationen die Grundlagen für meinen großen Atomroman zu schaffen. Bevor ich mit Forschern
sprach, die am Bau der ersten Bomben beteiligt gewesen waren, wollte ich mehr von den Anfängen der Nuklearphysik erfahren, von den »glücklichen Jahren der Unschuld«, die in den
Interviews der wissenschaftlichen Pioniere erwähnt wurden.
Das hieß, ich würde meinen Korrespondentenjob in Kalifornien vorübergehend an den Nagel hängen und mit meiner
kleinen Familie auf Recherchen in die Universitätsstädte Europas fahren müssen. Das war eine Aussicht, die Ruth und
mich gerade zu diesem Zeitpunkt froh stimmte, denn wir fanden das Klima der ideologischen »Hexenjagden« auf alle fort-
schrittlich Denkenden, die nun unter dem Senator McCarthy
voll eingesetzt hatten, immer unerträglicher. Vor allem unsere
neue Heimat Hollywood war täglich Schauplatz dunkler In-

trigen, böser Denunziationen, existenzgefährdender Verfolgungen und infamer öffentlicher Verhöre, die den Dialogen billiger Krimischocker glichen. Sie waren aber leider nicht wie im Kino nach anderthalb Stunden vorbei, sondern liefen Wochen und Monate über die Fernsehschirme, als Programme eines immer bedrückenderen Alltags.

Ablenkung und Trost bescherte uns nur der ungewöhnlich freundliche und aufgeweckte Säugling, der zum eigentlichen Mittelpunkt unseres Lebens geworden war. Ich konnte ihn vom Fenster meines Arbeitszimmers aus im sonnigen kleinen Garten hinter unserem gemieteten zweistöckigen Haus am Ogden Drive zuerst in seinem Wägelchen liegend, dann einige Wochen später schon in einem viereckigen Laufgitter beobachten. Auch lernte ich das kleine Wesen auf dem Wickeltisch trockenzulegen und ihm sein Fläschchen zu geben. Wenn wir zu dritt im Freien auf den Stufen des Vordereingangs saßen und ich Peter im Arm hielt, empfand ich zum ersten Mal seit den eigenen Kindheitsjahren ein tiefes Gefühl des Glücks und einer Sicherheit, die es jetzt nur noch im engsten privaten Kreis geben konnte.

Ehe wir im Juli 1953 vom kalifornischen Hafen San Pedro aus auf einem holländischen Frachtdampfer in See stachen, unternahm ich noch eine ausführliche Reise nach der Provinz Ontario in Kanada, um etwas über die Förderung des Metalls zu erfahren, dessen Spaltung die Entwicklung der Atombomben möglich gemacht hatte: Uran. An die offenen Minen, aus denen halbnackte Indianer und Indianerinnen die schweren Metallbrocken holten und auf Lastwagen abluden, erinnere ich mich merkwürdigerweise nur noch ganz schwach, wohl aber an meinen Besuch im Hauptquartier des durch den Uranboom reich gewordenen Rio-Tinto-Konzerns in Ottawa und an ein Gespräch mit seinem Hauptaktionär, Mister Hirschhorn, der fast nur über seine einzigartige Sammlung von Eskimokunst und möglichst wenig über die Strahlengefahren sprechen wollte, denen die eingeborenen Bergleute ausgesetzt waren.

Das große Erlebnis dieser Kanadareise war für mich die Begegnung mit den dichten, von Menschenhand noch fast unberührten Wäldern, die ich bei der zweimaligen Durchquerung des Landes, von Westen nach Osten und wieder zurück, sehen konnte. Stunden um Stunden fuhr der Zug durch die schmale, Tausende Kilometer lange Schneise an diesen hohen grünen Wänden zur Linken und zur Rechten vorbei, ohne daß man ein einziges Haus oder einen einzigen Menschen erblickte. Nur manchmal tauchten flüchtig Waldtiere auf. Sie liefen nicht davon, weil sie vor der Eisenbahn keine Angst zu haben schienen, sondern standen gebannt am Rande des doppelten Schienenweges.

Vor allem fiel mir auf, wie oft vom Wind umgebrochene Bäume im schwer durchdringlichen Hintergrund auftauchten. Manchmal lagen da Dutzende riesiger Stämme neben- und übereinander. Man hatte sie liegen lassen, wohl nicht einmal daran gedacht, sie zu verwerten. Oft deckten dichte Teppiche von Wildpflanzen und Moosflechten die gestürzten Giganten schon wieder zu.

So hatte ich mir einst als Knabe das wilde freie Amerika vorgestellt. Nun durfte ich endlich noch etwas von der ungebändigten Fülle und Schönheit des Kontinents erfahren, die durch den Vormarsch der Zivilisation fast überall schon zerstört worden war.

4.

Die beiden Brüder meiner Frau, Joseph und Willy Suschitzky, hatten nach Jahren in einem deutschen Konzentrationslager und englischen respektive australischen Internierungscamps nach Kriegsende im Nordwesten Londons das Antiquariat »Libris« mit vorwiegend deutschen Büchern aufgebaut, dessen Bestände vorwiegend aus dem Kauf von Privatbibliotheken anderer Emigranten kamen. Denen waren ihre Bücher oft wichtiger gewesen als manch anderer Besitz, den sie zurückgelassen hatten. Aber ihre Kinder, in einem anderen Kulturkreis und einer anderen Sprache aufgewachsen, hatten oft nur noch wenig Interesse an gesammelten Ausgaben deutscher Klassiker oder den Werken der kurzen kulturellen Blüte zwischen dem Ersten und dem Zweiten Weltkrieg. Dazu kam, daß sie meist recht beengt wohnen mußten und deshalb kaum Platz für die stattlichen Bücherbestände ihrer Eltern hatten. Die Mehrzahl verdiente auch nie genug Geld, um sich im vom Krieg verarmten England über Wasser zu halten. Da wurde dann durch den Verkauf der elterlichen Bibliotheken manche Budgetlücke gestopft.

So stapelten sich nun in mehreren Stockwerken eines schmalen alten Hauses im Nordwesten Londons Hunderte und Aberhunderte von deutschen Büchern, die oft schon einen beträchtlichen Seltenheitswert hatten. Öffentliche Bibliotheken in Deutschland und Österreich waren die besten Kunden meiner beiden Schwäger. Sie holten sich aus London gegen bare Münze zurück, was ihnen in den vierzehn Jahren der nazistischen »Säuberungen« und des Bombenkriegs verlorengegangen war.

Im untersten Stockwerk des Hauses Boundary Road 38a befand sich der Laden der Brüder Suschitzky, den man direkt von der Straße aus betreten konnte. Dort gingen vor allem Bücherliebhaber, Intellektuelle, Schriftsteller, deren Muttersprache Deutsch war, ein und aus. Aus dem Geschäft war unbeabsichtigt auch eine Art Wiener Kaffeehaus geworden, ein gemütlicher Winkel in einer eher ungemütlichen Metropole.

Wir waren ursprünglich nur zu einem kurzen Verwandtenbesuch nach London gekommen, aber die Atmosphäre des Antiquariats gefiel mir so gut, daß wir beschlossen, länger zu bleiben. Ich saß fast den ganzen Tag lang in einem der Stockwerke, umgeben von bis zur Decke gefüllten Bücherregalen, und versuchte nun endlich an »meinem Roman« zu arbeiten. Doch die Verlockung, in dieser literarischen Schatzkammer zu wühlen und Fertiges, oft Meisterhaftes zu lesen, statt Unfertiges und, wie mir schien, Dilettantisches zu Papier zu bringen, war groß. Immer wieder stand ich auf und griff mir einen Döblin, einen Wassermann, einen Dostojewski, um zu lernen, wie man ein episches Prosawerk am besten anpackte.

Nein, das würde mir nie gelingen, so groß auch mein Bemühen war, begann ich einzusehen. Und dazu kam dann noch die niederschmetternde Begegnung mit einem der Besucher des Antiquariats, den mir Schwager Pepi eines Tages von unten heraufschickte. Da stand, wie ich im von Bücherbergen verstellten Licht ausmachte, ein Gnom mit wilden Augen und einer zu hohen Stimme, der mich als erstes in aggressivem Tonfall fragte, wie lange ich denn an meinem Werk zu arbeiten gedenke. Etwa ein bis zwei Jahre, meinte ich. »Viel zu wenig Zeit!« befand er. »Ich arbeite seit über zehn Jahren an einer Sache, ohne sie herauszubringen. Denn ich bin mir bewußt, daß alles, was ich schreibe, auch vor künftigen Generationen bestehen muß. Seien Sie nur nicht zu schnell, nicht zu voreilig.«

Wäre das nun der Rat eines der verkannten Genies gewesen, die gelegentlich bei »Libris« auftauchten, hätte ich ihn mir kaum so zu Herzen genommen. Aber ich wußte, daß dieser strenge Mahner schon in den dreißiger Jahren ein Meisterwerk geschaffen hatte, das wegen der Nazidiktatur nur einem kleineren Kreis bekanntgeworden war. Es hieß »Die Blendung«, und der Name des Autors, Elias Canetti, galt bei Kennern neben Franz Kafka damals noch als Geheimtip für Eingeweihte.

In meiner nach diesem Gespräch an Verzweiflung grenzenden Stimmung wurde ich einige Tage später von J. B. Priestley, dem bekannten englischen Autor, zu einem Interview empfangen. Er lud mich in seinen Londoner Club ein, und es gefiel mir, mit welch lebensfroher Stimme er mir ein Glas Port bestellte. Auch merkte er als Menschenkenner gleich, wie bedrückt ich war. Und so begann er, den ich hatte befragen wollen, erst einmal mich auszufragen. Natürlich schüttete ich ihm mein Herz über die einschüchternde Begegnung mit Canetti aus. Wie konnte ich denn so viele Jahre einem einzigen Buch widmen? Wie würde ich je vor der Größe dieser Aufgabe bestehen?

»What a fool!« urteilte J. B. mit lauter Stimme. »Woher will er eigentlich wissen, ob künftige Generationen sich überhaupt noch für unser Geschreibsel interessieren?«

Und sogleich begann er zu erzählen, daß er gerade jetzt wieder einmal gleichzeitig mehrere Arbeiten unter der Feder habe: ein Bühnenstück, einen Roman und einen Band mit Reiseberichten. »Schreiben Sie, schreiben Sie, und quälen Sie sich nicht mit Selbstkritik!« rief er mir noch im Fortgehen zu.

5.

Das war genau die Ermutigung, die ich in diesem Augenblick brauchte. Aber eine noch wichtigere Hilfe in meiner Krise kam von einer anderen Seite: Es war die Begegnung mit dem Atomphysiker Fritz Houtermans. Im Rahmen meiner Hintergrundrecherchen wollte ich diesen damals in Bern lehrenden Professor kennenlernen. Schon bevor ich ihn besuchte, hatte ich einiges über sein Schicksal erfahren. Er war als überzeugter Kommunist 1933 in die Sowjetunion emigriert, wurde aber dort nicht lange nach seiner Ankunft unter dem Verdacht »trotzkistischer Geheimbündelei« von Stalins Schergen verhaftet und gefoltert. Anders als die meisten anderen Genossen, denen ähnliches widerfuhr, hatte Houtermans sich auch durch Folterung zu keinen falschen Geständnissen zwingen lassen, sondern war auf der Wahrheit bestanden und dafür jahrelang unter menschenunwürdigen Bedingungen interniert worden. Erst nach dem Hitler-Stalin-Pakt hatte man den immer noch überzeugten Kommunisten als Deutschen in sein verhaßtes Vaterland zurückgeschickt. Dort hatte er während der Kriegsjahre auf Empfehlung Max von Laues im kernphysikalischen Laboratorium Lichterfelde Unterschlupf gefunden, das damals dem Postminister Ohnesorge unterstand und von Manfred von Ardenne geleitet wurde. In diesem Zusammenhang hatte der Hochbegabte schon 1941 einen Geheimbericht »Zur Frage der Auslösung von Kernkettenreaktionen« verfaßt.

Ich besuchte eine Vorlesung des Gelehrten. Plötzlich mitten im Satz mußte er sich unterbrechen, konnte aber den Studenten noch zu verstehen geben, sie sollten bleiben, er werde gleich weitersprechen. Tatsächlich fand der erstaunliche Mann nach zwei oder drei Minuten den Faden wieder und konnte bis zum Ende der Stunde, mit etwas schwächerer Stimme zwar als zuvor, aber dennoch verständlich seine Ausführungen zu Ende bringen. Als ich danach, wie vorher verabredet worden war, auf Houtermans zutrat, fragte ich ihn sofort, ob wir nicht unsere Unterhaltung auf einen anderen Tag verlegen sollten. Nein, nein das wollte er nicht. Ich könne gleich mit ihm kommen. Allerdings würden wir nicht, wie er es sich vorgestellt hatte, in ein Lokal gehen, sondern müßten zu ihm nach Hause fahren. Er werde sich dort ein wenig hinlegen.

So saß ich denn bei Abendanbruch am Fuß des Bettes, zu dem sich der Überanstrengte mühsam hingeschleppt hatte. »Dieser verfluchte Haxen!« schimpfte er. Man hatte ihm während der Folterungen vor nunmehr fast zwanzig Jahren das rechte Schienbein zertrümmert.

So begann ich denn von meinen Plänen zu sprechen, aber bevor ich sehr weit gekommen war, unterbrach mich der Zuhörer, stützte sich etwas auf und sagte mit großer Entschiedenheit: »Sie sind auf dem falschen Weg, mein Lieber. Ein Roman? Wozu denn etwas zusammenflunkern? Das Leben, das wirkliche Leben eines jeden, der in dieser verflixten Geschichte steckt, ist viel interessanter, aufregender, spannender als irgend etwas, das Sie sich ausdenken könnten. Schreiben Sie doch die wirkliche Geschichte der Atomforscher! Wie die Politik in unsere abgeschiedene Forscherwelt einbrach. Wie wir, die wir seit Jahren nicht nur berufliche, sondern auch persönliche Freunde waren, durch die Entdeckung Otto Hahns und den Krieg zu Gegnern wurden. Niemand hat das bisher genau geschildert, weil wir schweigen mußten. Aber jetzt werden sie alle reden. Besuchen Sie möglichst jeden, der da mitgemacht hat.«

Ich wandte sofort ein, dazu fehlten mir die Voraussetzungen. Das könne doch nur jemand leisten, der selber dabeigewesen sei. »Nein!« bestand Houtermans. »Nur jemand, der von außen kommt, kann versuchen, diese widerspruchsvolle Geschichte ehrlich zu erzählen. Denn wer da mit drinnen steckt, ist doch parteiisch oder persönlich interessiert oder sieht nur einen Teil und nicht das Ganze. Gerade weil Sie Laie und unbeeinflußt sind, können Sie das vielleicht fertigbringen. Was Sie für einen Nachteil halten, ist doch ihre Chance! Fangen Sie an, fangen Sie bald an, ehe das alles vergessen ist oder vielleicht abermals zur Geheimsache erklärt wird.«

Noch war ich nicht ganz überzeugt. Aber auch in seinem Laboratorium, wohin er mich noch zu später Stunde mitgenommen hatte, ließ der auferstandene Houtermans nicht lokker. Eine Aufzeichnung erinnert mich an diese für mich so entscheidenden Stunden: »Immer wieder unterbrach er das Gespräch, denn er mußte ein im Nebenraum tickendes Gerät in regelmäßigen Abständen kontrollieren. Und je weiter die Nacht fortschritt, desto klarer wurde es mir: kein Roman konnte die tatsächliche, durch Aussagen und Dokumente belegbare Tragödie der Atomforscher eindringlicher darstellen als ein Tatsachenbericht.«

6.

Als ich Houtermans verließ, wußte ich nun, daß ich die Elemente meines Buches nicht in meiner Phantasie finden würde, sondern nur durch die genaueste Befragung möglichst vieler Menschen, die jenes große Drama durchlebt hatten.

Das würde allerdings viel genauere und umfangreichere Recherchen verlangen als das bisherige Vorhaben. Wovon sollten wir in dieser voraussichtlich recht langen Zeit leben? Würden die Einnahmen aus dem ersten Bucherfolg ausreichen? Müßte ich nicht versuchen, durch gelegentliche Vorträge und Artikel etwas dazuzuverdienen und mich dadurch wieder zersplittern?

Da erschien pünktlich in meiner Lebensgeschichte, wie fast schon erwartet, einer, der mir weiterhelfen würde. Es war der Münchner Verleger Helmut Kindler. Er bot mir an, für seinen neuen Buchverlag und die ihm gehörende Illustrierte »Revue« eine Biographie Albert Schweitzers zu schreiben, der in

Deutschland gerade einen Höhepunkt seiner Popularität erreicht hatte. Der Vorschlag gefiel mir sofort, obwohl er mich natürlich zunächst einmal von meinem eigentlichen Projekt fernhalten würde. Ich ahnte damals noch nicht, daß gerade die Beschäftigung mit diesem großen Zeitgenossen durchaus keine Ablenkung sein würde, sondern mich zu den zentralen ethischen Fragen führen würde, die sich den Physikern durch ihre Beteiligung am Bau der Massenvernichtungsmittel stellen mußten.

Ich war Albert Schweitzer bereits einige Jahre zuvor, im Sommer 1949, kurz persönlich begegnet und wie alle, die diese außerordentliche, aber stets menschliche Persönlichkeit aus der Nähe kennenlernten, von seinem Humor, seiner Wärme und seiner geistigen Ausstrahlung sofort beeindruckt gewesen. Damals hatte der Urwalddoktor, Organist und Philosoph die Einladung der North Western University in Chicago zu einer Feier des zweihundertsten Geburtstags von Johann Wolfgang Goethe angenommen, die an einem höchst unwahrscheinlichen Ort veranstaltet werden sollte, nämlich in der ehemaligen Mineralgräbersiedlung Aspen auf dem Hochplateau des Colorado-Gebirges. Dort hatte ein Millionär deutscher Abstammung namens Walter Paepcke einen Wintersportort aus dem Schnee gestampft und ihn als Austragungsort einer Skiweltmeisterschaft bekannt gemacht. Für die Belebung der Sommersaison hatte er sich etwas anderes ausgedacht. Mit enorm hohen Vortragshonoraren hatte der smarte Geschäftsmann eine Reihe von »Weltmeistern« des internationalen Kulturlebens wie Ortega y Gasset, Thornton Wilder und Arthur Rubinstein in dieses abgelegene amerikanische Nest gelockt. Auch Schweitzer war, wie er gleich bei seiner ersten Pressekonferenz erzählte, vor allem deshalb gekommen, weil er die versprochenen 6000 Dollar – damals war das noch sehr viel Geld – dringend für sein wieder einmal in Finanznöten steckendes Spital von Lambarene brauchte.

Wir sollten ihn dort in Afrika besuchen und uns von der Dringlichkeit seiner Hilfsbemühungen überzeugen, war dann auch die vordringliche Aufforderung, die der von der Reise sichtlich ermüdete alte Mann sofort nach seiner Ankunft in Aspen an alle Teilnehmer gerichtet hatte. Nun, Jahre später, würde ich also dieser Einladung endlich Folge leisten können, denn Kindler schien bereit, mir die weite Reise zu finanzieren. Doch daraus wurde nichts. Einmal mehr wollte mein Magen nicht das, was mein Kopf sich vorgenommen und mein Herz sich gewünscht hatte. Statt am Ogawefluß landete ich mit heftigen Schmerzen in einer Münchner Klinik.

Damit schien sich das Schweitzer-Projekt erledigt zu haben. Aber ich hatte nicht mit Kindlers eigensinniger Energie gerechnet, die ich noch oft genug bewundern (und auch gelegentlich fürchten) sollte. Er wolle mir Hans Ahrens, einen Dichterfreund und ausgezeichneten Rechercheur, zur Verfügung stellen, versprach der Verleger. Der werde mir alle Unterlagen herbeischaffen, die ich zum Schreiben brauchte. Trotz meiner anfänglichen Abneigung gegen ein solches Verfahren, das mich dazu zwang, Informationen und Eindrücke nicht aus eigener Erfahrung, sondern aus zweiter Hand zu verwenden, gedieh diese Arbeit ziemlich schnell und wohl auch gut, wie ich später von Schweitzer selbst erfahren durfte.

Denn ich erhielt bald nach Erscheinen des Buches nicht nur einen, sondern gleich zwei handschriftliche Briefe des großen Mannes. In dem einen dankte er mir für mein mit dem eigenen Namen gezeichnetes Vorwort, im zweiten lobte er den angeblichen Autor Jean Pierhal, niemand anders als mein Pseudonym, besonders dafür, daß in dieser Lebensdarstellung endlich einmal die wichtige Rolle seiner sonst fast stets übersehenen jüdischen Frau gewürdigt wurde.

Als ich Schweitzer zusammen mit Ruth bei seiner nächsten Europareise in Paris treffen durfte, war eine seiner ersten Fragen, ob ich wohl wisse, weshalb ihm »dieser Pierhal« nie auf seinen schönen Brief geantwortet habe.

»Aber das bin ja ich«, gestand ich ihm und erklärte, daß mein erster Verleger, Henry Goverts, unbedingt darauf bestanden hatte, daß auch mein zweites Buch bei ihm erscheinen müsse, denn er habe ja mit dem ersten »meinen Namen gemacht«. Nur wenn ich ein Pseudonym wähle, habe er gegen diesen »Seitensprung« zum Kindler-Verlag nichts einzuwenden.

Ich sehe noch heute Schweitzers überraschten und nur halb verstehenden Gesichtsausdruck vor mir, mit dem er diese Enthüllung über moderne Verlegerpraktiken aufnahm. Ohne ein einziges Wort zog er sein selbstverfertigtes, mit dünnen Riemen aus braunem Ziegenleder gebundenes Adressenbüchlein aus der Tasche, zeigte auf die Seite, wo schon der Name »Pierhal« eingetragen war, und sagte mit leichtem Lachen: »So, mon ami, jetzt schreibe ich gleich hier dahinter: ›nicht aus Fleisch und Blut!‹«

Schweitzer hat mir (und Pierhal) die Freundschaft nicht entzogen. Später bot er mir sogar das brüderliche »Du« an, wie allen, denen er sich verbunden fühlte. Ich habe von diesem herzlichen Angebot allerdings nie Gebrauch machen können. Meine Ehrfurcht vor dieser einmaligen Gestalt war zu groß, als daß ich ihn nun so vertraulich hätte anreden können.

7.

Von den Schriften Schweitzers, die ich vor dem Niederschreiben seiner Biographie gelesen hatte, war mir besonders ein schmales, hellbraun gebundenes Büchlein im Gedächtnis geblieben, das mir nun in meinem Bemühen half, die geistesgeschichtliche Situation der Menschen zu verstehen, die das Monstrum Atombombe geschaffen hatten. Diese Schrift trug den Titel »Verfall und Wiederaufbau der Kultur«. Ihre Hauptthese: Um die Mitte des neunzehnten Jahrhunderts habe die Abdankung der Kultur gegenüber der von den Naturwissenschaften und ihrem Riesenkind Technik immer einseitiger geprägten Wirklichkeit begonnen. Kampflos und fast lautlos habe sich dieses schicksalsschwere Ereignis vollzogen, und die meisten Zeitgenossen hätten das nicht einmal bemerkt. »Wie ging das zu?« fragte Schweitzer. Und seine aus schmerzlicher Einsicht gewonnene Antwort lautete: »Das Entscheidende war das Versagen der Philosophie.«

Genau in dem Jahr, als ich mich nun wieder ausschließlich meinen Recherchen und Interviews mit Atomforschern zuwenden konnte, erhielt Schweitzer den Friedensnobelpreis. Das war nicht zuletzt das Verdienst des in Norwegen als Verlagslektor tätigen deutsch-jüdischen Emigranten Max Tau, der mich schon 1953 in seinem Bemühen um die Verbreitung von Friedensideen zu einem Vortrag vor Studenten der Universität Oslo eingeladen hatte. Durch ihn hatte ich Gelegenheit, den schriftlichen Gedankenaustausch kennenzulernen, der den aufwühlenden Analysen Schweitzers zum Zeitgeschehen vorausgegangen war.

In seinen Briefen an Tau, wie schon zuvor in seinen anderen philosophischen Abhandlungen, versuchte der Arzt am Krankenbett einer gefährdeten Spezies der Ursache des Menschheitsleidens auf die Spur zu kommen. Er fand sie vor allem in einer geistigen Mangelerscheinung: dem Fehlen ethischer Ideen, ohne die keine lebensbejahende, lebenserhaltende, lebensfördernde Kultur gedeihen könne. Philosophisches Denken solle künftig nicht mehr ausschließlich auf dem Erkennen der Welt, sondern auch auf dem Erleben der Welt gründen.

So habe ich denn in Schweitzers eigener Handschrift den Satz gelesen, der mir nun bei allen meinen Reisen von Laboratorium zu Laboratorium, von Hörsaal zu Hörsaal, von Gelehrtenstube zu Gelehrtenstube stets vor Augen blieb: »Die wesentliche Tatsache, die unser Gewissen aufrütteln muß und der wir schon seit langer Zeit eingedenk sein sollten, ist, daß wir um so unmenschlicher werden, je mehr wir zu Übermenschen werden.«

8.

Von den zahlreichen Atomforschern, die ich in den Jahren 1953 bis 1955 in Europa und Amerika interviewte, hat keiner mich so stark beeindruckt wie Leo Szilard, keiner so enttäuscht wie Robert Oppenheimer und keiner – vielleicht unabsichtlich – mich so irregeführt wie Carl Friedrich von Weizsäcker.

Bevor ich Szilard in Chicago zum ersten Mal traf, wußte ich natürlich schon, welche entscheidende Rolle er in der Entwicklung des historischen Dramas gespielt hatte, das ich schildern wollte. Früher als alle anderen – nämlich bereits 1933 – hatte er visionär die Möglichkeit nuklearer Kettenreaktionen erfaßt, und wieder war er es, der Anfang 1939 schneller als alle anderen die enormen militärischen und politischen Folgen der von Hahn und Meitner entdeckten Kernspaltung so deutlich sah, daß er versuchte, sofort alles in Bewegung zu setzen, um mit Hilfe seines langjährigen Freundes und Mitarbeiters Albert Einstein den amerikanischen Präsidenten zum präventiven Bau einer Atombombe zu bewegen.

Als ich eines Vormittags an Szilards Zimmer im Fakultätsclub der University of Chicago angeklopft hatte, ließ er mich durch die geschlossene Tür wissen, daß ich etwas warten müsse. »Bin in der Badewanne«, rief er mit seiner hohen Stimme. »Bitte etwas Geduld.«

Etwa eine Viertelstunde später machte mir ein rundlicher kleiner Mann mit erhitztem roten Gesicht und kindlich staunenden Augen auf. Er sei wieder einmal erkältet. Das mußte ja so kommen, und er hatte es auch schon gewußt, als er gestern abend trotz sichtbar drohenden Gewitters ohne Mantel und Schirm ausgegangen sei. »Sie richten sich nicht nach ihren eigenen Prognosen?« wagte ich ihn zu necken, als stünden wir längst auf vertrautem Fuß. In der Tat fühlte ich mich diesem Mann unmittelbar so nahe, als sei er ein Verwandter. Vielleicht ist es ihm ähnlich gegangen, denn er begann auf mein erstes Stichwort hin unvorsichtig und rücksichtslos eine vehemente Attacke auf alle Kollegen loszulassen, die sich dem Militär und dem Rüstungswettlauf verschrieben hatten.

Während er mit einem ungezügelten Temperament dozierte, das ich bei anderen Wissenschaftlern noch nie erlebt hatte, sah ich mich in dem ziemlich kleinen Raum um. Überall auf dem Schreibtisch, auf dem Boden, selbst auf dem Bett lagen Zeitungen, Zeitschriften, Bücher, dazwischen linierte gelbe Folioseiten, die von einem Schreibblock abgerissen waren, mit großgeschriebenen Stichworten. Drei oder vier Koffer, die herumstanden, machten diese Enge des Arbeits- und Schlafzimmers noch bedrückender. Er sei immer abreisebereit, könne jederzeit gehen, wenn er lästig falle, ließ Szilard mich wissen und wollte damit wohl einen der Gründe nennen, die es ihm möglich machten, weiterhin unabhängig und daher rücksichtsloser als andere Forscher über den gefährdeten Zustand der Welt und die daran Hauptschuldigen zu urteilen.

Ich hatte erfahren, daß Szilard in den letzten Jahren vor Hitlers Machtantritt als Privatdozent an der Berliner Universität das Manifest »The Open Conspiracy« von H. G. Wells gelesen und nach einem persönlichen Gespräch mit dem Autor versucht hatte, in der deutschen Hauptstadt einen Bund außerordentlicher Persönlichkeiten zu gründen, die einen rettenden Einfluß auf die geschichtlichen Ereignisse ausüben könnten. Als ich ihm nun von Harro Schulze-Boysen und Adrien Turel und ihren Freunden erzählte, die zu gleicher Zeit am gleichen Ort etwas ganz Ähnliches angestrebt hatten, geriet er in große Erregung. Wie war es möglich, daß die von ihm angeregte, »eng verknüpfte Gruppe von Menschen, deren inneres Band von religiösem und wissenschaftlichem Geist durchdrungen ist«, und die »Gegner« damals keinerlei Verbindung zueinander gefunden hatten? Und wie wäre jetzt in einer noch prekäreren Lage die Wiederholung eines solchen Fehlers vermeidbar?

Es lag nahe, daß ich an diesem Punkt auf Albert Schweitzers brennendes Interesse an der atomaren Frage hinwies und von dessen Hoffnungen auf einen lebensorientierten Bewußtseinswandel sprach. Szilard reagierte mit Zustimmung, ja mit Begeisterung auf diese Mitteilung und erwähnte, wie enttäuscht er darüber sei, daß Wells, der lebenslang sein wichtigster geistiger Mentor gewesen war, in seinem allerletzten Werk »Der Geist am Ende seiner Möglichkeiten« jede Hoffnung auf eine Wendung zum Besseren aufgegeben habe.

Es war damals bei jener ersten Begegnung, daß Szilard, der

sich seit 1947 von der Physik abgewendet hatte und nun biologische Forschungen betrieb, mir mit seiner unerhörten Eindringlichkeit einprägte, daß es für nachdenkliche Menschen schon aus Gründen der inneren Selbstbehauptung geboten sei, sich ganz zuerst für die Überlebenschancen der Menschheit einzusetzen, seien sie auch noch so gering! Man dürfe sich weder durch anfängliche Erfolglosigkeit noch durch die viel zu kleine Zahl der Einsichtigen einschüchtern lassen. Jahre später hat er auf der Rückreise von einem internationalen Treffen politisch besorgter Wissenschaftler in Moskau bei einem Mittagessen im Wiener Vorort Schönbrunn diese Mahnung meiner Frau und mir gegenüber mit beschwörender Eindringlichkeit wiederholt und sie auf die Formel gebracht: »85 Prozent Wahrscheinlichkeit sprechen dafür, daß wir die nächsten hundert Jahre nicht überleben. Ich aber lebe und arbeite für die verbleibende Chance von 15 Prozent.«

Ein paar Monate später ist der damals schon schwer Krebskranke gestorben. Aber sein Hoffnungsspruch hat ihn überlebt und Tausende Menschen guten Willens inspiriert. Er war, so hat ihn sein nachdenklicher Freund John Platt charakterisiert, ein »seeder«, der unermüdlich und einfallsreich Samen ausstreute, aus denen dann mit oder auch ohne seine weitere Mithilfe entscheidend Neues wuchs.

9.

Fast zwei Jahre lang bin ich nun von Stadt zu Stadt, von Land zu Land, von Kontinent zu Kontinent gereist, um die Geschichte einer internationalen Familie von Forschern zu erfahren, die durch das Aufkommen menschenverachtender, freiheitsfeindlicher Regimes in Deutschland und in der Sowjetunion zerrissen wurde. Von Berlin, Göttingen, Kopenhagen, Rom und Cambridge, wo in der Zwischenkriegszeit die theoretischen Grundlagen der folgenreichsten wissenschaftlich-technischen Revolution des Jahrhunderts in einer äußerlich beschaulichen und zugleich geistig aufregenden Atmosphäre entwickelt worden waren, führte mich der Weg nach New York, Princeton, Washington, Chicago, New Mexico und Nevada, wo aus verwegenen Hypothesen und mühsamen Berechnungen, aus Diskussionen und beschriebenem Papier physische Kräfte von unfaßbarer Gewalt entstanden waren.

Je länger ich mich mit dem Thema beschäftigte, desto deutlicher rückte Robert J. Oppenheimer ins Zentrum meiner Fragen. Er war als Inspirator und Chef des Laboratoriums, in dem die ersten beiden Atombomben entwickelt und gebaut worden waren, und als einer der ersten, die es gewagt hatten, offen von ihrer Schuld zu sprechen, zum tragischen Haupthelden der Tragödie geworden, die ich schildern wollte.

Besonders günstig war es für mich, daß mitten in meine Recherchen hinein die Veröffentlichung des fast tausendseitigen Protokolls bis dahin geheimgehaltener behördlicher Verhöre platzte, in denen es um den schon seit Jahren von den amerikanischen Sicherheitsorganen gehegten Verdacht ging, Oppenheimer sei als ehemaliger »fellow traveller« politisch unzuverlässig und habe aus diesem Grund die Entwicklung der Wasserstoffbombe mit ihrer abermals gesteigerten weltzerstörenden Gewalt jahrelang bewußt hintertrieben.

Von einem großen Teil der öffentlichen Meinung wurde »Oppie« auf Grund dieses Verfahrens als Märtyrer angesehen, obwohl er in den Verhören eingestanden hatte, die Behördenvertreter bei Sicherheitsüberprüfungen belogen zu haben. Die Tatsache, daß hier ein Mann auf der Höhe seines Ruhms dem Drängen der Militärs nach noch potenteren Waffen aus politischen und humanistischen Gründen Bedenken entgegengesetzt und damit das Scheitern seiner außerordentlichen Karriere riskiert hatte, machte ihn mir, wie vielen anderen Rüstungsgegnern, sofort sympathisch.

Dieser Mann war die Figur, die ich nun in den Mittelpunkt meines Buches stellen wollte, ein Symbol des Massentodes, zum Symbol des Widerstandes gegen den Massentod geworden. Deutlicher noch als an Szilard würde ich den Sinneswandel der einsichtsvollsten Atomforscher an diesem außerordentlichen Zeitgenossen demonstrieren können, dessen Denken durch intensive Beschäftigung mit Philosophie, Kunst, Literatur, Musik und Politik die Grenzen des engen rein naturwissenschaftlichen Denkens überwunden hatte.

Doch nun erlebte ich in meinen Interviews etwas völlig Unerwartetes. Nahezu alle, die »Oppie« aus enger Zusammenarbeit kannten und sich sogar als seine Freunde ausgaben, fanden etwas an ihm auszusetzen. Gewiß, öffentlich hatten sie seine Verfolgung kritisiert und sich für ihn eingesetzt, aber privat zeichneten sie ein widerspruchsvolles, eher unsympathisches Bild von ihm. Seine intellektuelle Brillanz und seine Fähigkeiten als inspirierender unermüdlicher »leader« wurden zwar allgemein anerkannt, aber sein Ehrgeiz, sein Hochmut, sein Egoismus, die Art, wie er Menschen für sich einnahm, um sie auszunutzen und, wenn es ihm nützlich sein konnte, zu verraten, wurden mir an Hand von unwiderleglichen Beispielen – selbstverständlich stets unter dem Siegel der Verschwiegenheit – beschrieben.

Der gleiche Mann, der in den Tagen und Wochen nach Hiroshima reuig bekannte, er habe »Blut an seinen Händen«, hatte bald danach in geheimen Memoranden an die höchsten Armeestellen die massive Aufrüstung der Truppen mit taktischen Nuklearwaffen empfohlen. Schon 1946 war er den kritischen jungen Forschern in den Rücken gefallen, als sie dem Militär die weitere Entwicklung der Nuklearenergie entziehen wollten. Er hatte, wie mir der große Isidor Rabi berichtete, schon 1943 fast als einziger der in Los Alamos arbeitenden Forscher dem Plan zugestimmt, daß die Wissenschaftler nicht länger als Zivilisten, sondern als Soldaten dem Oberkommando unterstellt würden. »Gott sei Dank ist daraus dann nichts geworden«, erinnerte sich Rabi. »Aber Robert hatte sich schon eine elegante Offiziersuniform schneidern lassen. Sie hing bereits im Schrank seines Büros, und er zeigte sie mir voller Stolz.«

»Robert hat nicht zwei, sondern mindestens sechs Gesichter«, sagte mir sein Bruder Frank, der auf Grund einer Denunziation wegen »kommunistischer Sympathien« aus seinem wissenschaftlichen Job geworfen worden war. Der Romanist

Haakon Chevalier, jahrelang Robert Oppenheimers engster Freund, den er, wie das Protokoll der »hearings« von 1953 zeigte, nach langem Zögern mit einer Lügengeschichte belastet hatte, um dadurch jeden Verdacht eigener Linkssympathien von sich selber abzuwenden, war da anderer Ansicht. Er hatte sich nach langen qualvollen Überlegungen zu der Ansicht durchgerungen, daß es der gleiche Mensch war, den er schätzen und lieben gelernt hatte, der dann unter dem Einfluß und Druck der Militärs zum Verräter an seinen Idealen und an sich selbst geworden war.

10.

Ehe ich Oppenheimer selbst zu all diesen Vorwürfen befragen wollte, mußte ich versuchen, Chevalier zu treffen. Denn er war die Schlüsselfigur der »Affäre«, die zum Sturz seines Idols geführt hatte. Er hatte sich, nachdem er plötzlich seinen Professorenposten an der University of California aus ihm damals noch nicht begreiflichen Gründen verloren hatte, nach Paris zurückgezogen und lebte seither mit seiner Familie in einer kleinen Wohnung auf der Butte Montmartre. Daß er mir sofort ein ausführliches Gespräch zusagte, mag damit zusammenhängen, daß ich ihn am Telefon an ein früheres Zusammentreffen beim Kriegsverbrecher-Tribunal in Nürnberg erinnerte, wo er als Dolmetscher tätig gewesen war.

»Streicher und Göring waren brutale, größenwahnsinnige Untäter, aber Oppenheimer muß doch ein feinfühliger, hochgebildeter Mensch gewesen sein«, begann ich unsere Unterhaltung. »Wie konnte er im Sommer 1945, als die Deutschen schon kapituliert hatten und die Drohung eines deutschen Atomangriffs nicht mehr bestand, den furchtbaren Einsatz ›seiner‹ Bombe gegen Japan befürworten? Und das, obwohl viele seiner Mitarbeiter, allen voran Szilard, davor warnten?«

Der große, etwas schwerfällige Mann mit dem offenen naiven und arglosen Blick, der mir in seinem Arbeitszimmer gegenübersaß, antwortete nicht sofort. Schließlich fragte er zurück:

»Haben Sie eigentlich meinen Roman gelesen? Ich meine ›The Man who would be God‹?«

»Nein, noch nicht. Ich wollte unbeeinflußt mit Ihnen reden.«

»In meiner Hauptfigur Sebastian Bloch habe ich dargestellt, was ich vermute, aber nicht beweisen kann, weil ich ›Oppie‹ in den entscheidenden Jahren seiner Wandlung nicht mehr sehen durfte. Ich bin zu der Überzeugung gelangt, daß er den Spruch aus der Bhagavadgita, den er bei der Explosion der ersten Versuchsbombe vor sich hingesagt hat, ganz auf sich persönlich bezog: ›Ich bin der Tod, der alles raubt, Erschütterer der Welten.‹ Nur Sri Krishna, Herr über das Schicksal aller Sterblichen, hatte so gesprochen. Nun sah sich dieser Sterbliche in der Rolle eines allmächtigen Gottes.«

»Aber in dem Protokoll der ›hearings‹ macht er doch eher eine schwache, ja fast jämmerliche Figur«, wandte ich ein. »Er verfängt sich in Widersprüchen, er gibt Verfehlungen zu, die eigentlich gar keine sind, er wirkt unsicher und oft geradezu devot.«

»Gewiß, aber innerlich ist er vermutlich auch jetzt noch genauso hochmütig wie zuvor. Er wollte um jeden Preis am Hebel dieser überirdischen Macht bleiben. Deshalb hat er sich äußerlich dem primitiven General Groves, dem intriganten Generalstäbler Nichols, ja sogar ihren kleinen Spitzeln, Zuträgern und Inquisitoren gebeugt. Durch diese Kapitulationen hat Oppenheimer erreicht, daß er der Schlinge, die sie noch vor der Fertigstellung der Bombe um ihn gelegt hatten, zunächst einmal entronnen ist. Nur so durfte er sein Vorhaben doch noch zu Ende führen, nur so konnte er nach Kriegsende als der große Held gefeiert werden, durch dessen Wunderwaffe dem Land die blutigen Opfer einer Landung und eines verlustreichen Feldzuges in Japan erspart worden waren. Wichtiger noch dürfte ihm gewesen sein, daß er nun auch noch als Friedensstifter auftreten konnte, dem man am ehesten zutraute, das Monstrum, das unter seiner Leitung geschaffen worden war, zu zähmen.«

»Und hat Ihr Freund, als Sie ihn nach Kriegsende wiedersahen, Ihnen von seinen Schwierigkeiten mit den Sicherheitsbehörden erzählt?«

»Nein, keineswegs. Noch kurz vor dem Beginn seines ›Prozesses‹ haben er und seine Frau, uns hier in dieser Wohnung besucht. Er tat so freundschaftlich wie eh und je, wollte aber über all das, was ihm widerfahren war, nicht sprechen. Erst als ich später im Verhörprotokoll lesen konnte, welche Mordsgeschichte er über meine angeblichen Versuche verbreitet hatte, ihn zur Preisgabe von Atomgeheimnissen zu bewegen, begriff ich, weshalb er all das mit mir nicht hatte diskutieren wollen. Er wußte ja, daß es ein ›Gewebe von Lügen‹ war – so hat er es selber genannt –, das meine Karriere, ja mein Leben zerstört hatte.«

Ich habe damals versucht, diesem tief verletzten Mann, dessen Aufrichtigkeit und spontane Herzlichkeit mich beeindruckt hatten, etwas von dem mitzuteilen, was ich über Oppenheimers deutsche Studienjahre aus den Göttinger Universitätsunterlagen sowie aus Gesprächen mit seinen damaligen Kommilitonen und Lehrern über Unregelmäßigkeiten und Schwächen des allzu ehrgeizigen Studenten erfahren hatte. In seinem späteren Buch »Die Geschichte einer Freundschaft« bedankte sich Chevalier für diese Hilfestellung, indem er schrieb: »Es war Jungk, der mir half, den endgültigen und entscheidenden Einblick in Oppenheimers Charakter zu finden ... Er zwang mich zu erkennen, daß die Charakterschwäche, die ihn dazu brachte, seine Ideale und seine tiefsten Überzeugungen über Bord zu werfen ..., nicht eine neue Entwicklung war, die 1943 plötzlich eingetreten war, sondern von Anfang an in ihm vorhanden gewesen sein muß.«

Im Laufe der vielen Gespräche, die ich in den folgenden Wochen, Monaten und Jahren mit diesem grundehrlichen, nun zu meinem Freund gewordenen Opfer einer folgenreichen Verleumdung führte, tauchte eine Frage immer wieder auf: Hätte Oppenheimer sich im Laufe der Entwicklung nicht

weigern können, am »Manhattanproject« weiter teilzunehmen, als er merkte, daß dieses schicksalsträchtige Unternehmen nun ganz in die Hände von Militärs und Geheimdienst-
lern geraten war? Prinzipiell gefragt: Können moderne
Naturforscher, die durch die wachsenden Kosten ihres technischen Instrumentariums auf öffentliche Geldmittel angewiesen sind, ablehnen, Arbeiten zu verrichten, die sie mit ihrem
Gewissen nicht vereinbaren wollen? Es hat bei diesem ge-
heimsten und folgenreichsten militärischen Vorhaben tatsächlich solche Fälle gegeben. Besonders Szilard hatte in
Zusammenarbeit mit Niels Bohr, James Franck und anderen
eminenten Forschern versucht, den tatsächlichen Einsatz der
Bombe zu verhindern, andere wie V. C. Wilson und Joseph
Rotblat stiegen Anfang 1945 aus, weil es ihnen nach der Niederlage der Deutschen nicht mehr notwendig zu sein schien,
dieses Monstrum fertig zu bauen. Da die mögliche Drohung
Hitlers mit einer solchen überwältigenden Waffe nicht mehr
zu befürchten war, hatte sich ihre ursprüngliche Bestimmung,
eine glaubhafte Gegendrohung zu sein und damit eine Erpres-
sung durch den Diktator zu verhindern, erledigt. Jede mögliche moralische Begründung für ihre Konstruktion war nun
fortgefallen.

Victor Weißkopf, eine der lautersten Persönlichkeiten, denen ich je begegnet bin, hat in seinen Erinnerungen erzählt,
daß er, wie fast alle anderen Mitarbeiter am Bombenprojekt, so
sehr mit der Lösung der unmittelbaren Konstruktionspro-
bleme beschäftigt war, die in dieser Endphase noch gelöst werden mußten, daß er die Möglichkeit, aus Gewissensgründen
abzuspringen, damals nicht einmal in Gedanken erwogen
habe. Im Rückblick auf sein Leben gestand er, selbst über sein
damaliges Verhalten enttäuscht zu sein.

Ich habe schon 1955 in den Debatten mit Haakon den Stand-
punkt vertreten, daß immer mehr Wissenschaftler es angesichts der Weltlage riskieren würden, ihre eigene Gefährdung
von seiten der Mächtigen geringer einzuschätzen als die Gefährdung der Mitmenschen durch gehorsames Mitwirken an
einem blinden Fortschritt. Nun fragte ich mich: Ist es nicht
möglich, daß Oppenheimer, der ein paar Jahre zuvor in den
»hearings« noch abgestritten hatte, den Bau der »Super« absichtlich behindert und damit verzögert zu haben, sich im
gegenwärtigen Zeitpunkt zu einer solchen Verhinderungsstrategie bekennen würde? Denn er hatte ja inzwischen erfahren, daß die Mehrheit seiner Kollegen und der öffentlichen
Meinung für eine solche Haltung Verständnis aufbrachten,
während sein Gegenspieler, der Scharfmacher Edward Teller,
mit harter Kritik, ja sogar Verachtung, bedacht wurde.

So fuhr ich mit großer Erwartung nach Princeton zu dem
Termin, den mir das Sekretariat Oppenheimers gegeben hatte.
Er war seit einiger Zeit Leiter jenes berühmten »Institute for
Advanced Study« geworden, um dessen Mitgliedschaft ich
mich bald nach meiner Ankunft in den USA so sehr bemüht
hatte.

Ich wurde dann auch genau wieder in jenes Bürovorzimmer
geführt, wo ich 1947 darauf gewartet hatte, von Frank Adelyotte empfangen zu werden. Diese sterile korrekte Atmosphäre, in der ich schon einmal eine große Enttäuschung erlebt hatte, ließ mich nichts Gutes ahnen. Als ich nun plötzlich
das eindrucksvolle Leidensgesicht des Geächteten vor mir
sah, war ich so eingeschüchtert, daß ich in den »höchstens
dreißig Minuten«, die mir von einer Sekretärin mit vorwurfs-
vollem Unterton zugestanden worden waren, wenig Kritisches vorgebracht haben dürfte. Jedenfalls kam es nicht zu der
von mir erhofften Kurskorrektur, ja, nicht einmal zu der erwarteten Debatte über die Verantwortung der Atomforscher
oder gar zu einem vertraulichen Gespräch über den Verrat an
Chevalier. »Oppie« ließ mich gar nicht zu Wort kommen. Er

zog es vor, mir seine profunde historische Bildung zu beweisen, indem er pausenlos über die alte Prager Universität und ihre Rolle in der Bildungsgeschichte Europas dozierte. Über Tycho Brahe und seinen Protektor Kaiser Rudolf war er bereit zu sprechen, aber schon den von mir kurz ins Gespräch geworfenen »Fall Galilei«, über dessen Erwähnung ich ihn zum »Fall Oppenheimer« zu führen hoffte, vermied er. Selbst über meine kürzlichen Unterhaltungen mit seinem alten, nach Bad Pyrmont zurückgezogenen Lehrer Max Born wollte er nichts hören. Wohl weil ihm dessen entschiedene Verurteilung der babylonischen Gefangenschaft, in die manche seiner Schüler als Rüstungshelfer geraten waren, bekannt war und eine solche Erörterung die tiefe Wunde berühren mußte, an der er litt.

So wurde das eine höchst einseitige und qualvolle Unterhaltung, in der die entscheidenden Fragen nicht ausgesprochen wurden. Ehe sie überhaupt wirklich beginnen konnte, war sie schon wieder vorbei. Es muß wohl auch »Oppie« darunter gelitten haben. Denn als zwei Jahre danach die amerikanische Ausgabe meines Buchs erschienen war, in dem ich ihn in einem ungünstigeren Licht zeigte als fast alle früheren Publikationen, behauptete er gegenüber meinem amerikanischen Verlag Simon and Schuster, er habe nie im Leben mit mir gesprochen. Dieses Mal hatte ich Grund, den bürokratischen Apparat, mit dem Oppenheimer sich umgeben hatte, zu preisen. Denn da war, wie mein Lektor herausfand, im üblichen Protokoll über den Tagesverlauf nicht nur die Tatsache dieser Begegnung verzeichnet, sondern auch deren genaue Dauer.

Ich habe bei meinem Bemühen, die Geschichte einer internationalen »Familie« von Wissenschaftlern zu schreiben, nicht nur bei dieser Gelegenheit erfahren, wie schwer, ja fast unmöglich es ist, ein genauer und objektiver Historiker zu sein. Daß Zeitzeugen einander widersprechen, daß sie vergeßlich sind und sich irren, ist unvermeidlich und wird dann später manchmal durch schriftliche Dokumente korrigiert. Wenn aber diese Quellen aus staatspolitischen Erwägungen für lange Zeiten oder sogar endgültig unter Verschluß gehalten werden, wie es bis heute noch trotz aller zögerlichen und allmählichen Offenlegung mancher Unterlagen der Fall ist, muß es zu Fehleinschätzungen kommen.

Dazu kommt, daß oft gerade die wichtigsten Fakten aus Bedenken verschiedenster Art von denen, die darum wissen, entweder gar nicht oder nur in Bruchstücken dokumentarisch festgehalten werden. Ich habe jetzt noch das bittere Lachen des Exilrussen Lew Kowarski im Ohr, dem offenherzigsten und witzigsten der Forscher, die sich auf meine Fragen einließen, als er zum Abschluß unserer Unterredung sagte: »Ich könnte Ihnen viel mehr und viel Sensationelleres erzählen. Aber dann müßten Sie von nun an für meinen künftigen Lebensunterhalt aufkommen. Beruflich wäre ich dann nämlich erledigt.«

Am schwierigsten ist es für den Chronisten, mit den Selbstkorrekturen in den Erzählungen der Zeitzeugen umzugehen. Da wird, meist durchaus in gutem Glauben, von den im Laufe der Jahre deutlich gewordenen Folgen des früheren Handelns ausgehend Vergangenes nachträglich so dargestellt, als hätte der Betreffende sich nur so und nicht anders verhalten können, wie er es tat. Daß er zauderte, sich manchmal verstieg, vielleicht sogar an etwas beteiligt war, zu dem er nun nicht mehr stehen kann, wird verschleiert oder verändert. Das muß kein bewußtes Lügen sein, sondern ist eine verständliche Bemühung, das Unlogische, Widersprüchliche und Undeutliche einer Existenz in klare aber objektiv unrichtige Zusammenhänge zu bringen.

12.

Auch meine eigene, viel zu positive Beurteilung der Rolle, welche einige der einflußreichsten deutschen Atomforscher im Kriege gespielt hatten, ist ein Beispiel für die Verführung historischen Wunschdenkens. Die Jahre 1953 bis 1955, in denen ich für mein Buch »Heller als tausend Sonnen« recherchierte, standen im Zeichen des amerikanischen Senators McCarthy, dessen Verdächtigungen und Verhöre es erreichten, daß sich viele amerikanische Wissenschaftler politisch so gefügig zeigten, als lebten sie unter einer Diktatur. Ein beschämendes und entmutigendes Schauspiel! Da bescherten mir nun deutsche Physiker die überraschende Enthüllung, daß es nicht einmal den Diktatoren des Dritten Reichs gelungen war, ihre Forscher zur Mitarbeit an einem von ihnen abgelehnten Projekt zu zwingen. Denn die hatten, so meinte ich Carl Friedrich von Weizsäcker zu verstehen, als er mit mir im Arbeitszimmer seiner Göttinger Wohnung über diese Ereignisse sprach, ganz bewußt den Bau einer deutschen Atombombe zu verhindern versucht. Sie seien, wie er es wörtlich ausdrückte, in dieser Hinsicht nicht »Aktivisten«, sondern »Passivisten« gewesen.

Dies ist der Kern der Aussagen Weizsäckers und später auch Heisenbergs, derer ich mich erinnere und die ich bald nach meinen Interviews mit ihnen für meine Darstellung des Wettlaufs um die Atombombe verwendete.

Als mein Buch »Heller als tausend Sonnen« im Herbst 1956 im Scherz-Goverts-Verlag erschienen war und sofort weltweit überwiegend zustimmendes Aufsehen erregte, erhoben meine beiden Kronzeugen zunächst keinerlei Protest, ja ich hörte, daß sie sogar sehr erfreut darüber waren, in den Augen der Weltöffentlichkeit wegen ihres heimlichen Widerstands gegen den Bau einer deutschen Atombombe von jedem Verdacht der Komplizenschaft mit dem Regime Hitlers befreit zu sein.

Die Abschriften der Tonbänder, die vom englischen Geheimdienst auf Grund der heimlichen Abhörvorrichtungen in »Farm Hall« gemacht wurden, wo die Elite der deutschen Atomforscher bei Kriegsende interniert war, belegen, daß Weizsäcker bereits damals in der Diskussion mit seinen Kollegen über die Gründe, weshalb die Deutschen keine Atombombe gebaut hatten, behauptete: »Ich glaube, es ist uns nicht gelungen, weil alle Physiker aus Prinzip gar nicht wollten, daß es gelang. Wenn wir alle gewollt hätten, daß Deutschland den Krieg gewinnt, hätte es uns gelingen können ...«

Das entspricht genau der Darstellung, die er fast zehn Jahre später auch mir gab. Nachdem mein Buch in Amerika erschienen war und meine Schilderung des Verhaltens der deutschen Physiker dort zum Teil auf Kritik stieß, geschah aber etwas Erstaunliches. Weizsäcker begann sich zuerst vorsichtig, dann immer entschiedener von seiner früheren Version abzusetzen, weil sie im Lichte neuer Erkenntnisse nicht mehr haltbar schien. Jetzt legte er die Betonung darauf, daß er und seine Kollegen die Bombe nicht gebaut hätten, weil sie dazu gar nicht die materiellen Mittel besaßen. Sie vergaßen aber zu erwähnen, weshalb das so war. Es stellte sich nämlich 1988 durch Arbeiten des amerikanischen Historikers Mark Walker auf Grund seiner Kenntnis von bis dahin beschlagnahmtem deutschen Archivmaterial heraus, daß Weizsäcker und Heisenberg in Wahrheit überhaupt keine Entscheidung für oder gegen einen Bombenbau hätten treffen können, weil das Heereswaffenamt schon 1942 beschlossen hatte, dieses Projekt nicht mehr vor einem siegreichen Kriegsende (das man damals auf deutscher Seite bald erwartete) weiter zu verfolgen.

Um sich von dem Vorwurf zu befreien, er habe gemeinsam mit Heisenberg eine Legende in die Welt gesetzt und mich zu ihrer Verbreitung benutzt, behauptete Weizsäcker zuerst nur, ich sei »naiv« gewesen, dann aber, als ich mich dagegen leider nicht sofort wehrte, die ganze Geschichte vom Passivismus deutscher Atomphysiker sei eigentlich nur meine »Idee« gewesen, obwohl er doch nachweislich diese Behauptung schon Jahre, bevor er mich traf, vor Zeitzeugen verbreitet hatte.

Nachträglich ist mir aufgefallen, wie ähnlich sich »Oppie« und Weizsäcker sind: ähnlich in ihrer Brillanz, ihrer charismatischen Wirkung, aber auch in ihrem Wankelmut, der sie dazu brachte, ihre Haltung einmal so und einmal ganz anders zu definieren. Der Spitzname »Jein«, der von Schülern auf C. F. gemünzt wurde, trifft dieses schwankende Verhalten recht genau.

Daß ich mich, wenn auch auf eine weniger schwerwiegende und folgenreiche Weise, von dem einst verehrten Mann verraten fühlte wie Chevalier von Oppenheimer, möge man verstehen. Nicht lange nach Kriegsende hatte er mir – und nicht nur mir – eine Version eingeredet, die ihm und seinen Freunden dienlich sein konnte. Als er dann später merkte, daß diese Version unhaltbar geworden war und ihm eher schadete als nutzte, schob er alles auf seinen allzu vertrauensvollen Chronisten.

Ich kann mich allerdings nicht von der Schuld freisprechen, damals geglaubt zu haben, was ich nur zu gerne glauben wollte. Daß nämlich, wie Heisenberg es einmal in einem Brief an mich ausdrückte, »anständige Menschen« an einer solchen schrecklichen Waffe nicht hatten mitwirken wollen und können. Aber die wirkliche Geschichte ist leider keine Geschichte der frommen Legenden und aufrechten Helden.

Der Wissenschaftskritiker ist kein Hofberichterstatter

Auf der Jubiläumstagung des großen Basler Pharmakonzerns Hoffman-LaRoche beklagte sich der Nobelpreisträger für Biologie Joshua Lederberg über die Wissenschaftsberichterstattung in den Medien. Die Journalisten sollten, so verlangte er, nichts anderes tun, als die Ergebnisse der Forschung aus den Fachsprachen in eine allgemein verständliche Sprache zu übersetzen. Alles, was darüber hinausgehe, sei unstatthaft.

Damit richtete sich dieser eminente Erbforscher gegen die in den sechziger Jahren zunehmende Zahl von Wissenschafts- und Technikkritikern.

Da auch ich mich durch diese Bemerkungen getroffen fühlte, hielt ich dem prominenten Redner in der nachfolgenden Debatte entgegen, er wolle, wie einst die politischen Potentaten, nur ergebene Hofberichterstatter. Der Journalist habe aber als Vertreter der Öffentlichkeit sich schonungslos mit den Wirkungen und Folgen der angewandten Naturforschung auf Gesellschaft und Umwelt zu beschäftigen. Und dies um so mehr, weil die Mehrzahl der Gelehrten das schon viel zu lange vernachlässigt hätten.

Eigentlich hatte ich nach dem öffentlichen Verweis eines Generaldirektors »ex cathedra« erwartet, die Veranstalter würden mich als Störer des großen Festes vor die Tür schicken. Sie waren aber klug genug, das nicht zu tun, ja sie beauftragten mich später sogar, für ihre Hauszeitschrift zusammenfassend über die Tagung zu berichten.

Das war zu jenem Zeitpunkt ein unerwarteter, aber doch bezeichnender Durchbruch. Es begann sich endlich die Auffassung durchzusetzen, daß skeptische Berichterstattung aus den Werkstätten des Fortschritts notwendig sei und ein Wissenschaftskritiker nicht unbedingt auch selber Wissenschaftler sein mußte. Kunst- und Theaterkritiker waren ja auch nur in den seltensten Fällen ausübende Künstler oder Dramatiker.

Am erfreulichsten aber war es, daß in der zweiten Hälfte des Jahrhunderts auch die Selbstkritik der Forscher sich immer häufiger mit den Risiken des wissenschaftlich technischen Fortschritts auseinanderzusetzen begann. Ich habe die wichtigsten Hinweise auf zweifelhafte, bedenkliche oder eindeutig gefährliche Entwicklungen, die in der abgeschotteten Welt der Laboratorien vorbereitet wurden, besonders von denen erhalten, die es für ihre Pflicht hielten, zu warnen, wo Zweifel am Platz waren.

Mit einigen kritischen Wissenschaftlern wie Erwin Chargaff, Klaus Traube, Joseph Weizenbaum, Jürgen Schneider, Ernst Ulrich von Weizsäcker und Hans-Peter Dürr verbindet mich auch persönliche Freundschaft. Sie verzeihen mir wohl, wenn ich manchmal, um überdeutlich zu werden, »etwas zu weit gehe«.

10. Kapitel

Kampf dem Atomtod

1956–1959

Demonstration in Hiroshima (1956)

Kaoru »Carl« Ogura (links)

Daß ich mich nach der äußerlich und vor allem innerlich an-strengenden Arbeit am Buch über die Atomforscher fast ohne Pause gleich wieder in ein neues Projekt gestürzt habe, ist nur aus der Zuspitzung der atomaren Situation zu erklären. Im Herbst 1956 wurde deutlich, daß nun auch die Bundesrepu-blik Deutschland nach den modernsten Waffen, das hieß nach Atombomben und gelenkten Raketen, griff. Unter den deut-schen Wissenschaftlern, die etwas von der Materie verstanden, begann sich Widerstand zu regen, eine Entwicklung, auf die meine gerade zu diesem Zeitpunkt viel gelesene Darstellung des Schicksals der Atomforscher einen gewissen Einfluß hatte: Nun wollten sie tatsächlich nachholen, wovon sie bis-her nur gesprochen hatten.

Weizsäcker, dem ich damals noch voll vertrauen konnte, hatte in seinen Gesprächen mit mir besonders darauf hinge-wiesen, wie wichtig es sei, daß die breite Öffentlichkeit eine ablehnende Haltung der wissenschaftlichen Experten gegen Atomrüstung unterstütze. Aber die Mehrheit der von den überraschend schnellen Erfolgen ihres Wiederaufbaus be-nommenen Bürger der neuen Bundesrepublik unterschätzte die Gefahren einer nuklearen Bewaffnung ihrer neuen Streit-kräfte, ja, wollte sie sogar als Zeichen der internationalen Gleichberechtigung. War es nicht an der Zeit, den vielen Ah-nungslosen deutlich zu zeigen, welche furchtbaren Wirkun-gen die 1945 gegen die Japaner verwendeten Bomben gehabt hatten und – das war der entscheidende Unterschied zum kon-ventionellen Bombenkrieg gegen Deutschland – welche lang-fristigen gesundheitlichen Folgen jetzt noch, über zehn Jahre nach Kriegsende, vom Einsatz dieser unheimlichen neuen Waffen ausgingen? Und vermutlich war das erst der Beginn der anhaltenden lebensfeindlichen Wirkungen radioaktiver Strahlung.

Mich erinnert dieses kollektive Wegschauen an eines der letzten Gespräche, die ich mit den Bombenkonstrukteuren in Los Alamos geführt hatte. Herbert Agnew war als wissenschaftlicher Beobachter Zeuge des Angriffs auf Hiroshima gewesen und hatte aus der Luft die einzigen Filmaufnahmen von dem Ereignis gemacht. Nachdem er mir mit bewegten Worten geschildert hatte, welch bedrohlichen Eindruck ihm die zuerst wild flammende und dann tiefschwarze Riesenwolke gemacht hatte, die er und seine Kameraden möglichst schnell hinter sich zurückließen, fragte ich ihn: »Und haben Sie sich später einmal genauer angeschaut, was Sie da angerichtet hatten?« Es dauerte fast unerträglich lange, ehe er fast tonlos die Antwort stotterte: »Nein, das hätte ich nie gewagt.«

Schon damals hatte ich mir vorgenommen, daß dies meine nächste größere Aufgabe sein würde: berichten, was aus den Menschen von Hiroshima geworden war, die eine Hölle auf Erden erlebt hatten. Auch Schweitzers Hauptaufmerksamkeit galt in diesen Jahren den biologischen Schäden, die durch Freisetzung großer Mengen von radioaktiven Strahlen bei Mensch und Tier angerichtet werden. Sein Hauptinformant über Hiroshima war Norman Cousins, Herausgeber der amerikanischen Wochenzeitschrift »Saturday Review of Literature«, der sich besonders für eine Gruppe junger, durch das Bombardement verunstalteter Japanerinnen eingesetzt hatte. Diesen kritischen Publizisten, so schlug der Besorgte vor, sollte ich aufsuchen, um an den Formulierungen einer warnenden Erklärung mitzuarbeiten, die er als Friedensnobelpreisträger am nächsten Osterfest über mehr als hundert Radiosender über die ganze Welt ausstrahlen lassen wollte.

So reiste ich denn nach Silvertown im Staat New York, wo Cousins ein kleines Landhaus besaß, um mich, wie Schweitzer es gewollt hatte, mit ihm und seinen Mitarbeitern an der Abfassung dieser Botschaft zu beteiligen. Ich hoffte, über diesen Kreis erste Kontakte zu Hiroshima zu knüpfen, merkte aber sofort, daß meine Mitwirkung am Text dieser Botschaft von denen, die damit ebenfalls betraut worden waren, gar nicht gewollt wurde. So erfuhr ich hautnah etwas von der Atmosphäre der Eifersucht, die den großen Mann umgab. Schon in Paris hatte er davon mit bitterer Ironie geklagt: »Ich bin ja gar kein freier Mensch mehr. Alle diese wohlmeinenden Seelen um mich herum machen einen merkwürdigen Heiligen aus mir. Sie wollen niemanden an mich heranlassen.«

Die Verbindung zu Cousins war also nicht der Weg nach Hiroshima, den ich finden mußte, weil man mir gesagt hatte, daß ich auf eigene Faust, ohne richtige Einführung, keinen Zugang zu den »hibakushas«, den Überlebenden des Desasters, finden würde. Denn sie sperrten sich besonders gegen westliche Zeitungsleute. Und wieder einmal spielte mir der Zufall – gibt es ihn überhaupt? – im richtigen Augenblick den richtigen Schlüssel in die Hand. Aus der »Los Angeles Times« erfuhr ich vom Vortrag eines Botanikprofessors aus Seattle. Er hatte seine Zuhörer zu »Sühnespenden« aufgerufen, mit denen er in Hiroshima Häuser für die obdachlos gewordenen Opfer bauen wollte. Als erster habe der glaubenstreue Quäker alle seine Lebensersparnisse für diese hilfreiche Initiative geopfert, hieß es in dem Bericht.

Beim Anruf in der Redaktion erfuhr ich, daß Floyd Schmoe, so hieß der Mann, wohl schon nach Hause abgereist sei. Aber man kenne seine Adresse. Ein paar Tage später saß ich in Seattle einem grauhaarigen, hochaufgeschossenen und erschreckend mageren Yankee gegenüber, der mir mit sprühenden Augen von seiner »Japan Journey« erzählte. Er hatte selbst an den ersten »Friedenshäusern« mitgebaut. Es war das größte Erlebnis seiner Existenz.

So hatte ich mir stets die Pioniere vorgestellt, die einst von der Ostküste der USA nach Westen vorgedrungen waren, um den Kontinent zu erobern und zu besiedeln. Ja, man wisse zu wenig über das Elend der »hibakusha«, meinte er, nicht einmal in ihrem eigenen Land habe man begriffen, daß sie immer noch an den Folgen der Strahlenkatastrophe litten, tue deshalb kaum etwas für sie oder weiche ihnen sogar aus Angst vor angeblicher Ansteckung aus. Es sei dringend notwendig, daß die Weltöffentlichkeit endlich mehr über diese Parias des Atomzeitalters erfahre. Daran müsse ich mitwirken! Und er gab mir ein ausführliches Empfehlungsschreiben für seinen dortigen Mitarbeiter Togashi mit. »Bereiten

Sie sich auf etwas ganz Ungewöhnliches vor!«, mit diesen Worten wurde ich auf die Fahrt in den Fernen Osten geschickt.

2.

Noch nie war mir der Abschied von meiner kleinen Familie so schwer gefallen wie dieses Mal. Peter hatte gerade seinen dritten Geburtstag gefeiert und entzückte uns stündlich mit seiner fröhlichen Originalität, seiner wachen und sich erstaunlich schnell entwickelnden Intelligenz. Einmal, vor über einem Jahr in München war es gewesen, hatte er mir bei der Rückkehr von einer meiner Interviewreisen zur Begrüßung demonstrativ den Rücken gekehrt, um derart seine Enttäuschung über den zu oft abwesenden Vater zu zeigen. Wie würde er – wie würde auch ich – mit dieser neuen Trennung fertigwerden?

Ruth hatte mich gebeten, nicht zu fliegen, weil sie dem transpazifischen Flugverkehr mißtraute, und ich gab ihr recht, seit das prominenteste Mitglied der deutschen Weltraummediziner, Professor Strughold, mir einmal eindrucksvoll geschildert hatte, wie viele Fehler Piloten machen könnten. »Ich weiß das, denn ich bilde sie ja aus«, erzählte er mir während einer tagelangen Reise mit dem Zug quer durch Amerika. Nun begleiteten sie, der kleine Sohn und das holländische Kindermädchen mich zu dem Frachtschiff, das von San Francisco aus mit einer Ladung von Ölbohrmaschinen und sechs Passagieren in See stach. Noch lange winkten wir uns zu, während das Boot langsam unter dem weiten Bogen der Bay Bridge hindurch gen Osten fuhr. In dem engen Eß- und Aufenthaltsraum nahm mich sofort ein Mister Hughes in Beschlag, der »drüben« irgendwo im Küstengebiet Japans ein neues unterseeisches Erdölreservoir erschließen sollte. Er schwärmte mir von nun an zehn Tage lang zu jeder wachen Stunde vor, welche enormen Schätze noch unter dem Boden des Pazifiks zu finden seien.

Als wir endlich am Horizont aus dem Nebel das weißge-
krönte Dreieck des Fudschijama auftauchen sahen, schwieg
auch er in Bewunderung. Oder dachte er vielleicht schon darüber nach, ob und wie man die magischen Kräfte des heiligen
Berges irgendwie verwerten könne?

Irregeführt durch die Kriegspropaganda hatte ich mir die
Japaner als starr, fanatisch, asketisch und völlig humorlos vorgestellt. So war ich auf den bunten, heiteren und lebensfrohen
Wirbel Tokios in keiner Weise vorbereitet. Und diese überraschende Atmosphäre einer von ungewohnt phantasievollen
bunten Lichtreklamen eingerahmten Amüsierszenerie war
auch das erste, was ich von Hiroshima sah, als ich spätabends
dort angekommen war. Was ich am nächsten Morgen bei Ta-
geslicht erblickte, entsprach in keiner Weise den Bildern des
Untergangs, die ich wie die meisten Zeitgenossen mit dem Namen der Märtyrerstadt verband. Die Trümmerwüste war mit
breiten Straßen überbaut worden, an deren Rändern moderne
Bürogebäude westlichen Stils standen, vom Fenster meines
modernen Hotels aus sah ich einen weiten, blitzsauber gefeg-
ten Park, und auf einem der ersten Plakate, die ich zu Gesicht
bekam, lächelte mir ein kräftiges Sportlergesicht unter einer
amerikanischen Sportkappe zu. Das war, wie ich bald erfuhr,
der populärste Mann der Stadt, Kapitän der Baseballmann-
schaft »Karpfen«, die in der japanischen Nationalliga von Jahr
zu Jahr der Spitze näher gerückt war.

Ich hatte eine Begegnung mit den Fratzen des modernen
Massentodes erwartet und fühlte mich um ein erschütterndes
Erlebnis betrogen. Aber welches Recht hatte ich eigentlich
darauf, von den Bewohnern dieser aus der Asche auferstandenen Stadt ein tragisches Spektakel vorgeführt zu bekommen?
Sollte ich mich nicht darüber freuen, daß sie scheinbar unbekümmert um das, was gewesen war, nun wieder ein aktives
und normales Leben zu führen versuchten?

All das ging mir durch den Kopf, als Willi Togashi, der Ver-
trauensmann meines amerikanischen Quäkerfreunds, mich
zu der kleinen Siedlung führte, die aus den Mitteln der Initiative »Häuser für Hiroshima« bereits errichtet worden war.

Ein paar einfache Hütten, aus frischen Holzlatten zusammengefügt, standen da beieinander, und ihre Bewohner, die solcher Besichtigungsbesucher, wie ich es war, schon überdrüssig zu sein schienen, kümmerten sich kaum um uns. Bezeichnend war nur, daß sie in keiner Weise an der Geschäftigkeit teilzunehmen schienen, die ich bisher überall in der Stadt beobachten konnte, sondern schon am Vormittag müde und schlaff herumsaßen.

Das waren sie also, die Überlebenden des Desasters, Männer, Frauen, Kinder, die an den erst kaum geklärten Folgen der durch das Bombardement freigesetzten Mengen von Radioaktivität litten. Es vegetierten in Hiroshima, wie mir mein Begleiter erklärte, zur Zeit Zehntausende von ihnen. Bis vor kurzem hatte es weder Behandlung noch soziale Hilfe für sie gegeben. Und auch jetzt wußten die überforderten Ärzte nicht, wie sie mit den verschiedenen Formen der »A-Bomben-Krankheit« umgehen sollten.

Es hatte sich im Laufe des Gesprächs ein Dritter uns zugesellt, ein untersetzter, pfiffig und intelligent wirkender junger Mann, der viel besser englisch sprach als Togashi. Er sei mir von der Stadtverwaltung als Dolmetscher zugeteilt, ließ er mich wissen, sein Name sei Kaoru Ogura. Noch ehe ich ihn fragen konnte, woher denn seine erstaunlich guten Sprachkenntnisse kämen, hatte er erraten, was ich wissen wollte, und erzählte mir, daß er in Kalifornien aufgewachsen sei, von den Amerikanern wie viele andere »Niseis« bei Kriegsausbruch zuerst interniert und dann vertrieben worden war. Nach einigen Jahren im japanischen Militärdienst hatte es ihn dann mehr oder weniger zufällig nach Hiroshima verschlagen. »Hier gibt es ja seit ›jenem Tag‹ mehr Platz als anderswo in Japan«, erklärte er mir später einmal, als wir uns schon besser kannten, mit sarkastischem Unterton. »Daher sind die meisten, die Sie in den Straßen sehen, Stadtfremde wie ich. Zuzügler, die von der bösen Vergangenheit möglichst wenig hören wollen.«

»Carl« – er zog es vor, mit der amerikanischen Form seines Vornamens angesprochen zu werden – wurde während der folgenden Wochen mein unentbehrlicher Mitarbeiter, nicht nur als kluger, schneller und geduldiger Dolmetscher, sondern auch als Lehrer, Informant, Vermittler und Freund. Wenn er nicht gerade mit mir redete, sprach er mit jemandem, um eine Verabredung für uns zu treffen oder sofort etwas in Erfahrung zu bringen, wonach ich ihn eben erst in meiner inquisitorischen Neugier gefragt hatte. Kaum sah Carl einen der vielen öffentlichen Fernsprecher, die überall auf den Straßen, in den Kaffeehäusern, Teestuben, an den Eingängen der Warenhäuser, Office Buildings, in Buchhandlungen und Zeitungskiosken herumhingen, hörte ich ihn schon Sekunden später sein fröhliches »moshi, moshi« in den Hörer rufen. Gleichzeitig schrieb oder zeichnete er schon auf seinem stets präsenten Notizblock auf, was er hörte, und wenig später präsentierte er mir bereits an unserem gewohnten Tisch im »Café Beethoven« einen präzisen Plan für unsere nächsten Besuche oder Interviews.

So habe ich mit Oguras Hilfe sehr schnell die verschiedenen sozialen Schichten dieser ganz besonderen Stadt kennengelernt. Vom Bürgermeister bis zum Tagelöhner, vom erfolgreichen Aufsteiger bis zum dahinsiechenden Überlebenden. Wir sprachen mit wortgewaltigen Agitatoren, beschwichtigenden Beamten, pedantischen Archivaren, vifen Lokaljournalisten, vor allem aber immer wieder mit Ärzten, die sich diagnostizierend oder helfend mit einer Bevölkerung befassen mußten, in der so viele Menschen fast zwölf Jahre nach dem gewaltigen Sekundenblitz, der alles verändert hatte, an einer tödlichen Krankheit dahinsiechten. Die meisten von ihnen, das war das, was sie immer noch nicht ganz begreifen konnten, waren aus dem Desaster zunächst scheinbar heil davongekommen, weil sie sich flüchtend weit genug von dem feurigen Chaos des Abwurfzentrums in Sicherheit gebracht hatten. Und doch waren sie vom unsichtbaren Unheil der viel zu hohen radioaktiven

Strahlungsdosen, das man nicht fühlen, riechen oder schmekken konnte, erfaßt worden. Nun beherrschte es noch über ein Jahrzehnt nach dem 6. August 1945 ihre unerträglich gewordene Existenz.

Sogar die amerikanischen Spezialisten, die in der großen, wie die Zwingburg einer siegreichen Macht auf dem einzigen Hügel über der Stadt errichteten Klinik den neuen Phänomenen der Strahlenkrankheit auf die Spur zu kommen versuchten, hatten bisher nur Teilantworten zur Erklärung dieses später immer mehr Menschen erfassenden Siechtums gefunden. Nicht nur deswegen wirkten die meisten von ihnen so niedergeschlagen. Es war ihnen auf Grund strikter Weisungen ihrer vorgesetzten Behörde in Washington streng verboten, den Kranken, die sie durch ihre moderne diagnostische Apparatur schleusten, helfende Behandlung zukommen zu lassen, weil das sonst, wie der beispielhaft hartherzige Boß dieser Untersuchungsfabrik mich wissen ließ, als Schuldeingeständnis und Ausdruck einer besonderen Verantwortung, wenn nicht sogar Verpflichtung verstanden werden könne.

Zur Ehrenrettung einiger amerikanischer Mediziner, die von der »Atomic Bomb Casualty Commission« (ABCC) beschäftigt wurden, dient es, wie ich herausfand, daß sie sich diesem Behandlungsverbot widersetzten und den Patienten, die sie untersucht hatten, heimlich zu helfen versuchten. Einen von ihnen, der deswegen entlassen wurde und nach Hause zurückkehren mußte, habe ich Monate später in einem Armenviertel in Chicago gesucht und gefunden. Er hatte, abgestoßen von der Unmenschlichkeit seiner christlichen Vorgesetzten, die Religion gewechselt, war zum Buddhismus übergetreten und hatte seine Ablehnung »dieser verfluchten Weißen« durch Heirat mit einer Japanerin bekräftigt. Es gab in Hiroshima einige japanische Ärzte, wie den durch die Veröffentlichung seiner Tagebuchaufzeichnungen über die erste Zeit unmittelbar nach der Katastrophe berühmt gewordenen Doktor Hachiya, die Strahlenkranke umsonst behandelten und sie in ihren kleinen Privatkliniken pflegen ließen, aber sie bildeten eher die Ausnahme. So wagten die allermeisten der Opfer es nicht, sich in Behandlung zu begeben, sei es aus Geldmangel, sei es aus Scham oder gar aus Schuldgefühlen gegenüber nahen Freunden und Familienangehörigen, die umgekommen waren, ohne daß man ihnen hatte helfen können.

Der einzige Mensch, der sich regelmäßig um diese Vernachlässigten kümmerte, war ein scheuer, noch nicht ganz dreißigjähriger Gelegenheitsarbeiter namens Ishiro Kawamoto. Er hatte, überwältigt von dem Elend, das er stündlich um sich sah, seine Ingenieurslaufbahn aufgegeben, um sich ganz den Hilflosen, vor allem den vielen strahlenkranken Kindern und Waisen, widmen zu können. Ich habe die besondere Qualität dieses bescheidenen, opferbereiten, ganz außergewöhnlichen Menschen von der ersten Minute unserer Begegnung an gespürt und ihn zusammen mit Carl so oft wie möglich auf seinen Besuchen begleitet. Es war das erste und, wie ich heute weiß, auch einzige Mal, daß ich einem lebenden Heiligen begegnet bin.

Ishiro und seine Gefährtin Tokie sind die Hauptfiguren meines mir liebsten Buches, »Strahlen aus der Asche«, geworden, dessen Inhalt ich hier nicht noch einmal erzählen will. Wohl aber, daß ein Dritter, der in diesem Bericht eine wichtige Rolle spielt, erst durch unsere Recherchen in dem Tagelöhner Ishiro endlich einen Menschen fand, der ihm Vertrauen schenkte und den er bald mehr als einen Verwandten lieben lernte. Der Philosophiestudent Kazuo Musobe, den ich im Zuchthaus von Hiroshima ausfindig machte, wo er lebenslänglich in Haft bleiben sollte, hatte einen Schwarzhändler ermordet, weil ihn die entsetzlichen Szenen, die er im Inferno des 6. August erleben mußte, seelisch tief verstört und jeder ethischen Orientierung beraubt hatten. Ich war glücklich, als ich drei Jahre später erfuhr, daß die Behörden nach Lektüre meines auch auf japanisch erschienenen Hiroshimabuchs Musobe begnadigt und der Obhut von Ishiro Kawamoto übergeben hatten.

So hatte meine Arbeit einem hochbegabten Menschen zu einem neuen freien Leben verholfen, und das war der schönste Erfolg, den ich mir vorstellen konnte. Doch dann, wieder ein oder zwei Jahre später, erfuhr ich, daß Kazuo Musobe beim Überqueren einer Straße von einem Auto erfaßt worden und tödlich verunglückt war. Könnte er nicht vielleicht heute noch – wenn auch im Gefängnis – leben, wenn ich nie in seine Existenz hineingeraten wäre? Eine quälende Frage, die mich oft beschäftigt.

Hiroshima, das ich in den folgenden Jahrzehnten noch viermal besuchte, ist ein Schlüsselerlebnis, das meinen weiteren Lebensweg wesentlich beeinflußt hat. Mit Ishiro Kawamoto fand ich in Fleisch und Blut den Friedenshelden des Romans »Der Mensch ist gut«, der mir in meiner Jugend Vorbild geworden war. Die Opfer und die versehrten oder todgeweihten Überlebenden des atomaren Massenmordes waren mir als einem Betroffenen und zufällig Verschonten des »Holocaust«, des anderen schrecklichsten Kriegsverbrechens, verbunden, ja verwandt. Die Gespräche, die wir durch die Vermittlung Carls miteinander führen konnten, die Blicke in Augen, die so Entsetzliches gesehen hatten, die Gesten, mit denen sie erzählten, wie sie über Leichenberge kletternd, durch von Panik erfaßte Menschenmassen drängend sich in vermeintliche Sicherheit gebracht hatten und bald darauf ihr Wühlen in verstrahlten Trümmerhaufen, um noch etwas von ihrer spärlichen Habe wiederzufinden – all das berührte mich unmittelbarer und eindrucksvoller als alles, was ich bisher über diese Katastrophe erfahren hatte. Es verwandelte eine zuerst nur durch Lektüre entstandene Überzeugung in eine durch hautnahe Erlebnisse begründete Verpflichtung.

Von nun an wollte und mußte ich für die vielen unschuldigen Kriegsopfer, die nicht mehr sprechen konnten, die Stimme erheben. Auch wenn ich vor Erregung stotterte, auch wenn das, was ich mitteilen wollte, oft nicht sachlich, distanziert und objektiv genug klang, ich konnte, wenn es um dieses Thema ging, nicht anders sprechen oder schreiben. Nur so durfte ich hoffen, die eigene Erschütterung spürbar zu machen.

Als ich Hiroshima verließ, war ich ein anderer geworden. Ich wollte über Geschehenes nicht mehr nur berichten, weil es interessant, sondern weil es lebenswichtig war und daraus vielleicht Lehren für künftiges Verhalten erwachsen konnten. Rechtzeitig vor kommendem Unheil zu warnen, erschien mir in dieser historischen Situation vordringlicher als Ruhm und Karriere.

Daß diese Kassandrarolle, wie erwartet, einige Risiken mit sich brachte, sollte ich in den nächsten Monaten und Jahren zur Genüge erfahren. Als ich nach Europa zurückgekehrt war, hielt es mich nicht mehr am Schreibtisch, sondern ich begann immer häufiger in Komitees und auf Versammlungen die wachsende Anti-Atombewegung dadurch zu unterstützen, daß ich in die vorwiegend mit papiernen und statistischen Argumenten geführte Debatte über die geplante nukleare Aufrüstung der deutschen Bundesrepublik meine schockierenden Erfahrungen aus Japan einbrachte. Ein Höhepunkt dieser Aktivitäten war Anfang März 1958 mein Auftreten bei der ersten Massenveranstaltung der von Teilen der SPD initiierten Bewegung »Kampf dem Atomtod«, in deren führendes Gremium ich eingeladen worden war.

Über zweitausend Menschen hatten sich an diesem Vorfrühlingstag in der bald wegen Überfüllung geschlossenen Frankfurter Kongreßhalle versammelt, weitere tausend Zuhörer nahmen an der Kundgebung in zwei Nebensälen teil, wohin die Ansprachen übertragen wurden. Ich hatte erwartet, einer aufgeregten Menge gegenüberzutreten. Statt dessen sah ich mich einer bedrückten Masse von erwartungsvoll Schweigenden gegenüber und wurde von einem so heftigen Lampenfieber erfaßt, daß ich anfangs kaum ein Wort über die Lippen brachte. Aber sobald ich die ersten Sätze gesprochen hatte und auf den Gesichtern lesen konnte, daß sie Eindruck gemacht hatten, begann ich mich in beschwörenden Eifer zu reden, angefeuert vom ungewohnten Widerhall der eigenen, durch die Lautsprecher überlaut gesteigerten Stimme.

Schon damals habe ich selbstkritisch erkannt, wie gefährlich verführerisch solche Auftritte sein können, wie leicht, wie zu leicht es ist, die berühmten »Beifallsstürme« zu entfesseln. Unbekannte schüttelten mir nachher die Hände oder umarmten mich. »Jetzt muß ich einen klaren Kopf bewahren«, sagte ich mir immer wieder vor. »Nur sich nicht berauschen lassen! Nur nicht eingebildet werden!«

Auch in der Schweiz hatte inzwischen die Debatte um eine eigene Atombewaffnung eingesetzt, und ich beteiligte mich in dieser meiner zeitweiligen Zwangsheimat besonders intensiv daran. Da ich als regelmäßiger Berichterstatter der Züricher »Weltwoche« vermutlich einen gewissen Einfluß besaß, versuchte der Nachfolger Karl von Schumachers, Leonhardt Stucki, als neuer Chefredakteur mich zum Schweigen zu bringen. Nur wenn ich von nun an auf jedes öffentliche Auftreten in dieser Auseinandersetzung verzichtete, könne er auch künftig meine Artikel veröffentlichen, ließ er mich wissen. Das war selbstverständlich unannehmbar für mich. Ich bat, man möge mir wenigstens noch einmal etwas Platz im Blatt zur Verfügung stellen, damit ich meine Motive erläutern und mich von meinen jahrelangen Lesern verabschieden könne. Dies wurde mir nach längeren Verhandlungen zugestanden, so konnte ich in einem Briefwechsel mit Stucki, der am 3. April 1958 erschien, begründen, weshalb ich das entschiedene Eintreten gegen eine weitere Verbreitung von Atomwaffen für eine unabdingbare publizistische Aufgabe hielte. Das Echo dieses Bekenntnisses war ermutigend. Einige Mitarbeiter der Wochenzeitung, darunter vor allem Max Frisch, teilten mit, daß sie nun ihre Mitarbeit ebenfalls einstellen würden.

Es war nach zwanzig Jahren illegaler und legaler Mitarbeit an der »Weltwoche« nicht leicht, nun zum Aufhören gezwungen zu sein. Nachträglich erfuhr ich, daß die Haltung des Chefredakteurs und der Geschäftsleitung wohl auch durch Druck aus Bonn mitbestimmt worden war. Gleich nach dem Krieg, als es im besiegten Deutschland nur eine von den Besatzungsmächten kontrollierte Presse gab, hatte diese liberale und oft kritische Schweizer Publikation im Nachbarland viele Leser gefunden. Sobald aber in Stuttgart, Frankfurt, München, Berlin und Hamburg eigene unzensierte Blätter erscheinen konnten, ging die Auflage der »Weltwoche« stark zurück. Zu jenem Zeitpunkt, so heißt es, sprang Bonn ein und abonnierte mit Geldern aus einem Sonderbudget, dem sogenannten »Reptilienfonds«, eine beträchtliche Anzahl von Exemplaren. Damit sicherte sich das restaurative Adenauer-Regime einen Einfluß auf ein angesehenes Organ im neutralen Ausland. Da mußte ich als lästiger Gegner der deutschen Atompläne über Bord geworfen werden.

Und dabei blieb es nicht. Gleich vielen anderen Schriftstellern, Künstlern und Politikern wurde ich nun offen, meist allerdings »hintenherum«, wegen meiner Ablehnung der atomaren Abschreckung des Westens gegen einen befürchteten Angriff der Massenheere des Ostens, als heimlicher Verbündeter der kommunistischen Regimes verleumdet. Mit ein paar Jahren Verspätung hatten die perfiden Methoden des – inzwischen verstorbenen – amerikanischen Senators Joe McCarthy nun Europa erreicht, und besonders der vom US-Geheimdienst finanzierte »Bund für die Freiheit der Kultur« begann jeden Intellektuellen, der sich kritisch gegen die übertriebene Aufrüstung und den »kalten Krieg« stellte, als »fellow traveller« zu brandmarken. Friedrich Torberg, ein besonders eitler, skrupelloser Epigone des großen Satirikers Karl Kraus, war anscheinend speziell auf mich »angesetzt«. Er griff mich nicht nur in der Öffentlichkeit an, sondern schrieb auch an Redaktionen, sie sollten künftig nichts von mir abdrucken.

Gegen wenigstens eine von diesem professionellen Vergifter in der Wiener CIA-Zeitschrift »Forum« veröffentlichte Lüge konnte ich vor Gericht durch Beschlagnahme erfolgreich vorgehen, von seinen heimlichen Intrigen habe ich erst nach Torbergs Tod durch die befreundete Kollegin Hilde Spiel erfahren. Als ich 1970, nach dreizehn Jahren eines sonst glücklichen Aufenthaltes, Wien wieder verließ, sagte ich zu einigen meiner Freunde: »Adolf Hitler hat mich aus Berlin vertrieben, Friedrich Torberg aus Wien.«

Ich bin vorgesprungen und kehre nun zurück ins Jahr 1957, das für mich und meine Familie von besonderer Bedeutung war, weil wir nun endgültig aus den USA nach Europa zurückkehrten. Dieser Entschluß war wesentlich dadurch bestimmt, daß Peter sich dem schulpflichtigen Alter näherte und wir entscheiden mußten, in welchem Land und welcher Sprache er künftig erzogen werden sollte. Wäre er in Amerika großgeworden, so hätte ihn der verführerische »way of life« dieser besonders seit den Siegen im Zweiten Weltkrieg ganz auf materiellen Erfolg ausgerichteten Konsumzivilisation vermutlich unwiderruflich geprägt. Wir hatten es bei anderen Auswandererfamilien mit angesehen, wie bald ihre Söhne und Töchter sich ihnen entfremdeten, weil sie ganz anders dachten, sprachen, handelten als ihre aus der »alten Welt« kommenden Eltern. Die wurden von ihrem selbstzufriedenen Nachwuchs nur zu oft mitleidig belächelt, wenn nicht sogar verachtet.

Eigentlich hatten wir uns vorgenommen, nun von Los Angeles nach Paris zu ziehen und dort Fuß zu fassen. Von diesem Plan hat uns dann letztlich Albert Schweitzer abgebracht. Er warnte uns davor, unser einziges Kind dem ganz aufs Rationale ausgerichteten intellektuellen Drill der gemütskalten französischen »éducation« zu überantworten. So entschieden wir uns schließlich für Wien, die Heimat meiner Frau, deren Wesen und Sprechweise selbst nach zwanzig Jahren im Ausland immer noch vom Charme und der Raunzlust der Donaustadt geprägt waren.

Wir landeten mit Kind und Kegel (unter anderem einem für Europa viel zu großen amerikanischen Wagen) im Hafen von Genua, wurden dort von dem liebenswürdigen Abgesandten meines Verlegers Henry Goverts freundlich empfangen und machten erst einmal ein paar Wochen in Ascona Urlaub, wo ich ab und zu an Wochenenden die angenehmsten Tage des Schweizer Exils verbracht hatte. Auf der Weiterreise nach Zürich erhielt ich eine schlimme Nachricht: »›Turelchen‹ ist schwer krank«, sagte mir der treue Hermann am Telefon. »Falls du ihn noch einmal sehen willst, mußt du dich sehr beeilen.«

So stand ich ein paar Stunden später am Sterbebett des alten Freunds, der für mein Denken so richtungsweisend gewesen war, und versuchte vergeblich, noch einmal mit ihm zu sprechen. Einige Tage danach haben wir ihn unter den schmetternden Tönen eines Dragonermarsches begraben, wie er es sich gewünscht hatte. Daß ich nach jahrelanger Trennung gerade noch rechtzeitig aus der »neuen Welt« gekommen war, um als Redner bei der »Abdankung« dieses lebendigen Geistes ihm meine Bewunderung und Zuneigung zu bezeugen, gehört zu den logischen »Zufällen« unserer Beziehung. Wie aufregend hätten jetzt, da, wie er es vorausgesehen hatte, den Supergroßmächten USA und UdSSR Allmacht zugefallen war, Streitgespräche über das von ihm prophezeite »Ultratechnoikum« sein können. Wäre Turel auch jetzt noch bejahend dazu gestanden? Hätte er einen Ausweg aus dieser Entwicklung gewußt?

Noch einmal vor der endgültigen Übersiedlung nach Wien hielten wir auf dem Weg an, um den Festspielsommer in Salzburg zu erleben. Damals, 1957 – es war ein Jahr vor meinem Hinauswurf –, konnte ich noch als Berichterstatter für die »Weltwoche« tätig sein und schrieb als ersten Eindruck eine scharfe Polemik gegen die Verunstaltung der Mozartidylle durch den protzigen großen Bau des neuen Festspielhauses, durch einen vielstöckigen Hotelwolkenkratzer und andere Bausünden, die von der hemmungslosen Hingabe an den Massentourismus zeugten. Der in Anlehnung an Hofmannsthals Jahr um Jahr vor der Domfassade aufgeführtes Mysterienspiel vom Untergang des reichen Herrn »Jedermann« formulierte Titel des Artikels hieß: »›Jedestadt‹ verkauft ihre Seele«. Er trug wesentlich dazu bei, daß meine Kritik so stark einschlug.

Schon bald danach bekam meine Frau einen Anruf des Salzburger Landeshauptmanns Josef Klaus. Er bat, ich solle doch recht bald in sein Büro zu einer Aussprache kommen. Sie antwortete: »Auf eine Behörde wird mein Mann nicht gehen wollen. Treffen Sie sich doch besser im Kaffeehaus!« Dies geschah, und der durchaus freundliche christlich-soziale Politiker – er wurde später österreichischer Bundeskanzler – versuchte mir klarzumachen, es gehe einfach nicht, wie ich es vorgeschlagen hatte, die schöne alte Innenstadt mit ihren engen Straßen und prächtigen Plätzen dem Autoverkehr zu entziehen. Das würden sich die Geschäftsleute gewiß nicht gefallen lassen. Weniger höflich gingen die »Salzburger Nachrichten« mit mir um. Sie bezeichneten meine Ideen schlichtweg als »Jungkschen Wahnsinn«. Zur Ehre der Kollegen sei gesagt, daß sie viele Jahre danach, als auch Salzburg eine Fußgängerzone schaffen mußte, um nicht ganz unter die Räder des Verkehrs zu kommen, zugaben, ich hätte 1957 weiter gesehen als andere.

5.

Sollte ich einmal die Geschichte meiner vielen Hotelzimmer, Arbeitsräume, Studierstuben und Wohnungen niederschreiben, so müßte wohl das möblierte Stockwerk, das wir in einer Villa an der »Hohen Warte« im Wiener 19. Bezirk mieten konnten, einen Sonderplatz einnehmen. Das Haus lag auf leichter Anhöhe in einem großen privaten Park und strahlte auch im fünften Jahrzehnt dieses geängstigten Jahrhunderts den unbekümmerten Wohlstand der Jahre vor dem Ersten Weltkrieg aus. Ein Maler, aus begüterter Familie stammend, lebte mit einer monumentalen nordischen Walküre dort, die in eine normale Etagenwohnung kaum gepaßt hätte. Als wir auf der Suche nach einem Quartier in der Tür stehend uns mit unserem Namen vorgestellt hatten, fragte er: »Jungk? Ich heiße auch so: Jung, Georg Jung. Sind Sie vielleicht der böse Jungk?« »Weshalb böse?« »Weil Sie auf unser Hotel geschimpft haben.« Es stellte sich heraus, daß seiner Familie jenes Salzburger Hochhaus-Hotel gehörte, das ich in meinem kritischen Salzburgbericht als »Stilverbrechen« angeprangert hatte. Wir haben uns dann dennoch gut verstanden und ein wunderbares Jahr in seiner Villa verlebt, bis ein anderer sich für dieses Juwel-Appartement zu interessieren begann, mit dessen Mietangebot wir nicht mithalten konnten: Herbert von Karajan, der gerade zum Wiener Operndirektor gekürt worden war. Leid war es mir, als wir ausziehen mußten, vor allem um den angebauten, mit großen Fenstern ausgestatteten »gläsernen Turm«, in dem ich meine Schreibwerkstätte aufgeschlagen hatte. Er wurde in der Folge zum Gymnastikraum des großen Dirigenten umfunktioniert.

Wohin nun? Verleger Rudolf Streit vom Scherz-Verlag stellte Kredithilfe in Aussicht, falls wir etwas Passendes finden würden. Und in der Tat: wir entdeckten nicht weit von der »Hohen Warte« ein älteres Haus mit wunderschönem Baumbestand und einem kleinen Gartenhaus, das ideal für meine Arbeit geeignet sein würde. Die Besitzerin, Frau Professor Redlich, meinte, wie sehr sich ihr Sohn – er war nach den USA emigriert und Psychologiedozent an der Yale-Universität – freuen würde, wenn gerade ich mit meiner Familie in das Haus ziehen würde. Allerdings – es saß vorläufig noch ein Mieter darin, der seit Jahren einen höchst bescheidenen Zins zahlte und ein Vorkaufsrecht besaß, das er bisher nicht ausgeübt hatte. Sein Name – damals erst im engeren Kreis der österreichischen Politik bekannt: Dr. Bruno Kreisky.

Er hat dieses später als Treffpunkt von Politikern und Intellektuellen berühmtgewordene Domizil in der Armbrustergasse nun erwerben müssen und mir wohl nie verziehen, daß ich, der »Zugereiste«, ohne es zu wollen, ihn durch mein Kaufangebot zu dieser schnellen Entscheidung gezwungen habe. Denn es stellte sich erst nachträglich heraus, daß die Fundamente des alten Baus von Termiten unterwühlt waren und endlose Reparaturarbeiten notwendig wurden. Ein gütiges Schicksal hatte meinen Verleger vor dieser unglücklichen Investition bewahrt.

Nach einigen Zwischenstationen sind wir dann doch zu einer angenehmen Mietwohnung am Modenapark im dritten Wiener Bezirk gekommen. Zum ersten Mal in unserer Emigrantenexistenz lebten Ruth und ich mit unserem Buben nicht in Untermiete, sondern in unseren eigenen Möbeln, ein beruhigender Zustand bourgeoiser Sicherheit, den man nur wirklich zu schätzen weiß, wenn man ihn seit der fernen Jugendzeit nicht mehr gekannt hat. Mehr noch: Da in der nicht allzu großen Wohnung ein konzentriertes Arbeiten für mich schwer möglich war, konnten wir nicht weit entfernt ein leeres Studio mit Aussicht auf den Donaukanal und das Riesenrad im Prater mieten. Von nun an spazierte ich jeden Morgen und Nachmittag durch den üppig bepflanzten Wiener Stadtpark zu meinem Arbeitsplatz. Oft genug verweilte ich aber auch auf einer der Gartenbänke und las in den mitgebrachten Büchern. Dort sah mich eines Tages, auf dem Weg in sein Büro am Ring, unser Etagennachbar Dr. Jolles, stellvertretender Direktor der Internationalen Atombehörde, blieb stehen und sagte: »Ach, wenn ich doch nur einen einzigen Vormittag so ruhig wie Sie hier verbringen dürfte. Ich müßte dringend darüber nachdenken, was ich eigentlich tue.«

6.

Ebendieses Nachdenken über die vielen unlösbar erscheinenden Probleme, die uns die »neue Gewalt« der freigesetzten Kernkräfte auferlegte, zwang mich immer wieder, den endlich gefundenen privaten Frieden zu verlassen und als Beobachtender, Lernender, Schreibender und Sprechender in Europa herumzureisen. Sosehr ich Strategie und Rüstung verabscheute, ich mußte mich mit den abstrusen Theorien der nuklearen Abschreckung, den »flexiblen Taktiken« auf dem Schlachtfeld, der Stufenleiter von kollektiven Todesdrohungen und den spekulativen Opferbilanzen beschäftigen, in denen man je eine Million Ermordete als einen »Megatoten« oder gar nur als ein »Megabit« zu verharmlosen versuchte.

Da ich diesen Jargon der Unmenschlichkeit sprechen gelernt hatte, war es mir nun möglich, in Paris und Brüssel Militärs zu interviewen, ohne daß sie sofort den Gegner witterten. So habe ich auf diese Weise erfahren, daß man in diesen Stellen das »Störungspotential« der neu entstandenen internationalen Friedensbewegung höher einschätzte, als die meisten ihrer Mitglieder es taten. Es seien zwar nur »grains de sable«, die diese kurzsichtigen Pazifisten in die Militärmaschine streuen könnten, aber bei einer so fein abgestimmten, empfindlichen Apparatur dürfe man keinerlei Hemmnisse zulassen, bekam ich zu hören. Und was sei die Schlußfolgerung, wollte der neugierige Journalist wissen. »Reinigen, rücksichtslos wegputzen«, hieß die brutale Antwort des Unterredners, der sich eben noch so elegant ausgedrückt hatte.

Wer allerdings wie ich nun persönlich miterleben konnte, daß Zehntausende Engländer zu Ostern auf dem Trafalgar Square mit ganz unenglischem Temperament protestierten, daß im Pariser Quartier Latin, auf dem Rathausplatz in Hamburg, auf der Mailänder Piazza del Duomo, auf den Straßen von Amsterdam, Berlin und Stockholm Menschen aller Schichten, Junge und Alte, Frauen und Männer sich fast spontan, ohne straffe Organisation und Manipulation zusammenfanden, um ihrer Angst und Entschlossenheit öffentlichen Ausdruck zu geben, kam zu der Überzeugung, daß dieser massenhafte öffentliche Widerstand eine neue politische Dimension eröffnete, die seit den großen Revolutionen verlorengegangen war. Das war ein ganz West- und Mitteleuropa erfassender gewaltloser Aufstand, und ich war stolz, weil ich an so viele Orte gerufen wurde, wo er sich manifestierte.

»Nur im Osten regt sich nichts!« Das war ein verständlicher Vorwurf, den wir allerorts zu hören bekamen. Denn die zahlreichen Friedens- und Abrüstungsvorschläge der Sowjetunion kamen stets nur von Regierungsvertretern oder offiziösen Kulturfunktionären und konnten bei uns als unglaubwürdige »Taktik« der herrschenden Ideologen abgetan werden. Immerhin wurde ich Zeuge einiger Versuche, bei denen Sowjetbürger, die dem »Apparat« nicht angehörten, sich ernsthaft bemühten, friedliche Kontakte mit westlichen Menschen einzuleiten. Das geschah einmal im Sommer 1958 in den Räumen des »Grand Hotel« in Kitzbühel, wo die der von Einstein und Russell ins Leben gerufenen »Pugwash-Bewegung«

angehörigen Wissenschaftler sich mit ihren Kollegen aus dem Osten trafen, um weltpolitische Initiativen in Gang zu bringen, und später noch einmal im Londoner »Russell Hotel«, wo im Jahr 1959 das von dem deutschen Schriftsteller Hans Werner Richter gegründete »Europäische Komitee gegen Atomrüstung« nach mancherlei Anlaufschwierigkeiten seinen ersten Kongreß abhielt. Die im Anhang abgedruckte »Charta der Hoffnung«, die ich damals dort vorstellte und vortrug, war lange nirgendwo aufzufinden. Sie war mir von der Papierlawine, die im Laufe dieser vielfältigen Aktivitäten auf mich niederging, verschüttet worden.

Sehr gut kann ich mich aber noch an den Romancier Ilja Ehrenburg, den Hauptsprecher der sowjetischen Delegation, erinnern, weil ich in einem Privatgespräch endlich einmal einen Prominenten »von drüben« vernahm, der es riskierte, sich kritisch und witzig über die Zustände in seinem Land zu äußern. Noch größer war der Eindruck, den mir der Physiker Professor Topchew in Kitzbühel machte, weil weder er noch seine Begleiter der häßlichen Vorstellung entsprachen, die zwölf Jahre kalte Kriegspropaganda selbst bei »westlichen« Menschen, die sich für aufgeklärt hielten, erzeugt hatten. Die offene Herzlichkeit und ehrliche Selbstkritik, mit der er in den Gesprächen am Rande der Konferenz von seinen Problemen sprach, waren überzeugend. Wenn sie nicht genug englisch konnten, versuchten die Russen sich auf französisch verständlich zu machen. Deutsch aber, das einige von ihnen viel besser sprachen, war als die Sprache des ehemaligen Feindes immer noch verpönt.

Wie sollten die weltpolitischen Gegensätze unter dem Eindruck der allmächtigen Atombedrohung überwunden werden, wenn es nicht einmal gelang, den Gegensatz zwischen marxistisch orientierten und vorwiegend ethisch motivierten Atomgegnern in der Bewegung zu überwinden? Diese Gegensätze habe ich besonders eindrücklich und schmerzlich bei dem Berliner Studentenkongreß gegen Atomrüstung empfunden, der Anfang Januar 1959 an der Wirtschafts- und Sozialwissenschaftlichen Fakultät der Freien Universität abgehalten wurde. Einer ihrer engagiertesten Teilnehmer war ein erst wenig bekannter sozialdemokratischer Politiker aus Hamburg namens Helmut Schmidt. Von Anfang an gelang es dort einer Gruppe, die sich um die Redaktion der Zeitschrift »konkret« scharte, das eigentliche Thema der Zusammenkunft zu verändern und die umstrittenen Fragen des Verhältnisses zwischen der Bundesrepublik und der DDR in den Vordergrund zu schieben. So wurde durch die geschickte Manipulation erfahrener Politprofis schließlich eine Resolution durchgesetzt, in der sich die Mehrheit der Teilnehmer für die Aufnahme von Verhandlungen mit »Pankow«, die Ausarbeitung eines Friedensvertrages sowie »möglicher Formen einer interimistischen Konföderation« aussprach. Die Folge: Eine bisher unerhebliche Spaltung der deutschen Anti-Atombewegung wurde entscheidend vertieft und damit ihr baldiges Ende vorprogrammiert. Obwohl 1958 nach Erhebungen der Meinungsforschung noch 83 Prozent der Bundesbürger sich entschieden gegen eine deutsche Atombewaffnung ausgesprochen hatte, ebbte dieser friedliche Widerstand von nun an Jahr um Jahr ab.

7.

Für mich, der gegenüber diesen typisch »deutschen Streitigkeiten« – »querelles allemandes« nennen die Franzosen dieses Phänomen – keinerlei Verständnis aufbringen konnte, verlagerte sich die Tätigkeit gegen die atomare Bedrohung wieder auf das internationale Feld. Das Buch »Strahlen aus der Asche«, dessen Recherchen mich nach Hiroshima geführt hatten, war erst zwei Jahre und fast fünf Monate nach meiner Rückkehr endlich fertig geworden. Als kurz vor der Buchmesse 1959, für die das Erscheinen der Arbeit angekündigt worden war, immer noch das Schlußkapitel fehlte, sperrte mich mein sonst so nachgiebiger Schweizer Verleger Alfred Scherz in einem leerstehenden Berner Privathaus am Ufer der Aare ein und erreichte damit wirklich, daß ich das Manuskript gerade noch zu Beginn der Buchmesse abschloß. Es waren allerdings nicht nur die vielen politischen Verpflichtungen gewesen, die für die Verzögerung der Bucharbeit verantwortlich waren, sondern auch die zahlreichen, mit immer neuen Informationen gefüllten Briefe, die mir Carl aus Hiroshima schickte. Denn ihr Inhalt hatte mich mehrmals veranlaßt, den schon fertigen Text abzuändern und zu ergänzen.

Carl hatte sich so sehr in das bedeutsame Thema der Nachkriegsentwicklung der Stadt eingearbeitet, daß er immer weitere wichtige und unwichtigere Einzelheiten entdeckte, die ich, so oft es ging, aber längst nicht alle, in den Rahmen meines vorwiegend erzählenden Werkes pressen konnte. Diese Gründlichkeit meines Mitarbeiters hat sich aber mehrfach gelohnt. In seiner 1962 begonnenen und fünf Jahre später erschienenen eingehenden Studie »Death in Life« hat der amerikanische Psychohistoriker Robert J. Lifton sich der Vor- und Mitarbeit Oguras bedienen können und damit das Standardwerk über die seelischen Wirkungen der Atombombe geschaffen. Auch für Carl persönlich hat seine mit mir begonnene Arbeit Früchte getragen: Aus dem einfühlsamen Dolmetscher war ein ausgewiesener Historiker geworden, dem nun die Leitung des »Atombomben-Museums« übergeben wurde. Außerdem wurde Ogura-san so etwas wie ein Vertreter der Stadt nach außen, der die Besucher aus aller Welt informierte und betreute. Eine Tätigkeit, die er mit seiner gewohnten Intensität betrieb. Er hat sich dabei so wenig geschont, daß er leider viel zu früh in noch verhältnismäßig jungem Alter an einem Herzleiden verstarb.

Ich habe Carl noch einmal in seiner neuen verantwortungsvollen Funktion als Museumsleiter wiedergesehen. Und einmal mehr konnte er mir in entscheidender Weise zu Hilfe kommen. Kurz nachdem mein Buch über die »hibakusha« in Deutschland erschienen war, wurde ich vom deutschen Fernsehen durch Clemens Münster beauftragt, mit Dagobert Lindlau einen Film über das Thema zu entwerfen und während der Aufnahmen als Berater zu betreuen. Es lag mir daran, nicht nur die Opfer, sondern auch die den Tätern Nahestehenden zu zeigen: amerikanische Soldaten beim Betrachten der erschütternden Zeugnisse des Bombardements. Carl machte es möglich, daß wir mit versteckter Kamera uniformierte Besucher aufnahmen, die aus einem der US-Militärstützpunkte in Japan kommend einen Besichtigungsausflug zu einer der »most important historical sites of World War II« unternommen hatten. Es muß gesagt werden, daß der Anblick der in Glasvitrinen ausgestellten Kleiderfetzen, die erst kürzlich von der Zensur freigegebenen Fotos qualvoll Sterbender aus den ersten Stunden des menschengemachten Chaos diesen auf Härte und Rücksichtslosigkeit gedrillten Männern sichtbares Entsetzen entlockte.

Ich erlebte nun erst bei meinem zweiten Besuch etwas, das mein Denken und Handeln abermals entscheidend beeinflußte und mir eine ganz neue Perspektive eröffnete. Wir hatten mit Carls Hilfe ein älteres Paar gefunden, das erst längere Zeit nach dem Unheilstag an akuter Leukämie erkrankt war und hospitalisiert werden mußte. Sie waren, Tage nachdem sie sich kilometerweit vom Explosionszentrum in Sicherheit gebracht hatten, auf das Ruinenfeld zurückgekehrt, um die Reste ihres Hauses zu finden und einige ihrer verschütteten Habseligkeiten zu bergen. Bei diesem scheinbar harmlosen Suchen und Graben in den Trümmern hatten beide gefährlich hohe Strahlendosen erhalten, die nun Jahre danach unvermeidlich tödliche Folgen haben mußten.

Als der Mann – er sah als eine Folge seines Leidens viele Jahre älter aus, als er wirklich war – vor der Kamera erzählte, was ihm und seiner Frau zugestoßen war, hob er mittendrin die Stimme und erregte sich: »Weshalb sind wir denn Opfer dieses Krieges geworden, nachdem er längst zu Ende war? Hat denn niemand von den klugen Leuten, die sich diese Bombe ausgedacht haben, daran gedacht, wie lange danach sie immer noch tötet?«

Das traf mich wie ein Blitz. In der Tat: das Besondere dieser neuen Waffe war ja nicht nur, daß sie alle früheren Bomben an Sofortwirkung übertraf, sondern durch die Freisetzung langwirkender lebensschädigender Strahlung auch Zukünftiges zerstören konnte. Griff die modernste Technik damit nicht in eine neue Zeitdimension ein? Wie würde man die Kommenden vor diesen kaum beachteten Spätfolgen der Untaten früherer Generationen schützen? Wer vertrat dann die Lebensinteressen der Nochnichtgeborenen? Keine Lobby, keine Partei, soviel ich wußte, auch keine Religion. Also mußte ich versuchen, Verteidiger der Kommenden zu sein und möglichst viele einflußreiche Advokaten für die Menschen, Tiere und Pflanzen von morgen und übermorgen zu finden.

Es galt, dieser drohenden Schädigung der noch bevorstehenden Geschichte des Planeten Erde und seiner Kreaturen schon jetzt in der Gegenwart Einhalt zu gebieten. Denn auch ohne Kriegseinsatz von Plutoniumwaffen mußte der Umgang mit den in der Natur so nicht vorkommenden, von Menschenhand neugeschaffenen, jahrtausendelang wirkenden Spaltmaterialien unheilbare Wunden schlagen, nie wiedergutzumachende Beeinträchtigung der Schöpfung bewirken.

Stärker noch als bei meinem ersten Hiroshimabesuch spürte ich die Verpflichtung, von nun an mehr zu sein als Berichterstatter, der bereits Geschehenes aufzuschreiben hatte. Im Atomzeitalter mußte der Zeitzeuge über die Gegenwart hinausblicken, mußte er mögliche Zukünfte ins Auge fassen: die bösen, die zu verhindern, die guten, die zu fördern wären.

8.

Erich Kästner ist einer der Lieblingsautoren meiner Jugendzeit gewesen. Sein »Emil« war für mich ein Nachbarkind, denn seine Abenteuer mit Detektiven und Gaunern erlebte er nicht irgendwo in weiter Ferne, wie zum Beispiel der ebenfalls von mir bewunderte Schiffsjunge »Willy«, sondern gleich bei uns nebenan im Café Josti, in der Trauenaustraße oder am Prager Platz. Und nun lernte ich den bewunderten Kästner auf dem Podium einer »Kampf dem Atomtod«-Veranstaltung ganz aus der Nähe kennen, stand neben ihm bei einer Münchner Mahnwache und half, ein riesiges Protestplakat ihm auf die schmalen Schultern zu heben. Damit wollte er später als prominenter Sandwichmann über die Theatinerstraße spazieren bis hin zu jener Feldherrnhalle, vor der 1923 ein junger Hitzkopf namens Adolf Hitler Brandreden gehalten hatte.

Kästner war einer von den vielen »guten Deutschen«, die ich jetzt kennenlernte. Besonders beeindruckten mich Schriftsteller wie Hans Werner Richter, Stefan Andres, Hans Magnus Enzensberger und der junge Walter Jens. Sie waren auf die Straße gegangen, um öffentlich ihr Wort für den Fortbestand der Kultur zu erheben, und es gefiel mir, wie bescheiden sie sich gaben, wie kameradschaftlich sie mir sofort entgegenkamen, dessen Autorenlaufbahn ja eben erst begonnen hatte.

Auffallend und deprimierend war, wie skeptisch diese Erfahrenen die Erfolgschancen unserer Bemühungen einschätzten. Dennoch opferten sie viel Zeit dafür, traten nicht nur in den großen Städten vor Massenversammlungen auf, sondern reisten auch »auf die Dörfer« und sprachen vor vielen kleinen Gruppen, um den Deutschen klarzumachen, daß sie als Menschen des Landes, welches die Welt in den grausamsten und verlustreichsten aller Kriege gestürzt hatte, eine besondere Verantwortung trugen.

»Sie werden's nicht glauben, aber ich tue das mindestens ebensosehr für mich und meine Nachkommen. Denn sonst würde ich innerlich schon zugrunde gehen, bevor es mich tatsächlich erwischen sollte«, vertraute mir der evangelische Pfarrer einer kleinen niedersächsischen Gemeinde an und wischte den Ausspruch gleich wieder mit einer Handbewegung weg: »Nur keine großen Worte.« Es überraschte mich, wie stark der Anteil christlicher Theologen, Schriftsteller und Publizisten war, die sich an dieser Kampagne für das Leben beteiligten. Im Hinterkopf hatte ich trotz meiner Begegnung mit Albert Schweitzer immer noch die Vorstellung, daß alles, was mit Kirche zu tun hatte, zeitfern und verstaubt sei. Nun aber zeigte es sich, daß Männer wie Helmut Gollwitzer, Heinz Kloppenburg und Heinrich Grüber auf der protestantischen Seite und Persönlichkeiten wie Eugen Kogon und Friedrich Heer aus dem katholischen Lager die Signale der

Zeit besser verstanden als die meisten Sozialdemokraten, die sich nur mit ihrer »zweiten Garnitur« in den Kampf gegen die Bombe wagten und in der Mehrzahl bald den Rückzug antraten. Mit den echten Christen hat mich von da an über viele Jahre hinweg auch eine herzliche persönliche Freundschaft verbunden.

Auch in England war es ein Kirchenmann, Cannon John Collins von der Saint Paul's Cathedral, der die »Campaign for Nuclear Disarmament« mit Temperament führte. Als ich ihm in seinem schwarzen Priesterrock zum ersten Mal gegenüberstand, blieb ich etwas mißtrauisch auf Distanz, aber er nahm sofort meine beiden Hände, klopfte mir dann auf die Schulter und ernannte mich inmitten des Tumults einer großen Kundgebung zum »Brother Bob«. Später sollte er im Fernsehen der BBC nach der Ausstrahlung meinen Hiroshimafilm kommentieren. Er trat auf mit einem Manuskript in der Hand und zerriß es vor dem Millionenpublikum mit dem Ausspruch: »Was ich da aufgeschrieben habe, kann nicht mehr ausdrücken, was ich jetzt fühle, nachdem ich diese Bilder gesehen habe.«

Ich war enttäuscht, als ich am Tag nach dem Ostermarsch vom Atomreaktor Aldermaston zum Londoner Trafalgar Square in den englischen Zeitungen erstaunlich wenig Echo fand. Da wurde also aus Rücksichten auf Staat und Wirtschaft von Fleet Street ein großes Ereignis fast ganz unterschlagen. Im Jahr darauf jedoch wurde in großen »headlines« auf der Titelseite der Blätter vom Atomprotest berichtet. Was war geschehen? Eine Gruppe von ein paar hundert radikalen Demonstranten hatte die Fensterscheiben der amerikanischen Botschaft am Grosvenor Square eingeschlagen. Das erregte Aufmerksamkeit, das war als berichtenswerte Sensation bewertet und publizistisch herausgestellt worden.

Auch später habe ich mehrmals beobachtet, daß die Medien die Gewalt einiger weniger bei Kundgebungen mit ausführlicher Berichterstattung honorieren, während sie eine friedliche Manifestation vieler gleichgültig läßt. Ich habe einmal sogar erlebt, daß bei einer der großen Demonstrationen vor der geplanten nuklearen Wiederaufbereitungsanlage in Wakkersdorf das »Zweite Deutsche Fernsehen« mit all seinen Kameras vorzeitig abzog, weil zur Enttäuschung der Sensationsjäger »nichts passierte«, wie sie meinten. Wenn es darum geht, öffentliche Aufmerksamkeit zu erregen, scheint sich Gewalt publizistisch also mehr zu »lohnen« als Friedfertigkeit. Das ist eine Erfahrung, die mehr über die Berichterstatter als die Widerständler aussagt, denen man so bereitwillig böse Absichten unterstellt.

9.

Es war in dieser Wende vom fünften zum sechsten Jahrzehnt des Jahrhunderts, daß die technisch hergestellte Wiedergabe eines Ereignisses wichtiger wurde als das Ereignis selbst, weil der gefilmte Bericht, vermittelt durch den neuen unentbehrlich gewordenen Hausgast Fernsehen, zur wichtigsten täglichen Erfahrung der meisten Zeitgenossen geworden war. Ein auf Massenwirksamkeit angewiesener Politiker wie Charles de Gaulle begriff das sofort. Ich stand einmal neben ihm, als dieser eigenwillige und stolze Mann sich dem Diktat der Kamera beugte. Da die Filmer den Augenblick seiner Unterschrift unter ein wichtiges Vertragswerk verpaßt hatten, wiederholte er auf ihre im Befehlston gerufene Bitte hin die Geste des Namenszugs gehorsam noch einmal.

Die Bedeutsamkeit dieses Wandels vom geschichtlichen Sein zum geschichtlichen Schein habe ich in jenen Tagen mit niemandem so gründlich debattieren können wie mit einem Philosophen, der mit seinen fast sechzig Jahren origineller zu argumentieren wußte als fast alle Jüngeren. Er hieß Günther Anders, wurde als Sohn des berühmten Psychologen Gustav Stern nicht lange nach der Jahrhundertwende in Breslau geboren, hatte in den letzten Jahren der Weimarer Republik als Journalist und Publizist bereits einmal kurzes Aufsehen erregt und war dann auf Grund seiner jüdischen Abstammung, die ihm, der sonst alles merkte, bis dahin kaum aufgefallen war, auf die lange Reise der Emigration geschickt worden. Sie hatte ihn nach einem Umweg über Paris, New York und Berlin nun nach Wien geführt.

1956 war Günther Anders' »Die Antiquiertheit des Menschen« das geistige Hauptereignis des Jahres, weil er mit genialer Hellsichtigkeit die tragische Degradierung der Heutigen beschrieben hatte, die fähig sind, ungleich mehr und Mächtigeres herzustellen, als sie sich vorstellen können, und derart zu Knechten ihres Knechtes, der Technik, geworden sind.

Ich hatte in der »Zeit« über dieses wichtige Werk spontan eine zustimmende Kritik geschrieben und erhielt von dem mir damals persönlich noch nicht bekannten Autor einen Brief, in dem er mich fragte, ob ich nicht, wie er es ausdrückte, auch »für ein Stückchen Zeit«, nämlich das Magazin »Der Monat«, etwas über sein Werk schreiben könne. In der Tat hatte ich gelegentlich an dieser Publikation mitgearbeitet und 1960 für einen Bericht über die Brüssler Weltausstellung, der in ihr publiziert worden war, sogar einen internationalen Preis, den »Prix Hachette« bekommen. Seither hatte sich aber meine Beziehung zu diesem heimlich von der CIA finanzierten Organ so sehr verschlechtert, daß ich nichts mehr von diesen ausgehaltenen Publizisten wissen wollte.

Um Anders das zu erklären, telefonierte ich ihn an, und er lud mich und meine Frau ein, ihn am nächsten Sonntag in Mauer, einem Wiener Vorort, zu besuchen. Wie oft haben wir in den nächsten Jahren den langen Weg dorthin angetreten, zunächst unlustig, weil er durch einige der beklemmendsten Viertel der österreichischen Hauptstadt führte, eines Wiens grauer Mietskasernen, das die Besucher der festlichen Phäakenstadt nie zu sehen bekommen. Aber auf der Rückfahrt waren wir uns jedesmal einig, wie sehr es sich gelohnt hatte, diesen außerordentlichen Geist in seiner bescheidenen Studierstube aufzusuchen.

Nicht nur verband uns ein ähnliches Schicksal, sondern auch eine ähnliche widerspenstige Haltung gegenüber Parteien und Institutionen. Zwei Einzelgänger hatten sich getroffen und konnten sich gegenseitig verstärken. Dabei gab es nie auch nur einen Augenblick lang das Gefühl der Konkurrenz, weil wir auf ganz verschiedenem Niveau dachten und schrieben. Was ich erlebte und berichtete, konnte Günther mit seiner überlegenen Fähigkeit der Analyse und seinem erstaunlichen sprachlichen Können in gültige philosophische Erkenntnisse verwandeln. So hat er durch mich entscheidende Anstöße für sein großes Werk erhalten. Eine Tatsache, die wenig bekannt ist oder absichtlich übersehen wird.

Mehr noch als meine Amerikareportagen von 1952, die in seinem vier Jahre danach publizierten Hauptwerk rezipiert – wenn auch nicht zitiert – wurden, haben ihn die mündlichen und schriftlichen Erzählungen nach meiner Rückkehr aus Hiroshima bewegt und 1958 zu einer eigenen Reise nach Japan angeregt. Von ihr hat er dann im »Mann auf der Brücke« berichtet, einem fingierten Tagebuch, das nicht nur die Wirklichkeit schildert, die der philosophische Beobachter tatsächlich erlebt hatte, sondern darüber hinaus auch eine erfundene »wirklichere Wirklichkeit«, wie sie seiner Ansicht nach hätte sein müssen.

Ob so etwas statthaft sei und nicht eigentlich eine Irreführung, war ein Thema der vielen freundschaftlichen Streitgespräche, die wir miteinander führten. In anderen ging es um den tiefen Pessimismus, der die meisten mündlichen wie schriftlichen Äußerungen von Anders durchzieht: die Vorstellung, daß alle Bemühungen der Betroffenen, sich gegen die Übermacht der Apparate zu wehren, vergeblich seien. Diese von ihm mit großer Gedankenschärfe und immer neuen Argumenten begründete Schwarzseherei konnte ich nicht anerkennen, auch wenn meine eher aus dem »Bauch«, aus dem Herzen und einer unbeweisbaren Hoffnung kommende Haltung dem unerbittlichen Denker als Wunschdenken erschien, mir dagegen als notwendig, ja unentbehrlich.

War eine Abdankung der Menschen vor ihren eigenen Erfindungen, wie Anders sie diagnostizierte, überhaupt durchzuhalten? Er selber konnte es jedenfalls nicht. »Wenn ich verzweifelt bin, was geht's mich an?«, schrie er seinen eigenen dunklen Erkenntnissen ins Gesicht. Mehr noch: er nahm persönlich an Ostermärschen teil und wurde einer der aktivsten Kämpfer gegen die Nuklearrüstung, die von ihm einige ihrer wirksamsten Parolen übernahm. So wurde er trotz seiner Vergeblichkeitsphilosophie zu einer Leitfigur der österreichischen Anti-Atombewegung, die – mit der üblichen Verspätung – Anfang der sechziger Jahre aus der Bundesrepublik nach Wien und Linz übergriff. Schließlich hat der Unerbittliche dann in den späten achtziger Jahren sogar physische Gewalt gegen die Männer an den Hebeln der nuklearen Vernichtungsmaschinerie als notwendig, ja, unvermeidlich propagiert, Äußerungen, gegen die ich öffentlich ganz entschieden Stellung nehmen mußte. Nicht nur, weil ich Gewaltanwendung aus ethischen Gründen verabscheue, sondern auch deshalb, weil ich überzeugt bin – und das historisch nachweisen kann –, daß sie dem, was sie erreichen will, letztlich unermeßlich mehr schadet als nützt.

Privatleben

»Schreibst du eigentlich etwas über unser Privatleben?« fragte Ruth mich.

»Wie meinst du das? Was wir essen? Mit welchen Bekannten wir verkehren? Wann wir schlafen gehen? Wozu? Das ist für andere belanglos.«

»Die Leser werden glauben, daß du gar kein richtiger Mensch bist. Nur einer, der immerzu schreibt und liest und öffentliche Reden hält. Dabei bist du ein Genießer. Und nichts freut dich so sehr wie Spazierengehen und Tratschen. Einmal nichts vorhaben, nichts tun.«

»Ja, aber das ist doch eigentlich unwichtig. Wir leben in schwierigen und aufregenden Zeiten. Darüber muß ich berichten. Von meiner Sehnsucht, daß wir alle später einmal menschlich leben können.«

»Aber gerade das heißt für mich, daß man Freunde sieht, daß man ins Theater und ins Konzert geht, daß man die Natur genießt, daß man ohne schlechtes Gewissen faulenzen darf.«

Stimmt schon. Ich sollte auch vom Nebensächlichen erzählen, das eigentlich die Hauptsache sein müßte. Von dem, was unsere Eltern »das gesellschaftliche Leben« nannten: die Abendparties, die häufigen gegenseitigen Besuche, das vielstimmige Geplauder nach einer Theaterpremiere, in dem alle alles besser wissen.

Ja, wir haben von all dem etwas gehabt. Vor allem in unseren Wiener Jahren von 1957 bis zum Ende des nächsten Jahrzehnts. Die regelmäßigen Samstagmittagessen in einem Lokal unweit des »Graben«, bei denen Alexander Lernet-Holenia und Franz Theodor Csokor ihre durchaus konträren Ansichten über das vergangene und gegenwärtige Österreich anekdotengewürzt auftischten, die Sonntagsspaziergänge zum Grinziger Pfarrplatz und die gemütlichen Stunden in der »Schönen Aussicht« mit wechselnden Besuchern, meist mit Hilde Spiel und ihrem kauzigen Lebensgefährten Hans Flesch, der mit altösterreichisch bitterem Charme allem und jedem widersprach. Und natürlich auch die verrauchten Spätabendstunden im Café Havelka mit Malern, Architekten, Studenten oder in der »Linde« am Tisch des Burgtheaterdirektors Ernst Häussermann, der allabendlich für eine prominente Besetzung sorgte, in der besonders der geistreiche Psychiater Friedrich Hacker eine Hauptrolle spielte, sooft er aus Hollywood nach seiner Sehnsuchts- und Schreckensheimat Wien kam.

Weshalb sind mir von allen diesen Begegnungen doch wieder fast nur die politischen Unterhaltungen im Gedächtnis geblieben? Die Diskussionen mit dem vornehmen und liebenswertesten Reaktionär, der mir je begegnete: Richard Coudenhove-Kalergi, Paneuropäer, Prophet einer weiblichen Zukunft und unverbesserlicher Monarchist, vor allem jedoch mit Ernst Fischer, einem sensiblen, hochkultivierten Ästheten, den seine künstlerische Phantasie, sein politisches Schwärmertum, seine ungewöhnliche Rednergabe zeitweise bis an die Spitze der Kommunistischen Partei Österreichs und auf den Sessel des ersten Nachkriegskulturministers verschlagen hatten.

Mit ihm, dem körperlich schon Hinfälligen, doch geistig unveränderlich Jungen, konnte ich wochenlang über die Zukunft streiten und mich sogar manchmal einigen. Ein den Erfahrungen der letzten hundert Jahre besser entsprechendes »neues kommunistisches Manifest« wollten wir schreiben und uns dabei von unseren originellen, unbestechlich ehrlichen Ehefrauen inspirieren lassen. Aber dazu kam es dann leider doch nie. Sein zu früher Herztod war – so meine ich – ein historisches Unglück. Denn kein anderer war so sehr vorbestimmt, noch rechtzeitig eine humane Reform des Kommunismus gedanklich zu bewältigen und in Gang zu bringen.

11. Kapitel

Andere Zukünfte

1960–1967

Ostermarsch in Hamburg (24. April 1962)

Von allen Jahrzehnten dieses Jahrhunderts war keines von so vielen Hoffnungen erfüllt wie die sechziger Jahre. Der Schock von Hiroshima hatte Lähmung und Abwehr erzeugt. Jetzt begann man sich intensiver und phantasievoller zu fragen, ob und wie der stürmische wissenschaftlich-technische Fortschritt gebändigt, vielleicht sogar verändert und vermenschlicht werden könnte.

Es war meine Überzeugung, daß die notwendige Richtungsänderung vom Streben nach vorwiegend quantitativer Steigerung des Wohlstands zu dauerhafter Verbesserung der Lebensqualität vor allem aus Europa kommen könne, weil hier humane Kriterien und Zielsetzungen noch nicht ganz so sehr an den Rand gedrängt worden waren wie in den technokratischen Systemen der USA und der UdSSR.

Um herauszufinden, ob diese Erwartung gerechtfertigt war, wollte ich durch die alte Welt reisen und Beispiele für die Anfänge einer anderen Zukunft kennenlernen. Ich hatte vor, sie in einem neuen Buch zu schildern, das ein Gegenstück zu meinen Amerikareportagen sein sollte. »Europa – Richtung 2000« nannte ich dieses Projekt, und als ich ein paar Bekannten vom deutschen Fernsehen davon erzählte, meinten sie, ich solle doch auch eine Sendereihe zum gleichen Titel drehen.

Das war ein verlockendes Angebot, denn es bedeutete, daß ich mir keine Sorgen um die erheblichen Reisekosten machen müßte und zudem von Anbeginn an mit einer weiten Verbreitung meiner Beobachtungen rechnen könnte. Wie oft habe ich nachträglich bedauert, daß ich auf diesen Vorschlag eingegangen war. Denn ich habe zwar unter Mitarbeit des ausgezeichneten Regisseurs Ule Eith und zweier Kamerateams im Laufe von beinahe zwei Jahren sechs Sendungen fertiggestellt, die dann auch recht erfolgreich über die Bildschirme der ARD liefen, aber diese Arbeit war so anstrengend und zeitraubend, daß ich dann nicht mehr dazu kam, das geplante Buch zu schreiben.

Noch deutlicher als bei früheren Filmversuchen ist mir bei

diesem Bemühen deutlich geworden, wie sehr die bildliche Darstellung hinter der geschriebenen zurückbleiben muß, wie schwer, ja fast unmöglich es ist, unter die Oberfläche der Bildreportage zu gelangen, selbst wenn sie durch Gesprochenes ergänzt, vertieft und in umfassendere Zusammenhänge gebracht wird.

Mich hat diese spannende und unvermeidlich auch spannungsvolle Teamarbeit mit zahlreichen Apparaten und Menschen, die gleichzeitig Millionen erreicht (aber meist sehr schnell wieder vergessen wird), zu einem noch überzeugteren Bewunderer des Buches gemacht. Gäbe es dieses einfache Mittel zur Verbreitung von Informationen und Meinungen nicht, so müßte man es erfinden, weil es ohne allzu vielen Aufwand herstellbar, im Umfang nicht zu groß und leicht zu handhaben ist, vor allem aber weil man es jederzeit bequem und immer wieder zu Rate ziehen kann. Wer dagegen einmal versucht hat, Informationen wiederzufinden, die auf Tonband oder Film gespeichert sind, weiß, wie hoffnungslos umständlich das ist, während ein Buch erstaunlich schnell durchgesehen werden kann.

Als Gewinn war zu verbuchen, daß ich bei zwei großen Rundreisen – die erste diente der Themensuche, die zweite den Aufnahmen – durch ganz Westeuropa von Sizilien bis Nordnorwegen, von Südspanien und der Bretagne bis an die Grenzen des »eisernen Vorhangs« mehrere Dutzend Pioniere und Projekte der europäischen Moderne kennengelernt habe. Dabei versuchte ich insbesonders Persönlichkeiten zu entdekken, die Zukunftsgestaltung nicht als geradlinige Fortschreibung der Gegenwart verstanden, sondern neue Wege in neue Richtungen zu gehen versuchten.

Einer, der mir damals einen besonders starken Eindruck machte, war der englische Kybernetiker Gordon Pask in Richmond, der sich um die Entwicklung einer radikal anderen Technik bemühte. Der behende, eher kleine und zarte Mann, unter dessen ungewöhnlich hoher Stirn sich ein Paar seltsam irisierender Augen in ständigem unruhigen Hin und Her bewegten, ließ mich zwar nicht in seine Versuchsstätte eindringen, erklärte mir aber in seinem mit unendlich vielen Papieren und Modellen vollgestopften Arbeitszimmer, daß die Grundlagen der gegenwärtigen Technologie von Grund auf falsch seien, weil sie ausschließlich auf Physik und Chemie, nicht aber auf der Biologie aufbauten. So sei der verhängnisvolle Riß zwischen der Maschinen- und der Lebenswelt unvermeidlich geworden. Ihn zu heilen sei die große Aufgabe, die er sich stelle.

Ich stieß auf Spuren der Anstöße, die Pask gegeben hat, fast überall dort, wo man in den sechziger, siebziger und achtziger Jahren begann, eine »sanfte Technik« zu entwickeln, die in besserem Einklang mit Mensch und Natur stehen soll. Ich fand sie im »Alternative Technology Center« von Wales, in dem Peter Harper, ein ehemaliger Neurophysiologe wirkte, der seine Hirnforschung aus Angst vor unverantwortbaren Folgen aufgegeben hatte, in Holland, in Dänemark und besonders in Südfrankreich. Dort in Lodève bei Montpellier war ein junger deutscher Physiker namens Michael Grupp bemüht, in einem ungewöhnlichen Naturlaboratorium mit seinem begeisterten Mitarbeiterkreis praktikable Möglichkeiten zur Erzeugung von Energie aus unschädlichen, sich ständig wieder erneuernden Quellen zu schaffen.

2.

Die Industrie meinte, solche schwachen Ansätze einer fast risikofreien Technik noch vernachlässigen zu können. Auch in Europa peitschte man die Produktion alten Stils voran mit den Forderungen: »Noch höher! Noch schneller! Noch stärker! Noch mehr und mehr und mehr!«

Es gab Anfang der sechziger Jahre erst wenige, die schon zu ahnen begannen, in welche Krisen dieser blinde Fortsturz führen mußte. Einer von ihnen, dessen Bekanntschaft ich machen wollte, war der französische Kulturphilosoph Bertrand de Jouvenel, der 1961 als Leiter der nichtstaatlichen Studiengruppe »SEDEIS« begonnen hatte, »Bulletins« herauszugeben und zum Teil auch selber zu verfassen, die sich mit den verschiedensten wirtschaftlichen, sozialen und politischen Zukunftsmöglichkeiten beschäftigten. Er nannte seine Arbeiten, später auch eine Zeitschrift, »Futuribles« und wollte durch die Wahl dieses Titels klarmachen, daß er und seine Mitarbeiter sich nicht anmaßten, wissenschaftlich exakte oder gar bindende Zukunftsprognosen anzubieten, sondern lediglich »Futurs possibles«, mögliche kommende Entwicklungen zur Diskussion stellen wollten.

Diese offene, selbstkritische Haltung sagte mir zu, da ich weder an die angebliche Unvermeidlichkeit marxistischer Voraussagen zu glauben vermochte, noch an die geistige Kolonisierung der vor uns liegenden Zeiten durch die Teams der amerikanischen »Denkfabriken«. Besonders beeindruckte es mich, daß diese französischen Vordenker den Stellenwert ästhetischer und kultureller Werte mindestens so hoch einschätzten wie greifbare technische und wirtschaftliche Errungenschaften.

Als ich zu einem der ersten »colloques« de Jouvenels in seine Räume am Boulevard Saint Germain eingeladen worden war, ahnte ich nicht, daß ich mit der Teilnahme an diesem von höchstens zwanzig Menschen besuchten Seminar einen ersten Schritt in ein neues Berufsfeld tat, dessen seither üblich gewordene Bezeichnung »Zukunftsforschung« ganz irreführend ist. Denn dieser Begriff erweckt den Anschein, als handle es sich dabei um eine geplante wissenschaftliche Tätigkeit, die ähnlich genaue und beweisbare Ergebnisse hervorbringen könne wie die Naturforschung.

Dieser deterministischen, anspruchsvollen Vorstellung versuchte der aristokratisch wirkende alte Herr mit dem eleganten Spitzbart, der neben seiner eindrucksvollen, stets schwarz gekleideten Gattin Hélène in der Mitte des langen Seminartisches saß, mit leiser Stimme, aber sehr temperamentvoll seine bescheideneren Ansichten über einen empfehlenswerten Umgang mit der Zukunft entgegenzustellen. Sein Bemühen, umfassend und vorwärtsweisend zu denken, erweckte er in allen, die ihm zuhörten, den Entschluß, seinem bisher vernachlässigten, von der offiziellen Wissenschaft als unseriös verketzerten Thema mehr Aufmerksamkeit zu widmen. Denn damit leitete er einen Wandel ein, der von sensiblen Geistern als immer notwendiger erwartet wurde.

Erstmals seit meinem in Hiroshima gefaßten Entschluß, nicht länger nur hinter den schmerzlichen Ereignissen unseres Jahrhunderts herzujagen, sondern vorausschauend zu warnen oder zu ermutigen, traf ich jetzt auf einen imponierenden Geist, der einen solchen Versuch für möglich und sinnvoll hielt. Als ich ihn nach einer der Sitzungen allein sprechen konnte, fragte ich naiv: »Wo und wie kann ich Zukunftsforschung studieren?« Und er antwortete: »Lehrstühle und Kurse gibt's auf unserem Gebiet noch nicht. Machen Sie es so wie ich. Sie kommen doch auch aus dem Journalismus. Informieren Sie sich möglichst umfassend, kombinieren Sie das, was Sie erfahren haben, und wagen Sie dann von dieser Grundlage aus, über die Möglichkeiten zu spekulieren, die sich entwickeln können. Nur vergessen Sie nicht die Seitenwege, die Kurven, die immer wieder in eine andere Richtung weisen. Ich bin kein Experte, aber ich besitze wohl wie mein Vorbild H. G. Wells ein wenig Begabung für dieses neue Feld. Man sollte für einen solchen Beruf Antennen besitzen und ein feines Gehör.« Als ich mich schon verabschiedet hatte, fügte er rasch hinzu: »Sie werden bald einen Namen auf dem neuen Gebiet haben. Wir sind ja erst so wenige.«

Das war 1962, und schon zehn Jahre später attestierte mir Alvin Toffler in seinem Buch »The Futurists«: »Wenn einer als die organisierende Kraft der supranationalen futurologischen Bewegung bezeichnet werden kann, dann ist es Robert Jungk.« Auf dieses Zeugnis bin ich stolzer als auf viele andere.

3.

Wie ist es dazu gekommen? Angeregt durch Bertrand de Jouvenel begann ich abermals ein neues Studium. Diesmal in einem Feld, das erst im Entstehen war und nicht nur die Rezeption von bereits Gewußtem, sondern auch eigene kreative Leistungen erwartete und gestattete. Ich begann damit, daß ich Persönlichkeiten, die angefangen hatten, sich mit den Zukunftsperspektiven ihres Faches zu beschäftigen, um möglichst ausführliche Unterredungen bat. Aus meinen Erfahrungen mit den Atomphysikern hatte ich gelernt, daß auch eminente Forscher bereit sind, etwas von ihrer Zeit zu opfern, wenn sie sich von einem Gedankenaustausch etwas versprechen. Da meine drei kritischen Bücher über den wissenschaftlich-technischen Fortschritt inzwischen international bekannt waren, hatte ich wenig Schwierigkeiten, mit fast allen ins Gespräch zu kommen, die sich ernsthaft Gedanken über den weiteren Fortgang ihrer Disziplin und gelegentlich auch darüber hinaus machten.

Der Zugang zu manchen sonst eher verschlossenen Studierstuben und Versuchsstätten wurde mir außerdem noch dadurch erleichtert, daß ich in dem Hamburger Wochenblatt »Die Zeit« regelmäßig eine Kolumne unter dem Titel »Richtung Zukunft« zu schreiben begonnen hatte. Ich interviewte also in den kommenden Wochen, Monaten und Jahren von Land zu Land reisend Pioniere der verschiedensten Wissensgebiete von der Molekularbiologie bis zur Astrophysik, von der Kybernetik bis zur Hirnforschung, von der Sozialpsychologie bis zur Städteplanung, um ein fachübergreifendes umfassendes Bild von dem zu bekommen, was sich vorbereitete, was entworfen, was geplant und gelegentlich auch schon experimentell erprobt wurde.

»Vermittlung« ergab sich nun als eine meiner vorrangigsten Aufgaben. Es waren Ideen und Konzepte, die ich an die Öffentlichkeit weitergab und – was vielleicht noch wichtiger war – an die Spezialisten, die sich durch ihre intensive Arbeit oft so sehr isoliert hatten, daß sie nur sehr wenig von dem wußten, was andere produktive Geister in ihren Spezialfächern trieben.

Ein Fazit dieser vielen Begegnungen war, daß ich die Notwendigkeit von ständigen interdisziplinären Treffpunkten zu propagieren begann. Ich schrieb in der »Zeit« am 13. Oktober

1961: »Am allerwichtigsten aber scheint es, daß irgendwo auf der Erde ein Platz geschaffen wird, wo Forscher verschiedener Nationalitäten, verschiedener Ideologien und verschiedener Spezialgebiete jederzeit ohne Einberufung besonderer Kongresse ständig miteinander sprechen können. Die Wissenschaft ist heute an einem Punkt angelangt, da ›alles Getrennte sich wieder vereint‹. Längst haben die führenden Geister erkannt, daß die alten Facheinteilungen, nach denen unsere Universitäten aufgebaut sind, nicht mehr genügen. Mehr und mehr entstehen an den sich überschneidenden Grenzgebieten von Biologie, Chemie, Physik, Psychologie, Soziologie, Philosophie bis hinein in die Theologie und Jurisprudenz Fragen, die nicht mehr von einer Fakultät gelöst werden können. Hier ist die Zusammenarbeit mit großer Sicht notwendig.«

Und da diese Zeilen genau zwei Monate nach dem Bau der Mauer durch Berlin erschienen, schlug ich zur Überwindung dieser unsinnigen Teilung vor, ein erstes solches interdisziplinäres und internationales Zentrum gerade in dieser geteilten Stadt Berlin zu schaffen, »einem Ort, in dem die Worte ›GEISTIGE FREIHEIT‹ groß geschrieben werden und jeder denkende Mensch ohne Furcht vor Dunkelmännern oder Dogmatikern sich zu nie endenden Gesprächen über die Wahrheit stellen könnte … Würde Berlin … zur Welthauptstadt der Wissenschaft, so könnte das über die Zusammenarbeit der Völker und Ideologien hinaus zu einem neuen Typ universalwissenschaftlicher Forschung führen, deren Resultate und Konsequenzen die heutige Zweiteilung der Welt vielleicht überwinden würden.«

4.

Meine Idee, Berlin als »Welthauptstadt der Wissenschaft« zu internationalisieren und unter die Obhut der »Community of Science« zu stellen, konnte ich in der Berliner Evangelischen Akademie einem kleineren Kreis und später im Auditorium der Akademie der Künste am Hanseatenweg mehreren hundert Zuhörern vorstellen. Dieser Vortrag fand so großen Zulauf, daß hinter der Bühne ein zweiter Zuschauerraum geöffnet werden mußte. Um keinem der Teilnehmer, weder zur Rechten noch zur Linken, den Rücken zukehren zu müssen, mußte ich quer zu ihnen stehen und, statt ihnen in die Gesichter zu schauen, in Richtung einer Mauer sprechen, die unbehaglichste Situation, in der ich je eine Rede halten mußte, aber vielleicht in dieser Situation von symbolischer Bedeutung.

Daß mein Gedanke trotzdem »ankam« und in den folgenden Wochen heiß diskutiert wurde, zeigte, wie begierig die Bewohner meiner Geburtsstadt darauf waren, einen konstruktiven Ausweg aus der Krise ihrer zerrissenen Metropole zu finden. Die Drohformel »Frontstadt Berlin«, die damals von dem christdemokratischen Kultursenator Tiburtius in seinen Brandreden verkündet wurde, mußte all denen, die einen neuen, noch schrecklicheren Krieg vermeiden wollten, schlimm in den Ohren klingen.

Vermutlich habe ich diese utopische Vision unter dem Einfluß zweier Forscher entwickelt, die ich in diesen Monaten kennenlernte. Der eine war der in Berlin lehrende Politologe Ossip K. Flechtheim, der schon 1943 im amerikanischen Exil als einer der ersten den Gedanken einer systematischen Beschäftigung mit Zukunftsfragen vorgetragen hatte, der andere ein eminenter Naturforscher, den ich kurz zuvor bei den Dreharbeiten für »Europa – Richtung 2000« kennengelernt hatte. Ich hatte in London den am Imperial College lehrenden Physiker Dennis Gabor über seine bahnbrechenden Arbeiten zur Entdeckung der Lasertechnik befragt, aber er hatte viel lieber über seine politischen und sozialen Zukunftsideen gesprochen als über seine naturwissenschaftlichen Arbeiten, die ihm wenig später den Nobelpreis einbrachten.

Gabors Gedanken kreisten in Anlehnung an Julien Benda, den französischen Philosophen, um den »Verrat der zeitgenössischen Intellektuellen«. Er manifestierte sich, so meinte er, vor allem in ihrem Unvermögen, plausible und anregende Vorschläge zur Lösung der sich häufenden Krisen fast aller Lebensbereiche zu machen. »Wir müssen die Zukunft erfinden!« hieß Gabors verführerische Parole, die kühn voraussetzte, daß Geschichte machbar sei wie ein menschliches Artefakt.

Meine anfängliche Ablehnung gegenüber diesem Konzept wurde gemildert, als ich vermutlich nicht zufällig bald darauf die Ideen des holländischen Prognostikers Fred L. Polak kennenlernte. Er stellte überzeugend dar, wie der Entwurf von Zukunftsbildern in hohem Ausmaß Inspirationen für die westliche Zivilisation geliefert habe. Versage diese notwendige Fähigkeit des vorausschauenden Entwerfens, so sei allmählicher Niedergang bis zum schließlichen Untergang unvermeidlich.

Man hatte demnach als geistig Schaffender geradezu eine Verpflichtung, die durch Enttäuschungen und Zweifel fast ganz zum Verschwinden gebrachte soziale Phantasie der Zeitgenossen anzuregen und wiederzubeleben. Neue Zukunft mußte zuerst in den Köpfen und Herzen der Menschen entstehen. Dann würde die Kraft dieser Vorstellungen auf die wirkliche Welt eine immer stärkere Anziehung ausüben und sie verändern helfen.

Aber hatten wir nicht gerade in diesem Jahrhundert schon mehrmals das Scheitern oder die Verunstaltung gesellschaftlicher Utopien erlebt? Woran hatte das gelegen? Vor allem doch daran, daß sowohl die faschistische wie die kommunistische Vision sich als einzige, unumstößliche und immerwährende Wahrheit verstanden hatten. Hieß eine der wichtigsten Lehren, die aus diesen schlimmen Erfahrungen zu ziehen war, nicht vor allem Verzicht auf alle einseitigen programmatischen Zukunftsvorstellungen? Sollte man nicht statt dessen bemüht sein, eine Fülle verschiedener Zukünfte zu erfinden, darzustellen und darüber zu debattieren? Es würde sich dann in der weiteren Entwicklung zeigen, welche Modelle oder Kombinationen von Möglichkeiten sich als tragfähiger zur Lösung der Probleme des Lebens und Überlebens erweisen könnten und welche Verbesserungen der vorhandenen Konzepte notwendig würden.

In einem Aufsatz auf der Titelseite der in München erscheinenden Zeitschrift »Die Kultur« des Desch-Verlags, die mein Friedensfreund Hans Dollinger herausgab, trat ich im Sinne von Gabor und Polak dafür ein, »Modelle für eine neue Welt« zu entwerfen und der Öffentlichkeit vorzustellen. Die wichtigste Reaktion darauf war, daß der Lektor des Verlages namens Hans Josef Mundt sich mit mir in Verbindung setzte und meinte, das sei doch ein ausgezeichnetes Thema für eine Buchreihe. Da mir dieser Mann sofort gefiel und ich sehr bald erfahren konnte, wie sehr wir nicht nur politisch, sondern auch menschlich übereinstimmten, begannen wir, alle zukunftsgerichteten Geister, die uns bekannt waren, um Aufsätze mit Ideen für andere bessere Zukünfte zu bitten.

Daraus ist unter dem Titel »Modelle für eine neue Welt« die wohl erste weitverbreitete Sammlung zu dieser Thematik in deutscher Sprache entstanden. In zehn Bänden wurden den vorherrschenden restaurativen Klischees der von Adenauer und seinen Nachfolgern regierten Bundesrepublik zahlreiche inspirierende Möglichkeiten menschenfreundlicher Innovation und gewaltloser Veränderung gegenübergestellt.

Auf die politische Landschaft blieb das nicht ohne Einfluß. Das Klima einer zukunftsoffeneren, humaneren Entwicklung, das wir schaffen halfen, trug mit dazu bei, den Sozialdemokraten Brandt an die Spitze des Staates zu bringen.

Die wirtschaftlichen Machtverhältnisse und der Vormarsch eines blinden Industrialismus wurden allerdings durch unsere Buchreihe zunächst scheinbar nicht berührt. Ich meine allerdings, daß wir damals geistige Anfänge setzten, die früher oder später aufkeimen mußten. Fast vierzig Jahre danach sind sie als Spurenelemente sogar im beginnenden Bewußtseinswandel derjenigen Konservativen festzustellen, die damals noch einsichtslos verkündeten: »Weiter so!«

Gab es vielleicht Modelle, in denen andere Zukunftsmöglichkeiten bereits verwirklicht waren? Nicht nur auf dem Papier, sondern in einer greifbaren, kontrollierbaren Realität? Auf der Suche nach solchen Projekten war ich in Vorbereitung meiner Fernsehreihe über europäische Neuanfänge auch auf den »Conseil Européen pour la Recherche Nucléaire«, kurz CERN genannt, gestoßen. Unweit von Genf war in den fünfziger Jahren unter der Schirmherrschaft der UNESCO ein riesiges internationales Laboratorium entstanden, in dem die Angehörigen von über einem Dutzend europäischer Nationen sich gemeinsam bemühten, neue Erkenntnisse über das Innerste der Materie zu gewinnen. Anders als die vielen internationalen Organisationen, die das Bestehende zu ordnen und gerecht zu verteilen suchten, waren hier Menschen verschiedener Abstammung, Sprache, Erziehung und Staatszugehörigkeit dabei, gemeinsam etwas ganz Neues hervorzubringen: grundlegende Einsichten, die durch die internationale Zusammenführung finanzieller Mittel und beruflicher Fähigkeiten gewonnen werden konnten.

Victor Weißkopf, von dessen Mitarbeit in Los Alamos ich bereits gesprochen habe, war 1962 zum Generaldirektor dieses ungewöhnlichen Großlaboratoriums ernannt worden. Er war es, der mich ermutigte, nach der Darstellung des tragischen Auseinanderfallens der Wissenschaftlergemeinschaft im Zweiten Weltkrieg nun die Geschichte ihres neuerlichen Zusammenwachsens auf dem Wege zum Weltfrieden zu schreiben. Als er mir diesen Vorschlag machte, konnte er gar nicht wissen, wie sehr ich mich bereits nach einem solchen konkreten Beispiel produktiver internationaler Zusammenarbeit umgeschaut hatte. So sagte ich sofort zu, gleich nach der Beendigung der Fernseharbeit nach Meyrin zu kommen, um einige Monate lang auf dem ausgedehnten Versuchsgelände des CERN, das dies- und jenseits der schweizerisch-französischen Grenze lag, die europäischen Forschungsteams bei ihren Arbeiten zu beobachten und ihren Gesprächen zuzuhören.

Ich habe über CERN und seine um eine mannigfaltige Konzentration von präzisen, zum Teil unglaublich mächtigen und großen Apparaturen gescharten Mitarbeiter das Buch »Die große Maschine« (1965) geschrieben. Deshalb will ich an dieser Stelle nicht wiederholen, was ich damals aus näherer und genauerer Erinnerung aufschrieb. Doch möchte ich zurückblickend einige selbstkritische Bemerkungen zu meiner Schilderung und ihrer Tendenz machen.

Der Untertitel »Auf dem Weg in eine andere Welt« hat sich auf eine Weise bestätigt, die mir heute tiefes Unbehagen verursacht. Der Zusammenschluß der west-, süd- und mitteleuropäischen Grundlagenforscher auf dem sich erweiternden Gebiet der Teilchenphysik diente nämlich nicht weltweiter Friedensstiftung, sondern war ein vor allem durch die Rivalität mit den mächtigen wissenschaftlichen Konkurrenten in den USA und der Sowjetunion motiviertes Unternehmen. Nur durch die Zusammenlegung der im nichtkommunistischen Europa verfügbaren finanziellen und intellektuellen Ressourcen konnte versucht werden, weiter in diesem aufwendigen Wettlauf mitzuhalten.

In CERN wurde die Entwicklung unseres Kontinents zu einem durch wirtschaftliche und großtechnische Ziele zusammengehaltenen Block beispielhaft vorweggenommen. Aber auch innerhalb dieser Zusammenballung von Tausenden Experten spielte individuelle und nationale Konkurrenz immer noch eine entscheidende Rolle. Man war zwar gezwungen, zusammenzuarbeiten, versuchte aber den eigenen Beitrag so deutlich zu machen, daß das Land, aus dem man kam, die Universität oder das Institut, wohin man wieder einmal zurückkehren würde, erfuhr, was man geleistet hatte. Der Physiker Wolfgang Gentner, in den Kriegsjahren ein mutiger Helfer seiner französischen Kollegen, mit dem ich damals viele Gespräche führen konnte, hatte sich das so ganz anders vorgestellt, als er schwärmte: »Die Freude an der Mitarbeit an dem großartigen Gebäude der Naturgesetze und ihrer Enträtselung muß dem einzelnen genügen.«

Typisch für die kommende Entwicklung war auch die enge

Bindung der Forscher an Maschinen, mit deren Hilfe sie die subatomaren Phänomene erzeugten und analysierten. Um diese komplexen Konstrukte für ihre Projekte nutzen zu können, mußten sie sich genauen Zeitplänen unterwerfen, denn »Maschinenzeit« war kostspielig und rar. Die bis zur Unterwerfung gehende Abhängigkeit der Benutzer von ihrem aufwendigen technischen Instrumentarium ist mir nirgends deutlicher geworden wie hier, wo das Lob der »freien Forschung« in den periodisch stattfindenden öffentlichen Feiern so besonders laut gesungen wurde.

Victor Weißkopf hatte mich beeindruckt, als er behauptete, die Forschung in seinem Rieseninstitut sei weder durch industrielle noch durch militärische Verwendungsabsichten bestimmt. Das gleiche wiederholte er in Schrift und Druck. Aber nur auf den ersten Blick traf das zu. Die Forschungsresultate von CERN und die technischen Verfahren, die zu ihrer Erzielung verwendet wurden, unterstanden zwar keiner Geheimhaltung, waren also im Prinzip für jedermann verwendbar. Aber wirklich nutzen konnten sie doch wieder nur die großtechnischen Betriebe der internationalen Konzerne und die Rüstungslaboratorien der Supermächte. Daß es zu denen, sicherlich ohne Wissen der meisten CERN-Forscher, zahlreiche inoffizielle und verborgene Verbindungen gab, habe ich erst Jahre nach Erscheinen meines Buches durch einen Kreis kritischer Mitarbeiter erfahren, die dann 1984 eine Enthüllungsstudie unter dem Titel »La Quadrature du CERN« publizierten. Sie luden mich ein, ein Vorwort zu diesem aufklärenden Bericht zu schreiben. Es war eine Anerkennung dafür, daß ich in meinem fast zwei Jahrzehnte früher erschienenen CERN-Buch wenigstens einige der Widersprüche zwischen dem Anspruch und der Wirklichkeit dieses ersten internationalen Großlabors aufgezeigt hatte.

Die Monate und Jahre, in denen ich CERN und seine Mitarbeiter begleitete, wurden für mich zu einem bewegenden Erlebnis. Wie viele Nächte habe ich in der rund um die Uhr geöffneten Bibliothek oder in den Versuchshallen verbracht, wo die Tageszeiten aufgehoben waren. Ich durfte während einer der seltenen Kontrollpausen in den unterirdischen, vielfach abgeschirmten kreisrunden Tunnel hinuntersteigen, um die Rohrleitungen des eingegrabenen Riesenrades aus der Nähe zu betrachten, durch das bei den Experimenten Strahlenbündel von Milliarden Elektrovolt gejagt wurden, konnte die »targets« (Ziele) ansehen, auf welchen die Materiepartikel aufprallten, zersplitterten und subatomare »Ereignisse« hervorbrachten, die in großen Meßgeräten, den »Bläschenkammern«, hinter dicken Fensterscheiben sichtbar wurden und sogar mit bloßem Auge wahrgenommen werden konnten: ein unendlich wechselvolles, auch ästhetisch aufregendes Schauspiel vom Entstehen und Vergehen von Kernteilchen in milliardstel Sekunden, Nanosekunden, einer neuen Maßeinheit für die allerkürzesten Phänomene.

Ich schrieb damals noch unter dem frischen Eindruck dieses ungewöhnlichen Geschehens in mein Notizbuch: »Im abrupten kurzen Aufleuchten der Fotoblitze unaufhörlich wechselnde, bezaubernd schöne Erscheinungen. Auf einem violetten Hintergrund entsteht ein filigranes Gebilde aus dünnen weißen Kreisen, Linien, Winkeln, Sternen … Ein Halbmond steigt auf, stößt einen Nebenmond ab, der stürzt, sich in hohen »Gräsern« verliert, die winzige sterngleiche Kügelchen um sich verstreuen, aus denen nun ein Gitter von dünnen Silberdrähten wächst. Dunkel. Die Kolben, mit denen der Druck in der Kammer gesenkt wird, schlagen und stampfen. Da … eine neue Salve von Teilchen wird von der Maschine eingeschossen. Im Lichtblitz jetzt eine Landschaft von Eisnadeln, die sich krümmen zu Weinranken, Disteln, einer großen Sonnenblume mit spitzen, geometrisch gegabelten Stengeln. Eines der soeben entstandenen Dreiecke stößt aus seinen Schenkeln eine quirlige Spirale hinaus in die schon wieder im Dunkel versinkende Landschaft.«

Besonders in einem Punkt fiel der »europäische Rat für Kernforschung« hinter den Anspruch seines Namens zurück. Es
arbeiteten dort zuerst gar keine, dann nur sehr wenige Forscher aus Osteuropa. Zwar bemühte sich Weißkopf, der schon
»drüben« in Amerika deutlich gegen den »kalten Krieg«
Stellung genommen hatte, als einer der Hauptträger der »Pugwash-Bewegung« zur Überwindung der neuerlichen Trennung der Physiker in feindliche Lager polnische, ungarische,
sowjetrussische Mitarbeiter nach Genf einzuladen. Aber
einerseits die Widerstände der westlichen Nationen, die den
hohen Kostenaufwand von CERN trugen, andererseits das
Mißtrauen von seiten der politischen Kommissare, die in den
Ostblockländern auch in Fragen des Wissenschaftleraus-
tauschs das Sagen hatten, waren so groß, daß nur sehr wenig
von diesen Absichten verwirklicht werden konnte.

Je länger ich an meinem CERN-Buch arbeitete – und es fiel
mir diesmal besonders schwer, weil die Forschungsvorgänge
in Meyrin so schwer sichtbar und verständlich zu machen waren –, desto größer wurde meine Sehnsucht, auch etwas über
das Parallelvorhaben auf sowjetischer Seite, das VIK (Verei-
nigtes Institut für Kernforschung) in Dubna an der Wolga, zu
erfahren. Es war 1964 für Ausländer noch schwierig, ein
Visum für Sowjetrußland und gar die Erlaubnis zum Besuch
des 1956 von den Vertretern der zehn »sozialistischen Nationen« gegründeten Laboratoriums zu erhalten, denn es wurde
in seinen Anfängen so geheimgehalten wie ein Rüstungsbe-
trieb. Aber ich hatte Glück: Seit dem XIV. Parteitag waren unter dem wachsenden Einfluß von Nikita Chruschtschow auch
diese unsinnigen Kontrollen des KGB etwas gelockert worden.

Es kam mir bei meinen Bemühungen zur Erlangung eines
Visums zu Hilfe, daß ich als einer der drei westlichen Vertreter
des Sechsmann-Komitees der neugegründeten »Europäischen
Föderation gegen Atomrüstung« zu einer Sitzung nach Moskau eingeladen wurde. Eigentlich hatte ich absagen wollen,

weil ich miterlebt hatte, wie dieses in London gegründete überparteiliche Gremium im Laufe von drei Jahren mehr und mehr unter den Einfluß der Funktionäre des in Wien residierenden kommunistisch geleiteten »Weltfriedensrats« geraten war, aber meine Neugier auf das östliche Gegenstück der CERN, dessen Besuch ich vielleicht bei dieser Gelegenheit erreichen konnte, war stärker als meine politischen Bedenken.

Als wir am Bahnhof von den großen schwarzen Limousinen abgeholt wurden, die sonst nur hohen »Apparatschiks« zur Verfügung standen, und in einem altmodischen, nach Mottenpulver und Desinfektionsmitteln riechenden Grandhotel untergebracht wurden, das wohl sonst vor allem für befreundete KP-Delegationen und ihre Chefs reserviert war, begann ich meinen Entschluß schon zu bedauern. Aus dieser Stimmung riß mich ein unerwarteter Telefonanruf. »Hier ist Todek«, rief eine jugendlich klingende Stimme aufgeregt in den Apparat. Es war der ältere der beiden Brüder Soprounoff, denen ich vor 30 Jahren in Paris Deutschunterricht gegeben hatte. »Woher weißt du denn, daß ich hier bin?« fragte ich. »Habe es gerade am Radio gehört und auch schon erfahren, daß du morgen ein Rundfunkinterview über den Moskauer Sender geben wirst.« So groß auch meine Freude war, nach fast 30 Jahren den alten Schüler und Freund wiederzufinden, so sehr vermehrte nun seine Mitteilung, daß ich von der staatlichen Propaganda »eingesetzt« werden sollte, mein Unbehagen, und ich nahm mir vor, bei jeder Gelegenheit so freimütig wie möglich über die Mitschuld Moskaus am »kalten Krieg« zu sprechen.

In diesem Vorsatz bestärkte mich Todek, »weil wir die Wahrheit hören müssen und auch vertragen«. Er war durchaus kein Dissident, und man hatte ihn sogar schon ein paarmal als Vertreter der ehemaligen Frontkämpfer auf internationale Konferenzen entsandt. Aber er blieb nicht blind gegenüber den despotischen Zügen des Regimes, die, wie er hoffte, nun allmählich verschwinden würden. »Hast du je daran gedacht, im Westen zu bleiben? Du bist schließlich in Paris aufgewachsen«, fragte ich ihn. Nein, er wolle unbedingt hierbleiben, versicherte der bald Fünfzigjährige, obwohl man es ihm oft schwermache.

Todek war, wie ich nun erst erfuhr, auf Grund der lettischen Staatsbürgerschaft, die seine Eltern nach ihrer Flucht aus Rußland erworben hatten, bei Kriegsbeginn im August 1939 in das Heer des kleinen baltischen Staates eingezogen worden, der bald darauf von der Roten Armee überrannt worden war. Als gebürtigen Russen hatte man ihn dann wegen seiner Sprachkenntnisse sofort in die Sowjettruppe aufgenommen. Mit ihr kämpfte er zwei Jahre lang gegen die Deutschen, geriet in Gefangenschaft und mußte viele Monate in Struthof, einem der härtesten Kriegsgefangenenlager, aushalten. »Siehst du« – er leitete wie früher immer noch fast jeden Satz mit diesen beiden Worten ein – »dort hinter Stacheldraht waren Hunderte verschiedensten Alters und verschiedenster Nationalität eingesperrt. Die meisten sind an Hunger oder Krankheit zugrunde gegangen. Fast nur wir Russen haben überlebt. Weshalb? Weil wir uns gegenseitig halfen, weil wir Brüder waren und es auch blieben, als es uns schlecht ging. Keiner von uns handelte egoistisch. Wir waren uns so nah, als gehörten wir alle zu einer Familie.« »Wie ist es dir danach ergangen?« »Zuerst schlecht. Ich war ja aus einer Flüchtlingsfamilie, und man traute mir nicht. Ich hatte noch in Paris begonnen, Biologie zu studieren, und wollte das an der Moskauer Universität fortsetzen. Nichts zu machen. Ich mußte ziemlich lange weit weg, nahe der iranischen Grenze, bleiben, ehe man mich dann doch in die Hauptstadt ließ. Jetzt bin ich schon Professor und soll vielleicht sogar in die Akademie der Wissenschaften aufgenommen werden.«

7.

Mein ehemaliger Schüler hat mich auch behutsam auf das vorbereitet, was mich in Dubna erwarten würde. Auf die bürokratischen Hindernisse, auf die vielen Zugangskontrollen und auf die Dolmetscher, denen ich nicht zu viel Vertrauen schenken dürfe. Davon erhielt ich schon in Moskau einen Vorgeschmack. Ich war in den »Klub der Naturwissenschaftler« eingeladen worden und sollte dort von meinen Erfahrungen mit westlichen Atomforschern erzählen. Absatz für Absatz wurde das, was ich zu berichten hatte, aus dem Deutschen übersetzt. Aber nachdem ich erzählt hatte, wie sehr die strikte sowjetische Ablehnung internationaler Kontrollen über die Entwicklung von nuklearen Waffen schon bald nach dem Kriegsende den Vertretern eines harten Antikommunismus auf amerikanischer Seite die Hand gestärkt hatte, hörte ich von seiten einiger Zuhörer laute Zwischenrufe. Ich unterbrach und wurde gebeten, das eben Gesagte doch bitte noch einmal auf englisch zu wiederholen. Das würden viele auch ohne Übersetzung verstehen. Ein Teil meiner Ausführungen sei nämlich vom amtlichen Interpreten einfach unterschlagen worden.

Eine fast identische Szene habe ich dann in Dubna erlebt. Auch dort setzten sich Zuhörer dafür ein, daß man den Text eines Vortrags, den ich hielt, nicht verfälschte. Als ich mich nachher bei ihnen dafür bedankte, machten sie den Vorschlag, ich solle mich mit ihnen heimlich nach dem Zubettgehen treffen. Das tat ich dann nicht nur einmal, sondern öfters, und es entspannen sich bis lange nach Mitternacht die interessantesten, freimütigsten Gespräche über Politik und Wissenschaft, vor allem aber über das tägliche Leben im Westen und im Osten. Fedja, der sympathische junge Mann, der mir als ständiger Dolmetscher, Begleiter und wohl auch Bewacher zugeteilt war, durfte selbstverständlich von diesen nächtlichen Kolloquien nichts wissen. Vor unserem Abschied hat er mir dann gestanden, er habe genau gewußt, was ich getrieben hatte, nachdem er mich bis zu meinem Zimmer begleitet und mir freundlich »Gute Nacht« gesagt hatte.

»Aber ich fand das gut«, begründete er seine Diskretion. »Wir brauchen wirklichen Kontakt mit Ausländern statt nur Austausch von behördlich genehmigten Phrasen über Frieden und Freundschaft.«

Ich verdanke dem akzentfrei deutsch sprechenden Fedja,

der mir bald Vertrauen schenkte, interessante Einblicke in die eingehende Schulung solcher auf Ausländer angesetzten Funktionäre. Er hatte sein Wissen über deutsche Kleider-, Essens- und Sprachgewohnheiten in einer Umgebung gewonnen, die mitten in Rußland als genaue Imitation eines durchschnittlichen deutschen Haushalts aufgezogen worden war. Auch vom schwierigen Privatleben dieser überwachten Überwacher erfuhr ich viel. Besonders angeregt erzählte Fedja von den Schwierigkeiten, die unverheirateten Paaren gemacht wurden. Er hatte sie vorzugsweise dadurch gelöst, daß er seine jeweiligen Freundinnen zu Schlafwagenreisen von Moskau nach Leningrad oder in andere entfernte Städte einlud. Denn die würden kaum kontrolliert.

Das stärkste Erlebnis meines Dubnabesuchs war die Begegnung mit dem aus der DDR entsandten Physiker Heinz Barwich, der Vizedirektor dieses östlichen Gegenstücks von CERN war. Für ihn hatte mir der Wiener Universitätsprofessor Hans Thirring, mit dem ich seit langem in der österreichischen Anti-Atombewegung verbunden war, einen handgeschriebenen Empfehlungsbrief mitgegeben. Das war ein Schlüssel, der das Tor zu einer Überfülle von interessanten, ja brisanten Mitteilungen öffnete.

Die Bekanntschaft begann damit, daß Barwich, ein fülliger, lebensfreudiger Mann, der mich schon bei unserer ersten Begegnung in seinem Arbeitszimmer wie einen lange Erwarteten an seine Brust drückte, verkündete, er werde mich nun gleich höchstpersönlich »über unser Gelände« führen.

Aber er dachte gar nicht daran, mir jetzt etwa die dortige »große Maschine«, das oberirdisch in einem überdimensional großen Pavillon untergebrachte »Synchrophasotron«, zu zeigen, sondern schlug vor, einen Spaziergang zu den kaum frequentierten Regionen des umzäunten Territoriums zu machen. Es waren kaum fünf Minuten vergangen, als er mir einen ungewöhnlichen Vorschlag machte: »Wir wollen doch mal ganz offen miteinander reden. Ich vertraue Ihnen, Sie vertrauen mir. Wir stecken sozusagen nun jeder unseren Kopf unter den Arm des anderen.«

Barwich wartete nicht einmal ab, ob ich seinem Vorschlag zustimmte, sondern fing sofort an, über sich zu reden, und hörte fast nicht mehr auf. Es war, als habe er darauf gewartet, endlich einmal über sein Schicksal sprechen zu können. Als Sohn eines überzeugten, dem Anarchismus zuneigenden Linken war Barwich aufgewachsen. Er hatte seinen Vater geliebt und verehrt. 1945 war es für ihn selbstverständlich gewesen, von nun an am »Aufbau des Sozialismus auf deutschem Boden« mitzuarbeiten. Doch dazu war es dann kaum gekommen, weil die sowjetischen Besatzungsbehörden, ähnlich wie die Amerikaner in ihrer Zone, begannen, qualifizierte Wissenschaftler sobald wie möglich in ihr Land zu entführen. So war Barwich zusammen mit einer Anzahl anderer ostdeutscher Physiker in den Kaukasus gebracht worden. Dort hatte er jahrelang am Entwurf und Bau der ersten sowjetischen Atombomben mitgearbeitet. Dafür war ihm sogar ein »Lenin-Preis« verliehen worden, und er konnte auf Grund seines neugewonnenen Prestiges erreichen, daß man ihn nach Deutschland zurückkehren ließ. In der Nähe von Dresden hatte Barwich als leitender Funktionär im wichtigsten atomphysikalischen Laboratorium der DDR gearbeitet, ehe man ihn nach Dubna delegierte. Sein unmittelbarer Vorgesetzter »zu Hause« – er sagte das stets mit einem sarkastischen Unterton – war niemand anders als der durch seine Preisgabe westlicher Atombombenpläne berühmt gewordene Klaus Fuchs.

»Ein Mensch aus Beton«, urteilte Barwich, als ich ihm berichtete, daß ich mit seinem Vater, dem pazifistisch gesinnten Pfarrer Fuchs, korrespondiert und in England sogar die Gefängniszelle besucht hatte, wo der »Atomspion« nach seiner Verhaftung gefangen gehalten worden war.

»Der lebt eigentlich gar nicht mehr. Er funktioniert nur noch, so wie man es von ihm verlangt«, urteilte Barwich, und das war fast noch das Mildeste, was er über diesen berühmten Kollegen zu sagen hatte. Denn die Enttäuschung und Wut »über das, was die aus unseren Hoffnungen gemacht haben«, sprach aus fast jedem Wort dieses leitenden Wissenschaftsfunktionärs des Regimes.

Barwich ist einige Jahre danach während der zweiten Konferenz »Atoms for Peace« in Genf, an der auch ich teilnahm, zu den Amerikanern übergewechselt. Kurz vor seinem Absprung telefonierte er mich aus einem großen Genfer Hotel an und sagte atemlos: »Jungk, wenn Sie sofort kommen, können Sie mich noch einmal sehen.« Aber ich kam um eine Minute zu spät. Sie brachten Barwich in die USA und unterwarfen ihn dort unendlichen Verhören. Er sollte nicht nur alle seine Kenntnisse über die sowjetische Atomforschung mitteilen, sondern auch öffentliche Aussagen gegen das Regime vorbereiten. »So weit konnte er nicht gehen«, hat mir später seine Witwe Elfi Barwich berichtet. »Er ist drüben jämmerlich an einem Herzleiden zugrunde gegangen. Ich glaube, es war vor allem seelischen Ursprungs. Sie haben ihn zerbrochen. Er war zwischen die Fronten geraten.«

8.

Während der entsetzlich zähen und langweiligen Verhandlungen in Moskau über die Zukunft der »Europäischen Föderation gegen Atomrüstung«, denen ich nach meiner Rückkehr aus dem Forschungszentrum Dubna noch beiwohnen mußte, dachte ich ununterbrochen an die Träumereien über eine bessere Welt, von denen meine heimlichen nächtlichen Gespräche mit den jungen Wissenschaftlern erfüllt gewesen waren. Wie viele neue Ideen, Hypothesen, Entwürfe, Skizzen und Bilder waren da aufgetaucht, wieviel ungenutzte geistige Energie lag da brach. Immerhin wurde in der ruhigeren Atmosphäre Dubnas über solche Möglichkeiten wenigstens heimlich gesprochen, während man im CERN für so etwas gar keine Zeit mehr fand und sich ganz im Streß der unmittelbar drängenden Probleme verausgabte.

Auf der langen Rückreise durch die weiten, wolkenverhangenen, fast menschenleeren Ebenen Westrußlands, begleitet von dem fast unerträglichen Geplärr des nicht abstellbaren Zugradios, in dem ein Tenor »O sole mio« und andere italienische Lieder schmetterte, grübelte ich einmal mehr darüber nach, wie man der in bürokratischem Hickhack festgefahrenen internationalen Friedensbewegung mehr konstruktiven Schwung verleihen könne.

Kaum war ich in Wien angekommen, als mir Gerry Hunius, ein junger Kanadier, der mich im Auftrag der »International Confederation for Disarmament und Peace« (ICDP) und der Quäker besuchte, genau diese Frage stellte. Ohne große Hoffnung, daß daraus wirklich etwas werden könne, erzählte ich ihm von einer Idee, die wir in Dubna ausgesponnen hatten, nachdem ich von den bescheidenen Anfängen eines neuen Zukunftsdenkens in der westlichen Welt erzählt hatte. Sollte man nicht, wie Denis Gabor, Fred Polak und nun auch Ernst Bloch es forderten, besorgte und phantasievolle Zeitgenossen zur Mitarbeit an einer großen internationalen Ausstellung zu gewinnen versuchen, in der sie Visionen einer besseren Welt greifbar und überzeugend zur Darstellung bringen könnten? »Mankind 2000« könne man diese Sammlung konkreter Utopien nennen, die den Kriegstreibern und Aufrüstern alternative und begeisternde Friedensziele gegenüberstellen würde.

Der Sendbote, ein temperamentvoller junger Aktivist, war sofort von diesem Vorschlag eingenommen und meinte, London sei genau der richtige Ort für ein solches Unternehmen. Dort habe man erst vor einigen Jahren auf beiden Ufern der Themse eine erfolgreiche Ausstellung über modernes urbanes Design veranstaltet, und gerade jetzt suche die Labour-Mehrheit, die in der englischen Hauptstadt regierte, das Thema für eine neue »International Exhibition«, in der vor allem soziale Hoffnungen einen Ausdruck finden sollten.

Ich war überrascht, wie schnell die Leitung der sonst eher zerstrittenen und daher langsamen ICDP reagierte. Ich sollte schon in einigen Wochen bei der Jahresversammlung 1964 in Stockholm über diese Idee referieren. Sie werde vermutlich mit großer Zustimmung unterstützt werden.

Es gibt Augenblicke im Leben, da plötzlich alles zu gelingen scheint. Denn fast gleichzeitig mit diesem zustimmenden Bescheid erfuhr ich von Sektionschef Weikert, der sich im österreichischen Bundesministerium für Unterricht und Kunst um die Förderung kultureller Projekte kümmern sollte, daß mein seit langem dort liegender Antrag auf Errichtung eines »Instituts für Zukunftsfragen« genehmigt worden sei. Vermutlich hatte ein aktuelles Memorandum, in dem ich darauf hingewiesen hatte, daß Wien nun prädestiniert sei, jene kreative Vermittlerposition einzunehmen, die das zerrissene Berlin nicht leisten könne, Eindruck gemacht. Es dauerte zwar noch fast ein Jahr, ehe ich von der Bundestheaterverwaltung in einem alten ärarischen Gebäude der Goethegasse nahe der Staatsoper ein Büro beziehen konnte, aber ein Anfang war gemacht. Dort befand sich auch der reiche Kostümfundus der österreichischen Staatstheater, und wir wurden täglich an den Wandel der Zeiten erinnert, wenn die Gewänder vergangener historischer Perioden an unserer kleinen Zukunftsenklave vorbeigetragen oder -gefahren wurden.

Der wahre Glücksfall dieses Jahres war es, daß ich für das »Mankind 2000«-Projekt im Londoner Büro der Quäker einen geistig engagierten, ausdauernden und selbständigen Mitarbeiter fand, der aus einer flüchtig hingeworfenen Idee ein reales Vorhaben zu machen wußte. Er hieß James Wellesley-Wesley, Sproß einer bekannten alten Familie, aus der schon mehrere berühmte »public servants« hervorgegangen waren. Im Zweiten Weltkrieg hatte der gutaussehende Enddreißiger als Offizier in der Kriegsflotte gedient, und die überlegene Art, wie Jim, der überzeugte Friedensfreund, sprach, sich bewegte, ebenso zurückhaltend wie sicher auftrat und mit Autorität zu organisieren verstand, erinnerte manchmal noch an seine frühere Tätigkeit, die er jetzt als überholt wie jede Kriegsführung erkannt hatte.

Zunächst sollte ein ausführliches Memorandum geschrieben werden, in dem die Absichten und nächsten Schritte von »Mankind 2000« erkärt werden sollten. Weshalb ich die Abfassung dieses auf meinen Ideen beruhenden Dokuments dem Architekten Maurice Rickards überließ, um erst nachträglich mit ihm und dem französischen Pazifisten Claude Bourdet über die Einzelheiten zu beraten, ist mir nicht mehr erinnerlich. Vermutlich meinte die auftraggebende ICDP, daß der Plan für eine Ausstellung glaubhafter sein würde, wenn ein Baufachmann der Autor sei. Als sich aber sehr bald herausstellte, daß die erhoffte Unterstützung der Stadt London für eine solche aufwendige Ausstellung aus innenpolitischen Gründen nicht zu erwarten war, zog sich Rickards zurück, und wir beschlossen, statt dessen ein internationales Treffen aller jener Persönlichkeiten zu veranstalten, die sich zustimmend, oft sogar begeistert zu unserem Vorschlag geäußert hatten.

So ist es im November 1965 in London am Sitz der »Ciba-Foundation« zu einer ersten, noch recht kleinen europäischen Zukunftskonferenz gekommen, die einem »provisorischen Sekretariat« folgende Aufgaben erteilte:

a) Die Aufmerksamkeit von Experten, speziellen Interessengruppen und Persönlichkeiten der Öffentlichkeit auf besorgniserregende Gefahren, Probleme und Möglichkeiten hinzuweisen, die uns lokal, national oder international in der Periode von 35 Jahren (bis zum Jahr 2000) bevorstehen.

b) Verbindungen mit allen Personen oder Gruppen aufzunehmen, gleich welcher Kultur oder Fachrichtung, die bereits mit zukunftsorientierten Arbeiten beschäftigt sind.

c) Solche Persönlichkeiten, deren Interessen übereinstimmen oder sich ergänzen, miteinander bekanntzumachen.

d) Auf Zukunftsaspekte aufmerksam zu machen, die bisher nicht genügend Aufmerksamkeit erregt haben, und ihr Studium vorzubereiten.

e) Die Bildung interdisziplinärer Arbeitsgruppen zu fördern, die als Aussichtswarten funktionieren könnten, um vor Gefahren zu warnen und auf Gelegenheiten für eine Verbesserung des Wohlbefindens der künftigen Menschheit hinweisen.

Obwohl ich durch Krankheit verhindert war, an diesem Londoner Gründungstreffen teilzunehmen, bin ich als »Vater« der Idee zum Ehrenpräsidenten der neuen Vereinigung »Mankind 2000« gewählt worden, die 1966 als Stiftung in Holland eingetragen wurde und nun eine intensive Tätigkeit zu entfalten begann. Für mich begann jetzt abermals eine aufregende Periode der Reisen kreuz und quer durch die Welt. Auf ihnen wurde ich meist von Jim begleitet, ohne dessen aufopfernde und bisher viel zu wenig bekannte Tätigkeit diese folgenreichen Anfänge der internationalen Zukunftsbewegung gar nicht denkbar sind.

9.

Selbstverständlich führten uns die ersten Bemühungen mit anderen »futurists« – so hieß der neu entstandene Name für uns Zeitreisende in Richtung Zukunft – nach den USA. Ich hatte von mehreren Projekten gehört, die ähnliches vorzuhaben schienen wie »Mankind 2000«. Es war ein verändertes Amerika, das ich nun, fast ein Jahrzehnt nach unserem Abschied aus Kalifornien, wiederfand. Schon in der ersten Woche nach meiner Ankunft geriet ich am oberen Broadway unweit der Columbia Universität in eine Studentendemonstration und erlebte am Union Square erregte Diskussionen, bei denen heftig über den neuen Krieg gestritten wurde.

Gemeint war der Vietnamkonflikt, der sich verschärfte und nicht nur bei den jungen, vom »draft«, der Einziehung zum Dienst mit der Waffe Bedrohten, sondern in fast allen Bevölkerungsteilen höchst unpopulär zu sein schien. Debattiert wurde überall, vorwiegend über innenpolitische und soziale Themen wie über die Rechte der schwarzen, unruhig gewordenen Bevölkerung, die anhaltende Armut vieler alter Menschen, die Vernachlässigung der Städte, Schulen und Verkehrswege trotz anhaltender Prosperität der Großkonzerne, und in allen möglichen Variationen über den Verlust einer hoffnungsvollen Richtung für den »American way of life«.

Zur selben Zeit entstanden überall spontan überwiegend jugendliche Gruppen, in denen man über ein anderes Leben, anderes Denken, andere Werte, neue Ziele nachdachte und zumindest in Worten, wirkungsvoller noch in Liedern, dem allmächtigen »establishment« den Kampf ansagte. Dies sei ein »explosives Jahrzehnt«, verkündete mir ein alter Kollege, George Wronkow, der als Journalist in Berlin die spannungsreichen Jahre vor Hitlers Machtantritt erlebt hatte. Er war überzeugt davon, daß sich in diesem riesigen reichen Land eine grundlegende Änderung, vielleicht sogar ein gewaltsamer Umsturz vorbereitete.

Vor diesem in Bewegung geratenen, gelegentlich sogar turbulenten Hintergrund versuchte die »Commission on the Year 2000« Vorschläge für eine »unausweichliche kulturelle Erneuerung« auszuarbeiten, die den gewaltigen wirtschaftlichen, industriellen und demographischen Veränderungen seit Beginn des Jahrhunderts Rechnung tragen, ja ihnen sogar vorauseilen sollte. In dem aristokratisch wirkenden Rahmen eines imitierten französischen »chateau«, nicht weit vom Zentrum des Universitätsstädtchens Cambridge (Massachusetts), traf ich eine Reihe nicht mehr ganz junger, aber auch noch nicht alter Herren, die, sonst meist in einer der nahe liegenden Hochschulen oder in den ebenfalls nur eine Flugstunde entfernten Ministerien der Bundeshauptstadt tätig, nun über die andere, bessere Welt an der Jahrtausendwende nachdenken sollten.

Daß dies in einem so ruhigen Milieu stattfand, überraschte mich zunächst, entsprach aber durchaus der Absicht des Philosophen und Sozialpsychologen Lawrence K. Frank, auf dessen Vorschlag hin das ganze Unternehmen begonnen worden war. Er warnte ausdrücklich vor Gewaltaktionen im Stil der amerikanischen Revolution von 1776. »Meine Interpretation der Geschichte sagt mir, daß Ideen die wirksamsten Agenten der Veränderung sind«, verkündete er laut Protokoll in seinem eindrucksvollen, etwas gesalbten Sprachstil bei einer der vielen Sitzungen der Jahrtausend-Vordenker.

Vielleicht war es ein europäisches Vorurteil, daß mir diese distanzierte Art der Auseinandersetzung mit brennenden Problemen unangemessen, ja sogar ein wenig lächerlich erschien. Projektleiter Daniel Bell, ein wendiger, linksliberaler Wirtschaftsjournalist und Soziologe, dem ich diesen Einwand vortrug, reagierte nachsichtig, meinte aber, er sei zwar ein Bundesgenosse auf dem langen Weg zur notwendigen Veränderung, wisse aber aus Erfahrung genau, wie weit man gehen könne und wo Vorsicht geboten sei. Bell bemühte sich, mir zu zeigen, daß kritische Analysen und Verbesserungsvorschläge zu Rassen-, Jugend- und Rüstungsfragen, welche die »Academy of Arts and Sciences«, die auch seine »2000-Kommission« trug, analysiert und publiziert hatte, bereits deutliche Verbesserungen angeregt und bewirkt hätten.

»Das ist aber noch sehr wenig«, wandte ich ein. Er antwortete mir mit einer Aussage, die mich damals mit zorniger Ungeduld erfüllte. »Der Weg in eine bessere Zukunft der Gesellschaft ist sehr weit. Wir kommen viel langsamer vorwärts als die Techniker, die unsere Welt so schnell umstürzen, vielleicht sogar vernichten können. Trotzdem müssen wir versuchen, auf den verschiedensten Ebenen voranzukommen.« Heute sehe ich ein, wie richtig diese Einschätzung ist, wie notwendig wir sowohl Geduld wie Ungeduld brauchen. Besonders dann, wenn sich wieder einmal eine Hoffnung nicht – noch nicht! – erfüllt hat.

10.

Einer, dem auch alles viel zu langsam ging, war der erfolgreiche Erfinder und Architekt Buckminster Fuller, ein genialischer Außenseiter, der wegen seiner »wilden Ideen« zweimal von der angesehensten amerikanischen Hochschule, der Universität Harvard, weggeschickt worden war und deshalb sein Studium niemals abgeschlossen hatte. Lange bevor die Weltraumfahrt zu einer organisierten und ernstgenommenen Unternehmung geworden war, hatte er in weiteren Dimensionen als seine gelehrten Zeitgenossen gedacht und als alter Seeoffizier des Ersten Weltkriegs die Erde als ein Schiff im Meer des Kosmos gesehen, dessen Bewohner die Intelligenz und die Fähigkeiten entwickeln müßten, ihr Schicksal richtig zu steuern.

»Bucky«, wie der kahlköpfige untersetzte Mann mit den

überdurchschnittlich dicken Brillengläsern von Freunden wie von Gegnern genannt wurde, hatte an der unbedeutenden »Southern Illinois University« in Carbondale einen Kreis von Mitarbeitern um sich geschart, die in ihm mehr als einen Lehrer sahen. Für sie war er eine Art Prophet, dessen fast ununterbrochenen zwei-, drei- und manchmal bis zu achtstündigen Vorlesungen sie mit religiöser Hingabe lauschten. Da es unmöglich war, mit diesem Orakel ein wirkliches Gespräch zu führen, wandte ich mich an einen seiner nächsten Mitarbeiter, den klugen eleganten Schotten John McHale, einen bildenden Künstler, der nicht nur höchst eindrucksvolle Skulpturen und Collagen schuf, sondern seinen kritischen, mit Intuition gepaarten Geist hier, weit weg von Europa, im provinziellen mittleren Westen einem der großen Projekte des Meisters widmete, der »World Science Design Decade«. Innerhalb eines Jahrzehnts sollte versucht werden, die viel zu ineffizienten und verschwenderisch funktionierenden Produktionssysteme unseres Planeten so zu reorganisieren, daß sie mit geringerem Einsatz unvergleichlich mehr hervorbringen könnten. Denn Knappheit, Armut und Hunger – oder auch schon die Angst vor diesen Übeln – seien die Hauptschuldigen an den lebensgefährlichen politischen Spannungen. Sie würden verschwinden, wenn man nicht Ideologen oder Bürokraten, sondern ausschließlich ideenreichen und konstruktiven Persönlichkeiten den Kurs in eine bessere Zukunft anvertrauen würde.

So größenwahnsinnig das klang – ich konnte es nicht einfach beiseite schieben. Denn es war Bucky beim letzten internationalen Kongreß der Architekten in Paris gelungen, für seinen Plan einer einzigartigen Aktion zur Rettung der Menschheit und ihrer Erde die begeisterte Zustimmung der großen Mehrheit zu erhalten. Lehrer und Studenten aller Welt wollten sich nun mehrere Jahre lang an einem von Buckys Team geleiteten, alle Länder und Kontinente einbeziehenden »World Game« beteiligen, in dem sie ihre Vorstellungen und Ideen auf Computern durchspielen und mit den Programmen anderer Gruppen vergleichen würden. Die Kommandobrücke des »Spaceship Earth« werde sich selbstverständlich zunächst einmal in Carbondale befinden. Dort sei man dabei, ein großes Computerprogramm zu entwickeln, in dem Daten über alle materiellen und geistigen Ressourcen des Planeten ebenso wie die Bedürfnisse der Menschen gehortet werden müßten. Die über die neuen weltweiten Kommunikations-netze ständig auf dem laufenden gehaltenen Erdbewohner würden, davon waren Bucky und seine Jünger überzeugt, dafür sorgen, daß nicht nur sie, sondern auch ihre Verwal-tungsorgane und Wirtschaftsmanager einsehen mußten, wie vorteilhaft eine solche wissenschaftlich errechnete Zusam-menarbeit sei.

Ich versuchte, die fast kritiklose Begeisterung dieser sym-pathischen »Menschen guten Willens«, die darauf vertrauten, daß Computerprogramme sich schnell als stärker erweisen würden wie die herrschenden Interessengegensätze und ideo-logischen Differenzen, etwas zu dämpfen, indem ich ihnen von meinen europäischen Erfahrungen der letzten Monate berichtete. Einer meiner Freunde, der Schriftsteller Nicolaus Sombart, damals führender Funktionär im Straßburger Euro-parat, hatte mir den Auftrag verschafft, den Entwurf für eine »vorausschauende Institution« zu verfassen, die regelmäßige Analysen und Prognosen über sich in der nahen und weiteren Zukunft abzeichnende Gefahren oder Chancen veröffent-lichen sollte. Zwar hatte meine bisher nur intern bekannt-gewordene Skizze für eine solche »European Lookout Insti-tution« bei einigen der hochgestellten Funktionäre Beifall gefunden. Aber als ich darangegangen war, in Gesprächen mit den Chefs der jeweils von Angehörigen eines anderen Mit-gliedslandes verwalteten sechs Hauptabteilungen des Europa-rats die praktische Basis für eine solche gesellschaftliche »Wetterwarte« anzulegen, gab es sofort die verschiedensten Differenzen, weil alte gewohnte Positionen und partikulare Verhaltensweisen durch eine das Ganze übersehende neue Ab-teilung gefährdet werden könnten.

»Wenn es schon nicht möglich ist, im weitgehend ähnlich orientierten West- und Mitteleuropa Gemeinsamkeit herzu-stellen, wie dann erst zwischen West und Ost, Nord und

Süd?« fragte ich, der ungebetene Zweifler, die Freunde in Carbondale.

Sie haben sich durch meine Skepsis nicht abbringen lassen, eine imponierende Bestandsaufnahme aller erfaßbaren materiellen und intellektuellen Quellen des Planeten zu versuchen. Damit sind sie zu Vorläufern der Studien des »Club of Rome« geworden, die Anfang der siebziger Jahre auf die »Grenzen des Wachstums« hinwiesen. Auch die anderthalb Jahrzehnte später folgende aufsehenerregende amerikanische Studie »Global 2000« und die UN-Studie der achtziger Jahre über die »gemeinsamen Ziele der Menschheit« unter Leitung der norwegischen Ministerpräsidentin Gro Harlem Brundtland wären ohne den frühen Enthusiasmus auf dem Campus der mittelwestlichen Provinzstadt Carbondale vielleicht nie versucht worden.

11.

Das interessanteste Ergebnis unserer Werbereise für »Mankind 2000« war die Entdeckung, daß im Laufe der jüngsten Jahre bereits ein informelles Netz von Menschen entstanden war, die sich für zukunftsfähige Problemlösungen interessierten und die weiteren Entwicklungen nicht länger blind und passiv dem Zufall überlassen wollten. Da gab es hochqualifizierte Theoretiker, die an einer streng wissenschaftlich orientierten Zukunftsforschung arbeiteten, Künstler, die ihre intuitive und visionäre Begabung zu nutzen verstanden, Technokraten, die hofften, mit Hilfe neuer und neuester Erfindungen und Konstruktionen die Ereignisse »in den Griff zu bekommen«, Philosophen, Naturschützer, Gesellschaftsforscher, soziale und politische Aktivisten, aber auch viele Neugierige, die wissen wollten, wie es weitergehen werde. Es gab im Jahrzehnt der ersten Weltraumexperimente nicht nur Journalisten und andere beruflich unmittelbar Interessierte wie ich, die gemerkt hatten, daß die wichtigsten und einflußreichsten Ereignisse sich überall dort vorbereiteten, wo man über den Tag hinausdachte, sondern immer mehr passioniert am Zeitgeschehen teilnehmende Geister aus allen Schichten und Berufen.

Auch ein paar Politiker und einflußreiche Beamte hatten sich diesem widersprüchlichen Trend geöffnet. Wie sie zum Beispiel in den USA zusammenarbeiteten, hat mir vor allem Leonard Duhl, ein idealistisch gesinnter Beamter der obersten Gesundheitsverwaltung in Washington erzählt: »Wir nennen uns selbstironisch ›space cadets‹, weil wir versuchen, die Gravitationsgesetze der Bürokratie zu überwinden. Über Telefon, durch Zusendung von Vorschlägen und Memoranden, vor allem aber auch auf den vielen Parties, die ja in Washington fast täglich laufen, halten wir Kontakt, tauschen Erfahrungen aus, phantasieren im leichten Cocktailrausch über ›das, was man tun müßte‹, und nicht wenige von diesen Ideen gehen dann tatsächlich in staatliche Papiere und Direktiven ein.«

Die Idee einer »antizipatorischen Demokratie«, die der Amerikaner Alvin Toffler später als publizistische Forderung formuliert und verbreitet hat, wurde in solchen spontanen Ansätzen erprobt. Aus ihnen sprach noch der Anfangsschwung der so tragisch unterbrochenen »Ära Kennedy«. In diesem Geist gründete nun ein ehemaliger Redakteur des »National Geographic Magazine« namens Edward Cornish in Bethesda bei Washington die »World Future Society« und fand überraschend schnell Tausende Mitglieder aus allen Berufskreisen der USA. Auf dem ersten Kongreß dieser Vereinigung im Jahr 1966, der in den überfüllten Konferenzsälen eines Hotels der amerikanischen Bundeshauptstadt stattfand, erlebte ich, daß eine vom Glauben an bessere Zukünfte erfüllte Massenbewegung nun in der Tat begonnen hatte.

Eine Schlüsselfigur im amerikanischen Netz der »futurists« war ein eifriger, noch junger Mann ohne Regierungsposten oder Zeitungsjob, der lange mit Bucky zusammengearbeitet und sich von ihm hatte »geistig anstecken« lassen. Er hieß John Dixon, arbeitete als Organisator der für amerikanischen Bürgeridealismus so typischen freiwilligen Hilfsorganisationen. Da er im Brotberuf für die damals größte Firma zum Vertrieb von Fotokopiermaschinen arbeitete, fiel es ihm leicht, regelmäßig Dokumente, Zeitungsartikel, Analysen und Entwürfe aller Art, die von anderen »futurists« verfaßt worden waren oder über ihre Tätigkeit berichteten, kostenlos zu vervielfältigen und an ein Dutzend von ihm Auserwählte zu schicken. So wurde er zum unentbehrlichen »Kommunikator« der Zukunftsbewegung. Selbstverständlich verlangte er nie einen Cent für seine Arbeit, ja nicht einmal einen Spesenersatz.

Daß ich in den Kreis seiner »Kunden« aufgenommen wurde, hat mir viele Jahre hindurch geholfen, mich über den neuesten Stand der Zukunftsbemühungen – vor allem in den USA – zu orientieren. Ich habe John lange für einen ganz typischen, enthusiastischen und etwas naiven Yankee gehalten, bis ich erfuhr, daß er eigentlich der Sohn eines russischen Einwanderers war, der ihn mit seinen tolstoiischen Ideen von Gewaltlosigkeit und Brüderlichkeit von Kindheit an geformt hatte.

Ich habe von John Dixon eine Lebensregel gelernt, mit deren Befolgung ich gut gefahren bin: Wenn du Informationen bekommen willst, mußt du auch selber bereit sein, Informationen weiterzugeben, statt sie zu horten und als deinen Privatbesitz zu betrachten. Indem du dein Wissen mit anderen teilst, verlierst du es nicht, es wird auch nicht weniger, sondern es zieht anderes Wissen an. Diese wundersame Vermehrung kann nur dann gelingen, wenn du stets offen bist. Durch geöffnete Türen gehen Kenntnisse nicht nur hinaus, sondern fließen auch hinein. Nur das, was man dir ausdrücklich vertraulich mitteilt, muß mit Diskretion behandelt werden.

Unterhaltungen mit John wurden immerzu von ihm selber unterbrochen. Kaum hatte man einen Namen genannt, da war er schon am Hörer und machte ein Treffen oder einen Telefontermin aus. Warten kam nicht in Frage. So hat er mich sofort mit fast allen interessanten »Zukünftlern« der USA in Verbindung gebracht. Erst durch ihn bekam ich eine Vorstellung davon, wie viele »wild birds« (wilde Vögel) in den Bereichen des Staates und der Wirtschaft bereits bemüht waren, die vor ihnen liegende Zeit im privaten wie im öffentlichen Interesse zu nutzen, und erhielt einen begrenzten Einblick auch in diese abgeschirmten Domänen.

Vor allem die großen Konzerne hatten begriffen, daß ihre Chance in der systematischen Entwicklung von Innovationen und der Erweckung neuer Bedürfnisse lag. Besonders die Denkfabrik der »General Electric«, die den motivierenden Namen »Tempo« trug, sowie die unter der Leitung eines philosophierenden Technikers namens Dom Fabun stehende Entwicklungsabteilung von »Kaiser Aluminium« beeindruckten mich. Da waren kreative Persönlichkeiten am Werk, die gegen hohes Honorar bemüht waren, Gewinn und Einfluß der kapitalistischen Unternehmen zu erhalten und zu vergrößern. Das Bild des dicken, dummen »Kapitalisten« mit Zylinderhut, das man immer noch in den Karikaturen linker Publikationen oder auf den Plakaten von Demonstrationen sah, stimmte nicht mehr. Sie verharmlosten die Mächtigen. Denn die waren viel klüger und gerissener, als man dachte. Sie hatten begriffen, daß in diesem Zeitalter mehr denn je Vorauswissen Macht war, und handelten zielbewußt danach. Wo aber gab es ähnliche Institutionen, die im Interesse der ganzen menschlichen Gemeinschaft arbeiteten?

12.

Überraschend, aber im Grunde logisch, war es, daß in den amerikanischen »think factories« wie RAND und SRI (Standford Research Institute), die ich erstmals in den Jahren des zugespitzten »kalten Krieges« kennengelernt hatte, jetzt nicht mehr nur militärische, technische und industrielle Zukunftsstrategien im Vordergrund standen, sondern auch zivile Fragen und soziale Probleme wie Verbrechen, Verkehr, Städteplanung, Gesundheit und Erziehung.

In dem Mathematiker Olaf Helmer, der wie ich aus einer deutsch-jüdischen Theaterfamilie der Vor-Hitlerzeit stammte, lernte ich einen der gründlichsten und zugleich einfallsreichsten Zukunftsforscher kennen. Auf ihn traf die Bezeichnung »Forscher« tatsächlich zu, denn er bemühte sich darum, mit wissenschaftlichen Methoden in einem Feld zu arbeiten, das sich exakter und objektiver Beobachtung weitgehend entzog.

Dieser bewunderte Erfinder der »Delphi-Methode« war das genaue Gegenteil der antiken Seherin Pythia. Er vertraute in jedem Versuch einer Vorausschau auf Vernunft und konkrete Phantasie unabhängiger Experten, deren verschiedene Erfahrungen und Vermutungen einander ergänzen sollten. Eines seiner lange geheimgehaltenen Projekte hatte darin bestanden, 1953 eine solche Delphi-Prognose für einen unmittelbar erwarteten Atomkrieg auszuarbeiten. Ihr zufolge war dieses zu jenem Zeitpunkt fast allgemein für unvermeidlich gehaltene Ereignis unwahrscheinlich, und das hat damals sicher dämpfend auf die Hektik der militärischen Auftraggeber gewirkt. Jetzt, dreizehn Jahre danach, bemühte sich Helmer unter anderem darum, mit Hilfe vieler ideenreicher Köpfe die Leitlinien für eine sozial orientierte Technik zu entwerfen.

Auch in Hassan Ozbekhan, dem Sohn eines türkischen Diplomaten, lernte ich einen höchst ungewöhnlichen »futurist« kennen. Er arbeitete in der »Systems Development Corporation«, einer Tochter von RAND, die sich vordergründig um die Entwicklung von »Erziehungstechnologie« durch Einsatz von Computern und anderen Geräten kümmern, aber vermutlich vor allem die weiteren Möglichkeiten des militärischen Einsatzes der neuen »Denkgeräte« erkunden sollte. Doch diese außerordentliche Persönlichkeit war im Grunde sehr kritisch gegenüber diesem von seinen Vorgesetzten geförderten Einbruch der Apparate in die Welt des Geistes eingestellt.

Damit wir ganz offen reden könnten, entführte er mich sofort aus seinem Büro in sein komfortables Heim am Rande von Hollywood. Vermutlich wollte er auch, daß seine kluge und schöne Frau, Verfasserin phantasievoller Kinderbücher, an unserem Gespräch teilnahm.

»Ich hab's in diesem Land nicht leicht«, begann er die Unterhaltung, und ich fühlte mich sofort an Barwich erinnert, der in Dubna unsere Unterhaltung mit einer ähnlichen Distanzierung eingeleitet hatte. »Sehen Sie, meine Schwierigkeit besteht darin, den Leuten hier klarzumachen, daß man nicht alles tun darf, was man tun kann. Das ist ihnen aber schwer beizubringen. Und doch ist es unerläßlich, zu überlegen, was man mit einer immer mächtigeren und vielfältigeren Technik unternehmen darf und was man sich selber untersagen muß. Schon diese Frage wird aber von einigen meiner Mitarbeiter als Bedrohung einer Handlungsfreiheit angesehen, die man keinen Beschränkungen unterwerfen dürfe, selbst wenn dadurch entsetzliche Gefahren entstehen.«

Die amerikanische Entwicklung sei, so meinte dieser sympathische Rebell, nur das besonders deutliche Beispiel einer Problematik, mit der sich bald die ganze Zivilisation des zwanzigsten Jahrhunderts auseinandersetzen müsse. Sie sei in ihrem blinden Eifer sowohl an Grenzen des Wachstums wie der gesellschaftlichen Verträglichkeit geraten.

»Die Zukunft wird katastrophal, wenn wir nicht lernen, sie auf viel ganzheitlichere Art zu konzipieren und neuartige flexible, einfallsreiche, umfassende Planungsmethoden zu erproben.« Genau das sei ja der Sinn meiner Rundreise durch die USA und meines Besuches bei ihm, erzählte ich meinem Gastgeber und lud ihn ein, im kommenden Jahr zu dem ersten internationalen Treffen der »futurists« zu kommen, das »Mankind 2000« organisieren wolle.

Daß diese neue zivilisationskritische Haltung unter amerikanischen Intellektuellen schon viel verbreiteter war, als wir in Europa vermuteten, erfuhr ich auch auf einer Tagung des »Center for the Study of Democratic Institutions« in Santa Barbara. Der gleiche Robert Hutchins, der 1939 als Rektor der Universität von Chicago Fermi und anderen Atomforschern die Möglichkeit gegeben hatte, an seiner Hochschule ihre ersten praktischen Versuche zur Uranspaltung durchzuführen, war jetzt Leiter einer von ihm gegründeten privaten Institution, in der öffentlich und radikal über die Folgen des vor einem Vierteljahrhundert begonnenen politischen Vorstoßes ins Innerste der Materie nachgedacht und gesprochen werden sollte.

Technischer Fortschritt, der vom amerikanischen Zeitgeist noch als überwiegend erfolgreicher Durchbruch menschlichen Könnens in eine neue Dimension angesehen wurde, galt hier in diesem Kreis bereits als ein bedenklicher Einbruch in den Gang der Menschheitsgeschichte. Eine bereits Anfang der fünfziger Jahre von dem französischen Calvinisten Jacques Ellul verfaßte radikale Kritik an der Technik und ihrer allmählich alles beherrschenden Rolle war von John Wilkinson, dem kauzigen Studienleiter des »Center«, ins Amerikanische übersetzt worden. Sie war Ausgangspunkt der Debatten, an denen ich teilnahm.

In einer merkwürdigen Umkehrung der bisherigen Positionen waren diesmal die amerikanischen Teilnehmer überwiegend pessimistisch eingestellt, während die wenigen Europäer, die an diesem Seminar teilnahmen, in vorsichtigem Optimismus nach Auswegen suchten. Mein Plädoyer für die Belebung der sozialen Phantasie, als Gegengewicht zur technisch orientierten Imagination, das ich dort hielt, war eine ausführlichere Version des Aufsatzes, den ich schon ein Jahr vor Beginn des sechsten Jahrzehnts, am 1. Januar 1959 in der Münchner Zeitschrift »Kultur« veröffentlicht hatte.

Dort hatte es geheißen: »Es ist nun an der Zeit, in ›Richtung 2000‹ zu streben, worunter ich die Neuerweckung der sozialen Phantasie und eine Wiederkehr der sozialen Hoffnung verstehe. Ein erster Schritt in diese Richtung scheint mir die Ausarbeitung von Modellen zu sein, in denen die Wünsche unserer Generation sich mit dem neuen Wissen und neuen Können vereinen, um neue Leitbilder des Kommenden zu finden. Im Gegensatz zu den programmatischen Plänen früherer, der Zukunft zugewandter Denker hätten diese Modelle allerdings nur Möglichkeiten, keineswegs aber ein Muß zu entwerfen.«

Es sah so aus, als würden wir nun fast acht Jahre nach der Erstveröffentlichung dieses Manifests bei unserem Treffen hier in Kalifornien endlich damit beginnen, über Zukünfte zu sprechen, die den Verzagten hoffnungsvolle humane Perspektiven aufzeigen könnten.

Architekten

Weil ich erfahren wollte, ob und wo es schon sicht- und greifbare Verwirklichungen möglicher Zukunftsvorstellungen
gebe, habe ich mich in den sechziger und den beginnenden
siebziger Jahren besonders intensiv mit den Arbeiten der Architekten, der Städte- und Raumplaner beschäftigt. Dieses Interesse fand 1972 in der sechsteiligen Fernsehserie »Weltstadt
Planet« seinen Niederschlag, die ich wiederum mit meinem
bewährten Kollegen Ule Eith drehte.

Wir waren auf der Suche nach utopischen Persönlichkeiten, die ihre verwirklichten Träume mitten in unsere Zeit
hineinstellten. Aber wir fanden bald heraus, daß ihre phantasievollen Entwürfe meist auf dem Reißbrett blieben, weil die
Bauherren der Nachkriegsgegenwart nicht an Schöpfungen
interessiert zu sein schienen, in denen der Geist des Jahrhunderts einen kühnen, neuen Ausdruck und eigenen Stil hätte
finden können, sondern fast nur an der geistlosen massenhaften Herstellung von Arbeits- und Wohnraum.

So wurde unser Kamerastreifzug durch die Bauwelt zu einer
ermüdenden Reise durch die neue Häßlichkeit und Monotonie
der schnell und lieblos in die Landschaft gestellten Wohnquar-
tiere, die in Mailand nicht anders aussahen als in der Umgebung von Amsterdam, in den »Faubourgs« von Paris und den
ausgebombten früheren Quartieren der City von London oder
der Innenstadt von Berlin.

Als wir miterlebten, wie ein erst vor ganz wenigen Jahren
entstandenes Hochhausviertel der amerikanischen Stadt
Saint Louis gesprengt wurde, weil sich keine Mieter mehr für
diese öden Betonburgen fanden, wurde mir klar, daß hier nicht
nur eine Fehlspekulation, sondern auch ein Stück mißverstandene Moderne zusammenbrach.

Genau so etwas hatte mir der große amerikanische Architekt Frank Lloyd Wright schon Jahre zuvor bei einem Besuch in
seinem Atelier vorausgesagt: »Sie werden dieser ›Eierkisten‹
bald so überdrüssig werden, daß sie sie in die Luft jagen.«

Doch auch in dieser »Unwirtlichkeit der Städte«, die Alexander Mitscherlich beredt anprangerte, fanden wir Anfänge
einer neuen, zeitgemäßen Baukunst. Deren Protagonisten

schufen Entwürfe, die vielleicht erst im einundzwanzigsten Jahrhundert verwirklicht werden können. Im Stuttgarter Institut von Frei Otto bekam ich erstmals die Vorahnung von einer schwebenden, dem Himmel verbundenen Architektur von morgen. Von Viktor Gruen, Rudolf Doernach und Margaret Kennedy lernte ich, wie menschengerechte, ökologisch orientierte Siedlungen aussehen könnten, und bei dem in Paris lebenden Ungarn Yona Friedmann erfuhr ich, daß die von ihm angestrebte mobile und partizipatorische Bauweise zwar schon in mehreren Erdteilen erfolgreich erprobt worden war, aber sich noch nicht auf breiter Basis durchgesetzt hatte.

Dennoch: ich habe keinen anderen Beruf kennengelernt, in dem es so viele engagierte Persönlichkeiten gibt, die ständig zukunftsgerichtet weiterdenken und weiterbauen, sei es auch hauptsächlich nur in Zeichnungen und Modellen.

12. Kapitel

Der harte und der sanfte Weg

1967–1970

Anti-Atom-Diskussion mit Studenten; links unten: Rudi Dutschke

Es war ein Glücksfall, daß wir, die kleine Initiativgruppe »Mankind 2000«, bei unseren Vorbereitungen für ein erstes internationales Treffen der »futurists« auf den norwegischen Friedensforscher Johan Galtung stießen. Denn diese lebendige, phantasievolle und tatkräftige Persönlichkeit verstand es hervorragend, eigenwillige Menschen verschiedener Denkweisen und Nationalitäten zusammenzubringen, um sie für weitere gemeinsame Arbeit an dringend notwendigen Problemlösungen zu motivieren. Daß er den Eingeladenen aus achtzehn Ländern einen Tagungsplatz anbieten konnte, der uns durch seine Lage hoch über dem Oslofjord einen weiten Himmelshorizont öffnete, sorgte von Anfang an für eine gehobene Stimmung, die uns alle beflügelte.

Im Hotel »Voksenasen«, erreichbar nur durch eine Zahnradbahn, die vom Nationaltheater im Zentrum der norwegischen Hauptstadt auf den Voksenkollen und in die Nähe der berühmten Skischanze Holmenkollen führte, bemühten sich vom 12. bis 15. September 1967 rund siebzig Philosophen, Psychologen, Naturwissenschaftler, Techniker, Ärzte, Sozialforscher, Planer und Urbanisten aus vier Kontinenten, in eine ungewisse Zukunft abzuspringen und das Generalthema »Die nahe Zukunft der Menschheit – Friede und Entwicklung 1970 bis 2000« als gemeinsame Herausforderung anzunehmen.

Selbstverständlich hatte fast jeder Teilnehmer ein »Papier« mitgebracht. Ein solches Manuskript, vorwiegend in Englisch, der »neuen Weltsprache« der Nachkriegsjahre, geschrieben, umfaßte meist zehn bis zwanzig Seiten, deren Verlesung viel zuviel Zeit gekostet hätte. So begnügten sich die Einsichtigeren im mündlichen Vortrag mit kurzen Zusammenfassungen, und nur einige wenige Hartnäckige bestanden darauf, ihre wertvollen Einsichten vor den ungeduldigen Zuhörern in allen Details auszubreiten.

Das wirklich Wichtige, so erschien es mir schon damals und im Rückblick noch stärker, waren die zahlreichen spontanen Gespräche, die sich am Rande des umfangreichen Konferenzprogamms entwickelten. Zwei oder drei Menschen, die sich vorher nie gesehen hatten und einander höchstens durch ihre Veröffentlichungen bekanntgeworden waren, kamen sich in einer Pause, bei Tisch, auf Spaziergängen näher, stritten, informierten sich gegenseitig, beschlossen, künftig gemeinsam an einem Projekt zu arbeiten, erprobten neue Gedanken, äußerten Zweifel oder suchten nach Bestätigung. Seit meinen Jugendtagen in Berlin hatte ich so intensive und offene Unterhaltungen nicht mehr geführt.

Besonderen Eindruck machte mir ein nicht ganz vierzigjähriger Österreicher namens Erich Jantsch. Er hatte im Auftrag der OECD in Paris eine umfassende Studie über die vielfältigen Versuche verfaßt, in den westlich orientierten Industriestaaten begründete und ernstzunehmende Prognosen über die Weiterentwicklung der Technik und ihre möglichen Folgen zu machen. Schon kurz nachdem er die vorläufige Fassung seiner Arbeit an ein paar hundert Persönlichkeiten verschickt hatte, war dieser bisher unbekannte Name zu einem Stern am Himmel der neuen Forschungsbemühungen um die Zukunft aufgestiegen.

Die Lektüre von »Technological Forecasting in Perspective« hatte in mir eine falsche Vorstellung von dem Autor geweckt. Denn ich begegnete nun bei einem »großen Braunen« norwegischer Brauart nicht dem erwarteten Ingenieurtyp, sondern eher einem typischen Wiener Literaten, der auch jetzt, da er sich mit der Maschinenwelt und ihren möglichen Zukünften beschäftigte, wie ein verträumter Musenfreund wirkte.

Ebenso schnell, wie wir uns verstanden, stritten wir uns auch schon. Denn der ehemalige Astronom und Musikkritiker wollte unbedingt von denen, die in Wissenschaft und Wirtschaft das Sagen hatten, anerkannt werden. Dafür war er bereit, alternative und gesellschaftskritische Tendenzen in der Zukunftsforschung als »nicht ernsthaft« auszugrenzen. Wie sehr das seinen eigenen, zum Künstlerischen und Spirituellen tendierenden Anlagen widersprach, hat die spätere Entwicklung dieses außerordentlichen, widerspruchsvollen und schwierigen Geistes gezeigt. Im Vorwort zu seinem bedeutendsten Werk, »Die Selbstorganisation des Universums«, in dem er eine grundlegende Erneuerung und Erweiterung der Wissenschaft hin zu lebendigerer, weniger rational und logisch verengter Denkweise entwirft, beschrieb sich Jantsch so: »Nach letzter Zählung lebe ich bereits meine neunte dynamische Lebensstruktur, mit ›Beruf‹ nur unzulänglich charakterisiert. Immer wieder wurde ich durch unerwartete Fluktuationen über eine Instabilitätsschwelle in eine neue Struktur getrieben.«

Diese Aussage stammt aus dem Jahre 1979. Meine erste Begegnung mit diesem Ungewöhnlichen ereignete sich in seiner sechsten oder siebten Struktur. Vermutlich habe ich mit meiner Technikkritik und Verteidigung der Humanbildung sogar etwas dazu beigetragen, ihn über die nächste Schwelle zu treiben.

2.

Der Disput um die künftige Rolle der Technik spielte sich in Oslo noch auf freundschaftliche Weise ab. Die Gegensätze zwischen der Mehrheit, die ihre Hoffnungen für eine Verbesserung der Weltlage vorwiegend, wenn nicht ausschließlich auf die Erfindungen der mit Milliardenbeträgen der Mächtigen ausgestatteten Versuchs- und Entwicklungsabteilungen setzten, und den wenigen, die eine Lenkung, Zähmung, wenn nicht sogar Fesselung dieser immer riskanteren Unternehmungen für unausweichlich hielten, verschärften sich im Laufe des folgenden Jahrzehnts bis hin zu offener Feindschaft. Hoch oben auf dem Voksenkollen fühlten wir uns noch miteinander verbunden in dem sicherlich übertriebenen Bewußtsein, daß wir den Ratlosen, den Kurzsichtigen und Mitläufern auf den Wegen zum neuen Jahrtausend ein gutes Stück voraus seien, gemeinsam bemüht um eine mehr oder weniger strikte »Steuerung der Technik«, alle noch vertrauend auf die Machbarkeit und die mögliche Lenkung der Geschichte.

So lauschten wir den Visionen eines jovialen Riesen namens Richard L. Meier von der Universität Michigan über das Entstehen gigantischer Metropolen mit mehreren hundert Millionen Einwohnern in Indien und Lateinamerika eher mit Staunen als mit Angst, meinten, daß »Friedensspiele« auf Computern und intensive soziale Entwurfstätigkeit die meisten materiellen Probleme der immer schneller wachsenden Bevölkerung des Planeten lösen würden. Im bewußt vorangetriebenen Zusammenwachsen und in der Zusammenarbeit der auseinanderdriftenden »zwei Kulturen«, der natur- und der geisteswissenschaftlichen, die der Engländer Charles Percy Snow gerade in einer vieldiskutierten Veröffentlichung diagnostiziert hatte, meinten wir, die Möglichkeit der Meisterung unseres Schicksals zu verspüren, und in dieser Zuversicht trennten wir uns nach knapp vier Tagen.

Ehe wir auseinandergingen, durfte ich in einem Schlußreferat die Frage aufwerfen: »Where do we go from here?« (»Wohin gehen wir von hier aus?«) Heute bin ich froh darüber, daß diese Ansprache, die ursprünglich vor allem als optimistisch hoffnungsvoller Ansporn gedacht gewesen war, dann doch mit Bedenken, Warnungen und Fragen aufwartete: Könnten wir »futurists« nicht – vielleicht ohne es zu wollen – zu einer neuen Priesterkaste werden? Wird es uns gelingen, der Versuchung und dem Verdacht zu entgehen, daß wir nur den Herrschenden das notwendige Herrschaftswissen liefern? Werden wir in den kommenden Jahren erreichen, daß auch die Bevölkerung in den industriell unterentwickelten Ländern der »Dritten Welt« aus unserem Nachdenken Nutzen ziehen und ein erhöhtes Bewußtsein ihrer eigenen Rolle gewinnen wird?

Ich wußte, daß besonders ein Teilnehmer mir voll zustimmen würde, ein junger Amerikaner mit einem schwarzen Revolutionärsbart, Arthur I. Waskow. Er hatte eindrucksvoll von der Notwendigkeit einer »kritischen Zukunftsforschung« gesprochen. Eine ihrer Hauptaufgaben bestehe darin, die geltenden Machtverhältnisse und deren gedankliche Verlängerung in die Zukunft hinein zu durchschauen. Dieser für unsere Tagung wichtige Radikale hatte als Stimme der amerikanischen Studentenbewegung, die im Widerstand gegen den Vietnamkrieg entstanden war, die zukunftsgestaltende Rolle gesellschaftlicher Experimente und Protestaktionen gegen ein verantwortungsloses »establishment« beschworen. Die Unruhe der Jugend und die schöpferische Unordnung, die dadurch hervorgerufen werde, müßten von uns unterstützt werden, denn sie böten die Chance fortschreitender Demokratisierung und die Entwicklung einer wünschenswerten Zukunft, in der Stimmen und Kräfte, die bisher nicht gehört wurden, Einfluß gewinnen sollten.

Wie sehr diese Perspektive bereits der Stimmung europäischer Jugendlicher entsprach, erlebten wir beim allerletzten Treffen der Oslokonferenz, das einem ausführlichen Gespräch mit jungen Norwegern gewidmet war. Sie waren in ihrer ruhigen Entschiedenheit oft schon einen Schritt weiter als wir Diskutierer im mittleren Lebensalter. Als mir zwei von ihnen beim Kofferpacken halfen, vernahm ich ein Urteil über unser Treffen, das unsere Bemühungen belohnte: »Ihr seid nicht fade Tugendprediger wie unsere Lehrer, sondern Leute, denen man zuhören kann, die man ernst nehmen sollte.«

3.

»Das genaue Programm? Ja, wenn ich es nur kennte! Die Obrigkeit hat nämlich noch nicht entschieden.« Der freundlich lächelnde russische Professor, der mich im Oktober 1967 in Moskau vom Bahnhof abholte, sprach fließend deutsch. Er wußte also sehr wohl, was »Obrigkeit« bedeutete, und sein resignativ hinauf in den wolkenverhangenen Oktoberhimmel zeigender Finger unterstrich noch die ironische Kritik, die er am Herrschaftssystem äußern wollte. Viel deutlicher in seiner Ablehnung wurde Igor Bestushew-Lada eigentlich nie. Als Leiter des staatlichen »Instituts für soziale Prognostik« konnte er sich das auch nicht leisten. Aber er hatte mir schon mit den ersten Begrüßungsworten klargemacht, daß er kein bedingungsloser Apparatschik war.

Es war vor allem auf seine Initiative zurückzuführen, wenn zu dem großen Treffen, das anläßlich des fünfzigsten Jahrestags der Revolution veranstaltet wurde, außer zahlreichen sowjetischen Zukunftsplanern auch vier Gäste aus dem Westen eingeladen worden waren. Sicherlich sollte das eine Geste der Dankbarkeit sein, weil wir unseren Osloer Zukunftskongreß, entgegen den damals üblichen Gepflogenheiten des »kalten Krieges«, auch Forschern aus den Ländern des Ostblocks geöffnet hatten.

Obwohl die Feiern zum großen Jubiläum erst Anfang November stattfinden sollten, waren die Straßen der Hauptstadt bereits mit so vielen roten Spruchbändern und Parolen vollgehängt, daß die heruntergekommenen Fassaden der Häuser dahinter kaum zu sehen waren. Das »Tauwetter«, das ich bei meinem Besuch von 1964 erlebt hatte, war längst wieder dem politischen »Väterchen Frost« gewichen. Dennoch schien mir die allgemeine Stimmung eher etwas offener als vor drei Jahren. Die jungen Burschen, die illegal billige Rubel für Devisen anboten, hatten sichtlich weniger Angst als damals und fragten ganz ungeniert, ob ich ihnen vielleicht irgendwelche westlichen Waren verkaufen könne. Auch Todek Soprounoff, den ich sofort telefonisch zu erreichen versuchte, wirkte aufgeräumter. Freudig erzählte er, daß die »Frau Doktor«, seine alte Mutter, die Erlaubnis bekommen hatte, zurückzukehren, und jetzt bei ihm wohne. »Siehst du«, freute er sich. »Sie ist zu uns gekommen in die Armut und Enge statt zu Alek (dem jüngeren Bruder) in seine kalifornische Villa. Heimweh natürlich.«

Außer mir waren noch drei andere »Westler« eingeladen worden: Professor Fritz Baade, zukunftsorientierter Wirtschaftsforscher aus Kiel, Johan Galtung und ein Vierter, an den ich mich nicht mehr erinnere. Ich nehme an, es war der Pariser Kollege Claude Bourdet. Als wir uns beim Abendessen trafen, begannen wir sofort lebhaft über unsere Erwartungen zu diskutieren. Würden die sowjetischen Kollegen, welche die »bourgeoise Futurologie« bisher vorwiegend als »Instrument kapitalistischer Strategie« verurteilt hatten, jetzt zu vorurteilslosen Gesprächen über gemeinsame Probleme und Projekte bereit sein?

Ich war diesbezüglich voller Erwartung. Denn in den Unterhaltungen, die ich ein paar Wochen vorher auf dem Voksenkollen mit polnischen und tschechoslowakischen Teilnehmern der »Mankind 2000«-Konferenz geführt hatte, war bereits auf verschiedenste Weise und meist recht offen die ideologisch determinierte Zukunftssicht kritisiert worden, an der nur noch die dem Marxismus-Leninismus verpflichteten Dogmatiker festhielten. War da etwas in Bewegung geraten? Sollten wir »von draußen« her vielleicht sogar diese Bewegung stärken?

Ach, mein »frevelhafter Optimismus«, über den Freund Anders so gerne spottete, hatte mich wieder einmal zu falschen Hoffnungen verleitet. Denn das, was sich in den nächsten Tagen abspielte, war eine totalitäre Groteske, wie sie kein »kalter Krieg« sich bösartiger hätte ausdenken können. Zunächst einmal wurden wir zu einem Jubel-Meeting in einen mit internationalen Delegationen überfüllten Versammlungssaal gebracht und mußten uns mehrere Stunden lang von Franzosen, Vietnamesen, Südafrikanern, Brasilianern, Bulgaren und noch einem Dutzend anderer ausländischer Parteibonzen Ansprachen in schlechter Übersetzung anhören, die fast alle genau gleich klangen und mit verteilten Stimmen im brüderlichen Chor den Sieg des realen Sozialismus versprachen.

Mit dem Kongreß, zu dem wir geladen waren, hatte das wenig zu tun. Es war einfach eine der vielen öffentlichen Zeremonien, in denen das erste halbe Jahrhundert der »Leninschen Revolution« zelebriert wurde. Nachdem wir das, noch voller Geduld, durchlitten hatten, führte man uns in einen Raum, der wie ein größeres Vorzimmer wirkte, und sagte, wir sollten hier unsere vorbereiteten Vorträge halten. »Ja, wo sind denn die anderen Konferenzteilnehmer?« fragte Galtung. Bestushew, dem man deutlich ansah, wie peinlich ihm das alles war, vertröstete uns: »Sie werden bald zu ihnen stoßen. Die halten jetzt ihre eigenen Sitzungen ab.« »Dann warten wir bis dahin.

Es hat doch wenig Sinn, daß wir aus dem Westen Eingeladenen uns gegenseitig etwas vorlesen«, protestierte ich. »Das könnten wir ja auch bei uns zu Hause tun.«

Und wir warteten. Und warteten. Und nichts geschah. Doch: Wir wurden höflich in einen Speisesaal geführt, wo wir wieder warteten. Diesmal nicht mehr auf die Kollegen, sondern auf das kalt gewordene Essen, das schließlich nach über einer Stunde serviert wurde.

Ich glaube, es war Galtung, der als erster vorschlug, wir sollten mit sofortiger Abreise drohen, falls man uns weiter von dem Kongreß fernhalte. Er verließ den Raum und sah sich nach jemandem um, mit dem er verhandeln könne. Schließlich hat er ihn wohl gefunden, und man versicherte uns: »Keine Probleme. Morgen treffen sie die sowjetischen Kollegen.« Und in der Tat. Am nächsten Tag saßen wir in einem Hörsaal mit vierzig oder fünfzig sowjetischen Prognostikern, die eifrig auf russisch miteinander diskutierten und uns meist freundlich zunickten.

Nur – was sie redeten, verstanden wir nicht oder kaum. Denn einen Dolmetscher für uns konnte oder wollte man nicht entbehren. Ich erinnere mich dunkel, denn die Enttäuschung und der Ärger haben ihren Schleier über diese seltsame Nichtbegegnung geworfen, daß ich danach noch an einem Gartenfest teilnahm, auf dem der eine oder andere Kollege sich mir nach vielem Umschauen näherte und dann doch meist nur Belanglosigkeiten zu sagen wagte. So habe ich immerhin erfahren, daß ein später Befehl der »Obrigkeit«, die uns nicht mehr hatte ausladen können, der Grund für unsere Isolation war. Man fürchtete fremde Beeinflussung. Und nicht zu Unrecht. Denn das hatte ich mir ja tatsächlich vorgenommen.

Abgereist bin ich dennoch nicht. Ich hatte aus Wien von Ernst Fischer eine Empfehlung an Jefremof, einen berühmten sowjetischen Autor von rebellischen Zukunftsromanen, mitgebracht, den ich zu treffen hoffte. Außerdem hatte ich einem anderen russischen Romanschriftsteller, den ich im Hotel kennengelernt hatte – Aksjonow war es, wenn ich mich nicht täusche –, versprochen, ihn zu einer kleinen Gesprächsrunde zu begleiten, bei der er und einige Kollegen zur Unterdrückung eines Aufsatzes Stellung nehmen wollten, in dem das Recht auf die Darstellung auswegloser Tragik in einer auf Glück programmierten sozialistischen Gesellschaft verteidigt wurde.

Vor allem aber wollte ich nach Prodvino und Serpuchow reisen, wo der neue, zu jener Zeit größte Teilchenbeschleuniger der UdSSR zu arbeiten begonnen hatte. Seit meiner Arbeit an dem Buch über die »Großen Maschinen« war ich an Weiterentwicklungen auf diesem Forschungsgebiet besonders interessiert.

Wohl um mich gefährlichen Träger kritischen Gedankenguts von den weiterhin in Moskau tagenden Prognostikern möglichst entfernt zu halten, wurde mir diese Reise ungewöhnlich schnell bewilligt, und ich konnte, begleitet von einem Überwacher, per Auto nach Prodvino fahren.

Es war in der Tat imponierend, wie in einem Land, in dem so viele alltägliche technische Einrichtungen schlecht funktionierten, eine so komplizierte Apparatur wie dieser gewaltige Teilchenbeschleuniger mit einer Höchstleistung von 76 Milliarden Elektronenvolt zu aller Zufriedenheit arbeitete. Wenigstens versicherten mir das die Physiker, mit denen ich mich in ihrem »Café Orbit« stundenlang unterhalten konnte. Aber sagten sie die Wahrheit? Mein Mißtrauen erwachte sofort wieder, als das Gespräch auf Barwich, den ehemaligen Vizedirektor von Dubna, kam. Sie wußten zwar, daß er »übergelaufen« war, aber die wahren Gründe – sie waren ja vor allem politischer Natur – hatte man ihnen verheimlicht. »Seiner Frau ist er weggelaufen, zu einer Jüngeren«, erzählte man mir und hörte eher unwillig zu, als ich ihnen von Barwichs jahrelangen Zweifeln und Beschwerden gegen die einmal von ihm unterstützte »Gemeinschaft der Werktätigen« berichtete.

»Wir sind dabei, eine höhere Stufe der Zivilisation zu erreichen«, verteidigte einer der Diskutanten seinen Staat. »Das geht nicht ohne harte Disziplin. Gerade hier auf diesem blutgetränkten Boden müssen wir gehorsam wie Soldaten eine Kultur der friedlichen Wissenschaft aufbauen.« Er sprach mit einem an Fanatismus grenzenden Temperament, und die anderen wagten keinen Widerspruch.

Als der Schuldirektor mich später durch eine Ausstellung führte, die »den Heldentaten der 60. Armee im großen Vaterländischen Krieg« gewidmet war, spürte ich Verständnis für diese Leidenschaft. Bei der Vorbereitung des Terrains, auf dem die »große Maschine« stehen sollte, waren die Arbeiter immer wieder auf Skelette Gefallener, auf vermoderte Uniformstücke und verrostete Waffen gestoßen. Ein Teil dieser Funde – Fahnenfetzen, Helme, Flugblätter, Fotos – war zusammen mit eroberten Geschützen nun in einem kleinen Lokalmuseum zusammengestellt worden.

»Um jeden Meter Terrain haben sie gegen Hitlers Angreifer gekämpft. Es war ein Grabenkrieg, der Wochen dauerte. Eine furchtbare Zeit!« erinnerte sich der Schulmann. Er sprach im Gegensatz zu dem aufgebrachten Physiker in ganz ruhigem Ton, fast wie ein Archäologe, der nun über die ausgegrabenen Überbleibsel einer barbarischen, endlich überwundenen Epoche berichtete.

Auch Todek, dem ich über meine enttäuschenden Erlebnisse beim Moskauer Zukunftstreffen berichtete, versuchte mir das seltsame Verhalten mancher seiner Mitbürger begreiflich zu machen. »Natürlich haben wir alle Angst. Aber die bringt uns auch enger zusammen. So viel Herzlichkeit, Zuneigung, Fürsorge, wie ich sie bei meinen Mitarbeitern hier täglich erlebe, habe ich außerhalb der Familie bisher nie gekannt. Wir leben zwar in der Sklaverei, aber wir Sklaven halten zusammen. Und weißt du, ewig kann das ja alles nicht dauern.« »Immerhin dauert es schon ein halbes Jahrhundert«, wandte ich ein. »Was sind denn schon fünfzig Jahre?« antwortete er lachend. »Das müßtest du doch wissen. Gerade du.«

5.

Diese Erzählungen Todeks über das herzliche Klima in seinem Moskauer Institut hatte ich noch im Ohr, als ich in die gereizte Atmosphäre unseres Wiener »Instituts für Zukunftsfragen« zurückkehrte. Unter den vorwiegend freiwilligen Mitarbeitern hatte es schon immer Reibungen gegeben, die während meiner Abwesenheit zu offenem Streit ausgewachsen waren. Sie waren weniger durch politische Differenzen als durch persönliche Animosität entstanden. Mein engster Mitarbeiter, der ausgezeichnete Ernst Florian Winter, der in der Tradition seines Vaters und des von ihm inspirierten linkskatholischen Widerstands einen weltoffenen, großzügigen Denk- und Arbeitsstil durchzusetzen versuchte, stieß vor allem bei einem Mitarbeiter, der aus der städtischen Bürokratie kam, auf wenig Verständnis und Mitarbeit.

Die von »Raunzerei«, böswilligem Spott und Intrigen erfüllte Wiener Atmosphäre war durchaus nicht so harmlos, wie der permanent und unerklärlich gutgelaunte Freund Winter meinte, sondern eine gezielte Methode, um neue und ungewöhnliche Initiativen und deren Förderer zu bekämpfen. Wollte man jemanden loswerden, attackierte man ihn nicht offen, sondern ließ den Ahnungslosen »auf die Seife steigen«. Da rutschte er dann bald aus, stürzte und war »hin«, wie die süffisanten Fallensteller mit Genugtuung konstatierten.

Ein solches Opfer seines neuen Ministers war auch der Sektionschef Weikert, der für die Gründung und Unterstützung unseres kleinen Instituts verantwortlich zeichnete. Er war den Bequemen durch Initiativgeist und ärgerliche Geschäftigkeit unangenehm aufgefallen. So mußte er denn verschwinden. Angeblich nur deshalb, weil er sich durch die Förderung eines steirischen Verlags unstatthafte und zudem unversteuerte Nebeneinnahmen verschafft hatte. Das war aber eine viel geübte Praxis, um die verhältnismäßig ungenügenden ärarischen Gehälter aufzubessern, und wurde sonst stillschweigend geduldet. In Wahrheit wollte man diesen Beamten loswerden, weil er so merkwürdige Vögel unterstützte wie zum Beispiel mich, der trotz ausdrücklicher Aufforderung keiner der beiden großen Koalitionsparteien beigetreten war.

Und so bewahrheitete sich, was ein gemütlicher höherer Funktionär der Österreichischen Volkspartei, Herr Heilingsetzer, bei einem persönlichen Besuch in unserer Wohnung Ruth und mir wohlmeinend vorausgesagt hatte: »Entweder gehn S' zu den Roten oder zu den Schwarzen. Ohne Parteibüchl können S' bei uns nix werden.«

Nach dem Rücktritt unseres behördlichen Protektors schwanden alle Hoffnungen auf behördliche Zuwendungen, auf die wir seit drei Jahren warteten. Appelle an den Amtsnachfolger blieben unbeantwortet, auf persönliche Vorsprache verzichtete ich, weil ich die fast rituelle Erniedrigung des Antichambrierens nicht auf mich nehmen wollte. Um das Ende unserer im deutschen Sprachraum bis dahin einzigartigen Institution aufzuhalten, sprang ich, wie schon früher, mit Zahlungen aus eigener Tasche ein. Wir verkauften schließlich sogar unsere Bibliothek an die holländische Organisation »Workgroep 2000« und hofften immer noch, daß die Behörden die Unentbehrlichkeit unserer Arbeit schließlich doch einsehen würden. Besonders deshalb, weil wir zahlreiche produktive Kontakte mit Zukunftsforschern in der Tschechoslowakei, Polen und Ungarn geknüpft hatten.

So nahm ich persönlich Anteil an den Arbeiten der sogenannten »Richtagruppe«, die in Prag konkrete Zukunftskonzepte für einen »Sozialismus mit menschlichem Gesicht« ausarbeitete. Diese meist jüngeren Sozialwissenschaftler, Historiker und Nationalökonomen bereiteten damals als »Braintrust« Alexander Dubčeks und anderer Reformer den »Prager Frühling« vor, der 1968 die Weltöffentlichkeit überraschte. Endlich hatte man in einem Land des Ostblocks offen gewagt, sich zu einer eigenen humanen und demokratischen Innen- wie Außenpolitik zu bekennen.

Wir alle, die dieses politisch tollkühne, ja, todesmutige Experiment der tschechischen Freunde mit Sympathie begleiteten, fragten uns, wie lange es ihnen gelingen würde, dem Druck der linientreuen Machtapparate in Moskau, Ostberlin, Sofia, Budapest und Warschau standzuhalten. Als ich in Marienbad auf einer der »Tschechoslowakei von morgen« gewidmeten Tagung offen vor einem möglichen Eingreifen des »großen Bruders« warnte, wurde ich öffentlich von DDR-Teilnehmern als »Provokateur im Dienste der CIA« beschimpft. Niemals werde die brüderliche Sowjetunion gegen einen anderen sozialistischen Staat intervenieren! Alle gegenteiligen Behauptungen seien gezielte Gerüchtemacherei.

Um die unverändert »brüderlichen Beziehungen« der beiden sozialistischen Länder vor allen Tagungsteilnehmern eindrucksvoll unter Beweis zu stellen, umarmte und küßte nach meiner warnenden Rede der bedeutendste sowjetische Delegierte ostentativ den anwesenden Rektor der Prager Universität.

Gleichzeitig drückte mir der tschechoslowakische Historiker Tondl, der neben mir saß, unter dem Tisch dankbar die Hand. Er hatte, wie er mir später sagte, besonders jener Passage meiner Rede zugestimmt, in der ich die Gäste aus Moskau beschworen hatte, den tschechoslowakischen Reformversuch in ihrem eigensten Interesse nicht zu stören, ja sogar zu unterstützen, weil sie daraus etwas für die unvermeidliche Veränderung ihres Systems lernen könnten.

Nach kaum mehr als einem halben Jahr, am 21. August 1968 geschah dann das, was wir befürchtet hatten. Die meisten der tschechoslowakischen Teilnehmer an der Marienbader Veranstaltung wurden verhaftet und nach ihrer Entlassung aller Ämter beraubt. Der Kollege, der mir zugestimmt hatte, mußte sich in den nächsten Jahren seinen Lebensunterhalt als Leichenwäscher verdienen. Wir haben ihm und anderen Opfern der Gleichschaltung von Wien aus im Rahmen einer von dem prächtigen Wissenschaftsjournalisten Georg Breuer sowie der ausgezeichneten Historikerin Erika Weinzierl geleiteten Aktion des österreichisch-tschechoslowakischen Solidaritätskomitees ein wenig, wenn auch kaum wesentlich, zu helfen versucht.

6.

Seit ich mich Mitte der sechziger Jahre am Rande einer Veranstaltung des »Center for the Study of Democratic Institutions« in Santa Barbara intensiv mit dem in Westberlin an der Technischen Universität lehrenden Soziologen Helmut Klages über die Notwendigkeit einer akademischen Klärung kommender Gefahren und Möglichkeiten unterhalten hatte, war von ihm und einigen anderen Professoren die Frage erwogen worden, ob nicht gerade in dieser geteilten Stadt, die seit langem unter den grotesken Folgen einer schuldbeladenen Vergangenheit litt, ein Institut gegründet werden müsse, das sich vorwiegend mit den Perspektiven einer anderen Zukunft beschäftigen sollte. Heinz Koelle, der Direktor des neuen Instituts für Weltraumtechnik, zeigte sich ebenso an einem solchen »Zentrum Berlin für Zukunftsforschung« interessiert wie der unermüdliche Anreger des Berliner Kulturlebens, Walter Höllerer, vor allem aber Ossip Flechtheim, mit dem mich inzwischen herzliche Freundschaft verband. Nicht zuletzt, weil seine Gattin Lilli die Tochter des aus Prag stammenden Redakteurs Emil Faktor war, eines Altersgenossen und alten Vertrauten meines Vaters.

Daß man mich aufforderte, als Geburtshelfer bei einem solchen Neubeginn aktiv zu werden, lag nahe. Nicht nur weil ich gebürtiger Berliner war, sondern vor allem deshalb, weil ich nun schon seit Jahren mit nahezu allen »Zukunftsforschern« in West und Ost in Gedankenaustausch stand. Auch war mein (oben schon erwähnter) utopisch klingender Vorschlag, die Trennung zwischen Ost und West gerade an dieser Nahtstelle zu überbrücken (indem man Berlin zu einer Art »Welthauptstadt der Wissenschaften« mache), seit 1962 nicht mehr aus dem Gespräch verschwunden. Zuerst hatte ich die Einladung, für mindestens ein Jahr nach Berlin zu kommen, ablehnen müssen, weil ich das Wiener Institut nicht im Stich lassen wollte. Als es aber deutlich wurde, daß man von seiten der österreichischen Behörden immer noch kein Interesse an unseren Arbeiten zeigte und zudem die Hetze der auf der »Kulturfront« agierenden »kalten Krieger« unter Führung von Friedrich Torberg und Hans Weigel unerträglich geworden war, entschloß ich mich, dem Ruf nach Berlin endlich Folge zu leisten. Dies um so mehr, weil mir zugesagt wurde, ich könne sowohl an der Technischen Universität wie an der Freien Universität Vorlesungen halten und Seminare veranstalten.

Daß jemand, der nicht die übliche akademische Ochsentour als Assistent und Privatdozent hinter sich hatte, zu eigenen akademischen Veranstaltungen aufgefordert wurde, war damals noch ganz ungewöhnlich, und meine Förderer hatten sicherlich manches Hindernis zu überwinden gehabt. Etwas davon bekam ich zu spüren, als mich der damalige Rektor der Technischen Universität bei meiner Vorstellungsvisite fragte: »Hätten Sie sich denn nicht eine schönere Insel aussuchen können als Berlin?« »Für mich gibt es zur Zeit nirgends ein anregenderes Klima als hier«, antwortete ich ihm.

Weil ich keine Lehrerfahrung hatte und nicht die Routine der leidenschaftslosen Darstellung angeblich objektiver wissenschaftlicher Wahrheiten erworben hatte, konnte ich hoffen, daß mir die immer vehementer gegen den »Muff der Talare« protestierenden Studenten zuhören.

Trotzdem schüttelte mich das Lampenfieber vor meiner ersten Vorlesung über die »Methoden der technologischen Vorausschau« so heftig wie noch nie. Ich hatte natürlich, wie es sich gehört, ein geschriebenes Manuskript mitgebracht, ehe ich den überfüllten Hörsaal betrat und mich an das Professorenpult traute. Aber kaum hatte ich die ersten Zeilen gelesen, wurde mir klar, daß ich beim Blick auf die säuberlich getippten Seiten den Kontakt zu all den neugierigen Gesichtern verlieren mußte, die mich gespannt ansahen. Also riskierte ich es, den vorbereiteten Text beiseite zu lassen und improvisierend die Frage zu stellen, ob nicht die »Vorlesung« von Texten das Überbleibsel aus einer Epoche sei, in der die Technik des Buchdrucks noch nicht erfunden war. Technologische Vorausschau, so wie ich sie verstünde, bemühe sich unter anderem darum, herauszufinden, wie man mechanische Neuheiten in den Dienst lebendiger Menschen stellen könne. So werde zum Beispiel durch die schnelle und immer billigere Vervielfältigung schriftlicher Texte, die jederzeit nachzulesen seien, die Möglichkeit für einen ansprechenderen Lehrstil in freier, zum Teil sogar spontaner Rede möglich. Den wolle ich künftig ausprobieren. Wem das zu unpräzise sei, der könne ja später den formulierten Text meiner Vorlesungsmanuskripte nachlesen.

Trampeln und Lachen begrüßte diese Ankündigung, und das machte mir Mut, noch weiter vorzustoßen: »Ich habe mich oft gefragt, weshalb Professoren eigentlich erwarten, daß Gedanken, die sie zuvor sorgsam in tagelanger Arbeit am Schreibtisch ausgedacht haben, von ihren Studenten in nur fünfzig Minuten, einem Bruchteil dieser Zeit also, verstanden werden sollen? Das gelingt ja auch wohl nur den wenigsten von Ihnen, stimmts? Ich werde Pausen machen müssen, wenn ich nachdenke und Ihnen Zeit zum Nachdenken geben möchte. Ich werde wohl auch manchmal stottern und mich verbessern müssen. Bitte verzeihen Sie mir das. Vielleicht werden Sie aber sogar daran Gefallen finden und dem, was ich da vorzubringen habe, tatsächlich folgen.«

So etwas mußte im Protestjahr '68 »ankommen«. Ich hatte es riskiert, einen anderen, nicht professoralen Ton anzuschlagen, und damit auf einen Schlag das Vertrauen der meisten Zuhörer gewonnen.

Kenner des akademischen Betriebs hatten mir vorausgesagt, daß ich nicht mit vielen Hörern rechnen könne, da der Besuch meiner »Lehrveranstaltung« nicht Pflicht sei, nicht einmal zu einem anerkannten Nebenfach gehöre und daher den Studenten in ihren Testatheften nicht als Lernleistung verbucht werden würde. Nur mit Freiwilligen, Neugierigen und wirklich Wißbegierigen könne ich rechnen. Von denen gäbe es aber nicht mehr viele. Die Studenten hätten ja sowieso kaum genügend Zeit, sich all das anzueignen, was für die Prüfungen verlangt werde.

Aber diese pessimistische Voraussage traf nicht zu. Obwohl – oder gerade weil – es mir nicht gelang, als »ordentlicher Professor« eines anerkannten Faches in den normalen Studienbetrieb eingereiht zu werden, kamen zu meinen Veranstaltungen ungewöhnlich viele Hörer. Oft meinte ich sogar, zu viele, weil ich nur einen Teil von ihnen näher kennenlernen konnte.

Andererseits gab mir die Außenseiterposition im akademischen Betrieb eine Ungebundenheit, um die mich manche Kollegen beneideten. Ich mußte weder ein umfangreiches Pensum von Pflichtstunden erfüllen, noch bei Kommissionssitzungen anwesend sein oder Prüfungen abhalten. Deshalb hatte ich genug Zeit, an Veranstaltungen im In- und Ausland teilzunehmen. Auch stand es mir frei, in meinem Fach, für das es ja noch keine genauen Richtlinien und Lehrbücher gab, den Stoff so auszuwählen, wie ich es für richtig hielt. So habe ich sehr bald den Akzent meiner Ausführungen immer stärker auf soziale und politische Fragen gelegt, die durch den technischen Fortschritt aufgeworfen wurden. An der FU, der Freien Universität, im »Otto-Suhr-Institut für politische Wissenschaften«, wo ich ein Seminar über »Politik und Technik« abhielt, war das nichts Ungewöhnliches, an der TU, der Technischen Universität, waren solche Themen bisher nicht behandelt worden. Um so mehr Aufmerksamkeit fanden sie zu einem Zeitpunkt, da auch die angehenden Ingenieure und technischen Organisatoren endlich aus ihrer politischen Gleichgültigkeit aufgewacht waren und sich lautstark zu Wort meldeten.

7.

Ich habe in diesen aufregenden letzten Jahren des sechsten Jahrzehnts eine Reihe von eindrucksvollen großen Persönlichkeiten der Linken persönlich kennengelernt und im privaten Gespräch, wie es nur im engen und engsten Kreis möglich ist, viel von ihnen gelernt. Aber weder Theodor W. Adorno noch Ernst Bloch und Herbert Marcuse, weder Ernst Fischer noch John Bernal oder Edgar Morin haben meine politische Bildung so sehr beeinflußt wie die jungen Menschen, die in »meine« Kolloquien und Seminare kamen und mit denen ich danach oft noch stundenlang in ihren Wohngemeinschaften oder an ihren Berliner »Treffs« diskutieren konnte.

Ihr skeptischer Wirklichkeitssinn, ihre kritischen Einwände und ihr oft gnadenloser Durchblick waren eine wichtige Korrektur für meinen Hang zum Träumen, meine ungeduldige Bereitschaft, Wünsche zu früh für bereits erreichte Wirklichkeit zu halten. Andererseits brauchten gerade diese jungen Zweifler die von mir verteidigten, immer neuen Vorgriffe auf andere, bessere Möglichkeiten, die ich den von ihnen oft scharfsinnig und informiert begründeten »Unmöglichkeiten« entgegenstellte.

Im Zentrum unserer Gespräche und der Entwürfe, die aus ihnen erwuchsen, stand die Frage, ob die aktuelle Technik, wie sie an dieser Hochschule gelehrt wurde, nicht vielleicht nur der Ausdruck eines übergroßen, alles beherrschenden Erwerbssinns sei, der technische Erfindung und technisches Handeln vorwiegend dem Ziel der Steigerung von Effizienz und des wirtschaftlichen Gewinns unterordnete. War es nicht denkbar, daß es sich da nur um eine historisch begründete, aber zeitlich begrenzte Periode der Technik handelte, die im Laufe der Geschichte von einem ganz anderen Stil verdrängt würde. Vielleicht könnte dann die »harte Technik« der Konkurrenzwirtschaft durch eine »sanfte Technik« der solidarischen Gemeinschaft abgelöst werden. Wenn es anerkannten Stilwandel in der Kunst gab, weshalb sollte er dann nicht auch in der »techné«(Kunst) möglich sein?

»Wir müssen eine Technik mit menschlichem Gesicht schaffen, so wie die Tschechen versucht haben, einen Sozialismus mit menschlichem Gesicht zu schaffen...« behauptete ich. Und sofort rief jemand dazwischen: »Nur ist der inzwischen baden gegangen!« »Doch nicht für immer und ewig.

Das kommt wieder«, antworteten andere. Die Diskussion war wieder einmal in vollem Gang. Aber es blieb nicht nur dabei. Norbert Müller – später hat er, um Verwechslungen zu vermeiden, seinem zu weit verbreiteten Namen ein distinguierendes *t* angehängt – drängte darauf, daß wir unsere Gedanken über einen »sanften Weg« in einer Broschüre zusammenfaßten. Das ist später auch geschehen. Als Verfasser zeichnete die vor allem von Norbert initiierte »Prokol-Gruppe«, die aus dem Seminar hervorgegangen war, und ich wurde gebeten, durch »Zwischenrufe« die kritische Rolle zu spielen, die sonst die Studenten mir gegenüber einnahmen.

Ein anderes Projekt, das aus unseren Veranstaltungen herauswuchs, war die »IPAT« (Interdisziplinäres Projekt für alternative Technik). Diese besonders von Hanspeter Oswianowski inspirierte Gruppe, die noch viele Jahre lang in verschiedenen Ländern der Dritten Welt tätig war, entwickelte Entwürfe für technische Instrumente, die den Bedürfnissen und dem Arbeitsstil der Menschen in unterentwickelten – sie sprachen lieber von andersentwickelten – Ländern besser entsprachen als die aus den Industrienationen importierte Großtechnik.

Eine dritte Gruppe, die allerdings nur vorübergehend Bestand hatte, fand sich zusammen, als ich von Fachbereich zu Fachbereich wandernd versuchte, gegen das Spezialisten- und Expertentum anzugehen, das zu einer völligen Zersplitterung der Hochschulen geführt hatte. Sie nannten sich zwar immer noch »Universität«, aber ihre Organisationsform erlaubte universales Denken nicht mehr, ja verhinderte es sogar.

Je drei Tage hintereinander begann ich jetzt mit interessierten Vertretern jedes einzelnen Fachs über ihre Zukunftsvorstellungen und -absichten zu sprechen, ehe ich zur nächsten Fakultät weiterzog. Dabei zeigte es sich fast sofort, wie wenig die Studenten von dem wußten, was in anderen Vorlesungen als ihren eigenen vorging. Da hatten die Hochbautechniker noch nie erfahren, was die gleich nebenan arbeitenden Soziologen, Philosophen und Psychologen zu ihrer Arbeit beitragen könnten. Es hätten die Studenten, die sich mit Fertigungstechniken beschäftigten, nicht einmal im Traum daran gedacht, das Können der neuen Musikabteilung (auf die man gerade als technische Institution recht stolz war) für die variable Rhythmisierung ihrer Fließbänder zu nutzen. Die lernpsychologisch unerfahrenen Informatiker hatten sich bisher kaum mit Pädagogen Gedanken darüber gemacht, ob ihre »Denktrottel«, sprich Computer, im Schulunterricht nicht mehr Schaden als Nutzen stifteten.

Weshalb gab es denn keinen einzigen Lehrbeauftragten an der Universität, der einen Überblick über das Ganze besaß, die divergierenden Studienrichtungen zu Auseinandersetzung und konstruktiver Kollaboration zusammenführte oder sich zumindest darum bemühte? »Ihr bohrt doch nur immer tiefer in euren Spezialschacht hinein«, forderte ich die Studenten heraus, »und ahnt nicht einmal, was in den anderen Schächten gefunden und gefördert wird. Ihr werdet alle zu engen ›vertikalen Wissenschaftlern‹ erzogen, wir bräuchten aber auch weitblickende ›horizontale Wissenschaftler‹. Sie müßten nicht nur Spezialisten, sondern daneben auch Generalisten sein, sollten das Getrennte miteinander verbinden, unaufhörlich wechselseitige Anregungen möglich machen.« So entstand für kurze Zeit im Anschluß an diese Veranstaltungen eine kleine Gemeinschaft von »Interdisziplinären«. Sie konnte sich allerdings gegen den anhaltenden Trend zu immer weiterer Spezialisierung zunächst nicht durchsetzen.

Mir blieb jedenfalls aus dieser Episode der doppeldeutige Spitzname »horizontaler Professor«. Ich habe ihn gerne angenommen.

Zum »Honorarprofessor« wurde ich dann von der akademischen Bürokratie ganz offiziell erhoben. »Sie wissen aber wohl, daß sie auch jetzt noch kein Honorar, sondern nur jeweils eine bescheidene Aufwandsentschädigung erhalten«, klärte man mich bei der Übergabe der Ernennungsurkunde auf. Es hat mich nicht gestört, denn ich konnte mich mit meinem Verdienst als Schriftsteller ganz gut über Wasser halten, manche meinten sogar, der »Bestsellerautor« Jungk sei ein reicher Mann.

Nein, das bin ich nie geworden. Ohne die Zwänge einer Anstellung und ohne Vorgesetzten leben zu können, ist allerdings in diesem Jahrhundert ein Luxus und ein Privileg, das man sich etwas kosten lassen muß. Wäre meine Gattin, wie so viele andere, auf wirtschaftlichen Erfolg ihrer Männer bedachten Ehefrauen, nicht stets noch kompromißloser gewesen als ich, hätte ich womöglich doch einmal nachgegeben. Es war mein besonderes Glück, daß sie stets bereit war, auf Sicherheit und überflüssigen Wohlstand zu verzichten, um so »anständig zu bleiben«, wie ihr über alles geliebter und verehrter Vater es vorgelebt hatte.

8.

Im Sommersemester 1969, ausgerechnet an dem Tag, als ich die ersten Schlußfolgerungen meiner Lehrveranstaltungen über »Soziale Vorausschau« zur Debatte stellen wollte, war der Hörsaal fast leer. Kein Wunder. Denn fast alle mußten sich ausschlafen. In der Nacht vom 20. zum 21. Juli hatte sich eine große Erwartung erfüllt, die wir Zeitgenossen noch am Anfang dieses Jahrzehnts für unwahrscheinlich gehalten hatten: den Amerikanern war die bemannte Landung auf dem Mond geglückt. So sehr ich auch die präzise Ausführung dieses kühnen Experiments bewunderte, ich konnte nicht in den allgemeinen Begeisterungssturm einstimmen. Denn ich hatte ja durch meine jahrelangen Beziehungen zu den deutschen und amerikanischen Experten, die dieses Monstervorhaben vorangetrieben hatten, längst mehr über die wahren Motive und Hintergründe des »Projekts Apollo« erfahren als die vielen, die wirklich glaubten, daß da ein segensreicher »Schritt für die Menschheit« gelungen war. Eigentlich hätte das gewaltige Unternehmen nach einem anderen Gott der Antike »Projekt Mars« benannt werden müssen, denn es war von Anfang an ausschließlich von der militärischen Großmachtstrategie beider Seiten im Kampf der Systeme von Ost und West vorangetrieben worden und galt nicht der friedlichen Erschließung der Himmelsräume, sondern der Bewahrung irdischer Macht-positionen.

Außer Heinrich Böll fand ich damals kaum einen prominenten Bundesgenossen, der meine in der Presse und im Fernsehen vorgetragenen Bedenken über diese weitere Steigerung des Rüstungswettlaufs unterstützt hätte. Einmal mehr warf man mir zu Unrecht »blinde Technikfeindschaft« und »Antiamerikanismus« vor, obwohl ich nur vorlaut genug war, etwas auszusprechen, was schon ein paar Jahre später allgemein erkannt wurde.

Verlockend und irreführend war dieser Triumph des Willens, weil er bei Rüstungsgegnern die Illusion weckte, es könnten nun die beträchtlichen Energien, die gewaltigen Anstrengungen und das erstaunlich präzise Können, das da erstmals in so umfassender Weise unter Beweis gestellt wurde, statt für Kriegsprojekte verwendet, auf nichtmilitärische Menschheitsaufgaben gelenkt werden. Mit solchen gewaltigen Potenzen würden die friedlichen Siege kommender Zeiten erkämpft werden. Aber wie zuvor beim aufregenden Forschungsprojekt »Atomenergie« wurde auch beim »Weltraumflug« mit falschen Karten gespielt. Daß die Raketenbauer in Wahrheit an immer weiter reichenden und genaueren Trägern für vernichtende Sprengköpfe bastelten und ihre Raumraketen in Wahrheit Antriebe für künftige Kriegsschiffe und Torpedos im Himmelsmeer waren, verschwand hinter dem lauten Begeisterungsgestammel, das aus dem ehemaligen Chef der V2-Lenkwaffen Wernher von Braun nun einen neuen Kolumbus machen wollte.

Selbstverständlich gab dieser Erfolg vor allem den Technokraten unter den »futurists« starken Rückenwind. Sie konnten darauf hinweisen, daß eine »normative Voraussage«, wie sie Präsident Kennedy 1961 mit seiner Ankündigung des Mondprojekts gewagt hatte, durchaus imstande sein konnte, die Lücke zwischen dem, was man konnte, und dem, was man sich wünschte, zu schließen. War das Ziel verlockend genug, würden genügend geistige und materielle Ressourcen zu seiner Erreichung eingesetzt, dann müßte mit hoher Wahrscheinlichkeit all das erfunden und entwickelt werden, was man noch brauchte.

So wie die meisten Naturforscher und Techniker sich kaum je ernsthaft überlegt hatten, wer ihnen die Geldmittel zur Verfügung stellte, die ihnen ihre kostspielige Erfindungsarbeit ermöglichten, wie sie die Macht, in deren Dienst das geschah, und deren Ziele nicht hinterfragten, verhielten sich nun auch selbstbewußte Sozialingenieure, die mit Hilfe einer einfallsreichen und gewissenhaften Produktion technischer Wunderwerke die gut funktionierende Welt von morgen erschaffen wollten. Lauter Götter im Labormantel.

Im deutschen Sprachraum war ein typischer Vertreter dieser Haltung der Professor für Nachrichtentechnik an der Universität Karlsruhe, Karl Steinbuch. Als eindrucksvoller Redner, geschickter Diskutant und Autor erfolgreicher Bücher hatte er in Deutschland eine gewisse Reputation erworben, die ihn mit wachsendem Bekanntheitsgrad dazu brachte, immer autoritärer aufzutreten und seine Ansichten als die einzig vernünftigen anzubieten. Daß ich mich weigerte, vor Erscheinen seines Buches »Falsch programmiert« die von ihm bei mir schriftlich erbetene Besprechung für die »Zeit« zu schreiben, hatte unsere in Oslo und bei einem »Darmstädter Gespräch« entdeckte Gemeinsamkeit im Eintreten für eine stärkere Beachtung von Zukunftsfragen empfindlich gestört.

Von nun an wurde ich von Steinbuch bei jeder nur möglichen Gelegenheit mit Tadel und Schmähungen bedacht. Als gar beim Kongreß »Systems 69« eine Gruppe meiner Studenten, denen die machtpolitische Ausrichtung dieses von links nach ganz rechts gerutschten Professors nicht gefiel, ein Spruchband entrollte, auf dem zu lesen stand: »Lieber kein Buch als Steinbuch«, schlug seine Abneigung gegen mich in offenen Haß um. So empfahl der Gekränkte der von mir mitgegründeten »Gesellschaft für Zukunftsfragen«, deren einseitige Industrieabhängigkeit ich kritisiert hatte, in einem Brief wörtlich, man möge mich möglichst schnell »wegamputieren«, eine Wortwahl, die recht gut beschrieb, wie dieser »Doktor Eisenbart« zu operieren pflegte.

9.

Tiefere Sorgen als solche Ärgerlichkeiten bereitete mir am Ende dieses ereignisreichen Jahrzehnts die Entdeckung, daß unser inzwischen sechzehnjähriger Sohn unter dem Einfluß seiner neuen Mitschüler an der Dahlemer Rudolf-Steiner-Schule angefangen hatte, Haschisch zu rauchen. Er hatte mir das eines Abends bei einem Besuch im Restaurant »Maître« gestanden und mich um absolutes Stillschweigen gebeten. Vor allem gegenüber der Mutter. Als sie dann alleine herausfand, weshalb sich das geliebte Kind, mit dem wir so eng und vertraut lebten, gelegentlich etwas merkwürdig verhielt, ohne Grund laut lachte, plötzlich launenhaft war und an manchen Tagen einfach nicht aufstehen wollte, um zur Schule zu gehen, war Feuer am Dach. Während ich die Angelegenheit nicht allzu ernst nahm, vielleicht, um nicht gestört zu werden oder weil ich gar nicht wußte, wie ich da eingreifen sollte, packten meine Frau sofort die allergrößten Ängste. Würde Peter wie manche andere Jugendliche in die »Drogenszene« abrutschen? Konnte sein angeborener Herzfehler, der erst im übernächsten Jahr nach seinem Abitur operiert werden sollte, unter diesen Umständen sich vielleicht lebensgefährdend auswirken? Als der Junge eines Nachts, nachdem er bei einem Rockkonzert zusammengebrochen war, in elendem Zustand ins »Hotel Gerhus« gebracht wurde, wo wir wohnten, wurden wir beide panisch. Da mußte schnell gehandelt werden. Jetzt nur erst einmal weg aus Berlin, sagten wir uns, damit der »Burschi«, wie wir ihn liebevoll nannten, sich nicht mehr mit dem Kreis seiner Drogenfreunde treffen konnte.

Meine akademische Karriere, die nun, laut Vorschlag der Universitätsbehörde, doch über die Ernennung auf einen Lehrstuhl für Didaktik solider werden sollte, war in dieser Situation kein Argument, das ins Gewicht fiel. Es ging schließlich um unser einziges Kind.

Wir haben uns natürlich wie zahlreiche Eltern, die damals in eine ähnliche Situation gerieten, gefragt, was wir falsch gemacht hatten. Ich selber warf mir vor, daß ich zu oft verreist gewesen war und mich in den schwierigen Pubertätsjahren nicht genügend um Peter gekümmert hatte. Wir hatten zwar in den Ferien wunderschöne längere Wanderungen miteinander unternommen – zuletzt noch im Sommer 1969 durch dänische Dörfer und Kleinstädte bis zu jener Landspitze, wo Ost- und Nordsee zusammenfließen –, aber im Alltag war ich fast kaum vorhanden, immer mit fremden Jugendlichen und deren Sorgen beschäftigt.

Peter selber meint heute, es seien nicht solche Familienprobleme gewesen, die ihn vorübergehend zur Flucht in die künstlichen Paradiese trieben, sondern eine Zeitstimmung, die in jenen Endsechzigern junge Menschen fast unwiderstehlich in ihren Bann zog. Machte da einer nicht mit, so war er aus der Gemeinschaft der Gleichaltrigen ausgeschlossen.

Ich habe mir damals ernsthaft überlegt, ob ich nicht, um das zu begreifen, in einer Art Selbstversuch auch in jenes Phantasieland reisen müsse. Seit langem hatte ich mich für die Wirkungen des Opiums interessiert und 1934 in meiner ersten Pariser Zeit sogar einmal eine Geschichte geschrieben, deren Hauptfiguren Beamte des französischen Kolonialministeriums auf ihren nächtlichen Traumtrips waren. Ein richtiges Ende hatte diese Story nicht, denn die drei Männer und drei Frauen verloren sich in den Weiten ihres Wahns, aus denen sie nicht mehr zurückfanden. Weil ich ein solches Schicksal fürchtete, hatte ich trotz mancher Angebote im Laufe der Jahre den Schritt aus dem Alltagsleben in die andere Wirklichkeit nie gewagt, und das hielt mich auch 1969 zunächst noch zurück. Doch zumindest einmal wollte ich diese Schwelle überschreiten.

Einer, der mich beim Eindringen in das unendliche Meer des Inneren begleiten und mir als erfahrener Seelentaucher in diesem unbekannten Element beistehen wollte, war ein junger Literat namens Reimar Lenz. Er war mir durch seine ungewöhnlichen Beiträge bei verschiedenen öffentlichen Debatten aufgefallen, in denen er die Erweiterung und Veränderung des Subjekts als entscheidende Aufgabe einer radikalen Futurologie erkannt hatte. In der Absage der weltweit entstehenden alternativen Subkulturen an die bourgeoisen Lebensformen sah er mutige Schritte zur Erweiterung des gegenwärtigen Bewußtseins.

Daß ich dem wohlmeinenden Verführer dann aber kurz vor dem Beginn der phantastischen Reise, die wir in seiner kleinen ärmlichen »Bude« am Berliner Bundesplatz antreten wollten, davongelaufen bin, war vielleicht ein Glück, weil ich so meine einigermaßen normale Existenz fortsetzen konnte. Aber oft denke ich darüber nach, ob es nicht auch ein Unglück war, denn nun mußte ich wohl endgültig auf der Erde bleiben, statt in den Himmel zu fliegen.

Nur: Wie können diejenigen, die es wagen, die normale Bewußtseinsschwelle zu überschreiten, sich den Zurückgebliebenen je noch wirklich verständlich machen? Da, was einige bisher von ihren »Trips« berichtet haben, falls sie noch dazu imstande waren, ist nicht ungewöhnlich, ja meist geradezu trivial. Müßten sie das ganz Andere, das einige von ihnen vermutlich erfuhren, nicht in eine ganz anderen Sprache fassen? Die würde dann aber außer ihnen niemand verstehen.

Doch hat mich die Frage, ob wir, geprägt, aber auch festgehalten durch kulturelle Formen und sittliche Normen, nicht in einem »Zeitgefängnis« stecken, dem wir gelegentlich entkommen sollten, immer wieder beschäftigt.

Die einzige produktive Antwort, die ich darauf gefunden habe, ist vielleicht die Möglichkeit, ganz andere Kulturen anderer Kontinente im Gedankenexperiment wie verschiedene Pflanzen zu kreuzen. So würde zum Beispiel die Vermischung buddhistischer Haltungen mit unseren faustischen in der Tat ganz andere und erstrebenswerte Zukünfte denkbar machen.

10.

Weder die Flucht zu den Sternen noch die Flucht in die Drogenträume und schon gar nicht die Flucht in ein ideologisches Dogma, die von den linken Berliner Studenten seit 1968 in ihren endlosen Debatten versucht wurde, konnte gelingen.

Was also tun? Wo ansetzen in dieser Zeit der großen Ratlosigkeit, die an der Wende vom sechsten zum siebten Jahrzehnt in immer zahlreicheren Kolloquien, Seminaren und Konferenzen zum Ausdruck kam?

Ich mußte in solchen Veranstaltungen, auf die ich so viel Zeit verschwendete, oft an den großen Maler Oskar Kokoschka denken, den ich seit 1957 kannte, als ich ihn zum ersten Mal in seiner »Schule des Sehens« auf der Festung Hohensalzburg besucht hatte. Ich hatte damals miterlebt, wie er versucht hatte, seinen Schülern und Schülerinnen die Augen zu öffnen: »Laßt sie erklingen. Wie eine Stimmgabel. Schaut plötzlich auf irgendein Ding oder eine Gestalt schnell und voller Überraschung. Nehmt die Erscheinung auf und schließt eure Augen. Nie werdet ihr dann diese Farben vergessen. Prägt es euch ein – erfrischt euch daran. Dann erst schaut auf die Gestalt zurück. Ihr werdet so vieles daran sehen, was ihr zuerst gar nicht gesehen habt.«

Mir persönlich hatte Kokoschka damals anvertraut: »Was ich hier meinen Schülern mitteile, das geht wie eine Welle weiter. Jeder einzelne von ihnen ist ein Sandkorn im Getriebe einer Welt, die auf Uniformierung und Gleichschaltung zustrebt. Sie werden es nicht hinnehmen, daß die Erde eine menschenlose Öde wird.« Damals hatte ich über diese Begegnung geschrieben: »Die ›Schule des Sehens‹ will also im Grunde viel mehr, als nur noch ein paar Maler mehr heranziehen. Kokoschka faßt sie als Beginn einer Bewegung des schöpferischen Menschen gegen die Enthumanisierung und Robotisierung einer in ethischer und ästhetischer Hinsicht allmählich erblindenden Menschheit auf.«

Erst fast dreizehn Jahre später merkte ich, daß ich hier einen Schlüssel für die Öffnung hin zu anderen Zukünften bereits gefunden, aber dann kaum beachtet hatte. Die Menschen konnten mehr sein, als ihnen erlaubt war. Nicht Übermenschen sollten sie werden, aber all das, was sie in reicher Verschiedenheit an Einbildungs- und Formkraft, an vernachlässigter Empfindlichkeit und Denkfähigkeit, an ungenutztem schöpferischen Potential besaßen, oft ohne es zu wissen, mußte zum Blühen und Wachsen gebracht werden. Sich selber, und nicht nur ihre Instrumente, sollte unsere Spezies künftig in erster Linie weiterentwickeln, um derart Kreaturen in Kreatoren zu verwandeln.

Ich schrieb Kokoschka, der jetzt in der Nähe von Montreux lebte, daß ich ihn nun erst wirklich entdeckt hätte, und schloß die Frage an: Würden denn die einengenden Verhältnisse, in denen die meisten arbeiten und leben müssen, solche Neugeburt überhaupt möglich machen? Da müsse man jedem, je nach seinen Verhältnissen, einen eigenen Rat geben, antwortete der Meister. Mir persönlich würde er jedenfalls empfehlen, nach Salzburg zu ziehen, wo wir uns zuerst getroffen hatten. Denn dort könnte ich am ehesten meinen eigenen Weg zur Erweiterung und Vertiefung finden.

Ich habe diesen Rat tatsächlich befolgt, und meine Frau entdeckte mit ihrer glücklichen Hand eine einzigartige Wohnung in der Salzburger Altstadt. Sie bot und bietet einen wunderbaren vielfältigen Blick über die Dächer und den Fluß bis hin zur Festung, der fast genau Kokoschkas berühmtem Salzburggemälde glich. So fand ich Ende 1969 noch einmal eine Heimat, der ich bis heute treu geblieben bin.

Als Einstand schrieb ich, der künftige Ehrenbürger der Kulturstadt, zum 50jährigen Festspieljubiläum in den »Salzburger Nachrichten« herausfordernd und sehnsüchtig »Man frage auf der Welt herum und wird herausfinden: gesucht wird ein Sanktuarium, in dem die Phantasie regiert, eine Freistatt des schöpferischen Geistes, ein Ort, an dem nicht nur Maschinen, sondern menschlichere Lebensumstände erfunden und vorgelebt werden ... Hat Salzburg Zukunft? Ja, wenn es etwas von diesen Sehnsüchten verwirklichen kann. Ja, wenn es aufhört, sich anzupassen, und statt dessen unbestechlich bleibt in seinem Qualitätsanspruch an vergangene und künftige Schöpfungen ... Ja, wenn wir die Zukunft nicht als Verlängerung einer schlechten Gegenwart, sondern als herrliche neue Aufgabe sehen.«

Briefschulden

Heute war wieder so ein Brief in der Post, dessen Absender die »endgültige Lösung des Energieproblems« versprach. Natürlich wollte er meine Hilfe, damit irgendein Institut oder besser noch ein Konzern sich seines geistigen Wunderkindes annähme. Ich bekomme pro Jahr mindestens drei Dutzend solcher und ähnlicher Vorschläge von Erfindern, die sich mißverstanden und vernachlässigt fühlen.

Und ich versuche auch manchmal mit Rat zu helfen oder Verbindungen herzustellen, wenn es sich nicht um ganz abstruse Vorschläge handelt. Aber besonders ausdauernd sind gerade diejenigen, die überall als Narren abgetan werden. Sie verfügen manchmal über einen erstaunlich guten Sprachschatz und unbestreitbare logische Fähigkeiten. Nur die Voraussetzungen ihrer Gedankengänge und die Schlüsse, die sie daraus ziehen, scheinen nicht ganz zu stimmen.

So beehrt mich, und wohl auch ein paar Dutzend andere von ihm Erwählte, ein angeblicher Mathematiker seit Jahren mit seinen formelgespickten Angriffen auf Einsteins Relativitätstheorie, die seiner Ansicht nach ein frecher Betrug sei und darüber hinaus der Hauptgrund, weshalb fast alles auf der Welt seither so schief laufe.

Und ich kann ihn leider ebensowenig beruhigen wie die typische paranoide Witwe, die behauptet, von bösen Kräften an »die Strippe« gebunden zu sein, mit deren Hilfe man ihr nach Verstand und Leben trachte.

Sogenannte »Prominente« beklagen sich meist über die Flut von Vorschlägen, Einladungen, Aufforderungen, die ihnen die Post mit Briefen, über das Telefon und seit kurzem auch noch über das Faxgerät ins Haus bringt. Mich freut dieses Interesse, aber es bereitet mir auch große Verlegenheit. Denn wenn ich mich mit allen diesen Botschaften und Manuskripten ernsthaft beschäftigen wollte, dann bliebe mir kaum mehr Zeit zum eigenen Leben oder gar zum eigenen Schreiben.

Auch dieses Problem, das mir ganz persönlich zu schaffen macht, ist eine Folge der Technikentwicklung. Die Worte und Bilder einzelner Bevorzugter gelangen über die Massenmedien an immer mehr andere einzelne, von denen jeder sich persönlich angesprochen fühlt. Es ist verständlich und von fast jedem Autor eigentlich doch gewünscht, daß die Empfänger auf seine Mitteilungen reagieren, daß sie ihre persönlichen Gedanken zu dem Gelesenen, Gehörten, Gesehenen mitteilen und ins Gespräch kommen wollen. Aber wie mit dieser Überfülle der Reaktionen fertigwerden? Soll ich Antworten vervielfältigen? Soll ich eine Auswahl treffen? Beides ist im Grunde inhuman und würdigt die Briefeschreiber nicht. Eine fast unlösbare Situation. Ich weiß, wie Albert Schweitzer darunter litt. »Ich stecke tief in Schulden«, klagte er mir, »Briefschulden, die ich nie werde begleichen können.«

13. Kapitel

Im Wirbel der Öffentlichkeit

1970–1972

In einer Zukunftswerkstatt werden Ideen gesammelt

Daß Erfolg nicht nur Freude und Stolz mit sich bringt, sondern auch Sorge und Bedrängnis, habe ich zu Beginn der siebziger Jahre eindrücklich erlebt. Die Beschäftigung mit der Zukunft, eben noch als unrealistisch und unseriös verdammt, wurde in kürzester Zeit zu einem der öffentlich meistdiskutierten Themen. »Zukunft« kam in Mode, und damit wurde auch die vorläufig noch kleine Anzahl derer, die sich mit den Perspektiven der weiteren Entwicklung des Menschen, seiner Instrumente und seines Lebensraums beschäftigten, über Nacht in den Stand von Propheten erhoben.

Einige der »futurists« haben sich das gerne gefallen lassen, andere – zu denen auch ich gehörte – warnten vor einer voreiligen Überschätzung dieser Erweiterung des Denkens und Handelns. Wir hielten wissenschaftliche Ansprüche dieser Bemühungen für verfrüht, wenn nicht sogar für hinderlich, weil damit die Chance eines Ausbruchs aus den Verstrickungen der dogmatisch erstarrten szientistischen Methode von Anfang an verhindert würde.

So habe ich mich gleich zu Anfang gegen das Berufsetikett »Zukunftsforscher« zu wehren versucht, weil dadurch der irreführende Eindruck erweckt wurde, als könnte ich wie ein Naturforscher objektiv richtige und beweisbare Aussagen über das Kommende machen. Immer wieder versuchte ich klarzumachen, daß ich nur wahrscheinliche Vermutungen über mögliche befürchtete oder wünschenswerte Zukünfte mitteilen könne. Nicht allein mit logischen und beweisbaren Entwicklungstendenzen wolle ich mich beschäftigen, vielmehr auch mit ganz unzeitgemäßen Wünschen und ungewöhnlichen Vorstellungen, die einer vorwiegend aufs Humane und Soziale gerichteten Phantasie entsprächen.

Leider sind diese Beteuerungen nie recht ernst genommen worden. Auf der Suche nach Gewißheit in einer von tiefer Ungewißheit geprägten Zeit wurden Wegweiser gesucht, die auf Grund ihrer besonderen Kenntnisse sichere oder doch wenigstens einigermaßen sichere Angaben darüber machen konnten, wohin die Reise führe.

»Wie geht es nun weiter?« Auf diese in der Tat schicksalshafte Frage wollte vor allem die Wirtschaft glaubwürdige und möglichst genaue Antworten. Wenn ich mir heute die zahlreichen Einladungen ansehe, die ich zwischen 1969 und 1975 erhielt, so halten sich die Aufforderungen, vor den verschiedensten Gremien der Privatwirtschaft zu sprechen, zumindest die Waage mit Einladungen zu akademischen, politischen wie sozial bemühten Konferenzen und Medieninterviews. Daß ich keine so präzisen Fahrpläne bis zum Jahre 2000 und darüber hinaus vorlegen konnte wie die Amerikaner, allen voran Herman Kahn, ehemalige Koryphäe der staatlichen amerikanischen »Denkfabrik« RAND, mußte enttäuschen. Dieser prominente Kollege, der sich inzwischen mit dem »Hudson Institute« ein gutgehendes privates Prognoseunternehmen geschaffen hatte, nahm mich einmal nach einer unserer öffentlichen Debatten vertraulich beiseite, um mir mit Augurenlächeln zu raten, ich solle doch meine mit zu vielen selbstkritischen Fragezeichen versehenen Aussagen selbstsicherer und eindeutiger vorbringen, vor allem aber rate er mir, zur »richtigen Seite« hinüberzuwechseln. Das sei auf alle Fälle ertragreicher und auch folgenreicher, denn dort sei nun einmal das Geld und die Macht.

Zum ersten Mal lernte ich Kahn persönlich in Japan kennen, als wir 1970 zu einem Fernsehstreitgespräch im NHK, dem staatlichen Rundfunk, aufgefordert wurden. Sein enormer Leibesumfang, dessen beängstigendes Wachstum ich von nun an bei jeder weiteren Begegnung mit Sorge bemerkte, schien weder seine erstaunliche körperliche noch seine geistige Agilität zu behindern. Mit einer Sprachgeschwindigkeit, der ich kaum folgen konnte, begründete er damals – sicherlich zum Wohlgefallen seiner Zuschauer –, daß schon bald nicht länger die Amerikaner, sondern die Japaner an der Spitze der Weltwirtschaft marschieren würden. Meinen Einwand: »Was nützt es, der erste zu sein, wenn die Richtung in den Abgrund führt?« überhörte er. Seine »Szenarios«, in welchen er den

Film der nächsten Jahrzehnte und Jahrhunderte in spannenden Variationen ablaufen ließ, schilderten die Menschen von morgen – falls sie der atomaren Apokalypse im Schutze amerikanischer »doomsday machines« entrinnen würden – als allesamt gutverdienende Konsumenten, denen immer mächtigere Apparaturen alle Schätze des Universums vom Himmel, aus der Erde und aus den Meerestiefen holen würden.

Bei den besser Informierten stieß dieser euphorische Prophet des Überflusses im Schatten des Weltuntergangs allerdings auf wenig Glauben. Wir alle wußten, daß sich um den italienischen Industriellen Aurelio Peccei und den amerikanischen Systemanalytiker Jay Forrester eine Reihe von Experten geschart hatte, die an Hand globaler Computermodelle das unvermeidlich bevorstehende Ende des materiellen Fortschritts überzeugend nachzuweisen versuchten. Noch war diese schockierende Studie über »Die Grenzen des Wachstums« nicht im Druck erschienen, aber es zirkulierten bereits Manuskripte, die von der unvermeidlich kommenden Problematik einer immer schneller zunehmenden Weltbevölkerung bei ständig abnehmenden Rohstoffreserven sprachen. Sie bereitete denen, die über die aktuellen Konflikte hinaussahen, noch größere Sorgen als die immer aussichtsloseren Verstrickungen des Westens in den nicht enden wollenden Vietnamkrieg.

2.

Ich war im Frühjahr 1970 von den in Brüssel residierenden Kommissaren der Europäischen Wirtschaftsgemeinschaft nach Japan eingeladen worden, zur Einweihung ihres Pavillons bei der Weltausstellung von Osaka eine vorwärtsweisende Rede zu halten. Ob die Herren Eurokraten später mit dem Inhalt meiner Ausführungen einverstanden waren, habe ich nicht erfahren. Vermutlich hatten sie doch etwas ganz anderes erwartet als mein begeistertes Plädoyer für ein Europa, das sich weniger als ökonomische Supermacht denn als ein

»Laboratorium der Ideen« verstehen müsse, in dem bereits jetzt erdacht und erprobt werde, wie »die Menschen wieder die Herrschaft über Dinge und Verdinglichtes zu gewinnen hoffen, Bemühungen, die nur dann von Erfolg gekrönt sein können, wenn sie von einer Erweiterung oder Wiederentdeckung menschlicher Fähigkeiten begleitet sein werden«.

Genau diesem Thema war auch die vom 10. bis 16. April 1970 in Kyoto tagende »International Future Research Conference« gewidmet, auf der sich zum ersten Mal nach der Osloer Zusammenkunft von 1967 wieder besorgte Zukunftsinteressierte aus drei Erdteilen zu einem intensiven Meinungsaustausch über die »Herausforderungen der Zukunft« trafen. Diesmal war die Teilnehmerzahl schon mehr als doppelt so groß wie drei Jahre zuvor. Vor allem aus dem weiten pazifischen Raum waren Experten aus nicht weniger als 32 verschiedenen Ländern zu uns gestoßen, eine fast schon als selbstverständlich hingenommene Folge der globalen Ausweitung und Sicherung des Netzes der Flugverbindungen.

Räumliche Distanzen wie nationale oder rassische Grenzen waren, so meinten wir nun am Beginn des letzten Jahrhundertdrittels, überwunden; ideologische Hindernisse, die auch dieses Mal den Großteil der angemeldeten Teilnehmer aus dem kommunistischen Block am Kommen gehindert hatten, begannen, wie uns die Freunde aus Moskau, Warschau und Prag versicherten, trotz des Scheiterns der tschechoslowakischen Reformer zu bröckeln. Nur die unsichtbaren Mauern, die ein traditionelles akademisches Statusbewußtsein immer noch um Veranstaltungen wie die unsere errichtete, waren so hoch wie eh und je. Es fehlten die konventionellen, auf »objektive Erkenntnisse« eingeschworenen Wissenschaftler, aber auch die Jungen, es fehlten bis auf wenige Ausnahmen die Frauen, es fehlten die Bürger, die Arbeiter und die Arbeitslosen, die durch den industriellen Fortschritt um Beruf und Verdienst gebracht worden waren.

»Wir bewegen uns wahrscheinlich schneller, als wir denken, auf die dritte große Stufe der historischen Entwicklung zu«, erkannte der japanische Soziologe Hidetoshi Kato in seiner überzeugenden Ansprache, mit der er die Veranstaltung einleitete. »Die erste Stufe war von der Landwirtschaft bestimmt, die zweite von der Industrie. Was die Natur des neuen Abschnittes sein wird, wissen wir noch nicht mit Sicherheit.«

Auffallend war es, daß die zahlreichen japanischen Teilnehmer unserer Konferenz mit Ausnahme Katos einem Thema aus dem Weg gingen, das ihnen eigentlich besonders naheliegen mußte: den atomaren Katastrophen von 1945, denen Zehntausende ihrer Landsleute zum Opfer gefallen waren. Sie ahnten vermutlich gar nicht, daß der Grund, weshalb Wellesley-Wesley gerade ihr Land als Ort für dieses Treffen ausgesucht hatte, die Erwartung gewesen war, daß in Hiroshima oder Nagasaki mit größerer Dringlichkeit und Radikalität über die Notwendigkeit einer angstfreien Zukunft nachgedacht werden würde als an irgendeinem anderen Ort dieser Erde. Aber als dieser unserer Generalsekretär 1968 nach Tokio gekommen war, um mit den Leitern der gerade neugegründeten »Japan Society of Futurology« die Umrisse der zweiten Weltkonferenz zu besprechen, verwarfen sie einen so erinnerungsbelasteten Tagungsort wie Hiroshima und plädierten für die alte Kaiserstadt Kyoto. Dort war zudem gerade ein nagelneues modernes Konferenzgebäude fertiggestellt worden, ausgerüstet mit allen modernen elektronischen Kommunikationsmitteln. Es sollte nun mit unserer symbolträchtigen Konferenz feierlich eröffnet werden.

Das Verdrängen, ja Verleugnen des Sündenfalls dieses Jahrhunderts ist, wie ich immer wieder festgestellt habe, besonders von denen praktiziert worden, die im Nachkriegsjapan das Sagen hatten.

Wie das zu erklären sei, fragte ich meinen alten Freund und Mitarbeiter Kaoru Ogura, als Ruth, Peter und ich nach der Konferenz Hiroshima besuchten. »Aus Höflichkeit«, war seine Antwort. »Wir wollen die Fremden nicht beschämen. Weißt du, weshalb wir einige Relikte aus den Gaskammern von Auschwitz, die uns eine Delegation aus Polen brachte, um an den anderen, noch größeren Massenmord des Jahrhunderts zu erinnern, nicht in die Sammlung des Museums übernehmen durften? Weil die städtischen Bürokraten meinten, das könne vielleicht die Deutschen, besonders die Einwohner unserer Schwesterstadt Hannover, beleidigen.«

Mir schien diese schlimme Auskunft nicht ausreichend zu sein. Weshalb hatte man denn in Hiroshima selbst bis auf die beschädigte Kuppel eines Ausstellungsgebäudes alle Zeugen der Zerstörung aus dem Stadtbild verbannt? Warum wurde bei Japanausstellungen im Ausland das Thema Hiroshima ausgespart?

»Was hältst du von meiner Erklärung, Carl, daß Hiroshima von dem auf intensiven industriellen Fortschritt setzenden Nippon der Nachkriegszeit als Sündenfall der Technik empfunden wird, als eine Belastung, die man loswerden möchte«, grübelte ich. »Könnte stimmen«, antwortete er. »Wir haben ja kürzlich auch die Weisung erhalten, in unseren Verlautbarungen nicht mehr von der ›Atomstadt Hiroshima‹ zu sprechen, sondern von der ›Autostadt Hiroshima‹; denn hier werden jetzt Jahr um Jahr Tausende Kleinwagen für den Export erzeugt.«

3.

Drei Teilnehmer der Zukunftskonferenz von Kyoto hatten mich besonders beeindruckt. Sie gehörten der jüngeren Generation an und nahmen zum ersten Mal an einer solchen Veranstaltung teil. Da war Bart van Steenbergen, ein holländischer Soziologe, der in Amersfoort die »Werkgroep 2000« gegründet hatte. Er warnte uns als »kritischer Futurologe« davor, zu Kopflangern zukunftserobernder Produktionssysteme der Großkonzerne zu werden, und beschwor uns, Kontakt mit den Kräften zu halten, die sich für die Befreiung der Menschen von den Fesseln einer »destruktiven, autoritären und repressiven Gesellschaft« einsetzten.

Großen Einfluß auf meine eigene Zukunft sollte ein Schwede österreichischer Herkunft namens Stephan Schwarz haben, der auf Grund seiner Berufserfahrung anregte, rechtzeitig eine internationale Bibliographie der sich rapide vermehrenden zukunftsorientierten Literatur durch Erstellung einer elektronischen Datenbank zu beginnen. Er hat damals den Keim für die Schaffung der von mir gegründeten »Internationalen Bibliothek für Zukunftsfragen« gesetzt, die dann 1986 in Salzburg eröffnet wurde.

Und schließlich erlebten wir die Auftritte eines braungebrannten, mit einem bunten, offenen »Aloha«-Hemd phantasievoll angezogenen Jünglings, dessen Heiterkeit und Optimismus ebensowenig zu erschüttern waren wie die Ängste und Sorgen der meisten anderen Teilnehmer. Er hieß James Allen Dator, war trotz seiner Jugend – wir konnten es kaum fassen – bereits wohlbestallter Professor der Politikwissenschaft an der Universität von Hawaii und hatte – wir erfuhren es voller Überraschung – vor einigen Monaten erst, zu Beginn des Jahrzehnts, vor beiden Kammern des Inselparlaments für eine vorausblickende phantasievolle, experimentelle Gesetzgebung in Richtung eines »Hawaii 2000« plädiert. Daß diese ungewöhnliche Ansprache in Honolulu tatsächlich gleich erste konkrete Schritte in Richtung einer zukunftsbewußten Demokratie bewirkt hatte, konnten wir wohl glauben, weil wir wie die Politiker des Inselstaats vom Charme und vom Charisma dieser ungewöhnlichen Persönlichkeit ganz gefangengenommen waren.

Ich verdanke Jim, wie alle Freunde ihn nennen, ein Erlebnis, das meine Tätigkeit in den folgenden Jahrzehnten entscheidend beeinflußt hat. Denn er lud mich 1972 zu einer in Waikiki stattfindenden Konferenz mit dem Titel »Hawaii 2000« ein, bei der ich zum ersten und leider einzigen Mal – erleben konnte, welche erstaunlichen Kräfte freigesetzt werden, wenn nicht nur Berufspolitiker, sondern die geistig lebendigsten Köpfe der Bevölkerung eines Staates über ihr künftiges Schicksal mitreden können. Als Folge der Anregungen, die Dator in seiner Rede vor dem Parlament gemacht hatte, waren alle Bewohner Hawaiis, die sich dafür interessierten, aufgefordert worden, ihre Gedanken und Vorschläge für das Wohl der Gemeinschaft auszuarbeiten: ein besseres Leben und Arbeiten, eine andere Wirtschaft, eine erneuerte Erziehung, einen schonenden Umgang mit ihrer Umwelt, geeignetere Formen des Verkehrs und des Wohnens, vor allem aber eine dauernde, über dieses Experiment hinausgehende, direkte Mitsprache der Bürger waren die Hauptthemen. Sie wurden nun zunächst in Arbeitsgruppen, dann in größeren organisierten oder spontan entstehenden Foren debattiert.

Die Konferenz, die leider in einem großen modernen Hotel stattfand und nicht, wie ursprünglich geplant, unter Zeltdächern in der einzigartigen Natur der »glücklichen Inseln«, war der erste Höhepunkt dieses einzigartigen Unternehmens. Es gelang den vielen jungen Menschen, besonders den Frauen und Mädchen, die übliche sterile Atmosphäre, in der solche Treffen abzulaufen pflegen, von Anfang an zu vermeiden. Gewiß, es gab auch die üblichen Vorträge – ich selber war ja einer von denen, die von weit her gekommen waren, um vom Rednerpult aus ihre »Weisheiten« zu verbreiten –, aber das war in Wirklichkeit Nebensache. Wichtig und aufregend dagegen waren die zahlreichen spontanen Gespräche, die sich am Rande des offiziellen Programms entwickelten. Da war trotz scharfer Kritik und radikaler Rede nichts von der Verbissenheit zu spüren, die ich in Berlin, in Wien, in Paris oder in Glasgow kennengelernt hatte, sondern eine freudige, ja fast festliche Gemeinsamkeit, die von dem Bewußtsein angefeuert wurde, daß wir trotz aller Verschiedenheit der Ansichten miteinander eine erträglichere Welt schaffen würden.

Typisch für die heitere »Aloha«-Stimmung, die über diesen Tagen schwebte, war die folgende Episode. Wir besuchten ein abseits der lärmenden Stadt gelegenes Dorf, in dem noch ein paar hundert der vorwiegend vom Aussterben bedrohten Ureinwohner der Insel lebten. Auch sie hatte man gebeten, ihre Zukunftsvorstellungen mitzuteilen, und ihnen deshalb schon Wochen zuvor lange, von Experten sorgfältig vorbereitete Fragebogen zugesandt. Als die Gäste auftauchten, um sich über die Wünsche und Hoffnungen der Dorfbewohner zu informieren, wurden sie von einem dichten Schwarm selbstgefalteter Papierflieger begrüßt: es waren die unausgefüllten

Formulare, die da über ihren Köpfen segelten, begleitet vom Lachen derer, die sich über die wissenschaftlichen Methoden der Meinungsforschung nur lustig machen konnten.

4.

Als ich schon nach weniger als zehn Tagen von diesem Ausflug in den Pazifik wieder nach Salzburg zurückgekehrt war, wollte meine Zeitungsfrau wissen, warum ich letzte Woche nichts bei ihr gekauft hätte. »Wo waren Sie denn schon wieder?« wollte sie wissen. Als ich antwortete: »In Hawaii«, lachte sie ungläubig und meinte, ich solle sie nicht zum besten halten. Sie konnte sich einfach noch nicht vorstellen, in welch kurzer Zeit so weite Reisen jetzt schon möglich waren.

Auch in der eigenen Vorstellung war mir der kurze Aufenthalt im fernsten Westen sehr viel länger vorgekommen, so angefüllt war er mit Begebnissen und Erlebnissen. Ich hatte neue Impulse empfangen und war mir auf dem langen Flug zurück klar darüber geworden, daß es noch zu früh in meinem Leben sei, mich in der schönen Festspielstadt schon zur Ruhe zu setzen. Ich mußte weiter aufmerksam und aktiv meine Rolle im planetaren Netz der Menschen guten Willens spielen. Alter durfte da kein Hindernis sein.

So bin ich in den folgenden Jahren nicht weniger unterwegs gewesen, wie ich es mir eigentlich vorgenommen hatte, eher noch viel mehr. Ich wurde immer noch getrieben von Neugier, von Unruhe und Ungeduld. Wanderer von Land zu Land, von Kontinent zu Kontinent, von Konferenz zu Konferenz, von Experiment zu Experiment, auf der rastlosen Suche nach Persönlichkeiten, die gesellschaftliche Alternativen entwarfen oder schon erprobten. Außenseiter meist, die von ihren Mitmenschen meist nicht ernst genommen, beiseite geschoben, wenn nicht sogar verfolgt wurden.

Jahrtausendmenschen habe ich sie später genannt, weil sie am Ende eines Milleniums über diese Zeit hinaus ins kommende Jahrtausend wiesen und ungeachtet aller Rückschläge eine radikal andere Lebensweise vorbereiteten.

Ich habe mich, ohne irgendeiner Ideologie oder Sekte anzuhängen, in diesem Bemühen als eine Art Missionar verstanden, der den vielen, die nicht mehr an einen guten Ausgang des Menschheitsdramas zu glauben vermochten, Botschaften der Hoffnung weitergeben wollte, ein im Zeitalter des begründeten Zweifels als naiv, wenn nicht sogar als beschränkt gewertetes Vorhaben. Um dieser verständlichen Skepsis entgegenzutreten, wollte ich von nun an möglichst viele Berichte über Menschen und Geschehen veröffentlichen, die zeigen sollten, an wie vielen Stellen des Globus versucht wurde, den Verhängnissen entgegenzuwirken.

Ich war in letzter Zeit immer mehr der »Reporter der Angst« geworden. Nun mußte ich auch ein »Reporter der Hoffnung« werden, der die leisen Signale einer möglichen Wendung zum Rettenden aufnehmen, verstärken und weiterleiten würde.

Etwas Ähnliches hatte ich ja schon 1948 mit der Herausgabe eines »Good News Bulletin« in New York versucht. Damals war ich noch darauf angewiesen gewesen, fast ausschließlich Nachrichten zu sammeln, die bereits in der Presse erschienen waren. Seit einigen Jahren aber konnte ich es mir gestatten, als Zeitzeuge überall dorthin zu fahren oder zu fliegen, wo ich erwarten konnte, neue ungewöhnliche Gedanken zu hören, vielleicht sogar schon Ansätze dieser anderen, humaneren Zivilisation der Jahrtausendwende zu entdecken, deren Entstehen ich bekanntmachen und fördern wollte.

Es ist mir später vorgeworfen worden, daß ich meine vielfältigen Erfahrungen in den Werkstätten einer alternativen Zukunft, so der Nürnberger Kulturhistoriker Hermann Glaser, »ohne Prinzip und Stringenz, ganz impressionistisch, aphoristisch und ... unverarbeitet« ausgebreitet hätte. Dieser Einwand trifft zu. Der Kritiker konnte ja nicht wissen, daß ich mich für diese Form der Darstellung ganz bewußt entschieden hatte. Ich wollte um jeden Preis vermeiden, etwas, das erst begonnen hatte und sich nun zu entwickeln begann, zu früh zu beurteilen oder gar zu verurteilen, wie das die professionellen Gesellschaftswissenschaftler zu tun pflegen in ihrem voreiligen und zwanghaften Drang, alles Neuauftauchende sofort einzuordnen und einzuteilen.

Zurückblickend gebe ich auch zu, daß ich etwa den urbanistischen Träumen des liebenswerten Architekten Yona Friedmann, den spielerischen Bemühungen des Amerikaners Warren Brodey um die Schaffung von Prototypen einer lebendigen sanften Technik und den zahlreichen anderen Experimenten zur Verstärkung der Persönlichkeiten und ihrer Gemeinschaften, die ich damals *urbi et orbi* in Wort und Schrift vorgestellt habe, oft zu gutgläubig begegnet bin. Ich war in der Tat, wie Glaser mich verständnisvoll nannte, ein »Parzival der Futurologie«, auf der naiv hoffenden Suche nach dem Gral eines erst zu schaffenden Zeitalters.

»Viel wird hier gesehen, aber viel weniger wird gesichtet«, urteilte auch François Bondy über diese Periode meiner Arbeit. Ich war zwar immer noch persönlich befreundet mit ihm, aber politisch tief zerstritten, weil er als Chefredakteur der Pariser Monatszeitschrift »Preuves«, einem Gegenstück zum Berliner »Monat«, zu einseitig auf die Seite der »kalten Krieger« eingeschwenkt war. Im Gegensatz zu ihm wollte ich Kritik und Wertung gegenüber dem, was es so schwer hatte, von der Mehrheit der egoistischen Konsumgesellschaft wahrgenommen zu werden, vorläufig zurückstellen.

Das wäre eine bedenkliche Haltung gewesen, wenn ich nicht schon beim Schreiben bereits mit der kritischen Aufmerksamkeit jener Leser hätte rechnen können, die gewiß zweifelnd und korrigierend eingreifen würden. Ich bin auf Grund meiner publizistischen Erfahrungen zu der Überzeugung gelangt, daß in einer offenen geistigen Atmosphäre das ungehemmte »Für« und das einschränkende »Wider« Partner sein können, ja sein müssen. Einerseits kommt ohne Begeisterung und Überschätzung nichts Ungewöhnliches an die Oberfläche, andererseits entartet es ohne distanziertes Abwägen ins Groteske oder Monströse. Selten sind Eigenschaften des Enthusiasmus und der Skepsis in einer Person gleich stark entwickelt. Wir sind als geistige Partner auf gegenseitiges freundschaftliches Verständnis angewiesen: Der zur Naivität neigende Traumtänzer braucht den entschiedenen, aber verständnisvollen und empfindlichen Kritiker, der ihn nicht kaltschnäuzig erledigt, sondern einfühlsam korrigiert und belehrt. Aus dieser fruchtbaren Dialektik kann Weiterwirkendes entstehen.

5.

Sehr viel selbstkritischer als meine Berichterstattung beurteile ich rückblickend meine zeitweise hemmungslose öffentliche Vortragstätigkeit in den beginnenden siebziger Jahren. »Alle wollen ihn hören«, überschrieb im Juni 1972 der damals noch nicht so sehr gefürchtete Interviewkünstler André Müller einen Gesprächsbericht, der in einer Münchner Zeitung am Vorabend des Internationalen Kongresses der Druckindustrie erschien. Damals war ich vermutlich sogar stolz darauf, als da folgender hektischer Terminplan veröffentlicht wurde: »Jungk ist wahrscheinlich Europas meistbeschäftigter Kongreßredner. Nach seinem Münchner Vortrag spricht er am Montag in Frankfurt zu Physikern, am Dienstag auf einer Tagung der Deutschen Forstgemeinschaft, am Mittwoch in einem Seminar über Wirtschaftswachstum, am Donnerstag in Stockholm auf der UNO-Umweltschutzkonferenz, am Samstag in Budapest über wirtschaftliche Kooperation zwischen Ost und West, am Sonntag an Höfers Journalistenstammtisch, am 27. Juni in Stuttgart über die Architektur der Zukunft, am 28. in Hamburg über die Industrie der 70er Jahre.«

Ich versuchte dem Interviewer eine Erklärung zu geben, die mich heute nur noch zum Teil befriedigt: »Warum wollen mich alle? Weil sie jemanden brauchen, der nicht Fachmann ist, der neue Ideen bringt und Überblick hat. Die Experten verbauen sich oft die Chance, Neues zu finden, weil sie alle Möglichkeiten ihrer Sparte durchgedacht haben und glauben, etwas anderes gibt es nicht.«

Gewiß: in der arbeitsteiligen Gegenwart steckten alle wie Gefangene in den Zellen ihres speziellen Besserwissens und Besserkönnens. So mußten sie einen willkommen heißen, der ihnen eine Horizonterweiterung versprach. Waren aber solche Einladungen an den beredten »Generalisten« Jungk nicht auch Ersatzhandlungen, die es ihnen gestatteten, am nächsten Tag die fachlichen Beschränkungen weiter zu ertragen und sich so zu verhalten, als sei der kleine Acker, den sie eigensinnig bestellten, schon die ganze Welt? Ich sah mich manchmal stolz als einen Renaissancemenschen und war wohl doch nur ein »Hansdampf in allen Gassen«. Das habe ich auch zu jener Zeit schon empfunden. Oft genug warnte ich meine Hörer am Ende eines Vortrags noch in den Beifall hinein: »Nehmen Sie nicht alles, was ich gesagt habe, ungeprüft hin. Ich habe Ihnen eine Skizze vorgestellt, die in Details sicherlich verbesserungswürdig ist. Mir geht es um den großen Zusammenhang. Ich will durch meine Mitteilungen Anstöße geben, die zum Weiterdenken und Andershandeln motivieren, aber nicht unkritisch hingenommen werden sollten.«

Das war keine raffinierte Pose, sondern durchaus ehrlich gemeint. Besonders vor einem deutschen Publikum, in dem viele immer noch autoritätshörig waren, hielt ich es für unverzichtbar, vom Ruhm- und Rednersockel herunterzusteigen. Meine unbestechliche Gattin verstärkte diese Selbstkritik und warnte: »Du verschleißt dein Talent! Du zerfranst dich. Das kann doch nicht gut enden.«

Sie unterschätzte allerdings, wie ich ihr entgegenhielt, was mir die Begegnungen mit Hunderten interessanten und intelligenten Menschen, die ich sonst kaum kennengelernt hätte, einbrachten: das »Nachher«, die Verabredungen, die am Ende von Veranstaltungen für sofort oder später getroffen wurden, die vielen neuen Informationsquellen, die sich öffneten, die spontanen Ideen, die in solchen informellen Begegnungen sprudelten. Aber Ruth blieb skeptisch gegenüber solchen Entschuldigungen. »Und was hast du nun von Kopenhagen gehabt?« Ich war dorthin zu dem internationalen Treffen der Psychopharmakologen eingeladen worden. Da das neue Ge-

biet der Kreativitätsforschung mich seit einiger Zeit besonders interessierte, meinte ich vielleicht zu erfahren, ob die Pil-
lendreher ungefährliche phantasieanregende Medikamente
entdeckt hatten, welche die schöpferische Potenz der »großen
Masse« erhöhen könnten. Damit war's allerdings nichts. Ich
hörte nur, daß es kürzlich gelungen sei, die sexuelle Potenz
von Ratten zu heben und Mittel zu entwickeln, mit deren
Hilfe man Geistesgestörte wirkungsvoll und angeblich ohne
Nebenwirkungen »ruhigstellen« konnte. »Das erspart auf der
ganzen Welt Millionen Stunden psychiatrischer Behandlung«,
hatte mir Professor Lehmann, einer dieser chemischen Ka-
strierer, erklärt. Er hatte es als Auswanderer in Kanada weit
gebracht und besetzte dort einen bedeutenden Lehrstuhl.

»Und war es wirklich notwendig, daß du nach Oberhausen
zum Kongreß der IG Metall gefahren bist?« bohrte Ruth weiter.

»Doch, doch. Ich habe den Gewerkschaftlern erklären können, daß sie zur unentbehrlichen Stütze ihrer Widersacher geworden sind, zu Vollzugsgehilfen der Chefs, die sie durch
Lohnerhöhungen mit einem Bruchteil ihrer Gewinne beste-
chen. Außerdem konnte ich dort endlich wieder einmal eng
mit unserem Freund Eugen Kogon zusammenarbeiten.«

»Aber den Auftritt beim Jubiläum von Söhnlein (einer großen Sektfirma) hättest du dir doch wirklich ersparen können.«

»Es war sehr gut bezahlt, und ich konnte dennoch genau
das sagen, was ich sagen wollte. Das ist mir fast zu Kopf gestiegen«, stotterte ich. »Denen habe ich's aber dann kräftig gegeben.«

6.

Etwa um jene Zeit erhielt ich ein Schreiben von einem unerwarteten Korrespondenten. Der Abt des Klosters Seckau in
der Steiermark ließ mich wissen, es sei ihm bekanntgeworden,
daß ich einen ruhigen abgeschiedenen Platz suchte, um end-

lich wieder ohne jede Ablenkung von außen ein neues Buch zu schreiben. Wenn ich es wünschte, werde man mich gerne als Gast bei sich aufnehmen. Es hätten früher schon mein Freund Fritz Hochwälder und der bekannte Maler Boeckl von einem solchen Angebot Gebrauch gemacht.

Das war ein Geschenk des Himmels. Noch in der gleichen Woche fuhren Ruth und ich in Richtung Graz, stiegen in dem Provinzort Knittelfeld (nie vorher gehört) aus und langten im Taxi bald darauf vor einem langgestreckten gelben Bau an, der von einem schönen Kirchturm überragt wurde. Die einfache Herzlichkeit, mit der uns der »Vater Abt« empfing, war vom ersten Augenblick an so vertrauenserweckend, daß ich sofort mit meinem Hauptbedenken herausrückte: »Ich bin Jude«, sagte ich, »und ich will es bleiben. Zu bekehren gibt's bei mir nichts. Ist das kein Hindernis für Sie?«

Nein, da hätte ich seine Absichten mißverstanden, antwortete der freundliche Priester. Er und seine Gefährten wollten nämlich eine Dankesschuld an mir abtragen. Sie hätten mehrere Monate lang, jeweils zur Begleitung ihrer Hauptmahlzeit, bei der den Essenden Schweigen vorgeschrieben sei, absatzweise mein Buch über die Atomforscher vorgelesen. Nun wollten sie es mir gerne ermöglichen, eine neue Arbeit zu Ende zu bringen.

Man zeigte mir auch gleich die Zelle, in der ich schlafen würde, und einen großen, sehr hellen Arbeitsraum, der auf den ruhigen baumbestandenen Hauptplatz hinausging.

Selten war ich so ruhig und zuversichtlich wie nach diesem Besuch. Wir verabredeten, daß ich nach einigen Monaten im Herbst eine Zeitlang »auf Probe« kommen könne und, wenn das mir zusage, dann für eine längere Zeit. Ein kleines monatliches »Almosen« genüge, um die Kosten zu decken.

Als ich gehen wollte – Ruth hatte uns allein lassen müssen, da sie als Frau nicht ins Klosterinnere mitkommen durfte –, läuteten gerade die Glocken zum Abendgottesdienst. Ich kehrte um, setzte mich auf eine der schmalen Kirchenbänke und bedankte mich bei meinem, bei unserem gemeinsamen Gott.

Noch blieben mir ein paar Monate für die letzten Recherchen zu dem Hoffnungsbuch, das ich in Seckau schreiben wollte. Sie widmete ich vor allem dem Zusammentreffen mit Künstlern, weil ich meinte begriffen zu haben, daß die Avantgarde der Maler, Bildhauer und Komponisten empfindlichere Antennen für das Kommende besaß als Historiker, Soziologen und professionelle »Zukunftsforscher«.

Schon vor Jahren hatte ich im Louisiana-Museum, hoch über dem Meer unweit von Kopenhagen gelegen, einen Mann kennengelernt, der mit seinen komplizierten Maschinenkonstruktionen keine Produkte herstellte, sondern ästhetisches Vergnügen und philosophisches Nachdenken: Jean Tinguely. Ich hatte ihn zufällig in einem besonders dramatischen Augenblick seines Lebens kennengelernt: eine Taube, Sinnbild des Friedens, war gerade bei dem vom Künstler vorprogrammierten Versuch, rechtzeitig aus ihrem explodierenden Käfig zu fliehen, jämmerlich verbrannt. Die massiven Hände vor dem Gesicht, hockte der Meister neben den Trümmern und wollte auf keinen, die sich tröstend um ihn geschart hatten, hören. Weshalb er dann doch gerade auf meine Worte reagierte, weiß ich nicht. Er sah auf, schaute mir, den er noch nie zuvor gesehen hatte, ins Gesicht und sagte fast tonlos: »Tu vois. C'est ce qui arrivera.«

Seither hatte ich Jean und seine seltsamen Maschinen mehrmals wiedergesehen: in Mailand am Domplatz, am Zürichsee und in seiner wundersamen Werkstätte im Wald von Compiègne bei Paris. Beim Anblick seiner grotesken Apparaturen, die, statt nützliche Dinge hervorzubringen, zwecklos pressen, stampfen, formen, zerschneiden, sich drehen und schütteln, empfand ich eine Befreiung von den Zwängen der technischen Welt und ihren zweckbestimmten Zielen. Er produzierte mit Geräten, die sonst Gewißheit und Zuverlässigkeit verkörperten, das Überraschende, das nicht und niemals zu verbannende Ungewisse.

Eine solche Überraschung hielt das Leben jetzt für mich bereit. Denn ganz unerwartet erhielt ich plötzlich die Chance, auf der Weltbühne der Olympischen Spiele meine Gedanken vorzustellen. Das begann mit einer schriftlichen Einladung von Willi Daume, dem nachdenklichen Präsidenten des Olympischen Komitees, mir doch einmal Gedanken über die Zukunft der Spiele zu machen, die im Laufe der letzten Jahrzehnte sich äußerlich zwar immer gigantischer entwickelt hatten, aber in eine Krise geraten waren, weil sie den ursprünglichen Gedanken und Idealen ihres Begründers de Coubertin in keiner Weise mehr entsprachen, ja ihnen sogar widersprachen. Ich schrieb einen Entwurf für einen »sanften Sport« und »sanfte Spiele«. Dort hieß es: »Eine Olympiade darf kein Spiegel der heutigen, von Leistungsstreben und internationalem Konkurrenzkampf beherrschten Gegenwart sein, sie sollte zu einer Alternative, einer ganz bewußten Gegenutopie genutzt werden. Gerade dieses Fest müßte wenigstens vierzehn Tage lang die freundlichere Welt verwirklichen, von der fast alle träumen. Ein zentraler Inhalt der olympischen Idee ist der Gedanke des olympischen Friedens, der in der Antike während der Spiele eingehalten wurde. Die Veranstalter müßten energisch für einen völligen Waffenstillstand an allen inneren und äußeren Fronten eintreten, der spätestens zu Beginn der Veranstaltung beginnen sollte.«

Die Voraussetzungen dafür, daß meine Alternativen ernst genommen und nicht nur als »Spinnerei« abgetan werden würden, schienen anfangs gut. Der besonders sinnlose, nicht enden wollende Vietnamkrieg hatte die Sehnsucht nach »Traumsprüngen«, wie ich sie vorschlug, deutlich gesteigert. Das Versprechen der deutschen Veranstalter, daß sie als Art Wiedergutmachung für die von Hitlers düsterem Ehrgeiz überschatteten Berliner Spiele von 1936 diesmal eine heitere, entspannte und zukunftsfrohe Atmosphäre anstreben wollten, konnte meinen Absichten nur günstig sein.

Ein intensives Kulturprogramm sollte diese neuartigen Spiele begleiten. Architekten, Maler, Bildhauer, Komponisten, Theaterleute waren aufgerufen, ihre Talente einzubringen, und man versprach ihnen großzügige Unterstützung. Diese Erwartungen wurden allerdings nur teilweise erfüllt. Man strich die Subventionsforderungen so sehr zusammen, daß schließlich gerade noch ein »informelles Künstlertreffen« und die »Spielstraße«, ein langgestrecktes jahrmarktähnliches Freizeitgelände, übrigblieb, durch dessen qualvolle Enge sich dann an den Buden der Künstler vorbei von morgens bis spätnachts Zehntausende Besucher schoben, meist solche, die keine Karten mehr für die Sportveranstaltungen bekommen hatten.

Über meine Ausführungen auf einem olympischen Künstlertreffen, in denen ich dem Überstreß des modernen Leistungssports eine Wiederentdeckung der fünf Sinne gegenüberstellte und dem selbstmörderischen Wettbewerb der nationalen Sporthelden die Möglichkeit der Zusammenarbeit von Sportlern in international zusammengefaßten Teams, wurde zwar in den Medien berichtet, aber leider von dem Interesse an meinem viel unwichtigeren Szenario »Olympia 2000«, das ich für die Berliner Theatergruppe »Tribüne« meines Freundes Frank Burckner geschrieben hatte, in den Hintergrund gedrängt. Darin hatte ich als Warnung die geradlinige Entwicklung des Konkurrenzstils der Olympiaden von 1972 bis 2000 hin zu einem katastrophalen Ende mit bewaffneten Kämpfen geschildert. Diese dramatische Szenenfolge eignete sich besser für Schlagzeilen als die freundlichen Perspektiven des »sanften Sports«. Dem versuchte ich mehr Aufmerksamkeit zu verschaffen, indem ich mich anschließend an jede Vorstellung unter freiem Himmel den Zuschauern zu einem kontroversen Gespräch stellte. Sofort zu Beginn betonte ich, so wie eben von den Schauspielern dargestellt, könne es zwar, müsse es aber nicht weitergehen. Wir seien alle aufgefordert, Wege in eine bessere Zukunft zu finden. Darüber sollten wir nun miteinander reden. Wie schwer war es, ein solches Gespräch mit völlig Unbekannten in Gang zu bringen! In das Schweigen hinein rief ich provozierend: »Immer nur zuschauen! Alles anderen überlassen, nur selber nichts beitragen!« Und da kam endlich eine zaghafte Stimme: »Sie verlangen neue Ideen. Woher sollen die denn kommen?« Meine Antwort: »Sie stecken in jedem von uns. Man muß sie nur entdecken.« Frage aus der Menge: »Wie?« Meine Replik:

»Versuchen wir es doch sofort einmal hier. Wir werden hier miteinander reden und gemeinsam aus der Denkfaulheit ausbrechen.« Ruf aus dem dichtgedrängten Kreis um mich: »Fangen Sie doch selbst an.« Ich: »Könnte ich schon, aber dann würde euch wieder einmal ein ›Promi‹ das eigene Denken abnehmen! Gerne etwas später! Erst einmal aber: Was wünscht *ihr* euch denn?«

Und dann begann es allmählich. Ich zitiere nach einem Notizzettel, auf den ich die mir zugerufenen Stichworte niederschrieb: »Arbeit, die Spaß macht. Bessere Schulen. Freundlichere Mädchen. Zärtlichere Männer. Keine Angst. Nicht immer so einsam.«

Dieses Thema »Einsamkeit« kehrte besonders oft wieder. Vermutlich kamen die Leute gar nicht nur wegen der sportlichen Darbietungen auf das olympische Gelände, sondern weil sie dem Alleinsein entfliehen wollten, Kontakt und Lebenswärme suchten. Als ich das verstanden hatte, forderte ich sie auf, doch vor dem Auseinandergehen zu zweit oder in kleinen Gruppen noch etwas zusammenzubleiben.

Mitten in unsere Gespräche hinein brausten die Beifallsstürme und Buhsalven aus den nahen Sportstätten. Sie lockten auch die Teilnehmer an unserem lebendigen persönlichen Austausch wieder zum passiven Erlebnis des großen Wettbewerbszirkus, sei es als Zaungäste vor den Eingängen, sei es an den Bildschirmen. Nach und nach schmolz die Zahl der um mich Versammelten. Bald beteiligten sich nur noch zehn bis fünfzehn Menschen an diesem Schicksalsgespräch, dann waren es fünf, drei, zwei, und schließlich blieb ich als einziger mit meinem Mikrophon in der Hand zurück. Auch ich – einsam.

7.

Von der schrecklichen Überraschung gegen Ende der Olympiade erfuhr ich erst nach meiner Abreise aus München. Ich hatte die Spiele verlassen müssen, weil schon am 3. September

1972 in Bukarest die dritte große Zukunftskonferenz, die erste in einem Ostblockland, begann. So habe ich die schlimme Botschaft von der Geiselnahme und Ermordung israelischer Sportler durch palästinensische Terroristen mitten in einem internationalen Symposion erfahren, das sich angestrengt bemühte, Möglichkeiten einer künftigen, auf Toleranz gegründeten Weltgesellschaft zu finden. Bei der Konfrontation der bösen Nachrichten von heute und der guten von morgen mußten alle Verheißungen nun wie heuchlerischer Hohn klingen. Dies um so mehr, weil wir Bukarester Konferenzteilnehmer aus aller Welt gerade erst die pathetischen Begrüßungen der Sprecher einer Diktatur über uns ergehen lassen mußten, die all den Idealen entgegengesetzt handelte, die sie verkünden ließ. »Glauben Sie nicht ein Wort!« flüsterte mir ein rumänischer Kollege zu, der neben mir Platz genommen hatte, nachdem er eben noch vom Rednerpult herunter sein Pflichtsoll an Phrasen deklamiert hatte.

Ich habe ihn im Verlauf der Tagung darauf angesprochen und ihn der Doppelzüngigkeit geziehen. »Sie sehen das eher noch zu harmlos«, behauptete er. Denn wir tragen alle Doppel*köpfe*. Sonst könnten wir ja nicht überzeugend sprechen. Wenn ich mit Ihnen diskutiere, sitzt mir ein anderer Kopf auf dem Hals als auf dem Podium. Während ich dort oben stehe, muß ich versuchen, an jedes Wort zu glauben, das ich sage. Das ist die Vorbedingung meines Überlebens in diesem Staat. Ein starkes Motiv, wie Sie begreifen werden.« Wie konnte man so existieren? Was ging in jener Studentin vor, die mich bat, ihr um jeden, aber auch jeden Preis einen italienischen Ehemann zu vermitteln, damit sie endlich dieses Land verlassen könne? Italiener müsse er sein, denn nur denen war es als einzigen Ausländern gestattet, die angeblich bluts- und kulturverwandten Rumäninnen zu heiraten.

»Wenn Sie keinen normalen finden, dann bringen Sie mir eben einen Blinden oder einen Krüppel! Wenn ich durch ihn den fremden Paß bekomme, ist mir erst einmal jeder recht.« Die gleiche bildschöne Person – sie arbeitete im Sekretariat der Konferenz – verriet mir auch, daß ihre Kommilitonen leider nicht zu unserer Tagung kommen dürften. Man habe sie auf Veranlassung eines speziell gegründeten »Forschungszentrums für Jugendprobleme« zu einer eigenen Veranstaltung weit weg am Rande der Stadt vergattert.

Ich bin sofort auf eigene Faust dort hinausgefahren, an allen Kontrollen vorbei bis in das Auditorium gestürzt und habe mich, noch ganz atemlos, sofort gemeldet, um auf französisch, das die meisten verstanden, ein paar Worte über ein Leben ohne Gewalt und Unterdrückung zu sagen, das Voraussetzung für eine wirklich sozialistische Gesellschaft sein müsse. Selten habe ich einen so spontanen, so begeisterten Widerhall erlebt wie bei dieser Gelegenheit. Das galt nicht mir, sondern der großen Sehnsucht, die ich angesprochen hatte. Viele von den Jungen haben sich von da an getraut, die Veranstaltungen unserer Konferenz trotz des Verbots zu besuchen. Es war für sie eine höchst riskante Demonstration ihres erwachenden Widerstandsgeistes.

Der spontane Aktivismus, den ich in Bukarest entwickelte, war sicherlich eines der positiven Resultate dieses ereignisreichen Jahres. Ich hatte die jahrelang noch vorhandene Angst vor der Begegnung mit vielen unbekannten Menschen verloren, war entschiedener, war mutiger und tatkräftiger geworden. Besonders bedeutsam war in diesem Zusammenhang ein Ereignis im Mai 1972.

Ich entschloß mich damals, bei einer Protestaktion mitzumachen, die von einem Teil der Salzburger Hochschülerschaft und der sozialistischen Jugend vorbereitet wurde. Sie hatten erfahren, daß in den nächsten Tagen der amerikanische Präsident Richard Nixon und der Leiter des »State Department«, Henry Kissinger, nach Salzburg kommen würden, um auf Schloß Kleßheim mit ihren in Europa und dem Nahen Osten stationierten Diplomaten über die Fortführung des in eine tiefe Krise geratenen Vietnamfeldzugs zu beraten.

Diesen Gästen, die auf neutralem österreichischen Boden vermutlich Beschlüsse über die Fortsetzung eines besonders von amerikanischer Seite mit immer erbarmungsloseren großtechnischen Mitteln geführten Krieges fassen wollten, beabsichtigten wir, bei ihrer Ankunft in der Mozartstadt einen lauten Empfang zu bereiten. Die Protestdemonstration wurde von der Polizei zwar nicht verboten, aber nur unter der Voraussetzung zugelassen, daß sie in kilometerweitem Abstand vom Flughafen stattfindet. Es wurde nämlich befürchtet, daß wir uns auf die Piste setzen, um derart eine Landung der Präsidentenmaschine zu verhindern. Diese behördliche Auflage zu erfüllen, weigerte sich die Demonstrationsleitung, weil sie es für sinnlos hielt, sich dorthin verbannen zu lassen, wo die Persönlichkeiten, die wir beeindrucken wollten, uns nicht einmal zu Gesicht bekommen konnten.

Zufällig hatte sich für den gleichen Tag, in dessen Abendstunden die Amerikaner ankommen sollten, ein alter Freund zu Besuch angesagt. Wayland Young hatte ich kennengelernt, als er im Hauptberuf noch Berichterstatter des »Manchester Guardian« war, eine der angesehensten englischen Tageszeitungen. Inzwischen war er von der Labour-Regierung in den Adelsstand erhoben worden und versuchte als Lord Kennet im Oberhaus des Parlaments fortschrittliche Politik zu machen.

Als wir am späten Vormittag am Flughafen ankamen, um unseren Gast abzuholen, wimmelte es schon von Polizisten in Uniform und Zivil. »Was ist denn hier los?« fragte Wayland überrascht, als er uns begrüßte, und nachdem er erfahren hatte, wer zu Besuch kommen sollte, bat er uns, sofort mit den Organisatoren des diplomatischen Treffens Kontakt aufzunehmen. Er kenne Kissinger persönlich sehr gut. Denn der sei Pate eines seiner Kinder. Er müsse diese überraschende Gelegenheit unbedingt nutzen und ihm noch vor seiner Weiterreise nach Moskau eine wichtige Mitteilung »in Sachen Vietnam« machen.

Meine Frau, die ein großes Geschick im Zustandekommen solcher Arrangements besitzt, erreichte nicht nur, daß der Staatssekretär noch vor seiner Ankunft verständigt wurde und seine Zustimmung zu einem informellen Treffen gab, sondern es wurde auch schon der Ort der Zusammenkunft festgelegt. Es sollte, um keine öffentliche Aufmerksamkeit zu erregen, am übernächsten Abend in unserer Wohnung Steingasse 31 stattfinden.

Beim Anbruch der Dunkelheit, etwa eine Stunde vor der erwarteten Landung der amerikanischen Diplomaten trafen sich etwa hundert Demonstrationsteilnehmer mit ihren Protestplakaten an einem heimlich vereinbarten Platz. Ich war wohl der einzige über dreißig, den man eingeladen hatte. Nicht nur aus Solidarität mit den Jungen, die wissen sollten, daß sie von uns Älteren nicht alleingelassen würden, war ich gekommen, sondern auch aus Sorge um meinen Sohn, der trotz seiner Herzerkrankung – er sollte nun schon in allernächster Zeit operiert werden – an dieser Kundgebung teilnehmen wollte. Es ist diesem Häuflein von Protestlern damals gelungen, unter Umgehung der polizeilichen Absperrungen, die sich nur auf die Zufahrtsstraßen konzentrierten, quer durch Wiesen und Äcker im Schutze der Dunkelheit bis an die grellbeleuchtete Landebahn vorzudringen. Dort stellten wir uns stumm mit unseren Protestplakaten hin. Aber dieser gewaltlose Auftritt schien den Sicherheitsorganen zu bedrohlich. Sobald das Geräusch der zur Landung ansetzenden Maschinen hörbar wurde, brüllten die Lautsprecher: »Ziehen Sie sich sofort zurück! Sofort, sofort!« Und obwohl wir diesem Befehl, wenn auch widerwillig, gehorchten, setzten die vermummten »Ordnungshüter« hinter uns her und trieben die sich langsam Zurückziehenden mit ihren Schlagstöcken zu schnellerem Rückzug an. Ich hielt ein Wegrennen, wie es die Uniformierten erzwingen wollten, für würdelos und bewegte mich deshalb in ganz normalem Gehtempo von der Piste weg, auf der nun schon das erste Flugzeug landete.

Ein Rudel von Uniformierten stürzte sich auf mich. Man stieß mich in den Rücken und schrie mich an. Schneller sollte ich rennen, so schnell wie alle anderen, auf die man wild losprügelte, obwohl sie ohnehin taten, was von ihnen verlangt worden war. Jemand brüllte mir ins Ohr: »Ausweis vorzeigen!« Vermutlich sei ich nicht einmal Österreicher. Was denn eigentlich mein Beruf sei? Was ich hier zu suchen hätte? Als ich stehenblieb, das Dokument in der Luft schwenkte, den

Prüglern zurufend, ich sei ein österreichischer Schriftsteller und würde berichten, wie sinnlos hier auf Andersdenkende eingeschlagen werde, stießen sie mich zu Boden und knüppelten mit Rufen wie »Halt die Goschen!«, »Scheißschreiber!« auf Kopf und Weichteile. Erst als die Schläger merkten, daß ein Kamerateam des Österreichischen Fernsehens diese scheußliche Szene filmte, ließen sie mich mit einer blutenden Verletzung liegen.

Da ein Teil dieser Aufnahmen in den Spätnachrichten gezeigt wurde, bekam die amerikanische Delegation in ihren Schloßzimmern dann doch noch eine Ahnung von dem, was man von ihr ferngehalten hatte. Als ich am nächsten Morgen mit dem vom Notarzt des Unfallkrankenhauses dick verbundenen Schädel ans unaufhörlich läutende Telefon ging, vernahm ich:

»Here is the White House Staff in Schloß Kleßheim. The Secretary of State can not come to the proposed meeting in Mister Jungks home.«

Wayland und Kissinger sind dann doch noch an einem von meiner Gattin vorgeschlagenen Ort zusammengetroffen, und ich meine zu wissen, daß die bei dieser Gelegenheit von Lord Kennet vorgeschlagenen Gedanken für eine Lösung des Vietnamkonflikts wesentlich zum Zustandekommen des Abkommens beigetragen haben, das wenig später zwischen der amerikanischen und nordvietnamesischen Regierung abgeschlossen wurde. Kissinger erhielt dafür den Friedensnobelpreis. Lord Kennets Anteil an diesem zeitgeschichtlichen Ereignis ist nie gewürdigt worden. Deshalb sei er in einer Fußnote zur Geschichte des Vietnamkriegs hier endlich erwähnt.

Die Steingasse

Die Gasse, in der wir seit 1970 wohnen, läuft nicht schnurgerade, sondern biegt ein paarmal nach rechts und links ab, wohl weil ihr zwischen dem Kapuzinerberg auf der einen und der Salzach-Uferstraße auf der anderen Seite nichts anderes übrigbleibt. Sie ist ziemlich eng und kann daher nur einspurig befahren werden. Autofahrer, besonders Taxichauffeure und Lastwagenlenker, vermeiden sie, wenn es geht, weil sie sich eingekeilt fühlen und weder das Kopfsteinpflaster noch die hervorstehenden alten Bordsteine ausstehen können.

Einst war das schmale und dunkle alte Tor, das unter dem Fels des »inneren Stein« hindurchführt, einer der Haupteingänge der Stadt. Heute ist es der von Liebespaaren bevorzugte Platz. Aber auch die Kunden des zehn Meter weiter liegenden »Maison de plaisir« warten lieber hier als auf offener Straße, wo sie jeder gleich sehen kann.

Es leben überwiegend alte und junge Menschen in den dicht zusammenstehenden Häusern. Studenten und Studentinnen der Musikhochschule »Mozarteum« begegne ich hier jeden Tag. Sie tragen oft eine Geige oder ein Cello mit sich, und wenn ich sie im Vorbeigehen begrüße, nicken sie nur, weil ihr Kopf voller Melodien schwirrt, die durch kein Wort unterbrochen werden sollen.

Vor einem Jahr hat sich in der Nachbarschaft der überraschend vielseitigen esoterischen Buchhandlung »Paracelsus« ein neues Geschäft angesiedelt, das ausschließlich exotische und ungewöhnliche Musikinstrumente anbietet. Vor dem Schaufenster, hinter dem schwarz-goldene Gongs, exotische Flöten, Trommeln und Harfen zu sehen sind, bleiben immer Passanten stehen, aufmerksam gemacht durch die zarten Zirptöne eines neben der Ladentür hängenden Windspiels.

Am schönsten ist die Steingasse an einem späten Sommernachmittag. Denn dann fällt die Sonne schräg auf die Fenster und wird in hundertfachen Spiegelungen auf den holprigen Straßenboden reflektiert.

Wenn ich über diesen Lichtteppich gehe, weiß ich, welch Glück ich gehabt habe, als ich gerade hier eine Heimat fand.

Demonstration gegen die Internationale Atombehörde
(Salzburg, 1977)

14. Kapitel

Das Projekt Jedermann

1973 – 1979

Auf der Frankfurter Buchmesse (Oktober 1978)

1.

Wenn ich mich zurückbesinnend frage, welches die glücklichste Periode meines Lebens gewesen ist, dann denke ich sofort an die Monate, die ich von Ende 1972 bis zum Sommer 1973 in der steirischen Benediktinerabtei Seckau verbracht habe. Es war ein Rückzug aus dem Lärm in die Stille, aus der gehetzten Umtriebigkeit in die Sammlung. Reiner Zufall, daß ich in dieser klösterlichen Abgeschiedenheit den größten Teil des sechzigsten Lebensjahrs verbrachte, das in unserem Zeitalter der erhöhten Lebenserwartung wohl als Gipfel der menschlichen Existenzspanne angesehen wird. Es war genau der richtige Augenblick, um, die Summe meiner Erfahrungen sammelnd, eine wegweisende Perspektive zu entwerfen.

In den wenigen Aufzeichnungen aus jenen Tagen, die ich wiedergefunden habe, stehen folgende Sätze: »Ich habe in meinem Leben und in meiner publizistischen Arbeit immer gegengesteuert, bin immer gegen den Strom geschwommen. Zu einer Zeit der Überschätzung und Verehrung des wissenschaftlich-technischen Fortschritts habe ich vor den Gefahren gewarnt, die dadurch heraufbeschworen werden. Jetzt, da es Mode geworden ist, in den schwärzesten Pessimismus zu verfallen und zu resignieren, möchte ich zeigen, daß es Kräfte gibt, die in eine andere, vielleicht rettende Richtung weisen.«

Mit rund zwanzig Koffern und Kisten voller Bücher, Zeitschriften, Zeitungsausschnitten, Notizheften, Stenoblöcken, Zetteln, Tonbänder bin ich in das Klostergebäude eingezogen, und als ich mich in dem großen Gastzimmer einrichtete, das man mir außer meiner kleinen Schlafzelle zur Verfügung gestellt hatte, fragte ich mich, ob es nicht klüger gewesen wäre, diesen ganzen Informationswust draußen zu lassen und mich ganz auf meine eigenen inneren Ressourcen zu verlassen. Ich sehe noch die stummen, zweifelnden Blicke des klugen Pater Leopold vor mir, als ich all die Mappen, Bände und Stapel von Gedrucktem auf Regalen und in Schränken unterzubringen versuchte. Aber er äußerte kein kritisches Wort und hörte höflich zu, als ich ihm klarzumachen versuchte, daß ich eine Art »Summe« ziehen wolle und dafür diese Unterlagen brauche.

Aus den Fragen, die mir der etwa Vierzigjährige stellte, merkte ich, wie stark sein Interesse an weltlichen Problemen war. Wie sehr ihn insbesondere die Frage beschäftigte, ob der Orden der Benediktiner, dem er angehörte, nicht viel mehr für den Frieden tun könne, als über die Pforte groß das Wort »PAX« zu setzen. In diesem offenen, wahrhaft ökumenischen Geist, der im katholischen Ordensstift Yoga lehrte, sowie in dem quicklebendigen Bibliothekar Pater Benno und, wenn ihm seine Pflichten dazu die Zeit ließen, auch im eindrucksvollen Vater Abt Placidus Wolf fand ich, wann immer ich wollte, hochkultivierte, nachdenkliche, von überzeugender Spiritualität erfüllte Gesprächspartner. Das Klischeebild vom beschränkten und gar fanatischen »Pfaffen«, das auch mich nicht unbeeinflußt gelassen hatte, traf auf diese Persönlichkeiten in keiner Weise zu.

Von den über hundert Gymnasiasten, die in Seckau unterrichtet wurden, bekam ich kaum einen zu Gesicht, da Schule und Internat vom eigentlichen Kloster deutlich getrennt waren. Nur ab und zu drang der Pausenlärm zu mir hinüber in meine Arbeitsstube. An den Messen und Gottesdiensten in der Klosterkirche habe ich nur selten teilgenommen und konnte nicht unempfindlich bleiben für die feierlichen Klänge der Orgel, die halblaut gesprochenen Gebete im Glanz der flackernden Kerzen.

An Konversion habe ich niemals gedacht. Aber als unser geliebter Sohn im November 1972 nach der seit langem geplanten und geglückten Herzoperation an einer spitalsinternen Infektion schwer erkrankte, bin ich in Wien, wo er mit dem Tode rang, von einer Kirche zur anderen gepilgert, habe verzweifelt gebetet und Votivkerzen angezündet, bis sein gefährdetes Leben gerettet war.

Ein paar Monate später schon hat er mir durch seinen Besuch beistehen können, als ich, längst wieder nach Seckau zurückgekehrt, zu später Nachtstunde einen Kreislaufkollaps erlitt und ins Krankenhaus von Knittelfeld eingeliefert werden mußte. Nach ein paar Tagen erholte ich mich so weit, daß ich wieder an den Schreibtisch im Stift zurückkehren konnte. Die Nacht mußte ich allerdings vorläufig noch weiter im Spital verbringen, weil die Ärzte eine Wiederholung der Umstände meines ersten Anfalls vermeiden wollten. Damals war ich, ohne daß man meine Hilferufe hörte, hilflos in meiner Zelle gelegen. Erst als ich nicht beim Frühstück auftauchte, kam jemand nachsehen, was eigentlich mit mir los sei.

Etwa zehn Tage lang bin ich jeden Abend im einzigen Taxi Seckaus vom Kloster zum Krankenhaus pünktlich abgeholt und am nächsten Morgen ebenso pünktlich wieder in meine Schreibklause zurückgebracht worden. »Wie kommt es eigentlich, daß Sie immer Zeit für mich haben?« fragte ich den Chauffeur nach dem dritten oder vierten Mal. »Ach wissen Sie«, sagte er, »ich habe in unserem Dorf sonst wenig zu tun. Meine eigentliche Hauptbeschäftigung ist die Überführung der Leichen zum Friedhof.« Als ich dem Sohn das erzählte, erregte er sich abergläubisch: »Vater, bestell dir ab sofort einen anderen Fahrer!« Und ich: »Nun gerade! Ich hab's ja überlebt.«

Der Höhepunkt der glücklichen Zeit im Stift Seckau waren die Sommerwochen, in denen ich mein Buch, das noch keinen Titel trug, nach und nach zum Abschluß bringen konnte. Denn ich durfte nun in dem großen Klostergarten arbeiten. Man hatte mir eine bisher als Abstellschuppen benutzte hölzerne Laube so hergerichtet, daß ich dort im Schatten mit Blick auf die hohen Bäume und die Bienenstöcke meinen kleinen Tisch aufstellen konnte. Ab und zu schaute Martin, das Faktotum des Stifts, dort vorbei, um nach seinen fleißigen Insekten zu schauen und ihren Honig einzusammeln, von dem er mich gern kosten ließ.

Die Fülle der Daten, Fakten und Erlebnisse, die ich zusammengetragen hatte, verdichtete sich. Aus vielen Einzelheiten entstand das Bild eines möglichen und wünschenswerten Menschen, der aus den unerschöpflichen inneren Quellen der Phantasie und Gestaltungskraft eine humanere, das technokratische Zeitalter transzendierende Epoche vorzubereiten begann. In diesem Stadium der Arbeit unterstützten mich zeitweilig mein Sohn, meine im benachbarten kleinen Hotel einquartierte Gemahlin, vor allem aber der Lektor, den der Verlag entsandt hatte. In Dieter Struß lernte ich einen jener selbstlosen literarischen Geburtshelfer kennen, ohne deren Wissen und Beharrlichkeit so manches Werk wohl nie ans Licht der Bücherwelt gelangen würde. Er merkte, was zu viel war und was zu wenig. Sein Stilgefühl korrigierte, sein Glauben an meine Arbeit machte mich, den oft Zweifelnden, sicherer und zuversichtlicher. Sie bleiben fast immer unbesungen und unbekannt, diese Helfer, die im Hintergrund bleiben, damit der Ruhm des Autors nicht geschmälert werde.

2.

Und da lag er denn einige Tage vor der Frankfurter Buchmesse vor mir, dieser viel zu dicke, viel zu schwere Wälzer im grellroten Einband. Man hatte den Text absichtlich auf dickem Papier gedruckt – »Erektionspapier« nannten die Buchhersteller diese Sorte –, damit »die Leute was wirklich Kompaktes in die Hand bekommen«. So lautete jedenfalls die Begründung der Marketingleute des Verlags. Ich hatte mir eigentlich etwas anderes gewünscht: ein Manifest, ein Vademekum, das man weitergeben sollte, einen Wegweiser durch die unübersehbare alternative Landschaft, Anregungen zum Mitdenken, Weitermachen und Knüpfen von Kontakten. Werkzeugkasten nannte ich den ungewöhnlich ausführlichen Anhang mit zahlreichen kommentierten Titeln, Querverweisen und Adressen aus allen Himmelsrichtungen.

Würde das Buch »Der Jahrtausendmensch« einschlagen? Würde es aus der Flut der vielen tausend Neuerscheinungen dieses Herbstes herausragen und wahrgenommen werden? Immerhin fast zwanzigtausend Exemplare waren schon vor Erscheinen vom Buchhandel bestellt worden, und wenn ich auf der Messe nur genügend Interesse erweckende Interviews geben könnte, müßte sich diese Auflage bis Weihnachten gut verdoppeln lassen.

Ich bin also nach nur wenigen Wochen Verschnaufpause, wie schon in den meisten Jahren zuvor, zu der fünftägigen Dauer-Party gefahren, auf der sich alle zwölf Monate Verlagsleute, Journalisten, »literary agents«, Buchhändler, Leser sowie – ja, auch sie – Autoren aus aller Herren Länder treffen, und habe diesen anregenden, aufregenden Wirbel fast ebenso genossen wie die Abgeschiedenheit des Klosters.

Anders als viele, die stöhnen, das sei alles zu aufreibend, zu oberflächlich, zu verwirrend, zu kostspielig und sie seien bestimmt zum letzten Mal zu »diesem Zirkus« gereist, liebe ich die überquellenden Frankfurter Tage mit ihren vielen schnellen Begrüßungen, kurzen Gesprächen, hastigen Begegnungen, eiligen Verabredungen, voreiligen Versprechungen, dem Schließen neuer und der Erneuerung alter Verbindungen. Ich gerate dort in eine Art Rausch, der in meinem Fall weniger durch die überreichlich angebotenen Drinks verursacht wird als durch einen Überkonsum von Worten und Bildern. In diesen mit Büchern vollgestopften Ausstellungshallen, auf ihren oft überfüllten Rolltreppen, Laufbändern und Gängen, die von Ständen so vieler Verlagshäuser aus allen Ländern und Kontinenten gesäumt sind, fühle ich mich in der einzig wirklichen Welthauptstadt dieses Planeten. Kaum eine einzige Woche, von Mittwoch bis Montag mittag, hat diese Metropole der Worte Bestand. Dann verschwindet sie blitzschnell in Kisten und Lastwagen, die sich in alle Himmelsrichtungen verlieren.

Gesteigert wird meine maßlose Messelust durch das Erlebnis der schnellen, fast mühelosen Wanderung von Land zu Land, von Kontinent zu Kontinent, von einem Kulturgebiet zum anderen. Es ist nur ein paar Schritte vom Stand meines japanischen Verlegers zu dem des italienischen, französischen, brasilianischen oder amerikanischen. Ich steige nur ein paar Stufen hinab oder gehe nur hundert Meter weit von den üppigen Kunstbuchauslagen zu den nüchternen Ständen der Wissenschafts- oder Wirtschaftsverlage. Wenn ich nur mehr Zeit hätte, da überall herumzustöbern! Allein bei den großen Zeitschriftenausstellungen könnte ich Tage verbringen, und ein Höhepunkt dieses alljährlichen Erlebnisses ist der Besuch am letzten Vormittag bei Herrn Boy, dem Meister im Reich der deutschsprachigen Periodika. Er gestattet mir gegen Ende der Veranstaltung, alle gewünschten Ausstellungsexemplare der zahlreichen Fachpublikationen mitzunehmen, die sonst in den Reißwolf kämen. Das ist für mich ein beglückender Besuch im Schlaraffenland der Informationen. Fast nie langen die mitgebrachten leeren Koffer, um all den Reichtum an Buchgeschenken, Rezensionsexemplaren und Fachblättern verschiedenster Themen vom Bauwesen über die Computerbranche und Pädagogik bis hin zu hochspezialisierten naturwissenschaftlichen Journalen oder technischen, eigentlich nur für Experten bestimmten Veröffentlichungen nach Hause zu schleppen. »Wie werden wir das nur alles unterbringen?« stöhnt meine Frau, deren Wohnung schon von bedrucktem Papier überquillt. »Und wann werde ich alles lesen können?« antworte ich, denn ich habe in den letzten hundert Stunden wieder einmal viel zuviele Vortragseinladungen angenommen, von denen sie noch gar nichts ahnt.

Auf den Abendtreffs bei Horst Krüger, Gerd Kalow oder der von Gästen aus allen Erdteilen besuchten Abschiedsparty in der Wohnung des geachteten, ja von vielen geliebten Messechefs Peter Weidhaas höre ich denn auch regelmäßig die Stimmen der gutmeinenden Warner: »Sie übernehmen sich. You spread yourself too thin. Arrêtez un peu, mon vieux…«

Recht haben sie alle. Aber wie kann man mit einer Leidenschaft brechen? Eine Neugier sich verbieten, die schon zwanghaft geworden ist?

3.

Die »Allgier«, von der Alfred Kerr einmal gesprochen hat, war sicherlich ein bedeutender persönlicher Antrieb für die Herumreiserei, die nun nach dem Erscheinen meines »Jahrtausendmenschen« wieder mein wechselvoller Alltag war. Es begann mit den sogenannten »Lesereisen« in die deutsche, österreichische und Schweizer »Provinz«, zum Teil vom Verlag, zum Teil auf Grund eigener Abmachungen zustande gekommen. Die »Auftritte« in mittleren und kleinen Ortschaften schienen mir weit wichtiger und auch befriedigender als Veranstaltungen in den Auditorien und Hörsälen der großen Städte. In Altena, Neuss, Langenberg oder Wunsiedel waren Zuhörer und Gesprächspartner meist viel aufgeschlossener und interessierter als dort, wo ein Überangebot an kulturellen Veranstaltungen die Menschen übersättigt hatte. Viele kamen wahrscheinlich, weil sie den Bildschatten, den sie am Fernsehschirm gesehen und sprechen gehört hatten, einmal in Person vor sich haben wollten. Nicht nur ein Phantom, sondern einen lebendigen, nervösen, engagierten Zeitgenossen zum Ansprechen und Anfassen, bereit, jedem und jeder von ihnen, die sonst passiv bleiben mußten, Rede und Antwort zu stehen. Die lokalen Honoratioren, die Ärzte, Anwälte, Lehrer, Politiker, aber auch die Angestellten und Beamten stellten Fragen und verlangten Auskunft. Vor allem aber kamen die Jungen, denen der Aufbruch in den sechziger Jahren wenig von dem gebracht hatte, was sie erhofften. Sie aus ihrer Resignation zu lösen, ihnen wieder Hoffnung zu geben, vor allem aber ihnen deutlich zu machen, daß technische Veränderungen zwar schnell, gesellschaftliche dagegen nur langsam, oft kaum merkbar vor sich gehen, war mein wichtigstes Anliegen in all diesen öffentlichen und privaten Dialogen vor allem mit denen, die schon fast aufgegeben hatten.

In einer früheren Phase hatte ich mein letztes Buch ganz anders genannt, aber der von mir vorgeschlagene Titel »Projekt Jedermann« war dem Verlag »zu grau« erschienen. Doch das drückte den eigentlichen Kern meiner Botschaft aus: es gab in jedem Menschen Begabungen und Kräfte, die von der Gesellschaft nicht ernst genommen und nicht gefördert wurden. Die bis zur Verkrüppelung gehende Verkümmerung ungenutzter Fähigkeiten durch die gesellschaftlichen Systeme in Ost und West, denen vor allem an gut laufenden Rädchen für ihre unermüdlich produzierenden und gewinnbringenden Techno-strukturen lag, mußte durch Zustände ersetzt werden, in denen die ganz besondere Schöpferkraft eines jeden einzelnen entwickelt und gebraucht würde.

Diese weder auf parteipolitische noch auf ideologische Vereinnahmung zielende Kampagne, die mich fast das ganze Jahr 1974 umtrieb, fand erstaunlich viel Anklang, stieß aber auch auf Skepsis und Widerstand. Zwar war die große Mehrheit der Berichte und Interviews über mein »Projekt Jedermann« zustimmend, und es wurde mit Interesse zur Kenntnis genommen, an wie vielen Orten bereits neue Formen der Erziehung, der Arbeit, der Bürgerbeteiligung, der Siedlungsplanung und einer umweltschonenden »sanften Technik« erprobt wurden. Aber regelmäßig kamen die Einwände, das geschehe doch alles nur »am Rande«, werde nur von Aussteigern und Außenseitern versucht, sei also letztlich kaum entscheidend wirksam und – das war vor allem der Einwand der Linken – vom »Establishment« als Tarnung einer harten, unverändert auf die Durchsetzung der eigenen Machtstellung bedachten Strategie genutzt, womöglich sogar bewußt eingesetzt und heimlich gefördert.

Meine zuversichtlichere Erwartung, daß all die neuen Anfänge, von denen ich berichtete, Kristallisationspunkte seien für vieles, das sich erst im Laufe der kommenden Jahre und Jahrzehnte hinweg durchsetzen werde, war natürlich nicht zu beweisen. Ich konnte nur daran erinnern, wie lange es gedauert hatte, ehe die zuerst schwachen Anfänge des Kampfes für mehr soziale Gerechtigkeit, für die Rechte der Frauen, der Minderheiten und der Kinder deutlich an Boden gewonnen hatten. Man verglich mich mit Don Quichotte, der bekanntlich mit den Waffen der Vergangenheit die Gegenwart berannte, während ich mit ebenso unangepaßten Zukunftsvorstellungen gegen die Windmühlen meiner Zeit losging. Öfter noch nannten sie mich auch »Traumtänzer«, weil ich dem notwendigen Traum auf Dauer mehr Wirklichkeit beimaß als einer immer unhaltbareren Alltagsrealität.

»Wissen Sie, daß manche, die Sie als kritische Berichterstatter einer Welt voller Gefahren anerkannt haben, Sie jetzt als Spinner abtun?« verriet mir ein wohlmeinender Kollege. »Ich weiß es«, sagte ich ihm. »Das ist die Rolle, die ich mir zumute. Wer die Zeitumstände verrücken will, wird als Verrückter hingestellt, ganz richtig! Er ist geistig schon dorthin gerückt, wo die Geschichte erst morgen eintrifft.«

4.

Überall regten sich jetzt die Geister, die behaupteten, »es geht auch anders«. Das war der deutsche Titel eines überraschend erfolgreichen Buches des in Deutschland geborenen Ökonomen E. F. Schumacher, das zuerst unter dem Titel »Small is Beautiful« in England erschienen war. Dort wurde der Autor als geistiger Wegweiser seit Jahren geschätzt und ist als Mitglied des amtlichen »Coal Board« mit großer Verantwortung betraut worden. Ich lernte diesen vornehmen, eleganten, wie ein Mitglied der englischen Oberklasse wirkenden Revolutionär im September 1973 bei einer Tagung im Oberengadin kennen. Sie war von Hans Pestalozzi, einem rebellisch gewordenen Manager, im Namen der Gottlieb-Duttweiler-Stiftung zusammengerufen worden und sollte eine Etappe des langen Weges der Selbstbesinnung sein, der vielleicht zur entschiedenen Reform der Wirtschaft durch die Wirtschaft führen würde. John Cartwright, ein leidenschaftlich engagierter junger Engländer, der die Lehren seines anarchistischen Vaters nie vergessen hatte, ging Pestalozzi dabei zur Hand und brachte im Laufe der Jahre fast alle »Querköpfe« dieser Zeit von Alex Comfort über Ralph Nader bis Ivan Illich zu kontroversen Debatten in den Züricher Vorort Rüschlikon, um sie dort mit den konservativen »Machern« der Schweizer Banken und Unternehmen zu konfrontieren. Es war seine lobenswerte Absicht, die stolze Selbstgewißheit der Manager zu erschüttern oder sie gar als Adepten einer rücksichtsvolleren Marktwirtschaft zu gewinnen.

Das war sicher im Sinne des zu früh verstorbenen »Dutti«,

der seit den dreißiger Jahren mit seiner »Migros«-Genossenschaft die großen alten Lebensmittelkonzerne erfolgreich herausgefordert hatte und einmal in einem spektakulären Protestakt durch Steinwürfe auf die Fenster des Berner Bundeshauses die eidgenössischen Parlamentarier aus ihrem Schlaf wecken wollte. Daß der enorme Erfolg der konzernfeindlichen »Migros« wiederum zum Entstehen eines der größten Konzerne der Schweiz führte und der Veränderungswille der »vernünftigen« Genossenschafter nun zu erlahmen begann, muß allerdings auch berichtet werden. Sie versuchten sich jetzt der »Radikalen« zu entledigen, die angeblich das unaufhörliche Wachstum der Firma störten. Als ich dem neuen Chef, Pierre Arnold, das in einer öffentlichen Debatte vorwarf, fand ich nur wenig Unterstützung: die »Fränklifraktion« hatte den »Migrosfrühling« in einen kühlen, aber ertragreichen »Migrosherbst« verwandelt.

Zuverlässige Bundesgenossen fand ich in der deutschen, besonders der Berliner Studentenbewegung. Die war noch keineswegs, wie die Medien behaupteten, gestorben, sondern nur in eine andere, weniger turbulente Phase hinübergewechselt: vom bedingungslosen »Nein«, das sie in monotoner Einfallslosigkeit der »hoffnungslosen Scheißgesellschaft« entgegenschrie, zu Entwürfen anderer, demokratischerer Institutionen und menschenwürdigeren Lebensweisen. Es hatte die große Zeit der »konkreten Utopien« begonnen.

Jetzt lebten Ruth, Peter und ich zwar nicht mehr ständig, so doch in jedem Semester etwa zwei Monate lang in meiner Geburtsstadt Berlin. Ich hielt zwei- bis dreimal wöchentlich an der Technischen Universität sogenannte »Blockveranstaltungen« ab, bei denen nicht mehr die Vorlesungen, sondern die Seminare dominierten. Im Rahmen des breitgefächerten und über mehrere Jahre hinweg weiterentwickelten Themas »Aspekte einer Zukunftsgesellschaft« versuchten Teilnehmer der verschiedensten Fachgebiete (Architektur, Chemie, Mathematik, Naturmedizin, Informatik und Soziologie) mit mir Umrisse und Grundrisse einer »sanften Zukunft« zu entwerfen. Dabei standen die seit Mitte der sechziger Jahre immer öfter unternommenen Versuche, eine ganz andere, menschenfreundliche und umweltverträgliche Technik zu erfinden und zu erproben, im Mittelpunkt. Das war ein schöpferisches Vorhaben, das zu meiner Überraschung beim zweihundertjährigen Jubiläum der Technischen Universität besonders gewürdigt wurde.

Es ist damals mit leicht spöttischen Untertönen von einem »Jungk-Kreis« oder »Jungks Jüngern« gesprochen worden. In Wahrheit war ich nicht der Mittelpunkt dieser Bestrebungen, sondern nur einer von mehreren Knotenpunkten in einem losen, sich weit über Berlin hinaus ausdehnenden Netz von einfallsreichen Menschen guten Willens, die, einander ergänzend, nach neuen Wegen suchten. »Drehpunkt-Persönlichkeiten« nannte der Wiener Rolf Schwendter diese verbindenden, anregenden, nach vielen Seiten hin offenen Persönlichkeiten, deren Prototyp er selber war: mehrfach promoviert und daher berechtigt, drei Doktortitel zu tragen, aber nicht nur vielseitig gelehrt, sondern auch dichterisch begabt, hervorragender Koch, eindrucksvoller Trommler und bald lustvoll, bald wütend krächzender Sänger seiner eigenen Texte, Gründer auch eines informellen Freundeskreises, der längst über seine Heimatstadt Wien hinausgewachsen war. Als unermüdlicher Stifter von Gesprächsrunden, wo immer dieser von Jahr zu Jahr umfangreichere Vielesser und Kettenraucher sich lustvoll niederließ, und Autor eines auf viele Bände angelegten Werks über die Zukunftsdenker hat er mehr bewirkt als viele vorläufig berühmtere Persönlichkeiten seiner Generation.

Ähnlich unentbehrlich, wie James Wellesley-Wesley beim Zustandekommen der Zukunftsbewegung gewesen war, wurde für mich in Berlin der asketisch wirkende Norbert Müllert, der stets wach das Netz der Neuerer zusammenhielt, zahllose, mit Karikaturen geschmückte Protokolle oder Memoranden schrieb, versandte und es immer wieder fertigbrachte, all diese eigenwilligen, ideenreichen, spontanen Geister auf präzise Termine zu verpflichten, wobei er ihnen auf seine intensive Art klarzumachen versuchte, daß das alles nicht nur anregendes Spiel, sondern ein ernstes Unterfangen sei, das sich den Vorrang der Menschen vor ihren Maschinen, der Völker vor ihren Regierungen, der Praxis vor der Theorie, des Kleinen vor dem Großen, des Ganzen vor seinen Teilen zum Ziel setzte.

5.

Vor allem Norbert, dessen Widerborstigkeit ich bald als unbedingte kompromißlose Ehrlichkeit begriff, ist es zu verdanken, daß meine Idee einer Beteiligung aller interessierten Bürger und Bürgerinnen an der Gestaltung ihres weiteren Schicksals sich sowohl theoretisch wie praktisch ständig weiterentwickelte und zu einem brauchbaren Instrument demokratischer Willensbildung wurde. Wir haben mit dieser zuerst Mitte der sechziger Jahre ausprobierten Methode so lange experimentiert, bis sie funktionierte und publikationsreif wurde, und dann 1977 ein Handbuch geschrieben, das unter dem Titel »Zukunftswerkstätten« inzwischen in mehreren Sprachen erschienen ist, besonders aber in Dänemark erfolgreich war. Doch auch in England, Frankreich, Finnland und der Schweiz ist diese Anleitung zur intensiveren politischen Partizipation inzwischen weit verbreitet. Gesellschaftlich am folgenreichsten könnte dieser Versuch, das »Projekt Jedermann« zu verwirklichen, dann werden, wenn sich die in den achtziger Jahren begonnenen Bemühungen einiger deutscher Gewerkschaften – insbesondere der IG Metall – durchsetzen, ihre Mitglieder durch regelmäßige »Zukunftswerkstätten« direkt an der aktiven Neugestaltung der Arbeitswelt und der Innenpolitik zu beteiligen, statt sie wie bisher zu »führen« oder gar zu manipulieren.

»Seit der Einführung des Parlaments ist das eine der wenigen erfolgversprechenden sozialen Erfindungen auf politischem Gebiet«, hat mir schon in den sechziger Jahren Carlo Schmid versichert, einer der Mitbegründer der Bundesrepublik, mit dem ich sonst bei aller persönlichen Zuneigung stets stritt, weil mir seine Partei, die SPD, zu lau erschien. Als ich ihn einmal auf dem Höhepunkt der Atomdebatte bei einem zufälligen Treffen im Fahrstuhl des Hamburger Kongreßgebäudes mit dem bösen Spruch: »Wer hat uns wieder einmal verraten? Die Sozialdemokraten.« reizte, wandte er sich (für immer) von mir ab. Ich hatte unbedacht die Toleranzgrenze dieses im guten – und schlechten – Sinne vornehmen Staatsmannes überschritten.

Was bewirken eigentlich »Zukunftswerkstätten«? Sind sie mehr als Sandkastenspiele frustrierter Bürger und Studenten? Können sie etwas Praktisches erreichen? Eine bejahende Antwort auf diese Zweifel erhielt ich Ende 1974, als ich von Professor Roland Günter und seiner Frau Jane eingeladen wurde, mit den Einwohnern von Eisenheim, der vom Abriß bedrohten ältesten Arbeitersiedlung des Ruhrpotts, über ihre gefährdete Zukunft zu sprechen. Knapp zwei Wochen hatten die Eisenheimer gebraucht, um eine der unbenutzten Waschküchen in einen provisorischen Gemeinschaftsraum umzubauen, in dem sich bei meiner Ankunft schon beinahe fünfzig Menschen drängten.

Die Alfred-Thyssen-Hütte, der Grund und Boden dieser seit über hundert Jahren bestehenden Kolonie gehörte, wollte das inzwischen teuer gewordene Terrain durch den Bau von vielstöckigen Mietshäusern und Geschäftslokalen effizienter und gewinnbringender nutzen als bisher. Die Bewohner hingen aber an ihren armseligen kleinen ein- bis zweistöckigen Backsteinhäusern und den dahinterliegenden Privatgärten, in denen sie Blumen und Gemüse zogen, Haustiere hielten und einen großen Teil ihrer Freizeit miteinander verbrachten. So war eine solidarische Gemeinschaft entstanden, die nun durch eine unbedachte »Sanierung« auseinandergerissen werden würde.

Nachdem ich den berechtigten Klagen über fehlende Kanalisation, ungenügende sanitäre Einrichtungen und die absichtliche Vernachlässigung fast aller Bauten durch die Konzernverwaltung zugehört hatte, versuchte ich, die von Verzweiflung und Haß erfüllten Frauen und Männer zu mehr Eigeninitiative zu ermutigen: »Weshalb legen Sie nicht selber Hand an? Weshalb bauen Sie nicht auf eigene Faust Badezimmer und Toiletten ein? Weshalb können Sie nicht das Heft in die Hand nehmen?« »Weil es uns verboten ist, irgend etwas an oder in den Häusern zu verändern«, wurde ich als »Ahnungsloser« belehrt und ließ gerade deshalb nicht ab, weiterzubohren: »Je mehr Wünsche Sie äußern, je mehr Sie selbst in die Tat umsetzen, desto schwieriger machen Sie es denen, etwas abzureißen. Mit diesem neuen Versammlungsraum ist doch schon ein Anfang gemacht. Wenn die da oben merken, daß hier Leute sind, die Pläne haben, die etwas Eigenes machen wollen, dann kann euch niemand als angeblich schon halbtot abschieben.« Jetzt kam »Stimmung in die Bude«. Es hagelte Ideen und Vorschläge. Ein Reporter der »Neuen Ruhrzeitung« hat in der Ausgabe vom 2. 12. 1974 einige davon festgehalten: »In anderen, noch vorhandenen Waschküchen werden in Selbsthilfe Spielstuben für Kleinkinder und Werkräume für Jugendliche eingerichtet. Eine völlig ungenutzte und ausreichend große Freifläche soll als Sportstätte ausgebaut werden. Eine Eisenheim-Zeitung soll immer wieder auf die Probleme der abbruchbedrohten Arbeitersiedlung hinarbeiten (Professor Jungk will sich an der Finanzierung beteiligen). Eine Siedlungsgemeinschaft soll gegründet werden, die sich durch gemeinsame Finanzierung Rechtsbeistand besorgt. Gemeinsam mit den ausländischen Neubewohnern soll eine Versammlung abgehalten werden. Wenn an den verschiedensten Häusern keine Ausbesserungsarbeiten vorgenommen werden ..., wird ein Mietstreik erwogen. Und als begeistert aufgenommene Idee: In Eisenheim wird eine ›Art Schandpfahl des Vermieters‹ errichtet. An diesen Pranger werden alle Versäumnisse ... angeschlagen.«

Tatsächlich ist Eisenheim vor dem sorgfältig vorbereiteten Untergang gerettet worden. Nicht zuletzt auch durch die unermüdlichen weiteren Bemühungen von Roland Günter und seinen Studenten der Fachhochschule Bielefeld. »Eisenheim lebt!« Der Satz, mit dem ich diese Zukunftswerkstatt hoffnungsvoll abschloß, hat sich bestätigt. Mit Abhängigen, die ängstlich abwarten, was mit ihnen geschehen könnte, wird man leicht fertig. Mit aktiven, phantasievollen und entschlossenen Bürgern geht das nicht. Das war die beispielhafte Erfahrung von Eisenheim, und sie hat danach auch noch zur Erhaltung einer Reihe ähnlicher Siedlungen des Ruhrgebiets beigetragen.

6.

Meine Hoffnung, daß es möglich sei, menschliche Gemeinschaften unter Beteiligung aller ihrer mündigen Mitglieder gerecht zu verwalten und zu erhalten, war in all diesen Jahren wachsender sozialer Unrast durch die Berichte gestärkt worden, die ich von meinen alten Kameraden aus der ehemaligen Jugendbewegung aus Israel erhielt. Der Kibbuz Hasorea, den sie nach ihrer Vertreibung aus Deutschland 1936 gegründet hatten, schien alle anfänglichen Schwierigkeiten überstanden zu haben. Aus dem Zeltlager, das sie am Rande einer öden Sumpflandschaft aufgeschlagen hatten, war eine prosperierende Siedlung geworden, deren zweihundertfünfzig Familien nun inmitten von fruchtbaren Äckern und Gärten entsprechend dem Ideal einer Gesellschaft lebten, in der die Produktionsmittel allen gehörten, jeder entsprechend seinen Fähigkeiten arbeiten und die Erfüllung seiner Bedürfnisse aus den Ergebnissen der gemeinsamen Tätigkeit erwarten durfte.

Das klang fast zu schön, um wahr zu sein, und ich brannte darauf, dieses Wunder endlich durch eigenen Augenschein kennenzulernen. Deshalb bin ich dann Mitte der siebziger Jahre endlich der Einladung von Ernst Stillmann gefolgt und habe nicht nur ihn, der inzwischen wie viele andere aus Deutschland Ausgewanderte seinen Namen hebräisiert hatte – er hieß nun Shatil –, sondern auch eine Reihe von anderen meiner Jugendgefährten wiedergesehen. Die waren inzwischen alle über sechzig und wirkten trotz – vielleicht sogar wegen – der schweren körperlichen Arbeit, die sie jahrelang hatten leisten müssen, noch erstaunlich frisch. Voller Stolz führten sie mich durch den Wald, einen der größten des Landes, den sie gepflanzt hatten, zeigten mir die Scheunen, die Ställe, die florierende Möbelwerkstadt, die Fabrik für Kunststoffe, das Museum, die Bibliothek in drei Sprachen und die großen hellen Räume, in denen sie gemeinsam aßen, Konzerte veranstalteten und sich mindestens einmal wöchentlich trafen, um wie in alten Zeiten über alle ihre Probleme zu diskutieren und – das war nun anders – Entscheidungen zu treffen.

War ihnen also gelungen, was wir uns vor fast einem halben Jahrhundert im zerrissenen Deutschland der vom Untergang gezeichneten Republik gewünscht hatten: die »wahre Gesellschaft«?

»Nein, noch nicht«, sagten sie, als wir wie einst auf den Heimabenden im Kreis zusammensaßen, »das war wohl ein unerreichbares Ziel. Aber wir führen ein erfolgreiches, sinnvolles Gemeinschaftsleben mit all seinen Unzulänglichkeiten, Schwächen und Fehlentwicklungen.«

»Und worin unterscheidet ihr euch von den Wohngemeinschaften, den Kommunen und alternativen Gruppen in Europa?« fragte ich, in der Hoffnung, ein Erfolgskonzept zu erfahren.

»Das müßtest du eigentlich besser beurteilen können als wir.«

»Nun ja, ihr existiert nun schon seit zwei Generationen! Ihr habt euch zwar oft gestritten, aber nicht auseinandergestritten.«

»Und das Wichtigste darfst du nicht vergessen: Wir haben bewiesen, daß gemeinschaftliches Eigentum und individuelle Ansprüche miteinander verbunden werden können.«

»Weshalb?«

»Weil wir zwar an unseren Grundsätzen festgehalten haben, aber immer Verständnis für die Bedürfnisse der einzelnen hatten. Wenn jemand eine Weile lang seinen eigenen Weg gehen wollte, haben wir ihm das erlaubt und dabei geholfen. Als radikale Einrichtungen wie zum Beispiel das ›Kinderhaus‹, das den Nachwuchs dem zu starken Einfluß der Familie entziehen wollte, sich für manche Eltern als unerträglicher

Zwang erwiesen, haben wir in Einzelfällen nachgegeben und das Kind ganz oder zeitweise nach Hause gehen lassen, ohne deshalb das Prinzip der Gemeinschaftserziehung aufzugeben.«

»Und wie seid ihr mit den Herrschaftsansprüchen einzelner oder von Cliquen fertiggeworden?«

»Sobald wir merkten, daß eine starke Persönlichkeit das Ruder in die Hand nehmen wollte, hat die ›Versammlung‹, in der jeder, der will, mitreden kann, das sehr schnell gemerkt und sie sofort in die Grenzen verwiesen. Wir haben es fertiggebracht, die Ausübung von führenden Funktionen, die in den Zeiten der Jugendbewegung noch mit hohem Prestige besetzt waren, eher unattraktiv zu machen, weil sie mit sehr viel und meist auch unlebendiger Arbeit verbunden sind. So wurde der Posten des obersten Verwalters bisher schon über dreißigmal weitergegeben. Da gab es nie eine Schwierigkeit. Die meisten Entscheidungen fallen ja doch in Kommissionen, deren Mitgliedschaft in regelmäßigen Abständen rotiert.«

»Wie werdet ihr eigentlich mit dem Araberproblem fertig?«

»Das ist ein wunder Punkt. Wir sind wie Martin Buber, der unser geistiger Mentor war und es geblieben ist, der Ansicht, daß Israel ein binationaler Staat sein muß, mit gleichen Rechten für Juden und Araber. Ein führender Arabist des Landes ist Mitglied unseres Kibbuz – du erinnerst dich vielleicht noch an ihn. Er war damals in Deutschland ein besonders guter Handballspieler. Nun ja, er glaubt immer noch an die Vorzüge des Zusammenspiels und hat viele arabische Freunde, obwohl wir seit 1936 schon dreimal Krieg gegen fanatische Feinde Israels führen mußten. Wir sind immer noch Anti-Militaristen, aber die Umstände haben uns gezwungen, öfter, als wir wollen, Soldat zu spielen. Das ist der große Schatten, der über uns liegt. Und wenn uns die Versöhnung nicht gelingt, muß auch dieses Experiment trotz aller Erfolge scheitern. Das sollte, das darf nicht geschehen!«

War es nicht gerade die Bedrohung zuerst durch den deutschen und dann den arabischen Nationalismus, der den Juden in Israel die Kraft und die Geduld gegeben hat, die den meisten alternativen Projekten im Deutschland der siebziger Jahre abging? Wieviel Streit und Mutlosigkeit hatte ich vor allem in der Berliner »Szene« schon miterlebt oder aus Berichten anderer kennengelernt. Waren die Jungen, die andere Lebensumstände entwarfen und verwirklichen wollten, vielleicht nur durch den Widerstand gegen das unmittelbar Bedrohende wirklich dauerhaft zu motivieren? War mein von Gabor, Polak und Bloch beeinflußter Hauptgedanke, daß es galt, als wichtigste Anreize der Veränderung erstrebenswerte Zukünfte, konkrete konstruktive Utopien zu erfinden, psychologisch falsch? Spielten die Betroffenen nur dann ernstlich mit, wenn eine schlechte Zukunft verhindert werden mußte? Versagten sie, wenn eine gute Zukunft beispielhaft vorgelebt werden sollte?

Es blieb mir nicht viel Zeit, über dieses Problem nachzudenken, denn in der nun beginnenden zweiten Hälfte der siebziger und bis zum Ende der achtziger Jahre zwang uns die Zeitgeschichte immer deutlicher auf die dürre Durststrecke der Gegenwehr, und wir fanden immer weniger Zeit, von künftigen Paradiesen oder auch nur menschenwürdigeren Verhältnissen zu träumen.

Durch die Volkshochschule »Wyhler Wald« kam ich erstmals in Verbindung mit der um die Mitte der siebziger Jahre schnell wachsenden Bewegung gegen die sogenannte »friedliche Atomindustrie«. Ohne Aufsehen zu erregen, ohne irgendeine Befragung der Bevölkerung hatten die deutschen Energiekonzerne mit Milliardenmitteln, kräftig, aber diskret unterstützt von staatlichen Behörden, stillschweigend das gewaltige Vorhaben einer ganz neuen Industrie, der Atomindustrie, vorangetrieben, das der Profitwirtschaft einen dringend notwendigen neuen Auftrieb geben sollte. Statt auf Restauration zu setzen, wie in den von Adenauer dominierten vorhergehenden Jahrzehnten, hieß jetzt die Parole des bundesdeutschen Managements »Innovation« und beschleunigter technischer Fortschritt.

So geschickt wurde dieses langfristige Zukunftsunternehmen von cleveren Vorausstrategen geplant und in Gang gesetzt, daß die Öffentlichkeit erst aufmerksam wurde, als schon ganze Wälder, Auen und Wiesengrundstücke vornehmlich aus öffentlicher Hand heimlich in den Besitz der Kraftwerksbauer übergegangen waren. So hatte der Bürgermeister der oberrheinischen Gemeinde Wyhl zunächst ohne Wissen des Gemeinderats dem mächtigen Stromlieferanten »Badenwerk« ein riesiges Gelände – die Schätzungen schwankten zwischen 40 und 75 Hektar – am Flußufer für nur zwei Millionen Mark angeboten, ein Vorschlag, auf den der Konzern sofort einging, unter der Voraussetzung, daß die Vertragsunterzeichnung so lange wie möglich einer »außerordentlichen Geheimhaltung« unterliege.

Diese Klausel erschien den Betreibern so wichtig, weil bereits der frühere Plan, ein »Kernkraftwerk« bei Breisach zu bauen, am Widerstand der Bürger gescheitert war. Auch dieses Projekt war nur durch Zufall bekannt geworden. Spaziergänger hatten mitten im Wald eine kleine Baustelle entdeckt, an der ein Meßturm errichtet wurde, und durch geschickte Befragung nach und nach herausgefunden, was hier geplant war: der Anfang eines neuen, umfangreichen Industriegebiets, eines »zweiten Ruhrgebiets«, das auf beiden Ufern des Rheins von Ludwigshafen bis Basel entstehen sollte.

Es ist bekannt, wie schnell, wie energisch und wie unerschrocken im Laufe weniger Wochen nach Bekanntgabe der Baupläne und dem sofortigen, überfallartigen Beginn der Planierungsarbeiten die Bewohner und Nachbarn der bedrohten Region das zur schnellen Rodung anstehende Augelände besetzten und ihre Heimat, trotz des massiven Drucks der Landesregierung unter Führung des »schrecklichen Juristen« Filbinger, so lange verteidigten, bis ihnen schließlich ein Gericht in Freiburg zu Hilfe kam und den geplanten Bau der beiden nuklearen Stromfabriken samt den dazugehörigen 150 Meter hohen Kühltürmen untersagte.

Weniger bekannt ist, welche wichtige und erstmals ausschlaggebende Rolle in diesem Zusammenhang das Entstehen einer ganz andersartigen, neuen Gegenöffentlichkeit spielte. Ungleich vielfältiger, aber auch gründlicher und ausdauernder als in der Anti-Atomwaffenkampagne der fünfziger Jahre wurden die unmittelbar Betroffenen informiert und darüber hinaus Unterstützer im ganzen Lande gewonnen. Neue Druck- und Vervielfältigungsverfahren erlaubten die schnelle Herstellung von Flugzetteln, Plakaten, Informationsbroschüren. Es entstand eine vielfältige lokale und regionale »Alternativ-Presse« mit eigenen, sonst unterdrückten Nachrichten, geschrieben von kritischen Laien in einer klaren, sogar derben und oft mundartlichen Sprache, die weit besser verstanden wurde als das Soziologenchinesisch der Studentenbewegung. Ihrer bedienten sich auch die erstaunlich produktiven und originellen Politsänger wie der populäre Walter Moßmann. Sie tauchten plötzlich überall dort auf, wo sich Widerstandswillige trafen, und trugen unter freiem Himmel, in Zelten oder Wirtsstuben mit Witz, Mut und Temperament ihre brandaktuellen Lieder vor, die dann im Chor mitgesungen wurden.

Die neugegründete Volkshochschule »Wyhler Wald«, deren Einladung ich, wie schon erwähnt, die Bekanntschaft mit dieser unerhört lebendigen Protestszene verdankte, war ein Zentrum dieser Bemühungen um eine bürgernahe Aufklärung. Ihre spontane Entstehung und ihre Arbeit waren ebenso unentbehrlich wie die Bauplatzbesetzung, denn sie trug dazu bei, ein Bewußtsein zu vertiefen, das nicht nur »aus dem Bauch« kam, sondern auch die Köpfe erhellte. »Die wichtigste Voraussetzung unserer VHS ist es, daß jeder die Referenten versteht und die Zuhörerschaft jederzeit Stellung beziehen kann«, hieß es in dem Brief, der mich zum Kommen aufforderte, und genau diese Forderung meinte ich erfüllen zu können, denn die verständliche Darstellung abstrakter oder komplizierter wissenschaftlicher Inhalte war ja seit Jahren mein besonderes Anliegen. Vor allem gefiel mir eine Passage der

Einladung, in der es hieß: »Wir fänden es gut, wenn gerade Bauern, Winzer oder Frauen von ihren Erfahrungen berichten würden.« Genau das wollte ich erleben, wollte wie so viele Schreibtischarbeiter unmittelbar wahrnehmen, was die Menschen fühlten und wie sie darüber sprachen. Wie zuvor im Ruhrgebiet habe ich bei den gastlichen Weinbauern am Kaiserstuhl mit Persönlichkeiten sprechen können, deren Herzlichkeit, Humor und instinktive Klugheit mir viel gegeben haben. Nicht anders ist es mir bei Begegnungen mit wißbegierigen Bewohnern der norddeutschen, unweit von Brokdorf gelegenen Wilstermarsch oder später bei Unterhaltungen mit den rebellischen Niederbayern in der Umgebung von Wackersdorf gegangen. Wenn gutmeinende Ratgeber mir nahelegten, auf solche Treffen solle ich verzichten, denn sie könnten mir doch nichts wirklich Wesentliches bringen und kosteten mich viel zuviel Energie, konnte ich ihnen antworten, daß ich gerade daraus Kraft schöpfte und zu Einsichten kam, die mir sonst verwehrt geblieben wären.

Eine Erfahrung ganz besonderer Art, die ich den Wyhler Freunden verdanke, war ein Ausflug in stockdunkler Nacht auf einen nahe gelegenen Berg. Dorthin nahmen mich die Betreiber des Piratensenders »Dreyeckland« mit, der im Laufe der Jahre viele Hörer dieser deutsch-französisch-schweizerischen Grenzregion mit ungewöhnlichen Nachrichten, kritischen Kommentaren und kecken Liedern vertraut gemacht hat. Inzwischen ist er legalisiert worden, aber damals waren seine Redakteure und Techniker noch ständig auf der Flucht vor den Peilwagen der Post. Keine andere Sendung hat mir je so viel Spaß gemacht wie jene kurze, atemlose »Rede gegen die Verwüstung«, die ich im triefenden Dunkel, unter einem Regenschirm stehend, in das Mikrophon hinein improvisierte. »Wie viele haben uns wohl gehört?« fragte ich beim Abstieg ins Rheintal. »Vielleicht ein paar hundert, vielleicht aber auch nur ein paar Dutzend. Wir können ja keine zuverlässigen Sendezeiten einhalten«, antworteten sie. »Aber es lohnt sich trotzdem. Man weiß, irgendwo in der Luft regt sich Widerspruch. Und irgendwann wagen es dann immer mehr Leute, ihre Meinung offen heraus zu sagen. Das ist die Stimmung, die wir schaffen wollen.«

8.

So wichtig nicht nur in allen Teilen Deutschlands, sondern auch in ganz Europa – sogar im Ostblock – die vielfältig, bunt, frech und erhellend wirkende Gegenöffentlichkeit der siebziger Jahre gewesen ist, sie hätte es nicht fertiggebracht, den Meinungsumschwung in Sachen Atomenergie zu erreichen, wenn nicht eine Minderheit engagierter Mitarbeiter, zum Teil sogar leitender Redakteure einiger der großen Medien, meist gegen den Willen ihrer Vorgesetzten, die Botschaften der Kernkraftkritiker veröffentlicht und weithin hörbar gemacht hätten. Dieser Durchbruch durch die Mauer des Schweigens, die von der Atomindustrie zunächst erfolgreich errichtet worden war, wirkte entscheidend. Eine ganz besondere Rolle spielten in diesem Zusammenhang die aktuellen Taschenbücher. Waren es bisher vorwiegend verbilligte Nachdrucke von bereits erschienenen, mindestens zwei Jahre alten Werken, so griffen sie jetzt unter eigener Federführung Zeitthemen auf und konnten – weil ihnen weder parteigebundene Rundfunkräte noch unternehmensbestimmte Inserenten Schwierigkeiten machen – rücksichtsloser zu strittigen Ereignissen und Entwicklungen Stellung nehmen als Presse und Rundfunk.

Besonders einflußreich wurde die Taschenbuchreihe, die von Freimut Duve geleitet wurde, einem noch jungen engagierten Linksaußenseiter der Sozialdemokratischen Partei. Ihn lernte ich näher kennen und schätzen, als wir 1976 im Wahlkampf um Schleswig-Holstein versuchten, den entschiedenen christdemokratischen Atombefürworter Stoltenberg zu stoppen. Ein Unternehmen, das fast gelungen wäre. Es scheiterte nur daran, daß die neuentstandene alternative Partei der »Grünen« es damals nicht über sich bringen konnte, auf ihre eigene Kandidatur zugunsten der gemeinsamen Verhinderung des umstrittenen Atomkraftwerks Brokdorf zu verzichten. Mit den wenigen, aber entscheidenden Stimmen, die sie auf sich zogen, vereitelten sie damals eine Anti-Atom-Mehrheit.

Hätte die ganz knapp geschlagene schleswig-holsteinische SPD, die sich durch ihre Entschiedenheit deutlich von den Anpassern in ihrer Partei unterschied, die Wahl gewonnen, dann wäre es sicherlich nicht zu einer Bauerlaubnis für Brokdorf gekommen. Denn im Gegensatz zu der großen Mehrheit ihrer Partei und der Gewerkschaften waren die Sozialdemokraten in diesem nördlichsten Bundesland entschiedene Kernkraftgegner, allen voran der spätere Energieminister Günther Jansen. Durch ihre Niederlage wurden von nun an Konfrontationen zwischen entschiedenen Kernkraftgegnern und den von einer nervösen, überreagierenden Polizei verteidigten Befürwortern im Stil eines Bürgerkrieges fast unvermeidlich.

Wie in Wyhl wollten die Bürgerinitiativen durch die Besetzung des Bauplatzes auf die Gefährdung der ganzen Region, vor allem auch der im Wirkungsfeld einer möglichen Katastrophe liegenden Großstadt Hamburg hinweisen, um dann durch ausdauernden Widerstand einen Verzicht auf das Vorhaben zu erzwingen. Damit diese Rechnung nicht aufgehen sollte, wurden gegen die erste große Kundgebung am 12. und 13. Februar 1976 mit Handwaffen, Tränengasgranaten, extra langen Gummiknüppeln, Wasserwerfern und sogar Spähpanzern ausgerüstete Einheiten der Bereitschaftspolizei aus drei Ländern mobilisiert. Es war die größte Machtdemonstration der inneren Sicherheitskräfte seit Kriegsende, und wer den generalstabsmäßig geplanten Aufmarsch dieser mit ihrem beinahe das ganze Antlitz verdeckenden Gesichtsschutz, ihren weißen Helmen und fast mannshohen Kampfschildern ausgerüsteten »Ordnungshüter« miterlebte, mußte damit an die erst ein paar Jahrzehnte zurückliegende böse Vergangenheit erinnert werden.

Daß diese geballte Macht mit ihren lärmenden Hubschraubern, aggressiv bellenden Hunden, ihrem über Lautsprecher unaufhörlich präsenten Kommandogeschrei nur darauf wartete, auf die überwiegend jungen Männer und Frauen loszugehen, die unter einem grauverhangenen Himmel über schmale Pfade zu Tausenden dem Bauplatz zustrebten, war von Anfang an klar. Die 2500 Uniformierten, angeblich angetreten, um die Demonstranten zu schützen und Gewalt zu verhindern, wollten in Wahrheit ein Exempel statuieren und ein »Modell für den polizeilichen Ernstfall« erproben, das abschreckend wirken und weitere Störungen des Atomprogramms durch aufmüpfige Bürger verhindern sollte.

Gegenüber der Öffentlichkeit wurde das militante Auftreten der Polizei dadurch gerechtfertigt, daß sich unter die unbewaffneten Protestler auch eine verhältnismäßig kleine Zahl von Angehörigen der sogenannten »K-Gruppen« gemischt hatte, die verkündet hatten, sie würden den Zaun um den in eine Art Festung verwandelten Bauplatz mit Gewalt niederreißen. Auch behaupteten sie in Überschätzung ihrer realen Möglichkeiten, daß sie gewillt seien, diese »revolutionäre Situation« zu nutzen. Viel zu schwach, um wirklich einen Umsturz von unten einzuleiten, spielten sie in Wahrheit gerade den Kräften in die Hände, die wieder einen »starken Staat« durchsetzen wollten.

9.

Die erste große »Schlacht um Brokdorf« verlief dann weniger dramatisch, als befürchtet worden war. Es gab zwar glücklicherweise kein Todesopfer, wie bei einer Protestkundgebung gegen den französischen Atombrüter in Malville, aber es ereigneten sich doch so erschreckende und beschämende Szenen brutaler Gewaltanwendung gegen fast Wehrlose, die grausam verprügelt, getreten und ins Wasser der vielen, die weite norddeutsche Ebene durchziehenden Fleete gestoßen wurden, daß die Öffentlichkeit sich zu fragen begann, ob die Durchsetzung einer offensichtlich gefürchteten neuen Energiequelle die Wiederkehr solch entwürdigender Szenen und Methoden rechtfertige.

Erst jetzt setzte ein Sturm der Entrüstung ein, der sich nicht mehr legen sollte. Ihn als notwendige Verteidigung politischer Bürgerrechte zu legitimieren, war meine Absicht, als ich in die Auseinandersetzungen eingriff. Daß ich dabei zum ersten Mal bei einer Großkundgebung in Itzehoe unweit von Brokdorf am 19. Februar 1977 diesen wirksamen, zuvor noch nie verwendeten Begriff »Atomstaat« formulierte, war nicht am Schreibtisch vorbereitet, sondern eine plötzliche Eingebung, die mir erst während meiner Rede durch den Kopf schoß. Wie viele von uns hatte ich Eugen Kogons »SS-Staat« gelesen und das Buch als eine der überzeugendsten Darstellungen des nationalsozialistischen Gewaltregimes empfunden. Da mich der unheimliche und stetige Vormarsch der technokratischen Elite im bundesrepublikanischen Deutschland immer deutlicher an die unseligen früheren Zeiten erinnerte, konnte ich in diesem Schlagwort eine verhängnisvolle historische Parallele verdeutlichen.

In der spannungsgeladenen inneren Atmosphäre des Jahres 1977 zündete diese Warnung vor den bisher kaum bedachten politischen Folgen der Einführung einer überdurchschnittlich gefährlichen Industrie und erhellte die enormen Risiken für die Demokratie, die sich aus dem Spannungsverhältnis der »Gewalt von unten« und der immer unbarmherziger auftretenden »Gewalt von oben« entwickeln mußte. Typisch für diese Polarisierung war, daß der mutige evangelische Pastor Bode, den ich bewunderte, als er mit seinem schwarzen Amtstalar sich bei den Auseinandersetzungen zwischen die Fronten der Erregten gewagt hatte, um Gewalt zu verhindern, von den Radikalen als Speichellecker und Duckmäuser beschimpft, von den Obrigkeitstreuen aber als Chaotenkleriker und Terroristenhelfer angeprangert wurde.

Daß auch ich genau wie die anderen Redner in Itzehoe – vor allem Freimut Duve und Heinz Brandt – beschimpft wurde, war unerheblich angesichts der Tatsache, daß Rudolf Augstein im »Spiegel« mein Wort vom »Atomstaat« sofort aufgriff und damit erst wirklich populär machte. Zufällig – aber war das nicht eher unvermeidlich? – wurde nur wenige Tage nach Itzehoe die »Affäre Traube« publik. Es kam heraus, daß ein führender Wissenschaftler und Manager der Firma »Interatom«, die für den ersten deutschen »schnellen Brüter« in Kalkar am Niederrhein verantwortlich zeichnete, monatelang mit Komplizität der Behörden auf Grund eines völlig falschen Verdachts bespitzelt worden war. Man hatte heimlich alle seine Telefongespräche mitgeschnitten, hatte in seinem angeblich unsoliden Privatleben herumgeschnüffelt und damit den in meiner Rede behaupteten Verfall der bürgerlichen Freiheitsrechte als unvermeidliche Folge des Aufbaus der Atomindustrie überraschend schnell bestätigt. Denn freiheitliche Demokratie und das enorme Risiko, das mit der Nutzung atomarer Spaltungsprozesse in jeder Form unweigerlich verbunden ist, können nicht nebeneinander existieren. Nur diktatorische Kontrollen könnten diese Gefahren eventuell meistern.

Ruth, Peter und ich lebten damals hauptsächlich in Paris, weil ich dort eine Möglichkeit gefunden hatte, mit Hilfe von Freunden der französischen Zukunftsbewegung ein »Institut für soziale Erfindungen« ins Leben zu rufen. Da aber Monsieur Breuil, der vermögende Sponsor meiner höchst ehrenwerten Mitbegründer, schon nach ein paar Wochen in Verdacht geriet, seine überschwengliche Phantasie zu unkorrekten Geschäften benutzt zu haben, und ins Gefängnis eingeliefert wurde, war nun dem Vorhaben der wirtschaftliche Boden entzogen. Eine recht eindrucksvolle internationale Konferenz mit vielen großen Namen, die mit Überzeugung die Auffassung vertraten, daß die vom »Club of Rome« so überzeugend geschilderte »problematique« des Weltzustandes durch neue gesellschaftliche Konzepte gelöst werden müsse, war das einzige sichtbare Ergebnis dieser bald zum Stillstand verurteilten Bemühungen, die neue Gesellschaft zu erfinden.

Hätte die Schnüffelpolizei – sie kann sich ja in Frankreich auf eine besonders lange Tradition stützen – damals nachgeforscht, in welchen Umständen der »prominente Kernkraftgegner Jungk« lebte, so wäre sie wie im Fall Traube schnell zu oberflächlich zwar zutreffenden, aber im Grunde ganz falschen Erkenntnissen gekommen.

Wir lebten nämlich am Boulevard Raspail in einem Appartement, dessen Wände dicht mit pikanten, oft fast pornographischen Kunstwerken vollgehängt waren. Die amerikanischen Eheleute Eberhard und Phylis Kronhausen, bei denen wir in Untermiete wohnten, waren reputierliche Sammler solcher Kunstwerke, und der hintere Teil der Wohnung, den sie für sich behielten, reichte bei weitem nicht aus, um diese anregende und aufregende Ausstellung der Vielfalt erotischer Möglichkeiten zu beherbergen.

Ich bemühte mich wacker, in der »chambre de bonne« direkt unter dem Dach meine vielen neuen Erfahrungen über den Atomstaat zu Papier zu bringen: Reisen zu dem auf einer Halbinsel gelegenen Wiederaufbereitungszentrum für radioaktive Abfälle La Hague in der Normandie, Begegnungen mit gewerkschaftlich organisierten Arbeitern, die in den von unsichtbaren, lebensfeindlichen Strahlungen verseuchten Räumen nur ungenügend geschützt jobben müssen, Gespräche mit verbitterten normannischen Bauern, die von schwerbewaffneten »Gardes mobiles« von ihrem Boden vertrieben worden waren, weil dort ein neues Kernkraftwerk entstehen sollte, und sich an die schlimmsten Zeiten der deutschen Besatzungszeit erinnernd fluchten: »Die deutschen Soldaten haben wir jetzt gegen die deutschen Schäferhunde eingetauscht.« Aber auch über die herzliche Freundschaft mit Didi Augier, dem schnell lachenden und noch schneller weinenden Chef des Widerstandes, schrieb ich, den man in Paris und im ganzen Land verleumdete, weil er den unter dem Einfluß von Frederic Joliot-Curie atomfreundlich gesinnten kommunistischen Gewerkschaftlern als »reaktionär und fortschrittsfeindlich« galt.

Es hatten sich in der Atomfrage ganz neue Fronten gebildet. In Frankreich, wo bisher der Gegensatz von links und rechts besonders tief gewesen war, fanden sich nun Anhänger aus dem reaktionären Bürgertum wie aus der Arbeiterbewegung als Befürworter einer ungeminderten und rücksichtslosen technischen Weiterentwicklung in einer seltsamen, technokratisch gesinnten Bundesgenossenschaft zusammen, die das Land der Freiheit, Gleichheit und Brüderlichkeit zum führenden Atomstaat Europas machten.

10.

Wie stets im Laufe einer Bucharbeit merkte ich bald, daß ich den Umkreis der Recherchen unbedingt erweitern mußte. Hier standen sich in einer politischen Auseinandersetzung ganz neuer Art zwei internationale Gruppierungen gegenüber: die mächtige Interessengruppe der mit dem Uranbergbau und dem Militär verbündeten nuklearen Energieindustrie, die, weltweit straff organisiert, auch die durch hohe Löhne korrumpierten Belegschaften auf ihre Seite gebracht hatte, und ihnen gegenüber die spontane, nur locker organisierte Freundesbewegung der Atomgegner, deren Unberechenbarkeit zugleich Ausdruck ihrer Schwäche wie Quelle ihrer von den Befürwortern der Atomindustrie gefürchteten Stärke war.

Ich habe, um die internationale Bewegung gegen die Atomindustrie kennenzulernen, die Brennpunkte dieser Auseinandersetzung besucht. Meine Recherchen führten mich zuerst ins Londoner Büro der »Friends of the Earth«, dann in die düstere »Civic Hall« von Whitehaven, wo mit englischer Fairness und Geduld über die Einwände der Anrainer gegen das »englische La Hague«, die Plutoniumfabrik in Windscale, verhandelt wurde, schließlich auch zu den dänischen Bundesgenossen in Kopenhagen und Aarhus, die das bald auf der ganzen Welt verbreitete Symbol der »lachenden Sonne« entworfen und das ironisch höfliche Schlagwort der Ablehnung »Nein danke!« erfunden hatten, von da aus zur Amsterdamer Redaktion des »World Information Service on Energy« (Wise) und schließlich in die engen, von Computersurren fast 24 Stunden lang erfüllten Washingtoner Arbeitsräume des einflußreichen »Natural Resources Defence Council« (NRDC). Dort begegnete ich einem neuen Typ von Rebellen. Sie waren fachlich überdurchschnittlich informiert und setzten ihr gründlicheres Wissen gegen den Leichtsinn und das Halbwissen der Betreiber ein.

Aber auch mit diesen Betreibern selber versuchte ich Kontakt aufzunehmen. Da gab es durchaus Einsichtige, die ihre wachsenden Zweifel über die Zukunft der Atomindustrie nicht verschwiegen, wie die an der Internationalen Atombehörde in Wien beschäftigten Amerikaner Henry J. Otway und Philip Pahner, die Verständnis für die Ängste der so oft belogenen Bürger hatten und auf Kompromisse in einer offenen und ehrlichen Auseinandersetzung mit ihnen hofften, oder Dr. K. H. Beckurts, Leiter des Kernforschungszentrums Jülich, dessen festen Glauben an die Segnungen der Atomkraft vor allem sein Sohn bei Streitgesprächen am Abendbrottisch, wie er mir erzählte, erheblich erschüttert haben dürfte. Daß gerade dieser nachdenklichere Atommanager später von Terroristen umgebracht wurde, ist besonders tragisch.

Aber ich traf auch auf Unbekümmerte wie den Atompropagandisten und Weizsäckerschüler Wolf Häfele, der in Schloß Laxenburg, unter einem großen Gemäldeporträt der Maria Theresia sitzend, den uneinsichtigen Reporter für die große Vision eines Zeitalters des unendlichen Energieüberflusses zu begeistern versuchte. Daß die Entwicklung der Atomenergie auch Risiken in sich berge, wollte dieser Atomprophet gar nicht leugnen. Das hypothetische »Restrisiko« der Nuklearanlagen müsse nun einmal im höheren Interesse eines gewaltigen technischen Fortschritts und seiner immensen materiellen Vorteile gegen unwahrscheinliches, aber mögliches Versagen in Kauf genommen werden. Die neue Technologie werde mit einer neuen sozialen Struktur eine Symbiose eingehen, predigte er. In ihr sollte dann die Elite der »Wissenden« auf Grund ihres geistigen Vorsprungs mehr Stimme und Macht besitzen als »die große Masse der uninformierten und halbinformierten Ängstlichen«.

Gerade von mir, dem Beschwörer einer besseren Zukunft,

habe er Unterstützung, nicht Gegnerschaft erwartet, ließ mich der Enttäuschte wissen, während er mit messianischem Pathos die Rettung der durch Überbevölkerung, Armut und Hunger bedrängten Menschheit des nahenden neuen Jahrtausends durch die gerade noch rechtzeitig gelungene Nutzbarmachung der im Kern verborgenen Kräfte verkündete. Nur Energieproduktion durch vervollkommnete Nukleartechnik könne das leisten. Die gewaltigen Anlagen der »schnellen Brüter« in Malville und Kalkar seien für ihn vergleichbar mit den großen Kathedralen der Vergangenheit: weithin sichtbare und bewunderungswürdige Symbole eines modernen Glaubens.

Mit Schrecken erkannte ich meine unerwartete Mitschuld am Entstehen solches utopistischen Größenwahns. Der späte Nachfahre des allgewaltigen Golems, der da vor mir saß und im Überschwang seiner Begeisterung meine Anwesenheit vergessen hatte, war die ungewollte und unerwartete Ausgeburt unserer Träume von einer der menschlichen Phantasie entspringenden und mit menschlicher Berechnung geformten Zukunft.

Einige Wochen später stand ich mit Zehntausenden vor dem Ungetüm von Kalkar, das ohne die charismatische Überzeugungsgabe Häfeles und die Irreführung seiner viel zu niedrig gehaltenen finanziellen Voranschläge nie entstanden wäre. Noch lief der »Brüter« nicht, noch war dieses Betonmonstrum nur eine häßliche, angsteinflößende Anhäufung von himmelhohen fensterlosen Gebäuden, noch ahnten die durch den Massenaufmarsch beunruhigten Betreiber nicht, daß dieses Milliardenobjekt eine Investitionsruine bleiben würde, noch konnte man behaupten, dieser friedliche Aufstand sei das Werk einiger verbohrter Linksradikaler, während in Wirklichkeit die unermüdliche Christdemokratin Frau Degen aus dem Nachbarort und der unerschrockene Bauer Maass, dem das Nachbargrundstück gehörte, den ganzen Wirbel angestiftet hatten.

Damals habe ich am eigenen Leibe besonders eindrücklich erlebt, wie das Fernsehen sich zum Komplizen einer fehlgeleiteten obrigkeitlichen Industriepolitik machen ließ. Zu Beginn der Kundgebung kamen die Reporter der Sendung »Report« zu mir und fragten mich, auf eine Gruppe von nicht einmal hundert Demonstranten unter roten Fahnen deutend, die in der gewaltigen Masse fast unterging, ob ich mir nicht wie ein »Zauberlehrling« vorkomme, der vielleicht, ohne es zu wollen, den Kommunisten Vorschub leiste. »In keiner Weise«, antwortete ich vor der Kamera. »Das ist doch nur ein winziges Häuflein. Es hat zwar ein Recht, mit der großen Menge zu protestieren, kann sie aber in keiner Weise lenken oder gar beherrschen.«

Gesendet wurde aber dann nicht diese Erklärung, sondern eine Bildfolge, die mich besorgt und unruhig im Schatten des Monstrums auf und ab gehend zeigte. Dazu eine anonyme Stimme aus dem Hintergrund: »Jetzt ist es dem ›Zauberlehrling‹ doch unbehaglich geworden.« Und im Gegenschnitt eine Einstellung, die die »rote Gruppe« übergroß ins Bild brachte.

In Wahrheit war der Grund meiner Sorge ein ganz anderer gewesen. Französische Freunde von dem »Amis de la Terre« hatten mich gebeten, auf sie zu warten, ehe wir alle den von der Polizei verbotenen Schritt in das Sperrgebiet, die unmittelbare Nachbarschaft der »Atomfestung«, machen würden. Ich sollte ihnen im Falle einer möglichen Verhaftung als Dolmetscher beistehen. Aber ich wartete vergeblich. Sie kamen nicht und kamen nicht, weil sie, wie sich später herausstellte, das Risiko einer möglichen Festnahme gescheut hatten.

Ich habe dann wochenlang mit Hilfe eines Anwalts – und kräftig für Justizkosten zu Ader gelassen – um eine Berichtigung kämpfen müssen, die klarstellen sollte, daß man mir in der von Millionen gesehenen Sendung Gedanken untergeschoben hatte, die sich eine willfährige Pro-Atom-Propaganda ausgedacht haben mußte. Und da ich nicht lockerließ, mußte Franz Alt, der Leiter der Sendung, schließlich meine Gegendarstellung verlesen. Allerdings mit dem hinterfotzigen Nachsatz, man müsse zwar diese Gegendarstellung senden, könne aber ihren Wahrheitsgehalt nicht garantieren. »You can't win against them«, reagieren die Amerikaner auf ein solches Vorgehen.

Mich hat dieses eher harmlose Erlebnis angespornt, von jetzt an vor allem der bisher vernachlässigten politischen Dimension der atomaren Bedrohung meine ganze Aufmerksamkeit zu widmen. Es war nicht nur die Umwelt zunehmender Vergiftung ausgesetzt, sondern auch die persönliche Sphäre all derer, denen man ihre Bürger- und Menschenrechte beschneiden wollte, wenn sie wahrheitsgetreue Informationen verlangten statt Verharmlosung oder Verheimlichung. Soweit sie als Forscher, Angestellte oder Beamte mehr über die Gefahren der zivilen industriellen Anwendung von Atomspaltung wußten als alle die anderen Betroffenen, zwang man sie, gehorsame und verschwiegene Komplizen einer höchst zweifelhaften und hochriskanten Entwicklung zu sein.

Und doch entdeckte ich immer wieder Persönlichkeiten, die sich diesen Zwängen nicht beugen wollten. Einige scherten einfach aus und suchten sich andere Beschäftigungen, in denen sie keiner Schweigepflicht unterworfen waren. Andere – und denen galt mein besonderes Interesse – blieben »drinnen«, um weiter beobachten und heimlich berichten zu können, was »im Bauch des Monsters« vorging – so drastisch formulierte das einer von ihnen mir gegenüber.

Da ich inzwischen als aktiver und einflußreicher Atomgegner bekannt war, mußten sich diese »whistle blowers« (Verpfeifer) meist heimlich mit mir treffen. Es war selbstverständlich, daß ich selbst unter Druck niemals verraten durfte, wer mich informiert hatte, denn durch die Nennung meiner »Quellen« hätte ich Existenzen zerstören können. Mich und meine Gesprächspartner widerte dieses konspirative Verhalten in einer nominell freien Gesellschaft zwar an, aber wie sollte man sonst an die Wahrheit herankommen? Einer der angesehensten Gelehrten der Universität Karlsruhe, der auch Mitarbeiter im dortigen Kernforschungszentrum war, erzählte mir im Beisein seiner Gattin, wie man auf meine durch Überwacher bekanntgewordenen Besuche in seinem Haus reagiert hatte:

»Vor ein paar Tagen ließ mich der Personalchef dringend zu sich rufen. Aber als ich in seinem Büro saß, hieß es, er habe es sich anders überlegt und wolle über das, was er mit mir besprechen wolle, doch lieber nichts sagen. So mußte ich ihn in meiner durch diese plötzliche Vorladung hervorgerufenen Beunruhigung bedrängen, ohne Skrupel mit dem herauszurücken, was er zur Sprache bringen wolle. Und da behauptet dieser Herr fast stotternd mit gespieltem Unbehagen, man habe ihm anvertraut, daß ich nach Dienstschluß einer Kellnerin der Cafeteria unter die Röcke gegriffen hätte. ›Die tragen doch Blue jeans‹, bin ich ihm spontan ins Wort gefallen. ›Und warum erfinden Sie eigentlich solche dummen Geschichten?‹ Er hat's mir natürlich nicht gestanden.« Ich ahnte, was diese ganze groteske Komödie bezweckte. Man wollte den Mann einschüchtern, indem man ihm zeigte, wie einer fertiggemacht werden könne, wenn er weiter mit solchen Individuen wie Robert Jungk spreche und ausplaudere, was die Öffentlichkeit nicht erfahren sollte: die Pannen, die Irrtümer, die leichtsinnige Unterschätzung eines großen, möglicherweise katastrophalen Gefahrenpotentials durch angebliche Autoritäten.

Der wachsende Widerstand der Bürger gegen die Kernkraftwerke, den ich von 1976 bis 1979 in mehr als hundert Reden, Interviews, Artikeln, Kolumnen anzuregen versuchte, bewies mehr Wirklichkeitssinn als die hochwissenschaftlichen Berechnungen der Risikomathematik, durch die mit angeblich exakten Zahlen und Kurven bewiesen werden sollte, daß sich größere Reaktorunfälle, wenn überhaupt, nur einmal in Jahrhunderten ereignen könnten.

Als ich auf dem Wiener Stephansplatz in den späten Abendstunden des 5. November 1978 mit Tausenden Österreichern den Erfolg in der Abstimmung gegen das fast schon betriebsbereite Kernkraftwerk Zwentendorf feiern durfte und kurz nach dem Unfall von Harrisburg im langen Traktorentreck durch Niedersachsen bis ins Zentrum Hannover den Zorn der niedersächsischen Landbevölkerung hautnah miterleben konnte, da war ich sicher, daß endlich eine Zeit begonnen hatte, in der »Jedermann« sich erfolgreich gegen die mächtigen Technokraten durchsetzen würde. Das war einmal mehr eine Lebenshoffnung, die später vorübergehend enttäuscht werden sollte. Und doch nicht sterben durfte.

Flusser und die Katastrophen

Sicherlich die anregendste Persönlichkeit, die ich in den letzten Jahren traf, war der Prager Vilém Flusser. Sieben Jahre jünger als ich und doch Dutzende Jahre belesener und weiser. Ich lernte ihn auf einer Tagung an der Westberliner »Akademie der Künste« kennen. Wir saßen uns beim Essen gegenüber, und bevor einer von uns auch nur einen Bissen zu sich genommen hatte, begann er schon zu diskutieren.

»Ich liebe Auseinandersetzungen«, sagte er. »Streiten Sie sich mit mir.«

Die Art und Weise seines Diskurses war provokant, blitzschnell und voller Überraschungen. Das von einem weißen Prophetenbart eingerahmte Gesicht, der ausdrucksvolle Blick, die bald aufwärts, bald seitwärts, bald vorwärts zeigende unterstreichende oder zusammenfassende Gestik der unruhigen Hände gaben seinen Worten mehr Bedeutung, als er eigentlich beabsichtigte. Denn jede seiner Aussagen wollte nicht mehr sein als eine vorläufige Annahme, die anstoßen, aufregen, zu produktivem Widerspruch und notwendiger Ergänzung oder Korrektur reizen sollte.

So habe ich mir die Wortführer im Kreise talmudischer Wahrheitssucher vorgestellt. Endlich war ich einem von ihnen begegnet und wollte nicht mehr von ihm lassen. Seit Adrien Turel hatte ich keinen solchen Gesprächspartner mehr gefunden. Eines der Hauptthemen, über das wir uns nicht einigen konnten, war die Frage, wie man Kastastrophen einschätzen solle. Ich plädierte wie stets, daß alles getan werden müsse, sie zu verhindern, der Berufsprovokateur behauptete, sie seien überraschende Abenteuer, die willkommen geheißen werden sollten, weil sie das Starre aufbrechen, das Festgefahrene losmachen und zwingender als jedes andere Ereignis die konstruktive Einbildungskraft mobilisieren.

»Was aber, wenn die Katastrophe so überwältigend ist, daß ihre Opfer nicht mehr imstande sind, irgendeinen Nutzen aus ihr zu ziehen?« konterte ich.

»Sie unterschätzen die Menschen. Und ich dachte, gerade Sie hätten besonders großes Vertrauen in ihre Fähigkeiten. Gilt das nicht mehr?«

»Ja, aber die angewandte Wissenschaft hat eine Technik hervorgebracht, die irreversible, nie wiedergutzumachende Folgen haben kann. Nehmen Sie zum Beispiel...«

So redeten wir immer heftiger und auch immer atemloser aufeinander ein, denn der Weg zum Salzburger Kloster Nonntal stieg ziemlich stark an. Zwei alte, durch die Welt gewirbelte Wanderer, die keinen Blick für die bezaubernde Aussicht übrig hatten, weil sie nur wissen wollten, welche Perspektiven die Weltgeschichte bietet.

Schließlich einigten wir uns beim Abstieg darauf, daß wir einmal ein Streitbuch über das stets präsente Zeitproblem »Katastrophe« schreiben wollten.

Drei oder vier Monate nach diesem Gespräch ist Vilém Flusser bei einem Autounfall ums Leben gekommen, hat seine wunderbare Frau, hat seine Freunde und Schüler, hat auch mich, der sich noch so viele Begegnungen mit ihm wünschte, alleingelassen.

Ein nicht wiedergutzumachender Verlust, ein irreversibles Ereignis, eine Katastrophe.

Doch indem ich das schreibe, höre ich seine erregte Stimme: »Aber viele streiten sich doch noch weiter mit mir? Oder wie?«

---

15. Kapitel

Das Leben retten

1979–1988

Bonner Friedenskundgebung (10. Oktober 1980); von links: Erhard
Eppler, Uta Ranke-Heinemann, William Born, Heinrich Albertz,
Heinrich Böll

Anti-AKW-Demonstration in Gundremmingen (1983)

Im Frühjahr 1982 fand ich in der amerikanischen Zeitschrift »Aviation Week and Space Technology«, die sich vorwiegend mit der in schneller Entwicklung befindlichen Raketentechnik beschäftigte, eine Nachricht, die mich ganz persönlich betraf, obwohl sie von einem Zukunftsprojekt berichtete, das im Grunde nur für Militärfachleute von Bedeutung sein konnte.

In wenigen Zeilen wurde da berichtet, daß das Verteidigungsministerium der USA sich bereits ernsthafte Gedanken über das Ende eines Atomkriegs gemacht habe. Vermutlich werde dann keine der erschöpften Konfliktparteien mehr einen entscheidenden Schlag führen können, weil überall die Energiesysteme zusammengebrochen seien.

Gab es wirklich keine Möglichkeit mehr, den Krieg doch noch eindeutig für sich zu entscheiden? Die nimmermüden Denker des Pentagon konnten eine solche Lähmung ihrer Streitkräfte nicht einmal gedanklich ertragen. Deshalb hatten sie sich das sogenannte »Project Deep Hole« ausgedacht. In besonders tiefen Schächten werde man eine unverletzliche Reserve von atomar bestückten Raketen bereithalten, um mit ihrem allerletzten Einsatz gegen die bereits dem Erdboden gleichgemachten Stellungen des Feindes den totalen Endsieg zu erringen.

Mich interessierte an dem grotesken Szenario vor allem die Mitteilung, daß dieser traurige Triumph nur durch die Nutzung von Sonnenenergie möglich sein werde. Denn dies werde zu jenem fatalen Zeitpunkt die einzig noch zuverlässig verfügbare Kraftquelle sein. Das widersprach der zentralen These einer Arbeit, der ich die letzten Jahre gewidmet hatte. Ich wollte darin zeigen, daß die Solarenergie im Gegensatz zur Atomenergie nur für friedliche Zwecke nutzbar gemacht werden könne und somit Voraussetzung für eine gewaltlose Weltordnung der Zukunft sei.

Seit Frühjahr 1979 stand die Beschäftigung mit der Sonne, Sonnenforschern, Sonnenbastlern und Sonnenverehrern im Mittelpunkt meines Erlebens, meines Denkens, meiner Arbeit. Nur so hatte ich die Kraft gefunden, den gefährlichen Entwicklungen, die mit dem Wiederaufleben des nuklearen Rüstungswettlaufs durch den sogenannten »Doppelbeschluß« der NATO eingesetzt hatten, innerlich standzuhalten. Denn hier wuchs eine neue Hoffnung heran, begann man die ersten Umrisse eines anderen Zeitalters zu ahnen. Symbolisch würde es durch ein fernes und doch stets präsentes Stück Natur verkörpert werden, das niemand in Besitz nehmen konnte. »Die Sonne gehört allen« – das war der programmatische Titel des Buches, das ich plante. Nur – er stimmte nicht mehr! Die Mächtigen, zuerst die Wirtschaft und nun auch das Militär, hatten sogar die Sonne für ihre Zwecke eingefangen. Ihre Kraft gehörte zuallererst und fast ausschließlich ihnen. Mein Projekt war in ein tiefes Loch gefallen.

Und doch gehört diese Periode der »Sonnenreisen« kreuz und quer über den Globus zu meinen interessantesten Erfahrungen. Denn ich lernte dabei besonders einfallsreiche und energische Menschen kennen, die an etwas Zukunftsträchtigem arbeiteten, ohne ein schlechtes Gewissen zu haben. Sie waren sich bewußt, daß ihre Tätigkeit notwendig und nützlich sei. Der Ernst und die Begeisterung, die von ihnen ausgingen, übertrugen sich auf mich wie auf jeden, der mit diesen Pionieren zu tun hatte.

2.

Zum dritten Mal habe ich also im siebten Jahrzehnt meines Lebens grundlegend Neues zu lernen begonnen. Da die Bücher und Aufsätze, die ich zum Thema »Sonne« las, mir nicht genügten, versuchte ich nun, wie einst bei meiner Beschäftigung mit der Atomforschung, die Protagonisten der neuen Kräfte persönlich kennenzulernen.

Da war Maria Telkes, eine mütterliche ungarische Physikerin, die sich seit Jahren mit dem schwierigen Problem der Hortung der nur zu gewissen Zeiten fließenden Himmelsgabe herumschlug, und auf der anderen Seite der Erde J. Kapur,

dessen eindrucksvolle »Sonnenfarmen« Indiens der Energie-
armut ein Ende bereiten sollten. Ich besuchte in Nagoya japanische Forscher, die sich vorgenommen hatten, durch ein
Spritzverfahren die Oberfläche von Dächern und Wänden
empfänglich für die Kraft der Sonnenstrahlen zu machen, und
ließ mir in Los Alamos von Douglas Balcomb seine Hausmo-
delle zur Nutzung der unerschöpflichen Ströme von Licht
und Wärme zeigen. War es nicht ein Zeichen der Besinnung,
daß gerade an dem schicksalsbelasteten Ort, wo sie die ersten
Atombomben gebaut hatten, nun in diese lebenserhaltende
Richtung geforscht wurde?

Seit Jahren schon hing an der Wand neben meinem Schreibtisch der Holzschnitt des deutsch-brasilianischen Künstlers
Hansen-Bahia, der zeigte, wie ein junger Indianer ein blitzen-
des Trümmerstück an seinen Schild heftete. Es war die Illu-
stration einer alten Sage, die der geheimnisvolle, von mir seit
meiner Jugendzeit verehrte Autor des »Totenschiffs«, B. Tra-
ven, nacherzählt hatte. Demnach sei eines Morgens die Sonne
nicht aufgegangen. Böse, machtgierige Götter hatten sie zerstört, »weil sie die Menschen zu vernichten gedachten«. In
ihrer Not fanden die plötzlich in Kälte und Finsternis Gestürzten einen opferbereiten jungen Mann namens Chicove-
neg, der versuchen wollte, über die ganze Erde pilgernd die
Bruchstücke des geborstenen Himmelskörpers zu sammeln.
Die wollte er dann zu einer neuen Sonne zusammenfügen.

Ähnliches, so schien es mir, hätten wir Zeitgenossen für unsere in Dunkelheit und Angst gestürzte Welt zu leisten. Wieder, wie schon nach der Lektüre von »Der Mensch ist gut«,
identifizierte ich mich mit dem Helden eines literarischen
Werks. Ein romantisch-pubertärer Antrieb, den ich belächelte
und doch ernst nahm. Denn ich hatte im Laufe der Auseinandersetzungen um Atomtechnik und Frieden erfahren, daß der
Versuch, die Menschheit zu retten, mehr verlangte als auf Wissen und Vernunft gegründete Erkenntnisse: die Hilfe höherer
Kräfte. Deshalb habe ich von da an, wann immer ich bei einer
Versammlung unter freiem Himmel als Redner auftrat, noch
vor den Menschen die Sonne begrüßt. Sie sollte uns Zuver-

sicht schenken, sie war Licht und Verheißung, Symbol einer helleren Zukunft.

Zum ersten Mal hatte ich einen solchen Gruß an die Sonne in den »Black Mountains« von South Dakota erlebt, als beim »International Survival Meeting« im Sommer 1980 auf dem Hochplateau von Colorado Tausende von Demonstranten aus aller Welt tagelang gegen die Uranförderung protestierten. Ich verstand zwar kein Wort der Beschwörung des alten indianischen Priesters, der dem wilden Sonnentanz einiger hundert junger Eingeborener voranging, aber ich war wie alle anderen tief berührt von diesen Tönen der Klage und des Flehens.

Über das Verhältnis von Indianern und Sonne habe ich viel bei einem Gespräch im engeren Kreis an der kalifornischen Universität Davis erfahren. David Brower, Bergsteiger, Verleger und tatkräftiger Gründer des »Sierra Club«, der mich dorthin gebracht hatte, versuchte mir klarzumachen, daß die Priester der alten Stämme davor warnten, die Sonne wie ein Zugpferd vor den Karren des Fortschritts zu spannen. Wolle man wirklich einen anderen, sanften Pfad einschlagen, um ein neues Zeitalter zu erreichen, dann müsse eine tiefere Sinneswandlung um sich greifen, die sich nicht allein mit einem Wechsel von einer industriellen Antriebsquelle zu einer anderen begnügen dürfe.

Skepsis fand ich zu meiner Überraschung auch bei einigen Mitarbeitern der unweit von Sacramento entstandenen staatlichen Versuchsanstalt für die Entwicklung alternativer Energiequellen. Sie ahnten bereits, daß nach einer bereits voraussehbaren Abwahl ihres Protektors, des demokratischen Gouverneurs Jerry Brown, der aussichtsreiche Versuch einer »Solarisierung« der kalifornischen Elektrizitätswirtschaft von der nachfolgenden konservativen Regierung einfach abgedreht werden würde. Bill Clarke, der eigentliche Inspirator dieses hoffnungsvollen Vorhabens, kam nur einen Tag, nachdem ich mich mit ihm noch in fröhlicher Stimmung unterhalten hatte, bei einem Autounfall um. Es ging sofort das Gerücht, daß die Ursache dieses Todes kein Zufall gewesen sei, sondern der gezielte Anschlag auf einen Neuerer, den die Lobbies der konventionellen Stromhersteller aus dem Weg räumen wollten.

3.

Dennoch hatte die Sonnenbewegung zu Beginn des achten Jahrzehnts besonders in Amerika bereits einen solchen Umfang und eine so große Popularität erreicht, daß sie selbst nach dem Machtantritt Ronald Reagans im Januar 1981 nicht einfach »abgeschafft« werden konnte wie das staatliche Wohlfahrtssystem, das unter Roosevelt und seinen demokratischen Nachfolgern aufgebaut und erprobt worden war.

Ein Kernstück der neuen Sonnenindustrie war das 1977 gegründete »Solar Energy Research Institute« (SERI) in Golden unweit von Denver, das von Donald Hayes, einer charismatischen und energischen Persönlichkeit, geleitet wurde. Als einer der Promotoren des 1970 zum ersten Mal proklamierten jährlichen »Earth Day« wurde er im ganzen Land und darüber hinaus auch bei den Umweltschützern anderer Kontinente hoch geschätzt. Als ich 1980 sein Institut für einige Zeit aufsuchte, um mich in der vollständigsten Spezialbibliothek zum Thema »Sonne« umzuschauen, arbeiteten dort schon fast siebenhundert Angestellte – darunter etwa zweihundert Wissenschaftler. Es war erfreulich, endlich einmal ein amerikanisches Laboratorium kennenzulernen, in dem es keine Geheimnisse, keine verschlossenen Türen gab und ein freier Geist wehte. Als ich einige Jahre später nach dem Antritt des neuen Präsidenten Ronald Reagan für einen kurzen Besuch dorthin zurückkehrte, hatte sich dieses Klima der Offenheit völlig verändert. Es herrschte das übliche Mißtrauen der Forschungsbürokratie, das der Besucher von außen sofort zu spüren bekam. Wichtige Abteilungen waren nicht mehr zugänglich. Überwachung und Kontrollen aller Art herrschten vor. Hayes, dessen Temperament jedermann angefeuert hatte – nostalgisch erzählten sie noch jetzt von seinem ansteckenden Enthusiasmus –, war schon bald nach Beginn der neuen Administration entlassen worden und mit ihm die meisten seiner Mitarbeiter.

Die Aufmerksamkeit der staatlichen Stellen fanden nun vor allem Verwendungsmöglichkeiten der Solarenergie, die aus Konkurrenzgründen oder militärischen Sicherheitsbedenken nur einem kleinen Kreis bekannt waren. Es wurden deutlich Großprojekte bevorzugt wie die kalifornische Energiezentrale von Barstow mit ihren riesigen Sonnenkollektoren. Bei einem Besuch dort konnte ich sehen, wie die nähere Umgebung dieser Anlage von übergroßer Hitze und ungewollten Flammenausbrüchen so sehr beschädigt worden war, daß auf ihre Regeneration kaum mehr zu hoffen war. Auch Sonnenkraft konnte also gefährlich werden, wenn man zu unbedenklich mit ihr umging.

Einer, der damit rechnen zu können meinte, daß er nun von der Regierung kräftig gefördert werden würde, war Dr. Peter E. Glaser, ein ursprünglich aus Saaz, der letzten Heimat meines Großvaters Leopold Baum, stammender Physiker. Er hatte schon 1968 mit einem Aufsatz in »Science« Aufsehen erregt, in dem er als die effektivste Weise, die Sonnenenergie ohne Wetterstörungen 24 Stunden am Tag nutzbar zu machen, den Bau von quadratkilometergroßen, die Erde umkreisenden Solarsatelliten vorschlug.

Als ich Glaser in seinem Büro bei der bekannten technischen Beratungsfirma Arthur D. Little traf, war gerade ein vorläufiger Kostenvoranschlag für ein 60 solcher Satelliten umfassendes Programm veröffentlicht worden, das den gesamten Energiebedarf der USA decken sollte. Der anspruchsvolle Großplaner wies – nicht ohne Stolz, wenn auch etwas besorgt – darauf hin, daß es nach Vollendung der notwendigen detaillierten Forschungs- und Entwicklungsbemühungen noch etwa weitere 17 Jahre dauern werde, ehe sein gigantisches Energiesystem fertig werden könne. Die Kosten? Sie wurden nach damaligen, noch vorinflationären Preisen auf etwa 750 Trilliarden Dollar geschätzt, eine Zahl, die mein sympathischer Landsmann ohne Zögern über die Lippen brachte. Aber das werde sich lohnen, meinte Dr. Glaser, denn dann werde die an Zahl und in ihren Ansprüchen rapide wachsende Menschheit bis tief ins nächste Jahrtausend hinein keine Energiesorgen mehr haben.

Seither ist es allerdings ruhig um diese grandiosen Pläne geworden. Es gab nicht nur Finanzierungsprobleme und Umweltsorgen, die sich dem Projekt in den Weg stellten, sondern vor allem die Befürchtung, daß bei einem kommenden »Krieg der Sterne« die Sonnensatelliten zu den ersten und am leichtesten zu treffenden militärischen Zielen gehören würden. In Washington hatte man bereits begonnen, »Star Wars«, das bislang kostspieligste Rüstungsprojekt seit dem Zweiten Weltkrieg, auszutüfteln, das die Schlachtfelder der Zukunft in die Weiten des Himmels verlegte. Im Zeitalter der Weltraumschlachten war kein Platz mehr für Glasers giganteske, aber friedliche Sonnenutopie.

4.

Wir standen in der kleinen Wohnküche eines christlichen Studentenwohnheims im dänischen Universitätsstädtchen Aarhus und sahen uns einen ganz gewöhnlichen Eßtisch an, der eine besondere, fast historische Bedeutung hatte. »Hier haben wir die ersten Sonnen-Aufkleber mit der Parole ›Atomenergie – ne tak‹ (›Atomenergie – nein danke!‹) entworfen und hergestellt«, erzählte eine junge Dozentin und hielt uns das weltbekannte Symbol des lachenden roten Sterns auf gelbem Grund entgegen, das seit Mitte der siebziger Jahre millionenfach verbreitet auf Abzeichen, Plakaten und Fahnen der Atomgegner zu sehen war. »Eigentlich sollten wir hier in der Klosterstraße 4–6 ja einen ganz anderen Anstecker herstellen. Er zeigte eine Mutter mit Kind, die von nuklearen Elektronenbahnen in eine Art Käfig eingeschlossen war. Das machte angst. Wir aber wollten doch ein Zeichen der Hoffnung setzen. So haben wir diese lachende Sonnenblume gemalt, und der sofortige Erfolg hat uns gezeigt, daß wir damit die Gefühle vieler Zeitgenossen ausgedrückt haben. Die ersten fünfhundert ›Nein danke!‹-Buttons haben wir noch selber hergestellt. Wir konnten gar nicht schnell genug arbeiten, um der Nachfrage nachzukommen.«

Dieses ausdrucksvolle Symbol der lachenden Sonne hat eine einigende und anregende Rolle in den sozialen Bewegungen des letzten Vierteljahrhunderts gespielt. Hier war das, wonach sich die von Angst und Sorge Umgetriebenen sehnten, auf einfache und eindrückliche Weise dargestellt. Ob in Basel oder in Beijing, in Amsterdam oder Tunis, in Glasgow oder Montpellier, am Toten Meer oder im Vorgebirge des Himalaya, wo immer ich hinkam, um mitzuweben an dem immer weiter gespannten Netz der Lebensretter, sah ich nun dieses typische Emblem, das zugleich »Nein« und »Ja« ausdrückte, Ablehnung und Zuwendung.

Es ging all diesen zugleich Betroffenen und Begeisterten ja nicht nur um die Gewinnung von Sonnenenergie, sondern um die Aktivierung menschlicher Energie. Das merkte ich besonders, wenn ich mich mit Leuten unterhielt wie dem Ehepaar Valdez und ihren Mitarbeitern, die im Saint Louis Valley unweit der Grenze zwischen Colorado und New Mexico ein »Sonnendorf« aufgebaut hatten. Die Installation von einfachen Geräten, welche die Sonnenstrahlen in Strom und Wärme verwandeln konnten, war hier zum Auslöser ganz neuer gedanklicher, seelischer, ja sogar körperlicher Erlebnisse geworden.

»Unsere Mitbürger hatten, bevor sie zu uns ins ›Solar Village‹ zogen, ihre natürliche Umwelt kaum mehr wahrgenommen«, predigte Bobby, der lokale Philosoph, gestern noch Fernfahrer, nun Gärtner und Solarinstallateur. »Was Wind ist und was Wärme ist, wie die Wolken ziehen und wie unsere Gärten gedeihen, weshalb wir eigentlich leben, das hatten wir fast schon vergessen. Jetzt ist uns ein Licht aufgegangen.«

Ein ähnliches Aufwachen zu neuem Selbstbewußtsein habe ich auch bei Wissenschaftlern festgestellt, die in jenen Jahren zwischen 1975 und 1985 ihre eigenen Umweltinstitute aufbauten, weil die Hochschulen ökologischen Fragen und möglichen Lösungen noch kaum Aufmerksamkeit schenkten. Es entstand neben dem offiziellen akademischen System nun ein Netz alternativer Forschungseinrichtungen. Besonderen Eindruck machte mir Pierre Fornallaz, Professor der Eidgenössischen Technischen Hochschule in Zürich, der seinen Lehrstuhl verließ, um in Langenbruck (Kanton Basel) ein eigenes Ökozentrum aufzubauen. Er konstruierte mit seinen Freunden gutfunktionierende Solarautos, die mit hausgemachtem Sonnenstrom fuhren, entwickelte unter dem Stichwort »Sunneschy« neue Bauelemente zur besseren Nutzung der einfallenden Sonnenenergie, entwarf Methoden sparsameren Umgangs mit Trinkwasser und intelligenter Abfallverminderung, organisierte eine Informationszentrale für ökologischen Landbau, die besonders Bauern in der Dritten Welt beriet, und konnte durch sein Beispiel zeigen, daß Experten sowohl bürgernah wie selbstkritisch sein können.

Wegweisend wurde mir sein Schlußwort nach einer Debatte über die Errichtung einer Sondermüll-Deponie: »Es gibt in der Wissenschaft in Fragen, die das Leben betreffen, keine Objektivität. Es gibt nur Lehrmeinungen. Deshalb dürfen wir unsere Entscheidungen nicht an Experten delegieren, sondern müssen selbst entscheiden. Trauen Sie für diese Entscheidung Ihren Gefühlen. Das dürfen Sie, wenn Sie sich durch Anhören der Experten der beiden Lager ins Bild gesetzt haben. Beachten Sie aber auch die Folgen Ihrer Entscheidung in Ihrer Haltung als Konsument. Mitbestimmen heißt auch mitverantworten.«

Dieser eindrucksvolle, von seinen Freunden und Kollegen mit freundlichem Spott »Sonnenkönig« genannte Gelehrte, dessen voller weißer Haarschopf wie eine silberne Krone über seinem scharfgeschnittenen Profil thronte, zeigte nie eine Spur von Eitelkeit oder Hochmut. Und solche mit selbstverständlicher Autorität gepaarte Bescheidenheit habe ich eigentlich bei jedem der Begründer dieser neuen weltweiten »Universitas« gespürt. Professor Günter Altner, den Gründer des Freiburger »Öko-Instituts« und von Vortrag zu Vortrag, von Ort zu Ort eilenden Apostel der neuen Umweltphilosophie, habe ich nicht nur als eindrucksvollen, weil stets lobenswert einfachen Redner im Gedächtnis, sondern vor allem als lächelnd Schlafenden im Großraumwagen eines Schnellzugs, irgendwo zwischen Frankfurt und Koblenz, ein Bild guten Gewissens und verdienter Zufriedenheit.

Wie erfreulich und bereichernd war der Umgang mit diesen Pionieren der im Entstehen begriffenen Umweltforschung! Etwa mit dem wie ein ewiger Student aussehenden Amerikaner Amory Lovins, der die Pfade der »Soft Energy« erkundete und sich mit keckem Selbstbewußtsein über die Leuchten der traditionellen Hochschulforschung lustig machte. Wenn sie Energie mit ihren gefährlichen Riesenmaschinerien erzeugten, gebärdeten sie sich wie Köche, die als Buttermesser irgendwelche gewaltigen mechanischen Sägen verwendeten, spottete er und rechnete jedem sofort vor, wieviel sparsamer Energie erzeugt und verwendet werden konnte.

Oder aber ich hatte das Vergnügen, wieder einmal mit Professor Günther Schwab, dem Autor des eindrucksvollen »Tanz mit dem Teufel«, oder mit meinem engeren Landsmann Leopold Kohr zusammenzusitzen, seinen Anekdoten aus einem langen, ereignisreichen Wanderleben zuzuhören sowie zwischendurch seiner bedeutenden Philosophie des Kleinen, des Übersichtlichen und deshalb einzig Menschengemäßen zu lauschen.

Es gab sie also wirklich, die »heitere Wissenschaft«, von der Nietzsche geträumt hatte. Carl Amerys hinterlistiger bayrischer Humor vertrug sich sehr wohl mit dem Ernst seiner ökologischen Beweisführung. Hazel Hendersons ansteckende Begeisterung für das von ihr verkündete »solar age« war die leuchtende, aber unentbehrliche andere Seite ihres tiefen Kummers über die reißendschnelle Entwicklung des Verfalls aller Lebensgrundlagen.

6.

In all diesen Jahren, da ich mich auf den hellen Sonnenpfaden bewegte, bin ich doch immer wieder auf die wirren, scheinbar aussichtslosen Wege einer weltpolitischen Wirklichkeit zurückgeführt worden, die sich stets unwirklicher und grotesker zu entwickeln schien. Denn was dachten sich eigentlich die Supergroßmächte bei ihrem immer riskanteren Pokerspiel, in dem mit Gewaltpotentialen gedroht wurde, die jeder vernünftigen Berechnung längst entglitten waren? Was konnte Erfolg in einer militärischen Auseinandersetzung noch bedeuten, wenn er mit dem eigenen Untergang erkauft werden mußte? Um zu begreifen, was in den Köpfen der Strategen vorging, habe ich damals immer eifriger ihre Fachzeitschriften zu lesen begonnen und bald bemerkt, daß hinter den Formeln von »gradueller Abschreckung« oder »gezielter Vernichtung« keinerlei deutliche Vorstellungen mehr zu stehen schienen. Wenn ich mit Vertretern dieser Militärdoktrinen gelegentlich bei Podiumsdiskussionen, in Rundfunk- oder Fernsehdebatten zusammentraf, versuchte ich sie vergeblich aus dem Traumland ihrer abstrakten Begriffe und wirklichkeitsfernen Strategiemathematik herauszulocken und ihnen die blutige Wirklichkeit auszumalen, die Folge jedes Einsatzes ihrer neuen Massenmordinstrumente sein mußte.

»Ach, seien Sie doch nicht so emotionell«, wurde mir dann entgegengehalten, »bleiben Sie sachlich.«

»Aber es geht doch nicht um Sachen. Es geht doch um das unwiderruflich zerstörte Leben von Menschen, Tieren und Pflanzen«, wandte ich ein.

Der Herr Verteidigungsminister Stoltenberg geruhte so viel Naivität zu belächeln.

»Weshalb lächeln Sie eigentlich ständig, Herr Minister«, fragte ich ihn einmal vor Zehntausenden Fernsehzuschauern. »Das, worüber wir hier sprechen, ist doch todtraurig.« Da wendete er sich beleidigt ab.

Sie wollten nicht hören, sie wollten nicht begreifen, und so haben wir sie dazu zwingen müssen.

»Wir«, das waren zum Beispiel 300 000 Menschen, die am 10. Oktober 1981 in Bonn für Abrüstung und Entspannung in Europa demonstrierten oder eine Hunderte Kilometer lange Menschenkette durch Süddeutschland bildeten, das war die halbe Million, mit denen ich im Jahr darauf durch die Straßen von Manhattan in den Central Park zog, wo in den denkbar schärfsten Worten die bevorstehende Aufstellung amerikanischer Raketen verurteilt wurde. »Wir«, das waren die englischen Frauen, denen ich begegnete, als sie tagelang den US-Stützpunkt Greenham Common belagerten, aber auch das Häuflein der Unbeirrbaren, die im Carl-Kabat-Haus am Stacheldrahtzaun des Pershing-Geländes von Mutlangen ausharrten, nachdem wir »Prominenten«, die sich dort im September 1982 zu einer Sitzblockade auf den Ein- und Ausfahrtstraßen der »base« versammelt hatten, längst wieder nach Hause zurückgegangen waren. »Wir«, das waren vor allem Hunderte und Hunderte von Friedensgruppen, die sich in zahlreichen Orten der westlichen Welt zusammenfanden, um sichtbar und ausdauernd gegen die Nachrüstung aufzutreten.

Ich schreibe »wir«, schließe mich also an und ein, weil ich mich nie zuvor mit so vielen Menschen so verbunden gefühlt hatte wie mit diesen mir in der Mehrzahl persönlich zunächst Unbekannten.

Ich habe 1983 in meinen Buch »Menschenbeben«, das damals zu meinem 70. Geburtstag statt des nicht zustandegekommenen Sonnenbuches erschien, ausführlich über diese Periode meines Lebens geschrieben. Sie führte mich von Rednertribüne zu Rednertribüne, von Diskussionsrunde zu Diskussionsrunde, aber ich habe bei allen diesen öffentlichen Äußerungen so gut wie nichts über meine eigenen Empfindungen oder Zweifel berichtet. Es ging ja da schließlich nicht um die Person des Beobachters Robert Jungk, sondern um das Geschehen, das er festhalten und mitteilen wollte.

Ein Höhepunkt dieses Lebensabschnittes war sicherlich meine Teilnahme an der großen Kundgebung im Bonner Hofgarten. In dem großartigen Fotoband »Wir werden immer mehr« von Hildegard Weber habe ich mir die vielen verschiedenen Menschen, die an jenem grauen Oktobernachmittag zu der historischen Kundgebung auf dem weiten Platz erschienen waren, nachträglich genauer als von der Rednertribüne aus ansehen können und meinen Gefühlen in folgenden Worten Ausdruck gegeben: »In ihren Gesichtern Erwartung, Zorn, Resignation, Inbrunst. Eine dunkle Menschenwolke, die sich nach der Sonne sehnt. Ich werde es nie vergessen. Ich werde *sie* nie vergessen.«

7.

Erst rückblickend ist mir ganz deutlich geworden, daß ich fast immer der einzige »Einzelgänger« war, der zu diesen machtvollen Veranstaltungen als Redner eingeladen wurde. Ich war kein Vertreter einer Partei, einer Konfession, einer Gewerkschaft, eines Bundes, einer Aktion, ja nicht einmal einer Gruppe, und man konnte mich keinem der »Spektren« zuordnen, die zu dem großen Regenbogen »Friedensbewegung« gehörten. Daß man mich nicht einordnen konnte, hat manchen verunsichert, mir hat es hingegen ein außerordentliches Gefühl der Unabhängigkeit gewährt.

Ich konnte bald an diesem, bald an jenem Treffen teilnehmen, ohne daß mir vorgeschrieben war, mit wem ich mich zusammensetzte oder was ich sagte. So war es mir auch möglich, im Ostblock nicht nur mit Dissidenten zu sprechen, sondern auch mit Persönlichkeiten, die sich nicht (oder noch nicht) von ihrem Regime losgesagt hatten und in der einen oder anderen Funktion noch in ihre Systeme eingebunden waren.

Ein besonders interessanter Unterredner war gerade jetzt wieder mein Kollege Professor Igor Bestushew-Lada, Gründer und Leiter des Moskauer Instituts für soziale Prognostik, mit dem ich bei mehreren seiner Auslandsbesuche ausführlich – und stets außer Hörweite von Mikrophonen – über die Zukunft der Ost-West-Beziehungen, über die Kriegsgefahr und die kritischen Zustände in der Sowjetunion sprechen konnte. Ich vertrat auf Grund nicht nur dieses, sondern auch zahlreicher anderer »Kontakte«, die ich mit einflußreichen Persönlichkeiten des kommunistischen Regimes aufnehmen konnte, die Auffassung, daß die »kalten Krieger« im Westen mit ihrer ständigen Verschärfung des Konflikts nicht nur die Gefahr eines neuen schrecklichen Krieges vergrößerten, sondern den Scharfmachern der östlichen Unterdrückungsapparate willkommene Vorwände lieferten, auf ihrer »harten Linie« zu beharren. Meine Haltung wurde aber oft falsch verstanden, und ich wurde sowohl von der bürgerlichen Presse wie aus den Kreisen der Friedensbewegung angegriffen, indem sie mir zu Unrecht Sympathie für die Tyrannen vorwarfen.

Am 8. August 1982, bei einem Seminar der Arbeitsgemeinschaft unabhängiger Friedensinitiativen Österreichs, an dem außer dem Hauptsprecher, dem hervorragenden englischen Gesellschaftswissenschaftler E. P. Thompson, auch der sowjetische Dissident Michael Voslensky und Zdenek Mlynar, ein zur Emigration gezwungener Exponent der tschechoslowakischen Reformbewegung von 1968, teilnahmen, verteidigte ich mich:

»Ich bin genauso entschieden wie Sie gegen die Unterdrückung im Osten, und ich habe es gezeigt. Ich gehöre dem CSSR-Solidaritätskomitee an, das die Verfolgten des Prager Frühlings und der Charta 77 unterstützt. Ich bin in der Sowjetunion kritisch aufgetreten, wo immer ich konnte, aber ich habe versucht, auch im Gespräch mit Funktionären, sie nicht nur als Nummern zu sehen, sondern als Menschen in Zwängen und unter Druck, für deren schwierige Lage ich Verständnis aufbringen mußte. In Wirklichkeit habe ich, wenn ich mit hohen Funktionären in den Ostländern unter vier Augen sprechen konnte, noch nie einen gefunden, der das Regime hundertprozentig verteidigt hätte. Und mancher hat mir gesagt, wir sehen ja ein, daß wir Fehler gemacht haben und immer noch machen. Aber ihr macht es uns schwer, das öffentlich zu tun, wenn ihr uns ständig angreift und damit unseren Orthodoxen in die Hände spielt.«

Hätte der Westen nicht auf den plötzlichen und totalen Zusammenbruch der Strukturen im Osten Europas hingearbeitet, sondern auf einen entschiedenen, aber allmählichen, sich über Jahre hinziehenden Umbau, wären wahrscheinlich die Krisen der neunziger Jahre vermieden worden, die nun auf ganz andere Weise abermals den Weltfrieden gefährden.

Daß mir diese Stellungnahme abermals Ärger durch Verdächtigungen einbringt, muß ich ertragen. Aber ich habe in den achtziger Jahren gelernt, daß man es aushalten kann, wenn abweichendes Verhalten gutem Gewissen entspringt und nicht das Ergebnis von interessierten Berechnungen ist.

8.

Zwei andere »freischwebende Intellektuelle« – so versuchte man uns doch noch ein Etikett aufzukleben – haben mir besonders geholfen, diese nicht immer einfache Position durchzustehen. Es war der endlich wieder in meinem Leben aufgetauchte Peter Weiss und der amerikanische Dissident Daniel Ellsberg. Meine einst so enge Verbindung zu Peter hatte sich gelockert, als er sich während des Vietnamkrieges zum kommunistischen »Jasager« zu entwickeln schien, und lebte wieder auf, als er einzusehen begann, daß es für ihn unmöglich war, sich ohne Einwände einem »Lager« anzuschließen, das auf Kritikverzicht und Liniendisziplin bestand.

Bald nach der Premiere seines »Trotzki«-Stücks in Düsseldorf, das er zum Unwillen der Parteiideologen geschrieben und gegen ihren Einspruch zur Aufführung freigegeben hatte, trafen wir uns zum ersten Mal seit langer Zeit wieder in Berlin. Peter hatte in einem zweistöckigen Atelier der »Akademie der Künste« im Tiergarten Quartier bezogen. Im gleichen weitläufigen Haus, wo ich in den folgenden Jahren so oft wohnen sollte, haben wir damals lange Gespräche über die Notwendigkeit geführt, nicht nur gegenüber politischen Gegnern, sondern auch im Umgang mit Näherstehenden stets auf der Hut zu bleiben. Gerade sie seien gefährlich, wenn sie einen zu Nachsichtigkeit und Kompromissen verführen wollten.

Von da an haben Peter und ich uns wieder öfter gesehen. Ich besuchte ihn in seinem Stockholmer Atelier und bewunderte seine in Bibliotheks-Karteikästen wohlgeordnete und umfangreiche Sammlung von Informationsmaterialien, die er zum Schreiben seiner dokumentarischen Stücke verwendete. Auch die umfangreichen Unterlagen für die »Ästhetik des Widerstandes« waren hier registriert. Als Ruth und ich den Freund zum letzten Mal in Schweden sahen, litt er unter starken Asthmaanfällen, mehr aber noch, so schien es uns, unter seiner Isoliertheit in einer Fremde, die ihm nie Heimat geworden war.

Anfang Mai 1982 traf ich eines Abends in der Berliner »Paris Bar« zufällig eine junge Schauspielerin, die früher einmal mit Peter eng befreundet gewesen war und immer noch mit ihm in Verbindung stand. »Ich verrate dir etwas, was ich eigentlich für mich behalten sollte«, sagte sie mit verhaltener Stimme, »Peter hat eine Geburtstagsüberraschung für dich vor. Er kommt am 11. Mai nach Berlin, um von nun an ganz hier zu bleiben.«

Wunderbar! So würden wir also nach so vielen Jahren wenigstens zeitweise wieder in der gleichen Stadt leben, vielleicht sogar, wie besprochen, an einem Stück über das seltsame Leben in einer ständig vom Weltuntergang bedrohten Gesellschaft arbeiten. Es kam der 11. Mai. Kein Peter. Es kam der zwölfte. Es kam der dreizehnte und an diesem Tag die unbegreifliche Nachricht, daß Peter vor drei Tagen in Stockholm einem Erstickungsanfall erlegen sei.

Jetzt blieb mir nur noch Daniel Ellsberg als unabhängiger Kampfgefährte. Ich hatte ihn in der Zeit des Vietnamkrieges kennengelernt, als er noch bei RAND, dem »think tank« der Air Force, tätig war. Damals wußte ich nicht, daß er dabei war, heimlich Unterlagen zusammenzustellen und zu vervielfältigen, aus denen hervorging, wie aussichtslos die Lage der amerikanischen Interventionstruppen in Vietnam war. Die Veröffentlichung dieser »Pentagon Papers« war später ein entscheidender Beitrag zur Beendigung des unsinnigen Konflikts.

Nach unseren ersten langen Gesprächen am Strand von Malibu, bei denen ich viel über die Schwächen und Zweifel der öffentlich so siegesbewußten amerikanischen Spitzenstrategen erfahren hatte, war unsere Verbindung zunächst wieder abgebrochen. Sie kam zufällig wieder zustande, weil ich bei einer großen Antikriegsveranstaltung in Duisburg im fast dunklen Auditorium etwas zu lange und zu auffällig eine besonders anziehende blonde Frau anstarrte, bis sie schließlich gezwungen war, mir zuzulächeln. Gleich darauf wandte sie ihren Kopf ab und drehte sich zu ihrem Nachbarn. Natürlich wollte ich wissen, wie der aussah. Und so fand ich »Dani« wieder. Er hatte nach seiner riskanten Tat selbstverständlich den Regierungsdienst verlassen müssen, war in eine Reihe schwieriger und gefährlicher Prozesse verwickelt worden und hatte sich nun ganz der Aufgabe gewidmet, weltweit einen »Aufruf zum Ungehorsam« unter einflußreiche Leute zu bringen.

Thyra Quensel, seine Gefährtin, half ihm dabei mit einer beängstigenden Energie. Sie war hochintelligent, impulsiv, oft auch unvorsichtig: ein »wildes Mädchen«, wie sie selber bekannte. Nur durch Zufall war ihr Leben vor einiger Zeit gerettet worden, als sie in Bonn in einem Augenblick der Verzweiflung aus dem Fenster gesprungen war. Ihr wehender Rock, der an einem Vorsprung hängenblieb, hatte den Sturz aufgehalten. Die Feuerwehr konnte die verhinderte Selbstmörderin wieder in Sicherheit bringen. »Gott sei Dank«, seufzte die Gerettete nachher. »Ich habe ja noch so viel zu tun. Kann mir so was doch eigentlich gar nicht leisten.«

So ist die von ihrer verständnisvollen Diplomatenfamilie großzügig unterstützte »Friedenskämpferin« an allen »Fronten« des Kriegs gegen den Krieg aufgetaucht und hat die riskantesten Aufgaben übernommen. Thyra war die erste, die auf das verbotene – und natürlich verstrahlte – Testgelände in Nevada vordrang, sie war es auch, die im Juni 1982 den »sit down« der END (European Nuclear Disarmament)-Konferenz vor der Zufahrt des NATO-Hauptquartiers in Brüssel organisierte. Eines Tages verschwand sie plötzlich aus unserem Blickfeld. Es hieß, sie habe Gaddafi zum zahlenden Bundesgenossen der europäischen Friedensbewegung gewinnen können, sogar Geschichten von einer Affäre mit dem Führer der islamischen Revolution wurden kolportiert. Jedenfalls hatte die große Verführerin, als wir sie wieder zu Gesicht bekamen, ihre langen Haare sittsam unter einem Kopftuch versteckt und erzählte mit niedergeschlagenen Augen, daß sie nun eine tugendhafte Kämpferin für Mohammed sei. Mehrmals am Tag warf sie sich jetzt zum Gebet nieder, verteilte die Schriften eines islamischen Sektenpriesters und pries ihn als die einzige Rettung. Nur von Zeit zu Zeit meldet sie sich noch telefonisch bei mir und versucht mich zur Teilnahme an irgendeiner Pilgerfahrt zu überreden.

9.

Als ich eben durchlas, was ich über Daniel Ellsberg und Thyra notiert habe, erwischte ich mich bei einer Sünde, die Autoren begehen, wenn sie dem Unterhaltsamen den Vorrang vor dem Wichtigen geben. Wir vernachlässigen zu oft das Normale, das Stetige und Unspektakuläre zugunsten des Ausgefallenen und verfälschen damit die Wirklichkeit.

So hätte ich an erster Stelle der Menschen, welche die Friedensbewegung trugen und zu einer politischen Macht werden ließen, die beharrliche und bescheidene Seele des Gorlebener Widerstands, Marianne Fritzen, nennen müssen, und vor allem Klaus Vack, den »festen Klaus in den Erscheinungen der Flucht«, wie ich ihn einmal in einer Geburtstagsgratulation nannte. »Im Kampf um Freiheit, Frieden und Menschenrechte geht es leider oft zu wie auf der Börse«, schrieb ich ihm. »Hausse und Baisse und abermaliges Hoch und dann wieder ein Tief ... Da gibt es nur ganz wenige ›feste Werte‹. Einer von ihnen ist Klaus Vack.«

Es war dieser Bescheidene, Belesene, auf jedes Unrecht sofort Reagierende, der mit seiner Frau und seinen Kindern von einem kleinen Haus im Odenwald aus die großen Bewegungen gegen die Tiefflieger, die den Menschen den Schlaf raubten, ebenso schnell in Gang brachte wie gegen die Stationierung chemischer Waffen im Hunsrück, gegen den Pannenreaktor in Biblis und vor allem gegen die Aufstellung der Atomraketen in Mutlangen. Mehr noch: wenn es dann zu Repressionsmaßnahmen und Gerichtsverfahren kam, war es Klaus, der Ratschläge erteilte, wie und mit Hilfe welcher Anwälte man sich zu verteidigen habe, wie man Berufung einlegen, wie man öffentliche Aufmerksamkeit für diese skandalösen Urteile erreichen könnte, die friedenswilligen Bürgern die gewaltlose Sperrung eines militärischen Zufahrtsweges als »verwerfliche Nötigung« oder gar als »kriminell« anlasteten. Unterstützt vor allem von den Hochschullehrern Andreas Buro und Wolf-Dieter Narr, hat er sich mit seinem »Komitee für Grundrechte und Demokratie« bis heute stets schneller und entschiedener für die Menschenrechte der Bundesrepublik und anderen Ländern der Welt eingesetzt als irgendein anderer Deutscher, der mir bekannt geworden wäre.

Ich habe auch ganz persönlich von seinen Ratschlägen Nutzen gezogen, als ich in den achtziger Jahren mehrfach mit der Justiz in Konflikt geraten war. Einmal, weil ich Franz Josef Strauß in Nürnberg nach der ungesetzlichen Sprengung einer angemeldeten Bundeskonferenz der Anti-Atom-Initiativen durch die bayrische Polizei bei einer spontan organisierten Kundgebung auf öffentlichem Platz einen »Tyrannen« genannt hatte, ein anderes Mal, weil ich, wie fast alle, die am 31. August 1985 die Zufahrtsstraße zu den Pershing II-Depots in Mutlangen besetzt hatten, mich deswegen vor Gericht verantworten mußte. Klaus Vack hatte in seinen Rundbriefen stets betont, es seien »unsere Verteidigungsreden schon wegen ihrer tiefen und politisierenden Wirkung auf die Zuhörer wichtig«, andererseits auch die Hoffnung geäußert, daß die Richter »irgendwann ihre harte und unbeugsame Linie nicht mehr durchstehen können«.

Und in der Tat, als mein Verfahren endlich am 7. April 1987 drankam, fällte der Richter Alfred Herzel nicht nur ein deutlich milderes Urteil als seine Vorgänger, sondern erklärte auch, die Motive der Angeklagten (außer gegen mich wurde zugleich auch gegen den Psychotherapeuten Michael Kortländer verhandelt) seien »voll verständlich«. Auch er, der Jurist, sähe in der wahnsinnigen Rüstung eine Kriegsgefahr, die beseitigt werden müsse. Und er riskierte es sogar, uns Angeklagten öffentlich zu versichern: »Ich schließe mich in ihren Kreis ein!«

10.

Was sind Lebenshöhepunkte? Ist es eine Ehrung, wie ich sie am 9. Dezember 1986 im vollbesetzten Sitzungssaal des schwedischen Parlaments erlebte, als mir die »Right Livelihood Foundation« aus der Hand ihres Gründers Jakob von Uexküll die Urkunde des »alternativen Nobelpreises« überreichte, oder ist es eine Gerichtsverhandlung wie die von Hanau, in der ich mich am 15. April 1988 gegen den Vorwurf des Staatsanwalts verteidigen mußte, »öffentlich in einer Versammlung zu rechtswidrigen Taten aufgerufen sowie auf eine Menschenmenge eingewirkt zu haben, um ihre Bereitschaft zu Gewalttätigkeiten gegen Menschen und Sachen zu fördern«?

Mir ist der Tag vor dem Tribunal, das böse enden konnte, falls der angebliche Tatbestand der »Volksverhetzung und des Landfriedensbruchs« durch einen Urteilsspruch bestätigt würde, viel stärker in Erinnerung. Denn da war ich nicht nur das erfreute, aber passive Objekt einer internationalen Ehrung, sondern ein Bedrängter, der sich endlich von Angesicht zu Angesicht mit Vertretern einer ungerechten und unerträglichen »Ordnung« auseinandersetzen konnte.

Begonnen hatte das Drama im Spätherbst 1986. Am 26. April dieses Unheilsjahres hatte sich in Tschernobyl die erste nukleare Großkatastrophe ereignet, vor der wir seit Jahren vergeblich gewarnt hatten. Trotz aller Versuche der Atomlobby, den Unfall zu verharmlosen, wurde es im Laufe der folgenden Wochen und Monate immer klarer, daß die freigewordene radioaktive Strahlung weite Teile Weißrußlands und der

Ukraine vergiftet hatte. Gesundheit und Leben Zehntausender in der näheren und weiteren Umgebung des havarierten Reaktors waren betroffen. Darüber hinaus hatte der »fallout« in weiten Gebieten von Ost-, Nord- und Mitteleuropa Wiesen, Wälder, Äcker, Gärten, Bäche, Promenaden, Sport- und Kinderspielplätze verstrahlt.

Zum ersten Mal erlebten jetzt die Europäer am eigenen Leib, welche ganz persönlichen Risiken ihnen der versagende Fortschritt aufbürdete, und die schon fast eingeschlafene Anti-Atom-Kampagne bekam neuen Aufwind. Sie richtete sich jetzt nicht mehr nur gegen atomare Reaktoren, Transporte und Mülldeponien, sondern gegen die verantwortungslose Ausbreitung einer immer noch unerprobten und unsicheren Industrie, die mitten in dichtbesiedelten Gebieten stationiert worden war. Die hessische Kreisstadt Hanau unweit von Frankfurt galt als besonders kritischer Standort, denn dort erzeugte die Firma Nukem tonnenweise das in der Natur nicht vorkommende Element Plutonium, das sowohl als Brennstoff wie als Explosivstoff verwendet werden kann.

Gegen diesen zur zivilen Anlage erklärten, durch seinen großen Hort von bombenfähigem Material aber vermutlich auch rüstungswichtigen Industriekomplex wurde für den 8. November 1986 eine Großkundgebung vorbereitet. Diejenigen, die mich dort als Hauptredner wünschten, weil ich seit langem auf die meist verschwiegenen Zusammenhänge von ziviler und militärischer Nukleartechnik hingewiesen hatte, stießen aber auf entschiedenen Widerstand vieler »Autonomer«. Die hatten mir nämlich nicht verziehen, daß ich sie auf einer früheren Kundgebung in Krefeld, bei der der damalige amerikanische Vizepräsident Bush physisch angegriffen worden war, als »freiwillige Provokateure im Dienste der Unterdrückung« bezeichnet hatte. Und in der Tat hatte ihre leichtsinnige »Aktion« wesentlich zur Verteufelung unseres Widerstandes beigetragen.

Von diesen Auseinandersetzungen im Vorfeld der Kundgebung erfuhr ich allerdings erst, als Ruth und ich im Lautsprecherwagen von der Bahnstation Hanau zur Rednertribüne gebracht wurden, die sich in einigen Kilometern Entfernung unmittelbar vor der Einfahrt auf das Fabrikgelände befand. Sofort bat ich, aus dem schwerfälligen Vehikel aussteigen zu können, das mitten in die langsam sich weiterbewegenden Menschenmassen geraten war. Denn ich wollte unbedingt direkt mit den Vermummten des »schwarzen Blocks« sprechen und versuchen, sie von einer geplanten gewalttätigen Sonderdemo abzuhalten.

Gelungen ist mir das sicherlich bei einigen, mit denen ich im langsamen Vorwärtsgeschiebe diskutieren konnte, aber Hunderte andere vor und hinter mir konnte ich nicht erreichen. »Du mußt noch froh sein«, so meinte einer, der mich vom Zug abgeholt hatte, »wenn die dich nicht entführen, damit du heute gar nicht auftreten kannst.«

Die »Autonomen« konnten nicht wissen, daß ich besonders an diesem Nachmittag ihrer rabiaten und aggressiven Stimmung näher war denn je. In den Frühnachrichten hatte ich von der Chemiekatastrophe in Basel gehört, durch die gewaltige Giftmengen in den Rhein geraten waren, und anschließend die arroganten Stellungnahmen der Verursacher des Unglücks vernommen, in denen eine sture, wuterregende Rechthaberei zum Ausdruck kam. »Was kann man denn tun, damit diese Leichtsinnigen und Gewissenlosen endlich hinhören?« Diese Frage, die mich seit Monaten immer stärker bedrängte, war mir während der Zugfahrt nach Hanau unaufhörlich durch den Kopf gegangen.

Auf der letzten Strecke bis zur Rednertribüne wurde mir eine Wissenschaftlerin vorgestellt, die in die Gegend von Tschernobyl gereist war und versucht hatte, mehr über die Folgen des Unglücks zu erfahren, als in Zeitungen und Rundfunk berichtet wurde. Was sie mir jetzt von den Kindern erzählte, die am stärksten unter den Folgen der Strahlen zu leiden hatten, war so erschütternd, daß ich kein einziges Wort des Trostes hervorbringen konnte. Ich war schlicht verzweifelt, als ich endlich die Rednertribüne bestieg und über die Köpfe der dichtgedrängten Unruhigen, Empörten, Streitbereiten blickte, denen Worte nicht mehr genügten.

Von der Rede, die ich an jenem spannungsreichen Nachmittag hielt, ist hauptsächlich der improvisierte, laut herausgerufene Schlußsatz: »Macht kaputt, was Euch kaputt macht!« weit herum bekannt geworden. Bis heute verfolgt er mich, wenn politisch Andersdenkende mir etwas am Zeug flicken wollen. Daß es sich dabei um das Zitat eines längst bekannten, vielhundertfach verwendeten Spontispruchs der Studentenbewegung handelte, wird fast nie erwähnt. Nicht nur habe ich kein Recht auf die Urheberschaft dieser energischen Aufforderung, ich hatte sie auch nicht, wie mir unterstellt wurde, als Aufforderung zu physischer Gewalt verstanden, sondern nur als eindringliche Mahnung zu einem entschiedenen Widerstand, dessen Stärke dem Grad der Unterdrückung entsprechen müsse.

Wenig bekannt geworden ist auch, daß ich schon nach dem ersten Satz meiner Ansprache von lauten Sprechchören unterbrochen wurde. Der »schwarze Block« der Radikalen versuchte nun doch noch meine Rede zu verhindern. Erst nach dem Eingreifen des Moderators konnte ich weitersprechen:

»Wir wollen das Recht auf Widerspruch, auf Widerstand haben. An diesem Todesbetrieb hängt ein Transparent, mit dem 3500 Arbeiter zu ihren Arbeitsplätzen stehen. Aber das sind doch in Wahrheit Todesplätze. Genau wie die Arbeitsplätze, die in den dreißiger Jahren von Hitler geschaffen wurden ... Die Menschen, die da arbeiteten, haben sich ihr eigenes Grab geschaufelt und zugleich das Grab ihrer Familien. Denn sie wurden nicht sehr viel später Opfer des Krieges, den sie vorbereiten halfen. Wir brauchen Lebensplätze, nicht Todesplätze.«

Ich hatte Beifall erwartet. Er kam nicht. Die Menge vor mir schwieg trotzig, ja geradezu feindlich. Erst als ich verlangte: »Wir müssen diese Betriebe schließen und die Männer, die sie leiten, nach Hause schicken!«, kam zögernd etwas Zustimmung. Von weitem sah ich Jutta Ditfurth, die mich mit wilden Handbewegungen anzufeuern schien.

Laut meinen Aufzeichnungen schloß ich mit folgenden Worten: »Wir wollen die Erde bewahren. Darum sind wir hier. Alle, ob wir nun Gewaltfreie oder Militante sind. Da sind wir uns einig. Wir lassen uns nicht mehr voneinander trennen!« Jetzt kam endlich lauter Applaus auf.

»Diejenigen unter uns, die meinen, sie müßten diese neue Technik zerschlagen, sind wie diejenigen, die seit Jahren symbolisch zeigen, daß wir mit bloßen Händen Gewehre zerbrechen werden.«

Und jetzt kam als Höhepunkt, der die Zuhörer endlich mitreißen sollte, dieses ominöse »Macht kaputt, was Euch kaputt macht!«

Ich habe die letzten Worte fast geschrien. Es war ein Ruf der Wut gegen die Gleichgültigkeit der Mächtigen, zugleich auch ein Ausbruch gegen Rechthaberei und Resignation in den Reihen der Friedensbewegung.

»War das politisch klug?« fragte man mich bei der folgenden Pressekonferenz.

Nein, das war es nicht. Aber dennoch nützlich, wie sich bald zeigen sollte.

12.

Nützlich war diese Provokation, weil sie mir Gelegenheit gegeben hat, die Motive der Friedensbewegung und die eigenen Beweggründe einer breiten Öffentlichkeit vorzustellen, die sich jetzt für den Angeklagten Jungk viel mehr interessierte als bisher für den Publizisten Jungk. Die Gerichtsverhandlung bot mir nun eine weithin bemerkbare Tribüne, die ich nutzen wollte und, wie sich gezeigt hat, auch nutzen konnte.

Denn unterstützt von mir freundlich gesinnten Verhandlungsteilnehmern, die mich schon beim Eintreffen vor dem Gericht mit Blumen begrüßt hatten und mir vor Beginn des Verfahrens im Gerichtssaal 113 Mut zusprachen, konnte der Angeklagte schnell in die Rolle des Anklägers hineinwachsen, ohne daß ein bemerkenswert milder Richter und ein verständnisvoller Staatsanwalt das verhindert hätten. Sie waren augenscheinlich verunsichert von den inzwischen bekanntgewordenen Schiebereien und Gesetzesbrüchen der Hanauer Firmen, gegen die sich die Demonstration von 1986 gerichtet hatte.

Hans-Jürgen Haug, der »zu Fuß aus der Atomrepublik« berichtete, hat damals auf seiner Pilgerfahrt zu den Schauplätzen des Atomkonflikts von Wackersdorf nach Gorleben und zurück auch einen Abstecher nach Hanau gemacht und einen ausgezeichneten Bericht über »meine« Verhandlung geschrieben. Sie wäre fast mit einem Freispruch zu Ende gegangen, auf dem ich unbedingt bestand, auch schon als man mir gegen Ende der Verhandlung bereits die Einstellung des Verfahrens wegen der »geringen Schuld des Täters« anbot. Aber eine Überraschung in letzter Minute brachte einen ganz anderen Verlauf.

Durch Zufall erfuhr nämlich mein Anwalt Rupert von Plottnitz in einer Verhandlungspause, daß der beisitzende Laienrichter sowohl in einem Abhängigkeitsverhältnis zur Atom-Firma »Nukem« wie als Kreistagsabgeordneter der CDU mitverantwortlich für eine der Anzeigen war, die man gegen mich eingereicht hatte. Sofort nach Wiederaufnahme der Verhandlung griff der Verteidiger an: »Der Schöffe ist selber Partei. Das ist in der Justizgeschichte in der Tat einmalig, daß ein Richter über seine eigene Strafanzeige entscheidet.«

Im Laufe der Verhandlung hatte ich einmal gesagt, ich käme mir vor wie in einem absurden Theaterstück. Nun war diese Absurdität offensichtlich.

»Jetzt sprechen Sie ihn frei!« rief einer aus dem Publikum. »So einfach ist das nicht«, war die Antwort des Richters, und der Vorsitzende verkündete nach einer Stunde:

»Beim Angeklagten können vernünftige Zweifel an der Unbefangenheit des Schöffen entstehen. Damit ist das Gericht nicht mehr besetzt. Wir können keine Entscheidung treffen. Die Hauptverhandlung wird vertagt. Ein neuer Termin ergeht von Amts wegen.«

Dazu ist es aber dann leider nie mehr gekommen.

Letzte Begegnung

Es ist sehr dunkel geworden. Auch ich erfahre im abstürzenden letzten Jahrzehnt des Jahrtausends immer öfter Stunden des Verzagens.

War alles vergeblich? Ich stelle mir diese quälende Frage wie so viele meiner Kampfgefährten angesichts des unerwarteten Wiederauflebens von nationalistischem Haß und rassistischer Gewalt. So kam die Nachricht vom Doppelselbstmord Gert Bastians und Petra Kellys für mich nicht überraschend. Kaum einen Monat zuvor hatten wir uns im September 1992 beim »World Uranium Hearing« in den Prachträumen der Salzburger Residenz zum letzten Mal gesehen. Als Ruth sah, wie der von Alter und Müdigkeit gezeichnete frühere General geduldig in der langen Kette derer wartete, die bei der Essensverteilung anstanden, wollte sie für ihn einspringen.

»Ach laß das nur. Das hilft auch schon nicht mehr!« hatte Petra resignierend abgewehrt.

Wie stets war die zarte, erschreckend überanstrengt wirkende Kämpferin bemüht, mit fanatischer Energie ein Unrecht zu verhindern. Man wollte dem Atomingenieur Tschernousenko, der als einziger die volle Wahrheit über die Katastrophe von Tschernobyl geschrieben hatte, nicht den alternativen Nobelpreis verleihen, für den er eigentlich vorgesehen gewesen war. Das war, so meinte sie, die Folge einer unwürdigen Intrige.

»Du mußt dagegen Stellung nehmen, Robert! Unbedingt!«

Ich fand, daß es zur Zeit Wichtigeres gab, und ging auf diese Bitte nicht ein. So habe ich mit zu der Summe der Enttäuschungen beigetragen, die der Empfindlichen zu schaffen machten. Es gibt Vertraute des Paares, die immer noch nicht glauben können, daß Petra und Gert auf Grund ihres eigenen Entschlusses aus dem Leben schieden. Ich gehörte anfangs ebenfalls zu diesen Zweiflern, weil ich nicht begriff, weshalb die beiden sonst so Beredten ohne irgendein Wort von uns gegangen waren.

Aber ist nicht der wortlose Zusammenbruch die stärkste mögliche Botschaft? Sie zeigt unwiderruflich eine Grenze des Erträglichen, die nicht überschritten werden darf.

Bei der Blockade in Mutlangen (1984)

16. Kapitel

»Geben Sie nicht auf!«

1988–1992

Mit Petra Kelly auf der Frankfurter Buchmesse

Mit Auen-Schützern in Vorarlberg anläßlich der Kampagne zur Bundespräsidenten-Wahl (1992)

1.

»Nein, ich kann nichts mehr für dich tun!« Das war das niederschmetternde Urteil, das mir ankündigte, ich würde als
Folge der »Hanau-Affäre« nicht länger meine monatliche Kolumne zum Thema »Wissenschaft und Gesellschaft« veröffentlichen können. Daß dieser Satz aus dem Munde eines engen
Freundes kam, machte die Affäre noch trauriger. Heinz Haber, Herausgeber und Begründer der Zeitschrift »Bild der
Wissenschaft«, hatte sich gegen Ulrich Frank-Planitz, den
Leiter der Deutschen Verlags-Anstalt, nicht durchsetzen können. Schon seit Jahren hatte man dem langjährigen Weggefähr-
ten nahegelegt, er müsse mich zu einer weniger kritischen
Schreibweise überreden oder auf meine weitere Mitarbeit verzichten. Es hätten sich sowohl Inserenten wie Persönlichkeiten der Bosch-Stiftung und der Thyssen-Stiftung über meine
»negative Haltung« zur Industrie beklagt.

Die Tatsache, daß der Chefredakteur Wolfram Huncke
ebenso wie die Redaktion diesen über ihren Kopf verfügten
»Rausschmiß« nicht dulden wollten, half nichts. Der Verlags-
leiter berief sich stur darauf, daß ich wegen Aufforderung zu
Gewalttätigkeiten angeklagt worden sei, und war nicht gewillt, den Ausgang des Gerichtsverfahrens abzuwarten. Auch
als die Verhandlung gezeigt hatte, daß die Vorwürfe gegen
mich haltlos waren, gab es aus Stuttgart kein Einlenken und
nicht einmal eine Entschuldigung. Ich hatte leider nie einen
Vertrag verlangt, denn es war ja mein Freund Haber, für den
ich zu arbeiten meinte. So bin ich Anfang 1987 nach 14jähriger
monatlicher Mitarbeit an einer der erfolgreichsten deutschen
Zeitschriften entschädigungslos »in die Wüste geschickt«
worden.

Damals habe ich erfahren, wie wichtig und notwendig politische und berufliche Solidarität ist. Ich war Manfred Bis-
singer, dem berühmten »Blattmacher«, der die Zeitschrift
»natur« zu einem aktuelleren, umfassenderen und zupacken-
deren Organ gemacht hatte, persönlich noch nie begegnet, als
er in einem Leitartikel für mich und gegen die Hanauer Anklä-

ger eingetreten war. Daß er mir einige Monate später anbot, meine monatlichen Kommentare in voller Freiheit und ohne jegliche Rücksichtnahme auf irgendwelche wirtschaftliche Interessengruppen nun bei ihm zu publizieren, war eine erfreuliche Überraschung.

So kam es zu einer journalistischen Partnerschaft, die zweifellos beträchtlichen Einfluß auf das sich entwickelnde Umweltbewußtsein hatte, weil wir zeigen konnten, daß ein Schutz der Natur und des Menschen nur erfolgreich sein konnte, wenn man sich kritisch mit den verursachenden Kräften der Wirtschaft auseinanderzusetzen wagte, denen ihre Geldinteressen meist wichtiger waren als die Erhaltung der – auch ihrer! – Lebensgrundlagen.

Allerdings – das war zu schön, um wahr zu sein. Eines Tages – es war schon zu Anfang des neuen Jahrzehnts – ging dieser kühne Chefredakteur. Mußte er gehen? Hatte man ihm so lange zugesetzt, bis er die Lust verlor? War es wirklich nur die Sehnsucht, aus München wieder zurück nach dem gewohnten Hamburg ziehen zu können? Wir wissen es nicht. Jedenfalls begann nach Bissingers Weggang die Linie des Blattes sich allmählich zu ändern. Mehr Unterhaltung war angesagt. Nichts »Bissi(n)geres«. Ich bemerkte, daß die Zahl der Industrieinserate stieg. Fast alles, was die Texte der Zeitschrift in Frage stellten, wurde durch wirksames Reklamedesign in Bild und großem Druck auf anderen Seiten übertönt. Als erstmals in einer doppelseitigen, sachlich irreführenden Anzeige für Atomenergie geworben wurde, war für mich die Grenze des Tolerierbaren erreicht. Ich konnte nun nicht mehr für »natur« schreiben, wollte nicht dafür herhalten, »Werbeträger« einer Industrie zu werden, deren Folgen für Mensch und Umwelt ich – wie immer mehr Einsichtige – für verhängnisvoll hielt, ein Urteil, das durch die immer schlimmeren Berichte über die Folgen der Tschernobylkatastrophe leider Woche um Woche bestätigt wurde.

Ich wußte, daß die Stromindustrie noch mindestens weitere sechs oder sieben Monate lang ihre besonders hoch bezahlte Anzeigenserie in »natur« schalten wollte. Ließ sich das verhindern? Man hatte mir versichert, der Blattinhaber Michael Ringier, einer der Brüder, die den reichen Schweizer Verlag geerbt hatten, sei ein »Idealist« und lasse mit sich reden. So bin ich speziell nach Zürich gereist, habe mich in dem weitläufigen, mir bisher nur von außen bekannten Hauptsitz des Zeitschriftenimperiums mit einem seiner Herrscher auseinandergesetzt und erlebt, was für ein armer Kerl das doch war. Er wollte zwar gerne anders, aber er konnte es nicht, weil die Bilanzen mehr Macht über ihn hatten als die besten Vorsätze.

Als ich wieder auf der mir aus vielen wechselvollen Emigrationsjahren fast heimatlich vertrauten Dufourstraße stand, war ich zwar enttäuscht über den Mißerfolg meiner Intervention, aber zugleich glücklich und stolz wie selten, weil ich es mir leisten konnte, unabhängig zu sein und zu bleiben. Welch ein tolles Gefühl kann die Freiheit sein!

2.

Daß ich dennoch trotz der wachsenden Anpassung des Großteils der öffentlichen Meinungsträger immer wieder kritischen Informationen und abweichenden Meinungen Gehör verschaffen konnte, verdanke ich Redakteuren, die sich nicht als »Torhüter« begriffen, sondern als »Toröffner«, und die Pressefreiheit oft genug unter erheblichen Risiken gegen Direktiven von oben verteidigten, welche ihnen Verheimlichung und Vorsicht empfahlen.

Ich meine, daß man diesen Schmugglern der Wahrheit bisher viel zu wenig Anerkennung erwiesen hat. Sie sind die notwendigen Partner für jene anderen unbekannten Helden des Kampfes um mehr Öffentlichkeit, die als Angestellte oder Beamte bewußt die Informationsprivilegien von Firmen und Behörden unterlaufen, um ihre Mitmenschen vor Gefährdungen zu warnen, die sonst unbekannt bleiben würden: die »whistle blowers«, wie man in den angelsächsischen Ländern diese Verpfeifer von Behördenvertuschungen und Firmengeheimnissen nennt.

In meiner Korrespondenz oder über mein Telefon habe ich, wie auch andere Kernkraftkritiker im Laufe der Jahre, oft belastende Informationen über geheimgehaltene Vorgänge in der Atomindustrie erhalten, deren Urheber verdeckt bleiben mußten. Man sollte in einer Demokratie öffentliche und geschützte Anlaufstellen für solche Mitteilungen schaffen. Auch wenn sie zunächst anonym sind, können sie doch den Prozeß notwendiger Wahrheitsfindung einleiten und zur Aufdeckung von Umweltverbrechen dienen.

Heimliche Hinweise, die aus den Kreisen der Betreiber des Wiederaufbereitungskomplexes Wackersdorf kamen, haben zum Beispiel von Anfang an wesentlich dazu beigetragen, die Bevölkerung der Oberpfalz über mögliche katastrophale Störfälle sowie die unvermeidliche Gefährdung der Luft und des Grundwassers aufzuklären. Die unerwartet starke, von Heimatliebe getragene Widerstandsbewegung einer bis dahin überwiegend konservativen und regierungstreuen Bevölkerung, gegen die sich selbst die Einschüchterungsbemühungen von Tausenden Polizisten und schließlich sogar der Einsatz von chemischen Reizgasen als vergeblich erwiesen, wäre ohne das Bekanntwerden dieser bis dahin verheimlichten Informationen wohl nicht entstanden. Einen ganz wesentlichen Anteil an diesen Aufklärungsbemühungen trug die von Anita Aschenbrenner herausgegebene Alternativzeitschrift »Radiaktiv«, aber auch die Regionalausgabe der »Mittelbayrischen Zeitung«.

Mehrere Male bin ich von 1985 an nach Schwandorf, Wackersdorf und vor allem im Juli 1988 nach Neunburg vorm Wald gekommen, wo die bayrische Staatsregierung gezwungen war, sich gegen die 881 000 Einwendungen Betroffener – darunter auch Zehntausende Bürger meiner Heimatstadt Salzburg – zu wehren.

Wir wußten genau, daß die Behördenvertreter unter dem Vorsitz des anfänglich selbstgewissen Ministerialrats Rudolf Mauker diese gesetzlich vorgeschriebenen Verhandlungstage nur als Formalität ansahen, die sie durchstehen wollten, ohne nachher etwas zu verändern. Aber die Berichterstattung der

Medien über die brisanten Auseinandersetzungen in der viel zu engen, stets überfüllten Versammlungshalle schuf weit über die Oberpfalz hinaus eine Stimmung der Verweigerung, der sich sogar die Betreiber schließlich nicht mehr entziehen konnten.

In meiner eigenen Aussage habe ich damals vor allem die demokratiefeindliche Haltung der Behörden angegriffen, die in dem verächtlichen Ausspruch »Die Hunde bellen, die Karawane zieht weiter« ihren zynischen Ausdruck fand.

»Wir sind keine Hunde. Wir sind besorgte Bürger. Und wir werden erreichen, daß die Karawane endlich haltmachen muß«, rief ich in den überhitzten Saal und wurde durch minutenlangen Applaus bestätigt.

Der schließliche Verzicht auf das Projekt, für dessen Bau bereits zahllose Bäume gemordet und viele Millionen Mark verschleudert worden waren, war von fast niemandem erwartet worden. Alle hatten sie die Kraft des heimattreuen Widerstandes unterschätzt.

3.

Am Kampf gegen die »WAA« hatten die führenden Politiker von Land und Stadt Salzburg sich intensiv beteiligt. Denn sie waren sich klar darüber, daß ein Unfall in Wackersdorf auch für die Festspielstadt und ihre Umgebung desaströse Folgen haben müßte. Es kam zu einer engen nachbarlichen Zusammenarbeit zwischen Salzburgs Bürgermeister Josef Reschen und dem großartigen oberpfälzischen Landrat Hans Schuirer. Auf dem »Alten Markt« von Salzburg wurde als Mahnmal ein hohes Gitter aufgestellt, das einem Teilstück des kilometerlangen Zaunes um das Werkgelände der »WAA« in Originalgröße nachgebildet war. Auf einem endlosen Papierband wurden Tausende persönliche Unterschriften gesammelt. Nicht einmal die ÖVP, Österreichs christlichsoziale Schwesterpartei der bayrischen CSU, konnte sich diesem so deutlich ausgedrückten Volkswillen entziehen, ihre Umweltministerin Marielouise Fleming gehörte zu den beredtesten Einwendern bei der öffentlichen Anhörung.

Zum ersten Mal in meinem Leben war ich in Übereinstimmung mit einer Regierung. Hatte ich vielleicht etwas falsch gemacht? Ließ ich mich nun auch vereinnahmen? Nein, ich konnte mir sagen, daß nicht ich mich der Macht angepaßt hatte, sondern sie sich meiner Position genähert hatte, weil endlich an der Spitze etwas mehr Vorsicht und Einsicht dämmerten. Jahrelange Überzeugungsarbeit begann also endlich Früchte zu tragen.

Schon in einer anderen Angelegenheit, die mir am Herzen lag, hatte ich begonnen, mit Repräsentanten der beiden führenden politischen Parteien Salzburgs zusammenzuarbeiten. Seit Jahren war ich in Artikeln und Reden dafür eingetreten, man möge rechtzeitig anfangen, die ständig zunehmende Zahl von Studien über die vermutete, gewünschte und befürchtete Zukunft auf allen Gebieten menschlichen Tuns in einer Bibliothek zu sammeln, um dadurch zur Verbreitung von mehr Verantwortungsbewußtsein für das Kommende beizutragen.

Nun endlich begann sich ein politischer Entscheidungsträger dafür zu interessieren. Wilfried Haslauer, der Salzburger Landeshauptmann, hatte ein Rundfunkinterview zu meinem siebzigsten Geburtstag gehört, in dem ich auf die Frage von Professor Gerhard Bruckmann nach meinem liebsten Geschenkwunsch geantwortet hatte, man möge es mir möglich machen, die Tausende Bücher und Papiere, die ich im Laufe der Jahre zur Thematik der Welt von morgen zusammengebracht hatte, in einigen Räumen unterzubringen, zu ordnen und möglichst vielen Interessierten zugänglich zu machen.

Sollte ich in der Tat bereit sein, meine privaten Bestände der Öffentlichkeit zu stiften, versprach der Landeshauptmann, so werde man mir Räume und Personal zur Verfügung stellen. Daran, daß es dem christlichsozialen Politiker mit diesem Angebot Ernst war, zweifelte ich nicht, weil ich wußte, wie großzügig er unlängst eine Tagung des »Club of Rome« ausgerichtet hatte. Vermutlich hatte ihm Aurelio Peccei, der Gründer dieser vorausschauenden Vereinigung, bei dieser Gelegenheit schon von meinen Absichten erzählt.

Es hat dann allerdings noch fast drei Jahre gedauert, ehe wir die Bibliothek eröffnen konnten. Ich hatte darauf bestanden, daß unser Lesesaal nicht irgendwo am Stadtrand angesiedelt sein dürfe, sondern mitten im städtischen Leben, so daß möglichst viele Menschen leicht dort hinfänden. Das »Haus der Erwachsenenbildung« am Ufer der Salzach war ein idealer Platz, aber ehe ein Lokal zu ebener Erde frei wurde, mußte noch eine Ersatzunterkunft für die bisherigen Mieter, eine Kärntner Heimatgruppe und eine Sozialhilfeorganisation, gefunden werden. Doch als dieses Problem endlich gelöst war und der Tag, an dem die erste Spezialbibliothek der Welt für Zukunftsfragen ihre Arbeit endlich beginnen sollte, schon nahe bevorstand, gab es noch ein Hindernis, das wir nicht vorhergesehen hatten.

Wenn nämlich diese für Salzburg eher ungewöhnliche Institution wie geplant Ende Juli 1986, während der ersten Woche der Festspiele, mit einer Zeremonie eröffnet werden sollte, dann war es unvermeidlich, den wie stets zu diesem Zeitpunkt in Salzburg weilenden Bundespräsidenten Kurt Waldheim einzuladen. Nun hatte ich aber eingedenk der Zweifel an der von Kompromissen mit dem Dritten Reich überschatteten Vergangenheit des ersten Mannes im Staate mehrmals öffentlich gegen ihn Stellung bezogen. Ihn nun als Ehrengast zu empfangen, erschien mir ganz unmöglich.

Die Schatten der Vergangenheit sind also schuld daran, daß die »Internationale Bibliothek für Zukunftsfragen« mit einem Vierteljahr Verspätung erst im Oktober 1986 eröffnet wurde. Sie hat sich seither unter der kompetenten, engagierten Leitung von Dr. Walter Spielmann und der intensiven, klugen Mitarbeit von Dr. Alfred Auer ausgezeichnet weiterentwikkelt. Die Zahl der einschlägigen Bücher und Zeitschriften nimmt ständig zu, auch die Benutzung durch Leser im In- und Ausland steigt. Immer mehr Zukunftsinteressierte wollen von uns Adressen oder Informationen, und die zwei großen hellen Räume, in denen inzwischen fünf Mitarbeiter ganz- oder halbtägig tätig sind, wurden zu einem Ort der Begegnung für Menschen, die über die Gegenwart hinausschauen wollen.

4.

Eine der interessantesten und bedeutendsten Persönlichkeiten, die unsere Bibliothek in Salzburg besuchten, ist Mahdi Elmandjara, Rektor der Universität Rabat. Schon in früheren Jahren, als er noch zum Spitzenteam der UNESCO gehörte, hatte dieser blitzgescheite und dynamische Marokkaner sich für Zukunftsfragen interessiert und war vorübergehend auch in führender Position in den internationalen Vereinigungen tätig, die sich mit dem Nachdenken über die Welt von morgen beschäftigten. Aber seine bewunderungswürdige Eigenwilligkeit und Kompromißlosigkeit, sobald es um die Rechte der sogenannten »Dritten Welt« ging, hatten ihn dazu veranlaßt, seinen Weg schließlich alleine weiterzugehen.

Als sich 1989 amerikanische und europäische »futurists« bei uns zu Gesprächen über die Jahrtausendwende und die Möglichkeit des Wandels, die sich in dieser besonderen Zeit bieten könnten, zusammenfanden, hat Mahdi zwei Tage lang zugehört, ohne sich auch nur einmal zu Wort zu melden. Erst am letzten Vormittag, knapp eine Stunde vor Abschluß unserer Veranstaltung, stand er plötzlich auf und hielt uns eine Standpauke, die wohl niemand vergessen wird, der sie mit anhörte.

Denn er geißelte mit so scharfen Worten, wie wir sie noch nie gehört hatten, die Kurzsichtigkeit der Seminarteilnehmer, die eine fatale Folge unserer Zugehörigkeit zu den Ländern des reichen Nordens der Welt sei.

»Wer seid ihr denn, die ihr meint, die Zukunft der ganzen Menschheit beurteilen zu können? Angehörige einer Minderheit, die immer kleiner werden wird, weil die Asiaten, die Afrikaner, die Lateinamerikaner nicht nur an Menschenzahl, sondern auch an Kenntnissen ständig dazugewinnen. Sie sind es – nicht ihr! –, die vermutlich im nächsten Jahrtausend die Geschicke bestimmen werden. Wer das nicht sehen will, ist zukunftsblind.«

Ich habe mir damals in meiner Aufregung, die ich mit den anderen teilte, keine Notizen gemacht. Da stillschweigend vereinbart worden war, auf ein Protokoll zu verzichten, um eine unbekümmertere Aussprache zu ermöglichen, kann ich die Genauigkeit des Wortlauts dieser Philippika nicht garantieren. Aber sinngemäß glaube ich den zornigen Ausbruch unseres Freundes richtig wiedergegeben zu haben. Im Gedächtnis blieb mir vor allem ein Ton der Selbstsicherheit, ja Überlegenheit, der mir klarmachte, daß hier in der Tat etwas im Kommen war, mit dem wir uns bisher zuwenig beschäftigt hatten: ein neuer Stolz und ein neuer Anspruch der Milliarden Benachteiligten, die nicht länger passiv bleiben würden.

Ich hatte Mahdi schon mehr als zwei Jahrzehnte zuvor bei einer UNESCO-Konferenz in der Nähe von Albany (New York State) über Fragen internationaler Wissensvermittlung kennengelernt und wegen seiner schnellen und zupackenden Intelligenz bewundert. Als Ruth und ich noch unter dem Schock seiner aggressiven Rede uns nachher mit dem alten Freund zusammensetzten, versuchte er zu erklären, weshalb er so schroff gesprochen habe. Es sei ihm in den Jahren seiner Tätigkeit im Pariser Hauptquartier der UNESCO klargeworden, daß die internationale Entwicklungshilfe auch auf dem Bildungssektor in Wahrheit die mächtigen Industrienationen nur noch mächtiger gemacht habe. Studenten der Medizin, der Architektur, der Planung und Landwirtschaft, denen man es ermöglicht habe, sich auf amerikanischen, englischen, französischen und deutschen Universitäten weiterzubilden, seien in großer Mehrzahl vom Lebensstil der reichen überentwickelten Länder so sehr angezogen worden, daß sie nicht, wie vereinbart, in ihre Heimatländer zurückkehrten, wo man sie dringend gebraucht hätte, sondern statt dessen das mächtige Potential der herrschenden Nationen noch weiter verstärkten.

»Ich empfehle meinen marokkanischen Hörern jetzt, in Kairo, Beijing, Neu-Delhi, São Paulo oder einer anderen Metropole der aufstrebenden ›dritten Welt‹ zu studieren, um Querverbindungen zu denen zu knüpfen, die sich aus den Verstrickungen einer dem Untergang geweihten industriellen Zivilisation zu lösen beginnen.«

»Aber sind nicht auch diese Hochschulen noch von unserem ›weißen Wissen‹ dominiert?« wandte ich ein.

»Meist schon. Aber es beginnt sich in den Ländern der Benachteiligten ein eigener Wissenschaftsstil zu entwickeln, der den menschlicheren, naturnäheren und von vielen sozialen Kräften mitbestimmten Traditionen eingeborener Kulturen entspricht. 1945 waren wir in der Mehrzahl noch ›Kolonialvölker‹, dann kam die Periode der von falschen nördlichen Vorbildern geprägten Eigenstaatlichkeit, und seit Beginn der siebziger Jahre hat sich etwas entwickelt, das Marc Nerfin ›das dritte System‹ nennt: Das sind Tausende von lokalen autonomen Gruppen, die sich weder dem ›Prinzen‹ noch dem ›Kaufmann‹ unterordnen wollen, sondern angefangen haben, sich politisch wie wirtschaftlich selbst zu verwalten.«

5.

Es war nicht zum ersten Mal, daß ich den Namen Marc Nerfin hörte. Bereits im November 1980, während des denkwürdigen vierten Russell-Tribunals für die Verteidigung der Rechte eingeborener Völker, an dem ich als Jurymitglied teilgenommen hatte, war sein Name mehrmals zustimmend erwähnt worden. Nach einer der Sitzungen, in denen wir wie in den vorhergehenden Tagen mit erschreckenden Berichten über die Benachteiligung, Verfolgung und Vernichtung von Indianern, Eskimos, Molukken und australischen Ureinwohnern überhäuft worden waren, warf ich die Frage auf, ob und wo es wohl bereits Ansätze einer Selbstverteidigung der Bedrängten gebe.

Da müsse ich Marc fragen, hieß es immer wieder. Er wisse mehr als jeder andere über die neuentstandenen Volksbewegungen der Dritten Welt. Damals war ich noch von Furcht erfüllt, daß eine solche Entwicklung sich früher oder später zu einem Rachefeldzug der nun schon seit Beginn des Entdeckungszeitalters Ausgebeuteten und Gequälten entwickeln könnte, und habe das auch in einem zum Teil sehr kritisch aufgenommenen Interview mit dem deutschen Berichterstatter Gerd Hensel öffentlich bekannt. Aber die Informationen, die ich im Laufe der folgenden Jahre durch das von der »International Foundation for Development Alternatives« (IFDA) unter der Leitung von Nerfin herausgegebene »IFDA Dossier« erhielt, zeigten, daß die Gekränkten und Betrogenen nicht an Vergeltung, sondern in erster Linie an praktische Veränderung dachten. Ohne auf die Hilfe ihrer Regierungen zu warten, hatten sie sich selbst geholfen und eigene ökonomisch und ökologisch überlebensfähige Organisationen aufgebaut, die jedem Arbeit und Brot gaben. Dabei griffen sie oft zurück auf die alten Traditionen ihrer Vorfahren und bereicherten sie nur dann mit modernen Methoden oder Instrumenten, wenn dadurch keine neuen Abhängigkeiten entstanden.

Als ich den Mann, der mir ein so ganz anderes Bild von den Vorgängen in der weiten Welt vermittelt hatte als die gängige Berichterstattung, endlich in der Westschweiz besuchen konnte, war ich erstaunt, mit einem wie kleinen Apparat er es geschafft hatte, sich und damit allen Interessierten Einblick in das Leben so vieler Initiativen auf entfernten Kontinenten zu geben. Nicht einmal ein halbes Dutzend Helferinnen und Helfer hatten von der Waadtländer Provinzstadt Nyon aus unter seiner energischen und ideenreichen Leitung ein globales Netz gegenseitiger Verständigung und Hilfe gesponnen. Da waren Mitteilungen, Flugblätter, Plakate, Tätigkeitsberichte aus Bangladesch ebenso zu finden wie von den Salomon-Inseln im Pazifik, aus Neu-Delhi wie aus Kenia oder Brasilien. Es meldete sich die »asiatische Koalition für die Rechte der Mieter« aus Bangkok ebenso wie die höchst erfolgreichen, betont unpolitischen »Women for Housing«, die dabei waren, in Guarari (Costa Rica) Dörfer für 3000 Slumbewohner zu bauen, und ihre Erfahrungen gerne mit indischen oder thailändischen Frauen vergleichen wollten.

Wie einst, als ich das öffentlich fast unbekannte Universum der Atomforscher für mich entdeckt hatte, begegnete ich jetzt abermals einer Wirklichkeit, die mir wie den meisten anderen Europäern und Amerikanern noch unbekannt war: einer vielfältigen Volksbewegung in den ehemaligen Kolonialländern, die nicht nur manifestierte, sondern zu handeln begonnen hatte und daran war, das Bild der Weltgesellschaft von morgen entscheidend zu verändern.

Überzeugend und hoffnungsvoll hörte sich das an, was mir Marc Nerfin bei einem langen Spaziergang hoch über den Ufern des Genfer Sees von der Mitwirkung aller – auch der Kinder! – an Schaffung neuer Arbeitsmöglichkeiten und kultureller Projekte erzählte. Im »dritten System«, das da entstand, würden nicht nur materielle und politische Veränderungen für alle Beteiligten erreicht, sondern auch psychologische Verbesserungen. Die Vereinsamung der Menschen, ihre Ohnmachtsgefühle, ihre Angst vor Armut und Gewalt seien überall dort im Verschwinden, wo sie selber an den Entwicklungen hin zu einem besseren Leben beteiligt seien, berichtete er.

Ich mußte bei diesem Gespräch oft an manches Befremdliche denken, was ich ein Jahr zuvor bei der »Zehnten Weltkonferenz« der vor allem auf Initiative der engagierten italienischen Katholikin und Soziologin Eleonora Masini gegründeten WFSF (World Future Studies Federation) in Beijing erfahren hatte. Über die möglichen Zukünfte der Entwicklungspolitik war dort im September 1988 von Persönlichkeiten aus mehr als fünfzig Ländern diskutiert worden. Aber einige Zukunftsmodelle, die bei dieser Gelegenheit vorgestellt worden waren, ähnelten fatal den zweifelhaften Projekten der hochentwickelten Nationen, ja übersteigerten noch deren Hang zum Gigantismus.

Besonders unsere Gastgeber, chinesische Institutsleiter, Professoren und Funktionäre, wetteiferten in der Vorstellung gewaltiger hochtechnologischer Entwürfe. Der einzige Ausweg gegen eine durch Überbevölkerung ausgelöste große Hungersnot, globale Umweltverschmutzung und weltweite

Arbeitslosigkeit sei die möglichst schnelle und energische Vorbereitung der Auswanderung von Milliarden in die Weiten des Weltraums, behauptete zum Beispiel der Professor Boa Zhong-Hang. Er stellte sogar einen detaillierten Fahrplan in fünf Etappen für diese gewaltige Umsiedlung vor. Nach seinem Programm sollte schon gegen Ende des 21. Jahrhunderts oder spätestens zum Beginn des 22. Säkulums die massenhafte Migration zu anderen Sternen möglich werden. Damit würden uralte chinesische Vorstellungen der YAO-Epoche verwirklicht, in denen zum allerersten Mal die Möglichkeit einer Eroberung des Himmels durch die Erdbewohner erwähnt worden seien. Ein anderer chinesischer Sprecher plädierte trotz zunehmender Überbevölkerung für die massenhafte Entwicklung von Robotern und die Ersetzung der »Familienproduktion« von Menschen durch eine sozialisierte kontrollierte Hochtechnologie der Bevölkerungsreproduktion in »Baby-Fabriken« mit Hilfe verbesserter Methoden künstlicher Befruchtung. Gegen alle Fortschrittskritiker proklamierte der chinesische »futurist« Deng Shoupeng: »Wir glauben, daß jüngst aufgetretene Fehler in der Entwicklung der Hochtechnik Nebenerscheinungen sind, welche ihre Weiterentwicklung nicht verhindern werden.«

Als Teilnehmer dieses internationalen Treffens erlebten wir nun eine bezeichnende Umorientierung: die aus den Industrieländern kommenden Teilnehmer warnten fast alle vor einer Nachahmung ihres rasanten und rücksichtslosen Fortschrittstils. Diese Botschaft wurde aber von einigen unserer Kollegen aus Dritte-Welt-Ländern als egoistische Verhinderungsstrategie der Reichen interpretiert, die sich vor der zunehmenden Konkurrenz neuer Industrieländer fürchteten.

Dabei hätten sie in unmittelbarer Nachbarschaft unseres Tagungssaales am Beispiel Beijings erleben können, wie nachteilig eine mißverstandene und übereilte Modernisierungspolitik sich für die Betroffenen auswirkt. Es war einer der uns als Dolmetscher zur Verfügung gestellten chinesischen Studenten, der mir zeigte, wie schlecht es sich in den während der letzten Jahre hastig erstellten Hochhaus-Siedlungen lebte. Zu deren obersten Stockwerken gelangten nämlich weder Wasser noch Heizung. Unser kritischer Freund brachte mich auch in die älteren, vom Umbau bedrohten Viertel Beijings. Dort waren bescheidene zweistöckige Häuser um einen rechteckigen großen Hof herumgebaut, auf dem sich ein reges, von keinem Stadtverkehr gestörtes Familienleben abspielte. Aber alle diese angeblich »altmodischen Baracken« sollten nun abgerissen werden. Und man hatte bereits damit begonnen.

6.

Keiner hat mir auf diesem Treffen in der chinesischen Hauptstadt so sehr aus dem Herzen gesprochen wie der alte Freund und Kampfgefährte Johan Galtung, als er in seiner Rede zu Beginn der Konferenz darüber klagte, daß »wir, gemeint ist damit die Menschheit, in dieser Periode keine einzige überzeugende Utopie hervorgebracht haben«. Er sah darin den Grund dafür, daß das riesige Interesse, welches die Zukunftsstudien in den sechziger und siebziger Jahren erweckt hatten, seither abgeflaut sei. »Die Zukunft hat andere und mächtigere Träger gefunden im Establishment und im Gegenestablishment«, konstatierte Galtung. »Die Bewegung der Zukunftsforschung blieb zurück. Sie hatte viel von ihrer Energie verloren und vielleicht nicht einmal verstanden, was eigentlich geschehen war«, diagnostizierte er selbstkritisch, und ich – nicht als einziger – mußte ihm durchaus recht geben.

Wie konnte es aber weitergehen? Die Aufforderung, die Galtung an das Ende seiner aufregenden Rede stellte, empfand ich auch als ganz persönliche Aufforderung. »Versuchen wir einen besseren Job zu machen: mehr packende Voraussagen und schöpferischere, zwingendere utopische Entwürfe.«

Beim Zusammenbruch des Staatssozialismus in Osteuropa während der folgenden drei Jahre zeigte es sich, daß diese Aufforderung Galtungs kein zeitferner Wunsch gewesen war, sondern eine ganz aktuelle politische Notwendigkeit.

Denn im Machtvakuum, das im Osten entstanden war, hätten Veränderer mit brauchbaren Entwürfen, die anderen Zielen dienten als der Befriedigung des Hungers nach Konsum und Meinungsfreiheit, einzigartige, vielleicht sogar einmalige Chancen gehabt. Ich mache mir zurückschauend Vorwürfe, daß auch ich in dieser Situation zu wenig unternommen habe, um die neue Lage zu nutzen. Meine Bücher, Artikel und Sendungen waren ja in den Jahren der Unterdrückung und Kontrolle erstaunlich häufig über die Mauer in die DDR gelangt. Ich war »drüben« bekannt und hätte gut daran getan, die Einladungen anzunehmen, die mich jetzt aus dem einst verbotenen Land erreichten.

Aber ich wollte warten, bis man klarer sehen konnte, und mich nicht voreilig festlegen. Dieses Zögern war erklärlich, aber sicherlich falsch. So habe ich einen wichtigen Augenblick verpaßt, und er ist nicht wiedergekommen.

Gewiß, ich fuhr schon einige Male nach Ostberlin und reiste zum Beispiel nach Leipzig, der Buchstadt, die zur Bananenstadt verkommen war. Sprach mit den lange Zeit heimlichen Bundesgenossen im protestantischen Lager, besuchte Ugo Piacentini, den Altphilologen und Freund seit unserer Begegnung am Fastenlager Danilo Dolcis, nahm Verbindung auf mit Hans Coppi, der darangegangen war, mit anderen Historikern die in der DDR bisher unterdrückte Geschichte des »Gegner-Kreises« und der »Roten Kapelle« bekanntzumachen, und bemühte mich, meine Streitschrift »Projekt Ermutigung«, die nun auch im Ostverlag »Volk und Welt« erschienen war, unter die Leute zu bringen. In der Leipziger »Bastei«, einem lichtlosen Lieblingstreffpunkt der Bürgerbewegungen, sprach ich über den Aufbruch zu einer »neuen Zivilisation«. Aber das war alles viel zu wenig und kam schon zu spät. Etwas bewirkt habe ich vielleicht nur auf einer Protestversammlung der Humboldt-Universität.

Eigentlich hatte ich im Frühjahr 1992 bei einem nostalgischen Erkundungsgang »Unter den Linden« nur wieder einmal meine »Alma mater« in Augenschein nehmen wollen, in der ich 1932 mein Studium begonnen hatte und Ende Februar 1933 verhaftet worden war. Als ich mich dem vertrauten Gebäude näherte, wurde ich sofort von der bewegten Atmosphäre eines ungewöhnlichen Vormittags erfaßt. Auf dem Platz vor dem Haupteingang standen heftig debattierende Gruppen. Um jeden der improvisierten Bücher- und Zeitschriftenstände scharten sich erregte Menschen.

Worum ging es? Die neuen Behörden, so hieß es, wollten diese traditionsreiche Hochschule im Zuge der sogenannten »Abwicklung« ganz schließen. Und das zu einem Zeitpunkt, da das Bedürfnis nach vielfältigem Wissen und nicht gelenkter Klärung besonders in der Hauptstadt der ehemaligen DDR so groß war wie nie zuvor.

Die Aula war übervoll. Sogar auf dem Boden und auf den Fensterbrettern war kein Platz mehr frei. Während ich mich durchdrängte und suchte, wo ich mich hinsetzen oder wenigstens hinstellen könnte, hörte ich, wie der Redner, der von der erhöhten Kanzel aus sprach, sich mitten im Satz unterbrach und in den Saal hineinrief: »Robert Jungk, kommen Sie hier herauf. Sagen Sie uns doch ein paar Worte.« »Das war Rektor Fink«, flüsterte mir ein junges Mädchen zu, das mir einen Weg durch die Menge bahnte. »Ihm wollen die jetzt auch an den Kragen. Helfen Sie uns!«

Ob ich geholfen habe, weiß ich nicht. Aber daß ich völlig unvorbereitet wie in Trance die wohl eindringlichste Rede meines Lebens gehalten habe, meine ich schon, obwohl ich mich an keinen einzigen Satz mehr genau erinnere. Die Freude über diese Rückkehr und die erwartungsvolle Haltung der vielen besorgten jungen Menschen haben mir Worte der Ermutigung eingegeben, die Zustimmung fanden und die Zuhörer bestärkten, sich nicht abermals unter obrigkeitliche Kuratel stellen zu lassen.

Mein »Projekt Ermutigung« war nicht nur Papier geblieben: die Humboldt-Universität konnte gerettet werden.

Der letzte Tag des Jahres hat für mich immer eine besondere Bedeutung gehabt. Seit ich als Zwölfjähriger auf einer Wanderung im verschneiten Riesengebirge zufällig von der Gruppe der Kameraden abgekommen, zuerst voller Angst, dann in wachsender Neugier und Erlebnisoffenheit einen ereignisreichen 31. Dezember erlebt habe, ist die einsame Wanderung an diesem besonderen Kalendertag für mich zum jährlichen Ritual geworden. Es sind Stunden des Nachdenkens über Vergangenes und der freigesetzten Phantasien über Kommendes, denen ich mich besonders an diesem Tag planlos gehend, fahrend, an unbekannten Tischen, auf unbekannten Bänken sitzend überlasse.

Dann notiere ich nichts, lasse absichtslos Gedanken kommen und gehen aus einer Scheu vor ihrer Verfestigung oder gar Verwertung. Ein paar Jahre lang bildete ich mir ein, daß alles, was mir in diesem kurzen Zeitraum begegnete, Hinweise auf Künftiges sei, von orakelhafter Bedeutung und voller Zeichen, die ich zu deuten hätte. So hatte ich am Jahresende 1938 als erster entsetzter Zeuge auf einer Landstraße in der Nähe von London mit angesehen, wie in der beginnenden Dämmerung ein angetrunkener Mann überfahren wurde. Der Anblick seines geborstenen Schädels ließ mich damals das Schreckliche ahnen, das nun kommen sollte, kommen mußte.

Am 31. 12. 1989, an der Schwelle des letzten Jahrzehnts unseres zweiten Jahrtausends, konnte ich abermals das Gefühl der Bedrückung nicht abschütteln, obwohl ich mich auf meinem Silvesterspaziergang dagegen zu wehren versuchte: eine Ahnung neuen Unheils, eine Anwandlung ohnmächtiger Verzweiflung, die meinem Temperament nicht entsprach und von ihm nicht zugelassen wurde, ließ sich nicht abschütteln.

Stand denn nicht alles zum besten? Die Untergangsgefahr schien gebannt, seit es keine hochriskante Rivalität zweier hochgerüsteter Supermächte mehr gab. Die Einsicht, daß der ungehemmte industrielle Fortschritt gebremst und umgelenkt werden mußte, war weiter verbreitet denn je. Die Berliner

Mauer war endlich gefallen, und in vielen Teilen der Erde konnten jetzt kritische zukunftsweisende Informationen frei verbreitet werden, und es gab immer weniger, die ahnungslos bleiben mußten.

Wir, die Warner, hatten mehr und schneller Erfolg gehabt, als wir je hoffen durften. Eine gute Zukunft war nicht nur möglich, sondern sogar wahrscheinlich.

Auch persönlich durfte ich zufrieden sein. Meine Frau war wie stets voller Neugier und Lebensfreude. Mein nun in Paris lebender Sohn hatte für seine ersten Bücher viel Zustimmung erhalten. Besonders seine Biographie über Franz Werfel fand im In- und Ausland Anerkennung, und ich war stolz, wenn ich jetzt in Katalogen unser beider Namen nebeneinander lesen konnte. In Salzburg waren wir nun schon über zwanzig Jahre zu Hause, länger als je in einer anderen Stadt, und die Menschen auf der Straße, die Verkäufer in den Geschäften, die Kellner und Kellnerinnen in Restaurants und Kaffeehäusern begrüßten uns stets höflich, ja freundlich als Nachbarn und Mitbürger.

Mit zunehmender Freude erlebte ich auch, wie die »Bibliothek für Zukunftsfragen« nun schon als eine besondere, nicht mehr aus der Stadt wegzudenkende Institution von internationaler Bedeutung akzeptiert wurde. Daß man mir aus Dankbarkeit für meine Stiftung die Ehrenbürgerwürde verleihen wollte, machte mir allerdings anfangs einiges Kopfzerbrechen. Gerade in dieser schönen Stadt waren antisemitische Strömungen nicht erst unter Hitler, sondern schon früher besonders stark gewesen. Durfte ich da eine »Wiedergutmachung« annehmen für etwas, das nie wiedergutzumachen war? Auf materielle Entschädigungen der Bundesrepublik, die mir wie allen, die das Schreckliche überlebt hatten, zugestanden hätten, hatte ich seinerzeit aus Stolz verzichtet. Mußte ich nicht auch diese gutgemeinte Geste ablehnen?

Aber sowohl der Vorsteher der kleinen in Salzburg wiedererstandenen jüdischen Gemeinde wie die befreundete Schicksalsgefährtin Hilde Spiel rieten zur Versöhnlichkeit gegenüber denen, die jetzt in der Stadt das Wort hatten. So habe ich denn mit meiner Frau im herrlichen Hochzeitssaal des Schlosses Mirabell aus den Händen des sozialistischen Bürgermeisters Josef Reschen die Urkunde empfangen, die mir bestätigen sollte, daß ich endlich einmal von einer behördlichen Instanz anerkannt, ja sogar lobend hervorgehoben wurde. Meine Dankesrede, in der ich die Leidensgeschichte der Salzburger Juden darstellte und mein Zögern bekundete, wurde von den befreundeten Teilnehmern der Zeremonie mit Verständnis aufgenommen. Weniger Zustimmung fand sie allerdings bei der führenden Zeitung der Stadt.

8.

Allerdings – die bösen Ahnungen meiner letzten Silvesterwanderung sind tägliche, unbegreifliche Wirklichkeit geworden. Zuerst aus der fernen Golfregion, dann aus dem benachbarten, mir so vertrauten Jugoslawien kamen und kommen immer noch wahrhaft bestürzende Nachrichten.

Waren wieder einmal alle Bemühungen der Nachkriegsjahrzehnte gescheitert? Hatten die sicherlich verstärkten internationalen Anstrengungen, der Menschheit Frieden und Gerechtigkeit zu verschaffen, wirklich nichts gefruchtet? Ergab es überhaupt noch einen Sinn, für eine menschliche Zukunft zu kämpfen, wenn jetzt so viel darauf hinwies, daß eine zunehmende Verelendung der unaufhaltsam zunehmenden Erdbevölkerung so gut wie unvermeidlich schien? Machte ich mir nicht wieder einmal etwas vor, wenn ich meinte, an dieser fast aussichtslosen Lage noch etwas ändern zu können? Weder zorniges Aufbegehren noch hoffendes Bemühen hatten bisher Entscheidendes bewirkt.

Nicht zuletzt um meiner eigenen wachsenden Skepsis entgegenzuarbeiten, habe ich damals noch einmal ein neues Projekt begonnen: den »Katalog der Hoffnung«. In ihm wollte ich mit Hilfe unserer Bibliothek kurze Berichte über die vielen humanen Projekte veröffentlichen, in denen veränderte Haltungen und neue Entwürfe bereits Wirklichkeit geworden waren.

Angeregt dazu wurde ich durch die Berge von Anträgen, in die ich bei einem Besuch im Londoner Büro Jakob von Uexkülls kurzen Einblick erhalten konnte. In der Hoffnung, einen »alternativen Nobelpreis« zu gewinnen, hatten Mitarbeiter lebenserhaltender Projekte oder ihre Freunde über ihre Tätigkeit berichtet. Natürlich mußten der Stifter und seine Mitarbeiter jedes Jahr eine Auswahl treffen. Sie hatten im Laufe der Zeit überraschend viele Frauen und Männer ausgezeichnet, die auf dem »Weg in eine hellere Zukunft« waren, und damit die notwendige Aufmerksamkeit der Öffentlichkeit auf diese erfolgreichen Lebensretter gelenkt. Was aber geschah mit den Berichten derjenigen, die keinen oder noch keinen Preis erhalten hatten? Steckte in diesen Unterlagen nicht eine Unmenge von ermutigenden Mitteilungen, die weiter bekanntgemacht werden müßten?

Ich sprach darüber mit meinen Mitarbeitern in der Bibliothek und fand mit der Idee, von den Medien meist noch ignorierten Berichte über zukunftsweisende soziale Experimente in einem Buch zu sammeln, besonders bei Helmut von Loebell Anklang, einem idealistisch gesinnten Mann der Wirtschaft, der uns bereits beim Aufbau unserer Sammlung unverzichtbare Dienste geleistet hatte. So haben wir im Laufe der nächsten Monate mit Hunderten von Versuchen Bekanntschaft gemacht, bei denen andere Formen der Arbeit und des Zusammenlebens, Anstrengungen zur Regeneration zerstörter Natur, intensive Bemühungen um Entspannung von unten und globale Vernetzung bereits angegangen wurden, statt auf den großen Tag der Wandlung zu warten.

Unter den 51 Modellen für die Zukunft, die wir dann 1990 in einem ersten Sammelband vorstellten, gab es zwei Projekte, mit denen ich mich besonders verbunden fühlte, weil zu ihrer Vorbereitung und Durchführung die von Norbert Müllert und mir in unserem Buch »Zukunftswerkstätten« vorgeschlagene Methode des schöpferischen Mitwirkens Betroffener an der Veränderung ihrer Verhältnisse angewendet worden war.

In einem Fall hatten die in der dänischen Fischindustrie von Esbjerg in unerträglichen Zuständen Arbeitenden eine grundlegende Veränderung ihrer Produktionsbedingungen entworfen und zum Teil bereits durchgesetzt. Dieser Erfolg des von Birger Steen Nielsen, dem Übersetzer der dänischen Ausgabe unseres Leitfadens, und zwei anderen Mitarbeitern des Vorhabens »Industrie und Glück« (Industri og lykke) geleiteten Projekts hatte sowohl im eigenen Land wie in anderen nordischen Ländern Aufsehen erregt und bereits erste Nachahmer auf den Plan gerufen. Eine solche beispielhafte Wirkung von Realität gewordenen Träumen konnte uns der neuen menschenwürdigen Zivilisation Schritt um Schritt näher bringen und mehr erreichen als eine zentrale, am Schreibtisch ausgedachte und von oben dirigierte Revolution.

Große Hoffnungen setzte ich auch auf ein anderes Projekt. »Ökostadt Basel« war eine Initiative, die unter dem schockierenden Eindruck des großen Chemieunglücks vom November 1986 entstanden war. Angeregt durch einen utopischen Roman des einfallsreichen und temperamentvollen Journalisten Daniel Wiener, hatten sich Bürger zusammengetan, um an Entwürfen für eine lebenswerte Stadt zu arbeiten, deren Einwohner nicht mehr unter Umweltverschmutzung, zu vielen Autos, unerträglichem Fluglärm, zunehmender Entfremdung und der ständigen Angst vor einer neuen, vielleicht noch verheerenderen Industriekatastrophe leiden müßten. In allen zwölf Bezirken der Stadt sowie in den Vororten Riehen und Binningen wurden kreative Zusammenkünfte organisiert, die bei der Bevölkerung viel Anklang fanden und zahlreiche interessante, meist auch machbare Vorschläge »für ein lebendiges Quartier« ausarbeiteten.

Zu einer abschließenden, die einzelnen Lokalbefunde zusammenführenden Zukunftswerkstatt, die unter dem Motto »Gemeinsam für eine lebendige Stadt« stand, wurde ich mit meiner Frau eingeladen. Sie fand in einem eindrucksvollen Rahmen statt, dem Saal des Bischofshofs, in dem vor Jahrhunderten, während des Basler Konzils, die höchsten geistigen Würdenträger getagt hatten. Keineswegs eingeschüchtert durch solche historischen Erinnerungen debattierten 61 Baslerinnen und Basler über das, was sie die »Krankheitssym-

ptome« ihres Gemeinwesens nannten. Auf einer »Krisenkarte« war durch schwarze Symbole sofort erkennbar, wo es
»Gefährdung durch industrielle Risiken« gab, wo zu viele
Lastwagen und Gifttransporte rollten, wo es mit der Abfallbe-
seitigung haperte und wo öffentliche Verkehrsmittel fehlten.
Auch auf seelische Probleme wurde hingewiesen. Fehlende
Begegnungsorte, ungemütliches Einkaufen hatten eine einst
anziehende Wohnstadt so sehr verändert, daß jetzt mehr und
mehr in Isolation Geratene, der Anonymität Überdrüssige ab-
wanderten.

Dieser Bevölkerungsschwund hatte auch viele politische
Mandatare und Behördenvertreter alarmiert. Deshalb unterstützten sie das »Projekt Ökostadt« finanziell und nahmen
persönlich an den Beratungen der zentralen Zukunftswerkstatt teil. Es bestand also berechtigte Hoffnung, daß viele Verbesserungsvorschläge »von unten« nicht nur Ideen bleiben
müßten, sondern verwirklicht werden könnten.

In dem beispielhaften Bericht »Erste Schritte in Richtung
Ökostadt Basel«, den die Projektleitung veröffentlichte, fin-
det man neben der bereits erwähnten Krisenkarte auch eine
Projektkarte. Auf dem Hintergrund des Stadtplans werden
Themenschwerpunkte durch schwarze Symbole dargestellt,
die als Ergebnisse der Zukunftswerkstätten weiterverfolgt
werden. Da gibt es zum Beispiel neue Quartiertreffpunkte,
Straßenzüge, in denen der Verkehr verlangsamt werden sollte,
Ansätze zu einer intensiveren Begrünung der Stadt und meh-
rere Kulturinitiativen.

Aber die wirklich kritischen, schwer zu lösenden Probleme
wie die Forderungen nach Umstellung der riskanten Indu-
strieverfahren auf »sanfte Chemie«, die Beschneidung der
behördlichen – vor allem der polizeilichen – Vorrechte (Projekt »gleich lange Spieße«), die Gründung einer kritischen
Universität für interessensunabhängige Forschung und Bür-
gerberatung wurden »vorläufig nicht weiterverfolgt«. Bilanz:
es wurde zwar etwas erreicht, aber nicht das tatsächlich
Entscheidende. »Immerhin haben wir einen Anfang gemacht«, sagte mir ein Sprecher des Projekts, als ich ihn etwa

ein Jahr nach der Zusammenkunft im Bischofshof anrief. Aber in seiner Stimme klang doch mehr Enttäuschung mit als Hoffnung.

9.

Im September 1990 wurde mir seit langem zum ersten Mal wieder ein Buch zu einem wegweisenden Erlebnis. Am Rande einer internationalen Koferenz über Stadtentwicklung im New Yorker Hauptquartier der UNO schenkte mir ein kanadischer Teilnehmer einen Band mit dem Titel »The End of the Century«. Die Hauptthese des Autors war, daß große historische und geistige Umwälzungen der Neuzeit meist gegen Ende eines Jahrhunderts begonnen hätten: 1492 hatte zum Beispiel Kolumbus auf der Suche nach der »neuen Welt« Europa hinter sich gelassen. Die große Französische Revolution von 1789 war, wie behauptet wurde, ebenfalls ein Hinweis darauf, daß bedeutende historische und geistige Ereignisse besonders dann aufbrechen, wenn der Kalender einen Jahrhundertwechsel ankündigt. So hatte Freud nicht zufällig gegen Ende des 19. Jahrhunderts, im ausgehenden »fin de siécle«, das weite dunkle Land des Unterbewußtseins entdeckt, hatten Einstein und Planck das physikalische Weltverständnis radikal verändert.

Es konnte in der Tat so sein, daß eine Zeitenwende Geist und Phantasie beflügelt und ein besonderes Datum auch besondere Leistungen und Ereignisse fördert.

»Und jetzt stehen wir sogar vor einer Jahrtausendwende«, meinte ein brasilianischer Delegierter, dem ich in einer Sitzungspause von meiner literarischen Entdeckung erzählte. »Aber wo ist denn diesmal der neue Impetus?« zweifelte ich. Dennoch ließ mich von nun an die Vorstellung nicht mehr los, daß sich noch in den letzten Augenblicken des zweiten Jahrtausends etwas Außerordentliches ereignen müsse.

Vorboten einer kommenden Zivilisation des 21. Jahrhunderts meinte ich bereits in den Arbeiten einiger befreundeter

Wissenschaftler zu sehen. Fritjof Capra, bei dem ich in Elmwood, einem von Intellektuellen und Künstlern bewohnten Viertel Berkeleys, einige Tage wohnen durfte, sprach vom »neuen Paradigma«; Helmut Krauch und Frederic Vester entdeckten das systemische und vernetzte Denken; Hazel Henderson, die aus England stammende Ökonomin, hatte den Kreis ihres Wissens erweitert und entdeckte nach dem »Sonnenzeitalter« nun das »Age of Light«; Ervin Laszlo sah, beeinflußt von Ilya Prigogine, neue Möglichkeiten der Evolution, die von einem offenen Denken geprägt sein würde, in dem nicht wissenschaftliche Logik, sondern Überraschungen und Schwankungen die vielen möglichen Zukünfte ungewiß, aber lebendig bestimmen würden.

Die durch die aufkommende Chaostheorie gewonnene Erkenntnis, daß in labilen Situationen schon minimale Ereignisse sich zu gewaltigen Wirkungen verstärken könnten, bedeutete, auf die widerspruchsvolle und unsichere gesellschaftliche Lage der Jahrtausendwende angewendet, daß nicht erst Massen, sondern schon wenige entschiedene Einzelne oder kleine Gruppen entscheidenden Einfluß auf den Lauf der Dinge ausüben könnten. Wir waren also nicht zur Ohnmacht verurteilt. Selbst die vielen in Zukunftswerkstätten erarbeiteten Bürgervorschläge und die bescheidenen sozialen Experimente, die wir von nun an in unserer »Datenbank der Hoffnung« sammelten, konnten – wenn auch nicht sofort – Wirkung ausüben und zumindest am Entstehen eines neuen Zeitgeists mitwirken.

So war es historisch von Bedeutung, daß mein Bruder im Geiste, Rudolf Bahro, in seinen Seminaren »Wege zur reinen menschlichen Natur« suchte, indem er sich bemühte, vernachlässigte physische und psychische Potentiale für das Überleben zu wecken, und es war durchaus keine Überschätzung der eigenen Kräfte, wenn auf der anderen Seite des Atlantik der Kampfgefährte Lester Brown mit den Mitarbeitern seines »World Watch Institute« es wagte, eine »ökologische Revolution« zu verkünden. Das große Echo, das die monatlichen Berichte und Jahrbücher dieser hervorragend informierten und weitschauenden Beobachter auslösten, zeigte, wie viel schon ein kleiner Kreis von zeitoffenen Aufklärern leisten konnte.

Die Einsicht, daß einzelne und wenige Einfluß auf die Entwicklung des Schicksals Vieler haben können, war einer der Gründe, weshalb ich im Dezember 1991 die mir ganz überraschend angetragene Kandidatur für die Wahl des österreichischen Staatspräsidenten annahm. Ich hatte dem Vorsitzenden der grünen Landtagsfraktion in Salzburg, Christian Burtscher, ohne lange zu zögern meinen Einsatz zugesagt, obwohl ich wußte, daß ich mit der Unterstützung einer Partei, die bei den letzten Wahlen knapp unter fünf Prozent geblieben war, nicht die kleinste Chance besaß, das höchste Amt im Staate zu erringen. Aber ich hatte die Möglichkeit, in dieser für mich neuen Rolle mehr Menschen anzusprechen als je zuvor. Als einem der vier Anwärter, die im ersten Wahlgang antraten, mußten die Medien Österreichs meinen Vorstellungen von einer guten Zukunft erhöhte Aufmerksamkeit schenken, die ich mit aller Energie nutzen wollte.

10.

Die viereinhalb Monate von Dezember 1991 bis Ende April 1992, in denen ich, begleitet von meinem umsichtigen und opferwilligen Begleiter, dem Psychologen Werner Kienlechner, kreuz und quer durch die Bundesrepublik Österreich reiste, um auf rund 160 großen und kleinen Veranstaltungen, auf Pressekonferenzen und in Funkhäusern aufzutreten, haben mich nicht erschöpft, sondern unglaublich angeregt. Deshalb hatte ich für die immer wieder gestellte Frage: »Weshalb tun Sie sich das in ihrem Alter noch an?« wenig Verständnis. Ich bekam so viel Zustimmung und Zuwendung, vor allem von jungen Menschen wie nie zuvor. Sie alle hatten Fragen, waren oft ratlos und erwarteten Direktiven. Die wollte ich ihnen nur sparsam geben, weil ich sie auf ihre eigenen Ideen und ungenutzten Fähigkeiten hinweisen wollte. Das hat sicherlich einige enttäuscht. Sie verstanden nicht, daß ich nicht Verführer, sondern Anreger sein mochte, daß ich sie aufforderte, mir zwar zuzuhören, aber mir nicht blind zu vertrauen.

Das gehörte sich nicht für einen »Wahlkämpfer«. Es paßte auch nicht ins gewohnte Bild, daß ich stets offen zugab, wie gering meine Chancen waren. Ein Präsidentschaftskandidat mußte aber so tun, als sei ihm der Sieg so gut wie sicher, wie mir die Routiniers versicherten. Doch ich sträubte mich, mir selber und den Wählern etwas vorzumachen. Schon die Tatsache, daß mir für meine Kampagne nur der zwanzigste Teil an finanziellen Mitteln zur Verfügung stand, über welche die Kandidaten der etablierten Großparteien verfügten, entschied in einem Zeitalter der Werbung von Anfang an gegen mich.

Trotzdem kamen zu meiner ersten Wahlversammlung in Salzburg viermal mehr Menschen, als erwartet worden waren. Aus dem zweihundert Plätze fassenden Saal des »Mozarteums« mußten wir schnell entschlossen und ohne Vorbereitung in das »Große Studio« übersiedeln. Für dessen Benutzung waren aber keine Erlaubnis der Polizei und keine zusätzliche Bereitstellung der Feuerwehr eingefordert worden. Deshalb verlangten die behördlichen Instanzen den sofortigen Rückzug aus dem Vorraum des großen Saals, in dem sich Hunderte drängten. Nur der Hausherr, Rektor Roscher, konnte die Situation retten. Nur wenn er sich zu so später Stunde noch bereit erklären würde, die Veranstaltung unter seine Obhut zu nehmen und das auch durch seine persönliche Anwesenheit zu bekunden, wollten die Behörden nachgeben.

Ich versuchte auf einem Tisch stehend den Wartenden die schwierige Situation zu erklären und telefonierte dann, umringt von ungeduldigen Menschen, den großartigen Mann aus der Pförtnerkabine an. Inzwischen sperrten die Musikstudenten schon die Flügeltüren zu dem großen Saal auf und ließen die drängende Menge ein. Der jäh aus seiner verdienten Abendruhe gerissene Gelehrte begriff sofort, daß sich hier eine explosive Situation entwickeln könnte, und versprach, sofort zu kommen. Das sagte er so ruhig, so selbstverständlich und freundlich zu, wie er meinen Mitarbeitern ein paar Wochen zuvor einen Vortrag zu einem in der Bibliothek veranstalteten Symposion »Für eine mozartische Zukunft« versprochen hatte. Als er, über das ganze gütige Gesicht lächelnd, erschien, bekam der Retter unseres Abends von den fast tausend Anwesenden spontanen Beifall.

»Robert Jungk im Gespräch« hatten die wenigen Plakate versprochen. Ich wollte den Dialog, nicht die Ansprache. Freda Meissner-Blau, die gescheite und tapfere Kandidatin der Grünen im sechs Jahre zurückliegenden Wahlkampf gegen Kurt Waldheim, begann die Unterhaltung mit mir auf dem Podium und zog bald auch die Zuhörer in eine klärende Debatte, die erst spätnachts zu Ende ging. Niemand hatte in all diesen Stunden gelangweilt die Veranstaltung verlassen. Die Spannung hielt bis zum Schluß an. Ein neuer dialogischer Wahlkampfstil hatte die erste Probe bestanden.

Auch in Graz und Klagenfurt, in Wien, Linz, Innsbruck und Bregenz waren unsere Treffen mehr als gut besucht. Eine Wahlüberraschung schien sich anzukündigen. Der Kandidat Jungk zwang seine Kontrahenten, auf »heiße Themen« wie den Beitritt zur EG und die wirklichen, von ihnen verschwiegenen Folgen für die Neutralität und die Unabhängigkeit Österreichs endlich genauer als bisher einzugehen. Als überzeugter Europäer, der in den sechziger Jahren vom Europarat eingeladen worden war, den Entwurf einer vorausschauenden Institution zu verfassen, hatte ich mit zunehmender Ablehnung die immer dominierendere Rolle wahrgenommen, welche die Wirtschaft, ihre mächtigsten Vertreter und ihre Lobbies im Brüsseler Hauptquartier der Europäischen Gemeinschaft spielten. Nun fand ich viel Zustimmung zu meiner EG-Kritik und meinem Vorschlag, Österreich solle seine Neutralität ohne Kompromisse bewahren und als ein Hauptort des Friedens in den kommenden spannungsreichen Jahren eine hervorragende Vermittlerrolle, vor allem zwischen Süden und Norden, wahrnehmen. Daß ich allerdings so weit ging, für die Abschaffung des teuren und überflüssigen Bundesheeres sowie das Verbot der durch seine Existenz begründeten Produktion von Mordwaffen einzutreten, stieß besonders im

Süden des Landes, wo man sich zu Unrecht vor einem Übergreifen der jugoslawischen Wirren fürchtete, auf Widerstand.

Ich bekam jetzt die ersten anonymen Haßbriefe voller antisemitischer Tiraden und brutaler Drohungen. Sie waren durchweg in einer falschen, auch orthographisch meist fehlerhaften Sprache geschrieben, obwohl die Absender ihre glühende Liebe zu allem Deutschen bekundeten.

11.

Solche Epistel brauchte man nicht besonders ernst zu nehmen. Dr. Steyrer, der sozialistische Kandidat bei der vorigen Präsidentschaftswahl, den ich bei einem für Lester Brown gegebenen Mittagessen im Parlament kennenlernte, erzählte mir, er habe Hunderte und Aberhunderte Schmutzbriefe erhalten, und ihr Ton sei damals im Jahr 1986 viel blutrünstiger gewesen. Sorgen – und wie es sich später zeigte –, berechtigte Sorgen, mußte mir eine Attacke machen, die Jörg Haider, der skrupellose Chef der Freiheitlichen, am Ende einer sonntäglichen Pressestunde des Fernsehens gegen mich losließ. Er schwenkte das 1991 unter meiner Mitarbeit und Zustimmung erschienene Taschenbuch »Deutschland von außen« vor der Kamera und behauptete ebenso ahnungslos wie dreist, es handle sich bei dieser Sammlung meiner im Zweiten Weltkrieg von der »Weltwoche« veröffentlichten kritischen Artikel über die Zustände im Dritten Reich um eine »Jubelbroschüre« für das Hitler-Regime, das meine Familie, mich und Millionen meiner Glaubensgenossen grausam verfolgt hatte.

Durch ein aus dem Zusammenhang gerissenes Zitat eines seinerzeit im Januar 1942 vielbeachteten kritischen Artikels, in dem ich den schlechten Gesundheitszustand der deutschen Bevölkerung unter Zitierung der führenden medizinischen Wochenzeitung geschildert hatte, wollte der rechte Demagoge diese unsinnige Behauptung beweisen. Fast alle seriösen österreichischen Organe haben zwar auf Grund der genauen Lektüre meiner Ausführungen diese Beschuldigung als

»skandalös« und »ungustiös« zurückgewiesen, ja Stimmen aus der Schweiz bestätigten öffentlich, wie seinerzeit meine unter persönlichen Risiken geschriebenen Berichte den Widerstandsgeist ermutigt hatten, aber der Tiefschlag saß dennoch und erreichte, was er wollte. Ich mußte mich von nun an viel zu oft mit der Abwehr dieser »lügenhaften Entstellungen« (so urteilten später die Gerichte darüber!) beschäftigen, statt die »Stimme der Hoffnung« zu sein. Von einer Grazer Richterin wurde Haider sogar dazu verurteilt, sich über das Fernsehen bei mir zu entschuldigen. Aber die Kosten von 700000 Schilling für diese Sendung sollten zunächst einmal meine Unterstützer zahlen. Sie könnten das dann nachträglich bei dem Beleidiger einklagen, hieß es. Doch dazu fehlten ihnen die Mittel. Einmal mehr mußte meine Kampagne unter dem Fehlen genügender Geldmittel leiden.

Übrigens meldete sich noch eine kritische Stimme zu meinem Wahlkampf, die viel Beachtung fand. Ruth ließ sich im Gespräch mit einem Rundfunkreporter, das scheinbar ohne ihr Wissen aufgezeichnet wurde, dazu verleiten, meine scharfen Angriffe auf die Gegenkandidaten zu verurteilen. »Was hat er das nötig?« sagte sie und pries sowohl den Sozialdemokraten Streicher, mit dem wir einmal im Speisewagen ein so freundliches Gespräch geführt hatten, wie den »lieben Doktor Klestil«, den wir während seiner Amtszeit als österreichischer Konsul in Los Angeles von seiner freundlichsten Seite kennengelernt hatten.

Das ging dann im vielgehörten »Morgenjournal« über den Sender des ORF. Und obwohl manche meinten, das habe mir genützt, weil es gezeigt habe, daß ich meiner Frau eine Meinungsfreiheit erlaube, die in den meisten Ehen nicht gestattet ist, war wohl die negative Wirkung stärker. Die ganze Nation freute sich über einen Ehestreit, der im Grunde keiner war.

Mir wird vor allem die große Abschlußkundgebung am Freitag vor der Wahl auf dem sonnenbeschienenen Wiener Stephansplatz – für diese Gelegenheit in »Platz der Zukunft« umbenannt – ebenso unvergeßlich bleiben wie die Protestversammlung gegen das Atomkraftwerk Temelin, die am folgenden Tag im tschechischen Budweis stattfand, und ich erwartete eigentlich eine deutliche Steigerung der »grünen Stimmen« für den Wahlgang vom 26. April 1992.

Daß es dann zwar zu einer Überwindung der kritischen Fünfprozenthürde, aber eben doch nur zu einer Zunahme um Prozentbruchteile kam, hat mich und die vielen wunderbaren Wahlhelfer zwar enttäuscht, aber nicht entmutigt. Ich hatte viele Samen ausgestreut. Sicher werden sie eines Tages aufgehen. Noch jetzt, viele Monate nach der Wahl, kommen immer wieder unbekannte Menschen auf mich zu und sagen mir: »Danke schön!« oder: »Geben Sie nicht auf!«

*

»Die Zahl der Fehlleistungen steigt bedenklich!« Mein Sohn hat mich vor nicht allzu langer Zeit in ironischem Ton an das erinnert, was ich nicht wahrhaben will: Ich gehe auf den achtzigsten Geburtstag, das neunte Jahrzehnt meines Lebens zu.

Schon einmal – damals war ich erst wenig über sechzig – hatte er etwas Ähnliches gesagt. Wir waren auf einer unserer Wanderungen zum Essen in einem schönen behaglichen Gasthof des Friaul eingekehrt und hatten vor, wie gewohnt, noch in die ungewisse Nacht hinein weiterzugehen. Aber an diesem Abend meinte ich: »Bleiben wir doch. Wer weiß, was wir später finden?« Die enttäuschte Antwort Peters: »Vater, du wirst alt.«

Das tat weh, obwohl es nicht böse, sondern fürsorglich gemeint war. Ich bin immer nach vorne gestürmt, habe nie gerastet, mich immer wieder übernommen und wollte einfach nicht wahrhaben, daß die körperlichen Kräfte und die geistige Aufmerksamkeit abnehmen.

Es stimmt: meine Unordnung, die ich gerne als schöpferisches Chaos entschuldigen will, wächst mir über den Kopf. Meine Vergeßlichkeiten schaffen oft peinliche Situationen. Plötzliche Ermüdung zwingt mich immer häufiger, die Arbeit abzubrechen. Wenn ich mich dann überwinde, um weiterzumachen, resigniert meine liebe Frau mit betontem Wiener

Akzent: »Das ist halt der Preuß' in dir. Immer brav seine Pflicht tun.«

Trotzdem macht mich das alles nicht unglücklich. Meine Lebenslust ist so wach wie eh und je. Ich bin bisher von Depressionen, die so vielen meiner Altersgenossen zu schaffen machen, verschont geblieben. Nur wenn ich an die vielen unschuldigen Opfer der Vergangenheit und der wahrscheinlichen Zukunft denke, packt mich tiefe Trauer, aus der verzweifelte Entschlossenheit wächst.

Wer lange lebt, hat oft genug erfahren, daß sich zwar nicht alles, aber doch vieles mit der Zeit zum Besseren wenden kann. Das eigene Ende ist unvermeidlich, aber von jedem kreativen, aktiven Menschen geht ein Anstoß aus, der auf unvorhersehbare Weise in die Zukunft weitergeleitet wird.

Anhang

CHARTA DER HOFFNUNG
verkündet auf dem
KONGRESS FÜR ATOMABRÜSTUNG
am 17. 1. 1959 in London
von Dr. Robert Jungk

Präambel:

WIR EUROPÄER, aus deren Kontinent die Pioniere der Atomforschung hervorgegangen sind, wollen uns zu einigen Grundsätzen unseres Handelns bekennen, die geeignet sein könnten, die heute noch ungezügelten »neuen Kräfte« des atomaren Zeitalters zu bändigen.

Wir sind entschlossen, die drohenden Entwicklungen, die sich aus der auf immer neue Länder übergreifenden nuklearen Aufrüstung ergeben, rechtzeitig zu erkennen und, soweit es in unserer Macht steht, zu verhindern, daß diese Entwicklung andauere, denn wir hoffen auf eine heile Welt, aus der Furcht und Not verbannt sein werden.

1. Wir bekennen uns zu dem von Albert Schweitzer geprägten Grundsatz: »*Ehrfurcht vor dem Leben*«.
   Deshalb müssen wir die atomaren Massenvernichtungsmittel aller Kaliber, deren Einsatz nicht nur gegenwärtiges, sondern auch künftiges Leben unwiderruflich zerstören würde, als Instrument jeder Politik ablehnen, und zwar auch dann, wenn diese Politik moralisch oder rechtlich gerechtfertigt werden könnte.

2. Wir bekennen uns zu einer verstärkten *Information und Erziehung* der Öffentlichkeit in Bezug auf alle Tatsachen und Probleme der sich immer rascher entwickelnden wissenschaftlich-technischen Revolution.
   Deshalb kämpfen wir gegen Geheimhaltung, Verschleierung und Verharmlosung der Gefahren, die sich aus diesem neuen Stand der Dinge ergeben, befürworten aber ebensosehr eine nüchterne Überprüfung aller sich aus diesem Umschwung ergebenden Möglichkeiten einer materiellen Besserung der menschlichen Lebensbedingungen.

3. Wir bekennen uns zu der *erhöhten Verantwortung*, die jedem einzelnen von uns im Zeitalter der Technik mit ihren erhöhten Möglichkeiten der Machtausübung und der aus ihr rührenden immer engeren Verflechtung aller wirtschaftlichen Tätigkeit zufällt.
   Deshalb werden wir uns dem blinden Einsatz technischer Machtmittel ebenso entgegensetzen wie der zeitfremden Unterbindung friedlichen Wirtschaftsaustausches. Wir treten für allmählichen Rüstungs-

abbau bei gleichzeitigem Aufbau der Hilfe für notleidende Menschen aller Rassen ein.

4. Wir bekennen uns zur *geistigen und politischen Freiheit*, welche durch die von den atomaren Machtmitteln ausgehenden totalitären Wirkungen in ihrer innersten Substanz gefährdet wird.

   Deshalb lehnen wir es ab, Werkzeuge oder Opfer kleiner militärisch-politischer Expertenkommissionen zu werden, die unter Umgehung der demokratischen Volksvertretungen Entscheidungen über Leben und Tod fällen wollen. Wir treten für eine »offene Welt« (Niels Bohr) ein.

5. Wir bekennen uns zu dem in der freien Wissenschaft entwickelten Geist der *unbedingten selbstkritischen Wahrheitsliebe und Sachlichkeit*, denn durch ihn sind die großen Leistungen der Forschung, die das Gesicht unserer Zeit prägen, erst möglich geworden.

   Deshalb werden wir besonders dann, wenn internationale Krisen ausbrechen, versuchen, durch Propaganda und Entstellungen hindurch zu den Tatsachen selbst vorzudringen. Der Grundsatz der Wahrheitsliebe und Sachlichkeit muß in allen Auseinandersetzungen mit Freund oder Gegner Verpflichtung sein.

6. Wir bekennen uns zu den Kraftquellen der *Liebe und des Vertrauens* als unentbehrlicher Voraussetzung jeder Verbesserung der internationalen Beziehungen.

   Deshalb werden wir über den Kampf gegen die Haß und Mißtrauen säenden Atomwaffen hinaus nach Verwirklichung dieser ethischen Gebote streben.

7. Wir bekennen, daß wir angesichts der Gefahr des atomaren Selbstmordes unserer Art die *Treue zur Menschheit* über die Treue zu einer Nation oder einer bestimmten ideologischen Gruppierung stellen müssen.

   Deshalb werden wir uns weigern, in irgendeiner Form an Aufgaben mitzuarbeiten, die von uns als menschheitsgefährdend erkannt worden sind, und zwar auch dann, wenn wir dadurch in Konflikt mit den hinter der Entwicklung zurückgebliebenen Gesetzen unseres Landes geraten sollten.

KOMITEE GEGEN ATOMRÜSTUNG E.V.

Bildnachweis

S. 40: »Der Maler Peter Weiss«, hg. v. Ingo Bartsch, Berlin 1982; S. 66:
E. Siepmann, »Montage: John Heartfield«, Berlin 1977; S. 98: François
René Roland, aus: Rainer Zerbst, »Antoni Gaudi«, Köln 1987; S. 202:
Ullstein Bilderdienst; S. 134, 236, 266: Peter Jungk; S. 160: Hermann
Levin Goldschmidt; S. 268, 304 u., 436, 476 u., 503 u., 506 o., 538: Robert
Jungk; S. 304 o., 338, 476 o.: Süddeutscher Verlag; S. 410: Stefan G. Gef-
fers; S. 378: Kölner Volksblatt; S. 438: Heinz Wieseler / dpa; S. 503 o.:
Visum / Thomas Pflaum; S. 506 u.: Rudolf Hämmerle

Personenregister

Heinrich
Albertz

Foto: Wilfried Becker

Knaur®

Heinrich
Albertz
Der Wind
hat sich gedreht
Gedanken
über uns Deutsche

(80002)

Knaur®
Sachbuch

Heinrich
Albertz (Hrsg.)

Warum ich
Pazifist
wurde

Mit Beiträgen von Rolf Hochhuth,
Hoimar v. Ditfurth, Kurt Scharf,
Norbert Greinacher,
Herbert Begemann, Michael Kunze,
Hermann Burger, Detlef Garbe,
Werner Schneyder

(3827)

Knaur®

Heinrich
Albertz
Am
Ende
des
Weges
Nachdenken
über
das Alter

(4820)

Friedrich Schorlemmer

(80006)

Träger des
Friedenspreises
des Deutschen
Buchhandels

(80005)

(77051)

(80031)

Ralph Giordano

(4860)

(4810)

(3943)

(80024)

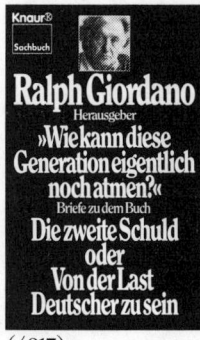

(4817)

Knaur®

Brillante politische Analysen

(4849)

(4832)

(4855)

(80008)

(4857)

(80036)